Littératures
de langue française
hors de France

Diffuseur général: Éditions J. Duculot,
rue de la Posterie, 5800 Gembloux (Belgique)

Dépôt légal: **D.1976.0035.13.**

ISBN 2-901106-01-3.

Imprimerie J. Duculot - Gembloux - Belgique

ERRATA

p. 7 note 2 au lieu de « 1967 » lire « 1972 ».
p. 11 l. 36 au lieu de « moitité » lire « moitié ».
p. 46 l. 30 au lieu de « de l'intimité sans renoncer » lire « de l'intimité ; sans renoncer ».
l. 34 au lieu de « poésie, riche » lire « poésie riche ».
l. 35 au lieu de « à sensualité » lire « à une sensualité ».
p. 63 l. 5 au lieu de « déposer » lire « dépose ».
p. 68 l. 17 au lieu de « Rabamananjara » lire « Rabemananjara ».
p. 99 l. 29 au lieu de « conduire » lire « conduite ».
p. 103 l. 1 au lieu de « Tenture d'Adomey » lire « Tenture d'Abomey ».
p. 167 l. 33 au lieu de « sants » lire « saints ».
p. 196 note 1 l. 2 au lieu de « comosé » lire « composé ».
p. 212 l. 29 au lieu de « bien de ces pays » lire « bien fils de ces pays ».
p. 251 l. 31 au lieu de « Crommelinck » lire « Crommelynck ».
p. 294 l. 2 au lieu de « (Vanderkaman) » lire « (vandɛrĸamən) ».
l. 7 au lieu de « et professeur, poète » lire « et professeur ; poète ».
p. 311 lire « SEUL* ».
p. 318 note 6 au lieu de « sonnailles » lire « sonnailler ».
p. 323 l. 4 au lieu de « fils de soleil » lire « fils du soleil ».
p. 384 l. 27 au lieu de « ligotté » lire « ligoté ».
p. 401 l. 33 au lieu de « peinte » lire « peine ».
p. 428 l. 24 au lieu de « pas » lire « par ».
p. 431 l. 41 au lieu de « Roman » lire « Romain ».
p. 462 l. 13 au lieu de « le des libraires » lire « le prix des libraires ».
p. 466 l. 7 au lieu de « pièces » lire « pièce ».
p. 618 l. 8 au lieu de « losque » lire « lorsque ».
p. 622 l. 17 au lieu de « détruit » lire « déduit ».
p. 623 l. 30 au lieu de « figurent » lire « figures ».

Tableaux synoptiques

p. 666 l. 7, 8, 12, 22, 24, 25 lire O. J. Périer, M. Thiry, F. Crommelynck, R. Bodart, P. L. Flouquet, G. Norge.
p. 688 l. 2 au lieu de « guerre » lire « guerres ».
l. 6 au lieu de « canton » lire « pays ».
l. 11 au lieu de « cantons » lire « pays ».
l. 28 au lieu de « Tuilleries » lire « Tuileries ».
l. 29 au lieu de « intégré au » lire « devient le ».
p. 689 l. 8 au lieu de « Suisse » lire « fédérale ».
l. 9 au lieu de « Dunand » lire « Dunant ».
l. 19 au lieu de « Fournoy » lire « Flournoy ».
l. 41 au lieu de « Janneret » lire « Jeanneret ».
p. 689-690 situer G. Haldas parmi les écrivains représentatifs de 1945.

ADDENDA (Illustrations)

p. 119 Ile Maurice. Cliché AUDECAM.
p. 192 La Nouvelle-Orléans.

Littératures de langue française hors de France

Anthologie didactique

*

Fédération Internationale des Professeurs de Français
(F.I.P.F.)

1, Avenue Léon-Journault, 92310 - SÈVRES (France)

L'Agence de Coopération Culturelle et Technique (19, avenue de Messine-75008 Paris) a apporté son concours à l'édition de cet ouvrage.

Propos liminaire

Un bref historique...

L'anthologie que nous avons la joie de vous présenter est l'accomplissement d'un projet conçu et élaboré en plusieurs étapes. Le principe de l'ouvrage et l'hypothèse de travail qu'il implique furent approuvés dès 1970 par le Bureau de la Fédération internationale des professeurs de français.

Au cours des Journées pédagogiques de Sèvres, en juillet 1971, et du deuxième Congrès international de Grenoble, en juillet 1972, de nombreux groupes restreints d'enseignants, constitués selon les affinités ethniques ou l'analogie des situations de l'enseignement de la langue française, ont discuté librement de la conception globale de l'anthologie, de ses objectifs culturels et pédagogiques, de sa structure, des critères du choix des textes, de leur présentation et de leur disposition, de la nature des notes explicatives et enfin de l'orientation des notices bio-bibliographiques. Les synthèses présentées en séances plénières ont révélé que les échanges de vues furent généralement animés, contradictoires et éclairants.

Il convient aussi de rappeler que le second volet dudit Congrès fut consacré aux littératures de langue française hors de France et donna lieu à quatre exposés magistraux sur les littératures africaine, belge, québécoise et suisse, à un débat particulièrement enrichissant ainsi qu'à un message exceptionnel sur l'écrivain et la décolonisation ([1]).

C'est donc à la faveur d'une large consultation de spécialistes et de praticiens que mûrit la « doctrine » de l'anthologie qui a servi de référence depuis 1973 aux travaux de la Commission internationale à laquelle fut définitivement confiée la mission de répondre à l'attente

1. Actes du Congrès de Grenoble, in *Bulletin de la F.I.P.F.*, 6-7, 2e sem. 1972-1er sem. 1973, pp. 109-154.

unanime des délégués de nos associations nationales et des collègues présents à cette mémorable rencontre.

Les raisons, la destination et les limites de l'entreprise

Sans doute avons-nous lu d'excellentes anthologies de la littérature de la France ou de tel ou tel autre pays francophone; à notre connaissance, c'est la première fois qu'un ouvrage didactique accueille l'ensemble des littératures de langue française hors de France qui portent témoignage de la civilisation et de la culture des communautés auxquelles elles appartiennent. Ici sont rassemblés dans une évidente fraternité des textes du Québec, de Belgique, de Suisse et du Grand-Duché du Luxembourg, du Maghreb, de l'Afrique noire, de Madagascar et de l'Ile Maurice, des Antilles, de la Guyane et de la Louisiane, du Liban et du Vietnam.

Cette option est le signe d'un changement.

Si, pendant longtemps, Paris et la France ont servi de modèles aux écrivains de langue française, si, de nos jours encore, pas mal d'écrivains et d'artistes de toutes nationalités quittent leur patrie d'origine pour y trouver l'univers mental et le climat stimulant qui leur sont indispensables, il faut néanmoins se rendre compte que le Discours de Rivarol n'est plus de saison: sous l'influence de deux guerres mondiales, des bouleversements politiques et sociaux qu'elles ont provoqués dans le monde, du romantisme profond qui domine notre siècle, les aventures historiques, nationales et individuelles ont pris une signification nouvelle. En trois générations à peine, l'espace de la langue et de la littérature françaises s'est singulièrement transformé: il s'est surtout élargi et diversifié; alors que jadis le bassin parisien et les régions romanes de la Suisse et de la Belgique constituaient les principaux carrefours de la création et de la diffusion, à présent, en Afrique comme au Québec, aux Antilles comme au Maghreb, au Liban comme au Vietnam, des écrivains et des éditeurs se sont groupés et produisent des œuvres qui nous dépaysent et nous surprennent autant par leur authenticité que par leur nouveauté; à la littérature d'imitation ont succédé dans de nombreuses régions des littératures fidèles à leur terroir, aux coutumes, aux croyances et à la condition des hommes qui y vivent, des littératures engagées dans le difficile mais nécessaire combat de la liberté, de la justice et de la solidarité, partagées entre les idéologies traditionnelles et les idéologies révolutionnaires, à la recherche de moyens d'expression toujours mieux accordés à la sensibilité des lecteurs potentiels, des littératures qui mettent tout en œuvre pour exprimer et communiquer leur identité culturelle.

Désormais, la « Francophonie » partage avec la France la responsabilité de l'avenir international du français.

Il nous a donc semblé que les générations montantes devaient disposer à la fois d'un livre de lecture et d'un instrument de travail qui les incitent à découvrir d'une part l'unité, la plasticité et les ressources de la langue française et d'autre part, la pluralité et l'originalité des cultures illustrées par les œuvres les plus représentatives de ces littératures.

En principe, cet ouvrage est destiné aux étudiants et aux professeurs des Facultés de Lettres et des Départements d'études françaises ainsi qu'aux élèves et aux maîtres de français des classes terminales de l'enseignement secondaire des pays « francophones » et des pays non francophones où le français est enseigné comme langue seconde ou comme langue étrangère. Il va de soi qu'il est susceptible d'intéresser tout amateur de littérature ou tout animateur socio-culturel.

Au niveau international, il existe certainement un très large accord des philologues romanistes, des historiens et des sociologues de la littérature pour réserver dans les Facultés de Lettres ou les Départements d'études françaises des pays « francophones » ou non francophones une place utile à l'enseignement des littératures de langue française hors de France ainsi qu'aux études comparatives de la « francophonie » littéraire. Des centres spécialisés de documentation et de recherche, des cours et des séminaires sont organisés en Afrique, en Belgique, en France, au Québec et en Suisse et contribuent déjà à la rédaction et à la publication d'importants travaux. Ces réalisations ne sont qu'un début. Il appartient notamment à l'Association des Universités partiellement ou entièrement de langue française (AUPELF) de progresser sur sa lancée ([2]).

Dans les classes terminales de l'enseignement secondaire, l'aménagement de ce type d'enseignement dépendra surtout de la formation

2. Cf. *Les études françaises dans le monde*, Première rencontre internationale des départements d'études françaises, Québec, 22-27 mai 1967 et plus particulièrement la section consacrée à l'enseignement des littératures d'expression française, pp. 107-138, AUPELF, Université de Montréal, B.P. 6128, Montréal, 101 — Canada.

des maîtres, de la conception et de l'orientation des programmes et des horaires des études littéraires. Il ne saurait être question d'un enseignement historique, systématique et séparé. C'est essentiellement l'explication de textes qui doit bénéficier des apports de valeur, sinon de toutes les littératures de langue française hors de France, du moins de la littérature de tel ou tel pays. A notre sens, il s'agit moins de juxtaposer ou d'ajouter que de choisir et d'intégrer ces nouveaux textes, en ayant en vue de maintenir l'équilibre entre l'étendue et la profondeur, l'ouverture et la continuité, la nouveauté et le classicisme français toujours vivant.

Le fil d'Ariane...

Cette anthologie didactique se distingue par un certain nombre de caractéristiques :

Les introductions historiques

Nous n'avons pas cédé à la tentation de considérer la littérature française comme un grand tout, sans frontières politiques ou ethniques, car nous sommes conscients de la diversité des situations géographiques et historiques et de l'hétérogénéité des statuts linguistiques et culturels des communautés « francophones ».

L'anthologie comprend neuf sections d'importance inégale, rangées par ordre alphabétique. Chacune d'elles est introduite par une synthèse d'histoire littéraire et culturelle. Cette étude de la genèse, des étapes marquantes de l'évolution et des tendances actuelles de la littérature de chacune des communautés révèle la dialectique des générations successives d'écrivains en même temps qu'elle met en évidence les filiations et les ruptures d'inspiration et d'écriture.

Il faudra naturellement s'y référer, si on veut situer les œuvres dans leurs courants respectifs de pensée et de sensibilité, les comprendre pleinement et les apprécier avec justesse.

Les notices bio-bibliographiques

Dans chaque section, les auteurs sont disposés selon l'ordre chronologique. Une notice bio-bibliographique est réservée à chaque écrivain. Elle précise les événements importants de sa vie, souligne les moments privilégiés de sa production et dégage l'originalité de sa personnalité ou de son talent. Quant à la bibliographie à proprement parler, elle est sélective et concerne à la fois les œuvres et les travaux critiques qui leur ont été consacrés.

Les textes

Les textes choisis appartiennent pour la plupart à la fin de la seconde moitié du XIXe s. et au XXe s.

Tout en ayant chacune leur histoire et leur parcours propres, les littératures de langue française hors de France, dans leur phase la plus créatrice et partant la plus authentique, sont d'âge relativement récent. A lire les œuvres qui les illustrent — et nous souhaitons que cette anthologie assume pleinement sa fonction médiatrice à leur égard — on est au cœur de la vie contemporaine et on participe à son extraordinaire aventure.

Cette anthologie ne prétend pas être un panorama des littératures de langue française hors de France, elle souhaite avant tout susciter le plaisir de la lecture, la curiosité du témoignage et l'intérêt de la recherche. Nous n'ignorons pas ses lacunes ([3]) et nous savons que tout choix de textes est vulnérable. Pour des raisons que chacun peut deviner, nous avons dû nécessairement le limiter et le proportionner à nos ressources. Nous déplorons que des auteurs de qualité n'aient pu trouver place à côté de ceux que nous avons retenus, que les essayistes et les critiques ne soient pas plus largement représentés. Si la première édition est accueillie avec faveur, pourquoi hésiterions-nous lors d'une édition ultérieure à en renouveler le contenu, du moins, partiellement, tout en restant fidèles aux critères historiques, littéraires et psycho-pédagogiques qui nous ont inspirés?

Nos collaborateurs ont été particulièrement attentifs à la signification humaine et à la qualité des textes ainsi qu'à leur représentativité à l'égard des genres, des écoles, des tendances qui caractérisent la littérature vivante de chacune des communautés; en outre, dans la mesure du possible, ils ont tenu compte de la diversité des âges, de la hiérarchie des niveaux de connaissance linguistique et de l'éventail des intérêts et des motivations des lecteurs.

Tous les extraits d'œuvres de prose portent un titre généralement choisi par le ou les responsables de chaque section; ce titre est accompagné d'un astérisque. Une brève présentation les situe dans

3. C'est ainsi que la littérature valdotaine de langue française, dont nous ne méconnaissons pas la signification ni l'intérêt, est absente de cet ouvrage.

le contexte littéraire ou culturel auquel ils appartiennent. Quant aux poèmes, ils sont la plupart du temps intitulés; quand ils ne le sont pas, nous avons tenu à respecter scrupuleusement la volonté des auteurs. Sauf cas exceptionnel, ils ne font l'objet d'aucune présentation particulière.

Extraits d'œuvres de prose, poèmes ou fragments de poèmes, tous les textes sont accompagnés de leurs références. Ils sont également assortis de notes en bas de page qui visent à faciliter la compréhension et l'interprétation des faits spécifiques de langue, de civilisation et de culture. Nous espérons avoir évité tout double emploi avec les informations d'un dictionnaire courant et, dans le souci de ne pas influencer le lecteur, nous avons écarté les commentaires de caractère esthétique ou littéraire.

Les tableaux synoptiques

L'anthologie s'achève par une série de neuf tableaux synoptiques en trois colonnes. Chacun d'eux récapitule, en toute indépendance, chronologiquement et schématiquement, les principaux événements politiques, économiques et sociaux, les événements littéraires et culturels les plus marquants ainsi que les générations d'écrivains les plus représentatives de la littérature de langue française de chacune des régions ou des pays « francophones ».

En consultant à la fois les introductions historiques et les tableaux synoptiques *dont la comparaison est surtout significative à partir de la seconde moitié du XIXe s.*, on s'apercevra qu'il est nécessaire de distinguer l'histoire culturelle et littéraire des pays d'ethnie française, qu'il s'agisse de régions toutes voisines de l'Hexagone comme la Belgique française, la Suisse romande ou de territoires de peuplement tels que le Québec de celle des Antilles, des pays d'Afrique et d'Orient où le français a été choisi et s'est développé en tant que langue officielle ou langue de culture, tantôt sans contact avec les langues vernaculaires, tantôt en harmonie avec l'arabe ou le vietnamien ([4]).

A la fin du XIXe s. et au début du XXe, l'art pour l'art, le symbolisme et le naturalisme français ont trouvé un terrain favorable en Belgique, au Québec et en Suisse. Ces conceptions et tendances esthétiques ont contribué à libérer les tempéraments des écrivains de ces trois pays de traditions étriquées ou surannées et ont

4. Cf. Maurice Piron, Le problème des littératures françaises marginales, Bulletin de l'Académie Royale de Langue et de Littérature françaises, T. XLVI, n° 4; pp. 246-262, Bruxelles, Palais des Académies, 1969.

débouché dans la production d'œuvres plus personnelles et plus originales. Ainsi s'éclaire le triptyque que constituent La Jeune Belgique, l'École littéraire de Montréal et le Groupe des Cahiers vaudois. Sans leur influence, LEMONNIER, VERHAEREN et MAETERLINCK, NELLIGAN, GIRARD et LABERGE, RAMUZ, SPIESS et CINGRIA n'auraient sans doute pas publié une large part, sinon la totalité de leurs œuvres entre 1880 et 1918.

En dépit de ces convergences, nous ne méconnaissons pas le destin exceptionnel du Québec, isolé et minorisé dans un puissant environnement anglo-saxon, sa « difficulté d'être à la fois latin et nordique », son combat incessant pour conquérir l'autonomie culturelle à laquelle sa langue lui donne droit.

En raison de cette situation complexe, de la modernisation et de l'urbanisation rapides de ce pays, de l'effervescence intellectuelle et artistique entretenue pendant près de quinze ans par les activités des maisons d'édition, les revues successives et le manifeste explosif de 1948, qui s'étonnerait que l'École littéraire de Montréal ait été dépassée par l'accélération de l'histoire et que pendant la décennie de 1950 à 1960 se soit levée une nouvelle génération de romanciers, de dramaturges et de poètes décidés à exprimer leur exil et leur révolte, à proclamer leur volonté d'existence dans un pays enfin vrai et à ouvrir par l'action les chemins de la liberté et de l'avenir?

1960 reste pour le Québec une date importante puisqu'elle coïncide avec le début et l'espoir de la « révolution tranquille »... C'est aussi le moment que choisit CODOFIL pour entreprendre la renaissance du français en Louisiane.

A présent, tournons nos regards vers le Maghreb, le monde antillais et l'Afrique noire.

La deuxième guerre mondiale vient à peine de s'achever et tout « branle » en Tunisie, au Maroc et en Algérie. Entre 1950 et 1962, des mouvements d'opinion, une prise de conscience nationaliste de plus en plus aiguë animent les partis et les populations, les répressions succèdent aux manifestations d'opposition et de révolte, la génération de 52, la première génération d'écrivains maghrébins, rompt avec la littérature-reflet, conventionnelle et aliénante de la première moitié du siècle, s'interroge sur son identité réelle, s'engage et s'affirme — ce sera surtout le choix des écrivains algériens — dans la lutte contre le colonisateur. C'est au cours de cette période cruciale que la Tunisie, le Maroc et l'Algérie conquièrent leur indépendance.

Dans le même temps, aux Antilles, à Brazzaville, à Paris, à Madagascar, en Côte d'Ivoire, au Sénégal, à Bandoeng, en Guinée, au Congo belge et dans d'autres régions d'Afrique noire se prépare la fin de la colonisation qui va consacrer en 1960 la souveraineté des pays de la communauté française et du Congo Kinshasa. Les élites littéraires ont joué un rôle qui n'est pas négligeable dans cette libération.

De *Ainsi parla l'oncle* du Dr Jean PRICE-MARS jusqu'aux dernières œuvres de la troisième génération d'écrivains africains, c'est-à-dire de 1928 à 1975, le mouvement de la « négritude » n'a cessé de s'affirmer, de s'enrichir, de se renouveler tout en restant fidèle à sa vocation: la littérature négro-africaine a témoigné d'une vitalité, d'une continuité et d'une combativité exemplaires. Au-delà des frontières des États et au fil des années, elle est illustrée par les recueils de poèmes du Malgache RABEARIVELO, l'École des Griots d'Haïti, les revues: *Légitime Défense*, *l'Étudiant noir* et *Tropiques*, les premières œuvres du Guyanais DAMAS, du Martiniquais CESAIRE, du Malgache RABEMANANJARA, des Haïtiens ROUMAIN, Stephen ALEXIS et DEPESTRE, des Sénégalais SENGHOR et B. DIOP, Jeune Afrique, la fondation par Alioune DIOP de Présence africaine, l'Anthologie de la Nouvelle Poésie nègre et malgache de langue française de SENGHOR avec une introduction de J.-P. SARTRE « *Orphée noir* », les Éditions de Présence africaine, les deux Congrès de Paris et de Rome organisés par la Société africaine de Culture qui ont rassemblé les deux premières générations d'écrivains et d'artistes négro-africains, les publications du Centre de Littérature Évangélique de Yaoundé et les Éditions du Mont Noir à Kinshasa-Lubumbashi et enfin l'apparition d'œuvres telles que *La plaie*, *Les Soleils des indépendances* et *le Devoir de violence*, où la critique a cru trouver les signes d'un renouveau ([5]).

Le Liban et le Vietnam: deux pays où, en dépit des vicissitudes de l'histoire, le bilinguisme franco-arabe et le bilinguisme franco-vietnamien ont joui jusqu'à présent, au niveau littéraire, d'un équilibre relativement stable.

Confronté à des distorsions sociales, soumis à certaines pressions nationalistes et communautaires, victime des retombées du conflit judéo-arabe, le Liban, indépendant depuis trente-deux ans, demeurera-t-il longtemps encore le lieu privilégié des rencontres et des

5. Cf. Albert Gérard, La Revue nouvelle, t. 49, Tournai, 1969, p. 204.

échanges entre l'Orient et l'Occident et parviendra-t-il à sauvegarder l'expression française des valeurs littéraires, philosophiques, historiques et juridiques dont ses poètes, ses romanciers, ses penseurs et ses hommes de science ont gratifié si généreusement l'âme et la culture des générations du XXe siècle?

Une guerre de trente ans, l'affrontement sanglant des idéologies, le traumatisme profond d'un peuple, le partage douloureux et peut-être irréversible d'un pays qui est devenu l'enjeu de puissantes rivalités, voilà les réalités dont témoignent les poètes, les dramaturges et les essayistes sud-vietnamiens de langue française. Et par-delà les événements, la génération littéraire de 1954 affirme courageusement sa volonté de vivre dans la dignité nationale, la fidélité à la personnalité culturelle de son pays et la participation à l'humanisme universel. Qui, en 1975, peut être assuré que le sens humain de ce message contribuera à la réconciliation et à la paix?

Voilà les deux interrogations sur lesquelles s'achève notre lecture des tableaux synoptiques. D'autres pistes que celles que nous avons suggérées peuvent être explorées. Nous laissons au lecteur le soin de les découvrir.

Quels que soient nos espoirs ou nos incertitudes, n'est-il pas significatif qu'au cours de cette dernière décennie, les jeunes et les moins jeunes communautés francophones aient pris conscience, par le truchement de la langue française, qu'il était indispensable et urgent pour leur épanouissement et leur avenir de ne pas se replier sur elles-mêmes, mais au contraire de s'ouvrir les unes aux autres, de mieux se connaître pour mieux se comprendre, de créer les conditions d'un véritable dialogue dans le respect et la promotion des personnalités et des cultures nationales, de stimuler par tous moyens appropriés l'esprit de coopération et d'échange, de valoriser et d'actualiser, grâce à la richesse et à la complémentarité des ressources dont elle dispose, leur patrimoine commun d'humanité et de civilisation? Telle est la vocation de l'Agence de Coopération Culturelle et Technique fondée à Niamey en 1970. C'est sous son patronage et avec son aide financière que le projet de la Fédération internationale des professeurs de français a pu être mené à bonne fin. Nous exprimons la très vive reconnaissance de notre Organisation à MM. les Présidents et Membres du Conseil d'Administration ainsi qu'à MM. les Secrétaires généraux Jean-Marc LEGER et Dankoulodo DAN DICKO pour la générosité et l'efficacité de leurs interventions au cours des différentes phases d'élaboration de notre anthologie.

Il nous tarde de remercier très cordialement chacun de nos collaborateurs pour leur accueil, leur compréhension, leur esprit d'équipe et leur diligence; pour notre part, nous n'oublierons pas l'amicale confiance qu'il nous ont toujours témoignée.

A Messieurs les Auteurs et Éditeurs qui nous ont accordé l'autorisation de reproduire les textes choisis par nos collaborateurs, au Ministère français de la Coopération, à Monsieur le Directeur de la Photothèque de la Documentation française, à Monsieur le Directeur de l'AUDECAM, à Monsieur le Conseiller de la Délégation générale du Québec à Bruxelles, à Messieurs les Conservateurs, Directeurs et Chefs de service des Bibliothèques, des Musées et des Archives de l'État de France, du Québec, de Suisse, du Grand-Duché de Luxembourg et de Belgique, à Monsieur le Directeur de la Photothèque du C.R.D.P. de Bordeaux, à Messieurs les Directeurs des Photothèques de l'Office national suisse du Tourisme et du Commissariat général du Tourisme en Belgique qui ont contribué à l'illustration de cet ouvrage, nous renouvelons l'expression de notre gratitude.

L. PHILIPPART

Chargé de cours
à l'Université de l'État
de Mons (Belgique)
Président fondateur
de la F.I.P.F.

Afrique Noire Madagascar Ile Maurice

Collaborateurs : MM. Alain RICARD, attaché au C.N.R.S., Institut de littérature et de techniques artistiques de masse, Université de Bordeaux III.

Albert GÉRARD, professeur à la Faculté de Philosophie et Lettres de l'Université de l'État à Liège.

Mohamadou KANE, maître-assistant à la Faculté des Lettres de l'Université de Dakar.

Georges N'GAL, Doyen de la Faculté des Lettres de l'Université du Zaïre à Lubumbashi.

Mme Michèle PIEMME, Docteur en philosophie et lettres.

INTRODUCTION HISTORIQUE

Depuis plusieurs siècles, des Africains se sont exprimés en langues européennes. Au XVIIIe siècle, par exemple, F. Amoo soutenait ses thèses — latines — en Hollande et revenait finir ses jours à la Côte de l'Or. Mais aussi remarquables que ces précurseurs aient pu être, ils n'étaient pas à la pointe d'un mouvement d'avenir, soutenus par des institutions qui pouvaient les relayer. Isolés, méconnus, leur exemple n'avait que peu de portée. Au XIXe siècle les établissements européens en Afrique se consolident: écoles et missions s'implantent, et avec elles émerge une nouvelle classe de lettrés africains. L'abbé Boilat, métis sénégalais, publie en 1853 un ouvrage sur les coutumes de son pays, *Esquisses Sénégalaises* ([1]), qui contient des rudiments de grammaire des principales langues du Sénégal et qui est sans doute une des premières études de linguistique africaine due à un africain ([2]). On sait d'autre part que chaque langue possède une littérature orale. Celle-ci est plus ou moins variée suivant l'ancienneté et la vigueur des traditions du groupe ethnique qui la conserve et l'enrichit. Des littératures écrites ([3]) existaient certes avant la colonisation européenne chez certains groupes: l'Islam, présent depuis des siècles en Afrique Noire est, ne l'oublions pas, une religion de l'écrit. L'Europe des missionnaires et des militaires a apporté l'imprimerie, instrument de diffusion et de standardisation des messages, qui a permis à de nouvelles couches sociales l'accès à l'écriture, auparavant privilège des scribes.

I. La littérature patronnée

Toute technologie nouvelle suppose une infrastructure de soutien et d'initiation: celle à l'imprimé sera l'école. Or l'abbé Boilat, pas plus que ses

1. Abbé Boilat, *Esquisses Sénégalaises*, Paris, PE. Bertrand, 1853.
2. Sur l'histoire de l'Afrique, J. Ki-Zerbo, *Histoire de l'Afrique*, Paris, Hatier, 1971.
3. Il existe une abondante littérature wolof écrite en caractères arabes (cf. A. Samb, *Essai sur la contribution du Sénégal à la littérature d'expression arabe*, Dakar, IFAN, 1972). Il existe aussi une littérature peule écrite en caractères arabes (cf. A. I. Sow, *La femme, la vache, la foi*, Paris, Classiques africains). Sur tous ces points on consultera avec profit V. Monteil, *L'Islam Noir*, Paris, Éd. du Seuil, 1964.

confrères sénégalais, n'est à l'origine du développement d'une littérature écrite. L'école qu'il avait fondée sera fermée. En 1903 est organisé au Sénégal un enseignement primaire, certes restreint, mais qui est l'embryon d'un système qui culmine avec la création d'une école normale d'instituteurs pour l'Afrique de l'Ouest à St-Louis.

La colonisation met en place des institutions scolaires et aussi militaires. La grande guerre (1914-1918) amènera en Europe beaucoup de jeunes soldats africains et précipitera en Occident un mouvement de curiosité pour le monde noir. En 1921 Blaise Cendrars publie l'*Anthologie nègre*; à New York, « La Renaissance Noire » bat son plein : l'Europe et l'Amérique découvrent le jazz et « l'art nègre ». Le goût pour l'exotisme africain se manifeste avec le développement d'une littérature romanesque coloniale. De nombreuses œuvres prennent l'Afrique pour cadre à la manière du plus célèbre des romans coloniaux : *Le roman d'un spahi* de Pierre Loti ([4]).

L'attribution en 1921 du Prix Goncourt à un antillais, René Maran, pour un roman *Batouala* dont l'action se déroule en Afrique, confirme le courant d'intérêt manifesté en direction du monde noir. Une aspiration confuse au dialogue avec cet autre monde, si ignoré jusque-là, se fait sentir.

En 1925 paraît *l'Afrique Occidentale dans la littérature française* ([5]), qui recense les œuvres de toute nature publiées sur cette partie de l'Afrique. Mais il n'est pas suffisant de connaître ce que les Blancs écrivent sur l'Afrique, il faut avoir le point de vue des Africains. Aussi l'intelligentsia parisienne va-t-elle encourager les Africains à raconter eux-mêmes leur pays.

Déjà en 1910 était paru, dû à un Saint-Louisien, Dugay Cledor N'Diaye, un récit épique, *La bataille de Guilé* qui annonçait une littérature africaine, de fiction, portant sur des thèmes africains ([6]). En 1920 à Paris paraissait un conte de 28 pages, *Les Trois Volontés de Malik* ([7]), dédié à Georges Hardy, directeur de l'enseignement en Afrique de l'Ouest. Mais c'est en 1926 que paraît *Force-Bonté* ([8]) de Bakary Diallo, très vite salué comme le premier roman écrit par un Africain en français. L'ouvrage est, en fait, une auto-

4. Sur tous ces points, cf. la première partie de l'ouvrage de L. KESTELOOT, *Les écrivains noirs de langue française, naissance d'une littérature*, Bruxelles, Université Libre, 1965 (3e éd.). Sur la littérature coloniale, cf. L. FANOUD SIEFFER, *Le Mythe du Nègre et de l'Afrique Noire dans la littérature française de 1880 à la 2e guerre mondiale*, Paris, Klincksieck, 1968.

5. R. LEBEL, *L'Afrique Occidentale dans la littérature française* (depuis 1870), Paris, Larose, 1925.

6. A. DUGAY CLEDOR UDIAYE, *La bataille de Guilé*, Dakar, 1912.

7. A. MAPATÉ DIAGNE, *Les trois volontés de Malik*, Paris, Larousse, 1920. (Coll. Les livres roses pour la jeunesse).

8. B. DIALLO, *Force-Bonté*, avec une introduction de J. R. Bloch, Paris, Rieder et Cie, 1926.

biographie: un tirailleur sénégalais y raconte son enfance, sa guerre, sa blessure, et son accueil dans une France dont il veut célébrer la « force » et la « bonté ». La préface est signée d'un éditeur français qui nous apprend que B. Diallo n'est pas un « noir de convention ». « Il n'est même pas un nègre instruit, un instituteur, un fonctionnaire. L'aventure a été le chercher dans sa paillote. » ([9]) Dans le dernier chapitre, l'auteur remercie les « anges du ciel », tous ses parrains et marraines de guerre, qui l'ont secouru alors qu'il attendait d'être rapatrié au Sénégal. « Vive la force-bonté de la France », tels sont les derniers mots de ce livre.

Il est en fait le plus illustre exemple de cette littérature « patronnée » engendrée par la situation coloniale qui laisse l'initiative aux seuls colonisateurs. Quelques ouvrages s'en détachent: en 1937 Paul Hazoumé, instituteur dahoméen, détaché au Musée de l'Homme à Paris, publie un mémoire sur *Le Pacte de Sang* au Dahomey et donne en 1938 *Doguicimi* ([10]), roman historique sur la cour d'Abomey avant la conquête française. L'ouvrage, préfacé par Georges Hardy, est ambitieux et contient une très riche moisson de détails ethnographiques et historiques recueillis par l'auteur lui-même, qui inaugure ainsi le reportage historique romancé, genre qui ne sera que peu pratiqué par la suite.

II. Deux cas

B. Diallo et P. Hazoumé avaient pu vivre en France. Tel n'était pas le cas du dahoméen Félix Couchoro ou du malgache Jean Joseph Rabearivelo. L'un et l'autre écrivent à partir de 1920 sans contact direct avec la « métropole » et parfois en opposition avec les « métropolitains » coloniaux. En 1929 Félix Couchoro publie, à Paris, *L'Esclave* ([11]), roman qui retrace la vie d'un village dahoméen avant l'arrivée des colons et montre les ravages nés de l'infidélité d'une épouse et de la malignité d'un esclave. Ancien moniteur d'école catholique, Félix Couchoro ne se complaît pas dans la peinture des mœurs des païens: tous les « survivants » de son roman entonnent l'angélus au dernier chapitre. L'auteur cependant prend soin de nous préciser ses intentions dans une préface qu'il n'a laissée à personne le soin de rédiger:

> On verra que la passion n'est point l'apanage de telle race parvenue à un certain degré de civilisation. La passion n'a besoin pour naître

9. J. R. BLOCH, *Préface*, in B. DIALLO, *op. cit.*

10. P. HAZOUMÉ, *Le pacte de sang au Dahomey*, Paris, Institut d'ethnographie, Travaux et mémoires de l'institut d'ethnographie, XXV, 1937. P. HAZOUMÉ, *Doguicimi*, Paris, Larose, 1938.

11. Jusqu'en 1968, la date exacte de parution du roman n'était pas donnée dans les bibliographies... Félix COUCHORO, *L'Esclave*, Paris, La dépêche africaine, 1929.

que du cœur de l'homme. Et quand, dans un roman, on dépouille l'histoire de la vie intime des peuples de tout l'appareil de civilisation, de tout décor de luxe, de manière à ne voir que les drames du cœur dans leur effrayante nudité on se dit : — Mais ces héros sont restés des gens primitifs ! (12).

Voilà quelle était la réponse d'un romancier africain en 1929 aux théories sur la mentalité primitive. Ironie, mais aussi refus du mythe d'un âge d'or passé. Dans cette même préface, l'auteur nous avertit de ce qu'il a essayé de rendre « dans la langue étrangère cultivée » les paroles et les pensées de ces héros. Il ne fait pas comme si l'expression française était « naturelle » en Afrique : il a conscience de son caractère second et c'est là attitude de précurseur.

À Madagascar, à la même époque, commençait la carrière brève et fulgurante de Jean Joseph Rabearivelo. De 1924 à 1937, il écrit et publie à Tananarive plusieurs recueils de poèmes. Lui aussi a conscience du caractère second de l'expression française : il traduit lui-même du hova les textes de plusieurs recueils. Mais alors qu'il donne à l'expression française à Madagascar ses lettres de noblesse, il se débat au milieu de multiples difficultés financières. Deux refus successifs opposés à son désir de venir en France lui donnent un sentiment d'échec définitif : en 1937 il se suicide (13).

Dès avant 1930, il se trouvait donc sur place, au Sénégal, au Dahomey, à Madagascar, des écrivains qui s'exprimaient en français et qui pourtant n'avaient jamais visité « la métropole ». Une partie de ce qu'ils voulaient dire au monde par le truchement d'une langue de grande extension n'était pas du goût des autorités coloniales. La littérature « locale » se trouvait dans une impasse pour plusieurs décennies.

III. Les étudiants noirs

Ce fut la chance des premiers africains venus poursuivre des études supérieures à Paris que de pouvoir se regrouper, rencontrer leurs camarades des Antilles et de la Guyane, connaître le mouvement culturel des noirs américains des États-Unis et les mouvements anticolonialistes de Paris. Les milieux littéraires regroupés autour de *La Revue du Monde Noir* (1928-1934) furent sans doute à l'origine de ces rencontres. Cosmopolitisme et liberté d'expression — une nouveauté pour des ressortissants des colonies — allaient donner à ces étudiants une conscience critique de leur situation de colonisés noirs.

12. F. Couchoro, *L'Esclave*, p. 6.

13. Sur l'œuvre abondante, mais très dispersée, de J. J. Rabearivelo, il est commode de consulter *J. J. Rabearivelo, Textes*, commentés par P. Valette, Paris, F. Nathan, 1967, 63 p. (Classiques du monde, Littérature malgache 1).

La plus grande violence n'était pas, au début du moins, le fait des étudiants africains. Le droit de *Légitime défense* politique contre l'agression coloniale était surtout revendiqué par les Antillais, notamment Étienne Lero et Jules Monnerot, mais leur activité se situe en dehors du cadre de notre étude ([14]). Les étudiants africains — L. S. Senghor, B. Diop, O. Soce Diop — les premiers, affirmaient, eux, la primauté du culturel : ils voulaient d'abord dénoncer l'aliénation ou même la négation dont les cultures de leurs peuples étaient victimes. Cette revendication d'identité allait pour L. S. Senghor et ses amis antillais et guyanais trouver à s'exprimer dans une petite revue *l'Étudiant Noir* qui devait lancer non seulement le mot mais aussi le mouvement connu sous le nom de Négritude.

> Dans quelles circonstances avons-nous, Aimé Césaire et moi, lancé, dans les années 1933-1935, le mot de Négritude? Nous étions alors plongés, avec quelques autres étudiants noirs, dans une sorte de désespoir panique. L'horizon était bouché. Nulle réforme en perspective, et les Colonisateurs légitimaient notre dépendance politique et économique par la théorie de la *table rase*. Nous n'avions, estimaient-ils, rien inventé, rien créé, rien écrit, ni sculpté, ni peint, ni chanté. Des danseurs! et encore... Pour asseoir une révolution efficace, *notre* révolution, il nous fallait d'abord nous débarrasser de nos vetements d'emprunt — ceux de l'assimilation — et affirmer notre être, c'est-à-dire, notre *négritude*. Cependant, la Négritude, même définie comme « l'ensemble des valeurs culturelles de l'Afrique noire », ne pouvait nous offrir que le début de la solution de notre problème, non la solution elle-même. Nous ne pouvions plus retourner à la situation d'antan, à la Négritude des sources. Nous étions des étudiants de Paris et du XXe siècle, de ce XXe siècle dont une des réalités est, certes, l'éveil des consciences nationales, mais dont une autre, plus réelle encore, est l'interdépendance des peuples et des continents([15]).

Il y avait cependant loin de cette proclamation d'étudiants à la révolte ouverte. Aucune des structures politiques du monde de l'entre deux guerres ne donnait en Afrique même de liberté d'expression aux étudiants africains. Ne nous étonnons pas, alors, de voir *Karim* ([16]) d'O. Soce Diop, sous-titré — à la manière des romans coloniaux — « roman sénégalais », paraître en

---

14. Sur le mouvement des étudiants africains à Paris, cf. L. KESTELOOT, *op. cit.*

15. L. S. SENGHOR, *Rapport sur la doctrine et la propagande du parti*, Congrès constitutif du Parti du Rassemblement Africain (P.R.A.), fascicule ronéotypé, 1959, p. 14 *in* L. KESTELOOT, *op. cit.*

16. O. S. DIOP, *Karim, roman sénégalais*, Paris, Imp. Marcel Puyfourçat, 1935. Réédité : *Karim, roman sénégalais suivi de Contes et légendes d'Afrique Noire*, intro. Robert Delavignette, Paris, Nouvelles éditions latines, 1948, (Bibliothèque de l'Union Française).

1935, sans doute à compte d'auteur, et être réédité en 1948 avec une préface de R. Delavignette, gouverneur général. Du même auteur, *Mirage de Paris* [17] peint la vie des étudiants africains à Paris. Les premières œuvres de L. S. Senghor paraissent dans un recueil collectif sur « l'Homme de Couleur » où il proclame déjà la contribution de la négritude à ce qu'il n'appelle pas encore la civilisation de l'universel. Dès avant 1940, une étape décisive avait été franchie. Face au morcellement colonial et à l'impossibilité de se rassembler en Afrique même, un groupe d'intellectuels noirs prenait la parole en son nom propre et affirmait sa communauté de destin. Une prise de conscience s'était opérée : il ne serait plus possible d'en enrayer les effets.

IV. Paris et présence africaine

En 1945 paraît *Chants d'Ombre*, premier recueil publié de L. S. Senghor, suivi en 1948 d'*Hosties Noires* [18]. B. Diop publie en 1947 les *Contes d'Amadou Koumba* [19]. Mais c'est avec la parution en 1948 de *l'Anthologie de la Nouvelle Poésie Noire de Langue Française* [20] que L. S. Senghor va asseoir sa position à l'avant-garde de la défense des cultures colonisées. Souvenons-nous de la préface de Jean-Paul Sartre, « Orphée Noir » : elle témoigne de l'intérêt que l'intelligentsia progressiste de l'époque accordait au mouvement littéraire noir. Certes, les écrivains noirs rassemblés dans l'anthologie sont souvent américains — ne sont cités que trois poètes africains et trois poètes malgaches (L. S. Senghor, B. Diop, D. Diop, J. J. Rabearivelo, J. J. Rabemananjara, F. Ranaivo) mais la création d'une revue va donner aux jeunes écrivains du monde africain et malgache une nouvelle tribune.

Il ne s'agit plus en 1947, quand paraît *Présence Africaine*, de la primauté du culturel, mais de la « solidarité du culturel et du politique », selon la belle expression d'Alioune Diop, son fondateur, de l'union de la revendication d'identité avec la lutte anti-colonialiste. La revue va s'employer à donner du monde noir une vue plus large que celle que l'Europe en a eue jusqu'à maintenant, et chercher à constituer un trait d'union entre la « diaspora » noire et l'Afrique. La maison d'édition qui se greffe rapidement sur la revue publie un cahier spécial avec le premier roman d'Eza Boto

17. O. S. Diop, *Mirages de Paris*, Paris, Nouvelles éditions latines, 1937.

18. L. S. Senghor, « Ce que l'homme noir apporte », in *L'homme de Couleur*. Paris, Plon, 1939 ; L. S. Senghor, *Chants d'ombre*, Paris, Le Seuil, 1945 ; L. S. Senghor, *Hosties Noires*, Paris, Le Seuil, 1948.

19. B. Diop, *Les Contes d'Amadou Koumba*. Paris, Fasquelle, 1947.

20. L. S. Senghor, *Anthologie de la Nouvelle Poésie Nègre et Malgache de Langue Française*, intr. Jean-Paul Sartre, Orphée Noir, Paris, PUF, 1948.

(Cameroun), de Jean Malonga (Congo), et d'A. Sadji (Sénégal) ([21]). Simultanément, chez d'autres éditeurs, qui emboîtent le pas, paraissent un roman togolais: *Le Fils du fétiche* ([22]) de David Ananou, et surtout l'*Enfant Noir*, bientôt suivi par *Le regard du roi* du guinéen Camara Laye ([23]). Le récit de l'enfance de C. Laye fait sensation par la limpidité de son écriture et la netteté de son propos.

Mais beaucoup se demandent si c'est bien le temps, alors que le colonialisme sévit partout, de célébrer une enfance africaine dans un contexte qui semble bien idéalisé...

Tout le mouvement littéraire noir est parcouru des soubresauts annonciateurs de la décolonisation. En 1956, malgré la guerre d'Algérie, l'autonomie des colonies françaises est en vue et ne saurait tarder pour les colonies belges.

Le Ier Congrès des écrivains et artistes noirs réuni à Paris affirme de façon éclatante la solidarité culturelle du monde africain et malgache ([24]).

Si l'autonomie était en vue, les structures coloniales étaient bien en place. A la revendication d'identité culturelle — (négritude) — qui avait suivi la « figuration » imposée par le paternalisme colonial, va succéder la satire politique. D. Diop attaque l'ordre colonial à *Coups de pilon* ([25]). M. Beti ([26]) et F. Oyono ([27]), par leurs romans tous publiés entre 1956 et la date de l'indépendance, le font sombrer dans le ridicule. La révolte n'emprunte plus la rhétorique de l'identité, mais s'attache à démasquer des aliénations concrètes.

Le deuxième congrès des écrivains et artistes noirs, réuni à Rome, en 1959, rassemble tous les intellectuels dans la lutte anticoloniale. On y proclame la solidarité des colonisés. Déjà pourtant s'annoncent les clivages de l'ère des indépendances: et certains dénoncent le fait que des idéologies de lutte puissent se muer en idéologie d'apaisement quand le pouvoir est en vue...

---

21. Présence Africaine, 16: *Trois écrivains noirs*, Paris, 1954. Eza Boto est un des pseudonymes d'Alexandre Biyidi, alias Mongo Beti.

22. D. Ananou, *Le fils du fétiche*, Paris, Nouvelles éditions latines, 1955.

23. C. Laye, *L'enfant noir*, Paris, Plon, 1953; C. Laye, *Le Regard du Roi*, Paris, Plon, 1954.

24. Cf. Présence Africaine, *Le Ier Congrès International des écrivains et artistes noirs*, 8, 9, 10 juil.-nov. 1956. Présence Africaine. *Contribution au Ier Congrès des écrivains et artistes noirs*, 14-15, juin-sept. 1957 (hors série).

25. D. Diop, *Coups de pilon*, Paris, Présence Africaine, 1956 (réédition 1974).

26. M. Beti, *Le pauvre christ de Bomba*, Paris, Robert Laffont, 1956, 370 p.; M. Beti, *Mission Terminée*, Paris, Buchet Chastel, Correa, 1957, 254 p.

27. F. Oyono, *Une vie de boy*, Paris, Julliard, 1956.

V. Et en Afrique?

La production parisienne ne saurait cependant suffire à rendre compte de la situation littéraire de l'Afrique de 1930 à 1960. Quelques écrivains seulement résident en Afrique. Beaucoup sont fonctionnaires (B. Dadié, A. Sadji, B. Matip); d'autres sont des hommes de radio comme Albert Mongita, auteur de pièces radiophoniques au Congo. Tous demeurent très isolés et savent qu'ils ne seront connus et reconnus qu'après une consécration parisienne([28]).

Au Congo Belge une revue très active, *Jeune Afrique*, paraît de 1946 à 1960 et rassemble dans ses colonnes des textes de A. Bolamba, de A. Munongo. Au Rwanda, l'abbé Kagame commence dès 1950 le travail de transcription et de recréation de la poésie de son pays qu'il poursuit jusqu'à aujourd'hui. À l'île Maurice, paraît en 1954 le premier volume de poésie d'Édouard Maunick.

En Afrique même, la presse est étroitement contrôlée, l'édition reste inexistante ([29]). La seule production locale vient du théâtre; elle est le fait des élèves de l'École Normale de l'A.O.F. devenue Ecole William Ponty. Leur troupe recrée en français des scènes historiques ou de vie quotidienne. Théâtre d'usage strictement scolaire, mais qui constitue une des seules formes d'expression autorisées et encouragées à cette époque en Afrique coloniale. A son image se développe à partir de 1940 en Côte d'Ivoire, pour des associations de jeunesse, un théâtre d'amateurs, scolaire et folklorique, qui donne naissance en 1953 au *Cercle Culturel et Folklorique de Côte d'Ivoire* ([30]). Ce genre de spectacle témoigne de la maîtrise des élèves du français, et permet de rendre les aspects les plus spectaculaires de leur culture: chants et danses pour le plus grand plaisir de tous. L'ouverture dans les années cinquante de Centres Culturels du Gouvernement général de l'A.O.F. devait encourager cette forme de théâtre scolaire; la publication d'une revue, *Trait d'Union* facilitera la communication et stimulera la compétition entre les diverses troupes. Ce théâtre à texte, à décor, à intrigue, très marqué par Molière, soucieux de bonne grammaire comme de bonnes manières, est un théâtre d'imitation et de folklore. Il a pourtant influencé le développement du théâtre

---

28. Un seul écrivain s'impose: P. Lomani Tshibamba, avec *Ngando le crocodile* (Bruxelles, Éd. G. A. Denys, 1948, 111 p.), Prix de la foire coloniale de Bruxelles en 1948.

29. Le seul romancier publié en Afrique entre 1930 et 1950 est Félix Couchoro: deux romans publiés à compte d'auteur, *Amour de Féticheuse*, Ouidah, Imp. Mme d'Almeida, 1941, et *Drame d'amour à Anecho*, Ouidah, Imp. Mme d'Almeida, 1950.

30. Cf. notamment F. Amon d'Aby, B. Dadie, G. C. Gadeau (eds), *Le théâtre populaire de Côte d'Ivoire*, Abidjan, Cercle culturel et folklorique de Côte d'Ivoire, 1965.

africain en français jusqu'à aujourd'hui, comme le remarque B. Traoré, auteur en 1958 de la première étude d'ensemble sur le théâtre africain ([31]).

VI. Les indépendances

Ainsi en 1960, l'infrastructure matérielle d'une production littéraire africaine était loin d'être réunie: peu de journaux et d'éditeurs, un milieu scolarisé mince et concentré dans les villes. Cependant la situation générale était toute différente; les écrivains qui auparavant étaient souvent à l'étranger allaient rentrer. Les tâches de la construction nationale allaient certes les absorber, mais aussi les stimuler. La littérature africaine se trouvait désormais à inventer, libérée de toute contrainte idéologique extérieure. La partie devait se jouer en Afrique, car l'Europe montrait déjà son désintérêt. Passées la curiosité bienveillante et l'admiration distante suscitée par la publication de *l'Aventure ambiguë* de Ch. Hamidou Kane ([32]), les éditeurs français ne sentent pas le besoin de faire un effort de prospection en faveur des nouveaux écrivains africains et rien n'existe sur place en Afrique francophone.

Il va ainsi se produire progressivement un élargissement du domaine de l'expression française en Afrique: dans presque tous les pays apparaissent de nouveaux écrivains, s'édifient des œuvres, ou paraissent enfin des travaux depuis longtemps prêts. Le Niger (Boubou Hama), la Haute Volta (N. Boni); le Mali (Seydou Bedian) viennent à des titres divers compléter le patrimoine de la littérature d'expression française en Afrique ([33]). La diversification de la production est telle que l'on voit des écrivains s'essayer et réussir dans plusieurs genres (Ch. Nokan: poésie, théâtre, roman; J. Pliya: nouvelles, théâtre; Ch. Ndao: poésie, théâtre, romans; Sembène Ousmane: nouvelles, romans et surtout cinéma). Une action plus systématique est entreprise en faveur de la collecte de la tradition orale qui trouve dans A. Hampate Ba un interprète de choix ([34]).

L'édition finit par suivre: en 1963 se crée à Yaoundé le Centre de Littérature Évangélique qui va s'imposer par une politique cohérente et suivie d'aide aux auteurs et de prospection du marché. Livres techniques adaptés aux pays tropicaux, livres de lectures pour enfants et aussi livres de fiction, tels sont les trois grands domaines dans lesquels le CLE s'est aujourd'hui conquis

31. B. Traore, *Le théâtre négro-africain et ses fonctions sociales*, Paris, Présence Africaine, 1958.

32. Ch. Hamidou Kane, *L'aventure ambiguë*, Paris, Julliard, 1961.

33. On en trouvera une recension très utile dans la dernière édition de Th. Barratte-Eno Belinga, *Bibliographie des auteurs africains et malgaches de langue française*, Paris, ORTF-DAEC, E^{e} éd., 1971.

34. Cf. notamment la collection *Classiques africains* publiée chez Armand Colin sous l'égide de l'UNESCO.

une place de choix dans la littérature africaine. Une nouvelle génération de romanciers camerounais, qui comprend par exemple R. Philombe et F. Bebey, a pu s'exprimer grâce au CLE. Plusieurs grands prix littéraires de l'Afrique Noire (1968 et 1969) sont venus récompenser et faire connaître les efforts de cette maison dynamique. Il faut cependant attendre 1972 pour voir naître d'une association entre le Sénégal, la Côte-d'Ivoire et plusieurs éditeurs français, une autre maison d'édition d'envergure internationale, alors que l'édition universitaire semble en passe de se développer au Zaïre ([35]).

Cet élargissement de la production ne devrait cependant pas faire illusion. En 1965, sur 14 écrivains africains traduits dans le monde, neuf étaient « francophones » ([36]). De quoi être fier mais aussi de quoi s'inquiéter: tous avaient écrit avant 1960 et pareille vitalité ne se laissait pas voir en 1964, bien que certains, et non des moindres n'aient pas interrompu leur production (L. S. Senghor: *Nocturne*, 1961, *Élégie des Alizés*, 1969, *Lettres d'Hivernage*, 1973).

La production des écrivains francophones ne représente en 1970 que 20 % de la littérature africaine en langues européennes, soit à peu près 300 titres ([37]). C'est peu. La prolifération de manuscrits, notamment de pièces de théâtre, dans le cadre par exemple du Concours théâtral Interafricain de l'ORTF, est sans doute de bon augure ([38]). D'autant plus qu'il existe aujourd'hui une critique littéraire africaine qui dans les universités (Dakar, Abidjan, Yaoundé, Brazzaville, Lubumbashi) peut porter un regard neuf sur les œuvres africaines et constitue cette avant-garde de lecteurs sans laquelle la communication littéraire ne peut s'établir.

VII. Le Français langue seconde

Ne l'oublions pas: une petite minorité d'africains comprend le français; une infime minorité le parle tous les jours.

---

35. Nouvelles Editions Africaines (NEA). Abidjan-Dakar, Éditions du Mont Noir, Lubumbashi.

36. Les donnees sont extraites de la première bibliographie de J. Jahn, *Bibliographie of Neo-Africain Literature*, New York, Praeger, 1965.

Les Éditions populaires du Mali qui ont à ce jour plus d'une trentaine de titres originaux à leur catalogue, malheureusement très mal distribués à l'étranger, en partie du fait de l'hostilité des trusts d'éditeurs français; c'est aussi le cas des éditions guinéennes.

37. Données extraites de J. Jahn et C. P. Dressler, *Bibliography of creative africain writings*, Nendeln (Liechtenstein), Kraus Reprint Corporation, 1971, la plus complète des bibliographies de littérature africaine.

38. Cf. notamment la collection *Répertoire Théâtral Africain* publiée par ORTF-DAEC, 116, avenue du Président Kennedy, Paris 16.

Selon une statistique établie en 1965, on sait qu'à cette date 11 % des Sénégalais savaient lire et écrire le français et seulement 1 % des Sénégalaises (39). Et le Sénégal est de tous les pays d'expression française en Afrique noire celui qui a eu le contact le plus étroit avec la France. Des progrès ont certes été effectués en 10 ans, mais le français n'est pas une langue parlée dans la rue en Afrique, et ne le sera sans doute jamais. Quel est alors l'avenir d'une littérature dans laquelle l'écrivain « ne peut irriguer son écriture aux sources de son parler » suivant la belle expression d'Édouard Glissant? Certains pensent qu'un effort massif de scolarisation accompagné d'un renouvellement des méthodes d'enseignement du français, en utilisant notamment la télévision (en Côte d'Ivoire et au Niger) remédiera à cet état de fait. La situation nous paraît autrement complexe: le français doit admettre qu'il est en Afrique Noire, une langue « seconde », la langue de l'école et de l'administration, pas celle de la rue ou de la maison.

La mosaïque de l'oralité — les centaines de langues parlées dans chaque pays — a souvent été opposée à l'unité qu'apporte une grande langue de civilisation étrangère. A y regarder de plus près, cette mosaïque prend des teintes plus unies que bariolées (40). Dans beaucoup de pays un maximum de 8 langues et une moyenne de 6 sont comprises et parlées de la majorité de la population. Certes, des ensembles de parlers ne deviendront pas des langues littéraires par un décret ministériel: mais des décrets peuvent uniformiser les transcriptions, imposer un enseignement, et l'on s'apercevra alors que les parlers se regroupent en langues littéraires potentielles.

Plusieurs langues disposent déjà d'une tradition littéraire écrite: le malgache. mais aussi en Afrique Noire, l'ewe au Togo, le lingala, le kikongo et le swahili au Zaïre et au Congo, le wolof au Sénégal, tout comme le haoussa et le peul dans les États de savane de l'Afrique de l'Ouest sont des outils de communication adaptés à l'expression littéraire, et l'ayant déjà pratiquée. Des ensembles linguistiques sont en voie de constitution qu'une politique systématique d'alphabétisation devrait bientôt doter d'une tradition littéraire écrite, ainsi pour la bambara (appelé dioula en Côte d'Ivoire) au Mali (41).

---

39. P. DUMONT, *Techniques et moyens d'expression du français langue vivante*, Études françaises dans le monde. Montréal, AUPELF, 1973.

40. Sur les situations de langage en Afrique Noire on se reportera à M. HOUIS, *Anthropologie linguistique de l'Afrique Noire*. Paris, PUF. 1971, ainsi qu'aux articles de M. HOUIS dans les Dossiers Pédagogiques, AUDECAM, jan.-fév. 1973 et jan.-fév. 1974.

41. Pour des données sociolinguistiques on se reportera utilement aux publications du Centre de linguistique appliquée de l'Université de Dakar (CLAD), de l'Institut de linguistique appliquée (ILA) et du Groupe de littérature orale de l'Université d'Abidjan, ainsi qu'à celles du Centre d'études linguistiques théoriques et appliquées (CELTA) de l'université du Zaïre à Lubumbashi.

Dans d'autres pays enfin le français coexiste avec un créole ancien — à l'Ile Maurice, ou des formes nouvelles de créole, comme le sango de la République Centrafricaine, ou le « petit-nègre » de la Côte d'Ivoire. Ces créoles échapperont-ils au destin ambigu et obscur de leurs frères antillais? Cela n'est pas sûr, mais l'expression française doit compter avec eux.

Partout la scolarisation primaire en français atteint ou dépasse le taux de 50 % et presque tous les pays sont dotés d'une université. Une floraison de nouvelles revues multigraphiées d'étudiants se produit: poèmes et essais y abondent. Nouveaux lecteurs et nouveaux écrivains produits par l'école rencontrent aujourd'hui les critiques et les journalistes et constituent dans les capitales africaines un milieu littéraire. C'est là un phénomène nouveau qui mettra fin à l'isolement de l'écrivain dans son pays, et qui ne peut que profiter au développement d'une littérature. La vitalité d'une littérature se juge aussi à la variété des genres pratiqués: or le goût pour la poésie, partout observé, n'est pas bon signe, s'il s'exerce au détriment des autres genres. Il nous semble important pour l'avenir de voir qu'en Côte d'Ivoire commencent à circuler des romans policiers multigraphiés, qu'au Mali et au Togo une presse rurale en langue africaine se développe rapidement. La pratique de l'écrit, en quelque langue que ce soit, sera seule à même de développer la littérature. Car la littérature, expression d'un peuple, n'est au service d'aucune langue. Aussi doit-on s'attendre à des phénomènes surprenants dans les années qui viennent.

VIII. Vers le renouveau

En effet, la fin de la décennie du développement (1960-1970) a vu apparaître une nouvelle génération d'écrivains qui remettent en cause les modèles de la tradition littéraire africaine d'expression française. La littérature d'expression française n'est pas venue combler un vide culturel et linguistique. L'influence et la marque des traditions littéraires, orales ou écrites, africaines se fera sans doute de plus en plus sentir dans les textes d'Africains qui continueront à s'exprimer en français. Plusieurs œuvres récentes: *Le Devoir de Violence* (Y. Ouologuem), *Les soleils des Indépendances* (A. Kourouma), *L'étrange destin de Wangrin* (A. Hampate Ba) ont un rythme et un souffle épiques: ne peut-on penser que c'est justement parce qu'elles se rattachent à l'aire de civilisation mandingue, celle de l'ancien empire du Mali et de la Geste de Soundiata Keita, rendue en français par D. T. Niane, et qui aujourd'hui encore nourrit la parole des griots [42].

---

42. Y. Ouologuem, *Le Devoir de Violence*, Paris, Le Seuil, 1968; A. Kourouma, *Les soleils des indépendances*, Montréal, Presses de l'université, 1968 et Paris, Le Seuil, 1970; A. Hampate Ba, *L'étrange destin de Wangrin*, Paris, UGE (Coll. 10-18), 1973; D. T. Niane, *Soundiata ou l'épopée mandingue*, Paris, Présence Africaine, 1960.

Cette présence de l'épopée, nouvelle dans le roman africain d'expression française, est une première conscience de la situation de coexistence avec d'autres traditions littéraires. Elle est à rapprocher de la nouvelle attitude des écrivains à l'égard de la langue elle-même. La langue doit s'adapter au rythme propre du créateur. A. Kourouma, le plus original des novateurs dans le domaine du roman, s'en explique très nettement :

> Il est certain que le théâtre et le film rendent mieux la vie communautaire de l'Afrique noire, mais je veux ici être d'une franchise totale : la langue française est entourée d'une grande dévotion. Objet d'une sorte de fétichisme stérile qui a hypothéqué jusqu'à ces derniers temps les travaux d'écrivains non français mais possédant en elle leur unique moyen d'expression. Lorsqu'on avance l'inexistence d'une tradition écrite, ce qui, entre parenthèses, n'est pas tout à fait vrai puisqu'il existe chez nous des manuscrits en langue africaine réalisés avec des caractères arabes et que l'Islam n'est pas une religion sans langue, on oublie de dire que plusieurs siècles de colonisation culturelle auraient pu tout de même créer cette tradition écrite. J'ai parlé de fétichisme de la langue et cela est vrai. On a voulu conserver la langue dans ses fortifications grammaticales et ses clichés. Bien parler français, un point c'est tout. Et aujourd'hui une critique française quelquefois complaisante est prête à crier à l'innovation esthétique ou je ne sais quoi d'autre lorsque paraît un livre africain.
>
> Tout cela parce que les petits noirs ont été tenus à « respecter » une langue qui ne correspondait en aucune façon à leur vision du monde. Oui, c'est le mot : un fétichisme, une sorte d'amour outrancier que les Français ont voué à leur langue. Je vous ferais remarquer que le colonisateur anglais n'avait pas les mêmes suceptibilités à propos de la langue, ce qui a donné naissance, au Nigéria par exemple, à une sorte de littérature anglo-africaine. Au fond, ce n'est pas l'alphabétisation qui est un problème. Alphabétiser les masses est relativement facile. C'est leur donner le moyen d'accorder la sensibilité à un outil d'expression ([43]).

La création littéraire est d'abord créativité linguistique : en Afrique, comme ailleurs, il ne s'agit pas de gommer son héritage linguistique, mais d'en exploiter toutes les virtualités. Seule une pédagogie hardie de la littérature, dégagée du souci des normes, pourra libérer une expression qui peut certes être française, mais devra avant tout être authentique, pour avoir quelque chance de s'imposer à l'Histoire ([44]).

Alain RICARD

---

43. A. KOUROUMA, « Interview », *Afrique Littéraire et Artistique*, 10, avr. 1970, pp. 6-8.

44. J. MAQUET, *Les civilisations noires*, Verviers (Belgique), Éd. Gérard (Marabout Université) 1966 ; *Nouveau Dossier Afrique*, Verviers (Belgique), Éd. Gérard, (Marabout Université) 1971, ainsi que tous les ouvrages de G. BALANDIER, notamment *Afrique Ambiguë* (Paris, 1960) constituent une bonne propédeutique à l'étude de l'Afrique.

Paul Ahyi sculptant *L'Entente*, œuvre en marbre togolais, symbolisant l'entente africaine au Village résidentiel du Conseil de l'Entente à Lomé.
(Photo Edélopé. Studio Fumay Clément, Lomé.)

Ahmadou Hampaté BA

Ahmadou Hampaté Ba est né à Bandiagara (Mali) en 1899. De profondes études du coran firent de lui un disciple du sage Thierno Bokar. Il comptera parmi les chercheurs les plus connus de la section ethnologique de l'IFAN (alors Institut Français d'Afrique Noire). Il sert au Mali, bien sûr, au Sénégal, en Guinée. Ce sont les cultures des peuples de ces pays qui constituent l'objet de son travail de recherche. A. Hampaté Ba a consacré sa carrière à la révélation et à la défense de la tradition orale.

D'importantes responsabilités administratives lui ont été confiées depuis l'indépendance de son pays: ambassadeur, directeur de l'Institut des Sciences Humaines à Bamako, membre du Conseil Exécutif de l'UNESCO.

Son activité de chercheur n'a été interrompue à aucun moment. Il a procédé à la collecte d'épopées, de récits initiatiques (Kaïdarat, Koumen) de contes, de chroniques... Il a publié de nombreux articles dans Présence Africaine *principalement. En collaboration, il a écrit* Thierno Bokar, le sage de Bandiagara, l'Empire Peul du Macina, Aspects de la civilisation africaine.

Ahmadou Hampaté Ba tient une place importante dans le mouvement de redécouverte des civilisations africaines. Il retient l'attention par son sens de l'observation, la rigueur de ses analyses et une précision du style qui n'est pas sans rapport avec sa formation scientifique.

L'étendue de la connaissance d'Ahmadou Hampaté Ba des cultures ouest-africaines procède de sa maîtrise de nombreuses langues de la région et de sa familiarité avec ses divers peuples.

BIBLIOGRAPHIE

Thierno Bokar, le sage de Bandiagara, Paris, Présence Africaine, 1957.
L'Empire Peul du Macina, Paris, La Haye, 1962 (Bamako, 1955).
Kaïdara, Paris, Julliard, 1968.
Koumen, Texte initiatique des Pasteurs Peuls, Paris, La Haye, 1961.
Aspects de la Civilisation africaine, Paris, Présence Africaine, 1972.
L'étrange destin de Wangrin, Paris, 1973.

L'UNITÉ DE LA VIE *

A. H. Ba précise dans le texte suivant la conception bambara de l'Unité de la vie. (Extrait de Aspects de la civilisation africaine, *Paris, Éditions Présence africaine, 1972.)*

La tradition considère que la vie d'un homme normal comporte deux grandes phases: l'une ascendante, jusqu'à soixante-trois ans, l'autre descendante, jusqu'à cent vingt-six ans. Chacune de ces phases comporte trois grandes sections de vingt et un ans, composée de trois périodes de sept ans. Chaque section de vingt et un ans marque un degré dans l'initiation et chaque période de sept ans marque un seuil dans l'évolution de la personne humaine........................

A aucun moment, la personne humaine n'est donc considérée comme une unité monolithique, limitée à son corps physique, mais bien comme un *être complexe, habité par une multiplicité en mouvement permanent. Il ne s'agit donc pas d'un être statique ou achevé.*

La personne humaine, *telle la graine végétale*, est *évolutive* à partir d'un capital premier qui est son *potentiel propre*. Celui-ci va se développer tout au long de la phase ascendante de sa vie, en fonction du terrain et des circonstances rencontrées. Les forces dégagées par cette potentialité sont en *perpétuel mouvement*, tout comme le cosmos lui-même.

Pour illustrer cela, rappelons brièvement le mythe de la création de l'homme dans la tradition bambara:

Maa-Ngala (ou Dieu-Maître) s'autocréa. Puis il créa 20 êtres, qui constituèrent l'ensemble de l'univers. Mais il s'aperçut que, parmi ces 20 premières créatures, aucune n'était apte à devenir son kumanyon, c'est-à-dire son interlocuteur. Alors, il préleva un brin sur chacune des 20 créatures existantes. Il mélangea le tout et s'en servit pour créer un 21e être hybride, l'homme, auquel il donna le nom de Maa, c'est-à-dire le premier mot composant son propre nom divin.

Pour contenir Maa, l'être tout-en-un, Maa-Ngala conçut un corps spécial, vertical et symétrique, capable de contenir à la fois un brin de tous les êtres existants. Ce corps, appelé Fari, symbolise un sanctuaire où tous les êtres se trouvent en circumduction. C'est pourquoi la tradition considère le corps de l'homme comme le monde en miniature, selon l'expression « Maa ye dinye merenin de ye », c'est-à-dire: « L'homme, c'est l'univers en miniature. »

Carte postale ethnographique: ici les antilopes *Chyi wara*, portées par les danseurs, accompagnés des musiciens et des guoto rythment les travaux des champs.

(Collection Coulon, Bordeaux.
Photo Bardou, C.R.D.P., Bordeaux.)

Le corps tout entier correspond à un symbolisme bien précis. La tête, par exemple, représente l'étage supérieur de l'être, percé de sept grandes ouvertures. Chacune d'elle est la porte d'entrée d'un état d'être, ou monde, et est gardée par une divinité. Chaque porte donne accès à une nouvelle porte intérieure, et cela à l'infini. Le visage est considéré comme la façade principale de l'habitat des personnes profondes de Maa, et des signes extérieurs permettent de déchiffrer les caractéristiques de ces personnes. « Montre-moi ton visage, et je te dirai la manière d'être de tes personnes intérieures », dit l'adage. Chaque être intérieur correspond à un monde qui tourne autour d'un axe ou point central.

Le psychisme de l'homme est donc un ensemble complexe. Tel un vaste océan, sa partie connue n'est rien par rapport à ce qui reste à connaître. La maxime malienne en dit long à ce sujet: « On ne finit pas de connaître Maa… »

Pourquoi cette complexité?

D'un côté le nom divin dont Maa est investi lui confère l'esprit et le fait participer à la Force Suprême Celle-ci l'appelle à sa vocation essentielle: devenir l'interlocuteur de Maa-Ngala.

D'un autre côté, les divers éléments qui sont en lui en font le confluent de toutes les forces cosmiques, les plus élevées comme les plus basses. La grandeur et le drame de Maa viennent de ce qu'il est le *lieu de rencontre* de forces *contradictoires* en perpétuel mouvement, que seule une évolution bien accomplie sur le chemin de l'initiation lui permettra d'ordonner, au long des phases de sa vie.

Les forces multiples et variées qui se meuvent dans l'univers caché de Maa constituent des états, ou personnes psychiques, émanant de l'esprit de Maa lui-même. L'Esprit, principe immatériel et immortel, n'est pas un être imaginaire. Il existe. C'est lui qui donne naissance à l'Imagination, faculté bien réelle (à ne pas confondre avec l'imaginaire), faculté grâce à laquelle Maa devient capable de vision et entre en rapport avec des esprits ou des êtres habitant hors de lui ou hors du monde visible. Pour reprendre une expression de mon ami Boubou Hama, il « concrétise l'abstrait », qui prend pour lui image et forme. L'esprit de Maa lui permet de connaître, de comprendre et de renforcer son attention. En développant ces aptitudes, Maa devient apte à juger.

Comme on a pu s'en apercevoir, la personne n'est pas close sur elle-même, telle une boîte bien fermée. Elle s'ouvre sur plusieurs directions, plusieurs dimensions, pourrait-on dire, à la fois intérieures et extérieures.

Les divers êtres, ou états, qui sont en elle, correspondent aux mondes qui s'étagent entre l'homme et son créateur. Ils sont en relation entre eux et, à travers l'homme, en relation avec les mondes extérieurs...

Jean Joseph RABEARIVELO

Jean Joseph Rabearivelo est né en 1901 à Madagascar. D'ascendance noble, mais de fqmille pauvre il quitte l'école à 13 ans et apprend en autodidacte le français. Il travaille comme correcteur d'épreuves à Tananarive et vit assez difficilement. Cette existence apparemment médiocre est celle d'un homme qui a donné ses plus beaux textes à la littérature d'expression française à Madagascar. Grand lecteur des symbolistes, ami des lettrés malgaches, il participe, à travers les revues, à une partie de la vie littéraire cosmopolite de Paris. De son vivant paraissent six recueils de poésie complétés en 1939 par un recueil posthume. Plusieurs recueils présentent des traductions du hova — sa langue maternelle — en français.

La tentative de Jean Joseph Rabearivelo de créer un langage poétique propre à partir des trqditions de son pays était trop neuve pour l'époque: peu connu à l'extérieur et désireux de partir pour Paris, ses projets échouent. Il se suicide en 1937.

BIBLIOGRAPHIE

La Coupe de Cendres, Pitot édit., Tananarive, 1924.
Sylves, Imp. de l'Imerina édit., Tananarive, 1927.
Volumes, Imp. de l'Imerina édit., Tananarive, 1928.
Presque-Songes, Paris, 1934.
Imaitsoanala, Fille d'Oiseau, cantate, Tananarive, 1935.
Traduit de la Nuit, Édition des Mirages, Tunis, 1935.
Vieilles Chansons des Pays d'Imerina, ill., précédé d'une biographie du poète par R. Boudry, Tananarive 1939.
Lova, textes présentés par F. Rajaofera, Tananarive, 1957.
Poèmes, Presque-Songes, Traduit de la Nuit, Saiky-Nofy, 2e édition avec préface de Jacques Rabemananjara, Tananarive, 1960.

A consulter:

R. BOUDRY, *J.J. Rabearivelo et la mort,* Paris, Présence Africaine, 1958.
P. VALETTE (ed.), *J.J. Rabearivelo,* Paris, F. Nathan, 1967.

Mali: Falaise de Bandiagara. Dogon jouant du tambour d'aisselle.
(Photo Documentation française, Section Afrique et Outre-Mer, 31, quai Voltaire, Paris 7ᵉ.)

(Extrait de Traduit de la nuit, *3-4-5-6, in P. Valette (éd.), J. J. Rabearivelo, Paris, F. Nathan, 1967.)*

La peau de la vache noire est tendue,
tendue sans être mise à sécher,
tendue dans l'ombre septuple.

Mais qui a abattu la vache noire,
morte sans avoir mugi, morte sans avoir beuglé,
morte sans avoir été poursuivie
sur cette prairie fleurie d'étoiles?
La voici qui gît dans la moitié du ciel.

Tendue est la peau
sur la boîte de résonance du vent
que sculptent les esprits du sommeil.

Et le tambour est prêt
lorsque se couronnent de glaïeuls
les cornes du veau délivré
qui bondit
et broute les herbes des collines.

Il y résonnera
et ses incantations deviendront rêves
jusqu'au moment où la vache noire ressuscitera,
blanche et rose,
devant un fleuve de lumière.

Ce qui se passe sous la terre,
au nadir lointain?
Penche-toi, près d'une fontaine,
près d'un fleuve
ou d'une source
tu y verras toi-même,
lumineux et silencieux,
parmi les arbres sans racines
et où viennent des oiseaux muets.

Tu dors, ma bien-aimée;
tu dors dans ses bras ô ma dernière née.
Je ne vois pas vos yeux lourds de nuit
qui d'ordinaire s'irisent
comme des perles authentiques
ou des raisins mûrs.

Une bouffée de bon vent entrouvre notre porte,
fait gonfler vos robes légères
et trembler vos cheveux,
puis emporte un papier de sur ma table
que je rattrape près du seuil.
Je lève ma tête
le poème commencé dans la main:
vos yeux clignotent dans l'azur,
et je les appelle: étoiles.

Un oiseau sans couleur et sans nom
a replié les ailes
et blessé le seul œil du ciel.

Il se pose sur un arbre sans tronc,
tout en feuilles
que nul vent ne fait frémir
et dont on ne cueille pas les fruits les yeux ouverts.

Que couve-t-il?
Quand il reprendra son vol,
ce sont des coqs qui en sortiront:
les coqs de tous les villages
qui auront vaincu et dispersé
ceux qui chantent dans les rêves
et qui se nourrissent d'astres.

Malcolm DE CHAZAL

Malcolm De Chazal est né à Curepipe (Île Maurice) en 1902. Il fait aux États-Unis des études agronomiques dans les années vingt, travaille un temps à Cuba et visite la France en 1925. Ses compétences dans le domaine de la canne à sucre ne sont cependant pas mises à profit puisque à son retour à l'Ile Maurice, il s'occupe du service téléphonique, à Port-Louis. Il écrit beaucoup: des textes d'économie, des pensées et des maximes marquées par l'influence de La Rochefoucauld. Tout ce travail d'écriture prépare le poète: André Breton le rencontre et apprécie les ébauches de Sens plastique. *A leur parution en 1947, ses poèmes en prose sont salués par Jean Paulhan, alors directeur de la* Nouvelle Revue Française. *Admiré en France, Malcolm De Chazal est resté mauricien; publiées à Port-Louis, la plupart de ses œuvres sont mal connues à l'extérieur, hormis de quelques fidèles qui en apprécient autant la richesse de la langue que la rigueur violente. Son œuvre témoigne en tout cas de la créativité, fragile mais vive, de l'expression française dans l'Océan Indien.*

BIBLIOGRAPHIE

Pensées I, Port-Louis, The General Printing and Stationery C°, 1940.

Sens plastique II, Port-Louis, The General Printing and Stationery C°, 1947; Paris, Gallimard, 1948.

La vie filtrée, Paris, Gallimard, 1949.

Théâtre mythique en six actes, Port-Louis, The Almadinah Printing Press, 1950.

Iésou, théâtre mythique en six actes, Port-Louis, The Almadinah Printing Press, 1950.

Le Rocher de Sisyphe, Port-Louis, The Almadinah Printing Press, 1951.

Petrusmok, mythe, Port-Louis, Standard Printing Establishment, 1951.

Les désamorantes. Le Concile des poètes, Port-Louis, Mauritius Printing C°, 1954.

L'espace, ou Satan: discours sur l'illusion, Port-Louis, Standard Printing Establishment, 1954.

Poèmes, Paris, J.J. Pauvert, 1968.

LA MÉMOIRE DE L'EAU...

(Extrait de Sens plastique II, *Port-Louis, The General Printing and Stationery C°, 1947.)*

La mémoire de l'eau et la mémoire de la lumière se croisent et se confondent dans la perle. L'œil ne sait plus, dans la perle, s'il est dans l'eau ou s'il nage en pleine lumière, l'océan de l'eau et les mers de clarté n'y formant qu'un: le soleil y fait son plein d'eau, et les mers de lumière s'y écrèment à pleins bords; la nacre s'y égoutte et l'éclat s'y solidifie. Perle. Stalactites et stalagmites d'une clarté d'eau qui monte et où il pleut du soleil, lumière en colonnade aux grains bleus, portant des fonds marins à la tête des nuées, grains-pis de la Lumıere que trait, au tréfonds des océans, la bouche d'une Huître, comme pour tout réunir en un: les tons chauds de l'eau au dos bleu; le ventre blanc du ciel éblouissant; les formes opalines des courants blonds; le sucre candy des récifs; la dent blanche de la voile qui passe; le regard irisé de l'écume; les bossellements moirés de la hanche ronde de la vague qui se soulève comme une mamelle tendue à la bouche d'enfant du soleil, vache-lumière de toujours, qui boit des lèvres comme elle est bue, comme le sein aspire la bouche qui le boit, comme la bouche est baisée par la peau qu'elle aspire, comme nous sommes en Dieu et Dieu en nous.

Birago DIOP

Birago Diop conteur, poète sénégalais, né à Dakar en 1906, a été servi dans sa carrière littéraire par son métier de « Vétérinaire ambulant ». En effet, après avoir pris part aux premières manifestations du Mouvement qui devait élaborer la doctrine de la négritude, il revient en Afrique compléter, par un contact profond et suivi avec l'homme de la brousse, les connaissances puisées dans les travaux des africanistes. C'est ainsi qu'il sert au Soudan — aujourd'hui Mali — en Côte-d'Ivoire, en Mauritanie, en Haute Volta, au Sénégal. C'est grâce à cette longue fréquentation qu'il découvre l'originalité des croyances et modes de vie des paysans.

*Birago Diop, militant de première heure de la négritude, se consacre à faire la preuve d'une part de l'originalité culturelle des Noirs et de l'autre de la possibilité de réactiver et d'intégrer leurs cultures au contexte de la vie moderne. C'est pourquoi il a placé son œuvre de conteur sous le signe du vieux griot — maître du verbe — Amadou Koumba N'Gom (*Les Contes d'Amadou Koumba, *1947,* les Nouveaux Contes d'Amadou Koumba, *1958,* les Contes et Lavanes, *1963).*

D'un recueil à l'autre, il reste fidèle à l'enseignement du vieux maître, mais se montre plus conscient de l'apport de l'écriture et des techniques romanesques. En d'autres termes, il s'emploie à concilier son souci de fidélité à la tradition et sa volonté de faire œuvre personnelle. Son œuvre reste une source particulièrement riche d'informations sur la vie et les croyances des hommes de la brousse. Elle nous renseigne aussi sur les affinités de la littérature traditionnelle orale avec certains modes de pensée, et certaines formes de sensibilité...

L'œuvre poétique — Leurres & Lueurs *— se situe du moins pour ses réussites les plus éclatantes dans le prolongement de l'œuvre du conteur.*

BIBLIOGRAPHIE

Les Contes d'Amadou Koumba, Paris, Fasquelle, 1947, 3e éd., Présence africaine, 1969.

Les Nouveaux Contes d'Amadou Koumba, Paris, Présence Africaine, 1958.

Leurres & Lueurs, Paris, Présence Africaine, 1960.

Les Contes & Lavanes, Paris, Présence Africaine. 1963.

A consulter :

M. KANE, *Birago Diop, l'homme et l'œuvre,* Paris, Présence Africaine (Coll. Approches), 1971.

L'HÉRITAGE

Ce conte initiatique met en scène le sage Kém Tanne (Ravissement, en wolof) et trois frères désireux de voir élucider le mystère du legs fait à eux par leur père mourant et des rencontres insolites qui ont marqué leur voyage. La leçon finale tourne autour d'une philosophie de la vie qui est comme une constante de la mentalité de l'homme de la tradition. (Extrait de Les Contes d'Amadou Koumba, *Paris, Présence africaine, 1969.)*

Sous le tamarinier, au crépuscule, des enfants commençaient à jouer. Dans les villages habités par les hommes, au crépuscule, qui est l'aube de la nuit, les parents font entrer dans les cases leur jeune progéniture pour éviter aux enfants la rencontre des mauvais génies et des souffles néfastes qui commencent à errer à l'heure grise. C'est la nuit que la nature vit, que les bêtes chassent, que les morts vaquent à leurs occupations. Le soleil, par son éclat, cache la vraie vie aux vivants qui se libèrent parfois dans le sommeil et vivent et voient dans l'autre domaine.

Les trois frères demandèrent Kém Tanne; le plus jeune des enfants quitta le jeu et leur dit: « C'est moi ».

— Vos aïeux et les aïeux de leurs aïeux ont passé par ici, conduisant votre père et sa charge de bonnes actions que le soleil ramassait chaque jour au cours de sa belle vie, leur dit Kém Tanne. Je sais donc ce qui vous a conduits jusqu'à moi, avant de vous l'expliquer, dites-moi ce qui vous a paru extraordinaire sur votre long chemin.

— Nous avons rencontré M'Bam Hal-le-Phacochère, habillé et disant son chapelet, dit Momar.

— Tel est le roi sans trône. Le roi déchu se fait marabout. Confit en dévotion, il recherche dans la religion sa supériorité perdue. Son gros chapelet, son grand bonnet, son boubou voyant en imposent au commun. Sa splendeur passée. croit-il, ne meurt pas ainsi entièrement, puisque l'on parle encore de lui et qu'on le vénère. Sa dévotion n'est qu'extérieure. Rendez-lui son trône, il oublie ses prières. Un roi ne peut être religieux.

— Nous avons, fit Moussa, trouvé, en plein soleil, Diakhalor-le Bouc luttant avec une souche.

— Tel, dit Kém Tanne, fait l'homme jeune qui a épousé une femme plus âgée que lui. Il perd son temps en accouplement stérile et ridicule. Rien de bon ne peut sortir de ce ménage mal assorti où l'homme tue ses enfants, car la femme sera toujours comme Heuk-la-Souche, qui ne produira jamais.

— Nous avons vu, dans un endroit désert, un taureau bien gras, malgré les abcès qui recouvraient tout son corps, dit Birame.

— Ce taureau qui mettait quarante jours pour aller de sa flaque d'eau boueuse à son pâturage bien maigre, pour revenir au bout de quarante jours s'abreuver et qui conservait malgré cela sa graisse, c'est l'homme au grand cœur, c'est l'homme de bien, c'est l'homme d'honneur que ni le travail, ni les ennuis, ni les maux ne rebutent, ne découragent. Il conserve égal son caractère en dépit des méchancetés, des vilenies qui ne touchent que sa peau comme des abcès.

— Nous avons trouvé, dans la plus belle des prairies que l'on puisse voir. la plus maigre des vaches maigres de notre vie.

— Telle est, dit Kém Tanne, la mauvaise épouse, la méchante femme au milieu des richesses de son mari. L'aigreur de son caractère, son égoïsme l'empêchent de jouir de ses biens et elle n'offre rien de bon cœur. Vos chevaux n'ont pu boire cette eau, eau abondante mais amère, ni manger cette herbe qu'arrosait du fiel. Nul ne mange avec plaisir un mets préparé sans cœur. Le don rend l'être meilleur, et qui ne sait donner ne peut avoir du bonheur.

— Nous avons trouvé, ensuite, une vache très grasse près d'un peu d'herbe et d'un peu d'eau qui semblaient inépuisables.

— Telle est la femme au grand cœur, la bonne épouse, la mère généreuse. Les biens de sa maison peuvent être minimes, elle en est satisfaite et donne sa part à qui franchit le seuil de sa masure.

— Nous avons poursuivi vainement une biche qui n'avait cependant que trois pattes.

— Cette biche, c'est le monde, c'est la vie, telle que l'homme la parcourt et la poursuit. Imparfaite, fugitive et inexorable. Rien ne l'arrête, rien ne l'atteint. Des jours passent avec leurs ennuis que l'on ne peut hâter; des jours s'écoulent, avec leurs joies que l'on ne peut retenir; et l'on court après la biche-aux-trois-pattes jusqu'à ce que sonne l'appel des ancêtres.

« Votre père Samba est parti, vous laissant ses conseils que vous voudriez connaître. Vos outres ne contiennent, comme vous l'avez vu, rien de mystérieux.

« Moussa, ton père, ou mieux le sort, te laisse tout son or. Que feras-tu de l'or qui ne se mange pas? Que désireras-tu que tu ne trouves dans la case de ton père si tes frères veulent partager avec toi leur héritage? Car toi, Momar, tu prendras si tu veux tout ce qui s'est bâti sur vos terres et tout ce qui pousse dans vos champs. Pour toi, Birame, tout ce qui s'attache avec une corde, tout le troupeau, bœufs, ânes, chevaux.

« Qu'irez-vous donc chercher ailleurs que l'un ne trouverait chez les autres?

« Retournez chez vous, répandez vos outres, qui ne renferment que l'image des vrais biens. Ton or, Moussa, ne représente pas plus ni moins que le sable de Momar et que les cordes de Birame (tes femmes n'en seront pas meilleures parce qu'elles auront colliers et bracelets, pas plus que la bride ne fait le coursier).

« Retournez chez vous, répandez vos outres et n'oubliez rien de ce que vos yeux ont vu, de ce que vos oreilles ont entendu et continuez le labeur de vos pères. »

Ceci me fut conté par Amadou Koumba un soir que nous venions de rencontrer un jeune homme qui avait épousé une femme plus âgée que lui.

ABANDON

(Extrait de Leurres et Lueurs, *Paris, Présence africaine, 1963.)*

à Léon G. Damas

Dans le bois obscurci
Les trompes hurlent, hululent sans merci
sur les tam-tams maudits.
Nuit noire, nuit noire!

Le lait s'est aigri
Dans les calebasses
La bouillie a durci
Dans les vases,
Dans les cases
La peur passe, la peur repasse,
Nuit noire, nuit noire!

Les torches qu'on allume
Jettent dans l'air
Des lueurs sans volume,
Sans éclat, sans éclair,
Les torches fument,
Nuit noire, nuit noire!

Des souffles surpris
Rôdent et gémissent
Murmurant des mots désappris,
Des mots qui frémissent,
Nuit noire, nuit noire!

Du corps refroidi des poulets
Ni du chaud cadavre qui bouge
Nulle goutte n'a plus coulé
Ni de sang noir, ni de sang rouge,
Nuit noire, nuit noire!
Les trompes hurlent, hululent sans merci
Sur les tam-tams maudits,
Nuit noire, nuit noire!

Peureux le ruisseau orphelin
Pleure et réclame
Le peuple de ses bords éteints
Errant sans fin, errant en vain
Nuit noire, nuit noire!
Et dans la savane sans âme
Désertée par le souffle des anciens
Les trompes hurlent, hululent sans merci
Sur les tam-tams maudits
Nuit noire, nuit noire!

Les arbres inquiets
De la sève qui se fige
Dans leurs feuilles et dans leur tige
Ne peuvent plus prier
Les aïeux qui hantaient leur pied
Nuit noire, nuit noire!

Dans la case où la peur repasse
Dans l'air où la torche s'éteint
Sur le fleuve orphelin,
Dans la forêt sans âme et lasse
Sur les arbres inquiets et déteints

Dans les bois obscurcis
Les trompes hurlent, hululent sans merci
Sur les tam-tams maudits
Nuit noire, nuit noire!

Léopold Sédar SENGHOR

Léopold Sédar Senghor est né à Djilor (Sénégal) en 1906. Étudiant en Sorbonne, il fait de brillantes études couronnées par l'agrégation de grammaire. En même temps, il entre en poésie. Avec Aimé Césaire, Léon Damas, Birago Diop, il lance le mouvement de « l'Étudiant Noir », forge la théorie de la négritude. Après un court passage dans l'enseignement, il s'engage, à la fin de la guerre, dans une carrière politique qui le conduit à la Présidence de la Jeune République Sénégalaise.

L'œuvre poétique de Senghor a été définie comme une « défense et illustration de la Négritude ». Cela est si vrai qu'il s'identifie, plus que n'importe quel autre écrivain négro-africain, à ce mouvement dont il est resté le théoricien le plus autorisé.

Son œuvre poétique, particulièrement fournie au regard de ses responsabilités politiques, reflète le courant de redécouverte et de réhabilitation des cultures africaines, l'évolution politique du continent noir. Poésie du terroir, poésie qui se veut ouverte, universelle — l'Afrique y est saisie, décrite — surtout dans les premières pièces — avec une conscience aiguë de la colonisation et de la confrontation des cultures. Le poète évoque avec nostalgie « l'esprit de ses pères », leur grandeur leur sens de l'honneur ; il chante la pérennité de leur croyance, sans d'ailleurs pour autant essayer de s'évader du monde moderne. Senghor ne sépare pas la confrontation de la conciliation. A ses yeux, le métissage culturel est la condition de la civilisation de l'universel.

Avec Chants d'Ombre, *il se révèle un grand poète par la diversité de l'inspiration, sa profondeur et un certain ton qui reste caractéristique de ses créations les plus récentes.* Hosties Noires, *recueil de poèmes de guerre, exprime sa solidarité avec les plus humbles des soldats africains, et dénonce le sort auquel on les destine.* Éthiopiques *contient Chaka, poème dramatique où le nationalisme de Senghor trouve des accents nouveaux.* Nocturnes *est une gerbe d'élégies qui confirme la place permanente de Senghor dans la poésie africaine. Alors que l'idée d'un Senghor, poète de la continuité, s'accréditait un peu partout.* Les Lettres d'Hivernage *(1973) révèlent un poète de l'intimité sans renoncer aux grands thèmes qui reflètent des préoccupations sinon universelles, du moins africaines, Senghor trouve une source féconde d'inspiration dans sa vie de tous les jours et ses problèmes personnels.*

Poésie, riche, originale, qui allie fort bien le classicisme de sa formation gréco-latine, à une sensibilité et à sensualité authentiquement africaines.

BIBLIOGRAPHIE

Chants d'Ombre, Paris, Le Seuil, 1945.
Hosties Noires, Paris, Le Seuil, 1948.
Ethiopiques, Paris, Le Seuil, 1956.
Nocturnes, Paris, Le Seuil, 1962.
Liberté I: Négritude & Humanisme, Paris, Le Seuil, 1964.
Lettres d'Hivernage, Paris, Le Seuil, 1973.

A consulter :

A. GUIBERT, *Léopold Sédar Senghor, l'homme et l'œuvre,* Paris, Présence Africaine (Coll. Approches), 1968.
O. MEZU, *Léopold Sédar Senghor et la défense et illustration de la civilisation noire,* Paris, Didier, 1968.
E. MILCENT et M. SORDET, *Léopold Sédar Senghor et la naissance de l'Afrique moderne,* Paris, Seghers, 1969.

Joueur de harpe Mvett, en usage au Gabon et au Cameroun.
(Photo Ministère de la Coopération, Paris.)

MÉDITERRANÉE [1]

Hosties noires,
Paris, Le Seuil, 1948

Et je redis ton nom : Dyallo [2] !
Ta main et ma main qui s'attarde ; et nos pensées se cherchèrent dans la mi-nuit de nos deux langues sœurs.

C'était en Méditerranée, nombril des races claires, bleue comme jamais océan n'ont vu mes yeux
Qui sourirait de ses millions de lèvres de lumière
Tandis que dix vaisseaux de ligne inflexible, telles des bouches minces, bombardaient Almeria [3] et qu'éclataient
Éclaboussant de sang de cervelle les murs noirs, comme des grenades, des têtes ardentes d'enfants.
Nous parlions de l'Afrique.
Un vent tiède nous apportait son parfum plus chaud de femme noire
Ou celui que le vent souffle d'un champ de mil quand se heurtent les épis lourds et que vole au-dessus une poussière or et brun.
Nous parlions du Fouta [4].
Noble était ton visage et d'ombre tes yeux et douces tes paroles d'homme
Noble devait être ta race et bien née la femme de Timbo [5] qui te berçait le soir au rythme nocturne de la terre.
Et nous parlions du pays noir
Dans les cordages le soir, si près l'un de l'autre que nos épaules s'épousaient, fraternelles l'une à l'autre.
L'Afrique vivait là, au-delà de l'œil profane du jour, sous son visage noir étoilé
Dans les cales houleuses, saturées de la rumeur inquiète que menace la tornade.

---

1. Dans ce poème écrit pendant la guerre d'Espagne, Senghor évoque son premier voyage de retour en Afrique. Il est alors professeur de lettres à Tours. Il associe dans son souvenir la conscience aiguë des désordres de l'heure à l'évocation de l'Afrique. Ce procédé reste caractéristique de nombre de pièces de « Chants d'Ombre ». Il exalte la solidarité par delà les barrières ethniques et linguistiques.
2. Nom peulh.
3. Ville de la côte espagnole.
4. Région montagneuse de la Guinée habitée par les Peuls.
5. Ville du Fouta.

Et s'échappaient, battements de tam-tam, avec des éclats de rires ailés et des cris de cuivre dans deux cents langues
Des bouffées de vie dense que le vent dispersait dans l'air latin
Jusqu'au pont des premières où la jeune femme, libérée des sous-préfectures et de leurs rues étroites
Libérée des dernières mesures du tango et des bras de son danseur
Rêvait, au bord du mystère, de forêts aux senteurs viriles et d'espaces qui ignorent les fleurs...
Une grosse étoile montait, la dernière, éclairant ton front lisse quand nous nous quittâmes.
Et je redis ton nom : Dyallo !
Et tu redis mon nom : Senghor !

Dakar, 1938

NÉGRITUDE ET HUMANISME

L. S. Senghor précise ici les aspects spécifiques de la littérature et de l'art au sein des sociétés de l'Afrique traditionnelle. (Liberté I: Négritude et humanisme, *Paris, Le Seuil, 1964.)*

C'est dans les activités sociales, sous-tendues par la sensibilité religieuse, que s'intègrent, très naturellement, la littérature et l'art.

Un homme de l'Occident se représente difficilement la place qu'occupent les activités sociales, et, parmi celles-ci, la littérature et l'art, dans le calendrier négro-africain. Elles n'occupent pas seulement « le dimanche » et les « soirées théâtrales », mais, pour prendre l'exemple de la zone soudanienne, les huit mois de la saison sèche. On est alors tout occupé à ses relations avec les *Autres* : génies, Ancêtres, membres de la famille, de la tribu, du royaume, voire étrangers. Ce ne sont que fêtes, et la Mort elle-même est occasion de fête, de la *Fête* par excellence : fête des moissons et fête des semailles ; naissances, initiations, mariages, funérailles ; fêtes des corporations et fêtes des confréries. Et tous les soirs, ce sont les contes des veillées autour du foyer, les danses et les chants, les jeux gymniques, les drames et les comédies qu'éclairent de hautes flammes. Et le travail, qui célèbre les noces de l'Homme et de la Terre, est encore relation et *poésie*. Ainsi les chants de travail : chants du paysan, du piroguier, du pâtre. Car, en Afrique noire, nous le verrons, toute littérature, tout art est poésie.

Il s'agit toujours, d'une entrée en relations soit avec les Ancêtres totémiques, soit avec les génies mythiques — mais le génie participe, souvent, de l'astre et de l'animal, et la légende s'approfondit en mythe. Significative à cet égard est la fête de l'*Initiation*, qu'ouvrent et accompagnent de nombreux sacrifices. Il y est question d'une initiation aux mythes cosmogoniques, aux légendes et coutumes de la tribu; plus précisément, d'une *co-naissance*, par le poème, le chant, le drame, la danse masquée, au rythme primordial du tam-tam. C'est alors que le grain meurt pour germer, que l'enfant meurt à soi pour renaître, adulte, dans l'Initiateur de l'Ancêtre. Il s'agit d'un *existentialisme religieux*, *animiste*. L'Autre — adulte, Ancêtre, génie ou Dieu —, loin d'être obstacle, est support, source de force vitale. Loin qu'il y ait *conflit*, dans cette confrontation du *moi* et du *Toi*, il y a accord conciliant, non déréalisation, mais réalisation plus grande de l'essence individuelle.

La *littérature* et l'*art* ne se séparent donc pas des activités génériques de l'homme, singulièrement des techniques artisanales. Ils en sont l'expression la plus efficace. Que l'on se rappelle, dans *L'Enfant noir*, le père de Laye forgeant un bijou d'or. La prière, plutôt le poème qu'il récite, l'éloge que chante le griot tandis qu'il travaille l'or, la danse du forgeron à la fin de l'opération, c'est tout cela — poème, chant, danse — qui, au-delà des gestes de l'artisan, *accomplit* l'œuvre et en fait un *chef-d'œuvre*. Les arts sont, dans la même perspective, liés les uns aux autres. Ainsi, la sculpture ne réalise pleinement son objet que par la grâce de la danse et du poème chanté. Voyez l'homme qui incarne Nyamié, le Génie-Soleil du *Baoulé* (1), sous le masque du Bélier. Le voilà qui danse les gestes du Bélier, au rythme de l'orchestre, tandis que le chœur chante le poème de la geste du Génie. Nous avons, ici et là, un art *fonctionnel*. Il s'agit, dans le dernier exemple, pour le danseur masqué, de s'identifier au Génie-Soleil-Bélier et, comme le sacrificateur, de faire fluer sa force sur l'assistance, qui participe au drame.

C'est dire un autre caractère du *poème* — encore une fois, j'appelle *poème* toute œuvre d'art: *il est fait par tous et pour tous*. Bien sûr, il y a des professionnels de la littérature et de l'art: dans les pays soudaniens, les *Griots* (2), qui sont, en même temps, historiologues, poètes et conteurs; dans les pays de Guinée et du Congo, les sculpteurs civils des cours princières, dont l'herminette sur l'épaule est l'insigne

1. Ethnie de la cote d'Ivoire.

2. Maîtres de verbes, chanteurs, acteurs gardiens de la tradition en Afrique de l'Ouest.

Prière musulmane à Niamey (Niger).
(Photo AUDECAM.)

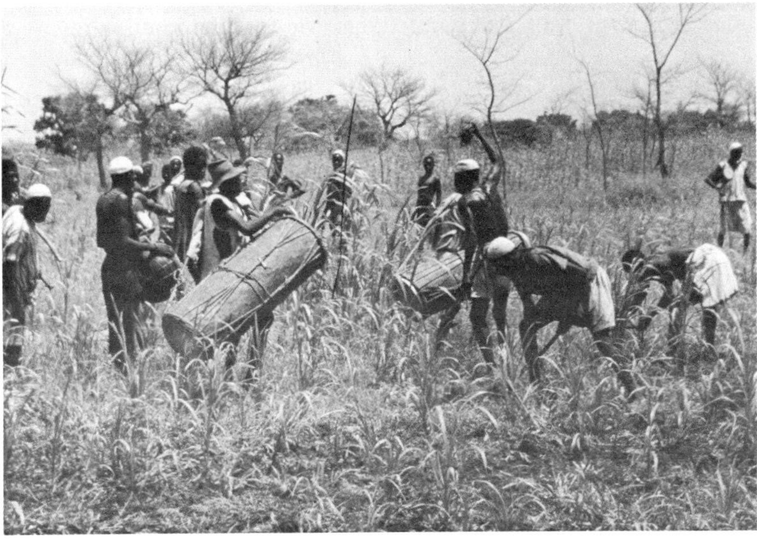

Travail collectif et musiciens (Haute-Volta).
(Photo AUDECAM.)

d'honneur; partout, le Forgeron comme polytechnicien de la magie et de l'art, le premier artiste selon un mythe *dogon* ([3]), qui, par le rythme du tam-tam, faisait tomber la pluie du ciel. Mais, à côté de ces professionnels, il y a le peuple, la foule anonyme qui chante, danse, sculpte et peint. L'initiation est l'école de l'Afrique noire, où l'homme, au sortir de l'enfance, s'assimile, avec les sciences de la tribu, les techniques de la littérature et de l'art. On l'aura remarqué, d'autre part, par les deux exemples que voilà, toute manifestation d'art est collective, faite pour tous avec participation de tous.

Parce que fonctionnels et collectifs, la littérature et l'art négro-africains sont *engagés*. C'est leur troisième caractère général. Ils engagent la *personne* — et non seulement — l'individu — par et dans la communauté, en ce sens qu'ils sont des techniques d'*essentialisation*. Ils l'engagent dans un avenir qui lui sera désormais présent, partie intégrante de son moi. C'est pourquoi l'œuvre d'art négro-africain n'est pas, comme on l'a dit souvent, copie d'un archétype répétée mille fois. Bien sûr, il y a des *objets*, dont chacun exprime une force vitale. Mais ce qui frappe, c'est la variété de l'exécution selon le tempérament personnel et la circonstance. Encore une fois, l'artisan-poète est situé et il engage, avec lui, *son* ethnie, *son* histoire. *sa* géographie. Il se sert des matériaux qu'il a sous la main et des faits quotidiens qui font la trame de sa vie, encore qu'il répugne à l'anecdote, car celle-ci n'engage pas, étant dénuée de *sens*. Peintre ou sculpteur, il se servira, à l'occasion, des instruments et matériaux importés d'Europe; il n'hésitera pas à représenter la machine, cet orgueil de l'Occident; il ira jusqu'à habiller tel génie ancestral à l'européenne. Dans la nouvelle société, informée par l'esprit du Pacte colonial, le conteur donnera à l'argent sa juste place, la première, comme incarnation du Mal. Parce qu'engagé, l'artisan-poète ne se soucie pas de faire œuvre pour l'éternité. L'œuvre d'art est périssable. Si l'on en conserve l'esprit et le style, on se dépêche de remplacer l'œuvre ancienne — en l'actualisant — dès qu'elle se démode ou se détruit. C'est dire qu'en Afrique noire, « l'art pour l'art » n'existe pas; tout art est *social*. Le griot qui chante le Noble à la guerre le fait plus fort, et participe à la victoire. Quand il psalmodie la geste d'un héros légendaire, c'est l'histoire de son peuple qu'il écrit avec sa langue, en lui restituant la profondeur divine du mythe. Jusqu'aux fables qui, par-delà rires et pleurs, servent à notre enseignement. Par la dialec-

3. Ethnie du Mali.

République du Mali:
Masque Bambara
recouvert d'une plaque de métal.
(Photo Documentation française.)

République gabonaise:
Masque en pierre
de la région de M'Bigou.
(Photo Documentation française.)

tique qu'elles expriment, elles sont un des facteurs essentiels de l'équilibre social. Sous les apparences du Lion, de l'Éléphant, de l'Hyène, du Crocodile, du Lièvre, de la Vieille-Femme, nous lisons clairement, avec nos oreilles, nos structures sociales et nos passions — les bonnes comme les mauvaises. C'est tantôt la *négation* dressée en face des Grands, le Droit contre la force brutale, tantôt l'*acquiescement* à l'ordre de l'univers: celui des Ancêtres et de Dieu. Et, conclut le Wolof ([4]), « c'est ainsi que la fable alla se jeter dans la mer. Qui la respirera le premier ira au Paradis ». Parfum de la sagesse noire!...

Cependant, on ne saisirait pas l'essence de la littérature et de l'art négro-africains en s'imaginant qu'ils sont seulement utilitaires et que le Négro-africain n'a pas le sens de la *beauté*. Certains ethnologues et critiques d'art sont allés prétendant que les mots « beauté » et « beau » étaient absents des langues négro-africaines. C'est tout le contraire. La vérité est que le Négro-africain assimile la beauté à la bonté, surtout à l'efficacité. Ainsi le Wolof du Sénégal. Les mots *târ* et *rafet*, « beauté » et « beau », s'appliquent de préférence aux humains. S'agissant des œuvres d'art, le Wolof emploiera les qualificatifs *dyêka*, *yèm*, *mat*, que je traduirai par: « qui convient », « qui est à la mesure de », « qui est parfait ». Encore une fois, il est question d'une beauté *fonctionnelle*. Le beau masque, le beau poème est celui qui produit, sur le public, l'émotion souhaitée: tristesse, joie, hilarité, terreur. Significatif est le mot *baxai* — prononcez *bakhaï* —, « bonté », dont se servent les jeunes dandys pour désigner une belle fille. Comme quoi, la beauté est, pour eux, « la promesse du bonheur ». Par contre, une bonne action est souvent qualifiée de « belle ».

Si tel poème produit son effet, c'est qu'il trouve un écho dans l'esprit et la sensibilité des auditeurs. C'est pourquoi les *Peuls* définissent le poème: « des paroles plaisantes au cœur et à l'oreille ». Mais si, chez le Négro-africain comme chez l'Européen, « la grande règle est de plaire », l'un et l'autre ne trouvent pas plaisir aux mêmes choses. Dans l'esthétique gréco-latine, qui a survécu dans l'Occident européen, le Moyen Age excepté, jusqu'à la fin du XIXe siècle, l'art est « imitation de la nature » — je veux bien: « imitation corrigée »; en Afrique noire, il est explication et connaissance du monde, c'est-à-dire *participation sensible à la réalité* qui sous-tend l'univers, à la

4. Ethnie du Sénégal.

surréalité, plus exactement aux forces vitales qui animent l'univers. L'Européen se plaît à *reconnaître* le monde par la reproduction de l'objet, désigné sous le nom de « sujet »; le Négro-africain, à le connaître vitalement par l'image et le rythme. Chez l'Européen, les fils des sens conduisent au cœur et à la tête; chez le Négro-africain, au cœur et au ventre, à la racine même de la vie. Le masque du Bélier plaît aux spectateurs *baoulé* parce qu'il incarne le Génie-Soleil dans un langage plastique et rythmé.

Abdoulaye SADJI

Abdoulaye Sadji (1910-1961), écrivain sénégalais, instituteur de formation, a consacré le plus clair de son œuvre de romancier au problème des mutations de la société sénégalaise. L'exercice de son métier — où il s'est distingué — l'a conduit dans les régions les plus diverses de son pays. La diversité des hommes a comme fouetté sa curiosité.

C'est là l'origine de sa carrière d'essayiste et de romancier. Toute son œuvre se résume dans le thème du conflit de la tradition et du modernisme. « Nini, mulâtresse sénégalaise » développe le thème de la mulâtresse qui subissant l'écrasante pression de la société coloniale, raciste, renie ses origines africaines pour idolâtrer tout ce qui est européen. Tragique Hyménée *s'attache à la punition exemplaire d'une jeunesse qui essaie de se débarrasser du carcan des traditions.*

Ce thème se trouve encore au cœur de ses nouvelles.

Maïmouna, *son roman le plus connu décrit l'ascension et la chute d'une fille de la campagne venue conquérir Dakar, la grande ville, armée de sa seule beauté. En dépit des soins intéressés des siens, elle suivra la voie de son cœur, et sera une victime de plus d'une société où l'inexpérience passe pour une faute.*

Toute l'œuvre de Sadji tourne autour du même thème, on sait aussi qu'il n'est nulle part traité de la même manière. Sadji est particulièrement habile à varier le cadre romanesque, à renouveler la psychologie de ses personnages. Il y a cependant plus. Sadji connaît l'art de révéler la psychologie profonde de l'homme de la brousse et excelle à le décrire soit dans son milieu naturel où il subit les contrecoups du progrès, soit transplanté dans la grande ville où il confond très souvent le progrès et son contraire.

BIBLIOGRAPHIE

Romans :

Nini, Paris, Présence Africaine, 1957.

Maïmouna, Paris, Présence Africaine, 1958, 2e édition, 1972.

Nouvelles :

Modou Fatim, Dakar, I, Diop, 1960.

Tounka, Paris, Présence Africaine, 1965.

Essai :

Éducation africaine et Civilisation, Dakar, I. Diop, 1964.

FATALITÉ? *

L'héroïne, jeune fille campagnarde, venue à la conquête de la grande ville, Dakar, s'est déshonorée. L'auteur, avant d'en venir aux réactions de ses parents menacés par le scandale, précise les traits de la mentalité fataliste des Africains. (Extrait de Maïmouna, *Paris, Présence africaine, 1972.)*

Six mois s'étaient écoulés depuis la célébration des fiançailles de Maïmouna. Le temps avait passé et continuait de passer, interminable, chevauché par le Hasard, le Hasard qui imprime son sceau sur toute chose: des destinées s'accomplissent, des projets avortent, d'autres réussissent. Fatalistes ou résignés, les Noirs boivent la coupe amère de la Vie. Tout ce qui arrive était écrit depuis le jour de la Création sur le Grand Livre de Dieu. Déceptions, infortunes, maladie, souffrance, il faut considérer tout cela comme autant d'épreuves auxquelles le Seigneur nous soumet pour tremper notre foi en Lui.

D'ailleurs le pays ne manque pas de proverbes qui expliquent ou justifient tout ce qui survient dans la destinée des pauvres mortels.

Il ne se produit pas un accident qui ne soit un arrêt de Dieu, donc inévitable, et sur lequel il n'est pas décent de trop s'appesantir.

A ceux qui souffrent physiquement ou moralement et que le désespoir va gagner, on dit:

— « Ce qui fait souffrir ne dure pas. » Mot de charité qui atténue la douleur ou en limite gratuitement et vaguement la durée. Ces proverbes ont été dits et redits, répétés par tant de générations qu'ils passent pour des formules magiques dont on n'a pas à discuter l'efficacité.

Quand un parent n'arrive pas à se consoler de la mort d'un des siens, on le met en face de la nécessité qui fait que la vie et la mort sont inséparables. On lui dit:

— « Le nez qui a goûté la vie doit goûter la mort. »

Ceux qui doutent du lendemain et chez qui le problème du ventre se pose avec acuité se tranquillisent à l'idée que: « Dans toute bouche qu'il fend, Dieu met du mil », c'est-à-dire que la Providence travaille sans cesse pour les hommes et qu'au dernier moment, sans que nous eussions à intervenir, la nourriture attendue vient d'une manière ou d'une autre.

Jusqu'aux très humbles qui doivent souvent se contenter d'une maigre chair, d'un repas digne des bêtes de la brousse, un moyen de se consoler est réservé. Il suffit qu'ils se disent, avec toutes les générations passées, générations des ancêtres, des vieux, des hommes, des femmes et des enfants :

— « Le ventre ne trahit pas. »

On peut, autrement dit, dans l'ombre et en secret, manger n'importe quoi pourvu que cela fasse vivre. La qualité des mets dévorés, leur fadeur, même leur insuffisance ne peuvent être connues de personne.

Mais il y a des cas singuliers qui se présentent, défiant toute concurrence. Ce sont les scandales de ménage, les trahisons, les énigmes qui clouent parfois d'étonnement les plus sages et les plus stoïques. Un ancien à la barbe blanche arrive au dernier moment et met fin au trouble moral de tous en disant :

— « Tout ce qui est a été. »

Aussi bien quand, un matin, six mois après ses fiançailles, Maïmouna tomba malade, d'un mal apparemment bénin d'ailleurs, sa sœur et son beau-frère n'en furent point alarmés.

Ousmane SOCE

Ousmane Soce est né à Rufisque (Sénégal) le 31 octobre 1911. Il fréquente l'École Normale William-Ponty à Gorée et est un des premiers étudiants africains à faire des études universitaires en France. Il suit les cours de l'École Nationale Vétérinaire d'Alfort, puis de l'Institut de Médecine Vétérinaire exotique à Paris.

Il donne alors Karim, *le premier roman valable de la littérature africaine d'expression française. Il y évoque les difficultés qu'éprouvent les jeunes sénégalais à s'intégrer à la nouvelle société urbaine, mercantile et bureaucratique. Le second roman d'Ousmane Socé,* Mirages de Paris, *se déroule parmi les étudiants noirs de la capitale française et traite du mariage interracial.*

À partir de 1937, après son service militaire, il travaille quelque temps à l'École de Cavalerie de Saumur, puis est transféré au Sénégal où il dirige le service de l'inspection des bestiaux.

Élu sénateur aux élections de 1946, il se tourne vers le journalisme et la politique sénégalaise: en 1953, il fonde Bingo *à Dakar. C'est à cette époque aussi qu'il s'intéresse au patrimoine oral de son peuple et publie* Contes et légendes d'Afrique noire, *qui seront plusieurs fois réédités et augmentés.*

En 1958, il est élu député de l'U.P.S. et est bientôt nommé Ministre du Plan. En 1959, il devient délégué du Sénégal auprès de la Communauté Française. En 1960, il est nommé ambassadeur du Sénégal aux États-Unis et auprès des Nations Unies. La maladie interrompt sa carrière. Il est mort en 1973.

BIBLIOGRAPHIE

Karim, roman sénégalais, Paris, Impr. Puyfourçat, 1935, 1re édition ; Paris, Nouvelles Éditions latines, 1948, 2e édition.

Mirages de Paris, Paris, Nouvelles Éditions Latines, 1937.

Contes et légendes d'Afrique Noire, Paris, Nouvelles Éditions Latines. 1962.

Rythmes du khalam, Paris, Nouvelles Éditions Latines, 1962.

Karim, jeune Wolof de caste noble, employé dans une maison de commerce à Saint-Louis, aime la jeune Marième et en est aimé. Il s'est déjà à peu près ruiné pour elle en cadeaux et en fêtes. Mais un rival survient : Badara, cousin éloigne de la jeune fille et très généreux envers elle. Pour départager les rivaux, la mère de Marième organise, conformément à la tradition, une séance publique de concurrence : un « diamalé ». (Extrait de Karım, *roman sénégalais, Paris, Nouvelles Éditions Latines, 1948, 1re éd., Impr. M. Puyfourçat, 1935.)*

Ses compagnons habituels, comme toujours, devaient servir « d'état-major ».

A la maison, il endossa son plus beau boubou (1), s'arma, en outre, de son diali (2), de griots réputés bons-chanteurs et beaux-diseurs. C'était par un soir velouté d'un doux clair de lune. Les boubous blancs, bien parfumés, faisaient un grand bel effet.

Chez Marième, ils occupèrent lits, nattes, fauteuils. Et l'attente, dans une attitude de défi ; les « dialis » emplissaient le salon d'une musique, non plus tendre, mais héroïque, entraînante, celle des jours de bataille !

Marième attendait, anxieuse, encerclée par les amis de Karim. Elle avait désobéi à sa maman qui avait recommandé de se mettre sur une chaise en signe de neutralité.

Badara apparut, escorté de son « état-major » composé aussi de griots, amis et dialis...

La bataille, le « diamalé » traditionnel commença :

Sous les doigts agiles des guitaristes, les khalams (3) s'étaient animés. On joua en chœur le « Tara », un air que mille générations de Sénégalais avaient entendu, mais qui n'en avait pas perdu son charme. Dès le premier refrain, les cœurs furent gagnés. C'était une musique généreuse, pleine de mélancolie. Les notes et leurs accords ténus coulaient goutte à goutte. Il s'en dégageait un fluide qui vous pénétrait, vous disposait à être capable de sacrifice !...

Badara exhiba un billet de mille francs qu'il tendit aux griots :

— Pour vous acheter des kolas (4) !

---

1. Sorte de grande chemise flottante portée comme vêtement de dessus en Afrique occidentale.

2. Guitariste.

3. Guitare sénégalaise à plusieurs cordes.

4. Le cola ou kola est un arbre originaire de la côte occidentale d'Afrique. Son fruit, la noix de kola, a des propriétés stimulantes.

Le chef s'en empara, le fixa sur son boubou, comme une médaille; faisant les cent pas, il déclama, à tue-tête, des éloges à Badara.

L'inquiétude gagnait Karim, car sa fortune se chiffrait à huit cents francs! Et pour qu'on ne pût évaluer ce qu'il donnait, il dispersa des liasses de billets de cinq francs aux quatre coins de la salle: nattes, sièges, spectateurs en furent inondés. Cela fit grande impression, plus grande impression que l'unique billet de mille francs de Badara: Karim savait donner!

Il fut remercié avec emphase et l'espoir lui revint.

Mais Badara avait préparé une revanche. Il avait envoyé chez lui un de ses lieutenants qui était revenu apporter un coffret. (...)

Minuit! Les griots, insatiables, firent encore appel à la générosité tactique des rivaux: ils sollicitèrent une aide pour les frais d'un baptême musulman qu'ils célébraient le jour suivant. Karim tira sa dernière cartouche: il tendit le billet de cinquante qui lui restait.

Badara remit le coffret qui contenait des louis d'or!

« — Venez voir! l'or du monde! Badara nous l'a donné! Venez voir le « Samba-linguère » ([5]) qui dépense sans compter! » Chanteurs, guitaristes, s'ébranlèrent; ils contemplèrent les pièces jaunes, les caressant de regards cupides.

La mère de Marième vint elle même remercier Badara qui honorait sa fille par un don si important.

Karim et son « état-major » sentirent que l'adversaire était plus fort. Ils allaient, d'ailleurs, en avoir la douloureuse certitude; Badara avait déclaré à la maman qu'il désirait offrir un cadeau à sa cousine.

« — Marième, réponds à l'appel de ton cousin. »

Dans le silence qui s'établit, elle quitta, à regret, son ami et rejoignit lentement Badara. Celui-ci brandit un billet de mille francs qu'il remit à sa cousine. (...)

Karim vit tout cela se dérouler comme dans un rêve. (...)

« Partons! » décida-t-il, essayant d'être calme.

5. Noble, au Sénégal.

Alexis KAGAME

Alexis Kagame est né le 15 mai 1912 à Kiyanza au Rwanda. De 1928 à 1941, il fait des études au Petit Séminaire de Kabgayi, puis au Grand Séminaire, qui le conduisent à la prêtrise. Déjà en 1935, il était autorisé à recueillir, puis à analyser les récits, poèmes et autres genres de la tradition rwandaise. En 1941, on lui confie la charge de rédacteur en chef de Kinyamateka *(le nouvelliste), tâche qui lui permet de continuer ses recherches. En 1952, il est envoyé à l'Université Grégorienne où il obtient son doctorat en Philosophie avec une thèse sur « La Philosophie Bantu-Rwandaise de l'être » (1955).*

Il enseigne aujourd'hui à l'Institut Pédagogique National de son pays et au Grand Séminaire Interdiocésain la littérature, l'histoire et les cultures rwandaises.

Toute l'œuvre littéraire de Kagame porte sur la tradition orale rwandaise. Celle-ci célèbre surtout l'histoire des conquêtes du Rwanda, des expéditions militaires des dynasties régnantes d'autrefois. Les récits qui relatent ces faits ont été conservés à la Cour à l'instar de « classiques ». Les aèdes guerriers de la Cour avaient pour mission de les faire revivre.

BIBLIOGRAPHIE

La poésie dynastique au Rwanda, Bruxelles, Mémoires, T. XXII, fasc. 1, Institut Royal Colonial, 1951.

La philosophie Bantu-Rwandaise de l'être, Bruxelles, Institut Royal Colonial, 1956.

La divine pastorale (8 chants), 1.300 vers, Bruxelles, Institut Royal Colonial, 1956.

Introduction aux genres lyriques de l'ancien Rwanda, Butare. Chez l'auteur.

A la cour des Mwami du Rwanda est conservé un « trésor », composé d'objets auxquels la tradition attribue une valeur historique et magique.
Voici un des quatre principaux tambours royaux qui constituent l'enseigne de la monarchie. Il ne peut jamais toucher le sol: on le transporte sur un hamac et on le déposer sur un siège; un feu perpétuel brûle à son intention dans la hutte qui l'abrite; il est considéré comme le premier « taureau » du pays et placé sous un bouclier. Il a été recouvert de nombreuses couches de sang provenant de taurillons sacrifiés. Il est entouré de cordes (*injyshi*) et orné de nombreux anneaux (*ibikondo*) contenant les organes virils boucanés de puissants ennemis tués par les bami.

(Photo R. Bourgeois. Inforcongo.)

Ô FRONT FOUDROYANT

La littérature orale rwandaise comprend trois grands genres poétiques: le Pastoral, le Guerrier et le Dynastique. Ce dernier est consacré à exalter le roi et la maison régnante. (Extrait de La poésie dynastique au Rwanda, *Mémoires, Collection in-8°, Tome XXII, fasc. I, Institut Royal Colonial Belge, Bruxelles, 1951, poème n° 71.)*

Ô Front foudroyant!
Ô Briseur des nuques
Fils de Ndabarasa et de Cylimâ (1),
Digne Héritier du Tambour de Mukobanya (2)
Ô Modèle que dès longtemps nous vantait Kigeli:
« De ce redoutable Kiringa, nous disait-il, (3)
Le futur Héritier n'a d'égal que moi! »
Je vois qu'il a déjà brisé la vie des peuples,
Alors que sa barbe ne fait que poindre,
Ce Vainqueur des multitudes,
Héros qui déconcerte les « Buffles »: (4)
Ceux qu'ils menacent ne s'éveillent que pour pousser les gémissements!
Le peuple qu'il terrasse ne ressaisit plus sa sagaie,
Ce lancier qui comprime l'adversaire, souche de Mukobanya
Ô Héros dont les bras assènent des coups foudroyants!
Ô Disperseur des sagittaires, souches de l'Archer, conquérant des monts!
Ô Tonnerre en qui se révèlent les prouesses de Ndabarasa
Telle la dot payée, telle l'Épouse fiancée en prédestinée:
La vache qu'il solda à Kanyoni (5), aboutissant au résultat que voici!
Je constate qu'il oblige l'ennemi à ne manger plus que légumes,
Ce Très-Rapide, fils de l'Archer, rejeton de la Souveraine.
Celui qu'il n'a pas encore tué est devenu miséreux!
Frappe-t-il! pas d'agonie! inutile le second coup!
Lorsqu'il blesse rien ne peut subsister:

1. Membres de la dynastie royale.
2. Membre de la dynastie royale.
3. Désigne le père de Kigeli.
4. Nom de la Garde-Royale de Kimenyi IV du Gisaka.
5. Localité située non loin du lac Nyanza, considérée comme domaine patriarcal du clan royal des Bêga.

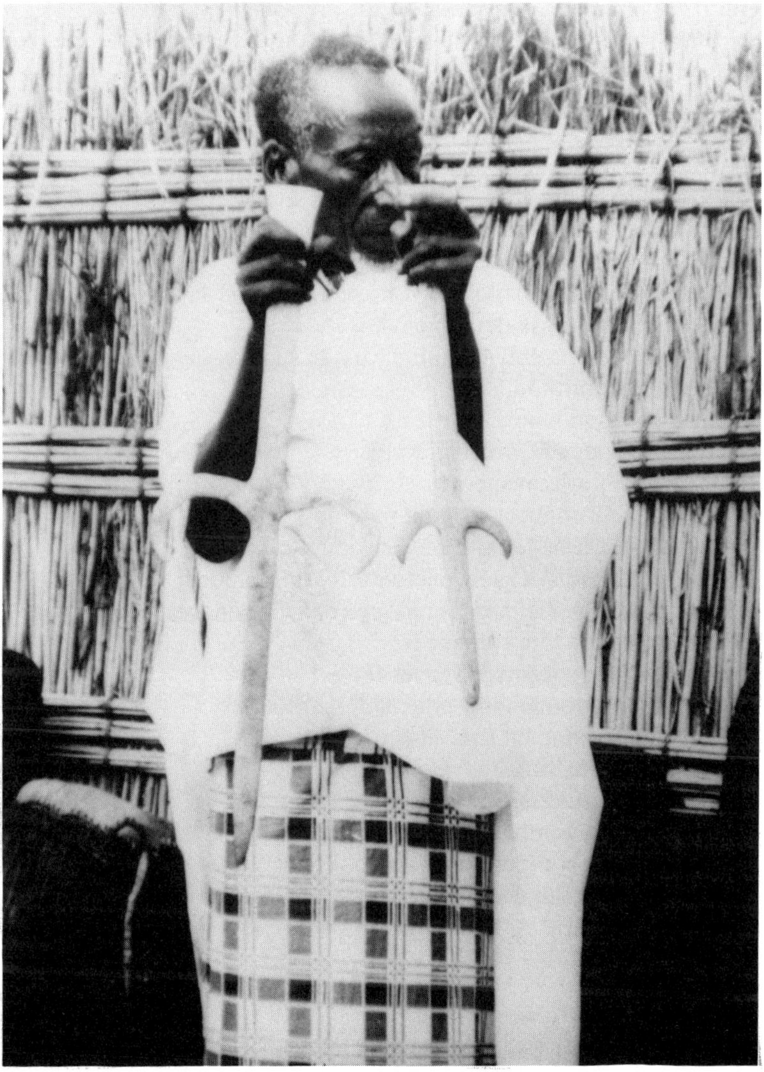

Ce vieux dignitaire Mututsi présente les Nyarushara : fers en forme de croix dont la partie centrale est intitulée inyundo (marteau) symbole de puissance, tandis que les branches latérales (urushara) sont recourbées et représentent des seins de femme, symboles de fécondité. Lorsque le Mwami se couchait, ces charmes étaient placés à l'arrière de son oreiller. Ils constituent l'insigne des rois forgerons, qualité que revendiquent les Bami du Rwanda qui prétendent avoir introduit l'industrie du fer dans ce pays.

(Photo R. Bourgeois. Congopresse.)

Qui ne se soumet à Musimba (6) est pratiquement pleuré
A plus forte raison ce Nsoro, glouton réfugié auprès de son pareil ([7])
Dans le Gihunya, pays de Bazimya! ([8])
Il est en contravention à une défense traditionnelle
En recevant Mwendo ([9]) en sa maison.
Souffrant de la diarrhée, il n'assisterait qui se tord de nausées!
Nsoro a fui sans s'être informé,
Aussi le chemin lui devient-il interminable!
Il est réduit à venir exposer où il en est avec la faim,
Dans le Gisaka, pays de Kimenyi,
La famine chez Bazimya commence à le sucer!
Il mendie un taurillon,
Et on lui en donne une moitié;
Il s'est séparé de ses protecteurs
Pour vivre de rationnement!
Mais, puisqu'ils ont relation de parenté,
Que n'essaie-t-il de le faire rentrer dans son pays,
Comme le fit jadis Kigeli, rejeton du Triomphateur des « Buffles »,
Qui sauva l'autre (Kimenyi) réfugié chez Gahundamo?
Nsoro donne les coups de pieds
Avant de s'être concerté avec les fesses!
Aussi a-t-il provoqué l'incendie de Kibamba ([10])
Tandis que la faim, en son sein, va s'éterniser!
Prête-moi l'oreille ô Connaisseur, ([11])
Je te dirai que Ndabarasa
N'a pas, comme toi, engendré des dégénérés,
Je te dirai qu'à son père il est en tout égal,
Mibambwe, rejeton de Cylima, souche du Favorisé: ([12])

6. L'un des sommets du mont Kigali.

7. Nsoro IV: roi du Bugesera, royaume voisin du Burundi et du Rwanda. Envahi simultanément par ses deux voisins, Nsoro IV fuit son pays et se réfugie chez Kimenyi IV.

8. Gihunya: l'une des provinces de Gisaka; Bazimya: père de Kimenyi.

9. L'un des descendants de Nsoro IV.

10. Capitale de Nsoro IV, située actuellement au Burundi.

11. Figure synonymique pour Kimenyi. Termes analogues: interrogateur, nouvelliste, friand de nouvelles, indiscret d'oreille, bavard.

12. Mibambwe III: roi du Rwanda, héros du poème.

L'Empoigneur-de-l'Arc ([13]) a passé son Tambour à un héros
Il est pareil à ce Souverain, pareil à ce Héros-là,
Qui te chassa de Mukiza et de Rûndu,
Et t'obligea à t'accroupir dans la forêt!
Ainsi devais-tu t'attirer la cause de ta propre mort.
Ô Curieux-interrogateur, fils de Bazimya:
Avec toi le Gisaka ne possédera rien qui puisse durer!
Ayant appris l'incendie de Kibamba, ô Friand d'informations
Comment n'as-tu pas craint de cacher le fuyard, ô Nouvelliste?

13. Figure synonymique pour Ndabarasa (Kigeli III): Ndabarasa = littéralement « Je-tire-sur-eux ».

Jacques RABEMANANJARA

Né à Maroansetra, près de Tamatave (Madagascar), le 23 juillet 1913, Jacques Rabemananjara reçoit son éducation aux séminaires de Sainte-Marie et de Tananarive. Il fonde la Revue des Jeunes de Madagascar, *bientôt interdite pour ses tendances nationalistes.*

En 1936, il se rend en France pour étudier à la Sorbonne. C'est à Paris qu'il fait ses débuts en littérature, avec Sur les marches du soir *(1942), qui lamente en alexandrins l'exil de la reine Ramavolona III, et avec* Les dieux malgaches *(1947), la première œuvre dramatique malgache en français.*

Rentré à Madagascar en 1946, il est élu à l'Assemblée Nationale française comme membre du Mouvement Démocratique de la Rénovation Malgache. Après l'insurrection de 1947, il est arrêté et condamné à l'emprisonnement à vie. Il bénéficie de l'amnistie en 1956 et retourne à Paris.

Pendant sa captivité, Rabemananjara compose ses œuvres principales, qui seront publiées plus tard. Antsa *(1948), où le poète abandonne l'alexandrin pour le vers libre, y montre comment la répression a détruit la confiance qu'il pouvait avoir dans la bonne foi de la France. Dans ses recueils ultérieurs,* Rites millénaires *(1955),* Lamba *(1956) et* Antidote *(1961), Rabamananjara retourne à l'inspiration nationale fondée sur l'amour de son île natale. C'est aussi en prison qu'il compose sa deuxième pièce poétique,* Les boutriers de l'aurore *(1957), qui met en scène un épisode légendaire relatif aux origines malaises de la population malgache. Pour une troisième pièce,* Agapes des dieux *(1962), l'écrivain s'inspire encore d'une légende populaire conservée dans la tradition orale.*

Revenu à Madagascar en 1960, il devient ministre de l'Économie Nationale. En 1965, il est ministre de l'Agriculture, puis ministre des Affaires Étrangères. Il vit aujourd'hui en exil à Paris.

BIBLIOGRAPHIE

Sur les marches du soir, Gap, Éditions Ophrys, 1942.
Les dieux malgaches, Paris, Éditions Ophrys, 1947.
Rites millénaires, Paris, Seghers, 1955.

Antsa, Paris, Impr. Drivon, 1948. Nouvelle édition: Paris, Présence Africaine. 1956.
Lamba, Paris, Présence Africaine, 1956.
Témoignage malgache et colonialisme, Paris, Présence Africaine, 1956.
Les boutriers de l'aurore, Paris, Présence Africaine, 1957.
Nationalisme et problèmes malgaches, Paris, Présence Africaine, 1958.
Antidote, Paris, Présence Africaine, 1961.
Agapes des dieux — Tritiva, tragédie malgache, Paris, Présence Africaine, 1962.
Ordalies, Paris, Présence Africaine, 1972.

A consulter:

Eliane BOUCQUEY DE SCHUTTER, *Jacques Rabemananjara,* Paris, Seghers, 1964.
G. RAVELONANOSY, *J. Rabemananjara.* Coll. « Littérature malgache », Paris, Nathan, 1970.

NOCTURNE

*(Extrait d'*Antidote, *Paris, Présence africaine, 1961.)*

La mendiante déguenillée
qui s'en va,
sous le crachat des ouragans,
tête nue et poitrine ouverte.

Qui s'en va
par tous les ports de l'univers, par toutes les routes du monde,
lèvre gercée, œil au beurre noir,
la tuberculeuse des temps modernes!

Les seigneurs des hautes cités l'ont chassée à coups de bâtons:
Point de place pour la vaurienne!

Leurs ancêtres l'ont adorée — et c'est un conte d'autrefois —
cueilli la larme de ses yeux pour en faire la perle unique,
mains jointes, genoux en terre — oh! c'est un conte d'autrefois.

Leurs villes! Caveaux des oubliettes!
Les cabarets battent le swing et la rumba...

Cette Fille...? Je connais pas!...
Ah! Je m'en souviens: C'est la folle des temps jadis!
rit la femme au rire odorant de champagne et de clair alcôve.
L'homme tète son gros cigare et lui passe son beau vison.

Qui pense donc à la vaurienne!

Seul le gamin de la rue Mouf [1]
l'a reluquée à son passage
à travers la terre de France et tous les quartiers de Paris.

Oh! Comme elle est belle, la môme [2]!
siffle-t-il, lançant sa casquette et lui faisant un pied de
nez.
Puis il s'en retourne à ses mouches.

La liberté est aux encans!
La liberté a des carcans
qui lui serrent la gorge nue.
La liberté crache son sang
le long de tous les chemins du monde
et le long de toutes les nuits
et le long de tous les jours du monde.

---

1. Rue Mouffetard, dans un quartier populaire de Paris.
2. fille (en argot).

Flavien RANAIVO

Né à Arivonimamo, près de Tananarive (Madagascar), en 1914, Flavien Ranaivo fait ses études à Madagascar et en France. Après avoir occupé pendant quelques années divers postes dans l'administration coloniale, il s'oriente vers le journalisme et l'information. Attaché presque constamment au Service Général de l'Information de Madagascar, de 1945 à 1955, il dirige les journaux Vaovao frantsaymalagasy *et* Informations de Madagascar. *Avec l'indépendance de Madagascar, Flavien Ranaivo devient directeur au Secrétariat d'État à l'Information et au Tourisme. Il quitte Madagascar en 1970, et vit actuellement à Paris.*

De tous les poètes de langue française qu'ait donnés la Grande Île, Flavien Ranaivo est sans contredit le plus authentiquement malgache. Artiste exigeant vis-à-vis de lui-même, il s'est efforcé, dans les trois recueils qu'il a publiés de 1947 à 1962, de rendre en français les rythmes, les images et les structures de la vieille poésie orale, avec son intimisme délicat, son goût de l'expression lapidaire et métaphorique, et la construction antithétique de ces débats poétiques que sont les haîn-teny *révélés jadis par Jean Paulhan.*

BIBLIOGRAPHIE

L'ombre et le vent, Tananarive, Imprimerie Officielle, 1947.
Mes chansons de toujours, Paris, chez l'auteur, 1955.
Le retour au bercail, Tananarive, Imprimerie Nationale, 1962.

A consulter:

J. VALETTE, *Flavien Ranaivo,* Paris, Nathan, 1968.

Madagascar-Joffreville : Zébus sortant du corral.
(Photo Documentation française, coopération : Ph. Billère.)

DÉTRESSE

(Extrait de Le retour au bercail, *Tananarive, Imprimerie nationale, 1962.)*

— Ohé la belle-aux-grands-cheveux !
— Qui donc va là ?
— Je suis le mal-nommé de mon père,
je suis le mal-nommé de ma mère ;
bien que petit je suis de soie vêtu,
et taciturne mes pensées sont profondes,
et frileux mais teint d'ambre léché par le soleil,
et susceptible je n'en suis que plus sentimental,
et vagabond mais souple est ma démarche.

— Petite aussi la corise d'eau ([1]), jeune homme:
maints zébus en périrent,
muet est le regard mais combien éloquent;
je préfère quant à moi la belle peau de bronze:
elle donne plus de chaleur;
douce est la nostalgie
mais n'aurai que faire d'un boudeur-né.
Sombrez, sombrez jeune homme,
sombrez dans vos rêves:
demain le jour se lèvera bien tard
car le soupir et moi-même
ce soir serons en route.

1. Genre d'insectes hémiptères dont plusieurs espèces font des piqûres douloureuses.

Paul LOMAMI-TSHIBAMBA

Paul Lomami-Tshibamba est né en 1914 à Brazzaville où ses parents originaires de l'ancien Congo belge s'étaient fixés. Il commence l'école primaire à Brazzaville et l'achève à Kinshasa (Léopoldville) en 1928. Cinq ans d'études secondaires au petit-séminaire sont interrompues par une soudaine surdité; bien soigné, il recouvre le sens de l'ouïe. En 1933 il est engagé comme rédacteur au périodique La voix du congolais. *Il y publie de nombreux articles et prises de position sur les problèmes sociaux. En 1939, il passe au service du Gouvernement général de la Colonie jusqu'en 1960. De 1960 à 1963, il est membre du Gouvernement provincial de Luluabourg. Il est actuellement attaché à l'Office national de la recherche et du développement (ONRD) à Kinshasa.*

P. Lomami-Tshibamba se caractérise principalement par son inspiration fantastique et mystérieuse. Il se signala d'abord par un récit romanesque Ngando le crocodile, *prix de la foire coloniale de 1948. Avec deux nouvelles récemment publiées l'auteur continue l'inspiration de* Ngando.

BIBLIOGRAPHIE

Ngando le crocodile, Bruxelles, ed. G.A. Denys, 1948, 119 p. et réédité Ned Nendeln (Liechtenstein), Kraus Reprint, 1970.

La récompense de la cruauté suivi de N'gobila des Mswata, Kinshasa, éd. du Mont Noir, collection objectif 80, 1972, 91 p.

A consulter:

CAILLENS, J., «*Ngando le crocodile,* prix littéraire de la foire coloniale de Bruxelles», Paris, Présence Africaine, pp. 244-245.

LA CHASSE AU MONSTRE*

Dans la région de Kintambo, devenue plus tard Kinshasa, la croyance populaire était vive en l'existence d'un monstre, Dzabulu ou Belzébuth. Son existence se manifestait par un miaulement où se mêlaient des paroles humaines. Une expédition militaire fut envoyée à sa recherche. (Extrait de La récompense de la cruauté suivi de N'gobila des Mswata, *Kinshasa, Éd. du Mont Noir, 1972.)*

Sur ces entrefaites, l'aurore vint saupoudrer discrètement l'obscurité d'un embrun qui nettoya progressivement l'atmosphère. Et comme par enchantement, l'aube survint, gaie et rassurante.

Elle surprit les cinquante et un hommes dans un état de dépression presque maladif, tant la nervosité était intense durant toute la nuit où s'était déroulée la ridicule escarmouche contre les hurlements.

Avec la clarté diurne enfin, l'indéfinissable poids de la transe se dissipa et l'assurance de voir clairement tout ce qui les entourait leur remonta le moral tombé bien bas pendant l'absurde bataille.

Maintenant, que fallait-il faire encore?

Rentrer bredouilles à Kintambo où la population a certainement entendu les hurlements démoniaques et le ridicule pétard qui se sont échangés durant la nuit, et a pu croire que Belzébuth a dû être abattu.

Ou bien continuer les recherches durant une partie de la journée et ne rentrer que dans la soirée, même sans la dépouille de l'impossible Belzébuth?

Bien que personne ne prononçât un mot, les attitudes et les regards fuyants qui erraient sur des visages allongés et renfrognés disaient clairement que chacun entendait voir terminer tout de suite cette mascarade et regagner ses pénates sans dommages, pendant qu'on est encore ingambe...

Au grand désappointement général, le secrétaire provincial, par acquit de conscience et pour sauver les apparences de l'autorité qu'il incarnait, ordonna la poursuite de l'exploration du site.

Avec une lassitude pathétique, les hommes se remirent en marche. Les soldats indigènes s'abîmèrent dans d'amères réflexions.

Absolument convaincus de la réalité de l'existence de Belzébuth rôdant, invisible et insaisissable, autour de la troupe, les braves hommes d'armes ne comprenaient pas l'entêtement de Bula Matari [1], dans cette dangereuse équipée. D'autant que la harangue que Belzébuth leur avait tenue durant la nuit en disant : « Simbila munu mwana, munu kwénda kusumba kwanga » [2], devait certainement signifier une sibylline mise en garde chargée de menaces... D'autre part, l'adversaire ayant suffisamment démontré son invulnérabilité par sa nature invisible, il ne lui restait plus qu'à anéantir les hommes si les Blancs de Bula Matari persistaient à le rechercher pour l'impossible combat.

— Dzabulu [3] a déjà montré sa force. Que veulent encore nos Blancs ? dit un caporal.

— Non seulement il nous a montré sa force, mais encore il a prouvé que nous ne pouvions rien faire contre lui durant toute la nuit malgré nos fusils, ajouta un « première classe ».

— Il pouvait très bien empêcher nos fusils de cracher le feu. S'il ne l'a pas fait c'est pour nous laisser épuiser nos cartouches avant de nous détruire. C'est une ruse de guerre, cela. Nos Blancs ne le comprennent-ils pas, vraiment ?, s'indigna le caporal. Sarza [4] ! Il faut attirer l'attention de nos officiers sur cette tactique, suggéra le « première classe ».

— Pensez-vous qu'ils nous écouteront ? L'autre dimanche, les « monpère » ont été mis en fuite par ce Dzabulu dans la forêt de Kilimani. Bula Matari connaît cette honte que Dzabulu a infligée aux Hommes de Dieu. Malgré cela, il nous envoie en guerre contre Dzabulu. Maintenant que nous sommes en « campagne » nous « soldats pamba » [5], nous allons oser dire aux officiers blancs de cesser la guerre ? Mais c'est de la chicotte et le cachot que nous allons récolter ! répondit le sergent.

1. Littéralement : casseur de pierres, nom donné à l'explorateur H. M. Stanley, ensuite étendu à tout agent de l'État au temps de la colonisation.

2. Traduction : « Tiens-moi l'enfant pendant que je vais acheter une bouillie de manioc. »

3. Déformation de diable ; Belzébuth ; différents noms du monstre.

4. Déformation du mot « sergent ».

5. Pamba en lingala veut dire ici inefficient.

Bernard DADIÉ

Bernard Dadié est né à Assinié (Côte d'Ivoire) en 1916. Il entre à l'École Primaire Supérieure de Bingerville en 1930; en 1936 il est admis à l'École Normale William Ponty de Gorée. C'est là qu'il écrit Assemien Dahylé, *une des premières pièces historiques africaines à être représentées en France. A sa sortie de William Ponty, il est affecté dans un institut de recherches et reste au Sénégal jusqu'en 1947. La formation de partis politiques en Afrique Noire ne le laisse pas indifférent: il devient responsable de la presse du Parti Démocratique de Côte d'Ivoire. En 1949, après des manifestations, il est condamné à 16 mois en prison.*

En 1952, paraît son premier recueil de poèmes, Afrique Debout, *tout empreint d'un généreux humanisme. En 1956, il publie un roman autobiographique* Climbié. *Dans plusieurs récits de voyage, notamment* Patron de New York *et* Un Nègre à Paris, *transparaît sa curiosité autant que son humour. Il se remet au théâtre à la fin des années soixante et sa pièce* Monsieur Thôgô-gnini *— une satire sociale qui dénonce, sous une forme assez libre et nouvelle en Afrique, l'exploitation de l'homme par l'homme — connaîtra un réel succès. Emmenée en tournée, elle a fait le tour de l'Afrique. Bernard Dadié continue aujourd'hui à écrire pour le théâtre tout en occupant de hautes responsabilités culturelles dans l'administration ivoirienne.*

BIBLIOGRAPHIE

Afrique Debout, Paris, Seghers, 1952.

Climbié, Paris, Seghers, 1953.

Légendes africaines, Préface d'Alioune Diop, Paris, Seghers, 1954.

Le Pagne noir, Contes africains, Paris, Présence Africaine, 1955.

La Ronde des jours, Paris, Seghers, 1956.

Un nègre à Paris, Paris, Présence Africaine, 1959.

Patron de New York, Paris, Présence Africaine, 1964.

Légendes et poèmes. Afrique debout. Légendes africaines. Climbié. La Ronde des jours, Paris, Seghers, 1966.

Hommes de tous les continents, Poèmes, Paris, Présence Africaine, 1967.
Les Voix dans le vent, Yaoundé, Éd. Clé, 1970.
Béatrice du Congo, Paris, Présence Africaine, 1970.
Monsieur Thôgô-gnini, Paris, Présence Africaine, 1970.
Papassidi, maître escroc, **Dakar, Nouvelles Éditions africaines, 1975.**

A consulter:

QUILLATEAU (C.), *Bernard Binlin Dadié,* Paris, Présence Africaine, 1967.

LA LÉGENDE BAOULÉ *

Les légendes africaines attestent une remarquable diversité. Les plus importantes sont les légendes cosmogoniques et celles, profanes, qui s'appuyent sur un mythe d'origine. L'homme de la tradition, qui vit les yeux fixés sur le passé de son groupe social, confère à son histoire une valeur exemplaire.

La légende retenue dans ce texte établit l'origine extraordinaire de l'une des ethnies les plus importantes de la Côte-d'Ivoire. (Extrait de Légendes et Poèmes, *Paris, Seghers, 1966.)*

Il y a longtemps, très longtemps, vivait au bord d'une lagune calme, une tribu paisible de nos frères. Ses jeunes hommes étaient nombreux, nobles et courageux, ses femmes étaient belles et joyeuses. Et leur reine, la reine Pokou, était la plus belle parmi les plus belles.

Depuis longtemps, très longtemps, la paix était sur eux et les esclaves mêmes, fils des captifs des temps révolus, étaient heureux auprès de leurs heureux maîtres.

Un jour, les ennemis vinrent nombreux comme des magnans ([1]). Il fallut quitter les paillotes, les plantations, la lagune poissonneuse, laisser les filets, tout abandonner pour fuir.

Ils partirent dans la forêt. Ils laissèrent aux épines leurs pagnes, puis leur chair. Il fallait fuir toujours, sans repos, sans trêve, talonné par l'ennemi féroce.

Et leur reine, la reine Pokou, marchait la dernière, portant au dos son enfant.

A leur passage l'hyène ([2]) ricanait, l'éléphant et le sanglier fuyaient, le chimpanzé ([3]) grognait et le lion étonné s'écartait du chemin.

1. Ver à soie.
2. Animal sauvage qui se nourrit surtout d'animaux morts.
3. Grand singe.

Enfin, les broussailles apparurent, puis la savane et les rôniers (4) et, encore une fois, la horde entonna son chant d'exil:

Mi houn Ano, Mi houn Ano, blâ ô
Ebolo nigué, mo ba gnan min —
Mon mari Ano, mon mari Ano, viens,
Les génies de la brousse m'emportent.

Harassés, exténués, amaigris, ils arrivèrent sur le soir au bord d'un grand fleuve dont le cours se brisait sur d'énormes rochers.

Poulie de métier à tisser de chez les Gouro de Côte d'Ivoire.
(Collections de la ville de Bordeaux,
Photo Bardou. C.R.D.P. Bordeaux.)

4. Arbre dont les feuilles servent de matière textile.

Et le fleuve mugissait, les flots montaient jusqu'aux cimes des arbres et retombaient et les fugitifs étaient glacés d'effroi.

Consternés, ils se regardaient. Était-ce là l'Eau qui les faisait vivre naguère, l'Eau, leur grande amie? Il avait fallu qu'un mauvais génie l'excitât contre eux.

Et les conquérants devenaient plus proches.

Et pour la première fois, le sorcier parla:

« L'eau est devenue mauvaise, dit-il, et elle ne s'apaisera que quand nous lui aurons donné ce que nous avons de plus cher. »

Et le chant d'espoir retentit:

Ebe nin flê nin bâ
Ebe nin flâ nin nan
Ebe nin flê nin dja
Yapen'sè ni djà wali
Quelqu'un appelle son fils
Quelqu'un appelle sa mère
Quelqu'un appelle son père
Les belles filles se marieront.

Et chacun donna ses bracelets d'or et d'ivoire, et tout ce qu'il avait pu sauver.

Mais le sorcier les repoussa du pied et montra le jeune prince, le bébé de six mois: « Voilà, dit-il. ce que nous avons de plus précieux. »

Et la mère, effrayée, serra son enfant sur son cœur. Mais la mère était aussi la reine et, droite au bord de l'abîme, elle leva l'enfant souriant au-dessus de sa tête et le lança dans l'eau mugissante.

Alors des hippopotames, d'énormes hippopotames émergèrent et, se plaçant les uns à la suite des autres, formèrent un pont et sur ce pont miraculeux, le peuple en fuite passa en chantant:

Ebe nin flê nin bâ
Ebe nin flê nin nan
Ebe nin flê in dja
Yapen'sè ni djà wali
Quelqu'un appelle son fils
Quelqu'un appelle sa mère
Quelqu'un appelle son père
Les belles filles se marieront.

Et la reine Pokou passa la dernière et trouva sur la rive son peuple prosterné.

Mais la reine était aussi la mère et elle put dire seulement « baouli », ce qui veut dire: l'enfant est mort.

Et c'était la reine Pokou et le peuple garda le nom de Baoulé.

HOMMES DE TOUS LES CONTINENTS

(Extrait de Hommes de Tous les Continents, *Paris, Présence africaine, 1967.)*

Je sors des nuits éclaboussées de sang

Regardez mes flancs
Labourés par la faim et le feu
Je fus une terre arable
Voyez ma main calleuse,
  noire
à force de pétrir le monde.
Mes yeux brûlés à l'ardeur de l'Amour.

J'étais là lorsque l'ange chassait l'ancêtre,
J'étais là lorsque les eaux mangeaient les montagnes
Encore là, lorsque Jésus réconciliait le ciel et la terre,
Toujours là, lorsque son sourire par-dessus les ravins
Nous liait au même destin.

Hommes de tous les continents
Les balles étêtent encore les roses
dans les matins de rêve.

Sorti de la nuit des fumées artificielles
Je voudrais vous chanter
Vous qui portez le ciel à bout de bras
  Nous
qui nous cherchons dans le faux jour des réverbères.

Je connais moi aussi
Le froid dans les os, et la faim au ventre,
Les réveils en sursaut au cliquetis des mousquetons
Mais toujours une étoile a cligné des yeux
Les soirs d'incendie, dans les heures saoules de poudre.

Hommes de tous les continents
Portant le ciel à bout de bras,
Vous qui aimez entendre rire la femme,
Vous qui aimez regarder jouer l'enfant,
Vous qui aimez donner la main
pour former la chaîne,

Les balles étêtent encore les roses
dans les matins de rêve.

Malick FALL

Né le 13 décembre 1920 à Saint-Louis-du-Sénégal, Malick Fall fait ses études primaires dans cette ville, puis suit les cours de l'École Normale William-Ponty, alors fixée à Sébikotane. Par la suite, il effectue des stages à l'École normale de Charleville et au Centre international d'études pédagogiques à Sèvres, ainsi qu'à la B.B.C. à Londres.

Instituteur, puis inspecteur-adjoint, il passe à la diplomatie et devient conseiller d'ambassade, puis ambassadeur au Maroc, ensuite en Éthiopie, et enfin en Tunisie.

Trois ans après s'être fait connaître par un mince recueil de poèmes, Reliefs, *Malick Fall donne son premier — et à ce jour unique — roman:* La Plaie. *C'est l'histoire d'un paysan pauvre, Magamou, qui fuit son village dans l'espoir de connaître la prospérité à la ville. Au cours de cette escapade, il fait une chute qui lui laisse une plaie dont la signification est symbolique. En effet, cette plaie fait la personnalité de Magamou, qui s'intègre comme mendiant au petit peuple de la ville: une fois guéri par les soins d'un rebouteux, il n'est plus reconnu par personne et reste voué à l'inadaptation.*

BIBLIOGRAPHIE

Reliefs, Paris, Présence Africaine, 1964.
La Plaie, Paris, Albin Michel, 1967.

UNE AMÈRE DÉCEPTION*

Maganou a quitté son village pour la ville. En chemin, il s'est blessé à la cheville. Sa plaie, envenimée, le fait repousser par tous, le contraint à la mendicité, mais lui confère en même temps une personnalité. Après un séjour en prison, il décide de se soigner et, en suivant les conseils d'un sage, réussit à fermer l'ulcère. Il revient au marché où, naguère, sa venue ne passait pas inaperçue: une amère déconvenue l'y attend. (Extrait de La plaie, *Paris, Albin Michel, 1967.)*

Il devait être dix heures. Le temps était venu de se rendre au marché. Une rentrée triomphale ou rien. Le moment des grandes affluences. Avalé le bout de chemin qui conduit à N'Dar-Toute, Magamou entra dans la foule. Quel bonheur ! Dieu, était-ce pensable ! Parmi les hommes ! Il prit son itinéraire favori, non sans provoquer plusieurs marchands. Ceux-ci se contentèrent de sourire, sans plus. (Bien !) Il hasarda une incursion chez les bouchers; rassuré, il se mit à chanter haut, dans l'espoir d'attirer l'attention de ses anciens ennemis. En vain. (Ah !) Il récita un des poèmes à la gloire des meilleurs lutteurs de la saison, ces poèmes à la mode ([1]), qu'il lui suffisait d'entonner pour être entouré et applaudi. Pas de réaction. (Comment ?)

« Je ne comprends pas, je ne comprends rien », murmura-t-il. « Quel cimetière ! Moi, naguère la coqueluche du marché, me trouver proprement ignoré ! Inconcevable, inacceptable ! » L'homme allait, venait, aidait un portefaix, conseillait une jeune fille, interpellait de vieilles connaissances, partageait des sourires... Un tombeau d'indifférence.

Magamou croyait rêver. Rêvait-il depuis son évasion du cabanon? Il s'assit à l'écart. Il se tortura à se remettre en mémoire tous les événements qu'il avait vécus, auxquels il s'était mêlé, peu ou prou. Rien n'était demeuré dans l'ombre. Quelque dure qu'elle fût, la réalité était là, imposant sa loi. Magamou refusa de se laisser abattre. Son isolement prolongé, sa maladie, la compagnie des bêtes, son séjour à l'hôpital... autant d'écueils à son insertion normale dans la société. Un sale moment à passer et tout rentrerait dans l'ordre. Il demeura prostré... Il se releva. Il s'ébroua, comme pour se débarrasser de quelques parasites. On le sentait contracté sous sa désinvolture trop appliquée pour être vraie.

Il s'approcha d'un étal, celui d'un homme dont on susurrait qu'il n'avait pas la tête très solide. Mi-confiant, il s'adressa au boucher.

— Me reconnais-tu?

Bouna leva la tête, regarda le nouveau venu des pieds à la tête. Au bout d'un moment, il répondit : « Peu de gens me sont inconnus. Dix ans ! Voici dix ans que je tiens boutique au marché. Par

1. Dans de nombreux endroits d'Afrique, des poètes populaires composent des chants panégyriques en l'honneur de quiconque se distingue dans la communauté.

centaines, je les appelle par leur prénom. Tu vois, je connais tout le monde.

— Ah! oui... Et mon prénom?

— Toi! Qui es-tu? Jamais vu! Jamais entendu.

— Magamou, Magamou.

— Ah! Ce nom me dit quelque chose... Il y avait, dans le temps, un fou de ce nom-là. Je crois qu'il est mort, maintenant... Ah! sa plaie! Comme il nous avait embêtés, dans le temps, celui-là... Quel culot! Ah! la la!... Où m'as-tu connu, toi qui portes le même nom que ce fou de Magamou? Au fond, on aimerait... hélas il est mort. Et maintenant on serait bien content de le revoir... (...)

— J'étais le fou. Magamou. Regarde cette cicatrice. Alors? J'étais le mort, me voici vivant. Alors? Alors? Quelle impossibilité? Me voici en chair et en os. Tâte ce biceps... ce mollet... Et ici, plus bas... la plaie... disparue. Alors? (...)

— C'est moi qui m'ahuris! s'affola Bouna. »

Et s'étant frotté les yeux, les ayant écarquillés, il cria: « A moi! à moi! Vôye! Je suis mort! Mort et enterré! A moi! Un revenant, un revenant! Vouye! Je deviens fou! » (...)

Atterré, Magamou ne bougea pas. C'était le comble. Machinalement, il passa la main sur son visage, se palpa le cou, les épaules. Il doutait presque de lui-même, de sa présence, de son existence en tant qu'être doué de raison. Rêvait-il? N'était-il pas au cabanon? Un cauchemar interminable? Ou bien, était-il simplement fou? Atroce!

Ousmane SEMBÈNE

Né le 8 janvier 1923 à Ziguinchor (Sénégal), autodidacte, il est à partir de 15 ans à Dakar plombier, maçon et apprenti-mécanicien à la Compagnie Air-France. En 1942, mobilisé comme chauffeur dans « les Forces Françaises Libres », il participe aux campagnes d'Italie et d'Allemagne; en 1945, démobilisé, il rentre à Dakar pour en repartir après quelques années pour Paris où il y est engagé en qualité de mécanicien aux Usines Renault. Il quitte Paris pour Marseille où il travaille comme docker. De cette expérience, il tire en 1956 le Docker noir.

Après le premier roman en partie autobiographique, il donne dans la meilleure tradition du réalisme socialiste, celle de Gorki, Les bouts de bois de Dieu, *chronique romancée de la grande grève du chemin de fer Dakar-Niger. En 1961, il obtient une bourse du gouvernement soviétique pour suivre un enseignement de cinéma. Tout en préparant ses futurs films, il continue à écrire des nouvelles rassemblées en plusieurs recueils, desquels se détachent notamment des textes comme* La Noire de... *(repris au cinéma) qui nous peint la vie misérable de domestiques africains amenés en Europe. Dans toutes ses nouvelles, les personnages principaux sont des femmes et/ou des opprimés, dont il décrit le sort en termes à la fois précis et généreux, marqués d'une compassion qui sait provoquer l'indignation.*

Le Mandat, *premier long métrage africain, est lui aussi tiré d'une de ses nouvelles, et innove par la peinture des milieux populaires de Dakar. Sembène Ousmane est aujourd'hui à Dakar, où il a monté sa propre société de production cinématographique. Il a ainsi produit un film sur une révolte anti-colonialiste,* Emitaï.

BIBLIOGRAPHIE

Le docker noir, roman, Paris, Éditions Debresse, 1956.

***O pays, mon beau peuple,* Paris, Le livre contemporain, 1957.**

***Les bouts de bois de Dieu,* Paris, Le livre contemporain, 1960.**

Voltaïque, nouvelles, Paris, Éditions Présence Africaine, 1962.

***L'harmattan,* Paris, Éditions Présence Africaine, 1965.**

Vehi-Ciosane ou *Blanche-Génèse* suivi du *Mandat,* Paris, Éditions Présence Africaine, 1965.
Vehi-Ciosane, Paris, Éditions Présence Africaine, 1966.
Le mandat, Paris, Éditions Présence Africaine, 1966.
Xala, Paris, Éditions Présence Africaine, 1973.

Filmographie

Borom Sarret, 1963, N et B, 19 mn.
Niaye, 1965, N et B, 38 mn.
La Noire de ..., 1966, N et B, 60 mn.
Le mandat, 1968, Couleur, 90 mn.
Emitaï, 1972, Couleur, 90 mn.

Bibliographie critique

P.S. VIEYRA, *Sembène Ousmane cinéaste,* Paris, Présence Africaine (Coll. Approches), 1973.

LA CARTE D'IDENTITÉ *

Ibrahima Dieng a reçu de son neveu Abdou en France un mandat d'une valeur de 25.000 francs C.F.A. Pour entrer en possession de cet argent un commis de la poste lui exige sa carte d'identité. Œuvre fort réaliste, pleine d'humour et axée sur des problèmes post-coloniaux. Le Mandat a été porté à l'écran en 1968. (Extrait de Vehi Ciosane ou Blanche-Genèse suivi du Mandat, *Paris, Présence africaine, 1965.)*

— Ta date de naissance, recommença le commis.

— Ibrahima Dieng né à Dakar, vers 1900, ponctua le gars en chemise-veston.

— Dans l'année, il y a combien de mois? questionna l'employé, l'ironie au coin de la bouche.

— Douze, dit le gars le fixant avec méchanceté.

— Et quel mois est-il né?

— Écoute l'homme, intervint à nouveau le vieux planton en s'adressant à Dieng, écoute-moi bien, dans ton quartier il y a bien quelqu'un avec qui ta date de naissance coïncide...

— C'est écrit ici, se rebiffa Dieng. J'ai ma carte d'électeur. La date y est.

— Tu permets, dit le vieil homme en écartant le gars en chemise-veston qui levant son regard franc sur lui, lut dans les yeux du planton, cette lueur de folie qui caractérise les entêtés. Le vieil homme s'adressa à Dieng qui le frappait par ses vêtements:

— On vous « couillonne », dit-il en français, avec les cartes d'électeur. Pour voter, on se fatigue pas. Tu vois tous ces registres,

MPTOIR FRANÇAIS DU FILM PRODUCTION présente
UN FILM ECRIT ET MIS EN SCENE PAR
SEMBENE OUSMANE
PRIX SPECIAL DU JURY
DE LA BIENNALE DE VENISE 1968
le MANDAT
SENEGAL · DAKAR 17 H 16 1968
AVEC MAKHOUREDIA GUEYE · YOUMOUSS NDIAYE · ISSEU NIANG · MOUSTAPHA TOURE
EASTMANCOLOR
CO-PRODUCTION FRANCO-SÉNÉGALAISE COMPTOIR FRANÇAIS DU FILM PRODUCTION PARIS - FILMS DOMIREVE DAKAR

il y en a encore davantage à la cave. Il faut les voir tous, un à un.

— Mais papa, reprit l'homme en chemise-veston, est-ce qu'il ne peut pas laisser son nom sur un papier? On le lui cherchera.

— Est-ce que tu vas nous apprendre notre métier? En faisant comme tu dis, il attendra plus de deux mois.

— C'est le comble!

— Fais comme il te conseille. Cherche quelqu'un avec qui ta date de naissance coïncide, ajouta la femme.

Dieng domina son envie de lui dire que tout était de sa faute.

— Sinon, trouve alors quelqu'un d'influent, laissa tomber bas à l'oreille de Dieng le vieux planton.

« Qui aller voir? L'iman de la mosquée? Non!... Celui-ci ne connaît personne. Il le dit assez. Dans ce pays si tu ne connais personne pour te soutenir, tu n'arriveras à rien. La preuve! Depuis que je suis débauché, on promet de me reprendre. Tous mes anciens collègues ont été repris », soliloquait-il.

De la place de l'Indépendance, il se dirigea vers le marché Sandaga.

Au carrefour, il chercha des yeux une connaissance pour lui soutirer vingt francs. Tous ces visages fermés lui étaient inconnus; tous ces yeux, ces oreilles lui semblaient impitoyables. A qui s'adresser? A cet homme d'allure vive? Non, il ne pouvait pas faire comme Gorgui Maïssa. Un jeune homme accrocha son regard. Il lui rappelait un arrière-petit-cousin qui habitait non loin d'ici. L'envie d'aller voir cet arrière-petit-cousin se précisa en lui. « J'aurais l'air d'un pique-assiette », se dit-il. La crainte qui l'envahissait était que ce parent, venu de France, avait une épouse toubabesse (blanche). Mais persistante, l'idée d'aller le voir s'imposa. Il lui demanderait juste vingt francs. Il ne pourrait les lui refuser.

Il arriva devant une porte en fer forgé, il inspecta la courette avant de décider, de poser son index sur le bouton de la sonnerie. Une sueur froide le parcourut. Un boy (domestique) en tablier blanc vint lui ouvrir:

— M'sieu vient d'arriver, dit le boy en conduisant Dieng au salon.

Là terriblement impressionné, il sentit la morsure profonde d'être un intrus. Son regard allait d'un objet à un autre; tout ici imposait le silence. Il n'osait s'asseoir, tout en souhaitant de ne voir que l'arrière-petit-cousin, surtout pas madame.

Un homme, paraissant âgé d'une trentaine d'années, fit son entrée dans le salon en bras de chemise. Dès qu'il le vit, avec empressement, il mit le « tonton » à l'aise; s'informa des nouvelles de la famille, des parents. Il appela Madame et ses deux enfants pour les présenter.

Madame n'avait plus le souvenir de cet oncle. Comment mettre un nom sur tous ces visages vus une fois, il y a trois ans et qui s'étaient volatilisés de son horizon? Son mari n'avait-il pas dit, dans une causette de couples dominos (couples mixtes):

— Les parents, les beaux-parents, ici, ne viennent nous voir que lorsqu'ils sont dans le besoin. Alors pourquoi nous écraser les oreilles avec la sociabilité africaine?

Dieng déclina l'invitation à dîner, il n'avait fait que passer prendre des nouvelles.

En se retirant, l'arrière-petit-cousin le reconduisit.

David Mandessi DIOP

David Mandessi Diop est né le 9 juillet 1927 à Bordeaux. Il pouvait se réclamer de ses origines paternelles, sénégalaises, comme de ses origines maternelles, camerounaises. Il fait ses études au Cameroun, au Sénégal et en France. Professeur de lettres, il exercera ce métier au Sénégal, ensuite en Guinée après la proclamation de l'indépendance de ce pays. Il meurt le 25 août 1960 dans un accident d'avion, au large des côtes de Dakar. C'est en 1956 qu'a paru le recueil de poèmes Coups de Pilon *qui attira l'attention sur lui. On lui doit également de nombreux articles dans la revue* Présence Africaine, *où il essaie de définir les conditions d'une poésie noire dans un contexte colonial, d'autres où il prolonge l'écho d'événements annonciateurs de la décolonisation. C'est là d'ailleurs un aspect majeur de sa poésie. D. Diop est un poète militant, sa brève carrière a été vouée à la dénonciation de la colonisation, à la mobilisation de ses frères pour la libération. Il reste que la fatalité l'empêcha de réaliser les promesses de* Coups de Pilon. *Il laisse le souvenir d'un poète sensible, habile — sans vaine recherche cependant — à communiquer son émotion, et celui d'un militant ardent.*

BIBLIOGRAPHIE

Coups de Pilon, Paris, Présence Africaine, 1973, 2e édition.

Sénégal: Pileurs de mil.
(Photo Documentation française, coopération: H. de Chatillon.)

LES VAUTOURS

(Extrait de Les Vautours, *in* Coups de Pilon, *Paris, Présence Africaine, 1973, 2e édition.)*

En ce temps-là
A coups de gueule de civilisation
A coups d'eau bénite sur les fronts domestiqués
Les vautours construisaient à l'ombre de leurs serres
Le sanglant monument de l'ère tutélaire
En ce temps-là
Les rires agonisaient dans l'enfer métallique des routes
Et le rythme monotone des Pater-Noster
Couvrait les hurlements des plantations à profit
O le souvenir acide des baisers arrachés
Les promesses mutilées au choc des mitrailleuses

Hommes étranges qui n'étiez pas des hommes
Vous saviez tous les livres vous ne saviez pas l'amour
Et les mains qui fécondent le ventre de la terre
Les racines de nos mains profondes comme la révolte
Malgré vos chants d'orgueil au milieu des charniers
Les villages désolés l'Afrique écartelée
L'espoir vivait en nous comme une citadelle
Et des mines du Souaziland à la sueur lourde des usines d'Europe
Le printemps prendra chair sous nos pas de clarté.

Ahmadou KOUROUMA

Ahmadou Kourouma est né vers 1927 dans le nord de la Côte-d'Ivoire. Il entre en 1943 à l'École Primaire Supérieure de Bingerville puis à l'École Technique Supérieure de Bamako où il reste jusqu'en 1949. Renvoyé à la suite de manifestations d'élèves, il est enrôlé dans l'armée française et sert en Indochine. Démobilisé en 1954, il poursuit ses études en France et devient actuaire en 1959. Il exerce d'abord son métier en Côte d'Ivoire jusqu'en 1964, puis en Algérie jusqu'en 1969. Il envoie son premier roman Les Soleils des Indépendances *concourir en 1967 à Montréal pour le Prix de la Revue* Études Françaises. *Le roman, une brillante et chaotique fresque de l'ère des indépendances et de ce qu'elle signifie pour un vieil homme plein des splendeurs, en partie mythiques du passé, remporte le prix, et fait connaître le talent original d'A. Kourouma. Celui-ci réussit à trouver, dès sa première œuvre publiée, un ton nouveau proche de la parole, sans équivalent chez les romanciers qui l'ont précédé. Son souci de garder, même en traduction, les couleurs et la chaleur de l'expression orale l'amène tout naturellement au théâtre.* Tougnantigui ou le Diseur de Vérité *est représenté à Abidjan en 1972. La satire politique y emprunte l'habit de la légende symbolique et ouvre peut-être une voie nouvelle au théâtre africain.*

BIBLIOGRAPHIE

Les Soleils des Indépendances, Montréal, Les Presses de l'Université, 1968 et Paris, Seuil, 1969.

Tougnantigui ou le Diseur de Vérité, Inédit.

LA PRIÈRE DES MORTS*

Fama, le héros, homme de la tradition que la colonisation et l'indépendance ont spolié de tout, se trouve, au terme de son exil, de retour à la terre de ses pères qui régnèrent sur le Horodougou. Il ne parvient pas à concentrer ses pensées sur cette prière des morts tant des préoccupations, se rapportant à son singulier destin, l'assaillent. (Extrait de Les Soleils des Indépendances, *Paris, Le Seuil, 2*^e^ *édition, 1970.)*

Le cimetière commençait juste après les dernières cases et le dépotoir, au flanc de la petite côte latérite [1], à l'est du village. Silencieux ils passèrent, Fama et un marabout en tête, entre deux cours, traversèrent une concession [2], sortirent du village au pied du grand manguier aux branches fournies et tombantes; le même itinéraire que le cortège funèbre du père de Fama, sauf que cela avait été conduit au plein de l'hivernage [3], par un soleil dévirilisé et réfléchi par les nuages et la verdure en crue de la saison. Alors que maintenant donnait et exultait l'harmattan [4]. Les feux de brousse de l'harmattan et le souffle de l'harmattan avaient tout dénudé. Dénudé même le petit bosquet du milieu du cimetière. Pauvre petit bosquet démystifié! Un qui avait pour Fama enfant le profond de l'immensité d'une forêt hantée de diables, de revenants et de mânes! Ils enjambèrent les fosses vidées de leurs morts par les hyènes [5], et même parfois assemblèrent les boubous [6], déchaussèrent les babouches pour les passer. Et l'on arriva. La tombe du cousin était une butte rouge de latérite récemment retournée. A chaque extrémité était posée une lampe-tempête. Mais pourquoi ces branches et cette lampe? Les hyènes du Horodougou [7] fouilleuses de tombes sont très voraces, trop avides de cadavres. Il faut les éloigner, les dix premières nuits. Par chance elles sont aussi peureuses que la tête d'une tortue, une lampe allumée et le craquement des feuilles agitées par le vent de la nuit les épouvantent et les font fuir et éjaculer des laissées [8] chaudes.

— Merci! A tous, merci! Que tombent et la bénédiction et la reconnaissance d'Allah sur tous les prometteurs de tant de soins, de protection et d'humanité!

La voix de Fama était plutôt cassée par l'émotion. Il assembla son boubou blanc et s'accroupit comme tout le cortège, et au groupe de tête, au deuxième rang après le marabout, à un seul pas à l'ouest de la tombe, la prière commença.

1. Terre rouge qui durcit au soleil.
2. Cour fermée où se trouve la ou les cases (maisons).
3. Saison sèche.
4. Vent sec de l'intérieur.
5. Animal sauvage qui se nourrit de cadavres.
6. Vêtement très long porté par les hommes et les femmes.
7. Royaume ancestral de Fama, situé à cheval sur la Frontière dans le roman, sépare la côte des Ébènes de la République de Nikine.
8. Excréments.

Le marabout (9) grogna un soufflant « bissimilai » (10), mais bafouilla le titre du sourate (11) à réciter dix-sept fois, grasseya le nom du verset à dire sept fois. Et un vent, un soleil et un univers graves et mystérieux descendirent et enveloppèrent. Le vent léger soufflait le brûlis de la savane avec des sautes d'une puanteur insupportable et faisait craqueter les feuilles des branches-épouvantails. Le soleil caressait les nuques et ses rayons sans raison prolongeaient les murmures en faisant pétiller les tombes et les feuilles jonchant le cimetière. C'était le susurrement des mânes et des doubles des enterrés sortant de l'autre monde pour s'asseoir et boire les prières. Une assemblée nombreuse et invisible entourait, pressait et étouffait les prieurs. Elle était grosse de tous les valeureux et honorés aïeux Doumbouya. Cent fois piteux Fama devait leur paraître! Leur unique descendant mâle tondu, séché et déshabillé par la colonisation et les Indépendances. Là, et pas ailleurs que dans ce cimetière même, devait finir, disparaître la dynastie Doumbouya. Mais serait-ce avec Fama? Fama se pensa mort, sans saisissement, imagina son double, son dja sortir de son corps, s'asseoir au milieu des mânes, sans effarement, son dja le juger, le plaindre. Le Fama accroupi en boubou blanc était un homme de grande responsabilité, ayant d'importants devoirs: il avait à prolonger la dynastie, à faire prospérer Togobala et tout le Horodougou. Les fatalités, le destin, le sort, les bénédictions, les volontés et les jugements derniers d'Allah descendaient, se superposaient, se contredisaient. Tout le destin apparaissait comme un parcours préexistant et la petite herbe emportée par la crue du grand fleuve était Fama. Les preuves? Les innombrables cas où il avait échappé, défié et vaincu cette mort qui, quand le destin le voudra, le finira. Tout porte à la fois la mort et la vie. La pluie tombe la foudre et l'eau nourricière, la terre sort la moisson et retient les restes dans la mort, le soleil diffuse la clarté et la sécheresse; les années déroulent l'âge et les famines, les enfants et les Indépendances.

Fama constata qu'il s'était fourvoyé dans le décompte des sourates et versets. Il s'arrêta de psalmodier. Un vent plus fort souffla plus

9. Sorte de prêtre pour les musulmans noirs.
10. Formule qui ouvre la récitation du Coran.
11. Chapitre du Coran.

drue la puanteur. Fama se demanda ce qui pouvait tant empester le lieu et sans trop chercher pour trouver une réponse il se relança dans les réflexions.

Pourtant un destin dur comme fer, lourd comme une montagne, se dévie à coups de sacrifices, avec le concours des morts. Aïeux! grands Doumbouya! je tuerai des sacrifices pour vous, mais tous, dans la volonté d'Allah, extirpez l'illégalité, la stérilité, tuez l'indépendance et le parti unique, les épidémies et les nuages de sauterelles! A ce moment, le marabout lança un soufflant « alphatia » ([12]). Tous les prieurs joignirent les mains, accueillirent les bénédictions et les portèrent sur leurs fronts. Des vœux, beaucoup de vœux pour rendre l'au-delà favorable à l'enterré. La prière était terminée.

12. Formule qui clôt la récitation.

Seydou BADIAN

Né à Bamako (Mali) le 10 avril 1928, l'écrivain (dont le nom complet est Seydou Badian Kouyaté) y fait ses études primaires et le début de ses études secondaires. Il les poursuit en France, à Montpellier, dont il fréquente ensuite la Faculté de Médecine. Docteur en médecine en 1955, rentré au Mali en 1956, il publie, l'année suivante, un roman, Sous l'orage, *où il traite de la condition de la femme et de la difficile adaptation des coutumes matrimoniales dans une société en acculturation.*

Après l'indépendance du Mali, Seydou Badian est nommé, en 1962, Ministre de l'Économie Rurale. En 1965-1966, il est Ministre du Plan. C'est pendant cette brève carrière politique qu'il publie son unique drame, La mort de Chaka*; centrée sur la trahison de Chaka par ses chefs d'armées, c'est une tragédie où le potentat zoulou devient le symbole de la lutte anticoloniale et de l'aspiration panafricaine. En 1964, l'écrivain publie un essai politique intitulé* Les dirigeants africains face à leur peuple.

Seydou Badian démissionne en 1966 et reprend l'exercice de la médecine à Bamako, tout en restant membre du Comité national de défense de la révolution. C'est à ce titre qu'il est arrêté et emprisonné en novembre 1968, quand un coup d'état renverse le régime du président Modibo Keita.

BIBLIOGRAPHIE

Sous l'orage, Avignon, Presses Universelles, 1957; réédité par Présence Africaine 1963.

La mort de Chaka, Paris, Présence Africaine, 1962.

Les dirigeants africains face à leur peuple, Paris, Maspéro, 1964.

A consulter:

R. MERCIER, M. et S. BATTESTINI, *Seydou Badian,* Coll. « Littérature africaine », Paris, Nathan, 1968.

LE MARIAGE DE KANY *

La main de la jeune Kany a été accordée par son père à Famagan. Mais la jeune fille aime un autre garçon. La famille est divisée en deux clans: le frère aîné, Sibiri, respectueux des traditions, s'est rangé du côté de son père; le frère cadet, Birama, qui a fréquenté l'école européenne, défend le droit au bonheur de sa sœur. Sibiri annonce à Birama le prochain mariage de Kany avec Famagan. Birama se révolte. (Extrait de Sous l'orage*, Paris, Présence Africaine, 1963.)*

— Ce mariage fera le malheur de Kany; c'est pour cela que je suis contre. Notre sœur n'aime pas Famagan; elle ne sera jamais heureuse avec lui. Et puis, il a déjà deux femmes. Kany aime un autre garçon. Pourquoi vous opposeriez-vous à leur union? Ce garçon réussira un jour, croyez-moi.

Sibiri partit d'un éclat de rire.

— Je te savais insolent, Birama, je viens de découvrir que tu es fou. Il faut que tu sois fou pour me dire ce que je viens d'entendre. Que vient faire le point de vue de Kany dans cette affaire? C'est nous qui décidons, comme il est d'usage. C'est à Kany à suivre. Depuis que le monde est monde, les mariages ont été faits comme nous le faisons.

Les yeux de Birama brillaient de colère, son visage devint dur.

— Ah, c'est ainsi! hurla-t-il. Eh bien! depuis que le monde est monde, les mariages ont été mal faits! Ce n'est d'ailleurs pas un mariage, reprit-il, mais une vente aux enchères. Vous agissez comme si Kany était non une personne, mais un vulgaire mouton. Ce qui vous intéresse, c'est combien vous en tirez. Vous la livrez au plus offrant et vous ne vous souciez plus de savoir ce qu'elle devient. Qu'elle soit l'esclave de Famagan, reléguée au fond d'une case au milieu d'autres esclaves, vous vous en moquez. (...)

— Je crois que tu as perdu la tête. D'ailleurs tout ce que tu viens de dire cadre bien avec votre conduire, à vous qui reniez votre milieu, à vous qui avez honte de votre origine, à vous qui ne rêvez que d'imiter vos maîtres, les Blancs. Oui, nous avons le droit d'imposer qui nous voulons à Kany parce que Kany a quelque chose de nous: elle porte notre nom, le nom de notre famille. Qu'elle se conduise mal et la honte rejaillit sur notre famille. Il ne s'agit donc pas d'une personne, mais de tout le monde. Tu me parles de ton camarade? Voyons, qui est-ce qui l'a choisi? Kany, me diras-tu; mais, dis-moi, crois-tu que Kany, à elle seule, puisse mieux juger que nous tous réunis? (...) Nous connaissons Famagan.

Nous nous sommes renseignés sur lui. Il a sa place parmi nous. C'est pour cela que Kany l'épousera. Tu me parles de l'argent qu'il nous a donné. Tu sais bien que bien avant Famagan nous vivions et nous ne mendions pas. (...) L'argent symbolise l'effort que fournit Famagan pour accéder à notre famille.

Sibiri était méconnaissable. (...)

— Il ne s'agit ni d'un nom, ni d'une famille, mais de Kany. C'est elle qui se marie. C'est à elle de choisir. Vous croyez que les choses doivent demeurer en l'état où elles étaient il y a des siècles. Tout change et nous devons vivre avec notre temps. Tu comprends bien que Kany ayant été à l'école ne peut être la troisième femme de Famagan. Si vous la lui donnez, le divorce s'ensuivra immédiatement.

— Voilà ce que j'attendais: l'école! Mais, dis-moi, il n'y a pas de divorce chez le Blanc? Que le Blanc garde ses coutumes! Nous, nous suivons nos pères. S'il y en a qui ne rêvent que d'être Blancs, l'avenir se chargera de leur faire comprendre que « le séjour dans l'eau ne transforme pas un tronc d'arbre en crocodile ». Je ne sais ce qu'on vous met dans la tête à l'école. Mais vous nous revenez gâtés, insolents et irrespectueux. Dans la rue, vous feignez de ne pas voir les grandes personnes, afin de ne pas avoir à les saluer. Vous vous croyez supérieurs à tous les autres. Les Blancs sont nos sauveurs! Mais de quoi nous ont-ils sauvés? Un jour viendra où nous vous ferons changer de langage, à moins que vous ne cherchiez refuge au pays des Blancs, de vos maîtres, esclaves que vous êtes.

Olympe BHELY-QUENUM

Olympe Bhely-Quenum est né à Cotonou (Dahomey) le 20 septembre 1928. Il voyage au Nigéria, au Niger, au Togo et au Ghana; de 1945 à 1948, il travaille à Cotonou dans une maison de commerce. En 1948, il se rend en France et, en 1957, obtient la licence ès lettres classiques à la Faculté de Caen. De 1958 à 1961, il enseigne dans la région parisienne.

Son premier roman, Un piège sans fin, *se veut délibérément apolitique, mais est axé sur les situations tragiques auxquelles le Noir est exposé quand il est pris dans l'engrenage de la « justice » coloniale.*

A l'indépendance du Dahomey, Olympe Bhely-Quenum abandonne l'enseignement pour la diplomatie, puis se tourne vers le journalisme. De 1962 à 1965, il est directeur et rédacteur en chef du journal La Vie Africaine, *publié à Paris. En 1965, il fonde la Société Africaine d'Édition et de Réalisation de Presse (SAGEREP) à Paris, où il publie son propre journal,* L'Afrique Actuelle, *jusqu'en 1968. C'est à cette époque qu'il donne* Le Chant du lac, *où le mystère, l'étrange beauté et aussi la cruauté des croyances traditionnelles sont évoqués dans un style imagé, dont le surréalisme enchantait André Breton.*

Depuis 1968, année où il donne un recueil de nouvelles, Liaison d'un été, *Olympe Bhely-Quenum est fonctionnaire au siège parisien de l'UNESCO.*

BIBLIOGRAPHIE

Un piège sans fin, Paris, Stock, 1960.

Le Chant du lac, Paris, Présence Africaine, 1966 (Grand Prix de l'Afrique Noire).

Liaison d'un été, Paris, SAGEREP, 1968.

A consulter:

R. MERCIER et S. BATTESTINI eds, *Olympe Bhely-Quenum, écrivain dahoméen,* Paris, Nathan, 1964.

REFUS D'OBÉISSANCE*

Bakari, riche fermier de Kiniba, a appris que son nom figure sur la liste des habitants du village réquisitionnés pour le travail forcé dans les carrières. Il a refusé d'obéir. Le commandant et deux policiers viennent le chercher. (Extrait de Un piège sans fin, *Paris, Stock, 1960.)*

Mon père rentra avec colère. Le lendemain matin, le cheval blanc du commandant ainsi que ceux des deux gardes s'arrêtèrent devant notre maison. Ils descendirent et le toubab ([1]) vint droit vers mon père alors occupé à donner des instructions à ses travailleurs.

— Il paraît que tu as refusé d'obéir à mes ordres, Bakari? cria-t-il en haoussa ([2]) qu'il parlait fort bien.

— Je n'ai jamais vu un homme de ma sorte faire le genre de travail que vous m'invitez à accomplir, dit mon père avec un sang-froid qui a dû vexer le toubab.

— Eh bien! tu seras le premier à le faire!

— J'ai des travailleurs que je paye, ils peuvent le faire à ma place ([3]).

A ces mots la cravache du commandant cingla à six reprises le visage de mon père. Il voulut se défendre, mais les gardes s'emparèrent de lui. Le commandant donna des ordres et ils déshabillèrent mon père, le mirent nu devant tout le monde, puis le poussèrent dans sa chambre où ils l'obligèrent à mettre un des vieux boubous qu'il enfilait pour aller dans ses champs. Ils sortirent avec lui quelques minutes après ces humiliations. (...) Qu'Allah seul, ainsi que les esprits des gens de Kiniba qui ont assisté à cette scène ainsi qu'à celles qui vont suivre soient mes témoins. La stricte vérité: voilà mon but.

« Et maintenant, tu feras la corvée, comme tous les nègres, la feras-tu, Bakari? »

Mon père demeurait muet. La cravache sifflait autour de sa tête nue.

---

1. Européen.
2. Langue parlée dans le nord du Dahomey et au Niger.
3. Avec la complicité des chefs, les paysans aisés avaient jusqu'ici échappé aux corvées en payant un remplaçant.

Tenture d'Adomey (Dahomey): ici le Roi triomphe de ses ennemis, sans doute Yoruba, reconnaissables aux scarifications faciales...

(Collections de la ville de Bordeaux, Photo Bardou, C.R.D.P., Bordeaux.)

« La feras-tu, imbécile, orgueilleux, vaniteux, vieux paon, la feras-tu ? »

Bakari ne répondit rien. Par dix fois on lui posa sans résultat la même question, tandis que les coups de cravache du commandant marquaient furieusement son visage d'ordinaire doux, paisible, long et noblement encadré de barbe et de favoris que j'aimais beaucoup. Le sang jaillissait des oreilles et de la tête de mon père, et son visage se mit à pleurer du sang... Ah ! je n'aime pas parler de ces choses-là, je voudrais les oublier à jamais, mais je revois, je revis tout maintenant que je vous en entretiens, voilà pourquoi j'en pleure comme un gamin, comme si ce souvenir datait d'hier.

Hamidou KANE

Né à Matam (Sénégal), le 3 avril 1928, Hamidou Kane ne parle que le peul et ne fréquente que l'école coranique jusqu'à l'âge de 10 ans.

En 1938, il commence ses études primaires; en 1952, il se rend à Paris pour étudier le droit à la Sorbonne; en 1957, il poursuit ses études à l'École Nationale de la France d'Outre-Mer, qu'il quitte en 1959 après avoir obtenu une licence en droit et un brevet d'administrateur.

Il occupe de nombreuses fonctions politiques, pour ensuite devenir fonctionnaire international. Depuis 1966, il dirige les services de l'UNICEF à Abidjan (Côte d'Ivoire).

Le seul roman que Kane ait publié jusqu'à présent — L'Aventure ambiguë *(1961) — marque une date dans l'histoire du roman africain de langue française. Excluant toute préoccupation d'ordre politique ou racial, l'auteur y analyse la problématique des relations entre l'ascétisme et l'intériorité de l'idéal islamique et l'individualisme matérialiste où tend l'éducation occidentale. Dans cette œuvre grave et méditative, l'assassinat du jeune héros par un fou fanatique semble évoquer les obstacles quasi insurmontables auxquels la synthèse souhaitable, le compromis nécessaire ne peuvent manquer de se heurter.*

BIBLIOGRAPHIE

L'Aventure ambiguë, Paris, Julliard, 1961. (Grand Prix littéraire d'Afrique noire d'expression française, 1962).

A consulter:

R. MERCIER, M. et S. BATTESTINI, *Cheick Hamidou Kane, écrivain sénégalais,* Paris, Nathan, 1964.

L'ÉCOLE ÉTRANGÈRE*

Samba Diallo, fils du chef des Dialobbé, est élève de l'école coranique. Le chef et sa sœur, la Grande Royale, ont décidé de l'envoyer à l'école européenne.

La Grande Royale a convoqué toute la population du village. Elle va exposer en public pourquoi elle estime nécessaire que les enfants des Dialobbé reçoivent une éducation à l'européenne. (Extrait de L'aventure ambiguë, *Paris, Julliard, 1961.)*

La place était déjà pleine de monde. Samba Diallo, en y arrivant, eut la surprise de voir que les femmes étaient en aussi grand nombre que les hommes. C'était bien la première fois qu'il voyait pareille chose. L'assistance formait un grand carré de plusieurs rangs d'épaisseur, les femmes occupant deux des côtés et les hommes les deux autres. L'assistance causait tout bas, et cela faisait un grand murmure, semblable à la voix du vent. Soudain, le murmure décrut. Un des côtés du carré s'ouvrit et la Grande Royale pénétra dans l'arène.

— Gens des Dialobbé, dit-elle au milieu d'un grand silence, je vous salue.

Une rumeur diffuse et puissante lui répondit. Elle poursuivit.

— J'ai fait une chose qui ne nous plaît pas, et qui n'est pas dans nos coutumes. J'ai demandé aux femmes de venir aujourd'hui à cette rencontre. Nous autres Dialobbé, nous détestons cela, et à juste titre, car nous pensons que la femme doit rester au foyer. Mais, de plus en plus, nous aurons à faire des choses que nous détestons, et qui ne sont pas dans nos coutumes. C'est pour vous exhorter à faire une de ces choses que j'ai demandé de vous rencontrer aujourd'hui.

— Je viens vous dire ceci: moi, Grande Royale, je n'aime pas l'école étrangère. Je la déteste. Mon avis est qu'il faut y envoyer nos enfants cependant.

Il y eut un murmure. La Grande Royale attendit qu'il eût expiré, et calmement poursuivit.

— Je dois vous dire ceci: ni mon frère, votre chef, ni le maître des Dialobbé n'ont encore pris parti. Ils cherchent ma vérité. Ils ont raison. Quant à moi, je suis comme ton bébé, Coumba (elle désignait l'enfant à l'attention générale)? Regardez-le. Il apprend à marcher. Il ne sait pas où il va. Il sent seulement qu'il faut qu'il lève un pied et le mette devant, puis qu'il lève l'autre et le mette devant le premier (...)

— L'école où je pousse nos enfants tuera en eux ce qu'aujourd'hui nous aimons et conservons avec soin, à juste titre. Peut-être notre souvenir lui-même mourra-t-il en eux. Quand ils nous reviendront de l'école, il en est qui ne nous reconnaîtront pas. Ce que je propose, c'est que nous acceptions de mourir en nos enfants et que les étrangers qui nous ont défaits prennent en eux toute la place que nous aurons laissée libre.

Niger: Télévision scolaire. Classe de brousse.

Elle se tut encore, bien qu'aucun murmure ne l'eût interrompue. Samba Diallo perçut qu'on reniflait près de lui. Il leva la tête et vit deux grosses larmes couler le long du rude visage du maître des forgerons.

— Mais, gens des Dialobbé, souvenez-vous de nos champs quand approche la saison des pluies. Nous aimons bien nos champs, mais que faisons-nous alors? Nous y mettons le fer et le feu, nous les tuons. De même, souvenez-vous: que faisons-nous de nos récoltes de graines quand il a plu? Nous voudrions bien les manger, mais nous les enfouissons en terre. La tornade qui annonce le grand hivernage de notre peuple est arrivée avec les étrangers, gens des

Dialobbé. Mon avis à moi, Grande Royale, c'est que nos meilleures graines et nos champs les plus chers, ce sont nos enfants. Quelqu'un veut-il parler?

Nul ne répondit.

— Alors, la paix soit sur vous, gens des Dialobbé, conclut la Grande Royale.

Camara LAYE

Camara Laye est né en Guinée en 1928. Il a suivi comme tous les jeunes mandingues de son village les cours de l'école coranique en même temps que ceux de l'école primaire. Après son certificat d'études, il entrera dans l'enseignement technique et recevra une bourse pour aller passer en France le certificat d'aptitude professionnelle de mécanicien d'automobile. En 1953, la parution du récit, à peine romancé, de son enfance en Haute-Guinée, L'enfant noir, *connaît un succès immédiat. L'ouvrage est tout de suite traduit en allemand et en anglais. En 1954, il publie un second roman,* Le regard du roi, *assez déconcertant par son aspect allégorique. En 1956, Camara Laye revient en Guinée et travaille comme ingénieur puis en 1958, à l'indépendance de la Guinée, il est nommé directeur de recherches au Ministère de l'Information à Conakry. Après avoir quitté la Guinée pour le Sénégal, il publie en 1966* Dramouss, *son troisième roman. Il s'agit cette fois d'une violente satire politique très différente du ton des deux premiers textes. Camara Laye est aujourd'hui chercheur à l'Université de Dakar (IFAN).*

BIBLIOGRAPHIE

L'enfant noir, Paris, Plon, 1953 et Paris, Le livre de poche-Plon, Plon, 1971.
Le regard du roi, Paris, Plon, 1954.
Dramouss, Paris, Plon, 1966.

A consulter:

R. MERCIER, M. BATTESTINI, S. BATTESTINI (eds), *Camara Laye,* Paris, F. Nathan, 1964.

LE GRIOT ET LE BIJOUTIER *

Sous la simplicité de la démarche — la commande d'un bijou — Camara Laye nous fait entrevoir un univers mythique. Aux souffles de la parole répondront ceux de la forge. (Extrait de L'Enfant noir, *1re éd., Paris, Plon, 1953, ch. II.)*

De tous les travaux que mon père exécutait dans l'atelier, il n'y en avait point qui me passionnât davantage que celui de l'or; il n'y en avait pas non plus de plus noble ni qui requît plus de doigté; et puis ce travail était chaque fois comme une fête, c'était une vraie fête, qui interrompait la monotonie des jours.

Aussi suffisait-il qu'une femme, accompagnée d'un griot, poussât la porte de l'atelier, je lui emboîtais le pas aussitôt. Je savais très bien ce que la femme voulait; elle apportait de l'or et elle venait demander à mon père de le transformer en bijou. Cet or, la femme l'avait recueilli dans les placers de Siguiri où, plusieurs mois de suite, elle était demeurée courbée sur les rivières, levant la terre, détachant patiemment de la boue la poudre d'or(1).

Ces femmes ne venaient jamais seules: elles se doutaient bien que mon père n'avait pas que ses travaux de bijoutier; et même n'eût-il que de tels travaux, elles ne pouvaient ignorer qu'elles ne seraient ni les premières à se présenter, ni par conséquent, les premières à être servies. Or, le plus souvent, elles avaient besoin du bijou pour une date fixe, soit pour la fête du Ramadan, soit pour la Tabaski ou pour toute autre cérémonie de famille ou de danse (2).

Dès lors, pour aider leur chance d'être rapidement servies, pour obtenir de mon père qu'il interrompît en leur faveur les travaux en cours, elles s'adressaient à un solliciteur et louangeur officiel, un griot, convenant avec lui du prix auquel il leur vendrait ses bons offices.

Le griot s'installait, préludait sur sa cora, qui est notre harpe, et commençait à chanter les louanges de mon père. Pour moi, ce chant était toujours un grand moment. J'entendais rappeler les hauts faits des ancêtres de mon père, et ces ancêtres eux-mêmes dans l'ordre du temps; à mesure que les couplets se dévidaient, c'était comme un grand arbre généalogique qui se dressait, qui poussait ses

1. La Guinée produisait de l'or en quantité assez importante.

2. Le Ramadan est la période de jeûne en pays musulman. Il se termine par la fête de la Korité chez les musulmans noirs. La Tabaski (Aïd El Kebir chez les Arabes) est la fête du mouton, le nouvel an de l'Islam.

branches ici et là, qui s'étalait avec ses cent rameaux et ramilles devant mon esprit. La harpe soutenait cette vaste nomenclature, la truffait et la coupait de notes tantôt sourdes tantôt aigrelettes.

Où le griot puisait-il ce savoir? Dans une mémoire particulièrement exercée assurément, particulièrement nourrie aussi par ses prédécesseurs, et qui est le fondement de notre tradition orale. Y ajoutait-il? C'est possible: c'est métier de griot que de flatter! Il ne devait pourtant pas beaucoup malmener la tradition, car c'est métier de griot aussi de la maintenir intacte. Mais il m'importait peu en ce temps, et je levais haut la tête, grisé par tant de louanges, dont il semblait rejaillir quelque chose sur ma petite personne. Et si je dirigeais le regard sur mon père, je voyais bien qu'une fierté semblable alors l'emplissait, je voyais bien que mon amour-propre était grisé, et je savais déjà qu'après avoir savouré ce lait, il accueillerait favorablement la demande de la femme.

Francis BEBEY

Né à Douala au Cameroun le 15 juillet 1929, Francis Bebey fait ses études à Douala et en France. Il se spécialise en musicologie et s'oriente tôt vers le journalisme et l'information. Son premier ouvrage publié est un essai sur la radio en Afrique. Il entre ensuite à l'UNESCO, au département de la musique: il publie en 1967 et en 1969 deux essais sur la musique en Afrique, excellents ouvrages d'introduction à l'univers musical africain. Son premier roman Le fils d'Agatha Moudio *frappe par un ton direct qui rappelle la tradition des conteurs africains et un humour iconoclaste; il remporte le Grand Prix Littéraire de l'Afrique Noire. Ces qualités se retrouvent dans ses nouvelles et notamment* Embarras et Compagnie. *Son dernier roman* La Poupée Ashanti *est une peinture réaliste et humoristique du monde des « revendeuses », c'est-à-dire des commerçantes des marchés de la côte du Bénin. Francis Bebey réside aujourd'hui à Paris, où il mène de front une activité de concertiste — à la guitare — d'écrivain, et de cinéaste. Spécialiste de la communication par sa formation et son travail, il se veut un artiste ouvert à tous les moyens d'expression contemporains.*

BIBLIOGRAPHIE

La radiodiffusion en Afrique noire, Paris, Éditions Saint-Paul, 1963.
Musique africaine moderne, Paris, Présence Africaine, 1967.
Le fils d'Agatha Moudio, Yaoundé, Clé, 1967.
Embarras et Cie, Yaoundé, Clé, 1968.
Musique de l'Afrique, Paris, Horizon de France, 1969.
La poupée Ashanti, Yaoundé, Clé, 1972.
Trois petits cireurs, Yaoundé, Clé, 1972.

Disque

Guitare d'une autre rime, EMI, PATHE, MARCONI, CO62-15184, 33 t., 30 cm.

UN CONSEIL D'ANCIENS *

Avant de mourir, le père de Mbenda avait confié à son ami Tanga: « Écoute, Tanga, si jamais l'une quelconque de tes femmes a une fille un jour, je t'en supplie, donne-la pour épouse à mon fils, tu m'entends, Tanga? » C'est ainsi que Mbenda, surnommé la Loi, se trouva fiancé à Fanny, la première fille de Tanga. Mais il aime une autre Agatha Moudio. Pour exécuter les dernières volontés du père, la mère de Mbenda soumet le problème aux sages qui, au nombre de sept, se réunissent en conseil et le convoquent. (Extrait de Le fils d'Agatha Moudio, *Yaoundé, CLE, 1967.)*

Les sept visages noirs prirent leur air des grandes occasions, renforcé par la pénombre de la pièce où se tenait la réunion. On me fit asseoir au milieu du groupe et l'on me parla. Ce fut, comme il se devait, le chef lui-même qui parla le premier.

— Écoute, fils, me dit-il, je dois t'annoncer tout d'abord que l'esprit de ton père est présent ici, avec nous, en ce moment même. Sache donc que nous ne faisons rien qui aille contre sa volonté. D'ailleurs, même s'il était encore vivant, il nous laisserait faire, car il avait confiance aux anciens, et il les respectait beaucoup...

Mbaka prit un temps, puis continua:

— Nous allons te marier. C'est notre devoir de te marier, comme cela a toujours été le devoir de la communauté de marier ses enfants. Mais, si, à l'exemple de certains jeunes gens d'aujourd'hui, tu crois que tu peux mener à bien, tout seul, les affaires de ton propre mariage, nous sommes prêts à te laisser les mains libres, et à ne plus nous occuper de toi dans ce domaine-là. La seule chose que nous allons te demander, c'est si tu consens à ce que ton mariage soit pris en mains par les anciens du village, ou si, au contraire, tu estimes que c'est une affaire qui ne regarde que toi, et dont nous aurions tort de nous occuper. Réponds-nous, fils sans peur; réponds franchement: tu es libre de choisir ton propre chemin.

Je compris: j'étais au carrefour des temps anciens et modernes. Je devais choisir en toute liberté ce que je voulais faire, ou laisser faire. Liberté toute théorique, d'ailleurs, car les anciens savaient que je ne pouvais pas choisir de me passer d'eux, à moins de décider ipso facto d'aller vivre ailleurs, hors de ce village où tout marchait selon des règles séculaires, malgré l'entrée d'une autre forme de civilisation qui s'était manifestée, notamment, par l'installation de cette borne-fontaine que vous connaissez. Et puis comment oser dire à ces gens graves et décidés, que je voulais me passer d'eux? Je vous dis qu'il y avait là, entre autres personnes

Eya, le terrible sorcier, le mari de la mère Mauvais-Regard. Dire à tout le monde présent que je refusais leur méditation, c'était presque sûrement signer mon arrêt de mort. Tout le monde chez nous avait une peur terrible d'Eya, cet homme aux yeux rouges comme des piments mûrs, dont on disait qu'il avait déjà supprimé un certain nombre de personnes. Et malgré ma force qui entrait peu à peu dans la légende des lutteurs doualas, moi aussi j'avais peur d'Eya. Il était là, il me regardait d'un air qu'il essayait de rendre indifférent et paternel à la fois. Ses petits yeux brillaient au fond d'orbites profondes, en harmonie avec les joues maigres. Il n'avait pas dû manger beaucoup quand il était jeune. Il était là, devant moi, véritable allégorie de la mort habillée d'un pagne immense, et d'une chemise de popeline moisie. Je n'osai pas le regarder en face. Je pensai, dans mon for intérieur, que de tous ces hommes groupés autour de moi, seul le roi Salomon pouvait m'inspirer une certaine confiance. Lui, au moins, était un homme sincère. A part les moments où il désirait vraiment inventer des histoires, ce qu'il réussissait d'ailleurs fort bien, à part ces moments-là, il disait les choses qu'il pensait, avec des pointes de sagesse dignes du nom célèbre qu'il portait. C'était, du reste, à cause de cette sagesse que notre village l'avait sacré roi, bien que de toute sa vie, Salomon n'eût connu que son métier de maçon. Je tournai les yeux vers lui, comme pour lui demander conseil. Il secoua affirmativement la tête, assez légèrement pour que les autres ne voient pas, assez cependant pour que je comprenne. Oui, le roi Salomon était de l'avis du groupe, et moi je devais me ranger à son avis, à leur avis à tous.

— Chef Mbaka, et vous autres, mes pères, dis-je, je ne puis vous désobéir. Je suis l'enfant de ce village-ci, et je suivrai la tradition jusqu'au bout. Je vous déclare que je laisse à votre expérience et à votre sagesse le soin de me guider dans la vie, jusqu'au jour lointain où moi-même je serai appelé à guider d'autres enfants de chez nous.

Ferdinand OYONO

Né à Ngoulemakong (Cameroun), le 14 septembre 1929, Ferdinand Oyono fréquente l'école régionale d'Elobowa à partir de 1939. Il fait ses études secondaires à Yaoundé, puis est envoyé en France par son père, en 1959. Après avoir suivi les cours du Lycée de Provins, il étudie le droit et l'économie politique à la Sorbonne et à l'École Nationale d'Administration.

Les trois romans qu'il publie entre 1956 et 1960 se caractérisent par une cinglante ironie à l'égard non seulement des Européens, mais aussi des Africains naïfs, qui se laissent duper et exploiter par les colonisateurs. Une vie de boy *se présente comme le journal intime d'un jeune serviteur qui décrit, avec un humour inconsciemment féroce, les mœurs souvent peu recommandables de ses patrons et de leurs amis.* Le vieux nègre et la médaille *est plus amer: le héros, ayant sacrifié ses fils pour la France et ses terres pour l'Église, voit son dévouement récompensé par l'octroi d'une décoration. C'est avec la même ironie dévastatrice que* Chemin d'Europe *narre les aventures d'un jeune héros dont le seul but dans la vie est de se rendre en France.*

Après un bref séjour dans le Cameroun nouvellement indépendant, Oyono occupe les fonctions d'ambassadeur depuis 1962.

BIBLIOGRAPHIE

Une vie de boy, Paris, Julliard, 1956, 2e éd. Paris, Presses Pocket, 1970.
Le vieux nègre et la médaille, Paris, Julliard, 1956.
Chemin d'Europe, Paris, Julliard, 1960.

A consulter:

R. MERCIER, M. et S. BATTESTINI, *Ferdinand Oyono, écrivain camerounais*, Paris, Nathan, 1964.

ENGAGEMENT D'UN BOY*

Le jeune Joseph a été élevé à la Mission catholique de Saint-Pierre de Dangan. Il a été pris à l'essai comme serviteur chez le commandant du district. Celui-ci se décide à l'engager définitivement. (Extrait de Une vie de boy, *Paris, Julliard, 1956.)*

Après m'avoir longuement observé, mon nouveau maître me demanda à brûle-pourpoint si j'étais un voleur.

— Non, commandant, répondis-je.

— Pourquoi n'es-tu pas un voleur?

— Parce que je ne veux pas aller en enfer.

Le commandant sembla sidéré par ma réponse. Il hocha la tête, incrédule.

— Où as-tu appris ça?

— Je suis chrétien, mon Commandant, répondis-je en exhibant fièrement la médaille de saint Christophe que je porte à mon cou.

— Alors tu n'es pas un voleur parce que tu ne veux pas aller en enfer?

— Oui, mon Commandant.

— Comment est-ce, l'enfer?

— Ben, c'est les flammes, les serpents et Satan avec des cornes... J'ai une image de l'enfer dans mon livre de prières... Je... je peux vous la montrer.

J'allais sortir le petit livre de prières de la poche arrière de mon short quand le commandant arrêta mon geste d'un signe. Il me regarda un moment à travers les volutes de fumée qu'il me soufflait au visage. Il s'assit. Je baissai la tête. Je sentais son regard sur mon front. Il croisa et décroisa ses jambes. Il me désigna un siège en face de lui. Il se pencha vers moi et releva mon menton. Il plongea ses yeux dans les miens et reprit:

— Bien, bien, Joseph, nous serons de bons amis.

— Oui, mon Commandant, merci, mon Commandant.

— Seulement, si tu voles, je n'attendrai pas que tu ailles en enfer... C'est trop loin...

— Oui, mon Commandant... C'est... c'est où, mon Commandant?

Je ne m'étais jamais posé cette question. Mon maître s'amusait beaucoup de ma perplexité. Il haussa les épaules et se rejeta sur le dossier de son fauteuil.

— Alors, tu ne connais pas l'endroit où se trouve l'enfer où tu crains de brûler?

— C'est à côté du purgatoire, mon Commandant... C'est... c'est... au ciel.

Mon maître étouffa un rire, puis, redevenant sérieux, il me pénétra de son regard de panthère.

— A la bonne heure. nous y voilà. J'espère que tu as compris pourquoi je ne pourrais attendre que « petit Joseph pati rôti en enfer ».

Le commandant imitait d'une voix bizarre le petit nègre des militaires indigènes. Il était très drôle. Pour ne pas rire, je toussai très fort. Il ne s'aperçut de rien et continua:

— Si tu me volais, je t'écorcherais la peau.

— Pour ça, je suis sûr, Monsieur, si je n'ai pas dit ça tout à l'heure, c'est que je croyais que ça ne valait même pas la peine d'être dit. Je...

— Ça va, ça va, coupa le commandant visiblement excédé.

Il se leva et commença à tourner autour de moi.

— Tu es un garçon propre, dit-il en me détaillant avec attention. Tu n'as pas de chiques (1), ton short est propre, tu n'as pas de gale... (...) Tu peux disposer. Sois ici tous les matins à six heures. Compris?

Quand je fus à la véranda, il me sembla que je venais de livrer une rude bataille. Le bout de mon nez transpirait.

1. Puce des pays tropicaux qui s'introduit sous la peau de l'homme et de certains animaux.

Édouard J. MAUNICK

Né à l'Île Maurice en 1931, Édouard Maunick y vit jusqu'à l'âge de 29 ans. A Maurice, il est bibliothécaire mais aussi poète : son premier recueil, Ces Oiseaux de Sang, *publié à Port-Louis en 1954 lui vaut un prix de l'Académie Française. Ce succès l'encourage à venir tenter sa chance à Paris en 1961. Les débuts sont difficiles pour un poète venu de si loin. Il trouve finalement à l'OCORA — Office de Coopération Radiophonique — qui diffuse des programmes à destination de l'Afrique et de l'Océan Indien, la possibilité de produire des émissions qui le mettent quotidiennement en contact avec les milieux littéraires cosmopolites de Paris et de l'Afrique. Homme de plusieurs continents, Edouard Maunick se veut « nègre de préférence ». Il s'associe étroitement à la Société Africaine de Culture, publie trois volumes de poèmes chez Présence Africaine.*

Les Manèges de la Mer *et* Mascaret *publiés à deux ans de distance, entament et poursuivent le long dialogue entre la mer et le poète qui, ancré dans son île, rêve de neige. L'histoire toujours présente, mais moins visible, fait irruption dans son œuvre avec* Fusillez-Moi *où demeure néanmoins la forte présence du lyrisme. E. Maunick mène aujourd'hui de front une double activité de producteur de radio et de télévision et d'enseignant dans des universités françaises et américaines.*

BIBLIOGRAPHIE

Ces Oiseaux de Sang, Port-Louis, Regent Press, 1954.
Les Manèges de la Mer, Introd. Pierre Emmanuel, Paris, Présence Africaine, 1964.
Mascaret ou le Livre de la Mer et de la Mort, Paris, Présence Africaine, 1966.
Fusillez-moi, Paris, Présence Africaine, 1970.

J'HABITE LA MER... *

(Extrait de Mascaret *ou* le Livre de la Mer et de la Mort, *Paris, Présence africaine 1966.)*

j'habite la mer pour défendre le moi-pays
j'ai besoin de cette guerre
ce sont d'anciens volcans rêvant de retour
et je suis amarré à marée neutre
complice du feu et pourquoi pas en colère
s'insurgent mes mots-racines-rebelles
non pas que je condamne bourgeons et fontaines
et douceur de vivre parmi signes clairs
mais que mes entrailles ont poids de brasier

complice du feu je n'ai que faire du repentir
je recommencerai sans trêve le jeu des étraves
je ne demande ni n'accorderai pardon
tout a commencé avec ma naissance
le seul procès

je suis né en terre étroite
prise entre méridiens
plus folle qu'errance folle
et l'Île voyage
de pointe en pointe de baie en baie
les seules distances l'unique évasion
ce sont là portes de sel sous soleil
et qui sont barrières du rêve à midi
et l'Île voyage main séquestrée certes
mais charriant lignes de vie à haute voix

malgré l'oiseau boulboul minuscule
qui n'a de chant qui n'a de chant
— ô terre étroite légende
prise entre mer définitive
plus rien ne changera du voyage
de la bête sous la Croix du Sud

plus rien ne changera d'est en ouest
d'anse en cap et de baie en morne

mais je te prie de mourir une autre fois
oublie de choisir ce qui fait la maison tangible
le lit et la fraction du vide
nous écrirons sablier sans mourir
sans penser à la mort
sans supposer la fin
pourtant

la cause plaidée parce que perdue
perdue à force de poids dans le geste
non plus la fraction du vide
mais le vide ensemencé à ta place
et le corps n'ayant pas résisté

je te prie de dormir une autre fois.

Jean PLIYA

Né en 1931 à Djougou, il a fait ses études universitaires en France ; après l'indépendance, il a été nommé professeur au lycée de Porto-Novo ; aujourd'hui il enseigne la géographie à l'Université du Dahomey. Très vite conduit à faire de la politique, en 1963, il est secrétaire général de l'Assemblée Nationale. En 1965, il s'écarte de la politique, revient a l'enseignement et écrit Kondo le Requin, *pièce historique sur la lutte du royaume d'Abomey contre les Français. La pièce jouée par les élèves du lycée, publiée à Cotonou, a eu un très grand succès au Dahomey et dans les pays voisins. Elle a obtenu le grand prix littéraire de l'Afrique Noire en 1967. Jean Pliya écrit maintenant surtout des nouvelles ; il travaille à une thèse sur l'alimentation en Afrique et prend une part active au mouvement de rénovation culturelle en cours au Dahomey.*

BIBLIOGRAPHIE

Kondo le Requin, Cotonou, 1966 et Paris, ORTF-DAEC, 1969.
La secrétaire particulière, Cotonou, 1970.
Histoire du Dahomey, Porto-Novo, 1970.
L'Arbre fétiche, Yaoundé, CIE, 1972.

A consulter :

A. RICARD, « Jean Pliya, écrivain dahoméen », *Afrique Littéraire et Artistique,* 27, 1973.

AMÈRE INDÉPENDANCE *

Tiré de « l'homme qui avait tout donné », une des trois nouvelles qui composent l'Arbre fétiche, *ce texte choisit à travers le personnage du vieux Fiogbé de nous faire méditer sur les changements que l'indépendance a pu apporter dans la vie quotidienne des paysans. (Extrait de* l'Arbre fétiche, *Yaoundé, CLE.)*

Le vieil homme se tut, l'air sombre. Il est des souffrances qu'on ne peut confier à autrui. Pas même à son enfant. Il marchait la tête inclinée, ses yeux tristes fixant le rebord de l'asphalte brûlant, comme s'il revivait les grandes phases de sa vie dominée par le caprice des saisons, la peur des gendarmes et les déceptions.

Le soleil avait tanné sa peau et dévasté son visage. Son corps toujours courbé sur la glèbe portait de douloureux stigmates: reins faussés, mains durcies comme de la corne. Mais pour lui, les souffrances physiques comptaient peu. Depuis huit ans, les changements qui survenaient dans le pays n'accablaient que les pauvres gens. Fiogbé les subissait stoïquement.

Au temps des réquisitions de guerre ([1]), il avait livré pour rien aux Blancs des sacs d'arachides et d'amandes de palme ([2]). La chicotte ([3]) mordante qui rythmait les travaux forcés avait gravé sur son dos des cicatrices indélébiles. Mais bon an, mal an, après avoir payé la dîme au chef de canton, il vivait chichement en vendant une partie de ses récoltes de maïs et d'huile de palme. Puis un jour, avec des voix éclatantes comme des trompettes, des lettrés ([4]) de la ville vinrent annoncer le départ des Blancs et l'avènement d'une ère de prospérité. Comme tous les paysans assemblés ce jour-là sur la place du village, Fiogbé avait applaudi les nouveaux prophètes. Bien entendu, en lui-même, il doutait que le Noir pût jamais égaler le Blanc. Quand certains devinrent pourtant chefs ou commandants de sa région ([5]), il céda à l'optimisme général et se prit à rêver d'une condition meilleure. Mais très vite, ceux-là qui avaient annoncé l'âge d'or parlèrent de construction nationale, de travail et de sacrifices. L'espoir de Fiogbé baissa d'un cran.

Pour le moins, il croyait que le commerce prospérait et que les brimades cesseraient. Hélas, d'année en année, le prix du kilo de palmistes ([6]) avait diminué. A plusieurs reprises il avait ramené chez lui de pleins paniers de produits invendus, tellement le prix offert paraissait modique. Fiogbé connut la famine et la détresse.

1. L'Afrique Occidentale Française, dont le Dahomey faisait partie, devait contribuer à l'effort de guerre des Alliés contre Hitler.
2. Intérieur des fruits du palmier à huile que l'on presse pour extraire de l'huile.
3. Fouet employé par l'administration coloniale, dans les périodes de travail forcé.
4. Celui qui sait lire et écrire le français.
5. Les circonscriptions administratives ont à leur tête des fonctionnaires nommés.
6. Palmier à huile, ici le fruit de cet arbre.

Bien qu'il possédât une palmeraie, il devait encore acheter huile et tourteaux ([7]) de palme, car il livrait intégralement ses régimes aux agents des usines. A la fin, ses économies ne suffirent plus pour les cérémonies coutumières et le paiement de l'impôt. Une fois, comme sanction, il fut attaché presque nu à un mât de drapeau et fouetté par le percepteur pour s'être sciemment dérobé à son devoir fiscal. Le lendemain, lui-même alla offrir à ce fonctionnaire zélé un dindon pour le supplier de prolonger le délai.

7. Résidu des graines de palmiste après qu'on en a extrait l'huile.

Félix Tchicaya U'TAMSI

Félix Tchicaya U'Tamsi, né au Congo en 1931, est venu dès 1946 à Paris avec son père, élu député à l'Assemblée Nationale Française. La plus grande partie de sa scolarité s'est déroulée en France où il publie ses trois premiers volumes de poésie dès avant 1960 : Mauvais Sang *est encore marqué par une révolte bohême, qui dans* Feu de Brousse *et* A Triche Cœur *trouve à la fois un cadre et une nouvelle justification dans l'histoire tragique du Congo. En 1960, il est au Congo Belge où il se lance brièvement dans le journalisme. Il publie* Epitome *où révolte et invention linguistique, notamment dans les images, se conjuguent pour donner une œuvre forte. Depuis il a donné* Le Ventre *et* l'Arc Musical *au lyrisme violent et un volume de contes adaptés,* Légendes Africaines.

Dans la génération des poètes qui ont commencé à produire dans les années cinquante il est, avec Édouard Maunick, le plus connu. Feu de Brousse *a été traduit en anglais en 1964. Une grande liberté d'expression a toujours caractérisé Tchicaya U'Tamsi: il se refuse aux engagements bruyants, et poursuit une voie solitaire. Fonctionnaire à l'UNESCO, il réside aujourd'hui à Paris.*

BIBLIOGRAPHIE

Le Mauvais Sang, Paris, Caractères, 1955.

Feu de Brousse, Paris, Caractères, 1957.

A Triche Cœur, Paris, Éd. Hautefeuille, 1958.

Le Ventre, Paris, Présence Africaine, 1964.

Légendes Africaines, Paris, Seghers, 1967.

Epitome, Préface de L.S. Senghor, Honfleur, P.J. Oswald, 1968.

Arc Musical, précédé d'*Epitome*. Intr. de Claire Céa. Honfleur, P.J. Oswald, 1970.

Le Mauvais Sang, suivi de *Feu de Brousse* et *A Triche Cœur,* Honfleur, P.J. Oswald, 1970.

A consulter :

G. MOORE, « *Surréalisme et Négritude dans la poésie de Tchicaya* », *Seven african Writers,* Londres, Oxford University Press, XX, 1962.

U'TAMSI, « *Actes du Colloque sur la littérature africaine d'expression française* », Dakar, 1963.

DEBOUT

(Extrait de Feu de Brousse *in* Le mauvais sang *suivi de* Feu de brousse *et* A triche cœur, *Paris, Pierre Jean Oswald, 1970.)*

Et passe
comme on meurt comme on danse
sans aveu
la lame emporte un peu de la mer
vainement

j'ai l'âge des fossiles
mon mal ne guérira personne
une nuit annule les cœurs
que j'ai portés avec ivresse

qui parle encore
comme les lucioles
de la mort ancienne

comme ils vécurent
comme ils s'aimèrent

l'herbe croissait
personne ne s'en doutait

la forêt m'a revêtu de nuit
sans la lumière
de ce qui fait famille
de ce qui fait lien
de ce qui fait chair contre cœur tendre
de ce qui tue d'aimer

l'ami trahira
et tous deux en mourront
sans aveu

deux braises sur mon cœur
oh donnez-moi vos yeux
pour mon cœur arable
donnez-moi vos yeux
pour mon sommeil

des enfants font les fous
je retourne aux trous de ma mémoire
je retrouve mon enfance nue
pardonnez-moi mon enfance

l'herbe croissait
j'ai dit à l'herbe
je suis fragile comme la rosée
et l'herbe est morte
sur les braises de mon cœur

vous le voyez j'ai la vie qui tue
malheureusement l'herbe croissait

on a continué
à me huer moi et mes oiseaux
j'avais les lignes de la main
bien saillantes bien saillantes
et sans aveu
mieux que le crabe de terre
j'ai vécu l'humus
de terre cuite
de braises mortes
sans me soucier du sens des vents
l'herbe inclinait le vol des corbeaux
c'était la savane
le soleil buvait l'eau des mares
et je souffrais de timidité

j'ai voulu mourir pour celle qui m'a juré
amour
mes deux mains sont depuis les deux plateaux
d'une balance où peser mon ombre et la sienne
ne les prenez pas entre vos mains
nos ombres sont lourdes

j'ai la vie qui tue
n'approchez pas
le chien a pris de cornes et une fronde
goliath petit goliath

le passant cherche son fémur
dans la tendresse de son aimée
le fémur lui rit au nez

une jeune fille hume l'air parfumé au rhum
un tango argentin dans le soir
lui plie la chair aux commissures
elle tend ses bras l'enchantement tombe
elle s'effondre
la pluie tombe lentement à pas de mouche
sur son corps

jeune fille
j'ai la lèpre qui te guérira des cauchemars
ne ris pas
je meurs à chaque chant d'amour
si je meurs souviens-toi du brasier
elle m'a ri au nez
son rire m'a blessé
j'ai bu la mort par la racine
et j'ai rendu mon cerveau
la racine bue fut un breuvage lucide
c'est de cette façon que j'ai découvert
le sang des courtisanes dans mes mains

mère comme ils vécurent
   comme ils s'aimèrent

que chuchote-t-elle la lune
au passant éconduit
j'ai donc eu mon mauvais sang
par désœuvrement
je n'aime personne
   mon père
   mon pays
pas même annie
personne je veux vivre

une cartomancienne m'a dit
tu es perdu
tu n'es pas si
tu es trop sale
pour être nègre échantillon

blues jazz
tu ne prends pas tes boyaux
pour une peau de tam-tam
et ta tête n'est pas de la bonne ébonite

mimée

quelle agonie

Mongo BETI

De son vrai nom Alexandre Biyidi, l'écrivain est né le 30 juin 1932 à Mbalmayo (Cameroun). Il commence ses études à l'école missionnaire locale, dont il est exclu pour insubordination à l'âge de 14 ans. En 1946, il entre au Lycée Leclerc de Yaoundé, où il obtient son baccalauréat en 1951. Il étudie ensuite en France, d'abord à la Faculté des Lettres de l'Université d'Aix-en-Provence, puis à la Sorbonne, où il reçoit sa licence ès lettres. Il enseigne d'abord dans des écoles secondaires en Bretagne et est maintenant professeur au Lycée Corneille de Rouen.

Son premier roman, Ville cruelle *(1954) parut sous le pseudonyme d'Eza Boto. Encore gauche dans sa structure, le récit étale avec une ironie pénétrante la confusion psychique et morale des paysans attirés par les attraits cruels de la ville. Adoptant alors le pseudonyme de « Mongo Beti », l'écrivain donne* Le pauvre Christ de Bomba, *roman admirablement construit, où il satirise adroitement les efforts d'un missionnaire bien intentionné mais peu lucide. Dans* Mission terminée, *Mongo Beti se gausse des jeunes Africains prétentieusement imbus de leur éducation élémentaire et aliénés de leur propre peuple. Son dernier roman,* Le roi miraculé, *décrit avec une verve rabelaisienne la confrontation entre un missionnaire français et le vieux roi païen, polygame et roublard, qu'il tente de convertir.*

Le dernier ouvrage qu'ait produit cet auteur au talent évident est un essai polémique intitulé Main basse sur le Cameroun, *qui a été saisi par la police française.*

BIBLIOGRAPHIE

Ville cruelle, Paris, Présence Africaine, 1954.
Le pauvre Christ de Bomba, Paris, Laffont, 1956.
Mission terminée, Paris, Corrêa, 1957 (Prix Sainte-Beuve 1958).
Le roi miraculé. Chronique des Essazam, Paris, Corrêa, 1958.
Main basse sur le Cameroun, Paris, Maspéro, 1972.

A consulter:

R. MERCIER, M. et S. BATTESTINI, *Mongo Beti, écrivain camerounais,* Paris, Nathan, 1964.
Thomas MELONE, *Mongo Beti: l'homme et le destin,* Paris, 1971.

OH! TOI TU ES UN BLANC...! *

Dans le texte choisi, l'auteur fait le point de la réaction des Africains à l'entreprise d'évangélisation forcenée du R.P. Drummont. Ce dernier, débordant de bonne volonté, voudrait les aider, mais il n'a jamais pris le soin de les comprendre. Le narrateur, Denis, jeune boy du missionnaire qui a pris naïvement fait et cause pour son patron, s'indigne de ce qu'il appelle l'ingratitude de ses frères. (Extrait de Le pauvre Christ de Bomba, *Paris, Robert Laffont, 1956.)*

A la fin, un homme est arrivé, vieux, courbé, maigre, toussotant, et il a dit au chef:

— Écoute-moi, fils, écoute-moi donc. Est-ce que tu oublies que tu as affaire à un Blanc? Est-ce que tu l'oublies, fils? Que veux-tu, il n'oserait pas nous provoquer ainsi, s'il ne se sentait appuyé derrière lui par tous ses frères. Avec ça qu'ils sont solidaires. Va te coucher, fils. Laisse-le passer son chemin; ne l'affronte pas. Avec eux, on ne sait jamais. Va te coucher, fils.

Et le vieux s'est éloigné, courbé, toussotant. Je crois que c'est le père du chef.

Le chef regardait toujours le R.P.S. d'un air homicide, mais ses hommes le tenaient fermement. Le R.P.S. regardait aussi le chef, mais son regard à lui était dépourvu de haine, plein d'une pitié amusée. Les femmes et les enfants étaient revenus et faisaient cercle autour de nous, comme des chimpanzés qui reviennent toujours sur leurs pas afin d'identifier la nature de ce qui les a effrayés, dussent-ils courir un péril mortel.

Nous sommes restés ainsi de longues minutes. Puis le R.P.S. a parlé:

— Moi, a-t-il dit, je ne suis pas un Blanc pour vous; je ne veux pas être un Blanc pour vous. Simplement, je voulais vous faire comprendre que vous ne pouvez pas danser ainsi le premier vendredi du mois, parce que Jésus-Christ...

Le chef a ricané:

— Je t'en foutrai, moi, des premiers vendredis du mois et d'autres! Jésus-Christ, Jésus-Christ... encore un Blanc! Encore un que j'aurais eu plaisir à écraser sous mon seul pied gauche. Ouais! Jésus-Christ, Jésus-Christ, est-ce que je le connais, moi? Est-ce que je viens te causer de mes ancêtres, moi? Jésus-Christ, qu'est-ce que je m'en moque! Si seulement tu savais combien je m'en moque, de ton Jésus-Christ. Si seulement je pouvais te tirer les oreilles un moment et les rendre un tout petit peu plus rouges... Jésus-Christ, Jésus-Christ... Vermine!...

Je crois qu'il était ivre. Il n'est pas possible de parler ainsi à l'état normal. Puis il est entré dans sa maison en marmottant des blasphèmes entre ses dents, en insultant le Christ.

Alors un homme a dit au R.P.S.:

— Père, je ne suis pas chrétien; je n'ai jamais été baptisé et je ne crois pas que je le serai jamais; pourtant je crois que Dieu existe. Je voudrais seulement te poser une question: suppose que des Blancs aient dansé ce soir à notre place; suppose que tu aies été près de leur fête, est-ce que tu serais allé briser leurs trompettes et leurs guitares? Parle-moi en toute sincérité, Père.

Le R.P.S. a hésité, puis il a répondu:

— Mais je ne suis pas venu dans ce pays pour les Blancs; je suis venu pour vous, pour les Noirs. Les Blancs, ça ne me regarde pas. Ils sont mauvais, les Blancs, ils iront en enfer comme tous les hommes mauvais.

— Et nous, Père? a demandé l'homme.

— Vous, a répondu le R.P.S., vous pouvez facilement aller au ciel; vous êtes si près d'aller au ciel: il suffirait de si peu de chose. C'est justement ce qui me met en colère, il vous faudrait faire si peu de chose pour aller au ciel...

— Quoi, Père?

— Ne plus danser, par exemple.

— Mais qu'est-ce que nous ferions, mon Père, si nous ne dansions plus. Vous autres, vous avez des automobiles, des avions, des trains... Nous n'avons que cela, danser! Et vous voulez nous empêcher de danser! Qu'est-ce que nous ferions à la place?

— Vous pourriez prier Dieu, L'adorer.

Ils sont restés silencieux et ils nous regardaient avec curiosité.

Le clair de lune ruisselait sur la tôle ondulée comme une huile lourde.

Au bout d'un temps, l'homme a déclaré :

— Père, à mon avis, si Jésus-Christ avait vraiment songé à nous, il serait venu lui-même discuter la question avec nous et peut-être qu'il nous aurait laissés libres de danser. C'est vraiment ce que je crois: et toi?...

— Justement, Jésus-Christ m'a chargé de vous le dire...

— Oh ! toi, tu es un Blanc, Père !

Djibril Tamsir NIANE

D. T. Niane, né en 1932 en Guinée, est historien de formation. Il a essayé de donner à la recherche historique une dimension plus large en adaptant les textes de la tradition orale, qui lui étaient fournis par les « récits d'un obscur griot du village de Djliba Koro en Guinée » dans Soundiata ou l'épopée mandingue *paru en 1960. L'ouvrage est une nouvelle tentative pour donner à des textes de littérature orale une forme littéraire écrite originale. D. T. Niane est revenu en Guinée où il était jusqu'à son départ récent, Doyen de la faculté des sciences sociales de Conakry. Il a poursuivi son œuvre d'historien en publiant notamment une* Histoire de l'Afrique Occidentale *en collaboration avec Jean Suret Canale. En même temps, il cherche à vulgariser les acquis de sa recherche historique à travers le théâtre : il nous donne en 1971 deux pièces de théâtre à thème historique,* Sikasso *et* Chaka.

BIBLIOGRAPHIE

Soundiata ou l'épopée mandingue, Paris, Présence Africaine, 1960.

Recherches sur l'empire du Mali au Moyen Age, Conakry, Ministère de l'information et du tourisme, 1962 (Mémoires de l'Institut national de recherches et de documentation).

Histoire de l'Afrique Occidentale, Paris, Présence Africaine, 1962, en collaboration avec J. Suret Canale.

Sikasso, Chaka, Paris, Pierre Jean Oswald, 1971.

L'INCESTE DE SOUMAORO *

*Le contrôle de l'or de la Haute-Guinée était au Moyen Age le but de tous les royaumes qui prétendaient à l'hégémonie dans le Soudan Occidental. Le royaume de Sosso semblait au XII*e *siècle le mieux placé. « Le dynaste le plus célèbre de la lignée fut Soumaoro Kante (1200-1235). Il a laissé le souvenir d'un guerrier formidable doublé d'un magicien expert en haute sorcellerie » (J. Ki-Zerbo,* Histoire de l'Afrique.

pp. 129-130). Ses succès initiaux lui firent croire qu'il pourrait contrôler l'ensemble de la région. Pourtant, pas plus que ses prédécesseurs, il ne contrôlait les lieux memes où étaient situés les gisements aurifères; ceux-ci étaient habités par les Malinke ou Mandingues.

Le texte choisi se situe au milieu du récit: Soumaoro, ivre de puissance, va soulever tous ses voisins contre lui, et se heurter au sauveur du Mali, Soundiata ou Mari-Djata, ce qui signifierait en bambara (langue des malinkes) le « lion du Mali ». (Extrait de Soundiata ou l'épopée mandingue, *Paris, Présence africaine, Histoire 1960.)*

Écoutez maintenant l'histoire de Soundiata, le Na'Kamma, l'homme qui avait une mission à remplir.

Au moment où il s'apprêtait à revendiquer le royaume de ses pères, Soumaoro était le roi des rois, c'était le roi le plus puissant des pays du soleil couchant. Sosso, la ville forte, était le rempart des fétiches contre la parole d'Allah; pendant longtemps Soumaoro défia le monde entier. Depuis son accession au trône de Sosso, il avait défait neuf rois, dont les têtes lui servaient de fétiches dans sa chambre macabre; leur peau lui servait de sièges; il se tailla des chaussures dans de la peau humaine. Soumaoro n'était pas un homme comme les autres, les génies s'étaient révélés à lui et sa puissance était incommensurable ([1]). Les sofas ([2]) en nombre incalculable étaient aussi très braves car ils croyaient leur roi invincible.

Mais Soumaoro était un génie du mal; sa puissance n'avait servi qu'à verser le sang; devant lui rien n'était tabou: son plus grand plaisir était de fouetter publiquement des vieillards respectables; il avait souillé toutes les familles; dans son vaste empire, il y avait partout des villages peuplés de filles qu'il avait enlevées de force à leur famille, sans mariage.

L'arbre que la tempête va renverser ne voit pas l'orage qui se prépare à l'horizon; sa tête altière brave les vents alors qu'il est près de sa fin; Soumaoro en était venu à mépriser tout le monde. Oh! Comme le pouvoir sait dénaturer l'homme; si l'homme disposait d'un mitcal ([3]) du pouvoir divin, le monde serait anéanti depuis longtemps. Soumaoro en vint à ne reculer devant rien. Son général en chef était son neveu le forgeron Fakoli Koroma; c'était le fils

1. Soumaoro avait une réputation de magicien.

2. Soldats.

3. Unité de poids arabe valant 4,25 g. En malinké on emploie ce terme pour désigner la plus petite fraction de quelque chose (note de l'auteur).

de la sœur de Soumaoro, nommée Kassia; Fakoli avait une femme extraordinaire, Keleya; c'était une grande sorcière tout comme son mari; elle savait faire la cuisine mieux que les trois cents femmes de Soumaoro réunies. Soumaoro enleva Keleya et l'enferma chez lui; Fakoli entra dans une colère épouvantable et vint trouver son oncle (4).

— Puisque tu n'as pas honte de commettre l'inceste (5) en enlevant ma femme, à partir d'aujourd'hui je suis libéré de tous liens envers toi. Je serai désormais du côté de tes ennemis, à mes troupes je vais joindre les malinkés révoltés et je vais te faire la guerre. Et il partit de Sosso avec les forgerons de la tribu de Koroma.

Ce fut comme un signal: toutes les haines, toutes les rancœurs si longtemps comprimées éclatèrent; de partout on répondit à l'appel de Fakoli: Dankaran Touman, le roi de Manding, mobilisa aussitôt et marcha pour se joindre à Fakoli; mais Soumaoro, laissant de côté son neveu, fondit sur Dankaran Touman qui abandonna la lutte et s'enfuit vers le pays de la Kola et dans ces régions forestières il fonda la ville de Kissidougou (6).

Pendant ce temps Soumaoro, dans sa colère châtiait toutes les villes révoltées du Manding. Il détruisit la ville de Niani et la réduisit en cendres. Les habitants maudissaient le roi qui s'était enfui.

C'est au milieu des calamités que l'homme s'interroge sur son destin; après la fuite de Dankaran Touman, Soumaoro, par droit de conquête, se proclama roi du Manding; mais il ne fut pas reconnu

4. Certaines traditions disent que la femme de Fakoli, Keleya, à elle seule arrivait à régaler toute l'armée par sa cuisine alors que les 300 femmes de Soumaoro n'arrivaient jamais à faire manger les troupes à leur faim. Jaloux, Soumaoro enleva Keleya; c'est l'origine de la défection de Fakoli qui se rallie à Soundiata (note de l'auteur)..

5. Désigne ici le fait d'épouser la femme d'un frère ou d'un neveu.

6. On sait que dans la région forestière de Guinée (Sud de Kankan) on trouve beaucoup de Mansaré-Kéita; ce sont, dit-on, les descendants de Dankaran Touman qui ont colonisé (mandinguisé) toute la région de Kissidougou. Ces Kéita, on les appelle « Farmaya-Kéita ». On dit que lorsque Dankaran Touman arriva dans le site de Kissidougou il s'écria: « nous sommes sauvés ». (An bara Kissi), d'où le nom donné à la ville. Kissidougou est donc étymologiquement « la ville du Salut ». (Note de l'auteur.)

par les populations; la résistance s'organisa dans la brousse. On consulta les devins sur le sort du pays; les devins furent unanimes pour dire que c'était l'héritier légitime du trône qui sauverait le Manding; cet héritier était « l'homme à deux noms ». Les anciens de la cour de Niani se souvinrent alors du fils de Sogolon, l'homme à deux noms n'étant autre que Maghan-Soundjata.

Sidi Ahmed Cheikh N'DAO

Sidi Ahmed Cheikh N'Dao est né à Bignona (Sénégal) le 3 août 1933. Il fit de bonnes études à l'université de Grenoble. Cheikh N'Dao exerce le métier de professeur d'anglais à l'École Normale William Ponty qui dans le passé joua un rôle de premier plan dans la formation de l'élite culturelle et politique de l'Afrique.

Très attentif aux problèmes que pose la création littéraire moderne en langues africaines, Cheikh N'Dao a donné le plus clair de son œuvre en français. Son premier recueil poétique Kaïrée *a obtenu le prix des poètes sénégalais de langue française.*

En 1967, paraît la pièce qui a le plus contribué à asseoir sa réputation: L'Exil d'Albouri. *Montée au théâtre Daniel Sorano (Dakar), cette pièce connut un vif succès. L'année suivante, elle enleva le premier prix au Festival Panafricain d'Alger. D'inspiration historique, la pièce parle à la conscience nationale par le biais du passé. Albouri, l'un des derniers rois wolofs, faute de pouvoir s'opposer à l'expansion coloniale française préfère l'exil — qui le mettra à même de poursuivre la résistance — à la soumission et au déshonneur. Cette pièce, fort bien structurée, tire le meilleur parti de la couleur locale. Son succès est dû en partie à l'actualité de son thème. C'est par là d'ailleurs que l'auteur a renouvelé le théâtre historique de l'École William Ponty en se gardant de tout passéisme folklorique.*

Buur Tilen, *son premier roman, qui fut d'abord écrit en wolof témoigne de l'intérêt de l'auteur pour le problème des langues africaines et le souci de toucher un public authentique.*

BIBLIOGRAPHIE

Kairée, poèmes, Grenoble, Imp. Eymond, 1962.

L'exil d'Albouri suivi de *La Décision,* Paris/Honfleur, P.J. Oswald, 1967.

Mogarienne, Paris, Présence Africaine, 1970.

L'EXIL *

L'Exil d'Albouri, Scène VII

Le roi Albouri informe son peuple de sa décision de sauver l'honneur par l'exil plutôt que d'accepter l'asservissement des colons. Il partira rejoindre ceux des souverains africains qui animent la résistance contre les envahisseurs français. (Extrait de L'Exil d'Albouri, *Honfleur, Pierre Jean Oswald, 1967.)*

Au lever du rideau, le Roi est sous l'Arbre à palabres. Samba se tient à sa droite et le peuple à sa gauche.

SAMBA. — Peuple, ton Roi a décidé l'Exil. Que seuls les guerriers le suivent. Pendant son règne, Albouri (1) nous a rendus dignes et respectés. La postérité gardera de nous une image sans tache.

LE PEUPLE. — O Diâta (2), nous te suivrons.

SAMBA. — Peuple! Du futur nos femmes feront des boucles d'or suspendues à leurs oreilles. Ah! écloront les bourgeons de leurs seins comme fleurs de flamboyants. Voici que le ciel est troué par de nouveaux éclats de rires.

LE PEUPLE. — O Diâta! Ndiaye! Lion!

SAMBA. — Nos enfants plus rusés que le lièvre calmeront la mer pour chevaucher les vagues. Leurs adversaires brouteront du piment dans leurs mains, sans le savoir. Je vois le soleil descendre vers nous, doux comme les cuisses d'une vierge.

O Ndiaye, nous te suivrons!

PREMIER HOMME DU PEUPLE *(levant les bras, marche vers le Roi).* — O quel baobab protégera désormais nos faibles tiges contre les rigueurs de l'astre?

DEUXIÈME HOMME DU PEUPLE *(levant les bras, marche vers le Roi).* — O quelle fronde fera éclater vers les cieux les mange-mil du malheur?

LE ROI ALBOURI. — Peuple!

(A ce moment, le Roi est interrompu par l'arrivée de Beuk Nèk qui jette devant lui un homme ligoté.)

BEUK NÈK. — Cet homme a trahi. Il était en train de dissuader les gens de te suivre.

1. Albouri N'Diaye: roi du Djoloff, région centrale du Sénégal qui a régné au siècle dernier.

2. Second nom du roi qui l'apparente au lion.

LE ROI ALBOURI. — Qu'il meure!

BEUK NÈK. — Il mourra.

LE ROI ALBOURI. — Beuk Nèk!

BEUK NÈK. — Ndiaye!

LE ROI ALBOURI. — Qu'il ne soit pas fusillé, mais égorgé; que son sang abreuve la terre. Beuk Nèk!

BEUK NÈK. — Ndiaye!

LE ROI ALBOURI. — Que ses entrailles servent de festin aux hyènes maraudeuses! Que ses os soient raclés par les chacals de minuit. Que les vautours planent sur ses restes! Que l'anathème soit jeté sur ses descendants et leurs descendants! Que l'on dise d'eux dans les siècles à venir: « Voilà ceux issus de l'homme de Varhôh! (3) »

BEUK NÈK. — Il en sera ainsi, ô Ndiaye!

Le « Siège » marque du pouvoir royal, équivalent du « Trône » chez les Akan du Ghana et de Côte d'Ivoire. Il en existe de multiples types.

(Collections de la ville de Bordeaux, Photo Bardou, C.R.D.P., Bordeaux.)

(Il sort, emmenant l'homme. Le Roi se tourne vers le peuple.)

LE ROI ALBOURI. — L'exil, l'exil plutôt que l'esclavage!

LE PEUPLE. — Jamais, jamais tu ne verras l'envahisseur dans ton tata.

---

3. Région du Djoloff.

SAMBA. — O gens du Djoloff, écoutez-moi. Moi qui ai porté la moitié des chemins sur mes épaules; moi dont la langue est une colonne qui soutient les dynasties; moi dont la salive peut être aussi mortelle que le venin du cobra.

(Se tournant vers le Roi.)

Nous te suivrons, toi, Tison Ardent vomi par les flancs du Lion en plein Midi!

LE ROI ALBOURI. — L'exil, l'exil plutôt que l'esclavage!

PREMIER HOMME DU PEUPLE. — Ton œil royal subira-t-il l'ultime affront de la horde des envahisseurs?

DEUXIÈME HOMME DU PEUPLE. — Torodo (4) au cœur pur comme l'eau des « seyanes » (5)!

PREMIER HOMME DU PEUPLE. — Conducteurs de tribus au sang invariable!

SAMBA. — O Roi! Voici barrissant jusqu'à mes pieds l'aube poussiéreuse des mille paillettes du Bambouk (6). Je vais illuminer de mon souffle la voie royale du fils de Biram, tenant la bride au lion de Guilé, de Mouk Mouk au Macina (7).

LE ROI ALBOURI. — O Peuple! Nous ferons cabrer nos coursiers sur l'Arc-en-Ciel de l'Avenir et les sabots de nos montures feront des arabesques sur les portes de l'Histoire. Il faut rejoindre le fils d'Omar (8).

LE PEUPLE. — Il le faut, ô Roi, il le faut.

LE ROI ALBOURI. — L'exil plutôt que l'esclavage!

LE PEUPLE. — Jamais, jamais tu ne verras l'envahisseur dans ton tata!

SAMBA. — Vers Ségou (9), ô Peuple, vers Ségou!

LE PEUPLE. — Diâta, ô Diâta!

(Le Roi sort, suivi du Peuple.)

RIDEAU

4. Prince.
5. Nappe d'eau.
6. Région du Sénégal célèbre autrefois pour son or.
7. Régions de l'Afrique de l'Ouest.
8. El Hadj Omar Tall, qui, au siècle dernier, conduisit la guerre sainte contre les états païens et la résistance à l'expansion coloniale française.
9. Ville de l'actuel Mali; alors capitale du royaume d'Ahmadou que Albouri veut rejoindre pour continuer la lutte contre l'envahisseur français.

Charles NOKAN

Charles Nokan est né en 1936 à Yamoussoukro (Côte-d'Ivoire). Dès 1952 il vient en France, y fait ses études secondaires et passe successivement une licence de sociologie à Poitiers et un doctorat de troisième cycle en philosophie. Il travaille un certain temps aux éditions Présence Africaine et enseigne à l'Université de Vincennes. Il publie, en 1962, son premier roman Le Soleil Noir Point *puis, en 1966,* Violent était le vent. *Dans ces deux œuvres, il essaie de créer une forme romanesque proche du discours poétique. Son souci de s'exprimer dans un langage plus directement accessible aux masses l'amène à se tourner vers le théâtre; à partir de 1968, il publiera trois pièces dont un des thèmes principaux est la situation d'intellectuel face à la misère des masses africaines. Charles Nokan se veut un écrivain engagé, fier d'une lucidité critique qu'il exprime dans des œuvres de fiction et non dans des essais théoriques.*

BIBLIOGRAPHIE

Le soleil noir point, Paris, Présence Africaine, 1962.
Violent était le vent, Paris, Présence Africaine, 1966.
Les Malheurs de Tchako, pièce en cinq tableaux, Honfleur, P.J. Oswald, 1971.
La traversée de la nuit dense suivi de ***cris rouges,*** Paris, P.J. Oswald, 1972, (pseud. Zègoua Nokan).

LA « BONNE ROUTE »

Le narrateur, après de longues et brillantes études en France, revient au village et voit avec des yeux neufs ce qui a été pendant longtemps le cadre de sa vie. Il se trouve confronté à un choix décisif. (Extrait de Violent était le vent, *Paris, Présence africaine,* « l'espérance dissipée », *1966.)*

Ma mère pilait le manioc ([1]). La sueur coulait tout le long de son buste d'ébène.

Mon beau-père dont le revenu s'élevait à dix mille francs ([2]) voulut me faire manger à l'européenne. Je refusai. Ce soir-là, il me fallut donc avaler le foutou de manioc ([3]). Mes demi-frères plongeaient en criant leurs mains sales dans la sauce de Kroilah. Ma pauvre mère me dit: « C'est ce spectacle honteux que tu dois abolir. Il paraît que tu es savant; fais descendre mon jour envolé. Il y a longtemps que la nuit m'enveloppe. J'en ai peur, tellement peur que j'admettrais la monotonie d'un jour éternel. Délivre-moi, c'est la seule chose que je puisse te demander: un peu de lueur avant la venue de la grande ombre.

— Je te promets vingt mille francs par mois; quand je serai un peu riche, je te construirai une maison. Tu auras un jardin où tu fileras le coton et rêveras.

— Intègre-toi au régime politique actuel. Qui veut faire « bonne route » ne doit pas oublier les réalités du voyage. En Afrique, on ne peut rien gagner actuellement sans l'acceptation de ce qui est. Tu ne pourrais même pas travailler si tu contestais, comme certains de tes camarades, le pouvoir légitime.

— Mère, demande-moi tout, mais pas ça. Je n'accepterai jamais la dictature, le régime qui opprime le peuple. Tout bonheur solitaire est haïssable. Je ne peux vivre heureux parmi mes frères malheureux. Des amis et moi, avons pris la décision de sauver notre pays. Personne ne nous écartera de notre voie. Certes, le chemin est long et pierreux, mais il faut aller jusqu'au bout, délivrer des mères qui souffrent, des familles semblables à la nôtre.

— Occupe-toi d'abord de nous. Lorsque le danger approche, crie « ma tête, ma tête » dit un sage. Cherche ton propre salut avant ceux des autres. Depuis l'arrivée des Européens, l'individu est devenu lui-même. Il ne s'agit plus de se noyer dans la mer tribale. Le voisin peut mourir sans déranger notre bonheur. La grande leçon

1. Les racines de manioc sont pilées jusqu'à ce qu'elles acquièrent la consistance d'une pâte. Cette pâte constitue tout au long du Golfe de Guinée une des bases de l'alimentation.

2. Valeur en francs CFA qui sont la monnaie de l'Afrique de l'Ouest francophone. Mille francs CFA = 5 francs français.

3. Nom de la pâte de manioc.

des Blancs, c'est qu'on ne vit bien qu'aux dépens des autres. Comprends-la, rends-nous libres.

— Ne parle pas d'individualité, mère, elle n'existe pas.

La danse la plus exaltante, c'est celle qui réunit maintes gens.

La chanson la plus agréable est chantée pour tous.

Les paroles destinées à tout le monde ont un sens profond.

La vie solitaire n'a que l'ombre pour parure.

La chanson sublime est écoutée par tous.

— Naguère, on pensait que les vieux possédaient le secret de l'univers, qu'ils disposaient de toute la sagesse.

— Maintenant les jeunes paraissent tenir la vérité. Si vous l'avez vraiment, vous connaîtrez la victoire. Je ne veux pas barrer ta route; tu peux aller de l'avant.

D'ailleurs, j'ai l'habitude de me résigner. Rends, quand même, notre vie décente »...

Henri LOPES

Henri Lopes est né le 12 septembre 1937 à Kinshasa. Après ses études primaires à Brazzaville et à Bangui, il fait à partir de 1949 ses études secondaires en France et s'inscrit à l'Université de Paris où il obtient une licence d'histoire. Pendant deux ans il enseignera dans les lycées de la région parisienne. De retour au Congo-Brazzaville en 1965, après un passage dans l'enseignement de l'histoire à l'École Normale Supérieure d'Afrique Centrale, il est nommé à la direction générale de l'enseignement. Il devient ministre de l'Éducation nationale et enfin premier ministre de la République Populaire du Congo, poste qu'il occupe jusqu'à ce jour.

Henri Lopes a publié de nombreux poèmes dans des revues; il a composé les paroles de l'hymne national de son pays. Tribaliques, *publié en 1971, est un recueil de huit nouvelles essentiellement centrées sur la critique de la société brazzaviloise post-coloniale. Henri Lopes est aussi engagé dans la réflexion sur la crise actuelle de l'éducation: il a collaboré activement à l'ouvrage collectif* Apprendre à être *dirigé par E. Faure et publié pour l'UNESCO en 1973.*

BIBLIOGRAPHIE

Tribaliques, Yaoundé, Clé, 1971.

LA MORT DU FILS DE LA BONNE *

L'extrait de Tribaliques, *Yaoundé, CLE, 1971, présenté ici est tiré de la nouvelle* L'Avance *dont le thème essentiel est le comportement d'une patronne européenne...*

On dirait que Madame ne se rend pas compte qu'en une semaine elle donne le triple de la solde mensuelle de Carmen uniquement pour nourrir son mari, sa fille, elle et leur chat. Mais si la bonne lui avait répondu cela, elle l'aurait mise à la porte pour insolence.

N'importe comment, je n'ai rien sur moi ce soir. Quand donc, vous, les indigènes, comprendrez que l'argent ça ne tombe pas du ciel? Quand apprendrez-vous à faire des économies?... Et elle a parlé pendant encore longtemps. Carmen n'a pas tout compris. Quand les gens parlent le français trop vite, elle n'a pas le temps de traduire dans sa tête, alors elle débranche et se contente de faire oui de la tête. C'est le cas.

Peut-être cela a-t-il apitoyé Madame?... Elle lui a donné de l'aspirine et a promis cinq cents francs pour demain.

Alors, Carmen la négresse est partie. Elle a marché pour rentrer à Makélékélé. De Mpila à Makélékélé, c'est loin. Aussi loin que du village d'où elle vient à l'école où on l'envoyait. Et on a le temps de penser.

Elle avait envie de courir, tant elle sentait qu'Hector avait besoin d'elle. Mais quand on n'a pas dormi toute une nuit et qu'on n'a eu qu'une tranche de manioc dans le ventre à midi, on ne peut pas courir. Elle a brusquement eu l'impression qu'Hector l'appelait. « Le pauvre petit. Quand il sera grand, m'aimera-t-il seulement? Pour gagner notre manger, je suis obligée de le laisser seul la journée. Peut-être qu'il m'en tiendra grief. Je me reproche de l'avoir laissé sans soins aussi longtemps. Parce que j'avais confiance en la médecine des Blancs et en leur bonté. Si maman me propose de l'emmener chez le féticheur cette nuit, je ne pourrai plus refuser. »

Et puis elle a repensé à tout ce que Madame lui a dit. Jamais elles ne se comprendront. Elle passe plus de temps avec elle qu'avec son fils. Madame lui fait entièrement confiance quand elle prend soin de sa fille et pourtant ni Carmen ne peut comprendre les réactions de Madame, ni celle-ci découvrir ce qui se passe en sa bonne et le monde dans lequel celle-ci se débat. Carmen est pour elle une éternelle insouciante et une fille peu sérieuse.

« Comment vouloir que je fasse des économies avec cinq mille francs? D'ailleurs le mois dernier elle ne m'a remis que quatre mille francs. Elle m'a retenu — comme tous les mois depuis six mois — les cinq cents francs avec lesquels je lui rembourse ma montre. Ma seule folie. Ensuite j'ai dû donner mille francs à la « tontine » de notre société, mille francs à ma mère, mille francs pour payer le retour au village de la tante et des cousins qui s'étaient incrustés chez nous depuis un mois. Il ne me restait que mille francs. Qu'est-ce que c'est mille francs? Madame les dépense rien qu'en nourriture chaque jour. »

Les voitures passaient dans les rues mal éclairées. Celles qui croisaient Carmen l'éblouissaient, celles qui allaient dans le même sens qu'elle manquaient de l'écraser, et personne ne s'arrêtait pour la prendre. Et elle savait qu'au moins une voiture sur deux était conduite par un nègre comme elle. Aujourd'hui chacun va sa vie.

Ah! pourvu que Madame n'oublie pas de lui donner l'argent des médicaments demain...

En entrant dans la rue Biza, elle entendit des cris de femmes dans le noir.

Mwana mounou mê kouenda hé!
Hector hé
Mwana mounou mê kouenda hé!

Elle comprit que médicament ou féticheur, il était tard.

Ah! mon fils s'en est allé
Ô mon Hector
Ah! mon fils s'en est allé.

Jean-Baptiste TATI-LOUTARD

Né le 15 décembre 1938 à Ngoyo, près de Pointe-Noire (Congo), Jean-Baptiste Tati-Loutard a fait ses études primaires à l'École St-Jean-Baptiste de Pointe-Noire et ses études secondaires au Lycée Chaminade de Brazzaville. De 1961 à 1966, il étudiera la littérature moderne et l'italien à l'Université de Bordeaux.

Dès 1966, il revient en Afrique pour enseigner la littérature à l'École Normale Supérieure d'Afrique Centrale à Brazzaville et, en 1967, il est chargé du cours de littérature au Centre d'Enseignement Supérieur. Il obtient le doctorat de littérature et dirige aujourd'hui la section littéraire de l'Université du Congo à Brazzaville.

L'œuvre poétique de Tati-Loutard, déjà abondante et plus que prometteuse, illustre une conception qu'il formule dans la postface des Poèmes de la mer *et dans des aphorismes qui introduisent* Les Racines congolaises. *Constatant que la poésie africaine passe par une crise d'originalité et s'efforce de cultiver artificiellement, sous le nom de « négritude », une identité collective, Tati-Loutard exhorte les poètes du continent à retourner à la source de tout vrai lyrisme, qui est l'expression organique de l'émotion personnelle.*

BIBLIOGRAPHIE

Poèmes de la mer, Yaoundé, Centre de Littérature Évangélique, 1965.
Les racines congolaises, Honfleur, Pierre-Jean Oswald, 1968.
L'envers du soleil, Honfleur, Pierre-Jean Oswald, 1970.

NOUS AVONS D'AUTRES ESPACES *

(Extrait de l'Envers du soleil, *Honfleur, Pierre-Jean Oswald, 1970.)*

Ô soleil poignardé d'où jaillit le sang
de l'aurore!
Mon cœur cette nuit s'est pris dans un lourd lacis
de lianes
Et je n'ai point retrouvé la clairière du sommeil...
Dans la fraîcheur encore obscure du matin,
Voici la mer secouant son lit d'algues
ou de polypiers [1],
Et portant des mouettes à bout de bras
loin des rochers.
Mes noces sont d'hier et déjà le rayon de miel
S'affadit sur les lèvres des amants.
L'heure est passée où le pêcheur aborde
Et nous n'avons pu entendre son chant rauque
Rythmant les coups de pagaie dans la vague.
Le temps monte et le silence vient d'exhumer
Le vent derrière la falaise;
Je le connais qui partage avec moi ce règne
sur les eaux,
Mais à quoi bon toujours, ce royaume conquis
de naissance?
Nous avons d'autres espaces sans vagues
ni sables mouvants
Des espaces sans flux ni reflux, figés
Par un arrêt du sort avec leurs montagnes
et leur flore,
Des terres nullement revêches, à façonner
de nos mains
A la grande mesure de nos rêves;
Et nous rêvons d'une nature qui soit notre carte
d'identité congolaise

1. Squelette calcaire des madrépores ou coraux.

Avec nos empreintes digitales à même
le sol,
Et visibles à vol d'oiseau depuis le plus haut
des nuages:
Cheminées d'usines qui tirent dans la nuit
Des boulets d'étoiles dans la glèbe concave,
Et qui reprennent souffle au petit matin;
Plantations d'ignames [2], d'arachides, de manioc,
de maïs,
Arrosées d'une sueur moins rare que la pluie
Et nourries sans cesse d'engrais comme des truies
livrées à leur tourteau journalier.

2. Plante cultivée dans les pays chauds pour ses tubercules riches en amidon.

Guillaume OYONO-MBIA

Guillaume Oyono-Mbia est né en 1939, à Mvoutessi au Cameroun. Il suit les cours du Collège Évangélique de Libamba et en 1964 part pour l'Angleterre poursuivre ses études à l'Université de Keele. C'est pendant son séjour au Collège qu'il écrira Trois Prétendants, Un Mari, *publié au Cameroun en 1964. La pièce, une comédie de mœurs d'allure assez vive, qui fait la satire des mariages arrangés au profit de la famille, était déjà jouée depuis le début des années soixante et constitue encore aujourd'hui un grand succès pour les troupes scolaires et estudiantines. Ses études en Angleterre terminées, G. Oyono rentre au Cameroun et enseigne aujourd'hui dans le département d'anglais de l'Université.*

G. Oyono-Mbia est un écrivain bilingue: il a lui-même traduit en anglais sa première pièce et publié directement en anglais pour être diffusée à la BBC, Until Further Notice *(*Jusqu'à Nouvel Avis*). Avec humour et finesse il y fait la satire de vieux villageois tout préoccupés de marier les filles à des fonctionnaires qu'ils imaginent tous riches. Il reprend un thème un peu semblable dans sa dernière comédie villageoise* Notre Fille Ne se Mariera Pas *primée au Concours Théâtral Interafricain organisé par les services de Coopération de la Radio Française (ORTF-DAEC).*

BIBLIOGRAPHIE

Trois Prétendants, Un Mari, Yaoundé, Clé, 1964.
Three Suitors, One Husband. Until Further Notice, Two plays. London, Methuen, 1968.
Jusqu'à Nouvel Avis, Yaoundé, Clé, 1970.
Notre Fille Ne Se Mariera Pas, Paris, ORTF-DAEC, 1971.

UNE JEUNE FILLE BIEN EXIGEANTE *

L'extrait choisi se situe tout au début de la pièce, au moment où l'héroïne, Juliette, entre en scène et apprend les projets que ses parents ont fait pour elle. Personnages: Bella: *Grand Mère de Juliette;* Atanga: *Père de Juliette;* Abessolo: *Grand-père de Juliette;* Makuta: *Mère de Juliette;* Ondua: *Oncle de Juliette;* Matalina: *Cousine de Juliette;* Juliette: *Jeune lycéenne de retour dans son village natal où se situe la scène. (Extrait de G. Oyono,* Trois Prétendants, un mari, *Yaounde, CLE, 1969, Acte I, sc. 1.)*

BELLA. — Te voilà arrivée plus tôt que d'habitude, Juliette!

JULIETTE. — Nous avons pris le car au lieu d'attendre le train de l'après-midi.

OYONO *(allant garer la valise dans la maison principale).* — C'est bien ce que j'avais pensé.

MATALINA. — Et tes études, Juliette? ça marche?

JULIETTE *(sans trop de modestie).* — Oui très bien! J'ai réussi mon examen!

BELLA *(se lève avec autant de vivacité que l'âge lui en permet).* — Elle a réussi! Ma petite-fille a encore réussi son examen! Ah Nane Ngôk! *(Pousse le cri de joie traditionnel des femmes, l'« ôyenga »)* Ou-ou-ou-ou-ou...!

ABESSOLO *(avec un sourire satisfait).* — Tu... tu étudies toujours à Dibamba, n'est-ce pas, ma petite?

JULIETTE *(éclate de rire).* — A Li... Libamba, voyons, Tita! Combien de fois devrai-je donc t'expliquer que Dibamba est un fleuve, et que Libamba...

ATANGANA *(en riant lui aussi).* — Ton grand-père devient de plus en plus vieux, Juliette! Mais dis-moi un peu: comment vont tes maîtres blancs, les français, les américains, et les missionnaires?

JULIETTE. — Ils vont très bien, mon père. Nous comptons même avoir de nouveaux professeurs l'an prochain.

MATALINA *(sans réfléchir, tandis que les hommes essaient de la faire taire à grand renfort de signes).* — L'an prochain? Ton mari va donc te laisser repartir au collège, Juliette? Est-ce que... *(Ondua lui a tapoté sur l'épaule; elle se tait, mais trop tard: déjà, Juliette regarde tout le monde avec de grands yeux étonnés.)*

JULIETTE. — Mon mari? Quel mari? Est-ce que j'ai un mari?

BELLA *(qui ne remarque pas la gêne ambiante).* — Un mari, Juliette? Mais tu en as déjà deux, mon enfant! Dire qu'il y a des filles qui ne...

ATANGA *(réprobateur)*. — Eé Kié, voyons, vous autres! Vous savez bien que j'ai promis de lui annoncer la bonne nouvelle moi-même! *(Se gratte la tête pour savoir par où commencer.)* Bon... euh... Je vais t'expliquer la situation, mon enfant. Il y a cinq semaines, nous avons reçu la visite d'un jeune homme qui est venu demander ta main. Évidemment, à cause de ton instruction et de ta valeur, nous avons décidé de prendre les cent mille francs qu'il a versés... *(Juliette a un mouvement vif, et Atangana ajoute précipitamment:)* Mais nous avons mis cet argent de côté!... En effet, nous attendons cet après-midi la visite d'un grand fonctionnaire... *(Se penche pour faire comprendre à sa fille qu'elle a bien de la chance)* Il veut lui aussi t'épouser! *(Un temps: Juliette ne semble pas se réjouir outre mesure.)* Naturellement, s'il me verse une dot plus importante... ([1])

JULIETTE *(indignée)*. — Quoi? Je suis donc à vendre? Pourquoi faut-il que vous essayiez de me donner au plus offrant? Est-ce qu'on ne peut pas me consulter pour un mariage qui me concerne?

(Tous restent muets d'étonnement. Pendant la réplique de Juliette, le sourire fier qu'arborait Atangana s'est peu à peu transformé en une grimace scandalisée: on voit bien qu'il s'attendait à une reconnaissance un peu plus émue de la part de sa fille.)

ABESSOLO *(se levant, à Juliette)*. — Te consulter?

(Au public:) Il faut qu'on la consulte!

(À Juliette:) Depuis quand est-ce que les femmes parlent à Mvoutessi? Qui donc est-ce qui vous enseigne cela ces jours-ci, cette prétention de vouloir donner votre avis sur tout? Ça ne te suffit pas que ta famille ait pris une décision si sage en ta faveur?

JULIETTE. — Mais je n'ai même pas encore vu l'homme que vous voulez me faire épouser! Comment voulez-vous que je l'aime?

1. Le prétendant verse une dot à la famille de sa future épouse. D'où bien évidemment des possibilités d'abus de la part de la famille qui peut être tentée de mettre la jeune fille, surtout si elle sort du collège, aux « enchères ».

Matala Mukadi TSHIAKATUMBA

Matala Mukadi Tshiakatumba est né en 1943 au Shaba (Rép. du Zaïre). Il fait ses études secondaires à Boma dans le Bas-Zaïre, et en Belgique. Après deux ans à l'Université de Liège, il s'inscrit à l'Université libre de Bruxelles où il obtient en 1968 une licence de lettres. Étudiant, il se fait remarquer par ses prises de positions très engagées au sein de l'U.G.E.C. (Union générale des étudiants congolais, interdite en 1966). De 1968 à 1973, Matala s'oriente vers le journalisme en même temps qu'il prépare un doctorat. Le poète est remarqué par la critique dès 1965, année où paraissent dans la revue Afrique *ses premiers poèmes, qui seront repris dans le recueil publié chez Seghers. L'œuvre célèbre essentiellement la révolte de l'auteur face à son pays déchiré par des événements tragiques.*

BIBLIOGRAPHIE

Réveil dans un nid de flammes, poèmes, Paris, Seghers, 1969.

Le volcan Sabinyo (altitude 3.467 mètres) au nord de Ruhengeri, est un des principaux sommets du massif des Virunga.

MESSAGE

Comme l'indique le titre du recueil d'où est extrait le poème suivant, la poésie de ce jeune auteur est dans son ensemble une poésie de révolte. Cependant, Matala ne dédaigne pas de puiser son inspiration dans la Tradition et dans l'environnement naturel. (Extrait de Réveil dans un nid de flammes, *Paris, Seghers, 1969.)*

Tendre fille
d'un pourpre manteau jadis voilée
jadis courbée sous le poids de l'ignorance
dans l'oubli des temps reléguée
houle sans fureur vague sans écume
sors de ta coquille profonde
émerge devant le monde
à ma gauche marche compagne
intrépide accompagne-moi
sœur de labour sœur citadine
l'Afrique sera le fruit de notre conception.

Tu es un tambour
qui comme le Virunga ([1]) résonne matinalement
tu grondes
et ton appel
déborde mon âme gémissante
tel le Nzadi ([2]) majestueux fleuve impétueux
qui s'élance et se brise
à l'assaut des cabanes délabrées
flots tumultueux espoirs éventrés
à tes chaudes caresses je module
ton aide m'est indispensable
infatigable gazelle
qui parcours à la chute du jour
les buissons calmés du bois mort tu ramasses
ta beauté m'émeut ta beauté m'enchante
comme l'onde bleue mijotant
dans tes entrailles insondables
sous les lianes entrelacées
vois amarré un continent en transe
où les tam-tams scandent et rythment les saisons
incruste tendre fille dans le géant Lokumé ([3])
l'Afrique sera le fruit de notre conception.

1. Chaîne de volcans aux confins du Zaïre, du Rwanda et de l'Ouganda. L'appellation exacte est Birunga.

2. Fleuve en kikongo. La déformation de ce mot par les Portugais au XVe siècle a donné Zaïre.

3. Arbre tropical.

Antilles :
Haïti - Martinique - Guadeloupe

Guyane
Louisiane

Collaborateur : Auguste VIATTE, Correspondant de l'Institut

HAÏTI

INTRODUCTION HISTORIQUE

La partie française de Saint-Domingue, indépendante depuis 1804 sous le nom d'Haïti, avait gardé le français comme langue officielle et langue écrite. Elle héritait de ses anciens maîtres le goût du théâtre, et sa première pièce, *l'Haytien expatrié* de Fligneau, a vu le jour l'année même de l'indépendance; sa première revue littéraire, *l'Abeille haytienne* de Milscent, a commencé à paraître en 1817. En 1836, une équipe romantique, autour de Coriolan Ardouin et des frères Nau, jette l'idée d'une littérature originale, « un peu brunie sous les Tropiques »; des historiens, Madiou, Beaubrun Ardouin, vont bientôt retracer le passé de leur nation. C'est aussi à chanter les gloires nationales en même temps que les beautés du pays et de ses femmes que se consacreront les poètes de la fin du siècle, Oswald Durand, Massillon Coicou, de facture parnassienne, tandis que les prosateurs, tel Anténor Firmin, plaident en de gros volumes l'égalité des races et la réhabilitation des Noirs. La littérature haïtienne connaît alors son premier épanouissement. Un deuxième va suivre avec l'École de *la Ronde* (1898-1902), qui, parallèlement à l'École littéraire de Montréal mais sans que l'on puisse voir dans ce parallélisme autre chose qu'une coïncidence, se voue au culte de l'art et à la recherche de l'universel; elle engendre, en vers, toute une pléiade, d'Etzer Vilaire et de Damoclès Vieux à Ida Faubert; et des romanciers, Frédéric Marcelin, Justin Lhérisson, Fernand Hibbert, croquent avec esprit la vie populaire.

L'occupation américaine de 1915 provoque un choc. Elle amène à un examen de conscience sur les méfaits d'une culture brillante mais livresque et coupée du réel. La réaction se traduit soit par une affirmation de la latinité face aux Anglo-Saxons, soit par un retour vers l'Afrique ancestrale: cette double tendance, toujours latente et qui résume la personnalité même d'Haïti, a pour porte-parole d'une part Dantès Bellegarde, de l'autre Jean Price-Mars. Elle inspirera, vers 1930, la *Musique nègre* de Léon Laleau et ses autres brefs poèmes, d'un modernisme aigu, d'une prosodie savante au point d'en devenir acrobatique. Bientôt cependant, sous l'influence du surréalisme, les rythmes vont se désarticuler, et l'inspiration africaine prédominera. Pris dans le grand mouvement contemporain qui récuse l'unicité des cultures et la notion de modèles, les écrivains, à la suite de Price-Mars qu'ils dépassent, se délecteront au parler créole, et découvriront une valeur au vaudou, cet ensemble de croyances populaires qu'avaient proscrit les fondateurs de leur État; ils abandonneront l'optique des bourgeois bien élevés pour chercher à se retremper dans la spontanéité des masses. Leurs théories s'exprimeront dès 1927 dans la *Revue indigène* puis, additionnées d'ethnologie, en 1938 dans l'École des Griots, où le futur Président Duvalier fera ses premières armes. Désormais les romanciers ne promèneront plus sur les petites gens un regard amusé; comme les frères Marcelin dans *Canapé-Vert*, ils narreront avec émotion leur misère. Plusieurs s'engageront dans les combats de l'extrême-gauche. Ainsi Jacques Roumain, dont le chef-d'œuvre *Gouverneurs de la rosée* (1944), à la gloire du Travail rédempteur, reste pourtant moins ouvertement politisé que plus tard l'œuvre de Jacques Stéphen Alexis. Même évolution chez les poètes: l'apitoiement de Carl Brouard ou de Roussan Camille sur les épaves de la vie et les victimes des injustices sociales se transformera chez René Dépestre en clameurs révolutionnaires. Entre temps c'est la fin de la deuxième guerre mondiale, et le bouillonnement qui accompagne en Haïti la chute du Président Lescot.

Ces grandes lignes se prolongent encore tout en se diversifiant. On assiste au renouvellement de certains genres, l'histoire par exemple, grâce à une exploration des archives françaises qu'avait amorcée Alfred Nemours pour le récit de la guerre d'indépendance et de la captivité de Toussaint Louverture, et que poursuit Jean Fouchard décrivant la vie artistique et théâtrale à Saint-Domingue et les efforts des « marrons du syllabaire » ou des « marrons de la liberté ». De même, le théâtre, entravé par l'absence de troupes permanentes, tente d'élargir son public en recourant au folklore, et parfois, avec Morisseau-Leroy, Frank Fouché, Anthony Phelps, au dialecte créole où, pour démontrer sa valeur, ils adaptent des chefs-d'œuvre classiques: *Antigone*, *Œdipe-Roi*. En poésie, un certain hermétisme, déjà sensible chez Magloire Saint-Aude, retrouve ses droits avec Davertige, et la sensualité avec Gérard Dougé. Le roman peint les époques révolues comme *la Fin des baïonnettes* d'Alix Mathon, ou la vie des humbles comme *Fils de misère* de Marie-Thérèse Colimon, ou devient allégorique et hallucinatoire avec *Amour, colère et folie* de Marie Chauvet. Ce sont là pourtant des réussites individuelles. La dispersion de l'élite haïtienne et de ses écrivains à travers le monde a eu l'avantage de les faire connaître et de leur trouver des éditeurs en France ou au Québec, mais elle raréfie le milieu propice à l'éclosion d'écoles comparables à celles du passé.

Auguste VIATTE

Jean PRICE-MARS

Le premier écrit de Jean Price-Mars date de 1900, le dernier de 1967; pendant près de trois quarts de siècle, il a dominé la vie littéraire haïtienne. Né à la Grande Rivière du Nord le 15 octobre 1876, orphelin de sa mère à la suite d'une épidémie qui a aussi emporté ses deux frères, il fut élevé jusqu'à douze ans par sa grand-mère maternelle, puis au Collège Grégoire du Cap-Haïtien, au lycée de Port-au-Prince, enfin à l'École de Médecine. On le trouve à ce moment parmi les collaborateurs de La Ronde, *cette revue qui fit école; il y publie une nouvelle, il en écrira d'autres: il aurait pu se faire une renommée dans les lettres pures. Mais un séjour à Paris et la lecture d'un livre de Gustave Le Bon teinté d'un racisme qui l'offusque, changent son orientation et le poussent vers la sociologie et l'anthropologie, en même temps qu'un début de carrière diplomatique interrompt ses études médicales, qu'il achèvera seulement beaucoup plus tard. Il jouera dès lors un grand rôle dans la vie publique: on le verra député, sénateur, ministre, ambassadeur, deux fois candidat à la Présidence de la République, universitaire aussi: il tirera son premier ouvrage de ses conférences sur* La Vocation de l'élite *(1917), et, professeur d'histoire et de géographie au Lycée National, il publiera en 1928 son œuvre maîtresse,* Ainsi parla l'oncle. *En réaction contre les intellectuels parisianisés au point d'en être déracinés, il exhorte à se retremper dans le folklore, à réhabiliter les valeurs que véhiculent les croyances et le parler populaires; il devient ainsi le chef de file des africanisants, vis-à-vis de son ami Dantès Bellegarde qui souligne au contraire les affinités avec la France. C'est sous son impulsion que se fonderont en 1941 l'Institut d'Ethnologie dont il sera le premier président, et la Société d'histoire et de géographie d'Haïti. Dans cette discipline qu'il a enseignée, l'histoire, il profitera d'un séjour comme ambassadeur à Ciudad Trujillo pour écrire deux gros volumes sur les relations entre la République d'Haïti et la République Dominicaine (1953), son ouvrage le plus considérable. Ses dernières années élargissent encore son horizon. Reconnu comme un maître par Léopold Senghor et les autres théoriciens de la Négritude, il jouera un rôle actif dans les Congrès des Écrivains et Artistes Noirs: il présidera le deuxième, à Rome, en 1959, et encore en 1966, devenu aveugle, il participera au Festival des Arts nègres de Dakar, il multipliera les recueils d'études sur les nègres et les négrophiles. Il s'éteindra le 1er mars 1969.*

BIBLIOGRAPHIE

La vocation de l'élite, Port-au-Prince, Imprimerie Edmont Chenet, 1919..
Ainsi parla l'oncle, Paris, Imprimerie de Compiègne, 1928; Montréal, Léméac, 1972.
Formation ethnique, folklore et culture du peuple haïtien, Port-au-Prince, Imprimerie Valcin, 1939.
Les survivances africaines dans la communauté haïtienne, Études dahoméennes, 1951.
La République d'Haïti et la République Dominicaine, 2 vol., Genève, Imprimerie Held, 1953.

A consulter:

Témoignages sur la vie et l'œuvre du Dr Price-Mars, 1956.
Émile PAULTRE, *Essai sur M. Price-Mars,* 2e édition très augmentée, 1968.

GLORIFICATION DES ANCÊTRES *

Dans cette conférence de 1922, publiée à la suite de son ouvrage capital, Ainsi parla l'oncle *(1928), Price-Mars résume déjà ses idées maîtresses: il exhorte ses compatriotes à s'inspirer surtout de leurs hérédités africaines, sans pour autant rejeter la culture française ni les autres éléments de leur âme composite.*

Ah! je sais à quelle répugnance je me heurte en osant vous parler d'Afrique et de choses africaines! Le sujet vous paraît inélégant et tout à fait dénué d'intérêt, n'est-il pas vrai?

Prenez garde, mes amis, que de tels sentiments ne reposent sur un fonds de scandaleuse ignorance! Nous vivons sur des idées rancies par la prodigieuse bêtise d'une culture mal agencée et notre vanité puérile n'est satisfaite que quand nous ânonnons les phrases écrites pour d'autres où l'on glorifie *les Gaulois nos aïeux.*

Or, nous n'avons de chance d'être nous-mêmes que si nous ne répudions aucune part de l'héritage ancestral. Eh bien, cet héritage, il est pour les huit dixièmes venu de l'Afrique.

...

Nos ancêtres? Mais en quoi puis-je être humilié de savoir d'où ils viennent, si je porte, moi, ma marque de noblesse humaine au front comme une étoile radieuse et si dans mon ascension vers plus de lumière, je suis allégé par la blessure sacrée de l'idéal?

Nos ancêtres? Ce sont d'abord les morts dont les souffrances séculaires, le courage, l'intelligence et la sensibilité se sont confondus jadis dans le creuset de St-Domingue pour faire de nous ce que nous sommes: des êtres libres. Nos ancêtres? Ce sont les morts dont les vices et les vertus conjugués parlent tout bas dans nos cœurs mauvais ou notre conscience héroïque et hautaine.

Nos ancêtres? Ce sont tous ceux qui s'élevèrent lentement de l'animalité primitive pour aboutir à l'être transitoire que nous sommes, encore tremblants devant l'inconnu qui nous enveloppe mais héritiers de la gloire immarcescible d'être des hommes. C'est parce que nos ancêtres furent des hommes qui souffrirent, qui aimèrent et qui espérèrent, que nous pouvons, nous aussi, prétendre à la pleine dignité d'être des hommes malgré la brutale insolence des impérialismes de tous les ordres.

Blancs, noirs, mulâtres, griffes ([1]), octavons ([2]), quarterons ([3]), marabouts ([4]), sacatras ([5]), qu'importent ces vaines étiquettes de la défroque coloniale si vous vous sentez des hommes résolus à jouer proprement votre rôle d'hommes sur cette minuscule partie de la scène du monde qu'est notre société haïtienne.

Acceptez donc le patrimoine ancestral comme un bloc. Faites-en le tour, pesez-le, examinez-le avec intelligence et circonspection, et vous verrez comme dans un miroir brisé qu'il reflète l'image réduite de l'humanité tout entière.

([1-5]) En Haïti ces termes désignent différentes variétés de couleur ou de métissage. Le *quarteron* est issu d'un croisement entre blancs et mulâtres, l'*octavon* d'un croisement entre blancs et quarterons, le *griffe* d'un croisement entre noirs et mulâtres; quant au *marabout*, il s'agit d'un noir à cheveux longs et le *sacatra* est issu d'un croisement entre noirs et griffes.

Léon LALEAU

Léon Laleau est né à Port-au-Price le 3 août 1892. Il y a fait ses études au lycée Pétion, puis à la Faculté de Droit. Homme politique et diplomate, il fut trois fois ministre des Affaires Étrangères (c'est lui, notamment, qui signa en 1934 l'accord qui mit fin à l'occupation d'Haïti par les troupes américaines); il détint aussi les portefeuilles des Travaux Publics, de l'Éducation Nationale, représenta son pays à Rome, Londres, Paris, Santiago du Chili, Lima, ainsi qu'aux Nations Unies et à l'UNESCO. Son œuvre littéraire est abondante et variée. Elle comprend des nouvelles, trois romans — dont l'un, le Choc, *dépeint les heurts provoqués par l'occupation américaine —, des comédies de mœurs sans prétention, des essais; mais ce sont ses vers qui lui ont valu sa renommée. Ils comprennent six plaquettes, qui s'échelonnent de 1920 à 1933, plus des contributions ultérieures à des ouvrages collectifs et à des périodiques. Le patronage des Amis de Tristan Derème, son élection à l'Académie Ronsard et à l'Académie méditerranéenne, indiquent leur tonalité: bien qu'il ait pratiqué occasionnellement le vers libre, il se plaît à ciseler des poèmes très brefs, d'une prosodie impeccable et maniée avec brio. Quant au fond, il est passé de l'intimisme juvénile de son premier recueil (*A voix basse, *1945) à une poésie galante, humoristique, pittoresque, pour culminer dans l'expression de son âme partagée entre deux hérédités, comme auparavant il évoquait les contrastes des races qui se coudoient dans les cafés parisiens. Sa* Musique nègre *(1931) marque ainsi une étape importante dans l'évolution de la littérature haïtienne vers un « indigénisme » traduisant la complexité de l'âme nationale.*

BIBLIOGRAPHIE

La flèche au cœur, poèmes, Paris, Les éditions Parville, 1926.

Le rayon des jupes, ou 13 poèmes pour Tristan Derème, Paris, « Les Amis de Tristan », 1928.

Abréviations, poèmes, Paris, Librairie de France, 1929.

Musique nègre, poèmes, Port-au-Prince, Imprimerie de l'État, 1931.

Le choc, Chronique des années 1915-16, Port-au-Prince, Imprimerie « La Presse », 1932.
Ondes courtes, poèmes, *ibidem,* 1933.

A consulter:

Hommage à Léon Laleau, numéro spécial de la revue *Conjonction,* Port-au-Prince, 1962.
Léon Laleau, numéro spécial du *Petit samedi soir,* Port-au-Prince, 3 août 1972.

HÉRÉDITÉS

Ce bref poème et le suivant sont tirés de Musique nègre, *Port-au-Prince, Imprimerie de l'État, 1931.*

J'entends en moi glapir, certains soirs, le lambi (1)
Qui ralliait mes ancêtres sur la montagne.
Je les revois, membres fourbus, couteau fourbi,
Avec le meurtre aux yeux et du sang sur leur pagne.

Mais aussitôt j'entends un air lent de Rameau
Qui s'englue aux clameurs de haines et de guerres.
Aux cris nègres se mêle alors un chalumeau,
Et de fins escarpins aux savates vulgaires.

TRAHISON

Ce cœur obsédant, qui ne correspond
Pas avec mon langage et mes costumes,
Et sur lequel mordent, comme un crampon,
Des sentiments d'emprunt et des coutumes
D'Europe, sentez-vous cette souffrance
Et ce désespoir à nul autre égal,
D'apprivoiser, avec des mots de France,
Ce cœur qui m'est venu du Sénégal?

1. Coquillage qui servait de cor aux insurgés durant la guerre d'indépendance.

Jacques ROUMAIN

Jacques Roumain est né à Port-au-Prince le 4 juin 1907. Il y commença ses études à l'Institution Saint-Louis de Gonzague et les acheva en Suisse. De retour en 1927, il fut un des fondateurs de la Revue indigène *et c'est de l'indigénisme que s'inspire son premier roman,* la Montagne ensorcelée, *précédé par les nouvelles de* La Proie et l'ombre *et suivi par* Les Fantoches *où domine la satire amère de la classe dirigeante. Un moment chef de division au ministère de l'Intérieur, il passe en effet à l'extrême-gauche et crée en 1934 le parti communiste d'Haïti, ce qui lui vaudra une arrestation et un long exil. Il séjourne en France, voyage aux États-Unis, à la Martinique, à la Havane, et, rentré en 1941, fonde le Bureau d'Ethnologie, que Price-Mars la même année transformera en Institut. Le Président Lescot le nomme chargé d'affaires à Mexico, mais il y tombe malade, et meurt prématurément le 18 août 1944. Ses œuvres les plus retentissantes sont posthumes : ses poèmes de* Bois d'ébène *et surtout* Gouverneurs de la Rosée, *où l'on peut voir le chef-d'œuvre du roman haïtien: roman paysan, à la gloire du travail rédempteur, très véridique dans la peinture de la vie rurale comme dans sa transcription du langage populaire. Son idéologie y reste discrète, bien qu'elle ait pu contribuer à sa diffusion internationale: on l'a traduit en dix-sept langues. Les jeunes, après la mort de Jacques Roumain, le célébreront comme un « dieu », selon le mot de l'un d'entre eux, Jean Brierre; il aura contribué plus que nul autre à faire passer la littérature du stade de l'indigénisme à celui de l'engagement social.*

BIBLIOGRAPHIE

Les fantoches, 1931.

La Montagne ensorcelée, suivi de *Griefs de l'homme noir, La Proie et l'Ombre* et *Poèmes,* — Préface de J.S. Alexis, Paris, Les Éditeurs français réunis, 1972.

Gouverneurs de la rosée, Paris, Les Éditeurs français réunis, 1972.

A consulter:

Roger GAILLARD, *L'univers romanesque de Jacques Roumain,* Port-au-Prince, 1965.

LES FIANCÉS À LA SOURCE *

Dans ce passage central de Gouverneurs de la rosée, *Paris, Les Éditeurs français réunis, 1972, la découverte de la source où Manuel mène sa fiancée et qui va régénérer un terroir desséché s'harmonise avec la naissance de leur amour, en un hymne à la vie et à la fécondité du travail humain.*

Manuel tourna la tête de tous côtés:

— Ne sois pas craintive, il n'y a personne. Bientôt, nous n'aurons pas à nous cacher. Tout le monde saura pour qui je vais bâtir cette case. Trois pièces qu'elle aura, trois: j'ai déjà calculé. Les meubles, je vais les faire moi-même, il y a du bel acajou par icitte ([1]), je suis un peu menuisier.

Et il y aura aussi une tonnelle, avec une plante grimpante, à cause de l'ombrage. On pourrait essayer du raisin, que dis-tu? Avec une bonne quantité de marc de café dans les racines, ça viendra, tu ne crois pas?

— Ce sera comme tu voudras, murmura-t-elle.

« Oui, je serai la maîtresse de ta maison. Je sèmerai tes champs, et je t'aiderai à rentrer la récolte. Je sortirai dans la rosée, au lever du soleil, pour cueillir les fruits de notre terre; j'irai dans le serein du soir voir si les poules reposent dans les branches des arbres, si la bête sauvage et vorace ne les a pas enlevées. J'apporterai au marché notre maïs et nos vivres. Tu espéreras mon retour sur le pas de la porte. La lumière de la lampe sera derrière toi, sur la table, mais j'entendrai ta voix: tu as eu bonne vente, ma femme? et je te répondrai selon la chance ou la malchance de la journée. Je te servirai à manger et tu me diras: merci, ma négresse et je répondrai: à ton service, mon maître, parce que je serai la servante de ta maison. La nuit, je m'étendrai à tes côtés, tu ne diras rien, mais à ton silence, à la présence de ta main, je répondrai: oui, mon homme, parce que je serai la servante de ton désir. Il y aura un canal d'eau dans notre jardin et des roseaux et des lauriers sur ses bords. Tu me l'as promis. Et il y aura les enfants que je te donnerai, c'est moi qui le promets, au nom des saints qui sont sur la terre, au nom des sants qui sont dans les étoiles. »

Son visage était devenu grave, à l'image de son âme.

— Tes sourcils sont froncés, s'étonna Manuel; tes yeux regardent dans le loin. Dis-moi ce que tu as, ma négresse?

1. Prononciation populaire du mot « ici » au Canada et aux Antilles.

Elle lui sourit, sa bouche tremblait.

— De quel côté est la source, Manuel?

— Nous sommes arrivés. Baille-moi ta main. Il y a une montée qui n'est pas facile.

Ils suivirent le chemin haché par la machette de Manuel dans l'étouffement des plantes.

Manuel descendit d'abord dans la faille. Elle hésita, glissa un peu et il la reçut dans ses bras. Il éprouva contre le sien, le poids et la chaleur de son corps. Mais elle se dégagea.

— Ça sent le frais, dit-elle, ça sent le vent et l'humide.

Les ramiers battaient de l'aile, s'ouvraient un passage dans les feuilles, vers le ciel.

Elle leva le regard vers les branches qui se refermaient vers le silence.

— Il fait sombre, comme il fait sombre. On ne croirait pas que dehors il y a grand soleil. Icitte, c'est goutte à goutte qu'il filtre, le soleil. J'écoute, je n'entends aucun bruit, on est comme sur un îlet, on est loin. Manuel, on est au fin fond du monde.

— Au commencement du monde, tu veux dire. Parce que au commencement des commencements, il y avait une femme et un homme comme toi et moi; à leurs pieds coulait la première source et la femme et l'homme entrèrent dans la source et se baignèrent dans la vie.

Il lui prit la main:

— Viens.

Il écarta les lianes. Elle entra dans le mystère du figuier-maudit.

— C'est le gardien de l'eau, murmura-t-elle, avec une sorte de terreur sacrée.

— C'est le gardien de l'eau.

Elle contempla les branches chargées de mousse argentée et flottante.

— Il a grand âge.

— Il a grand âge.

— On ne voit pas sa tête.

— Sa tête est dans le ciel.

— Ses racines sont comme des pattes.

— Elles tiennent l'eau.

— Montre-moi l'eau, Manuel.

Il fouilla dans la terre:

— Regarde.

Elle s'agenouilla, trempa un doigt dans la flaque, fit le signe de la croix.

— Je te salue, eau bénite, dit-elle.

— Et là, regarde encore : il y en a tout partout.

— Je la vois, dit-elle.

Elle appuya son oreille contre la terre.

— Je l'entends.

Elle écoutait, le visage recueilli, éclairé d'un ravissement infini.

Jacques Stéphen ALEXIS

Né aux Gonaïves le 22 avril 1922, Jacques Stéphen Alexis est le fils de Stéphen Alexis, lui-même romancier, dont le Nègre masqué, *en 1933, dénonçait le racisme. Il a fait ses études à l'Institution Saint-Louis de Gonzague, puis aux Facultés de Médecine de Port-au-Prince et de Paris. Il exercera quelque temps la profession médicale, mais il est surtout un militant, qui, après avoir pris une part active à la révolution de 1946 contre le Président Lescot, s'engage dans la lutte contre le Président Duvalier et périra tragiquement dans une tentative de débarquement en avril 1961. Son œuvre se situe dans la lignée de celle de Jacques Roumain. Mais elle est beaucoup plus combative, au moins dans ses deux premiers romans,* Compère général Soleil, *dont un des héros, le révolutionnaire Pierre Roumel, rappelle Jacques Roumain, et* Les Arbres musiciens *qui opposent comme le Bien et le Mal le prêtre du Vaudou et le prêtre catholique, pour les récuser l'un et l'autre finalement au nom d'un humanisme rationaliste.* L'Espace d'un cillement *rajeunit le vieux thème de la courtisane régénérée par l'amour, et les contes du* Romancero aux étoiles *s'inspirent des légendes folkloriques. Sa langue chatoyante s'efforce d'échapper à la rigueur logique du français pour épouser toutes les sinuosités de l'instinct et la profusion des tropiques.*

BIBLIOGRAPHIE

Compère Général Soleil, Paris, Gallimard, 1955.
Les arbres musiciens, Paris, Gallimard, 1957.
L'espace d'un scintillement, Paris, Gallimard, 1959.
Romancero aux étoiles, Paris, Gallimard, 1968.

A consulter:

Présence africaine, mai 1956 et juin 1957.

HAÏTI AVANT LES EUROPÉENS *

Les romans de Jacques-Stéphen Alexis sont d'un militant lyrique et révolutionnaire. Dans ses contes, le Romancero aux étoiles, *Paris, Gallimard, 1968, d'où nous extrayons cette page, son lyrisme plus idyllique célèbre la vie primitive de Quisqueya — c'est-à-dire d'Haïti — au temps des aborigènes. Les notes explicatives sont de l'auteur.*

Ah, neveu! tu ne peux t'imaginer ce qu'était la vie dans cette île du temps de nos grands Caciques!... Tout appartenait à tous, même aux Naborias ([1]), et nous n'étions pas haïssables comme vous l'êtes devenus aujourd'hui. Celui-là avait besoin de cette banane? Il la prenait sans avoir à en répondre à personne!... Cet épi de maïs, cette pépite d'or, cette pierre bleue?... Chacun pouvait les saisir et en user à son gré. Les corossols ([2]), les mameys ([3]), les zachalis, les pommes-cajou, les cacheos, les abricots fructifiaient pour tous. Et les oiseaux! Vous avez massacré les oiseaux. Combien de flamants roses, combien de poules-à-jolie, combien d'ibis bleus restent dans le pays? Bien peu, hélas!... Ils volaient au-dessus de nos palmiers-guanos, sur nos yucuyaguas ([4]) d'argile rouge, parmi nos gigantesques statues de dieux-xémès ([5]) en troupes joyeuses et serrées. Bien sûr, on travaillait un petit peu, si peu!... On cultivait un peu de coton, des yuccas ([6]), le maïs, on fabriquait quelques cassaves ([7]), des poteries, nos armes et nos ajoupas, mais chacun travaillait selon son cœur!... Il reste bien peu de chose de nos belles sculptures, de nos gravures murales aux fraîches couleurs, de nos peintures chantantes! Il y en avait pourtant partout, dans toutes les grottes, au sommet des montagnes, sur les falaises des côtes. Le soir, nous nous mettions nus, le corps peint d'un beau rouge ardent et nous dansions d'invraisemblables ballets sous la lune. Nos butios ([8]) frappaient leurs cymbales et leurs tambours,

1. Indiens soumis au tribut.
2-3. Fruits tropicaux.
4. Villages des Indiens chemès.
5. Ce mot, orthographié aussi Zémès ou Cemi, le x se prononçant à l'espagnol comme un *ch* guttural, désigne en général les divinités inférieures ou les démons bons ou mauvais que vénéraient les aborigènes d'Haïti.
6. Ignames.
7. Galettes de manioc.
8. Prêtres chemès.

nos poètes déclamaient leurs poèmes sonores comme nos rivières, nos Tequinas dansaient et les Sambas chantaient les chants d'éternelle félicité!... Ah! la joie est morte en Quisqueya la belle! Tout compte fait, jamais on n'a été plus heureux depuis l'arrivée de ces maudits Espagnols et des autres!... Mais je m'emporte, et tel n'est pas mon propos!...

René DEPESTRE

René Depestre, comme on orthographie son nom en France, ou Dépestrè, comme on l'a toujours écrit en Haïti, a vécu une existence nettement tranchée en deux parties. Né à Jacmel le 29 août 1926, il a étudié au lycée Pétion, puis débuté avec fracas en 1945 par un recueil de poèmes explosifs, Étincelles, *et lancé une revue,* La Ruche, *dont l'interdiction précipitera la révolution contre le Président Lescot; son second recueil,* Gerbes de sang, *poursuit dans la même voie. C'est là la phase proprement haïtienne de sa carrière. Mais il se rend ensuite à Paris, et s'il y gagne une audience élargie, s'il y passe pour un porte-parole de ses compatriotes, il représente plutôt en fait le communisme international; après avoir rejeté globalement la société et la civilisation comme Aragon au temps du dadaïsme, il veut reconstruire une société nouvelle, toujours comme Aragon, et ses* Végétations de clarté *renfermeront des odes à Staline et à Maurice Thorez. On ne le reverra en Haïti qu'un moment, en 1958, puis il ira se fixer à La Havane de Fidel Castro. C'est néanmoins dans ses premières œuvres qu'on peut trouver le plus de vigueur originale, le plus de fougue, et le plus d'art. Il vient de publier à Montréal des nouvelles où il quitte le terrain de la politique pour celui de l'érotisme.*

BIBLIOGRAPHIE

Étincelles, Port-au-Prince, Imprimerie de l'État, 1945.
Gerbes de sang, ibidem, 1946.
Végétations de clarté, Paris, Seghers, 1951.
Traduit du grand large, Paris, Seghers, 1952.
Minerai noir, Paris, Présence Africaine, 1956.
Un arc en ciel pour l'Occident chrétien, Paris, Présence Africaine, 1967.
Alleluia pour une femme-jardin, nouvelles, Montréal, Leméac, 1974.

ME VOICI

Ce poème, tiré des Étincelles, *Port-au-Prince, Imprimerie de l'État, 1945, résume bien les thèmes nationaux, raciaux et sociaux de son inspiration.*

Me voici
citoyen des Antilles
l'âme vibrante
je vole à la conquête des bastilles nouvelles.
Je glane dans les champs ensoleillés
des moissons d'humanité
j'interroge le présent
j'enguirlande l'avenir
tout mon être aspire au soleil!

Me voici
fils de l'Afrique lointaine
partisan des folles équipées.
je cherche la lumière
je cherche la vérité
je suis amoureux de l'âme de ma patrie.

Me voici
nègre aux vastes espoirs
pour lancer ma vie
dans l'aventure cosmique du poème
j'ai mobilisé tous les volcans
et j'ai renversé
par un pompeux coup d'État
que couvait la terre neuve de ma conscience
toutes les disciplines nuageuses de mon enfance

Me voici
prolétaire
je sens gronder en moi la respiration des foules
je sens vibrer en moi la rage des exploités
le sang de toute l'humanité noire
fait éclater mes veines bleues
j'ai fondu toutes les races
dans mon cœur ardent

Me voici
poète
adolescent
poursuivant un rêve immense d'amour et de liberté.

MARTINIQUE, GUADELOUPE ET GUYANE

INTRODUCTION HISTORIQUE

La Martinique, la Guadeloupe, la Guyane française ont été peuplées dans les mêmes conditions qu'Haïti, d'une minorité de planteurs blancs et d'une majorité d'esclaves africains. Mais depuis 1804 leurs destins ont bifurqué. Elles sont restées territoires français; les vieilles familles blanches n'ont pas disparu, la centralisation administrative a créé un va-et-vient incessant de fonctionnaires venus de France et d'Antillais émigrés dans la métropole. Les métissages ont été nombreux; l'esclavage a duré jusqu'à 1848, mais à partir de cette date le suffrage universel a permis des ascensions qui parfois ont mené très haut: M. Gaston Monnerville, président du Sénat, était le deuxième personnage de la République, et lorsqu'il est passé à l'opposition, nul n'a tiré argument contre lui de son origine. L'école a généralisé la connaissance du français; le créole, universel en Haïti en raison de l'analphabétisme, ne joue ici que le rôle d'un patois. Mais la Martinique et la Guadeloupe ne comptent ensemble guère plus d'un demi-million d'habitants, et la Guyane est presque vide. Des éditeurs limités à leur clientèle n'auraient aucune chance d'y vivre. En revanche la symbiose avec la France facilite des carrières littéraires à Paris, et le retentissement international des œuvres qu'on y publie.

Jusqu'aux approches de la seconde guerre mondiale, les écrivains locaux se cantonnaient dans le folklore ou dans le régionalisme. Mais un certain nombre d'Antillais, devenus fonctionnaires coloniaux, renouaient avec l'Afrique de leurs ancêtres; les étudiants rencontraient à Paris ceux du continent noir; ils prenaient conscience de leurs affinités: ainsi naquit le concept de négritude, associé à des revendications sociales et empreint de surréalisme. Cet aspect social lui donne sa caractéristique proprement antillaise: tandis que l'africanisme d'un Senghor, au Sénégal, signifie un enracinement, cet enracinement africain ne pourrait prendre qu'une valeur nostalgique et factice chez des populations séparées de leurs terres originelles par cinq mille kilomètres et deux ou trois siècles; à sa place, nous trouverons soit une dénonciation générale du colonialisme, dénonciation dont le Martiniquais Frantz Fanon, passé sous les bannières du F.L.N. algérien, s'est fait un des grands théoriciens, soit un rejet de la bourgeoisie francisée, de ses bonnes manières et de son beau langage. Aimé Césaire, homme politique qui fut communiste et reste d'extrême-gauche, a donné le signal au mouvement dans son *Cahier d'un retour au pays natal* (1939) et l'incarne dans ses vers, ses essais, son théâtre. Mais Étienne Léro l'avait devancé dès 1932, dans sa *Légitime défense* sans lendemain ; et le Guyanais Léon-G. Damas, dès ses *Pigments* de 1937, préludait à l'anthologie de 1947 qui, avec celle de Senghor l'année suivante, a révélé au monde le réveil littéraire qui se dessinait. Plus récemment, dans ses romans, *La Lézarde*, *Le Quatrième siècle*, Édouard Glissant, qui regarde le français comme une « langue d'emprunt » pour ceux dont l'enfance a parlé créole, s'efforce de ployer cette langue à toute la flexibilité de l'intuition nègre. Et ce même désir de traduire la spontanéité de l'âme populaire se retrouve chez la dernière venue, Simone Schwarz-Bart, que sa *Télumée Miracle* a classé d'emblée au premier rang. Peut-être l'affirmation de la négritude s'y fait-elle moins systématique. Les jeunes, comme en Afrique, inclinent à y voir un stade dépassé. Mais, par le fait qu'elle se rattachait moins à un terroir particulier, les écrivains antillais lui ont donné une ampleur qui brusquement a fait passer leur littérature à l'avant-garde.

Auguste VIATTE

Aimé CÉSAIRE

Aimé Césaire est avec Léopold Senghor le coryphée du mouvement de la Négritude qu'ils ont fondé et baptisé. Né le 25 juin 1913 à la Martinique, il a fait de brillantes études qui l'ont mené à l'École Normale Supérieure et à la licence ès-lettres. Sa culture classique approfondie se remarque dans le détail de son style et l'aide à mettre en évidence, par contraste, les particularités africaines. Il reçoit simultanément l'empreinte du surréalisme où il voit une arme susceptible de traduire les intuitions et les révoltes de l'âme noire. En 1939, il donne à la revue Volontés *son* Cahier d'un retour au pays natal, *qui ne trouvera un éditeur qu'en 1947 avec une préface d'André Breton. Le passage de celui-ci à la Martinique, où Césaire enseigne pendant la guerre, accentuera cette orientation surréaliste dans la revue* Tropiques *qu'il rédige avec un groupe d'amis. En 1946, il est élu député de son île; il adhère au parti communiste, dont il se détachera en 1956 par une* Lettre à Maurice Thorez*; de même, partisan en 1947 de la départementalisation qu'il contribuera à faire adopter, il inclinera dans la suite à un certain autonomisme, sans que ces prises de position successives modifient ses options fondamentales en faveur de son peuple et de sa race. Il multipliera les recueils de vers,* Les armes miraculeuses, Soleil cou coupé, Ferrements, Cadastre*; il abordera l'histoire en 1960 par une interprétation de* Toussaint Louverture*; et surtout il passera au théâtre, encore tout mêlé de lyrisme dans* Et les chiens se taisaient, *s'élevant aux sommets de la tragédie dans sa pièce sur le Roi Christophe, déguisant sous des noms à peine modifiés les acteurs des événements contemporains dans* Une saison au Congo. *Par l'alliage de sa sensibilité antillaise et de son ouverture à l'universel, son œuvre a éveillé des résonances chez tous les peuples de couleur et suscité de nombreux commentaires.*

BIBLIOGRAPHIE

Cahier d'un retour au pays natal, Paris, Présence Africaine, 1939 et 1947.

Les armes miraculeuses, Paris, Gallimard, 1946.

Soleil cou coupé, Paris, Éditions du Seuil, 1948.

Ferrements, ibidem, 1960.

Cadastre, ibidem, 1961.

La tragédie du roi Christophe, Paris, Présence Africaine, 1964.

Une saison au Congo, Paris, Présence Africaine, 1965.

A consulter:

Hubert JUIN, *Aimé Césaire, poète noir,* 1956.

Lilyan KESTELOOT et Barthélemy KOTCHY, *Aimé Césaire, l'homme et l'œuvre,* 1973.

Haïti: La « Citadelle » construite par le roi Henri-Christophe.
(Photo Office National de Tourisme, Haïti.)

LA TRAGÉDIE DU ROI CHRISTOPHE,

(Acte I, Scène VII)

Dans l'histoire d'Haïti, Henry Christophe, esclave devenu roi, apparaît comme une figure fascinante. La pièce du Martiniquais Césaire le dépeint bien tel que le repré-

sentent les historiens. Elle évoque aussi les drames du même genre qui se sont produits ailleurs aux lendemains de la décolonisation. Mais c'est encore plus une tragédie de la démesure, à la façon des tragédies antiques: cette démesure entraîne à sa perte un héros épris de grandeur et qui ne sait pas reconnaître les limites des forces humaines. Le fragment que nous reproduisons l'oppose au bon sens un peu timoré de la femme très simple qu'est son épouse. (Extrait de La tragédie du roi Christophe, *Paris, Présence africaine, 1964.)*

MADAME CHRISTOPHE

Assez de bavardage
Je ne suis qu'une pauvre femme, moi
j'ai été servante
moi la Reine, à l'Auberge de la Couronne!
Une couronne sur ma tête ne me fera pas devenir
autre que la simple femme,
la bonne négresse qui dit à son mari
attention!
Christophe, à vouloir poser la toiture d'une case sur une autre case
elle tombe dedans ou se trouve grande!
Et puis je suis une mère
et quand parfois je te vois emporté sur le cheval de ton cœur
fougueux le mien à moi
trébuche et je me dis:
pourvu qu'un jour on ne mesure pas au malheur des enfants la démesure du père.
Nos enfants, Christophe, songe à nos enfants.
Mon Dieu! Comment tout cela finira-t-il?

CHRISTOPHE

Je demande trop aux hommes! Mais pas assez aux nègres, Madame! S'il y a une chose qui, autant que les propos des esclavagistes, m'irrite, c'est d'entendre nos philanthropes clamer, dans le meilleur esprit sans doute, que tous les hommes sont des hommes et qu'il n'y a ni blancs ni noirs. C'est penser à son aise, et hors du monde, Madame. Tous les hommes ont mêmes droits. J'y souscris. Mais du commun lot, il en est qui ont plus de devoirs que d'autres. Là est l'inégalité. Une inégalité de sommations, comprenez-vous? A qui fera-t-on croire que tous les hommes, je dis tous, sans privilège, sans particulière exonération, ont connu la déportation, la traite, l'esclavage, le collectif ravalement à la bête, le total outrage, la vaste insulte, que tous, ils ont reçu, plaqué sur le corps, au visage, l'omni-niant crachat! Nous seuls, Madame, vous m'entendez, nous seuls, les nègres! Alors au fond de la fosse! C'est bien ainsi que je l'entends. Au plus bas de la fosse. C'est là que nous crions; de là que nous aspirons à l'air, à la lumière, au soleil. Et si nous voulons remonter, voyez comme s'imposent à nous, le pied qui

La Tragédie du Roi Christophe d'Aimé Césaire (Théâtre Odéon, mai 1965). *(Photo LIP 111.061.099).*

s'arcboute, le muscle qui se tend, les dents qui se serrent, la tête, oh! la tête, large et froide! Et voilà pourquoi il faut en demander aux nègres plus qu'aux autres: plus de travail, plus de foi, plus d'enthousiasme, un pas, un autre pas, encore un autre pas et tenir gagné chaque pas! C'est d'une remontée jamais vue que je parle, Messieurs, et malheur à celui dont le pied flanche!

Édouard GLISSANT

Né le 23 septembre 1928 à Saint-Moris (Martinique), Édouard Glissant a passé une partie de son enfance au Lamentin, dans la même île, et fait ses études secondaires au lycée Schoelcher de Fort-de-France, puis ses études supérieures à la Faculté des Lettres de Paris et au Musée de l'Homme. Il a conquis la renommée lorsque le prix Renaudot, en 1958, vint couronner son roman La Lézarde. *Il était déjà l'auteur de trois recueils de vers,* Un champ d'îles, La terre inquiète, Les Indes*: il en donnera d'autres,* Le sel noir, Sang rivé *et un autre grand roman,* Le quatrième siècle *(1964), qui évoque toute l'histoire de son île depuis la colonisation à travers deux lignées, celle des « marrons » cherchant la liberté dans la montagne, celle des travailleurs sur les plantations, parallèlement à deux lignées de maîtres, les « durs » et les « mous ». Il a écrit une pièce sur Toussaint Louverture,* Monsieur Toussaint. *On retrouve chez lui des thèmes raciaux et sociaux apparentés à ceux de Césaire. Il a exprimé ses idées dans plusieurs essais,* Soleil de la conscience, l'Intention poétique. *Moins à l'aise que Césaire avec la langue française, il y voit une langue d'emprunt pour quiconque a d'abord parlé créole; cela ne l'empêche pas de la triturer savamment, un peu à la façon de Jacques Stéphen Alexis, pour lui faire rendre les sinuosités de son âme et de son climat.*

BIBLIOGRAPHIE

Un champ d'îles, Paris, Éd. du Dragon, 1953.
La terre inquiète, Paris, Seuil, 1955.
Soleil de la conscience, Paris, éd. Falaize, 1956.
«Les Indes», poèmes de l'une et l'autre terre, Paris, éd. Falaize, 1956.
La Lézarde, Paris, Seuil, 1958.
Le Sel noir, Paris, Seuil, 1960.
Le quatrième siècle, Paris, Seuil, 1964.
Malemort, Paris, Seuil, 1975.

SAINT-PIERRE, VILLE MAUDITE *

En 1902, une éruption de la Montagne Pelée lâcha sur la ville de Saint-Pierre une « nuée ardente » qui détruisit cette capitale de la Martinique. Seul en réchappa un Noir incarcéré pour vol dans la prison au seuil de laquelle s'arrêta le fléau. Dans la page que nous reproduisons de son roman Le Quatrième siècle, *Paris, Le Seuil, 1964, Édouard Glissant voit en cette catastrophe une sorte de châtiment infligé à la ville inhumaine.*

Pendant ce temps, ils agglomèrent les villes; ce qu'ils appellent les villes, puisqu'il n'y a pas d'autre nom pour la chose innommable. La bousculade de tôles et de bois de caisses tassée en gangrène entre les allées de boue; d'une part l'église, à l'autre bout la Croix-Mission. La longue rue centrale, pas mal dégagée, pour les tilburys et les voitures légères, les robes à crinoline et les enterrements de première classe. L'apparat donc, la façade pétulante, et, non pas à vingt ou dix mais à cinq mètres en arrière, la lèpre grouillante qui descend avec naturel vers l'enclos du cimetière. Ainsi les anciens marrons ([1]) n'étaient descendus de leurs mornes ([2]), les esclaves n'avaient tenu dans les fonds que pour finir par grouiller dans cette misère? Eux aussi, indéterminés; ni Longoué ni Béluse ni Targin? Et la longue histoire s'engluait dans la boue des taudis?

Mais l'une de ces villes! Élue d'entre tous les amas de cases, pour être l'exemple et la vigueur de lèpre! Forcenée jour et nuit dans son vacarme, afin simplement d'étouffer toute autre voix sur les hauteurs. Frissonnante dans l'éclat jaune des lampes, criant sa vie à chaque croisée, fabuleuse de flambeaux et d'étalages, de marchandages et de sang; jouant dans ses théâtres et dans ses rues l'éternel carnaval qui l'avait saisie. Et, pour étouffer le cri de mort partout ailleurs, mimant la mort en robe noire, la figure enfarinée, jetant les uns contre les autres, dans l'arène où elle fermentait, ses mulâtres et ses blancs, ses hommes de couleur et ses maîtres. Une ville où la musique pétaradait à l'aube pendant que, compassés à souscrire à la noble coutume, les braves se présentaient au rendez-vous du duel. Mais où aussi, dans la lueur blême, les rasoirs fulguraient autour des tables de jeu. Une folie, amarrée à la proue de la terre, pour opposer à la voix indistincte de la misère son écran de surdités échevelées. Mais la voix descendit des hauteurs! — un matin elle balaya de cendres et de feux la turbulence et le dérèglement; elle frappa

1. Esclaves fugitifs.
2. Collines.

de stupeur ceux qui stupéfiaient cette terre; elle se couvrit de laves en guise de farine, et sa robe obscurcit le ciel. Elle mima sur cette ville en chaleur une chaleur qui pétrifia les murs, les rues, la boue, l'année, le jour, l'air alentour, et jusqu'à l'idée qu'on pouvait se faire d'une ville. Et quand elle se fut retirée, elle ne laissa aux hommes pour garant de son passage (si l'on ne compte les ruines) qu'un pan de roche en suspens sur les ruines et un vieux nègre épouvanté d'être vivant ébouillanté, le seul vivant, dans la geôle où sous terre on l'avait jeté. Mais qui donc se demanda pourquoi de tels événements? Pourquoi ce nègre que nul n'aurait certes pensé à nommer « homme de couleur », pourquoi cette roche en équilibre au haut des murs fumants, et qu'il fallut tenir par des chaînes de fer? Qui se demanda si ce n'était pas fini une fois pour toutes de voir pousser et grouiller des villes? C'est-à-dire la chose innommable qui enfle sa voix pour étouffer l'appel des hauts? C'est-à-dire le vase clos où s'englue et se perd l'histoire de la terre et la connaissance du passé?

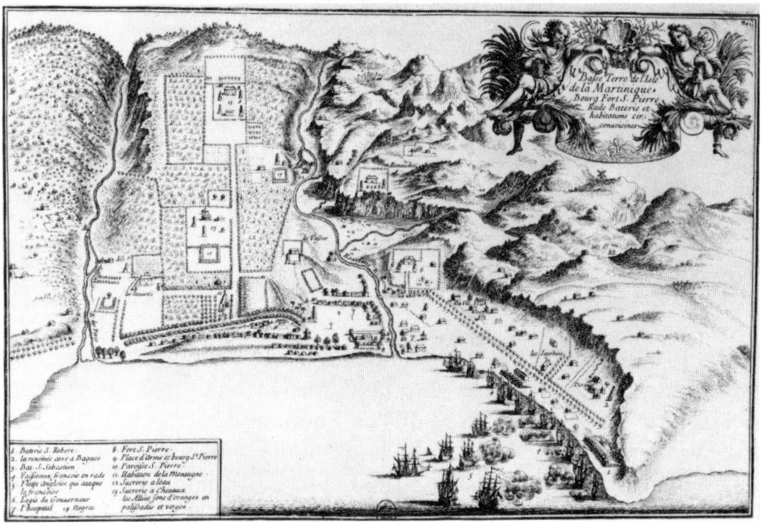

Vue ancienne de Saint-Pierre de la Martinique.

(Photo Bibliothèque nationale de Paris.)

Simone SCHWARZ-BART

Simone Schwarz-Bart est née à la Guadeloupe le 8 janvier 1938. Elle a fait ses études à Pointe-à-Pitre, à Paris, à Dakar. C'est en 1959 qu'elle rencontre André Schwarz, dont le roman, Le Dernier des Justes, *obtient cette même année le prix Goncourt; elle apprend de lui le métier d'écrivain, et ils publient ensemble, en 1967,* Un plat de porc aux bananes vertes. Pluie et vent sur Télumée Miracle *(1972) est le premier roman qu'elle ait signé seule, et dont la saveur, le naturel de l'expression, la vérité des sentiments ont fait prononcer le mot de chef-d'œuvre.*

BIBLIOGRAPHIE

Un plat de porc aux bananes vertes, en collaboration avec André Schwarz-Bart, Paris, Seuil, 1967.

Pluie et vent sur Télumée Miracle, Paris, Seuil, 1972.

LA GRAND-MÈRE ET SA PETITE-FILLE *

Les personnages de Pluie et vent sur Télumée Miracle, *Paris, Seuil, 1972, sont des campagnards guadeloupéens. Simone Schwarz-Bart place dans la bouche de Télumée ce récit de son enfance avec une grand-mère que les voisins ont surnommée Reine Sans-Nom.*

Reine Sans-Nom était une talentueuse, une vraie négresse à deux cœurs, et elle avait décidé que la vie ne la ferait pas passer par quatre chemins. Selon elle, le dos de l'homme était la chose la plus souple, la plus dure, la plus solide du monde, une réalité inaltérable qui s'étendait bien au-delà de l'œil. Sur lui s'abattaient tous les déchirements, toutes les furies, tous les remous de la misère humaine. Il y avait longtemps que le dos de l'homme allait ainsi et il irait bien longtemps encore. Le principal était, après tous les avatars, les pièges et leurs surprises, oui, c'était seulement de reprendre souffle et de continuer son train, ce pour quoi le bon Dieu vous avait mis sur la terre. Elle n'exultait, ne se plaignait, ne gémissait pas devant n'importe qui, et nul ne savait ce qui bouillonnait au fond de sa marmite, soupe grasse ou galet de rivière. Elle avait posé sa case au bout de Fond-Zombi, en dehors de toutes les autres, à l'endroit même où commence la forêt, où les arbres viennent à la rencontre du vent et le portent sur les hauteurs. Les gens ne la comprenaient pas toujours, c'était une « femme fantaisie », une « lunée », une « temporelle », mais tout cela ne l'amenait qu'à hocher la tête et sourire, et elle continuait à faire ce pour quoi le bon Dieu l'avait créée, vivre.

Elle n'attendait que moi, la vieille, pour déverser les derniers flots de sa tendresse, raviver la lueur de ses yeux usés. Nous étions dans ces bois, appuyées l'une sur l'autre, à ceinturer la vie comme nous pouvions, au gré. Mais au creux de sa grande jupe foncée, je le savais, il y avait une chose dont je ne souffrirais pas, c'était de pénurie d'amour. Elle avait trouvé une petite baguette de bambou pour servir de tuteur à ses vieux os. Et quand elle me croyait absente, elle soupirait doucement, dans son coin, disant à haute voix qu'elle était en paix avec la vie, car, tous comptes faits, toutes deux étaient quittes. Elle vivait par moi, elle respirait par ma bouche.

Léon-Gontran DAMAS

La Guyane a donné à la Négritude un de ses « trois Grands ». Né à Cayenne en 1912, Léon-Gontran Damas (qui signe Léon-G. Damas) était issu d'une famille bourgeoise où se mêlait une triple hérédité indienne, africaine et blanche. Au cours d'une enfance maladive, il reçut une éducation très stricte sur les « bonnes manières », contre laquelle il devait réagir violemment; il poursuivit ses études à Paris — droit, langues orientales, ethnologie — en compagnie de Césaire et de Senghor, mais, sa famille lui ayant coupé les vivres en raison de ses incartades de bohème, il dut vivre quelque temps de petits métiers jusqu'à ce qu'une pétition d'étudiants lui eut obtenu une bourse. Tout ceci nous explique la véhémence de ses premiers vers, Pigments, *qui en 1937 devançaient de deux ans le* Cahier *de Césaire, et aussi celle de son* Retour de Guyane *(1938). Les lendemains de la guerre élargissent son horizon. Il sera quelque temps député de Guyane: il publiera en 1947, sous le titre:* Poètes d'expression française, *la première anthologie des poètes d'outre-mer, devançant d'un an celle de Senghor, où il figure aussi; il continue à multiplier ses poèmes, des* Graffiti *aux* Névralgies, *en passant par* Black Label *(1956) où s'épanche sa mélancolie d'exilé, et dont l'orchestration prodigieuse suffirait à le placer au premier rang. Il a aussi reproduit des contes populaires guyanais,* Veillées noires *(1943), récemment réédités à Montréal. Il vit maintenant en Amérique, où il enseigne à l'Université Howard (Washington).*

BIBLIOGRAPHIE

Poètes d'expression française, Paris, Seuil, 1947.
Poèmes nègres sur des airs africains, Paris, Guy Lévy Mano, 1948.
Graffiti, Paris, Seghers, 1952.
Black Label, Paris, Gallimard, 1956.
Pigments et Névralgies, édition définitive, Paris, Présence Africaine, 1972.

A consulter:

Lilyan KESTELOOT, *Les écrivains noirs de langue française,* Université de Bruxelles, Institut de sociologie, 1963.
Lilyan KESTELOOT, *Anthologie négro-africaine,* Marabout-Université, 1967.

BLACK LABEL

Poète de la Négritude, le Guyanais Léon-G. Damas exprime dans Black Label, *Paris, Gallimard, 1956, son chef-d'œuvre, la mélancolie d'un Noir isolé dans Paris et le sentiment d'une revanche par le triomphe de l'art africain. Il faudrait reproduire l'œuvre en entier pour sa structure étonnamment charpentée; du moins le passage que nous en extrayons peut-il donner une idée de son rythme.*

— NOUS LES GUEUX
nous les peu
nous les rien
nous les chiens
nous les maigres
nous les Nègres

Nous à qui n'appartient
guère plus même
cette odeur blême
des tristes jours anciens

Nous les gueux
nous les peu
nous les rien
nous les chiens
nous les maigres
nous les Nègres

Qu'attendons-nous
les gueux
les peu
les rien
les chiens
les maigres
les nègres
pour jouer aux fous
pisser un coup
tout à l'envi
contre la vie
stupide et bête
qui nous est faite
à nous les gueux
à nous les peu

à nous les rien
à nous les chiens
à nous les maigres
à nous les Nègres

— T'EN SOUVIENT-IL

PARIS-Nombril-du-Monde
à la merci de l'AFRIQUE
de son âme
de sa joie
sa tristesse
ses regrets

PARIS-Nombril-du-Monde
à la merci de l'Afrique
à la merci de sa voix
à la merci de la fièvre du rythme
de la piste un mouchoir de poche
de l'invitation au voyage au mur
de la trompette bouchée

T'EN SOUVIENT-IL

Le Blanc à l'école du Nègre
tout à la fois
gentil
docile
soumis et singe

Jamais le Blanc ne sera nègre
car la beauté est nègre
et nègre la sagesse
car l'endurance est nègre
et nègre le courage
car la patience est nègre
et nègre l'ironie
car le charme est nègre
et nègre la magie
car l'amour est nègre
et nègre le déhanchement

car la danse est nègre
et nègre le mouvement
car le rire est nègre
car la joie est nègre
car la paix est nègre
car la vie est nègre

T'EN SOUVIENT-IL

Le Vieux Carré-Jackson Square, autrefois Place d'Armes.
(Collection du Centre d'Études Louisianaises de l'Université de Southwestern Louisiana.)

LOUISIANE

INTRODUCTION HISTORIQUE

La littérature franco-louisianaise a brillé d'un certain éclat au dix-neuvième siècle; son apogée se situe vers 1840. Possession française jusqu'en 1763 et momentanément de 1800 à 1803, la Louisiane formait encore un groupe de populations séparé du bloc anglo-américain par des immensités inhabitées, et adossé au Texas, qui la veille faisait partie du Mexique. Les Créoles, d'origine française, à la Nouvelle-Orléans ou sur les riches plantations, vivaient entre eux, envoyaient leurs enfants étudier en France ou faisaient venir des précepteurs français, apprenaient le français à leurs esclaves et à leurs affranchis; dans les paroisses rurales (le mot « paroisse » désignant ici une circonscription administrative assez étendue), les Acadiens avaient aussi leurs écoles et leurs gazettes. En ville, les journaux abondaient, le théâtre prospérait, mais les éditeurs ont toujours manqué. D'où le caractère un peu improvisé d'une production qui paraissait au jour le jour dans les quotidiens ou les périodiques. Dès 1814, cependant, Le Blanc de Villeneufve faisait imprimer sa tragédie de *Poucha Houmma*, et Gayarré, en 1831, son *Essai historique sur la Louisiane*, première mouture d'une *Histoire* qu'il étoffera quinze ans plus tard; une génération romantique voit le jour en 1839 et 1841 avec les premiers recueils poétiques des frères Rouquette, qui se veulent les annonciateurs d'un américanisme littéraire; des romans-feuilletons imitent Alexandre Dumas et prétendent à son exemple illustrer les fastes de leur histoire; le théâtre s'inspire du drame à la façon de Victor Hugo, en le poussant vers l'extravagance. Des hommes de couleur, Victor Séjour, Séligny, les rédacteurs des *Cenelles*, se mettent à l'unisson.

La guerre de Sécession porte à cet essor un coup décisif. La bourgeoisie créole est ruinée; le général Butler, sitôt la Nouvelle-Orléans occupée en 1862, a supprimé d'un trait de plume les écoles françaises; bientôt les hommes de couleur retomberont dans une demi-servitude et devront se taire. La défense de la langue s'organise autour d'une revue, *La Renaissance louisianaise*, puis, à partir de 1876, autour de l'Athénée louisianais et de ses *Comptes rendus*; les meilleurs ouvrages de cette période sont des romans, ceux d'Alfred Mercier, notamment *L'Habitation Saint-Ybars* (1891), *Le Vieux Salomon* de Charles Testut (1872), *Les Quarteronnes de la Nouvelle-Orléans* de Mme de la Houssaye (1894 à 1898). Mais la génération qui s'éteint vers 1900 n'aura pas de continuateurs. Aujourd'hui, on parle encore un peu français dans les campagnes acadiennes; un organisme très actif, le CODOFIL, s'efforce depuis 1968 de réintroduire la langue dans l'enseignement, avec l'encouragement des autorités et le concours de coopérants venus de France, du Québec et de Belgique; il paraît une *Revue de Louisiane* bilingue. Il n'existe plus d'écrivains, mais le feu qui couvait peut renaître.

Auguste VIATTE

Dominique et Adrien ROUQUETTE

Dominique Rouquette est avec son frère Adrien la physionomie la plus représentative du romantisme louisianais. Né à Bayou Lacombe près de la Nouvelle-Orléans le 2 janvier 1810, d'un père français et d'une mère créole, il était l'aîné d'une famille de cinq enfants qui, outre Adrien et lui, compte encore un autre poète, Térence. A sept ans, il entre au Collège d'Orléans, fondé à la Nouvelle-Orléans par Lakanal et, pendant les vacances, il vagabonde avec les sauvages Chactas; de 1822 à 1828, il étudie au Collège royal de Nantes, puis entreprend sans conviction des études de droit à Philadelphie; à deux reprises, en 1836 et en 1838, un chagrin d'amour l'amène à quitter ses plaines natales pour se rendre à Paris. C'est là qu'il publie en 1839 ses Meschacébéennes, *suivies en 1841 par* Les Savanes *d'Adrien. Tous deux prônent une poésie inspirée des solitudes américaines où Adrien, converti et devenu prêtre, voit le lieu propice à des vocations d'ermites. Dominique, lui, se marie en 1846, tente de gagner sa vie en ouvrant diverses écoles, jusqu'en Arkansas où il traduira en anglais une lettre du voyageur français Bossu, vieille de cent ans, sur la tribu indienne de ce nom (1850); rentré à la Nouvelle-Orléans, il y fait imprimer en 1857 son second recueil,* Fleurs d'Amérique, *qui lui vaut des éloges en France, mais a peu de succès sur place. Bientôt viendra le moment où Adrien, quittant la cathédrale Saint-Louis où il s'était taillé une réputation d'orateur, ira suivre en missionnaire parmi les Chactas, sans pour autant cesser d'écrire; quant à Dominique, veuf, abandonnant ses deux enfants à la charge de son neveu Cyprien Dufour, il mènera désormais une existence de bohème inféconde, aux crochets de ses parents et de ses amis, égrenant des vers de circonstance qu'il leur offre sans se soucier de les recueillir. Elle se prolongera jusqu'au 10 mai 1890: il n'est plus alors que le vestige d'une époque où la littérature franco-louisianaise avait atteint à l'originalité.*

BIBLIOGRAPHIE

Meschacébéennes, poèmes, Paris, Sanvaigvat, 1839.

Fleurs d'Amérique, poèmes, Nouvelle-Orléans, Imprimerie Méridien, 1857.

A consulter:

J.-A. REINECKE, *Les frères Rouquette* (*Comptes rendus de l'Athénée louisianais,* janvier à juillet 1920).

E. LAROQUE TINKER, *Les Écrits de langue française en Louisiane,* Paris, Champion, 1932.
A. VIATTE, *Histoire littéraire de l'Amérique française,* Paris, P.U.F., 1954.

EXIL ET PATRIE

Nous donnons ici la fin d'un poème daté du 2 janvier 1836, publié dans les Meschacébéennes *en 1839, et dédié par Dominique Rouquette à son frère Adrien, poète comme lui. Il définit quelques-uns des thèmes dont s'inspireront après eux les écrivains louisianais, en particulier celui d'une « littérature nationale » où l'Amérique s'identifierait à la solitude dans la nature. Nous reproduisons ou résumons les notes explicatives de l'auteur.*

Qu'un autre, ingrat enfant, vieux fleuve, te blasphème,
Moi, je te chanterai, Meschassipi ([1]), je t'aime!
Je chanterai toujours, lorsque l'on te maudit,
Tes savanes, tes bois où le bison bondit.
A toute âme aspirant aux émotions neuves,
Je dirai: « Venez voir le plus grand de nos fleuves,
Ce vieux Nil des déserts ([2]) où Chateaubriand but,
Et les mille affluents qui lui portent tribut,
L'Arkansas, le Wabash, l'Ohio, tous ceux que nomme
Si poétiquement le sauvage idiome!

Loin du brumeux Paris, viens poète avec nous!
Viens t'enivrer au chant de nos *colins-foroux* ([3]),
Et de ces mille voix que la forêt bégaie
La nuit; dans nos bayous ([4]), viens, plongeant la pagaie,
Avec le nègre ardent rivaliser d'efforts;
Viens chasser le chevreuil caché dans nos *bois-forts* ([5]),
Européen blasé, viens te faire sauvage:
Ah! loin de cette foule, au pesant esclavage,
Loin d'un monde égoïste où tu maudis le sort,
Dans nos calmes déserts, viens voir comme l'on dort!

---

1. Meschassipi est le nom que les Sauvages de la tribu Chactas ont donné au Meschacébé. Ce mot est comosé de deux adjectifs: *micha*, long, et *sippi*, vieux (le fleuve long et vieux).

2. Dominique Rouquette rappelle que l'expression « le Nil des déserts » se trouve dans *Atala.*

3. Oiseau de nuit de la Louisiane (en anglais, *will-poor-will*).

4. Bayou, ou bayouc, est un mot de l'idiome sauvage qui signifie *rivière.*

5. *Bois-fort.* On appelle ainsi une ravine épaisse et fourrée.

Viens voir les Indiens, dans nos pinières vertes,
En cercle, insoucieux, couchés sur leurs *couvertes*;
Viens voir le nègre heureux pêchant au bord de l'eau:
Esclave, il voit un père où tu vois un bourreau.
Sous sa hutte de pin, oh! viens, comme Pavie ([6]),
Retrouver dans nos bois l'indépendante vie,
Et chanter, tour à tour, dans ta mâle fierté,
Dieu, la grande nature, avec la Liberté!

---

6. Théodore Pavie, jeune et enthousiaste voyageur, auteur de *Souvenirs d'Amérique*.

Belgique

Collaborateurs: MM. Joseph HANSE, professeur émérite de l'Université Catholique de Louvain, président du C.I.L.F.

Jean-Marie KLINKENBERG, maître-assistant à la Faculté de Philosophie et Lettres de l'Université de l'Etat à Liège.

Roland MORTIER, professeur à la Faculté de Philosophie et Lettres de l'Université Libre de Bruxelles.

Michel OTTEN, professeur à la Faculté de Philosophie et Lettres de l'Université Catholique de Louvain.

Maurice PIRON, professeur à la Faculté de Philosophie et Lettres de l'Université de l'Etat à Liège.

Raymond TROUSSON, professeur à la Faculté de Philosophie et Lettres de l'Université Libre de Bruxelles.

INTRODUCTION HISTORIQUE

La Belgique, royaume indépendant depuis 1830, est coupée en deux par une frontière linguistique stabilisée depuis des siècles: région flamande (néerlandaise) au nord, wallonne (française) au sud. La capitale, Bruxelles, compte aujourd'hui plus d'un million d'habitants; elle est légèrement au nord de cette frontière linguistique, mais elle est française à 85 %. Le pays a donc deux littératures, sans contact entre elles pratiquement.

Jusqu'à une époque récente, par suite de la francisation volontaire de ses classes dirigeantes, la Flandre a fourni à la littérature française beaucoup d'écrivains. Au moyen âge, ils se sont intégrés dans celle-ci comme ceux des provinces françaises. Du XVIe au XVIIIe siècle, la littérature française de ce qui constitue aujourd'hui la Belgique a été médiocre; elle était en retard sur celle de la France, dont nos provinces étaient séparées.

Au XVIIIe siècle, il faut surtout signaler Charles-Joseph de Ligne (1735-1815), modèle brillant d'un aristocrate étranger, d'ailleurs de langue française, prince autrichien d'origine wallonne, ayant parfaitement assimilé le génie français.

La Révolution et l'Empire, puis l'opposition à la domination hollandaise resserrent les liens avec la France. Après 1830, en dehors de quelques exceptions, il n'y a guère en Belgique de littérature que française; le français est d'ailleurs, pendant quelques dizaines d'années, la seule langue officielle du royaume. Le flamand, si brillant autrefois, souffre d'être réduit à l'état de dialectes; il cherche son orthographe, son unité, son statut, en attendant de retrouver son éclat vers la fin du siècle.

Au début de l'indépendance, cette littérature française, timidement romantique, a parfois l'ambition de se distinguer de celle de France en traitant de sujets nationaux, historiques, ou en puisant à des sources germaniques. Mais, subissant l'active contrefaçon des livres et des revues imprimés en France, elle reste dans l'ensemble dominée par des influences françaises, surtout à partir du réalisme. Laissant loin derrière lui le poète romantique André Van Hasselt, attiré par l'Allemagne, et le wallon Octave Pirmez, penseur disert, cultivé et sensible, le seul grand écrivain de cette époque est Charles De Coster (1827-1879). Fils d'un Flamand et d'une Wallonne, il a vécu à Bruxelles; son œuvre est vouée à la gloire de la Flandre. *La Légende d'Ulenspiegel* (1867), par l'originalité de son sujet, de sa facture et de sa langue, pourrait illustrer une littérature nationale; elle ne suffit pas à la constituer.

Le réalisme et l'élargissement des horizons dû à la guerre de 1870 préparent une renaissance littéraire qui éclatera vers 1880 sous l'impulsion d'une revue dynamique, *La Jeune Belgique* (1881-1897), fondée par des étudiants de Bruxelles, de Flandre et de Wallonie, dirigés par Max Waller et Albert Giraud. Ils sont stimulés par l'exemple de Charles De Coster et d'Octave Pirmez, mais aussi par celui de Camille Lemonnier (1844-1913), Georges Eekhoud (1854-1927) et Georges Rodenbach (1855-1898).

Camille Lemonnier fut salué par les « Jeune Belgique » comme leur « Maréchal des Lettres ». Écrivain puissant, généreux, abondant, accueilli par Paris, il s'imposa par un roman coloré, naturiste et lyrique, *Un mâle* (1881), avant de se lancer dans le roman naturaliste, où il lui arrive de précéder Zola, ou dans des œuvres moins ambitieuses, au style plus simple, des contes plus frais, plus intimes, ou des romans plus tendres.

Georges Eekhoud apparaît lui aussi, dans ses évocations d'Anvers et de la Campine, comme un naturaliste, plus attiré par le régionalisme, par la vie instinctive et primitive que par la lucide analyse psychologique.

Quant à Georges Rodenbach, célèbre romancier de *Bruges-la-Morte* (1892), il a séduit par son décadentisme, sa mélancolie sensitive et raffinée et son charme exotique.

Les « Jeunes Belgique » se sont opposés à l'idée d'une littérature nationale, sociale et politique préconisée par un animateur zélé des arts et des lettres, le juriste Edmond Picard (1836-1924), fondateur d'une autre grande revue, *L'Art moderne* (1881-1914).

Modernes, les « Jeunes Belgique » le sont dans la mesure où, voulant être de leur temps, ils s'opposent violemment à la littérature officielle, médiocre et souvent politisée des aînés bien en place. Ils inclinent vers un naturalisme modéré et, en poésie, le symbolisme n'étant pas encore né, vers le Parnasse. S'ils restent obstinément fidèles au principe de l'art pour l'art, c'est pour promouvoir la qualité de la langue et du style et pour échapper aux pièges de la politique et des discussions intestines, religieuses ou sociales.

Quand ils publient à Paris, en 1887, *Le Parnasse de la Jeune Belgique*, ils y accueillent les premiers symbolistes belges, en dehors de Verhaeren, allié à Picard ; « parnasse » ne veut dire qu'« anthologie poétique ». *La Jeune Belgique* est alors, pour quelques années encore, au sommet de son rayonnement. Elle a bousculé l'opinion, imposé la réalité d'une vigoureuse et définitive renaissance littéraire, suscité et encouragé, non sans une sévérité sélective, les vocations chez les jeunes et ainsi assuré la continuité et la relève.

Une autre revue, nettement tournée vers le symbolisme et le vers libre, a été fondée par un jeune Liégeois, Albert Mockel (1866-1945), grand admirateur de Mallarmé : *La Wallonie* (1886-1892). Mockel voulait faire une meilleure place aux Wallons et aux nouvelles tendances poétiques dans cette renaissance littéraire ; il opposait volontiers une Wallonie plus musicienne à une Flandre plus picturale ; mais en fait ses sympathies pour le symbolisme lui ont fait négliger les nationalités. Sa revue a été un des grands foyers du symbolisme français, le rendez-vous des poètes modernes de langue française. C'est par là et par ses ouvrages de critique qu'il laisse un grand nom, plutôt que par ses poèmes.

Il faut d'ailleurs reconnaître que ce sont des Flamands, Émile Verhaeren (1855-1916), Charles Van Lerberghe (1861-1907), Maurice Maeterlinck (1862-1949), Grégoire Le Roy (1862-1941) et Max Elskamp (1862-1931), qui ont le mieux illustré les nouvelles tendances poétiques de cette génération qui a commencé à écrire entre 1880 et 1890.

Elle ne l'a pas fait seulement dans les trois grandes revues citées, mais dans une cinquantaine d'autres surgies avant 1900 et s'occupant souvent d'art en même temps que de littérature. Elles sont nées surtout à Bruxelles, mais aussi en Flandre et en Wallonie; toutes n'ont pas été éphémères, plusieurs ont eu un beau destin; beaucoup ont montré leur impatience de voir la glorieuse *Jeune Belgique* s'enliser au bout d'une douzaine d'années.

Ce sont les survivants de cette génération qui constitueront le premier noyau de l'Académie royale de langue et de littérature françaises, fondée en 1920, trente-quatre ans après la flamande.

Parmi les poètes, en dehors de ceux que nous avons cités, il faut nommer Iwan Gilkin (1858-1924), baudelairien morbide, responsable de l'hostilité finale de *La Jeune Belgique* à l'égard du vers libre, Albert Giraud (1860-1928), parnassien mais non impassible, Fernand Séverin (1867-1931), élégiaque discret du *Don d'enfance* (1891), de *La Source au fond des bois* (1924) et de *La Solitude heureuse*, Théo Hannon, Valère Gille, André Fontainas, les deux frères Destrée, Jules, le grand homme politique socialiste, et Olivier-Georges, le moine bénédictin.

Retenons trois essayistes: Edmond Picard, Arnold Goffin et Francis Nautet. Et quelques romanciers qui s'ajoutent à Rodenbach et à Eekhoud: Eugène Demolder, qui transpose dans ses récits d'anciens tableaux, Georges Virrès, qui évoque la Campine limbourgeoise, Neel Doff, l'auteur très réaliste des *Jours de famine et de misère* (1911) et des *Contes farouches*, et les Wallons George Garnir, Maurice Des Ombiaux, Louis Delattre et surtout Hubert Krains (1862-1934), qui a évoqué la Hesbaye dans un excellent roman pessimiste, *Le pain noir* (1904), et dans une suite attendrie de scènes rurales, teintées d'humour, *Mes amis* (1921).

Ils ont été rejoints par les écrivains nés entre 1870 et 1880 et dont la production s'est épanouie surtout après 1920 et a même atteint parfois la deuxième après-guerre. L'horizon littéraire s'est alors élargi, le symbolisme et le régionalisme sont dépassés. Un essayiste de cette génération, Louis Dumont-Wilden, a célébré, dès avant la première guerre mondiale, l'esprit européen.

La poésie reste — et restera jusqu'à nos jours — le domaine le plus fécond, le plus affranchi des traditions, le plus varié, celui d'ailleurs où l'on s'accommode le mieux d'un public restreint. Citons seulement Georges Marlow (1872-1947), Thomas Braun (1876-1961), Henri Vandeputte (1877-1952), Jean de Bosschère (1878-1953).

Dans le roman, ni l'Anversois Horace Van Offel, ni le Bruxellois Henri Davignon, ni le Liégeois Edmond Glesener n'ont la nouveauté et la pénétration d'André Baillon (1875-1932).

La rupture avec le régionalisme et le symbolisme est accentuée par les écrivains nés entre 1880 et les environs de 1900. La plupart se sentent d'autant plus français, en littérature, que la guerre de 1914 a étroitement resserré les liens entre la Belgique et la France. Certains d'entre eux signeront d'ailleurs en 1937 le Manifeste du Groupe du lundi, affirmant la volonté d'une intégration pure et simple dans le mouvement littéraire français. Ils étaient groupés autour de Franz Hellens (1881-1972) qui avait fondé en 1921 *Signaux de France et de Belgique*, au nom significatif, et en 1922 *Le Disque vert*, symbolisant la volonté d'aller de l'avant. « Il s'agissait pour nous, dit Hellens, de tirer ce qu'on nommait, avant 1914, la littérature belge de son isolement volontaire. » Aussi la collaboration franco-belge est-elle alors exemplaire.

Toute cette génération ne renonce pourtant pas au régionalisme. Singulièrement poétisé par Marie Gevers, née en 1893, il l'est beaucoup moins par Jean Tousseul (1890-1944), influencé comme Hubert Krains par le roman russe, et qui a bien évoqué l'atmosphère poussiéreuse du *Village gris* (1927), où travaillent de pauvres gens dans les carrières wallonnes des bords de la Meuse.

On voudrait s'arrêter à France Adine (1890), à Constant Burniaux (1892), à Oscar-Paul Gilbert (1898-1972), à Pierre Nothomb (1887-1966).

Mais quelques grands écrivains nés dans les dernières années du siècle émergent nettement, à la fois comme poètes, romanciers et critiques littéraires: Franz Hellens, Robert Vivier (1894), Charles Plisnier (1896-1952), Marcel Thiry (1897); ajoutons Albert Ayguesparse, né en 1900.

Deux autres écrivains très personnels, tournés franchement vers l'art moderne, ont laissé une œuvre importante à la fois comme poètes et comme critiques ou essayistes: Robert Guiette (1895) et Robert Goffin (1898). Il faut mentionner aussi, pour leurs essais, Hubert Colleye (1883) et Lucien Christophe (1891).

Quelques-uns se cantonnent essentiellement dans la poésie: Louis Boumal (1890-1918), dont la guerre a fauché les promesses, le fantaisiste et grave Robert Mélot du Dy (1891-1956), Noël Ruet, Élise Champagne. Trois au moins se distingueront avec un éclat exceptionnel, à des titres divers; on les trouvera dans cette anthologie: Géo Norge (1898), Henri Michaux (1899), Maurice Carême (1899).

Il faudrait citer ici, en raison de la date de sa naissance (1891), le fécond Tournaisien Géo Libbrecht; mais il ne s'est manifesté, et aussitôt imposé, que tardivement.

Nous n'avons encore rien dit du théâtre. S'il a tenté plusieurs écrivains de *La Jeune Belgique*, Émile Verhaeren, Georges Rodenbach, Iwan Gilkin, Charles Van Lerberghe, si l'un deux, Maurice Maeterlinck, y a fait œuvre de précurseur et de maître, la génération suivante a dû se contenter de succès sans lendemains, remportés discrètement par Gustave Vanzype ou Paul Demasy et avec plus d'éclat par Paul Spaak (*Kaatje*, 1908).

Dans l'entre-deux-guerres cependant, quelques écrivains belges contribuent, par des créations originales, au renouvellement du théâtre français. Ils ont laissé des œuvres vigoureuses, parfois baroques et grinçantes, même sous le rire.

A côté de Fernand Crommelynck (1886-1970), dont l'œuvre se situe entre 1920 et 1934, il faut citer Maurice Tumerelle, Henri Soumagne, dont *L'autre Messie* (1923) a connu un succès européen, Herman Closson (1901) et surtout Michel de Ghelderode (1898-1962).

En poésie, après que l'expérience du dadaïsme a intéressé un Clément Pansaers (1885-1922), le surréalisme, à partir de 1920, offre à plusieurs poètes nés vers 1900 l'occasion de libérer l'art et l'image. A Bruxelles, mais aussi à Anvers et en Hainaut, plusieurs vagues de poètes se livrent à des recherches, favorisées par le peintre hennuyer René Magritte (1898-1967). Si Achille Chavée (1906-1969) représente ici une aile de ce mouvement, il faudrait citer d'autres noms, Camille Goemans, Paul Nougé, Louis Scutenaire, Edmond-Léon-Théodore Mesens, Éric de Haulleville, René Verboom, Paul Neuhuys, Paul Colinet, Marcel Mariën, etc.

Cette activité, dont les rebondissements dépasseront le milieu du siècle, a favorisé la création par Pierre-Louis Flouquet, en 1931, du *Journal des poètes*. A cette entreprise hardie et féconde, qui dure encore, qui a voulu être à l'écoute de la poésie internationale et qui a d'ailleurs suscité dans le même esprit, en 1952, les Biennales internationales de poésie de Knokke et en 1954 le Centre international d'études poétiques, il faudrait associer bien des noms de créateurs doublés d'animateurs fervents, depuis ceux de Pierre Bourgeois, Georges Linze, Edmond Vandercammen jusqu'à ceux de Fernand Verhesen et Arthur Haulot.

Le surréalisme, on en retrouve l'influence chez maints poètes qui l'ont dépassé, chez un Plisnier par exemple ou chez Edmond Vandercammen (1901) ou Paul Dewalhens (1902), plus tard chez Pierre Della Faille (1906).

D'autres échappent totalement à cette influence. Il y a loin toutefois de la transparence d'un Armand Bernier (1902-1969) ou de la spiritualité de Berthe Bolsée à l'émouvante simplicité d'Adrien Jans (1905-1973), à l'élan fraternel de Roger Bodart (1910-1973) et surtout aux audaces conscientes et subtiles, aux raffinements très modernes d'Odilon-Jean Périer (1901-1928).

Isolée de la France par la guerre en 1940, la Belgique doit satisfaire par ses propres moyens la demande du public. Théâtre, roman, poésie, essai prennent un nouvel élan, qui se poursuivra et s'intensifiera dans l'après-guerre avec le renfort considérable des nouvelles générations.

Le théâtre voit s'affirmer les personnalités très riches et très diverses de Paul Willems (1912), de Georges Sion (1913), de Suzanne Lilar (1901), de Charles Bertin (1919), de José-André Lacour (1919), de Jean Mogin (1921).

Le roman se renouvelle et progresse dans toutes sortes de directions, comme en France. Réaliste ou poétique, psychologique ou impressionniste, anecdotique ou psychanalytique, intime ou social, spiritualiste ou érotique, policier ou fantastique, il épuise toutes les formes, avec une audace mesurée, allant du réalisme plus ou moins classique, parfois teinté d'humour, au nouveau roman. Cette profusion n'est représentée dans cette anthologie que par trois auteurs marquant trois étapes, Georges Simenon (1903), Françoise Mallet-Joris (1930) et Pierre Mertens (1939).

Mais pour donner au moins une idée de la richesse de cette production, il faut citer pêle-mêle quelques autres noms d'auteurs réputés, d'âges très différents: Louis Dubrau, Dominique Rolin, Alexis Curvers, Béatrix Beck, Félicien Marceau, Marie-Thérèse Bodart, Henri Cornélus, Maud Frère, Robert Poulet, Daniel Gillès, Marianne Pierson-Piérard, Jean Muno, David Scheinert, Hubert Juin, Jacques-Gérard Linze, Jean Ray, Thomas Owen.

Plus féconde encore, la poésie a, suivant le conseil de Verlaine, tordu le cou à l'éloquence au point de se complaire souvent dans la concision, l'ellipse ou l'hermétisme. Volontiers affranchie de la versification traditionnelle ou du moins l'assouplissant avec bonheur, elle trouve dans une grande variété de registres et de formes, du vers classique au vers libre, au verset ou au poème en prose, le moyen de s'affirmer dans l'originalité des rythmes et surtout des images en exploitant tous les thèmes. On voudrait s'arrêter à la diversité dont témoignent notamment, à côté des aînés, Ernest Delève, Jean Tordeur, Lucienne Desnoues, Jean Mogin, Roger Foulon, Anne-Marie Kegels, Andrée Sodenkamp, Jacques Crickillon, Jean-Paul Gallez, etc. Liliane Wouters (1930) a été choisie pour illustrer cette richesse.

Il a paru légitime de retenir, pour représenter ici l'essai, où s'est illustré Maeterlinck, Suzanne Lilar, qui y excelle comme en toutes choses. Nombreux sont les écrivains non encore cités à d'autres titres qui, en dehors de l'actualité de la presse périodique, se sont consacrés ou se consacrent à la critique littéraire (citons parmi d'autres, pour leur pénétration particulière, Georges Poulet et Emilie Noulet), ou se spécialisent en histoire littéraire (ne nommons que des disparus, Maurice Wilmotte, Georges Doutrepont, Gustave Charlier, Fernand Desonay), dans la critique d'art (Charles Bernard, Arsène Soreil), dans l'essai (Gaston Colle, Charles de Trooz, Mgr Charles Moeller, Marcel Lobet, Albert Dasnoy), dans les recherches et les évocations historiques (Luc Hommel et surtout Carlo Bronne).

Maints traités, maints essais ont pour objet la langue; ce n'est pas étonnant dans un pays de vieille et vigilante tradition française où la langue française, même chez les écrivains les plus audacieux, n'a jamais été considérée, contrairement à ce qui se passe dans d'autres pays hors de France, comme un instrument de déchirement et d'aliénation, mais comme l'outil même de l'identification, outil qu'il faut respecter, en sachant en utiliser toutes les ressources, pour participer sans réserves au grand mouvement des lettres françaises.

Joseph HANSE

A consulter, aussi bien pour l'histoire du mouvement littéraire que pour la bibliographie des écrivains cités dans cette notice et repris dans l'anthologie, et pour les études qui leur ont été consacrées.

Georges Doutrepont, *Histoire illustrée de la littérature française en Belgique*, Bruxelles, Didier, 1939.

Maurice Gauchez, *Cours de littérature française de Belgique*, Bruxelles, Éditions de l'Étoile, 1943, 2 vol.

Camille Hanlet, *Les écrivains belges contemporains de langue française*, Liège, Dessain, 1946, 2 vol.

État présent des lettres françaises de Belgique, sous la direction de Raymond Bindelle. Dison, Éditions A l'Enseigne du Plomb qui Fond, 1949.

Antonio Mor, Jean Weisgerbeer, *Storia delle letterature del Belgio*, Milan, Nuova Academia editrice, 1958.

Gianni Montagna, *Un secolo di poesia belga*, Sienne, Casa editrice Maia, 1958.

Histoire illustrée des lettres françaises de Belgique sous la direction de Gustave Charlier et Joseph Hanse, Bruxelles, La Renaissance du livre, 1958.

Robert Burniaux et Robert Frickx, *La Littérature belge d'expression française*, Paris, Presses universitaires de France, « Que sais-je? », 1973.

Sous la direction d'Adrien Jans, *Lettres vivantes — deux générations d'écrivains français en Belgique, 1945-1975*, Bruxelles, La Renaissance du Livre, 1975.

Robert Guiette, *Écrivains français de Belgique au XIXe s.*, Paris, Lagarde et Michard, s.d.

Anthologie de l'Audiothèque, Bruxelles, Place Jean Jacobs, 17. Chaque poète français de Belgique est l'objet d'une petite brochure: choix de poèmes, notice, bibliographie.

La poésie française de Belgique, Paris, *Poésie I*, Librairie Saint-Germain-des-Prés, n°s 16, 1971; 18, 1971; 24, 1971; 27, 1972. Anthologies.

Bibliographie des écrivains français de Belgique (B.E.F.B.), par J.-M. Culot, R. Brucher, R. Fayt, C. Prins, etc., Bruxelles, Palais des Académies, t. I (A-Des), 1958; t. II (Det-G), 1960; t. III (H-L), 1968; t. IV (M-N), 1972. Les autres volumes en préparation. Concerne la littérature française de Belgique (études, anthologies, œuvres, collaborations, traductions, à consulter) de 1881 à 1950 pour le tome I, à 1960 pour les suivants.

Charles DE COSTER

Les parents de Charles De Coster étant au service du nonce à Munich, il y est né en 1827; mais, bientôt revenu avec eux à Bruxelles, c'est dans cette ville, qu'il a fait ses études, chez les Jésuites puis à l'Université, et qu'il a passé toute sa vie. Mal organisé, généreux, sacrifiant son confort à son indépendance et à sa vocation littéraire, il renonce à des emplois dans une banque et aux Archives du royaume; ce n'est qu'à la fin de sa vie qu'il est heureux d'accepter une double charge de professeur de littérature à l'École de guerre et de répétiteur à l'École militaire.

Dans sa jeunesse, il a écrit des poèmes et fait du journalisme; il laisse une œuvre assez variée, mais inégale: des nouvelles, des contes, notamment les Contes brabançons *(1861), un roman de mœurs,* Le Voyage de noce *(1872), des récits de voyage en Hollande, mais surtout deux œuvres maîtresses, les* Légendes flamandes *(1858) qui obtinrent un certain succès, et* La Légende d'Ulenspiegel *(1867).*

Ce chef-d'œuvre, consacré à la résistance des Pays-Bas à l'oppression espagnole au XVIe siècle, n'a guère été apprécié qu'après la mort de l'auteur (1879); mais au XXe siècle, il n'a cessé de l'être, de plus en plus et à l'échelle mondiale, dans d'innombrables rééditions et traductions.

Écrivain français par sa langue maternelle, par son éducation, par sa culture, Charles De Coster s'est épris de la Flandre, de son peuple, de ses peintres, de son destin, de son passé historique et légendaire; passant du romantisme au réalisme, décidé à ne « marcher sur les traces de personne », il a composé une œuvre unique en son genre, bien qu'elle tienne de l'épopée par plusieurs aspects; elle est colorée, originale dans son inspiration, sa construction, sa variété et sa langue; celle-ci est volontairement vieillie, mais avec beaucoup d'art et une discrétion qui a mis longtemps à trouver son équilibre pour faire de l'archaïsme un des ressorts du dépaysement, de la poésie.

BIBLIOGRAPHIE

Le titre complet de l'œuvre est *La légende et les Aventures héroïques, joyeuses et glorieuses d'Ulenspiegel et de Lamme Goedzak au pays de Flandres et ailleurs.* Édition définitive, avec notes et variantes, établie et présentée par Joseph

HANSE. Deuxième édition, Bruxelles, La Renaissance du livre, 1966. On trouvera dans l'Avant-propos un commentaire du début du texte cité.

A consulter:

Joseph HANSE, *Ch.D.C.* Bruxelles, Palais des Académies, 1928.

Charles DE COSTER, *Pages choisies,* par Gustave CHARLIER. Bruxelles, Office de publicité, « Collection Nationale », 1942.

Charles DE COSTER, *La légende d'Ulenspiegel,* Textes choisis et présentés par Robert GUIETTE. Classiques Bordas, 1969.

Jean-Marie KLINKENBERG, *Style et archaïsme dans « La Légende d'Ulenspiegel »,* 2 vol. Bruxelles, Palais des Académies, 1973.

LES CENDRES DE CLAES *

Nous sommes à Damme, près de Bruges, vers 1550. La Légende d'Ulenspiegel *transpose au XVIe siècle et aux Pays-Bas (approximativement la Hollande et la Belgique actuelles) les nouvelles aventures du héros légendaire allemand du XIVe siècle, Eulenspiegel, qui a donné au français le mot* espiègle *et a été adopté par la Flandre.*

Jusqu'à la mort de son père, condamné pour hérésie à être brûlé vif, Ulenspiegel, peu soucieux de marcher sur les traces de ses parents, travailleurs, sérieux et honnêtes, a plutôt ressemblé à son prototype; ses vagabondages ont accumulé les farces, les bons et les mauvais tours, les infidélités.

Mais voici que, bouleversé par le « martyre » de son père, il entend son mystérieux et impérieux appel et reçoit de sa mère, symbole du cœur vaillant de la Flandre, la mission sacrée de venger son père et de libérer son pays (livre I, ch. 75).

(Le texte est celui de l'édition définitive établie par Joseph Hanse, Bruxelles, La Renaissance du livre, 2e édition, 1966.)

Soetkin (1) était chez Katheline debout contre le mur, la tête basse et les mains jointes. Elle tenait Ulenspiegel embrassé, sans parler ni pleurer (2).

Ulenspiegel aussi demeurait silencieux; il était effrayé de sentir de quel feu de fièvre brûlait le corps de sa mère.

Les voisins, étant revenus du lieu d'exécution, dirent que Claes avait fini de souffrir.

— Il est en gloire (3), dit la veuve.

---

1. Thyl [teil], surnommé Ulenspiegel [ylənspigəl], est le fils de Claes [Klas] et de Soetkin [sutkin]. Katheline [katlin], leur voisine, est la mère de Nele [nel], fiancée à Ulenspiegel.

2. On ne prendra conscience de la volonté de l'auteur d'évoquer une sorte de piéta [pjeta] que si l'on sait qu'Ulenspiegel a trente ans à la mort de son père, en 1558.

3. *Il est en gloire*: Claes, martyr, va partager la gloire de Dieu.

— Prie, dit Nele à Ulenspiegel; et elle lui donna son rosaire; mais il ne voulut point s'en servir, parce que, disait-il, les grains en étaient bénits par le pape.

Planche d'épreuve gravée par A. Hubert pour *La légende d'Ulenspiegel* avec une note autographe de Charles De Coster.
(Copyright Bibliothèque Royale Albert Ier.)

La nuit étant tombée, Ulenspiegel dit à la veuve : — Mère, il faut te mettre au lit ; je veillerai près de toi.

Mais Soetkin : — Je n'ai pas besoin, dit-elle, que tu veilles ; le sommeil est bon aux jeunes hommes.

Nele leur prépara à chacun un lit dans la cuisine ; et elle s'en fut.

Ils restèrent à deux tandis que les restes d'un feu de racines brûlaient dans la cheminée.

Soetkin se coucha, Ulenspiegel fit comme elle, et l'entendit pleurant sous les couvertures.

Au-dehors, dans le silence nocturne, le vent faisait gronder, comme la mer, les arbres du canal et, précurseur d'automne, jetait contre les fenêtres la poussière par tourbillons.

Ulenspiegel vit comme un homme allant et venant ; il entendit comme un bruit de pas dans la cuisine. Regardant, il ne vit plus l'homme ; écoutant, il n'ouït plus rien que le vent huïant ([4]) dans la cheminée et Soetkin pleurant sous ses couvertures.

Puis il entendit marcher de nouveau, et derrière lui, contre sa tête, un soupir. — Qui est là ? dit-il.

Nul ne répondit, mais trois coups furent frappés sur la table. Ulenspiegel prit peur, et tremblant : — Qui est là ? dit-il encore. Il ne reçut pas de réponse, mais trois coups furent encore frappés sur la table et il sentit deux bras l'étreindre et sur son visage un corps se penchant, dont la peau était rugueuse et qui avait un grand trou dans la poitrine et une odeur de brûlé :

— Père, dit Ulenspiegel, est-ce ton pauvre corps qui pèse ainsi sur moi ?

Il ne reçut point de réponse et, nonobstant que ([5]) l'ombre fût près de lui, il entendit crier au-dehors : « Thyl ! Thyl ! ». Soudain Soetkin se leva et vint au lit d'Ulenspiegel :

— N'entends-tu rien ? dit-elle.

— Si, dit-il, le père m'appelant.

— Moi, dit Soetkin, j'ai senti un corps froid à côté de moi, dans mon lit ; et les matelas ont bougé, et les rideaux ont été agités et j'ai ouï une voix disant : « Soetkin » ; une voix toute basse comme

4. *Huïant* : De Coster [dəkostər] emprunte au français médiéval le verbe *huïer* [yje] pour exprimer le sifflement violent du vent.

5. *Nonobstant que*, archaïsme : malgré que. *Nonobstant* ne s'emploie plus que comme préposition ou comme adverbe ; même dans ces emplois il n'est plus d'usage courant.

un souffle, et un pas léger comme le bruit des ailes d'un moucheron. » Puis, parlant à l'esprit de Claes: « Il faut, dit-elle, mon homme, si tu désires quelque chose au ciel où Dieu te tient en sa gloire, nous dire ce que c'est, afin que nous accomplissions ta volonté. »

Soudain un coup de vent entr'ouvrit (6) la porte impétueusement, en emplissant la chambre de poussière, et Ulenspiegel et Soetkin entendirent de lointains croassements de corbeaux.

Ils sortirent ensemble et ils vinrent au bûcher.

La nuit était noire, sauf quand les nuages, chassés par l'aigre vent du Nord et courant comme des cerfs dans le ciel, laissaient brillante la face de l'astre.

Un sergent de la commune se promenait gardant le bûcher. Ulenspiegel et Soetkin entendaient, sur la terre durcie, le bruit de ses pas et la voix d'un corbeau en appelant d'autres sans doute, car de loin lui répondaient des croassements.

Ulenspiegel et Soetkin s'étant approchés du bûcher, le corbeau descendit sur les épaules de Claes, ils entendirent ses coups de bec sur le corps, et bientôt d'autres corbeaux vinrent.

Ulenspiegel voulut se lancer sur le bûcher et frapper ces corbeaux; le sergent lui dit:

— Sorcier, cherches-tu des mains de gloire (7)? Sache que les mains de brûlé ne rendent point invisible, mais seulement les mains de pendu comme tu le seras quelque jour.

— Messire sergent, répondit Ulenspiegel, je ne suis point sorcier, mais le fils orphelin de celui qui est attaché là, et cette femme est sa veuve. Nous ne voulons que le baiser (8) encore et avoir un peu de ses cendres en mémoire de lui. Permettez-le-nous, messire, qui n'êtes point soudard (9) étranger, mais bien de ces pays.

---

6. S'écrit aujourd'hui *entrouvrit*.

7. *Mains de gloire*: nom donné, en termes de sorcellerie, aux mains des pendus; la superstition leur attribuait le pouvoir de rendre invisibles ceux qui les portaient sur eux, après les avoir desséchées.

8. *Baiser*, ici et plus loin, n'est certes pas impropre et suggère un sentiment de vénération autant que de tendresse. Mais, considéré dans l'emploi général qu'en fait De Coster au lieu d'*embrasser*, qui tend à le remplacer dans la langue moderne (sauf dans quelques expressions comme *baiser la main*, *la joue*, *le crucifix*), il exerce, ainsi que le note J.-M. Klinkenberg, une « pesée légère » vers l'archaïsme.

9. N'a pas ici son sens moderne, péjoratif (homme de guerre brutal et grossier), mais son ancien sens, étymologique: soldat mercenaire, à la solde d'un chef d'armée.

— Qu'il en soit fait comme tu le veux, répondit le sergent.

L'orphelin et la veuve, marchant sur le bois brûlé, vinrent au corps ; tous deux baisèrent le visage de Claes avec larmes.

Ulenspiegel prit à la place du cœur, là où la flamme avait creusé un grand trou, un peu des cendres du mort. Puis, s'agenouillant, Soetkin et lui prièrent. Quand l'aube parut blémissante au ciel, ils étaient encore là tous deux ; mais le sergent les chassa de peur d'être puni à cause de son bon vouloir.

En rentrant, Soetkin prit un morceau de soie rouge et un morceau de soie noire ; elle en fit un sachet, puis elle y mit les cendres ; et au sachet, elle mit deux rubans, afin qu'Ulenspiegel le pût toujours porter au cou. En lui mettant le sachet, elle lui dit :

— Que ces cendres qui sont le cœur de mon homme, ce rouge qui est son sang, ce noir qui est notre deuil, soient toujours sur ta poitrine, comme le feu de vengeance contre les bourreaux.

— Je le veux, dit Ulenspiegel.

Et la veuve embrassa l'orphelin, et le soleil se leva.

Emile VERHAEREN

Né à Saint-Amand, près d'Anvers, en 1855, mort à Rouen en 1916, Emile Verhaeren fut, avec Georges Rodenbach, son condisciple du collège Sainte-Barbe à Gand, l'une des figures de proue du mouvement de La Jeune Belgique.

L'œuvre d'Emile Verhaeren est abondante. Partie de l'idéal parnassien dont elle se détacha bientôt pour se mêler au courant symboliste, elle devait atteindre, aux alentours de 1900, les sommets d'un lyrisme où alternent, tour à tour, le désarroi moral, les problèmes de la vie sociale, l'exaltation des temps modernes et l'ivresse de la vie divinisée sous toutes ses formes. Parmi ses principaux recueils, remarquables par le paroxysme de la vision et de l'expression, citons: Les campagnes hallucinées *(1893),* Les villages illusoires *(1895),* Les villes tentaculaires *(1895),* Les forces tumultueuses *(1902),* La multiple splendeur *(1906),* Les rythmes souverains *(1910).*

C'est une inspiration intimiste et plus détendue qui préside aux poèmes de l'amour conjugal qui vont des Heures claires *(1896) aux* Heures du soir *(1911), cependant que le polyptyque de* Toute la Flandre *(1904-1911) illustre, en ses cinq panneaux, les souvenirs d'enfance du poète et l'évocation de son pays natal dans son présent et son passé.*

On doit aussi à Emile Verhaeren quatre pièces de théâtre et des essais de critique d'art.

BIBLIOGRAPHIE

Les œuvres de Verhaeren (ainsi que ses lettres à Marthe Verhaeren) ont paru à Paris au Mercure de France *(Œuvres complètes,* 8 vol. — *Choix de poèmes,* 1917).

Des extraits de *Toute la Flandre,* annotés par Maurice Piron, ont paru dans les Classiques Larousse.

A consulter:

Stefan ZWEIG, *E.V., sa vie, son œuvre,* Paris, Mercure de France, 1910.

Edmond ESTEVE, *Un grand poète de la vie moderne, E.V.* Paris, Boivin, 1928.

Albert MOCKEL, *E.V., poète de l'énergie,*Paris, Mercure de France, 1933.

Henri MORIER, *Le rythme du vers symboliste,* t. I: *Verhaeren,* Genève, Les Presses académiques, 1943.

Lucien CHRISTOPHE, *E.V.,* « Classiques du XXe siècle », Paris-Bruxelles, Éd. Universitaires, 1955.

Franz HELLENS, *V.,* « Poètes d'aujourd'hui », Paris, Seghers, 1955.

LES TOURS AU BORD DE LA MER

(Toute la Flandre, La Guirlande des dunes, *Paris, Mercure de France, 1907.)*

Veuves debout au long des mers,
Les tours de Lisweghe [1] et de Furnes
Pleurent, aux vents des vieux hivers
Et des automnes taciturnes.

Elles règnent sur le pays,
Depuis quels jours, depuis quels âges,
Depuis quels temps évanouis [2]
Avec les brumes de leurs plages?

Jadis, on allumait des feux
Sur leur sommet [3], dans le soir sombre;
Et le marin fixait ses yeux
Vers ce flambeau tendu par l'ombre.

Quand la guerre battait l'Escaut [4]
De son tumulte militaire,
Les tours semblaient darder là-haut,
La rage en flamme de la terre.

Quand on tuait de ferme en bouge [5],
Pêle-mêle, vieux et petits,
Les tours jetaient leurs gestes rouges
En suppliques, vers l'infini.

---

1. Lisweghe (officiellement *Lissewege*) et Furnes sont des bourgades proches de la côte, dans la province de Flandre Occidentale.

2. *Depuis...* suivi de *quel* interrogatif ou exclamatif est une tournure expressive chère au style de Verhaeren.

3. Allusion aux fanaux que l'on disposait au sommet de certaines tours du littoral, avant la construction des phares.

4. L'Escaut représente ici la Flandre elle-même, dont il est le fleuve principal.

5. *Bouge*, logis misérable, taudis.

Depuis,
La guerre,
Au bruit roulant de ses tonnerres,
Crispe sous d'autres cieux, son poing ensanglanté;
Et d'autres blocs et d'autres phares,
Armés de grands yeux d'or et de cristaux bizarres ([6]),
Jettent, vers d'autres flots, de plus nettes clartés.

Mais vous êtes, quand même
Debout encor, au long des mers,
Debout, dans l'ombre et dans l'hiver,
Sans couronne, sans diadème,
Sans feux épars sur vos fronts lourds;
Et vous demeurez là, seules au vent nocturne,
Oh! vous, les tours, les tours gigantesques, les tours
De Nieuport ([7]), de Lisweghe et de Furnes.

Sur les villes et les hameaux flamands,
Au-dessus des maisons vieilles et basses,
Vous carrez votre masse,
Tragiquement;
Et ceux qui vont, au soir tombant, le long des grèves,
A voir votre grandeur et votre deuil,
Sentent toujours, comme un afflux d'orgueil,
Battre leur rêve:
Et leur cœur chante, et leur cœur pleure, et leur cœur bout
D'être jaillis du même sol que vous.

Flandre tenace au cœur, Flandre des aïeux morts,
Avec la terre aimée entre leurs dents ardentes ([8]);
Pays de fruste orgueil ou de rage mordante,
Dès qu'on barre ta vie ou qu'on touche à ton sort;

---

6. Les *cristaux bizarres*, « ce sont les lentilles et les prismes à réflexion, parties essentielles d'un phare » (M. Piron).

7. Nieuport, petite ville de la côte belge, voisine de Furnes.

8. Allusion probable aux combattants flamands qui, lors de la bataille dite des Éperons d'or (Courtrai, 1302), communièrent en portant un peu de terre à leur bouche, suivant un rite religieux pratiqué au moyen âge.

Pays de labours verts autour de blancs villages;
Pays de poings boudeurs et de fronts redoutés;
Pays de patiente et sourde volonté;
Pays de fête rouge ou de pâle silence;
Clos (9) de tranquillité ou champs de violence,
Tu te dardes (10) dans tes beffrois ou dans tes tours,
Comme en un cri géant vers l'inconnu des jours!
Chaque brique, chaque moellon ou chaque pierre,
Renferme un peu de ta douleur héréditaire
Ou de ta joie éparse aux âges de grandeur;
Tours de longs deuils passés ou beffrois de splendeur,
Vous êtes des témoins dont nul ne se délivre:
Votre ombre est là, sur mes pensers et sur mes livres,
Sur mes gestes nouant ma vie avec sa mort.
Ô que mon cœur toujours reste avec vous d'accord!
Qu'il puise en vous l'orgueil et la fermeté haute,
Tours debout près des flots, tours debout près des côtes,
Et que tous ceux qui s'en viennent des pays clairs
Que brûle le soleil, à l'autre bout des mers,
Sachent, rien qu'en longeant nos grèves (11) taciturnes,
Rien qu'en posant le pied sur notre sol glacé,
Quel vieux peuple rugueux vous leur symbolisez
Vous, les tours de Nieuport, de Lisweghe et de Furnes!

9. Champ ou verger clôturé de murs.

10. *Se darder*, se projeter comme un dard, expression familière du paroxysme de Verhaeren; — *beffroi*, tour de pierre qui, dans les villes du Nord, au moyen âge, abritait la cloche communale.

11. Ici, plage de sable, en bordure de mer.

La tour de l'Église de Lissewege.
(Photo du Commissariat général du Tourisme de Belgique, Cliché C.G.T. Photo Van den Bramt.)

Charles VAN LERBERGHE

La vie de ce poète gantois (1861-1907) fut aussi discrète que son œuvre; elle s'écoula loin des honneurs et du tumulte des événements. Élève du collège Sainte-Barbe, à Gand, il s'y lie d'amitié avec Maurice Maeterlinck et avec Grégoire Le Roy. C'est dans ce climat de confraternité spirituelle qu'il composera Les Flaireurs *(1889), qui présente de grandes analogies avec* L'Intruse *de Maeterlinck (1890), mais il abandonne assez vite ces thèmes tragiques et ces obsessions sinistres.*

Avec Solyane *et les* Entrevisions *(1898), Van Lerberghe s'oriente vers un art d'émerveillement et de lumière, nourri de la beauté de splendeurs entrevues, toutes proches, mais qui ne sont perceptibles qu'au poète. Cette esthétique atteindra sa plénitude dans* La Chanson d'Ève *(1904), où l'influence des préraphaélites anglais a été assimilée et intégrée dans une poésie d'une rare perfection formelle.*

L'originalité de Van Lerberghe est dans son aptitude à retrouver la pureté initiale de l'univers dans une nature restituée à son authenticité. On aurait tort d'y chercher des intentions philosophiques marquées: le regard du poète suffit à ce dévoilement de l'original, et l'aventure d'Ève (qui est aussi celle du poète) n'est qu'un rêve de sensualité qui s'exprime par la danse et par le chant. La fin de cette ivresse sera aussi la fin de l'expérience: Ève retourne à la lumière, elle redevient l'âme même de la nature, « la voix qui murmure, le frisson des choses, le souffle flottant sur les eaux et sur les plaines ».

Van Lerberghe a laissé une importante correspondance, consacrée pour l'essentiel aux problèmes de l'art et à des impressions de voyage. Il est aussi l'auteur d'une comédie satirique, Pan *(1906), où s'exprime un naturisme païen qui frise souvent le gros rire aristophanesque. Le poète éthéré y révèle soudain une personnalité très « engagée », où l'on retrouve les convictions personnelles de celui qui fut, en Belgique, l'animateur du comité de soutien à Zola dans l'affaire Dreyfus.*

BIBLIOGRAPHIE

Entrevisions, Bruxelles, Nouvelle Société d'Éditions, 1936.

La chanson d'Ève, Bruxelles, La Renaissance du Livre, 1943.

A consulter:

La notice *Van Lerberghe* du *Dizionario critico della letteratura francese,* Turin, UTET, 1972, par Maurice Delcroix.

Claire MICHANT, *Défense et Illustration de la « Chanson d'Ève »,* Bruxelles, Éditions du Bourdon, 1946.

Et les importants ouvrages d'exégèse littéraire du R.P. J. GUILLAUME, en particulier *La poésie de Van Lerberghe, essai d'exégèse intégrale,* Bruxelles, Ac. Royale de langue et de littérature françaises, 1962.

PREMIÈRES PAROLES

Sous ce titre, qui est celui de la première partie de La Chanson d'Ève, *Bruxelles, La Renaissance du livre, 1943, nous réunissons le premier et le neuvième poème.*

Ève vient de s'éveiller au premier matin du monde. Elle chante, « très doucement et comme on prie », la beauté des choses et le bleu de l'espace. L'heure de la tentation n'est pas encore venue, et Ève est toute à son émerveillement. Aux goûts morbides des « décadents », Van Lerberghe oppose ici une poésie de l'adhésion à l'universel, de gratitude devant la découverte du bonheur dans l'harmonie.

I

C'est le premier matin du monde (1).
Comme une fleur confuse exhalée de la nuit,
Au souffle nouveau qui se lève des ondes,
Un jardin bleu (2) s'épanouit.

Tout s'y confond encore et tout s'y mêle,
Frissons de feuilles, chants d'oiseaux,
Glissements d'ailes,
Sources qui sourdent (3), voix des airs, voix des eaux,
Murmure immense,
Et qui pourtant est du silence (4).

---

1. *Le premier matin du monde*: toute poésie est re-création, re-découverte d'une beauté mal perçue, obscurcie par le vouloir-vivre.

2. *Un jardin bleu*: le bleu est, depuis les romantiques allemands (Jean-Paul, Novalis) la couleur du rêve et de la poésie.

3. *Sourdent*: du verbe (défectif et rare) *sourdre*, qui se dit de l'eau sortant de terre.

4. *Silence*: la vertu poétique du silence est une idée chère à Van Lerberghe et à Maeterlinck.

Ouvrant à la clarté ses doux et vagues yeux,
La jeune et divine Ève
S'est éveillée de Dieu ([5]).

Et le monde à ses pieds s'étend comme un beau rêve.

Or Dieu lui dit: Va, fille humaine,
Et donne à tous les êtres
Que j'ai créés, une parole de tes lèvres ([6]),
Un son pour les connaître.

Et Ève s'en alla, docile à son seigneur,
En son bosquet de roses,
Donnant à toutes choses
Une parole, un son de ses lèvres de fleur:

Chose qui fuit, chose qui souffle, chose qui vole...

Cependant le jour passe, et vague, comme à l'aube,
Au crépuscule, peu à peu,
L'Éden s'endort et se dérobe
Dans le silence d'un songe bleu.

La voix s'est tue, mais tout l'écoute encore,
Tout demeure en attente;
Lorsque avec le lever de l'étoile du soir,
Ève chante.

Très doucement, et comme on prie,
Lents, extasiés, un à un,
Dans le silence, dans les parfums
Des fleurs assoupies,
Elle évoque les mots divins qu'elle a créés;
Elle redit du son de sa bouche tremblante:
Chose qui fuit, chose qui souffle, chose qui vole...
Elle assemble devant Dieu
Ses premières paroles,
En sa première chanson.

---

5. *Éveillée de Dieu:* comme Minerve, sortie toute casquée du cerveau de Jupiter, selon la mythologie antique.

6. *Une parole de tes lèvres*: dans la *Genèse*, c'est Adam qui est chargé de nommer les choses; ici, Dieu confie cette tâche à Ève, c'est-à-dire à la poésie.

19

Suit la 1re partie de la Chanson d'Ève : premières paroles, première chanson, premier rêve, premier émerveillement devant le monde - devant l'amour - Apparition des Anges. Enchantement des anges. Et ci et là quelques légères touches de description édénique. Ma description du Jardin d'Ève ne se fait que peu à peu, à mesure que le poème et le récit se développent. Elle est fragmentaire et éparpillée. Peut-être est-ce un tort.

C'est le premier matin. Vous reconnaissez ce poème, déjà vieux et vieilli. Je le composai à Rome et le vis publié, par l'Idée libre, à Florence. Nous le lûmes ensemble dans ce beau jardin de Torre del Gallo, qui était un autre Eden (le seul sans doute où j'aurai jamais vécu sur la terre) Regardez donc ma petite Ève de Doudelet là-dessus. Je l'aime assez malgré sa lourde couronne, son "manteau à agrafes" style De Regnier, son air Berthe aux longs pieds (les longs pieds lourds sont de moi), son campanile et tout son paysage plus rale dei colli que réellement anywhere out of the world, c.à.d. Nowhereïen du nom géographique du paradis

Elle a certes un petit air Botticelli qui rappelle notre belle Venus de l'Académie de Florence, et le dessinateur qui est un flamand

Charles Van Lerberghe. — Notes sur la *Chanson d'Ève* ML.Fs.M. VI-22.

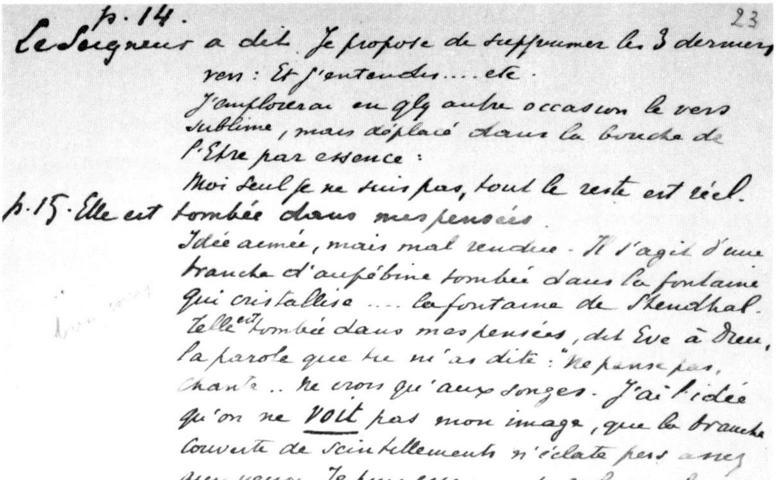
23

p. 14.

Le Seigneur a dit. Je propose de supprimer les 3 derniers vers : Et j'entendis.... etc.

J'emploierai en qlq autre occasion le vers sublime, mais déplacé dans la bouche de l'Etre par essence :

Moi seul je ne suis pas, tout le reste est réel.

p. 15. Elle est tombée dans mes pensées

Idée aimée, mais mal rendue. Il s'agit d'une branche d'aubépine tombée dans la fontaine qui cristallise .... la fontaine de Stendhal. Telle est tombée dans mes pensées, dit Eve à Dieu, la parole que tu m'as dite : "Ne pense pas, chante .. ne crois qu'aux songes. J'ai l'idée qu'on ne VOIT pas mon image, que la branche couverte de scintillements n'éclate pas assez aux yeux. Je puis essayer de refaire cela, si vous voulez (En ce cas me renvoyer la ~~feuille~~ avec les autres malades — ou les mortes)

Comme Dieu rayonne. Ici, première consultation sérieuse. p. 17. (voir ~~ci-après~~ mss une variante) Il s'agit d'une question de musique :

La page 17 ~~en~~ serait-elle mieux en vers de 8 jusqu'au bout

Ce serait facile p. ex.

Comme Dieu rayonne aujourd'hui !
Comme il embaume et qu'il fleurit
Parmi ces roses et ces fruits ....

Mais l'important c'est la fin : dans la variante ci-contre, nous avons 9-9-8-8 ce qui est peu harmonieux.

Page 17 j'ai mis toute la fin en 9.

Archives et Musée de la littérature.

IX

Le Seigneur a dit à son enfant:
Va, par le clair jardin innocent
Des anges, où brillent les pommes
Et les roses. Il est à toi. C'est ton royaume.
Mais ne cueille des choses
Que la fleur;
Laisse le fruit aux branches,
N'approfondis pas le bonheur.

Ne cherche pas à connaître (7)
Le secret de la terre
Et l'énigme des êtres.
N'écoute pas la voix qui attire
Au fond de l'ombre, la voix qui tente,
La voix du serpent, ou la voix des sirènes,

Ou celle des colombes ardentes
Aux bosquets sombres de l'Amour.
Reste ignorante.
Ne pense pas; chante.
Toute science est vaine,
N'aime que la beauté (8).
Et qu'elle soit pour toi toute la vérité.

---

7. *Ne cherche pas à connaître*: Voltaire et Flaubert avaient dit, avant Van Lerberghe, que la réflexion engendre l'insatisfaction, et donc la tristesse. Mais Van Lerberghe veut surtout marquer le rôle qu'il assigne à la poésie, qui n'est pas de connaître, mais de chanter.

8. *N'aime que la beauté*: c'est le *credo* artistique de Van Lerberghe, sa religion en quelque sorte. Mais Ève ne s'en satisfera pas: elle voudra sortir de sa condition, sonder l'invisible, faire corps avec toutes les choses. *La Tentation* (2e partie du poème) sera celle du panthéisme plus que de la science.

Max ELSKAMP

Né à Anvers en 1862, Max Elskamp ne quittera presque jamais sa ville natale. Après avoir terminé ses études de Droit, il renonce à tout métier, se consacre à la création poétique en même temps qu'il se laisse gagner peu à peu par l'inquiétude métaphysique. Pendant des années, il cherche son style, son ton. C'est vers la trentième année que ses premiers poèmes paraissent. La louange de la vie *et* Enluminures, *publiés en 1898, rassemblent toute l'œuvre de cette époque. Il y chante les métiers, les béguinages, les navires, les Madones et les anges: un ensemble d'images de la vie populaire en Flandre.*

A partir de 1898, Elskamp est décidé à tuer en lui « la soif de tout désir ». Sa quête philosophique et religieuse le conduit peu à peu au bouddhisme, qui lui assure la Paix intérieure.

La guerre de 1914-18 vient brutalement troubler cette sérénité: il s'exile en Hollande. Rentré à Anvers, il ne retrouvera plus l'état d'équilibre qu'il avait réussi à atteindre.

Dès 1921, il publie coup sur coup une série de recueils qui attestent un changement complet: le chantre de la vie populaire s'est effacé et désormais prévaudra l'aveu nu du drame personnel. Sous les Tentes de l'exode *(1921) est la complainte de l'exilé en Hollande au milieu d'un peuple qui lui paraît hostile;* La Chanson de la rue Saint-Paul *(1922), la plus émouvante de ses œuvres, revient sur ses années d'enfance et rappelle le souvenir de ses parents morts. Les autres recueils sont imprégnés d'un profond pessimisme, comme en témoignent la plupart des titres:* Chansons désabusées *(1922),* Les délectations moroses *(1923),* Maya *(1923),* Remembrances *(1924),* Aegri Somnia *(1924). Tous ces textes tournent autour du même drame: l'aventure d'une âme en quête de paix et d'absolu, qui a connu ses heures de sérénité, mais qui doit reconnaître aussi ses échecs, ses fuites dans l'illusion ou dans les vains plaisirs de la chair.*

Il s'est éteint après une longue agonie le 10 décembre 1931.

BIBLIOGRAPHIE

Max ELSKAMP, *Œuvres Complètes.* Paris, Seghers, 1967.

A consulter:

J. de BOSSCHÈRE, *Max Elskamp,* Paris, Bibliothèque de l'Occident, 1914.

R. GUIETTE, *Max Elskamp,* Paris, Seghers, coll. « Poètes d'aujourd'hui » n° 45, 1955.

R. GUIETTE, *Max Elskamp*, n° spécial du *Thyrse*, avril-mai 1962.
Ch. BERG, *Max Elskamp et le bouddhisme*, Nancy, Centre Européen Universitaire, coll. des Mémoires n° 27, 1969.

Discographie

Julos BEAUCARNE: Disque Boîte à Chanson LIG. 1001
— *Et connais-tu Marco la Belle?*
— *L'heure.*
— *Et maintenant c'est la dernière.*
Disque Alpha n° 1021.
— *Ô Claire, Suzanne, Adolphine.*
— *Et c'est lui comme un matelot.*

IN MEMORIAM

(Sous les tentes de l'exode, *Paris, Seghers, 1967.*)

En ce pays, en ce pays,
Mon Dieu, où nous avons langui,

Mon Dieu, où nous avons souffert
Même du ciel et de la mer,

En ce pays qui nous fut long
D'attente morne et d'abandon

Au jour le jour, dans des saisons,
Et puis des mois, et puis des ans;

En ce pays qui nous a pris
Pleins d'amertume et de soucis,

Aigris de haines et de doutes
Et pieds tout saignants de la route,

Chargés de deuil, vêtus de larmes,
Yeux lovés (1) comme sous un charme,

Et bouche amère, oreilles sourdes,
Gros le cœur et l'âme si lourde;

En ce pays qui nous fut lent
D'accueil, de visage et d'accent,

1. *Yeux lovés:* « être lové » signifie « être enroulé sur soi-même ». Elskamp veut sans doute suggérer que le regard (triste) est comme replié sur lui-même.

Et mauve et gris comme une automne
Au monde loin (2) parmi les hommes;

En ce pays très étranger
Où nous n'avons pas su aimer

Et qui, par règle ou défiance,
Si tôt en nous s'est fait silence;

En ce pays qui nous fut froid,
Du pain qu'on mange à l'eau qu'on boit,

Et pour les yeux, et pour l'ouïe,
Morose et de mélancolie:

Jour indécis, ciel protestant,
Nos yeux, l'aurez-vous vu souvent,

Et voix des eaux dans l'air perdues,
Vous, nos oreilles, entendues!

En ce pays trop de la mer,
Où nos cœurs ne se sont ouverts,

Où durs, et secrets, et fermés,
Nous avons plus haï qu'aimé,

En ce pays trop de marchands
Où nous n'avons pas acheté,

En ce pays de prédicants
Que nous avons mal écoutés,

En ce pays, las! où nous fûmes,
En ce pays où nous vécûmes,

Âmes lasses, désabusées,
Portant comme croix nos pensées;

Mon Dieu des jours noirs de la vie,
Mon Dieu des souffrances subies,

En ce pays, en ce pays,
Ainsi où nous avons langui,

---

2. L'adverbe a ici la fonction de l'adjectif et signifie lointain. Cet « écart » est fréquent chez Elskamp.

Les partageant jusqu'à la chair,
Nos blessures et nos misères,

C'est le monde qui a changé,
Le paradis qu'on a gagné :

On a vécu comme des frères
Pendant les mois de cette guerre.

Maurice MAETERLINCK

Écrivain d'origine gantoise (1862-1949). Après des études de droit et un séjour à Paris où il rencontre Villiers de l'Isle Adam, il débute en poésie par le recueil Serres chaudes *(1889), d'un symbolisme très « décadent », et par une pièce de théâtre,* La princesse Maleine *(1889), où déjà l'amour et la mort se conjuguent dans un univers absurde et violent.*

Le thème de la mort et celui de la femme-enfant, vouée en victime à un destin aveugle, imprègnent les pièces ultérieures, souvent plus symboliques que vraiment symbolistes: L'Intruse *(1890) et* Les Aveugles *(1890) tournent le dos à la dramaturgie traditionnelle en réduisant le rôle de la parole et l'importance de l'action. Dans ce théâtre d'ombres se meuvent d'exquises et frêles héroïnes promises à une mort précoce. Après* Ariane et Barbe-Bleue *(1901), Maeterlinck retournera à une dramaturgie à la fois plus accessible et plus conventionnelle.*

Pelléas et Mélisande *(1892) apparaît comme la synthèse du Maeterlinck première manière, et la musique de Debussy lui conférera, en 1902, l'auréole du symbolisme triomphant. Cette œuvre sera jouée pour la première fois à Paris, l'année suivante.*

La suite de sa carrière dramatique sera marquée par le succès discuté de Monna Vanna, *pièce historique qui le réconcilie avec le grand public, et par le triomphe mondial de la féerie philosophico-morale* L'Oiseau bleu *(1908).*

Parallèlement à cette production scénique, Marterlinck entame à partir de 1896 (année où il publie ses douze Chansons, *qui deviendront quinze en 1900) une carrière d'essayiste-moraliste, préparée par des traductions du mystique flamand Ruusbroeck, de Novalis et d'Emerson. Après* Le Trésor des Humbles *(1896) et* La Sagesse et la Destinée *(1898), apologies du silence, du renoncement et de la vie intérieure, Maeterlinck connaît une gloire universelle avec ses études sur la vie des animaux,* La Vie des Abeilles *(1901), suivie par* La Vie des Termites *(1926) et* La Vie des Fourmis *(1930), puis avec* L'Intelligence des Fleurs *(1907). A partir de* La Mort *(1913), sa curiosité s'oriente vers l'au-delà, vers l'occulte et vers la para-psychologie, où il veut voir une forme authentique de science (*Le grand Secret, *1921). De plus en plus sollicité par les phénomènes irrationnels et par les grandes questions métaphysiques, il se consacrera presque exclusivement à la diffusion de ses théories, mais trouvera de moins en moins d'audience auprès d'un public attiré par des questions très différentes.*

Premier, et jusqu'ici unique prix Nobel belge de littérature en 1911, membre de l'Académie royale de langue et de littérature françaises, anobli par le Roi des Belges en 1932, il vit dans sa somptueuse villa d'Orlamonde, près de Nice, où il s'éteindra le 6 mai 1949, après avoir assez largement survécu à sa gloire, qui avait fait de lui l'auteur « fin-de-siècle » le plus prestigieux (entre autres auprès de Proust), mais trop tôt pour lui permettre de voir apparaître, avec Beckett, un nouveau théâtre de l'absurde et du destin, qui devait prendre le relais de ses pièces les plus originales des années 1890.

BIBLIOGRAPHIE

Article Maurice Maeterlinck dans Talvart et Place, *Bibliographie des auteurs modernes de langue française,* t. XIII, 1956.

Et surtout Roger Brucher, *Maurice Maeterlinck, l'œuvre et son audience,* dans B.E.F.B., *1881-1960,* t. IV, 1972, pp. 8-143.

Les *Poésies* de Maurice Maeterlinck ont fait l'objet d'une édition critique due aux soins de Joseph Hanse, Bruxelles, La Renaissance du Livre, 1965.

A consulter:

Sur l'état présent des études consacrées à Maurice Maeterlinck, la notice de R.O.J. Van NUFFEL pour le *Dizionario critico della letteratura francese,* Turin, UTET, 1972 ainsi que le volume collectif *Maurice Maeterlinck,* sous la direction de J. Hanse et R. Vivier, Bruxelles, La Renaissance du Livre, 1962.

A voir aussi:

G. COMPÈRE, *Le Théâtre de Maurice Maeterlinck,* 1955.

G. DONEUX, *Maurice Maeterlinck,* 1961.

Marcel POSTIC, *Maeterlinck et le symbolisme,* Paris, Nizet, 1970.

Et les *Cahiers de la Fondation Maurice Maeterlinck,* dirigés par R.O.J. VAN NUFFEL.

Discographie

Pelléas et Mélisande a eu la bonne fortune d'être mis en musique par trois compositeurs éminents:

— Gabriel Fauré (1898)
— Claude Debussy (1902)
— Arnold Schoenberg (poème symphonique, 1902-1903).

PELLÉAS ET MÉLISANDE
Acte IV, scène 2
« Si j'étais Dieu, j'aurais pitié du cœur des hommes » *

Au royaume imaginaire d'Allemonde règne le vieux roi Arkel, dont la sagesse désabusée est entièrement tournée vers le secret des destinées et l'envers de la vie. Son petit-fils

Golaud a rencontré auprès d'une fontaine la belle et mystérieuse Mélisande, vêtue en princesse, mais au passé inconnu. Il l'épouse et la ramène après six mois à la cour de son grand-père. Mais bientôt un amour pudique et prédestiné va rapprocher la jeune femme et le demi-frère de son mari, le rêveur Pelléas. La jalousie de Golaud trouve des aliments dans le moindre incident de la vie quotidienne et le conduit à un premier éclat, dans la scène que voici. Au Ve acte Golaud blessera Mélisande dans un accès de colère, d'une blessure légère, mais qui suffira à achever un être qui n'était pas fait pour vivre. Au moment de mettre au monde une petite fille, Mélisande s'éteindra doucement, « pauvre petit être mystérieux » qui semble avoir voulu assumer seul toute la tristesse du monde.

Un appartement dans le château

(On découvre Arkël et Mélisande.)

ARKEL

Maintenant que le père de Pelléas (1) est sauvé, et que la maladie, la vieille servante de la mort, a quitté le château, un peu de joie et un peu de soleil vont enfin rentrer dans la maison... Il était temps! — Car depuis ta venue, on n'a vécu ici qu'en chuchotant autour d'une chambre fermée... Et vraiment j'avais pitié (2) de toi, Mélisande... Tu arrivais ici, toute joyeuse, comme un enfant à la recherche d'une fête, et au moment où tu entrais dans le vestibule, je t'ai vue changer de visage, et probablement d'âme, comme on change de visage, malgré soi, lorsqu'on entre, à midi, dans une grotte trop sombre et trop froide... Et depuis, à cause de tout cela, souvent, je ne te comprenais plus... Je t'observais, tu étais là, insouciante peut-être, mais avec l'air étrange et égaré de quelqu'un qui attendrait toujours un grand malheur, au soleil, dans un beau jardin... Je ne puis pas expliquer... Mais j'étais triste de te voir ainsi; car tu es trop jeune et trop belle pour vivre déjà, jour et nuit, sous l'haleine de la mort... Mais à présent tout cela va changer. A mon âge, — et c'est peut-être là le fruit le plus sûr de ma vie, — à mon âge, j'ai acquis je ne sais quelle foi à la fidélité des événements, et j'ai toujours vu que tout être jeune et beau créait autour de lui des événements jeunes, beaux et heureux... Et c'est toi, maintenant,

1. *Le père de Pelléas*: personnage invisible dans la pièce et que l'on dit mourant à l'acte II, scène 4.

2. *Pitié*: mot-clé de la scène, comme d'ailleurs de la pièce. Le mal est le fait du destin et l'homme en est l'agent ou la victime, toujours irresponsable.

qui vas ouvrir la porte a l'ère nouvelle que j'entrevois... Viens ici; pourquoi restes-tu là sans répondre et sans lever les yeux? — Je ne t'ai embrassée qu'une seule fois jusqu'ici, le jour de ta venue; et cependant, les vieillards ont besoin de toucher quelquefois de leurs lèvres, le front d'une femme ou la joue d'un enfant, pour croire encore à la fraîcheur de la vie et éloigner un moment les menaces de la mort. As-tu peur de mes vieilles lèvres? Comme j'avais pitié de toi ces mois-ci!...

MÉLISANDE

Grand-père, je n'étais pas malheureuse...

ARKEL

Peut-être étais-tu de celles qui sont malheureuses sans savoir qu'elles le sont... Laisse-moi te regarder ainsi, de tout près, un moment... on a un tel besoin de beauté aux côtés de la mort...

(Entre Golaud.)

GOLAUD

Pelléas part ce soir.

ARKEL

Tu as du sang sur le front. — Qu'as-tu fait?

GOLAUD

Rien, rien... j'ai passé au travers d'une haie d'épines...

MÉLISANDE

Baissez un peu la tête, seigneur... Je vais essuyer votre front...

GOLAUD *(la repoussant)*

Je ne veux pas que tu me touches, entends-tu? Va-t'en, va-t'en! — Je ne te parle pas. — Où est mon épée? — Je venais chercher mon épée...

MÉLISANDE

Ici; sur le prie-Dieu.

GOLAUD

Apporte-la. — *(A Arkël)* On vient encore de trouver un paysan mort de faim, le long de la mer. On dirait qu'ils tiennent tous à mourir sous nos yeux. — *(A Mélisande)* Eh bien, mon épée? — Pourquoi tremblez-vous ainsi? — Je ne vais pas vous tuer. Je voulais simplement examiner la lame. Je n'emploie pas l'épée à ces usages. Pourquoi m'examinez-vous comme un pauvre? — Je ne viens pas vous demander l'aumône. Vous espérez voir quelque chose dans mes yeux, sans que je voie quelque chose dans les vôtres? Croyez-vous que je sache quelque chose? — *(A Arkël)* Voyez-vous ces grands yeux? — On dirait qu'ils sont fiers d'être purs... Voudriez-vous me dire ce que vous y voyez?...

ARKËL

Je n'y vois qu'une grande innocence... ([3]).

GOLAUD

Une grande innocence!... Ils sont plus grands que l'innocence!... Ils sont plus purs que les yeux d'un agneau... Ils donneraient à Dieu des leçons d'innocence! Une grande innocence! Écoutez: j'en suis si près que je sens la fraîcheur de leurs cils quand ils clignent; et cependant, je suis moins loin des grands secrets de l'autre monde que du plus petit secret de ces yeux!... Une grande innocence! Plus que de l'innocence! On dirait que les anges du ciel s'y baignent tout le jour dans l'eau claire des montagnes... Je les connais ces yeux! Je les ai vus à l'œuvre! Fermez-les! fermez-les! ou je vais les fermer pour longtemps!... — Ne mettez pas ainsi la main droite à la gorge; je dis une chose très simple... Je n'ai pas d'arrière-pensée... Si j'avais une arrière-pensée, pourquoi ne la dirais-je pas? Ah! ah! — ne tâchez pas de fuir! — Ici! — Donnez-moi cette main! — Ah! vos mains sont trop chaudes... Allez-vous-en! Votre chair me

3. *Innocence:* c'est l'innocence même de Mélisande, jointe à son éloignement progressif, qui exaspère le rude Golaud et l'incite à la violence. Il sait que Pelléas et elle s'aiment « comme des petits enfants ».

dégoûte!... Ici! — Il ne s'agit plus de fuir à présent! — *(Il la saisit par les cheveux* [4]*.)* — Vous allez me suivre à genoux! — A genoux! — A genoux devant moi! — Ah! ah! vos longs cheveux servent enfin à quelque chose!... A droite et puis à gauche! — A gauche et puis à droite! — Absalon! Absalon! [5] — En avant! en arrière! Jusqu'à terre! jusqu'à terre!... Vous voyez, vous voyez; je ris déjà comme un vieillard...

ARKEL *(accourant)*

Golaud!...

GOLAUD *(affectant un calme soudain)*

Vous ferez comme il vous plaira, voyez-vous. — Je n'attache aucune importance à cela. — Je suis trop vieux; et puis, je ne suis pas un espion. J'attendrai le hasard [6]; et alors... Oh! alors!... simplement parce que c'est l'usage; simplement parce que c'est l'usage...

(Il sort.)

ARKEL

Qu'a-t-il donc? — Il est ivre?

MÉLISANDE *(en larmes)*

Non, non; mais il ne m'aime plus... Je ne suis pas heureuse!... Je ne suis pas heureuse!...

ARKEL

Si j'étais Dieu, j'aurais pitié du cœur des hommes... [7].

---

4. *Par les cheveux*: la longue chevelure ondoyante est le caractère commun des héroïnes maeterlinckiennes, et Pelléas a célébré sa beauté en des termes lyriques (III, 2).

5. Fils du roi David, qui se révolta contre son père. Fuyant après une défaite, il se prit les cheveux (qu'il avait fort longs) dans les branches d'un arbre, fut capturé et tué.

6. *J'attendrai le hasard*: le discours de Golaud, comme souvent chez Maurice Maeterlinck, est plus important par ce qui n'est pas dit, mais suggéré, que par son contenu explicite.

7. *Si j'étais Dieu*: ce propos condense toute la philosophie de l'écrivain, où l'absurdité de la vie excuse, sans la justifier, la folie des hommes.

André BAILLON

*Il est difficile de dissocier la vie et l'œuvre de Baillon, tant celle-ci épousa les flux et les reflux de celle-là. Né en 1875 dans la bourgeoisie anversoise, Baillon se retrouva bientôt orphelin. Une éducation rigoureuse, certaine disgrâce physique, la maladie, eurent tôt fait de développer en lui un tempérament angoissé et hypersensible. Ruiné, il tâte de diverses professions, où il rencontre trop souvent le goût de l'échec. Tard venu aux lettres, il se fixe à Paris en 1920 pour y vivre pauvrement de sa plume. Sa santé le tourmente de plus en plus, mais il sait analyser les moindres mouvements de son être avec une impitoyable lucidité. Ce constant exercice ne pouvait qu'exacerber son angoisse: il se suicide en 1932. L'homme et son destin parurent si fascinants à Marie de Vivier qu'elle les fit revivre dans un roman (*L'homme pointu*, 1942).*

Baillon est un bon exemple de ces écrivains isolés qui tirent du tréfonds d'eux-mêmes le meilleur de leur inspiration et de leur expression. Ses textes valent par la lucidité poignante avec laquelle sont traitées les aventures sordides de héros en qui on n'a nulle peine à reconnaître les multiples facettes de la personnalité de l'écrivain, par la précision avec laquelle sont rapportées leurs inflexions de pensée ou de sentiment. Cette lucidité se traduit dans une prose toute de phrases brèves, incisives, au rythme parfois névrotique, une syntaxe sachant jouer des styles direct et indirect libre, un savant mélange de naïveté travaillée et de causticité et par une économie de mots qui est une véritable ascèse.

BIBLIOGRAPHIE

Cf. *B.E.F.B.*, t. I.

A consulter:

Gaston-Denys PERIER, *André Baillon*, Bruxelles, 1931.

Roger de LANNAY, *Un bien pauvre homme: André Baillon*, Bruxelles, 1945.

Marie de VIVIER, *Introduction à l'œuvre d'André Baillon*, Bruxelles, 1950.

Albert DOPPAGNE, *André Baillon, héros littéraire*, Bruxelles, 1950.

Adrien JANS, *André Baillon, Les meilleures pages*, Bruxelles, La Renaissance du Livre, 1961.

DÉLIRES

Ce texte est extrait de la première partie de Délires, *bref ouvrage au titre significatif (Paris, La jeune Parque, 1927, pp. 30-35 ; Bruxelles, Labor, 1931). A ce moment, Baillon a déjà donné trois de ses meilleurs œuvres (*Histoire d'une Marie, *1921,* En sabots, *1923,* Un homme si simple, *1925) et a déjà connu son premier séjour en maison de santé (voir* Chalet I, *1926), expérience dont on trouvera ici une trace.*

L'extrait rend compte des obsessions qui sont celles de l'homme et de l'écrivain, pour qui les signes les plus banals finissent par prendre chair et réalité.

Germaine [1], (...) étudiait son Beethoven: Pam... pam-pam! Toujours grand ce Beethoven! Il dit:

— Je vais faire comme toi. Je vais travailler.

Il s'enferma dans sa chambre. Il alla vers son miroir:

— Un su-sucre, Fox? Nous avons les yeux tristes, un peu hagards. Qu'est-ce qu'il y a? Bah! Au travail, Fox.

Il reprit sa phrase de la veille.

— Marie était... [2]

Qu'est-ce qu'elle était, Marie? Tiens! « Marie, » le mot sur le papier bougea, se souleva, prit un corps, puis deux ailes, s'envola et, droit par l'œil, lui entra dans le cerveau. Cela se mit aussitôt à ronger. Mais non! Que les mots, la nuit, fissent des grimaces, il le savait. Mais en plein jour, les mots ne prennent pas d'ailes, les mots sont des signes, les mots ne deviennent pas des mouches qui entrent par un œil pour vous ronger le cerveau. La preuve: il courait là, sur sa page. Du bout du doigt, il l'aplatit. Mort! Cela fit une tache.

Certes, non, il n'avait pas peur! Voir ce qui arrive? Il essaya d'un autre mot:

— Était

Vraiment oui, le mot vivait. Des pattes, une carapace, un bout de trompe, on aurait dit de ces bêtes qui percent le bois. Elle

1. Germaine est l'épouse du héros, écrivain. C'est le nom, pas même déguisé, de Germaine Lievens qui, depuis 1912, a partagé l'existence de Baillon. S'il faut en croire le narrateur, l'héroïne a été soignée pour folie et, au plus fort de la maladie, il a fait le vœu de « donner son cerveau » si elle guérissait. Mais qui est fou? Jamais la Germaine du livre n'a joué de Beethoven...

2. *Marie était...*: première phrase du roman auquel le héros travaille. Ces mots, il les a déjà écrits plusieurs fois sous les yeux du lecteur, mais n'est pas encore allé plus loin. Marie est l'héroïne de ce roman, héroïne « dans le genre d'une Marie qu'il avait aimée autrefois... » (p. 22). Le détail est également autobiographique (Baillon a écrit *L'Histoire d'une Marie*).

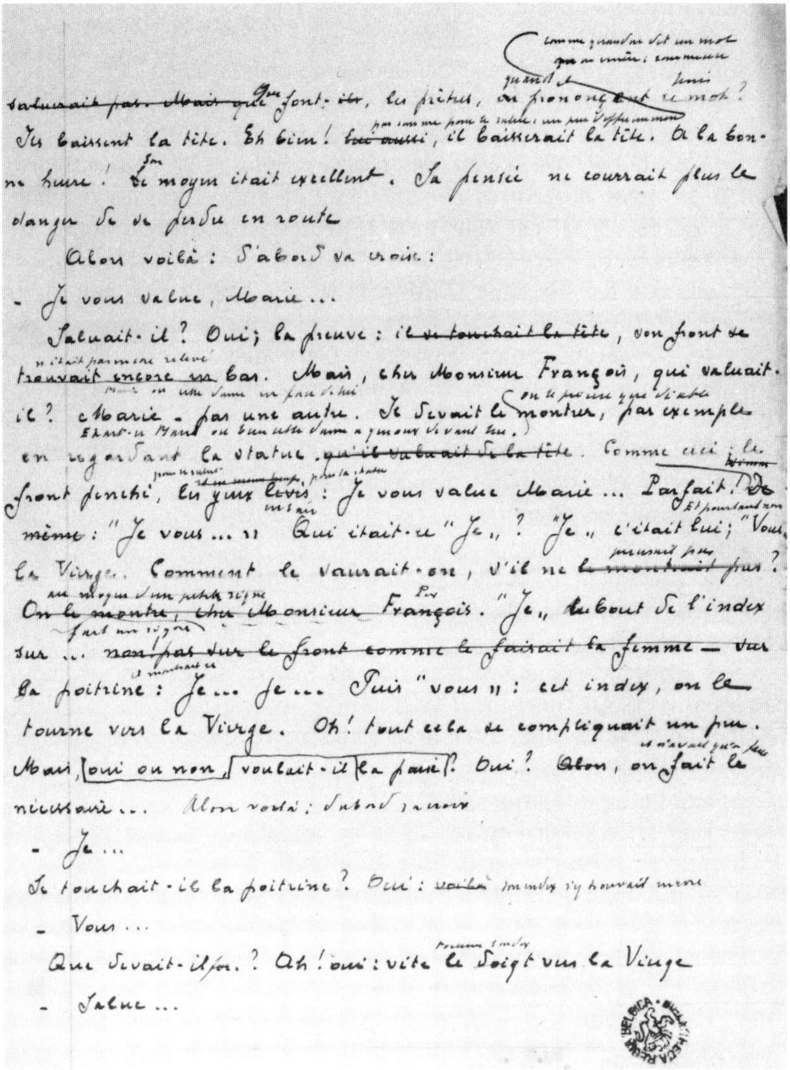
Ils baissent la tête. Eh bien! lui aussi, il baisserait la tête. À la bonne heure! Le moyen était excellent. Sa pensée ne courrait plus le danger de se perdre en route.

Alors voilà : d'abord se croiser :

— Je vous salue, Marie...

Saluait-il? Oui; la preuve : il se touchait la tête, son front se trouvait encore en bas. Mais, chez Monsieur François, qui saluait-il? Marie — pas une autre. Il devait le montrer, par exemple en regardant la statue qu'il saluait de la tête. Comme ceci : le front penché, les yeux levés : Je vous salue Marie... Parfait! De même : "Je vous..." Qui était-ce "Je"? "Je", c'était lui; "Vous", la Vierge. Comment le saurait-on, s'il ne le montrait pas? On le montre, chez Monsieur François. "Je", le bout de l'index sur... non pas sur le front comme le faisait la femme — sur la poitrine : Je... Je... Puis "vous" : cet index, on le tourne vers la Vierge. Oh! tout cela se compliquait un peu. Mais, oui ou non, voulait-il la faire? Oui? Alors, on fait le nécessaire... Alors voilà : d'abord se croiser

— Je...

Se touchait-il la poitrine? Oui : voilà

— Vous...

Que devait-il faire? Oh! oui : vite le doigt vers la Vierge

— Salue...

André Baillon. — Les Mots (Délires). Feuillet détaché. Archives et Musée de la littérature.

(Copyright Bibliothèque Royale Albert Ier.)

grimpa le long du porte-plume, puis droit par l'œil lui bondit dans le cerveau. Cela se mit aussitôt à ronger. Ah! ah! une bête. Elle se traînait d'ailleurs sur le papier:

— Tiens bête!

Sous l'ongle, il l'écrasa. Cela fit une deuxième tache.

Voir ce qui arrive? Au hasard, il traça:

— Il ne faut pas jeter le marc dans l'évier.

Cela grouillait! Ce n'était pas des vers, puisqu'ils agitaient des pinces et aussi des pattes comme des homards. Mais ils avaient un corps de ver. Il eut tout juste le temps. Il abattit le poing:

— Tenez vers!

Quelle bouillie! Sa page en fut souillée. Le singulier roman qu'il écrivait là! Il pensa:

— Je vais montrer mon ouvrage à Germaine.

Pam-pam-p... Beethoven resta une main en l'air. Elle regarda. Elle dit:

— Eh! bien, c'est à cela que tu travailles? Des pâtés d'encre!

Où voyait-elle des pâtés d'encre? Il expliqua:

— C'est du jus de mots.

Elle fit:

— Évidemment! L'encre, c'est du jus de mots.

Pauvre Germaine! Elle était guérie: quand même, il restait quelque chose. Il précisa:

— Comprends donc: ce n'est pas de l'encre. Ces mots vivaient. Je les ai tués. Tu vois? Là et là.

Il montra les places. Puis il se fâcha parce qu'elle soutenait:

— Tu dis des bêtises.

Après, oui, il dut en convenir:

— En effet, c'est de l'encre.

Il en avait plein les doigts. Elle dit alors:

— A la bonne heure. D'ailleurs, tu le sais bien, on ne tue pas les mots.

On ne tue pas les mots? Évidemment, on ne tue pas les mots. Mais si on ne tue pas les mots, ils vivent et s'ils vivent... Ils étaient dans son cerveau. Il les sentit. Sa pauvre tête, mon Dieu! comme les mots y rongeaient.

Il comprit et tout aussitôt comprit autre chose. Il avait dit: « Je donne mon cerveau. » Les mots lui prenaient son cerveau. Il prononça:

— Ce qui arrive est juste.

Et ces mots comme les autres entrèrent et lui rongèrent le cerveau. Il retourna dans sa chambre et miroir fut un mot avec un chien qui sourit et vous mord le cerveau. Il ne fut pas surpris: il fit quelques pas et, comme s'il avait marché dans une fourmilière, des mots coururent sur ses pieds, des mots coururent sur ses jambes, des mots coururent sur ses mains, des mots montèrent vers sa tête, des mots qui cherchaient et trouvaient son cerveau. Ils étaient comme ils sont quand les mots vous cherchent le cerveau: avec des dards d'abeille, avec des griffes de lion, avec des ailes comme des oiseaux, avec d'ignobles barbes d'homme, avec le masque boursouflé qui ne ressemblait plus au visage de Germaine: là un mot qu'elle avait lancé, là un mot qu'il avait écrit, là un mot qu'il avait pensé, là un mot qu'il avait dit. Mon Dieu! pourquoi, dans sa vie, avait-il animé tant de mots?

Franz HELLENS

Franz Hellens est le pseudonyme de Frédéric Van Ermengem. Né à Bruxelles en 1881, mort en 1972, il a passé son enfance à Wetteren, près de Gand; son père, médecin, enseignait à l'Université de Gand, alors française. Il a fait des études de droit et a été bibliothécaire au Parlement. Il a beaucoup voyagé et a eu toute sa vie une intense activité littéraire. Non seulement il publie plus de cent livres, mais il joue un grand rôle dans les revues littéraires, notamment en fondant Signaux de France et de Belgique *en 1921 (« signaux », parce qu'on se fait signe d'un pays à l'autre) et, avec le poète Mélot du Dy, en 1922,* Le Disque vert *(c'est-à-dire la voie ouverte, la route libre vers de nouvelles curiosités, de nouvelles inspirations).*

Il n'a pas été successivement, mais en même temps conteur, poète, romancier, essayiste. Si dans Moreldieu *(1946), roman cruel et dur, il est resté fidèle au réalisme de ses débuts, s'il a été tenté aussi par le roman psychologique, il faut surtout citer son roman onirique* Mélusine *(1920, donc avant le surréalisme), son roman psychanalytique et symboliste* Mémoires d'Elseneur *(1954) et surtout ses contes, ses nouvelles, évoquant des* réalités fantastiques. *C'est le titre d'un recueil paru en 1931; Hellens a publié en 1941 de* Nouvelles Réalités fantastiques *et, en 1967, un essai,* Le Fantastique réel.

Il reconnaît lui-même que, s'il fallait définir l'essentiel de son œuvre, c'est par ces deux mots, réalités fantastiques, *qu'on le ferait le mieux.*

Il a fortement subi l'influence de Poe, mais au lieu d'aller du fantastique au connu ou d'essayer de susciter une progression de la peur ou de l'angoisse, il introduit insidieusement le mystère dans la réalité quotidienne, toujours maintenue cependant au bord du magique ou de l'inexplicable.

BIBLIOGRAPHIE

Cf. *B.E.F.B.*, t. III.

A consulter:

Le Dernier Disque vert. Hommage à Franz Hellens, Paris, Albin Michel, 1957.

Albert AYGUESPARSE, *Franz Hellens,* Bruxelles, La Renaissance du Livre, « Collection anthologique belge », 1959.
André LEBOIS, *Franz Hellens,* Paris, Seghers « Poètes d'aujourd'hui », 1963.
Franz Hellens, André LEBOIS. Paris, Seghers « Poètes d'aujourd'hui », 1963.
Franz Hellens, Recueil d'études, etc. à l'occasion de son 90e anniversaire. Sous la direction de Raphaël De Smedt. Bruxelles. André De Rache, 1971.

UN VOYANT

Fin d'une des nouvelles, Un Voyant, *du recueil* Les Marées de l'Escaut, *Paris, Albin Michel, 1953. Un fait réel a donné naissance à cette nouvelle; il a été raconté en une page par Hellens (Elens) dans* Documents Secrets, *Paris, Albin Michel, 1958, p. 78: peu avant de mourir, le peintre Modigliani (1884-1920), avait fait le portrait d'Hellens, qui l'avait rencontré à Nice; portrait peu ressemblant, qui représente l'écrivain, âgé de près de quarante ans, exagérément rajeuni.*

Hellens se marie peu après; sa femme ne le reconnaît pas non plus dans cette peinture qu'elle trouve inquiétante.

L'impression défavorable de cette peinture sur ma femme et l'état où elle se trouvait à cette époque (elle attendait un enfant) me dictèrent la seule chose qu'il y eût à faire: vendre le portrait afin d'en éloigner le souvenir. Si l'artiste eût encore vécu, je lui eusse envoyé le produit de la vente; mais il venait justement de disparaître (1), et sa femme à sa suite, de la façon tragique que j'ai indiquée en commençant. J'avais proposé l'achat du tableau à un de mes amis habitant en Angleterre et que je savais grand amateur d'art contemporain; le prix qu'il m'en offrit, sans me paraître exagéré, n'était pas en rapport avec celui que j'avais payé au peintre. Je l'acceptai cependant parce qu'il correspondait exactement à la somme dont j'avais besoin pour retourner avec ma femme à Paris où une situation m'était offerte.

Quinze années s'écoulèrent. Au début, je m'intéressai quelque temps aux destinées du portrait. Je savais qu'il avait été revendu pour une somme assez importante, dix ou douze fois celle que j'avais acceptée de mon ami. Ensuite le souvenir m'en était complètement sorti de la tête.

Il n'y a pas longtemps, je l'ai vu reparaître dans la chronique des ventes d'art avec la mention d'un prix imposant.

1. Il a dit plus haut qu'après la mort du peintre, sa femme, réduite au désespoir, s'était jetée par la fenêtre, un enfant dans les bras. Ce dernier détail n'est pas véridique.

Je ne sentirais pas le besoin de signaler ce fait, si je ne m'étais rappelé que j'avais gardé de ce portrait mieux qu'un simple souvenir.

Autrefois, avant de me séparer du tableau, j'en avais fait faire une photographie, à l'insu de ma femme. Les épreuves, ou pour mieux dire l'unique épreuve que j'en avais conservée, avait été reléguée au fond du tiroir le plus obscur. Qu'était-elle devenue, quelle retraite s'était-elle choisie après nos nombreux déplacements? Chaque chose a son destin, parfois bizarre, et celui de ces objets minces et flexibles, légers, furtifs, qu'on nomme dédaigneusement des « papiers », m'a toujours paru plus mystérieux que les autres. J'ai vu de ces papiers auxquels je n'avais attaché aucune importance, livrer leur signification après un long voyage dans les ténèbres d'un bureau, un patient séjour dans quelque livre ou à une autre place, plus oubliée encore, où ils s'étaient glissés et finalement arrêtés, on ne sait comment ni pourquoi.

J'eus donc la curiosité de revoir le portrait, ou plutôt la photographie, après de si longues années. Mais comment retrouver cette épreuve? Je commençai par visiter mes tiroirs, consultai ensuite les nombreuses enveloppes, fardes (2) et portefeuilles de toute sorte où j'avais l'habitude d'enfermer les reproductions, les photos, les gravures accumulées dans les différentes pièces de mon appartement et jusqu'au grenier. Je ne sais pourquoi je mettais tant d'obstination dans mes recherches, convaincu que je ne retrouverais jamais cette photographie qui avait bien pu s'égarer à la suite d'autres objets de caractère indépendant et aventureux. Après une journée ou deux de ce travail, ma nervosité devint si apparente que ma femme s'en aperçut; j'eus un instant l'idée de l'associer à mes efforts, mais il eût été nécessaire de lui confesser la cause de ma curiosité, cela m'était impossible. Je m'avouais le peu d'intérêt de ces recherches. Mais l'obstination est une des marques de mon caractère: quand j'ai commencé un examen ou une expérience, il est rare que je ne pousse pas cette occupation jusqu'en ses limites dernières, même si je me suis aperçu en route qu'elle ne mènerait pas loin. Je cachai comme je pus mon souci et me mis, en désespoir de cause, à feuilleter l'un après l'autre tous les ouvrages de ma bibliothèque. Le résultat

2. *Farde*, encore vivant en français dans le sens de balle de café, est couramment employé en Belgique et dans le nord de la France, ainsi que le notait Littré, pour: liasse de papiers, chemise, carton, dossier.

Portrait de Franz Hellens peint par Modigliani.
(Photographie de la toile appartenant à Monsieur Georges Daelemans, Bruxelles.)

ne fut pas meilleur et il me fallut en rester là, ayant fait le tour de mon domaine. « J'ai dû négliger quelque recoin, pensai-je. Reposons-nous deux ou trois jours avant de reprendre notre exploration. »

Le lendemain, j'achevais paisiblement mon courrier, quand j'éprouvai le besoin de consulter le Littré au sujet d'une expression sur le sens de laquelle il me venait un doute. Je ne peux interpréter autrement cette impulsion que comme la réponse à un appel, car, à vrai dire, le doute était léger. A peine eus-je ouvert le volume, je tombai sur la photographie que je cherchais. J'avoue que je reçus un choc au cœur: là, si près de moi, à portée de main, et dans des parages où je me rendais presque chaque jour! Comment se faisait-il que je n'eusse pas rencontré cette photo au cours de mes fréquentes consultations? Cette question m'eût retenu quelques secondes si le premier regard jeté sur la reproduction que je tenais en main ne m'avait plongé dans une autre stupeur.

Ma main se mit à trembler et je fermai un instant les yeux, frappé par une constatation inattendue. C'était une excellente photographie, d'une netteté parfaite, imprimée sur papier brillant, ce qui rendait l'image plus claire et en même temps plus vivante, sans compter l'effet produit par la réduction du format. Il est certain que ni moi, ni ma femme, ni mes amis, personne ne s'était trompé autrefois au sujet de la ressemblance de cette peinture. Je me regardai dans la glace; impossible de me retrouver sous ces traits ou pour mieux dire de me rappeler mon ancienne apparence; elle n'y était pas, et les quinze années qui s'étaient écoulées depuis l'époque où l'artiste exécuta le portrait ne m'avaient pas conduit sur la voie. Il est des ouvrages dont le sens n'apparaît qu'à la longue; ce ne fut pas le cas pour celui-ci. Non, le temps n'y avait rien ajouté, ne m'avait pas aidé à le comprendre, de même qu'il ne m'avait pas amené non plus à constater que le peintre, ainsi que je me l'étais figuré autrefois, prenant comme prétexte mon visage, s'était borné à s'exprimer lui-même dans cette figure.

La révélation fut complète, immédiate, unique. Je revis à l'instant celui qui avait créé l'image. Pendant une seconde il fut devant moi, plus récent que s'il fût revenu sous sa forme humaine: deux yeux seulement, mais ce regard qui m'envahissait, qui m'absorbait, m'enveloppait, était dans tout le sens du terme un regard prophétique.

J'appelai ma femme et lui montrai la photographie :

« Mais c'est le portrait de Serge ! s'écria-t-elle, à peine l'eut-elle sous les yeux. Où as-tu trouvé cette photo ? » Pas un instant, elle n'avait songé que ce fût celle du tableau fait à Nice.

Le doute n'était plus possible : le portrait que je venais de retrouver était celui de notre enfant.

C'était aussi le mien, celui de cet éternel enfant que chaque homme porte en lui, cette ressemblance obscure, miroir embué où se cache la mystérieuse origine, l'image insoupçonnée de ce que nous avons toujours été et que la vie répète en ses saisons successives.

Marie GEVERS

Marie Gevers est née le 30 décembre 1883 à Edegem, au sud d'Anvers. Elle y a toujours vécu, en pleine nature, dans le beau domaine familial de Missembourg.

Après s'être consacrée pendant plus de quinze ans à la poésie, elle a publié, à partir de 1931, des romans, des contes, des herbiers, des almanachs, des récits de voyages, des souvenirs.

On retiendra surtout, en dehors de Vie et Mort d'un étang *(1950), l'une de ses œuvres maîtresses, quelques romans:* La Comtesse des digues *(1931; paru d'abord à Paris dans « La Petite Illustration », puis en volume avec une préface de Charles Vildrac),* Madame Orpha ou la Sérénade de mai *(1933),* Guldentop *(1935),* La Ligne de Vie *(1937); Château de l'Ouest (1948).*

Selon le mot de Georges Sion, son œuvre est une « œuvre d'accord: accord entre un monde végétal, un monde animal et un monde humain; entre les passions et les saisons, les pensées et les météores, les larmes et les joies, dans une immense et grave douceur qui a toujours de la force ». Elle a traduit en français plusieurs ouvrages flamands ainsi que les contes espagnols de la reine Fabiola.

Dès 1938, Marie Gevers a été élue membre de l'Académie royale de langue et de littérature françaises.

Marie Gevers s'est éteinte le 9 mars 1975.

BIBLIOGRAPHIE

Cf. *B.E.F.B.*, t. II.

A consulter:

Adrien JANS, *Marie Gevers*, « Portraits ». Bruxelles, De Meyère, 1964.

CE SOIR, JE M'INTERROGE

Vie et Mort d'un étang *a paru à Paris en 1950 dans le supplément littéraire de « France-Illustration », puis à Bruxelles en 1961, et enfin en 1974 dans le volume offert à Marie Gevers (à Bruxelles, chez Jacques Antoine) par ses confrères pour ses 90 ans et qui réunit* Madame Orpha *et ce très beau « récit autobiographique ».*

Marie Gevers, toujours fascinée par l'eau et par la pluie comme par la lumière, y évoque sa vie au bord de cet étang de sa propriété de Missembourg, son enfance heureuse, ses joies et ses peines, les êtres aimés, sa communion avec cette eau, avec les arbres, les oiseaux, les fleurs, les saisons, les odeurs.

Quand l'étang est mort, desséché, elle tient le journal de ces mois douloureux de 1944 et de 1945 où la Belgique est libérée mais où la région d'Anvers vit dans l'épouvante des milliers de bombes volantes, V 1 et V 2, lancées par les Allemands dans la direction de la ville et du port, et dont l'une a tué un des fils, Jean, de l'écrivain.

C'est dans la cave où elle s'est réfugiée que, peu après cette mort, Marie Gevers, le soir de Noël 1944, écrit cette page émouvante.

25 Décembre. Ce soir je m'interroge:

Comment en es-tu arrivée à détruire en toi la haine, si vivace, et qui avait foisonné, de 1914 à 1918? Cette rage, cette frénésie qui te soulevait au seul mot: « Allemand »? Ce désir fou d'écraser d'un coup de pied tout un peuple? Cette certitude absolue que tout ce qui vit de l'autre côté du Rhin est bas, affreux, immonde? Ce sentiment d'allégresse qui te soulevait en voyant passer quelque cortège d'enterrement allemand dans les rues d'Anvers?

Eh! bien, je le sais. Oui, je sais quand mon âme a voulu rejeter la haine, et souvent j'ai raconté à des amis ce moment capital de ma vie morale. Je veux le retracer ici, pour moi-même, pour me fortifier en ce moment où j'ai tant besoin de forces, dans cette cave obscure où la mort peut entrer à tout instant, mais où sans doute, la Paix, un beau matin me sourira...

C'est en octobre 1918, lors de la suprême offensive alliée, et le lendemain des combats dans la forêt d'Houthulst... ([1]). Des autos avaient passé toute la nuit, sur la grand-route, et le ronflement des canons ne s'était pas tu depuis plusieurs jours. Ainsi devinions-nous une grande bataille. Peut-être le laconique communiqué officiel

1. *La Forêt d'Houthulst*, près de Dixmude, au nord-ouest de la Belgique, a été ravagée par de terribles combats pendant cette première guerre mondiale où la Belgique avait été entraînée malgré sa neutralité, parce qu'elle avait refusé à l'Allemagne le passage de ses troupes se dirigeant vers la France. La forêt d'Houthulst avait été définitivement libérée quelque temps avant le déclenchement de la sanglante offensive finale, qui devait mener les troupes belges jusqu'à Gand et se terminer par l'armistice du 11 novembre 1918.

Missembourg... Vie et Mort d'un Étang...
(Photo N. Hellyn, Bruxelles.)

nous en apprendrait-il quelque chose... J'irai à Vieux-Dieu [2] vers onze heures, j'en rapporterai le journal, j'emmènerai mon petit Paul [3].

Pour se rendre de chez nous au village, on prend d'abord une allée de hêtres, puis on rejoint la grande chaussée. A peine l'avons-nous atteinte que mon attention est attirée par des taches sur les pavés. D'abord, je crois à de l'huile de graissage échappée de quelque camion, mais bientôt je vois que ce sont, en quadruples traînées, des taches de sang, du sang humain, écoulé évidemment pendant le transport des blessés que les autos de cette nuit ramenaient du front.

Mon premier mouvement est celui de la joie:

— « Ah! ah! l'offensive marche bien, à ce qu'il me semble! »... Mais je tenais dans ma main une petite main enfantine, si douce, si confiante et toute chaude du sang de la santé et de la vie. Sur le point de dire à l'enfant: « Vois! hourrah! c'est du sang de Boche! » quelque chose d'indéfinissable me rctenait, quelque chose de confus, mais que je pourrais dénommer « Le respect de l'enfance »... Cependant, tout en avançant, une première idée se met à attaquer ma conscience: « Là-bas, dans l'autre sens, le même charroi se fait, avec notre sang qui coule, le sang des nôtres ». Et ma joie féroce s'affaiblissait, se mourait... Pourtant je n'étais plus inquiète de toi, mon compagnon [4], tu avais été réformé, puis mis dans un service auxiliaire en Angleterre, pendant que je regagnais le vieux nid avec les petits... Mais c'était une notion confuse de la réalité des massacres humains, dépouillée de toute phraséologie...

Et nous avancions lentement, doucement, suivant toujours ces traces de sang, moi, la jeune femme et son petit garçon.

« Depuis là-bas, continuait inflexiblement la voix en moi, depuis là-bas, à l'Yser [5], jusqu'ici, le sang coule, vide des artères, marque d'horribles traînées les pavés des routes, depuis là-bas. »

---

2. *Vieux-Dieu* (en flamand Oude-God), entre Anvers et Lierre, à quelques kilomètres de Missembourg.

3. *Mon petit Paul*: un des fils de Marie Gevers, Paul Willems, né en 1912; il est devenu lui aussi un excellent écrivain, romancier et dramaturge.

4. *Mon compagnon*: son mari.

5. *L'Yser*: fleuve côtier se jetant en Belgique dans la mer du Nord; c'est là qu'à l'extrémité du front les allemands furent arrêtés en 1914.

En arrivant au village — je me souviens exactement de l'endroit même: là où se dressait la borne kilométrique — ma pensée se transforme encore et *m'impose* ces mots-ci: « Du sang humain, ici, comme là-bas, c'est du sang d'*hommes*, et c'est la guerre qui a fait cela... Il faut que je combatte en moi la haine, et l'idée de guerre... Toute ma vie... toute ma vie... »

C'était comme un engagement inattendu et solennel; je sentais que désormais je ne pourrais plus éviter de telles pensées, qu'il faudrait travailler à y conformer mon cœur et ma vie et mes actes... Le choc moral fut tel, que je me mis à trembler de tous mes membres, et je fus contrainte de m'asseoir un moment sur cette borne de la route, comme moralement hors d'haleine...

Il m'a fallu bien des années pour vaincre la haine. Et alors que je la croyais morte, bien morte, mai 40 est venu la réveiller et je l'ai sentie tressaillir en moi... Comment je l'ai vaincue pour la seconde fois, dans une circonstance bien tragique pour moi-même... cela me fait trop mal encore d'y penser. Je ne pourrais retracer cette histoire-là, blessée comme je le suis par la mort de J. Peut-être le tenterai-je demain, ou *plus tard*... Ce soir de Noël, je ne puis qu'offrir au souvenir de la divine naissance les fruits de ma lutte avec le sentiment de haine ([6]).

6. Quelques semaines plus tard, le 2 février 1945, alors qu'elle est tentée de se réjouir, comme d'un juste retour des choses, de la panique et des hécatombes provoquées en Allemagne par les bombardements massifs de l'aviation, elle raconte pourquoi c'est la pitié qu'elle veut s'imposer. C'est en mai 1940 que, fuyant elle-même, réfugiée à Tournai dans une cave sous un bombardement intense, elle a senti qu'il lui fallait pardonner si elle voulait achever la prière de son *Notre Père*: « pardonnez-nous nos offenses comme nous pardonnons à ceux qui nous ont offensés ».

Fernand CROMMELYNCK

Né à Paris, de parents belges, en 1886, mort en 1970, fils de comédien et passionné dès l'enfance par le théâtre, Fernand Crommelynck fut auteur, acteur et metteur en scène. Ses premiers essais dramatiques — Nous n'irons plus au bois *(1906), comédie en vers,* Le sculpteur de masques *(1911) et* Le marchand de regrets *(1913), drames symbolistes dans le sillage de Maeterlinck — n'annoncent guère encore son véritable tempérament.*

Crommelynck est révélé en 1920 par Le cocu magnifique, *monté à Paris par Lugné-Poe, drame de la jalousie d'une intensité sauvage. L'écrivain l'appelle une « farce », procédé qui lui permet, au mépris même de la vraisemblance, un extraordinaire grossissement des situations et des caractères. Mais derrière la farce se profile le drame pessimiste.*

Les autres pièces de Crommelynck reprendront cette tonalité de bouffonnerie tragique, qui allie grossièreté et lyrisme. Chaque personnage est obsédé par une passion qui le dévore: Tripes d'or *(monté par L. Jouvet en 1925) ou l'avarice,* Carine ou la jeune fille folle de son âme *(1929) ou l'excessive pureté,* Une femme qu'a le cœur trop petit *(1934) ou les risques de la perfection,* Chaud et froid *(1934) ou la jalousie féminine. Les créatures de Crommelynck sont la proie d'un besoin d'absolu qu'ils échouent à satisfaire et qui les conduit à leur perte.*

L'outrance, la sensualité, la luxuriance verbale apparentent Crommelynck à d'autres dramaturges belges, comme Herman Closson ou Ghelderode.

BIBLIOGRAPHIE

Fernand CROMMELYNCK, *Théâtre,* Introd. de G. Perros, Paris, Gallimard. 1967-1968, 3 vol.

A consulter :

A. BERGER, *A la rencontre de Fernand Crommelynck,* Bruxelles, La Sixaine, 1947.

M. DOISY, *Le théâtre français contemporain,* Bruxelles, Les Lettres latines, 1947.

S. LILAR, *Soixante ans de théâtre belge.* Bruxelles, La Renaissance du Livre, 1952.

C. BERTIN, dans *Sabam 50, Un demi-siècle d'art en Belgique,* Bruxelles, Sabam, 1973.

Jeanine MOULIN, *Fernand Crommelinck, Textes inconnus et peu connus,* Bruxelles, Palais des Académies, 1974.

UN FESTIN D'AVARE *

Pierre-Auguste Hormidas a hérité de son oncle des maisons, des terres et surtout une somme de deux cent mille francs d'or, emmurée dans une cheminée.

Pierre-Auguste, jusque-là homme généreux et bienveillant, est pris à la vue de cet or d'une étrange folie. L'argent le rend égoïste et dur, méfiant et tyrannique. Il a décidé de convier parents et amis à un repas. La table est déjà dressée, mais prenant conscience de la dépense, Pierre-Auguste fait décommander tout le monde. Paraît le vétérinaire Barbulesque, qui va lui suggérer un surprenant moyen de veiller sur son or. Dans la scène finale, d'une outrance caractéristique de Crommelynck, Hormidas, sur sa chaise percée, meurt en restituant son or!

* *Tripes d'or*, pièce en 3 actes, acte II, Paris, Gallimard, 1967-1968.

PIERRE-AUGUSTE — (...) Ah! Barbulesque!... Quel bon vent t'amène? Le hasard fait bien les choses. *(Barbulesque jette un coup d'œil vers la table et comprend. Il est très amusé. Pierre-Auguste l'est moins.)* Justement, j'allais te prier à dîner pour l'un de ces quatre soirs. Hum... Viens ici, mon cher, viens ici. J'ai recours à tes soins. *(Il s'assied dans le fauteuil.)* Assieds-toi. *(Barbulesque s'assied en face de lui.)* J'ai sommeil, sommeil, sommeil, toujours.

BARBULESQUE — Dors.

PIERRE-AUGUSTE — Si tu peux m'endormir pour cent ans, je placerai mon argent qui fera des petits. Je ne veux pas dormir!

BARBULESQUE, *le plus simplement du monde:* — Ah! Bon. — c'est facile.

PIERRE-AUGUSTE, *tout réjoui:* — Vraiment?

BARBULESQUE — Ou...i! Quand tu dors, qu'est-ce qui dort de ta personne?

PIERRE-AUGUSTE — Mon corps.

BARBULESQUE — Non pas. Ton sang tourne, ton cœur roule, tes poumons sifflent et si la gale te démange, tu te grattes. Ou...i!

PIERRE-AUGUSTE — C'est donc mon esprit.

BARBULESQUE — Non pas. Ton esprit bat la campagne (1). Tu rêves que tu découvres un trésor, tu le caresses, tu l'embrasses, tu t'y vautres, et tu as un réveil déçu. Ou...i!

PIERRE-AUGUSTE — Est-ce alors que mon corps et mon esprit font chambre à part?

1. *Bat la campagne*: déraisonne, divague.

BARBULESQUE — Non pas. Si tu as des flatulences ([2]), tu feras un rêve gazeux; une cloque ([3]) au talon, un rêve pédestre. Si ton esprit construit un cauchemar traversé de deuils, de crimes et de ruines, ta peau donnera sa sueur et ton œil toute son eau. Ou...i!

PIERRE-AUGUSTE — C'est donc ma conscience qui dort?

BARBULESQUE — Non pas. Tu te retournes cent fois, sans tomber du lit, tu te réveilles à l'heure prescrite. Ou...i!

PIERRE-AUGUSTE — Alors quoi?

BARBULESQUE *(toujours très simplement, désignant l'orme devant la maison)* — Si tu regardes cet arbre, si tes mains le touchent, si ton nez odore ([4]) la fleur de son écorce, si tes oreilles entendent le chuchotement de son feuillage, si tu goûtes son fruit, si tous tes sens sont d'accord devant son évidence, cet arbre-là, tu le connais. Si tu le connais, tu le comprends, si tu le comprends tu le possèdes, si tu le possèdes tu l'aimes et si tu l'aimes, vraiment tu es cet arbre et cet arbre est toi-même. Ou...i!

PIERRE-AUGUSTE, *éberlué* — Je suis cet arbre!

BARBULESQUE — Tu es un éléphant, un rhinocéros, un gorille et ce gorille est toi-même. Et le renard est toi-même, et le porc est toi-même et tu te nommes Aliboron ([4]). Et tu es un hibou, un corbeau, un vautour. Et le brochet est toi-même, et le requin. Et le crapaud se nomme Hormidas et le serpent aussi. Et tu es le bousier ([6]), et tu es le nécrophore ([7]) et le pou se nomme Pierre-Auguste. Ou...i!

PIERRE-AUGUSTE, *ahuri, soupçonneux:* — Quel conte me fais-tu?

BARBULESQUE — Et tu sautes, tu grimpes, tu fouilles, tu rues, tu voles, tu nages, tu rampes. Tu barris, tu renâcles, tu grognes, tu brais, tu ulules, tu croasses. Et tandis que les bêtes comptent leur argent, je te soigne.

PIERRE-AUGUSTE — Quoi?

---

2. Accumulation de gaz dans l'estomac ou l'intestin.

3. Enflure, bouffissure de la peau provoquée par brûlure ou frottement.

4. *Odore*: de l'ancien français *odorer*, sentir.

5. *Aliboron*: par analogie avec l'ellébore, utilisé au moyen âge contre toutes les maladies, désigne un personnage ignorant et prétentieux; dans la fable, nom de l'âne.

6. Sorte d'insecte qui se nourrit des excréments du bétail.

7. Insecte qui enterre les cadavres des animaux avant d'y pondre ses œufs.

BARBULESQUE — Ceci est l'état de veille, le temps où tu aimes tous les êtres autour de toi, où tous les êtres t'aiment, que tu le veuilles ou non. C'est le temps où tu travailles à la création perpétuelle du monde en amour. C'est fatigant. Ou...i!

PIERRE-AUGUSTE *soupire:* — Ou...i!

BARBULESQUE — Mais si tu refuses de travailler, si tu te retires dans tes frontières, si tu veux faire provision d'amour pour le lendemain, — alors tu es Pierre-Auguste Hormidas, tout court, et tu es un pauvre homme qui dort.

PIERRE-AUGUSTE — Riche.

BARBULESQUE, *vivement, souriant:* — Ou...i. Voilà: ou dormir, ou supprimer le monde autour de toi.

PIERRE-AUGUSTE — Comment?

BARBULESQUE *se lève, baisse la voix:* — Pour supprimer le monde autour de toi, mange de l'or.

PIERRE-AUGUSTE *se lève aussi:* — Quoi?

BARBULESQUE *le doigt sur les lèvres en secret:* — Mange de l'or!... L'or potable!... L'or suspendu d'Helvétius... ([8]).

PIERRE-AUGUSTE — Ah? Ah! *(Illuminé.)* Oui, j'ai compris!

BARBULESQUE *parodique:* — Guérit et préserve de toutes les maladies, de toutes les fatigues:

PIERRE-AUGUSTE — Oui?

BARBULESQUE — ... la faim, la soif, le froid, le sommeil, l'amour.

PIERRE-AUGUSTE — Toutes?

BARBULESQUE — Sauf une.

PIERRE-AUGUSTE — Quelle?

BARBULESQUE *moqueur:* — La maladie de l'or.

PIERRE-AUGUSTE *éclate de rire, joyeusement:* — Bonne maladie!... Ah! ah! merci, mon cher. Je ne t'oublierai pas sur mon testament. *(Il le pousse vers la porte.)* Adieu, adieu, je ne te retiens pas, j'irai te voir. *(Au moment de le quitter, il l'arrête par le revers de son habit.)* Tu en manges, toi?

BARBULESQUE *d'un coup d'œil furtif vers la table:* — Merci, ce soir je n'ai pas faim.

---

8. *Helvétius*: l'or potable est une solution de chlorure d'or considérée jadis comme un cordial; l'or suspendu est l'or en dissolution, en « suspension » dans un mélange d'acide chlorhydrique et d'acide nitrique. Le philosophe français Helvétius (1715-1771) y fait allusion dans son traité posthume *De l'homme* (1772).

Il sort. Pierre-Auguste referme la porte, pousse le verrou. Arrêté contre la porte, il semble y digérer son humiliation.

PIERRE-AUGUSTE — Il me l'a vendu cher son remède. *(Il se redresse.)* Bah!... Il faut bien payer. Nous sommes quittes.

(Il tire de sa bourse une pièce d'or, de sa poche un couteau qu'il ouvre, et, dans la pâtée des chiens, raclant et limant comme il peut, il fait tomber une fine poussière d'or. Enfin, il prend une cuiller dans l'écrin, et avale sa bizarre médecine, gloutonnement.)

Robert VIVIER

Robert Vivier est né à Chênée (près de Liège) en 1894. Sa jeunesse fut profondément marquée par l'expérience de la guerre de 1914-1918 qu'il fit comme simple soldat, refusant tout grade, pour rester l'égal des hommes du peuple qu'il avait appris à estimer. La Plaine étrange *(1923) rapporte l'expérience désenchantée du fantassin que les combats entraînent de tranchée en tranchée.* Avec les hommes *(1963) il complète avec une émotion discrète ses souvenirs de guerre.*

Après avoir enseigné la littérature française et la littérature italienne à l'Université de Liège, Robert Vivier a terminé sa carrière de professeur dans une chaire de Sorbonne.

Ses romans illustrent une forme originale de populisme: Non *(1931),* Folle qui s'ennuie *(1933),* Mesures pour rien *(1947). Les héros en sont des gens simples: des ouvriers ou d'humbles ménagères. Le cadre dans lequel ils évoluent est celui que Vivier connaît bien: la grisaille des communes industrielles du bassin de Liège. En se penchant avec sympathie sur ces modestes existences, Vivier veut faire apparaître que l'individu ne peut guère agir sur son destin; il lui faut le subir et, surtout, le* sentir. *Écrit dans le même esprit,* Délivrez-nous du mal *(1936) raconte l'histoire vraie d'Antoine le guérisseur, fondateur d'un culte qui eut une influence réelle dans les milieux populaires du pays de Liège.*

*Assez différente de ses romans, la poésie de Robert Vivier est toute à l'écoute du monde intérieur, un peu à l'instar de celle de Jules Supervielle. Elle se fait fréquemment l'écho d'un sentiment inquiet devant l'instabilité de l'existence (*Déchirures, *1927), sentiment qui peut aller jusqu'à l'angoisse métaphysique. Le thème du temps occupe une place centrale dans cette méditation sans cesse reprise:* Au bord du temps *(1937),* Tracé par l'oubli *(1951),* Chronos rêve *(1959),* Dans le secret du temps *(1972).*

Cette œuvre dont on devine l'importance et la diversité comporte en outre une suite d'essais critiques où dominent les questions relatives à la création et à l'expression poétiques: L'originalité de Baudelaire *(1927),* Et la poésie fut langage *(1954),* Lire Supervielle *(1971).*

Il faut aussi mentionner deux livres délicieux, souriants et graves: Le Calendrier du distrait *(1968) et* A quoi l'on pense *(1965) ainsi qu'un recueil de récits dédiés « à quelqu'un qui avait sept ans »:* Écumes de la mer *(1959).*

Il a succédé à Maeterlinck, en 1950, à l'Académie royale de langue et de littérature françaises.

BIBLIOGRAPHIE

Poésie 1924-1959, Paris, Éditions Universitaires, 1964.

Proses, Anthologie. Introduction de Marcel Thiry. Bruxelles, La Renaissance du Livre, 1965.

La plupart des livres de Robert Vivier ont été publiés à la Renaissance du Livre, Bruxelles.

A consulter :

N. ZETTE, *Robert Vivier,* Bruxelles, Le Livre Belge d'Aujourd'hui, 1935.

D. SCHEINERT, *Robert Vivier, chercheur de silences,* in *Écrivains belges devant la réalité,* Bruxelles, La Renaissance du Livre, 1964.

R. FOULON, *Robert Vivier,* « Mains et Chemins, n° 9 », Bruxelles, André De Rache, 1974.

EMBRUN DE L'ÂGE

Une des suites du recueil Des nuits et des jours *(Paris, Seghers, 1968) a pour titre* Rumeur des trains*; le temps, associé à l'image du convoi, en est un des thèmes fondamentaux. Ce poème, l'avant-dernier, sera suivi de* Mais un feu vert... : *le convoi se remettra en marche, sans que l'incertitude soit levée : qui avance, les maisons, les villes ou nous-mêmes?*

Depuis que j'ai touché cette zone d'embrun,
Que tout rêve ébauché s'englue en somnolence,
Quelqu'un s'en va de moi, je ne suis plus quelqu'un
Mais un lieu de passage où des choses se pensent
Toutes seules, nouant et rompant leurs convois
Dont le poids bronche aux aiguillages et j'écoute
Ces trains mal accrochés qui cahotent sans doute
Vers le rouge des sémaphores à l'œil froid
Embusqués dans un hall aux verrières de rouille
Où les rails sont des parallèles qui s'embrouillent
Si bien que sur un rire de butoirs ternis
S'arrête court le roulement de mille années
Et l'on voit quel coffrage aux lattes résignées
Était l'indubitable bout de l'infini.

Charles PLISNIER

*Né à Ghlin, près de Mons (Hainaut belge) en 1896, mort à Bruxelles en 1952. Après avoir publié plusieurs recueils de poèmes (*L'enfant qui fut déçu, *1912,* Ève aux sept visages, *1919,* Prière aux mains coupées, *1930), il s'imposa entre 1930 et 1940, comme le plus important romancier belge de sa génération, sans toutefois abandonner le métier poétique (*Sacre, *1938,* Ave Genitrix, *1943). Il fut élu en 1937 a l'Académie royale de langue et de littérature françaises.*

Un recueil de nouvelles — certaines inspirées de l'action politique —, Faux-Passeports, *lui valut, l'année de sa publication (1937) la consécration du Prix Goncourt. Ses grandes fresques romanesques contenues surtout dans* Mariages *(1936) et dans les cinq volumes de* Meurtres *(1939-1941) devaient faire de lui le témoin lucide, sans complaisance mais sans cruauté inutile, d'une société incarnée dans ces familles bourgeoises de province que dévorent l'égoïsme, le mensonge, l'intérêt ou l'ambition.*

Sensibilisé de bonne heure aux luttes politiques et aux conflits sociaux de son Hainaut « rouge », partageant sa vie entre le Barreau, la poésie de la révolte et la lutte communiste, exclu du Parti en 1928 comme hérétique, Plisnier n'a cessé de rêver à l'édification d'une société plus vraie, plus juste et plus digne de l'homme. Parti du trotskysme, il finira par unir la Révolution et Dieu, tout en militant, dans ses dernières années de combat, pour une prise de conscience de sa patrie wallonne à l'intérieur du monde français.

BIBLIOGRAPHIE

Mariages, (version définitive), 2 vol., Paris, Corrêa, 1951.
Faux-Passeports, ou les Mémoires d'un agitateur, Paris, Corrêa, 1937.
Poèmes, Paris, Corrêa, 1938.
Meurtres, 5 vol. Paris, Corrêa, 1939-1941.

A consulter:

Roger BODART, *Charles Plisnier,* Paris, Éditions universitaires, Classiques du XXe siècle, 1954.
Jean ROUSSEL, *La vie et l'œuvre ferventes de Charles Plisnier,* Rodez, Ed. Subervie, 1957.

Charles PLISNIER, *Les meilleures pages* présentées par Charles BERTIN, Bruxelles, La Renaissance du Livre. 1964.

Roger FOULON, *Charles Plisnier,* Éd. Institut Jules Destrée, « Figures de Wallonie », 1971.

SOUS PEINE DE MORT

Sous peine de mort — *dont nous reproduisons un court extrait — est un de ces innombrables articles, notes ou essais que Charles Plisnier a confiés pendant quarante ans d'une vie tumultueuse à des journaux ou à des périodiques. Accueilli par la revue « Synthèses » en 1948, il n'était dans la pensée de son auteur que l'ébauche d'un essai beaucoup plus important. Sur le ton de l'ironie cinglante et crispée, ce pamphlet qui se situe au cœur des problèmes non résolus de l'après-deuxième guerre mondiale dénonce, avant Marcuse, l'échec moral de la société de consommation, l'ambiguïté avilissante du progrès, ainsi que la pharisaïsme de la civilisation « bourgeoise » qui en est responsable.*

Ce qu'on nomme si plaisamment « la vie moderne » — cette immense fabrique de bien-être, cette immense machine à aller vite — me paraîtrait même une chose assez sacrée si, au lieu d'avilir l'homme, elle l'aidait à se dégager de la bête; si, au lieu de stupéfier (1) l'homme, elle lui donnait le loisir de se replier sur son cœur.

Mais qu'importent vos belles routes d'asphalte et de bitume, si elles mènent à la bêtise; qu'importent vos beaux avions de verre et d'argent si, à mille à l'heure, ils vous emportent à l'assouvissement sans espoir? Le pick-up et le frigidaire sont d'agréables commodités, non des signes de civilisation. J'admirerais que l'homme construisît des sky-skrapers (2) de cent étages, si ce n'était au prix de son âme.

D'abord, achever de faire l'homme! On n'achève pas de faire l'homme. On a commencé de le défaire. L'homme ne s'asservit pas aux choses, il les asservit. L'homme, ce n'est pas le triomphe de la mécanique; c'est l'avènement de la liberté. Entendez-moi bien, Monsieur. Pas la liberté du bulletin de vote. Pas la liberté de dire merde. La liberté — tout court. C'est-à-dire la victoire sur les contingences, celles des objets, celles des appétits. Un acte irrationnel, absurde: Dieu qui donne son manteau, sa vie! Savoir ressembler à Dieu: c'est cela, la liberté.

1. Le sens fort du verbe s'impose dans ce contexte: abrutir, engourdir par une sorte d'inhibition les centres nerveux et la pensée de l'homme.

2. *Sky-Skraper*: Gratte-ciel. Charles Plisnier avait-il des raisons de préférer le mot anglais au terme français?

Hors de cette voie, tout progrès est une imposture. Hors de cette voie, toute révolution est un abus de confiance, une impasse diabolique, un saut dans la banqueroute, le désordre et le néant. Le progrès, oui — si vous tenez à ce mot bête —, mais avec Dieu! La révolution, oui, mais avec Dieu! Une révolution sans Dieu, c'est la mort. A tempérament — on compte par siècles — mais la mort.

Aujourd'hui, tout le monde veut une révolution, paraît-il. Moi aussi, je veux une révolution. Mais une révolution de Dieu. Avec Dieu devant, avec Dieu dedans, avec Dieu au bout.

Aujourd'hui, paraît-il, tout le monde veut un socialisme. Moi aussi, je veux un socialisme. Mais pas un socialisme de Karl Marx ([3]), un socialisme de n'importe qui: un socialisme de Dieu.

Ce socialisme-là ne ressemble pas à vos machines à fabriquer de la commodité. Ce socialisme-là ne ressemble pas à vos systèmes à fabriquer l'orgueil. Ce socialisme-là est une aspiration: il ressemble à un arbre. Un arbre qu'on a failli faucher. Un arbre dont les racines auraient été coupées par de mauvais sorciers. Il faut le rendre à l'humus éternel, au sang. Les racines dans l'humus, dans le sang; les branches dans Dieu, dans la justice.

« Celui qui ne travaille pas ne doit pas non plus manger. »

Qui a dit cela? Karl Marx, cet athée? Non. Saint-Paul ([4]).

« Vous avez été rachetés d'un grand prix au sang du Christ; ne devenez à jamais esclaves des hommes! » Qui a dit cela? Lamennais ([5]), cet apostat? Non. Saint-Paul.

3. Homme politique, philosophe et économiste allemand (Trèves, 1818-Londres, 1883). Coauteur du Manifeste du parti communiste (1847) et fondateur du socialisme « scientifique » selon lequel « l'ensemble des rapports de production constitue la structure économique de la société, la base réelle sur quoi s'élève une superstructure juridique et politique à laquelle correspondent des formes de conscience sociale déterminée ». C'est contre cette théorie matérialiste et déterministe que s'insurge l'humaniste chrétien qu'est devenu Charles Plisnier.

4. *Saint Paul* († Rome, 67), converti au christianisme, apôtre des Gentils c'est-à-dire des païens, a accompli plusieurs voyages missionnaires et composé quatorze épîtres où s'exprime sa forte personnalité de théologien et de cofondateur du christianisme.

5. Publiciste chrétien (Saint-Malo, 1782 - Paris 1854) ordonné prêtre en 1816, se sépare de l'Eglise en 1833. Auteur de deux ouvrages qui font sa gloire pour des raisons contradictoires: l'*Essai sur l'indifférence en matière de religion*, une « sorte de Génie du christianisme de la Restauration » (A. Thibaudet) et *Paroles d'un croyant* (1834) où il se révolte à la suite de la condamnation dont il a été l'objet de la part du Vatican: il y prend le parti des opprimés qu'il exalte contre les puissants dont il prédit la chute.

« Tu feras part de tout à ton frère et tu ne diras pas que c'est ton bien, car si vous êtes en communion pour ce qui est immortel, combien plus l'êtes-vous pour les choses périssables! » Où trouve-t-on ces paroles de soufre et de commandement? Dans quelque factum de subversion? Non. Dans la *Didachè* (6).

Et si vous priez dans les termes que le Maître a prescrits, que dites-vous? Vous dites: « Seigneur, que Votre volonté soit faite sur la terre comme au ciel! » Sur la terre, entendez-vous, *comme* au ciel. Pas l'offrande de ce qu'on n'a plus, pas la fraternité pour demain, pas la justice remise à l'autre monde: sur la terre. Sur la terre aussi. Seigneur, aussi sur la terre!

6. Terme grec qui signifie Enseignement ou Doctrine. C'est l'un des monuments les plus anciens de la littérature chrétienne primitive.

Marcel THIRY

Né à Charleroi en 1897, mais établi à Liège où il a fait des études de droit avant de reprendre le commerce de bois de son père, puis de devenir, en 1960, secrétaire perpétuel de l'Académie royale de langue et de littérature françaises où il avait été élu en 1939. Engagé à 18 ans dans l'armée belge, il participe, de 1915 à 1918, à l'odyssée du corps des auto-canons qui le conduisit du front russe à la Sibérie et aux U.S.A.

L'aventure de la guerre comme celle des affaires et l'expérience de la vie ont marqué l'œuvre fort personnelle de Thiry qui comprend, avec quelques essais, des romans et des nouvelles et une quinzaine de recueils de poèmes. Parmi ces derniers, citons Toi qui pâlis au nom de Vancouver *(1924),* Statue de la Fatigue *(1934),* Ages *(1950),* Usine à penser des choses tristes *(1956),* Vie Poésie *(1961),* Le Jardin fixe *(1969).*

La sensibilité très moderne de Thiry, le renouvellement qu'il a su apporter à une inspiration chercheuse et inquiète, sa maîtrise d'un vers souple qui joue dangereusement avec la prose comme pour mieux se jouer d'elle, ces qualités — et d'autres qui valent le plaisir de la découverte — ont fait de Marcel Thiry le poète le plus considérable que la Belgique contemporaine ait donné aux lettres françaises.

BIBLIOGRAPHIE

Poésie 1924-1957, Paris, Éditions universitaires, s.d.

Échec au temps, roman, Bruxelles, Renaissance du Livre, 1962.

Usine à penser des choses tristes, Lyon, Les Écrivains réunis, 1957.

Nouvelles du Grand Possible, Liège, Les Lettres Belges, 1960.

Le poème et la langue, Bruxelles, La Renaissance du Livre, 1967.

Le Jardin fixe, Lausanne, Éd. Rencontre, 1969.

Toi qui pâlis au nom de Vancouver, Oeuvres complètes (1924-1974), Paris, Seghers, 1975.

A consulter:

Hommage à Marcel Thiry, n° spécial de « Marginales » (Bruxelles, avril 1963).

Roger BODART, *Marcel Thiry,* « Poètes d'aujourd'hui », Paris, Seghers, 1964.

Roger FOULON, *Marcel Thiry, poète* (Marcinelle, 1969).

Marcel LOBET, *Marcel Thiry, reflets et réflexions* (Tournai, 1971).

BALANCE

*(*Statue de la fatigue, *Liège, Le Balancier, 1934.)*

J'aime en raison de toi le peuple des tramways
Qui rachète en vivant ta faute d'être belle;
L'employé hâve, et les enfants aux écrouelles ([1]),
Je les aime pour l'injustice que tu es.

Pour faire de plus loin l'acte de t'adorer,
Je prends passage à bord des cahotantes arches ([2])
Qui roulent, par les faubourgs pauvres, jusqu'aux marches
Sans joie où seul un cinéma est éclairé.

Je me joins dans l'odeur de l'atelier quitté
Aux esclaves qu'il faut parce que tu es libre,
Et je mâche l'orgueil de te faire équilibre
Et d'être uni à toi par une iniquité

Car ([3]) c'est l'heure où ta bleue et coupable voiture
Sort, vitres et beaux cuirs baissés, par les quartiers
De jardins, de silence et d'asphaltes altiers
Jusqu'aux bois frais qui te font fermer ta fourrure;

La vitesse est un fluide asservi, que ton pied
Dispense, et dont la source auguste est dans tes hanches ([4]);
Et quand la route incline ([5]) au cœur vert du hallier
Tu ralentis pour toucher de la main les branches.

---

1. Terme ancien qui désignait une inflammation d'origine tuberculeuse donnant lieu à des abcès froids; *enfants aux écrouelles* = enfants scrofuleux.

2. Périphrase qui reprend les *tramways* du v. 1, en insistant sur les secousses éprouvées par les voitures.

3. *Car* est ici le mot-pivot qui fait virer la pièce vers celle que le poète tient pour responsable d'une « iniquité » à laquelle il est lui-même lié et qu'il a tenté de réduire en faisant le simulacre de se mêler aux prolétaires « esclaves ».

4. Le corps de la femme aimée est poétiquement associé au mouvement qui règle la vitesse de l'auto: signe que c'est le pouvoir de la richesse — et du luxe — qui commande aux choses.

5. On remarquera l'emploi intransitif de *incline*: c'est comme si la route, dans sa courbe, faisait le geste de se pencher vers la profondeur des bois.

POETA SOCIUS

(Extrait de Le poème et la langue, *ch. XIV, Bruxelles, La Renaissance du Livre, 1967.)*

...Assurément nous n'avons pas besoin pour faire des vers de savoir qu'ils sont sociaux, ni d'ailleurs qu'ils pourront avoir un effet sur le langage; et si en les écrivant nous avons la préoccupation de leur donner cette portée, la poésie les fuirait aussitôt. Mais d'éprouver que cette nature qui est la nôtre et qui nous pousse à chercher le poème n'est pas contraire à la loi de société, et même qu'elle sert celle-ci, nous met en paix avec nous-mêmes. Non seulement en paix comme humains, mais comme poètes, dans notre fonction de poètes. Nous sommes par là libérés d'un scrupule qui aurait pu nous astreindre dans notre ouvrage poétique à des efforts de moralisme, de didactisme. N'essayons pas d'enseigner. Ce n'est pas la peine, et la peine ne pourrait que tuer la poésie. Le poème enseigne, il est moral et il sert s'il est bon poème.

Il m'est arrivé que des jeunes gens me demandent: « Croyez-vous qu'à notre époque, où s'impose la grande communication universelle, où les hommes sentent leur solidarité devant l'évolution accélérée du monde, le temps soit encore à une poésie essentiellement artiste et qui se prend pour sa propre fin? »

Je leur ai fait la vieille réponse que je crois suffisante: que le beau est social en soi. Mais, parce que la réponse est à la fois un peu trop transcendante et assez facile, j'y ai ajouté que je les priais de considérer l'action du poème sur le langage. Si par là, disais-je, il élève et rend plus apte et plus habile l'expression usuelle de la pensée, il me semble qu'il sert socialement. Et puis je me suis laissé aller à leur parler de cette image de l'élaboration du poème: dans les deux cas c'est l'éternelle négociation de la règle et de la novation, « de l'ordre et de l'aventure ».

Nous avons aperçu en plus d'un point, çà et là, au cours de notre petit itinéraire capricieux sur la frontière entre langue et poème, ce caractère constant du poème s'il est digne de s'appeler ainsi: il doit s'inventer sa loi propre aussitôt qu'il répudie la loi commune, car il ne peut exister sans loi. Il ne peut vivre anarchiquement. Faut-il rappeler cette vérité rebattue que les poèmes les plus affranchis en apparence sont ceux qui, pour exister, ont dû se donner dans le plus grand effort de création la règle originale la plus strictement déterminée?

Or c'est en cela que la démarche du poète ressemble à celle de l'*homo socius*. Celui-ci peut se libérer de la loi qu'il a reçue, c'est même le propre de l'homme de valeur d'être en avance sur cette loi; car celle-ci, dans la mesure où elle régularise et codifie les mœurs existantes, est elle-même nécessairement en retard sur l'évolution. Mais si l'homme enfreint la loi, il faut que ce ne soit qu'en se forgeant la loi meilleure. Et souvent — ainsi qu'il en sera pour le poème livré à « l'aventure » de sa propre révolution technique — la loi nouvelle sera plus dure pour son inventeur que la loi répudiée. Exemple la rupture du mariage ou du couple, exemple l'objection de conscience au service militaire: l'homme, sous peine de descendre vers un niveau moral inférieur et vers une anarchie, doit remplacer la convention rejetée par une nouvelle discipline, une nouvelle philosophie souvent plus strictes.

En poésie... le processus pour passer à la loi nouvelle sera souvent celui de l'infraction répétée. Une licence, un écart poétiques qui se renouvellent deviennent un ordre nouveau s'ils ont leur raison. Or, dans le droit des sociétés aussi, quand une faute contre la loi s'est installée au sein des mœurs, il se produit nécessairement que tôt ou tard une nouvelle loi la reçoit et l'organise. En cela le perpétuel effort de l'artiste pour entamer les interdits et porter plus loin le domaine du licite peut être proposé comme modèle à l'action civique. Désobéir, mais pour une obéissance supérieure.

A ces jeunes correspondants qui se préoccupaient d'un divorce apparent de la préoccupation purement poétique et de la préoccupation sociale je faisais encore remarquer combien, par ses contradictions mêmes, par ses tendances sans cesse en lutte intestine, le poète est le même que l'homme dans la société et que la société elle-même, bien que les poètes aient toujours aimé à se donner comme race élue ou race maudite, ce qui s'équivaut. Soyez sensibles à cette ressemblance profonde, leur disais-je; vous en amenderez votre sévérité pour une poésie que vous croyez nécessairement tour d'ivoire si elle ne juge pas devoir « s'engager » dans des croisades temporelles, même aussi pures que le temporel puisse l'être.

Michel de GHELDERODE

Né à Bruxelles en 1898, mort en 1962, Michel de Ghelderode était d'origine flamande mais d'éducation française. Il a raconté dans les Entretiens d'Ostende, *en les enjolivant un peu, les souvenirs de sa formation intellectuelle: un père archiviste lui aurait transmis le goût de la Flandre de jadis, tandis qu'une mère imaginative et superstitieuse peuplait son esprit de sorcières et de personnages maléfiques.*

Après bien d'autres, Ghelderode a porté à la scène quelques grandes figures: La mort du Docteur Faust *(1925),* Christophe Colomb *(1927),* Don Juan *(1928) ou* Barabbas *(1934). Mais ces œuvres tragiques, où Ghelderode aborde volontiers le thème pirandellien de l'authenticité, de l'unité de l'être, du jeu des apparences et des masques, ne font pas oublier chez lui le comique de mœurs et le rire, non plus que la peinture des grands vices et des fortes passions: l'avarice dans* Magie rouge *(1931), la luxure dans la* Farce des Ténébreux *(1936), l'amour de la vie et l'obsession de la mort dans la* Balade du Grand Macabre *(1934). C'est surtout dans de telles pièces que s'affirme l'inspiration « flamande » du dramaturge.*

Mais Ghelderode ne se laisse pas enfermer dans une formule. A côté de scènes truculentes et rabelaisiennes, d'autres rappellent que l'amour, la mort et la cruauté sont pour ses personnages le parfum puissant, sensuel et brutal de l'existence. Ainsi naissent des masques hideux et grotesques, des personnages contrefaits et malsains issus de l'enfer de Goya ou de Bosch: des passions troubles, morbides, animent les figures de Escurial *(1927),* Sire Halewyn *(1934) ou* Hop Signor! *(1935), tandis que l'*École des Bouffons *(1937) révèle, en même temps qu'Artaud, un « théâtre de la cruauté ».*

Auteur d'une cinquantaine de pièces, Ghelderode est inclassable et n'appartient à aucune école littéraire.

BIBLIOGRAPHIE

Théâtre, Paris, Gallimard, 1950-1957, 5 vol.

Récits : *Sortilèges et autres contes crépusculaires,* Verviers, Éditions Gérard, 1965 (Collection « Marabout »).

Le cabinet de travail de Michel de Ghelderode tel qu'il est reconstitué à la Bibliothèque Royale Albert Ier.

(Archives et Musée de la littérature.)

A consulter:

P. VANDROMME, *Michel de Ghelderode*, Paris, Éd. Universitaires, 1963.

N° spécial de *Marginales*, Bruxelles, n°s 112-113, mai 1967.

E. DEBERDT-MALAQUAIS, *La quête de l'identité dans le théâtre de Ghelderode*, Paris, Éd. Universitaires, 1967.

J. FRANCIS, *L'éternel aujourd'hui de Michel de Ghelderode*, Bruxelles, L. Musin, 1968.

J. DECOCK, *Le théâtre de Michel de Ghelderode*, Paris, Nizet, 1969.

R. BEYEN, *Michel de Ghelderode, ou la hantise du masque*. Bruxelles, Palais des Académies, 1971.

J. STÉVO, *Office des ténèbres pour Michel de Ghelderode*, Bruxelles, A. de Rache, 1972.

C. BERTIN, dans *Sabam 50, Un demi-siècle d'art en Belgique*, Bruxelles, Sabam, 1973.

A. JANS, *La vie de Ghelderode*, Paris, Hachette, 1973.

R. BEYEN, *Ghelderode*, présentation, choix de textes, chronologie, bibliographie, Paris, Seghers, 1974.

Discographie:

P. HELLYN, *Entretiens avec Michel de Ghelderode*, Musée belge de la Parole, s.d.

LE ROI ET LE BOUFFON *

Dans un palais désert, la reine va mourir, solitaire. Dans la salle du trône, le Roi et Folial, son bouffon, sont en présence. Tous deux souffrent, car tous deux aimaient la reine. Mais celle-ci n'a eu que mépris et dégoût pour ce roi souffreteux et cruel, et sa tendresse a été au bouffon, comme elle solitaire et malheureux. Le souverain a l'idée d'un jeu dérisoire et tragique : ils vont échanger un instant leurs rôles pour pouvoir se dire ce qu'un roi ne peut avouer à un bouffon, ce qu'un bouffon ne peut dire à un roi. Instant terrible et déchirant, à l'issue duquel Folial entrera dans la mort et le roi dans une définitive solitude.

* Fin de *Escurial*, drame en un acte, Paris, Gallimard, 1950-57.

LE ROI. — ... Et si nous jouions? C'est facile puisque nous voici devenus deux hommes. Pour être autre chose, il suffira de quelque accessoire. Deux hommes, y penses-tu? Moi, d'un roi; toi, d'un monstre, nous voici devenus deux hommes! Je m'en sens follement réjoui! Mais toi, gargouille, ton visage exprime le souci, l'angoisse, le désespoir — tout ce qui devrait paraître sur le mien et n'y paraîtra pas, malgré mes efforts! Et ta laideur, elle est royale, vraiment royale... Dès lors, jouons!...

(Prompt, il ramasse la couronne et le sceptre, il pose la couronne sur le crâne du bouffon et lui met le sceptre dans sa

main ; puis il défait son manteau dont il drape les épaules de Folial, qui ne comprend guère et se défend timidement.)

FOLIAL. — Imposture!...

LE ROI. — Comédie!... *(Il recule et considère le bouffon avec complaisance.)* Quel roi!... Quel roi pour les autodafés!... (1) *(Violent.)* La farce continue! Grimpe jusques au trône, gorille couronné!...

(Tandis que Folial, accablé semble-t-il par le poids de la couronne et du sceptre, gravit lourdement les marches, le roi se coiffe du bonnet du fou et saisit la marotte (2)*. Arrivé au trône, Folial s'y laisse tomber et considère, dans une stupeur profonde, les simagrées du roi, au bas des marches.*

Escurial. Théâtre de France. Musée de la littérature F.S. XVII 1102/6.

(Copyright Bibliothèque Royale Albert Ier, Bruxelles.)

FOLIAL. — Sire?...

LE ROI *(saluant parodiquement).* — Sire!... Je veux, par mes ébats, dissiper vos pensées dolentes. La reine se meurt? En bouffon dévoué, je varierai sur ce thème: la reine, l'infortunée... Moi je m'en moque. Ce n'est pas ma fonction que de me chagriner! La reine morte, on en trouvera une autre! Laissez-moi rire! Mon plaisir est immense. Ne suis-je pas né bouffon, Sire? Je suis de nature grimacier, perfide et dissimulé, semblable en cela aux femmes. Et la reine, cette femme, mit le temps d'un regard pour mesurer mon inanité et me vouer au plus absolu mépris! La reine a jugé et mon âme et mon corps, a vu que j'étais un bouffon sous mes habits magnifiques. Je me fusse comporté en roi qu'elle ne s'y serait laissé prendre. Croyez-moi, Sire, que j'ai fait tout pour la séduire, les plus gracieuses singeries. En vain, je me prodiguai... *(Il ébauche une pavane.)* Mais un bouffon raconte-t-il jamais sa vie? Il danse!... Je danse à la Mort! Je danse ma libération! Je danse les funèbres pompes, la chute au néant de cette poupée de cire, emplie d'aromates! Vite, qu'on la descende dans les caves sépulcrales, sous une averse d'eau bénite! Je ne crains pas son spectre. *(Il reprend la pavane.)* Ne vous étonnez pas si je danse. Je danse comme un veuf, comme un bouc de sabbat (3). Comme un satyre ancien... *(Il s'interrompt et se couche fatigué sur les marches.)* Mon soliloque vous plaît-il, Sire?...

FOLIAL. — Blasphémateur!... Celle qui meurt, elle est belle, pure et sainte. Elle meurt à cause du silence et des ténèbres de ce palais, où les murs ont des yeux, où les salles de fêtes recèlent des trappes et des instruments de supplice. Elle meurt de vivre parmi des êtres sinistres, loin du soleil, séquestrée, étrangère. Elle meurt, reine sans peuple et d'un royaume où goutte le sang, où règnent les espions et les inquisiteurs. Je vous le dis, la Mort est une bienfaitrice, dont j'ai souhaité la venue comme vous l'avez souhaitée. Elle s'en est arrivée très vite, car elle ne rôde jamais loin de ces lieux, qu'elle se partage avec la Folie.

---

1. Cérémonies au cours desquelles, avant de les livrer au bûcher, on invitait les hérétiques à faire « acte de foi » pour se repentir. Le terme a été emprunté au portugais.

2. Sorte de sceptre terminé par une tête grotesque garnie de grelots, attribut de la Folie.

3. Le bouc est le symbole de la lubricité; le sabbat le lieu où les sorcières se réunissent.

LE ROI. — Oh, Sire!, est-ce prudent de parler si librement? Il n'y a que le roi qui puisse énoncer de si francs propos sans qu'une poire d'angoisse ([4]) les vienne étouffer.

FOLIAL *(qui n'a pas entendu)*. — Tais-toi, bouffon! Je connais tes farces les plus abjectes. Tu es un salisseur, épris d'ordure, amoureux de nains et d'histrions ([5]), et dont les mornes délectations vont du fumet de la chair qui brûle au bavardage des perroquets. Tes péchés font pâlir le théologien. Et si Dieu ne te saisit pas à la gorge, c'est qu'il te réserve la fin d'Hérode ([6]), ou pis...

LE ROI. — Sire, ne m'accablez pas! Mon métier n'est pas très noble, mon métier est de blesser. Puis-je savoir, moi qui suis en marge de l'humanité, ce que peut être l'amour, la douleur des autres? Sans doute ai-je bien souffert aussi de ce mépris, oh! de ce mépris... comme des aiguilles... *(A voix basse.)* Je sais que vous avez été le seul à « la » comprendre, cette incomprise. Et pour vous, elle avait de ces regards, non pas ces regards glacés qui me laissaient grelottant de honte, mais de ces longs et humides regards de chienne reconnaissante... *(Il monte les marches.)* Cette reine? Je sais, que, malgré la conspiration des murailles, des verrous et des laquais, vous avez accédé à son âme... *(Sa voix s'étrangle.)* vous avez possédé son corps...

FOLIAL *(se dresse et chancelle.)*. — Ce trône, trop haut... Donne le vertige!...

LE ROI. — Oui, ce furent des amours étranges!... C'est par un soir d'orage, plein de mouches et d'odeurs fades, que vous avez rampé le long des couloirs... Moi, le bouffon, je rampais à votre suite... *(Soudainement presque aphone.)* Et j'ai connu l'atroce volupté d'être témoin de la vôtre, je me suis silencieusement tordu sur les dalles... *(Strident.)* Sire, les rois n'aiment pas, c'est une règle; les rois de ce pays règnent dans l'universelle détestation!... *(Il monte encore quelques marches.)* Tant de bonheur appelait la vindicte du

---

4. Instrument en forme de poire qui servait de bâillon pendant les tortures.

5. Acteur bouffon de l'antiquité, qui joue des farces grossières.

6. Peut-être Hérode le Grand, roi des Juifs, qui ordonna le « massacre des innocents », pour supprimer Jésus, et dont la vieillesse fut assombrie par les querelles de ses enfants; plus probablement son fils, Hérode Antipas, responsable de la mort de Jean-Baptiste et à qui Pilate envoya Jésus avant de le condamner. Il fut en effet dépouillé de ses États par les Romains et emprisonné.

bouffon. Sire, vous m'écoutez?... *(Tout contre Folial.)* La reine... étoile... abeille... musique... ange... La reine, comme dans les vieux romans surannés, elle meurt de cet amour! ... Elle meurt à cause de ce monstrueux, de cet inconcevable amour!... Le savait-elle en respirant l'air de sa chambre, en mangeant ses fruits préférés?... *(Il descend trois marches.)* Elle meurt comme meurent les grands de ce pays... *(Il hurle dans l'aigu.)* Elle meurt empoisonnée!... *(Rageur.)* L'amour n'entre pas dans ce palais!... Il est défendu d'aimer dans ce palais!... *(Il dégringole au bas des marches.)* Ah! la farce...

FOLIAL *(comme ivre et descendant)*. — Bouffon, dois-je éclater de rire? Ou proféras-tu la vérité?...

LE ROI. — Sur ma damnation! Mais dis-moi? qui de nous deux a du génie?...

FOLIAL. — Vous êtes grand acteur.

LE ROI. — Grands acteurs sommes-nous! Assez, la farce est finie. Reprenons notre identité.

FOLIAL *(fuyant sur les marches)*. — Ma couronne!... Je suis le roi!...

LE ROI *(le poursuivant)*. — Ma couronne!... Je suis le roi!...

FOLIAL. — C'est moi, le roi, puisque j'avais l'amour d'une reine!...

LE ROI *(s'agrippant au bouffon)*. — Gardez l'amour, rendez la couronne!...

(Ils s'empoignent. Lutte muette sur les marches du trône. Le moine vient d'entrer.

LE MOINE. — Que Votre Majesté... *(Les deux se séparent, haletants.)* La reine...

(Il veut sortir, saisi de peur. Folial bondit vers lui.)

FOLIAL. — Quoi? La reine?... Parle, je suis le roi!...

LE MOINE. — J'annonce au roi... que la reine est morte!... *(Le roi arrache à Folial, qui reste cloué sur place, la couronne, le sceptre et le manteau.)* Il faut que le roi vienne, quel qu'il soit!...

FOLIAL *(tombe à genoux et se cache le visage)*. — Dieu l'accueille!...

LE ROI. — Le diable l'emporte!... *(Il se coiffe de la couronne et remet le manteau.)* Uros? ... ([8]) *(Avec le sceptre, il fait des signes vers la cloison et désigne le bouffon; puis il crache sur Folial.)* Après la farce, la tragédie...

FOLIAL *(dans un sanglot)*. — La reine est morte!...

(L'homme écarlate entre, massif et agile, la tête couverte d'une cagoule. Sur un nouveau signe du roi, il se laisse tomber sur Folial et, silencieusement, l'étrangle.)

LE MOINE. — Laissez-moi l'absoudre?...

LE ROI. — Les sacrements sont-ils faits pour les bouffons?... Allons à notre devoir! *(Quelques pas vers la gauche. Il se retourne.)* Hé, bourreau?... *(L'homme écarlate se redresse et se frotte les mains.)* Mon bouffon?... Mon pauvre bouffon!... *(Au moine.)* Une reine, mon père, ça se trouve; mais un bouffon...

LE MOINE. — Au nom du Ciel, venez!...

LE ROI. — Oui! J'ai du chagrin, mon père, du chagrin... *(Il fait au moine une œillade ignoble.)* Alors? la reine est morte, disiez-vous?...

(Il éclate de rire, stupidement, et s'en va à la suite du moine. Le bourreau sort, traînant le cadavre de Folial. On entend le rire hystérique du roi, décroissant. Les cloches se remettent à sonner. Un canon tonne. Dehors, les chiens hurlent.

Rideau

NORGE

Géo Norge (pseudonyme de Georges Mogin, bientôt raccourci en Norge) est né à Bruxelles en 1898. Après des études dans un collège de la capitale, il commence une carrière commerciale. Cela ne l'empêche point de se livrer tout entier à la littérature: animateur de théâtre, créateur de plusieurs revues, Norge réunit dans son grenier tout ce qui, avant la guerre 40-45, s'intéresse à la poésie en Belgique. Mais, surtout, il ne cesse d'écrire. Avant la guerre, ce sont des poèmes qui, déjà, révèlent un tempérament vigoureux, proche du mysticisme, s'exprimant dans un verset ample et palpitant. Avec Les Râpes *(1949), Norge trouve sa nouvelle manière: un charme narquois et parfois délétère, une fantaisie grave ou goguenarde, une tendresse sans cesse aux limites de l'agressivité. Les formes se diversifient aussi: parabole courte, langage raffiné ou argotique, ritournelle populaire. En 1954, Norge émigre définitivement et s'installe dans un mas provençal; c'est là qu'il peut à loisir vivre un vrai métier d'artiste — antiquaire — et donner le meilleur de son œuvre.*

BIBLIOGRAPHIE

Cf. *B.E.F.B.*, IV. Après 1960 ont paru:

Les quatre vérités, Paris, Gallimard, 1962.

Le vin profond, Paris, Flammarion, 1968.

Les cerveaux brûlés, Paris, Flammarion, 1969.

Les oignons etcoetera, Paris, Flammarion, 1971.

Dynasties, Gérard Oberlé, 1972.

Bal masqué parmi les comètes, Les Éditeurs Français Réunis, 1972.

La belle saison, Paris, Flammarion, 1973.

A consulter:

Robert ROVINI et Marc ALYN, *Norge,* Paris, Seghers, 1972.

La lampe du mineur.

*(Studio Jacques Rombaux,
Carnières, Belgique.)*

LA LAMPE DU MINEUR

(Famines, *La Haye, Stols, 1950.)*

Sous Dour ([1]) où songent les charbons
Serrés dans leurs écluses,
Un bois dormant ([2]) s'effeuille et s'use
Aux coups de pics profonds.

Aladin, ton peu de lueur
Fait briller d'obscures Byzances
Et descend jusqu'à mon enfance,
O lampe du mineur.

Les plus beaux yeux du monde sont
Tes yeux toujours nocturnes,
Tes yeux bleus poudrés de charbon,
Rêveur aux lourds cothurnes ([3]).

Et ta lampe a vu les bonheurs
Noirs de rebelles élégies
Durer dans les géologies,
O lampe du mineur.

1. Commune de Wallonie, dans le sillon charbonnier du Hainaut.

2. Expression très inhabituelle pour désigner le charbon, d'origine ligneuse. Norge introduit ainsi une allusion au conte de Perrault intitulé *La Belle au bois dormant*, et situe le poème dans le domaine du féérique. D'autres allusions renvoient au même domaine: *Aladin*, qui trouva une lampe au plus profond de la terre, évoque les *Contes des mille et une nuits*, et *Byzance*, ancien nom d'Istamboul, est le type même de la ville opulente où tout est possible.

3. Souliers à épaisses semelles des acteurs du théâtre antique. Le mineur, personnage mystérieux, est donc ici assimilé à un personnage mythique de la tragédie.

Maurice CARÊME

Maurice Carême est né dans le Brabant wallon en 1899. Instituteur, époux d'institutrice, ce sont les enfants qui furent toujours ses véritables guides en poésie, les enfants à qui une notable partie de son œuvre est destinée et qui la lisent dans presque toutes les langues du monde. Sa poésie est de forme simple et parfois naïve, portée par la musicalité du vers régulier, comme sont simples ses thèmes quotidiens : la bonté, la joie, l'amour. Son œuvre est abondante : il n'est pas d'année, depuis 1946, où ne paraisse un recueil ou un album de Maurice Carême.

BIBLIOGRAPHIE

Voir *B.E.F.B.*, t. I. Parmi les titres parus après 1950, on peut citer:

La voix du silence, 2e édition, Bruxelles, Chez l'auteur, 1951.

L'eau passe, chez l'auteur, 1951.

Volière, Paris, Bourrelier et Colin, 1953.

Heure de grâce, Chez l'auteur, 1957.

Pigeon vole, Paris, Bourrelier et Colin, 1958.

La flûte au verger, Chez l'auteur, 1960.

La grange bleue, Paris, Bourrelier et Colin, 1961.

Le mât de cocagne, Paris, Bourrelier et Colin, 1963.

En sourdine, Bruxelles, Édition du Verseau.

La bien aimée, Bruxelles, Arcade, 1965.

À cloche pied, Paris, Bourrelier et Colin.

Le sablier, Chez l'auteur, 1969.

Dans la pénombre, Paris, Bourrelier et Colin, 1970.

De feu et de cendre, Paris, Nathan, 1974.

À consulter :

Jacques CHARLES, *Maurice Carême,* Paris, Seghers, « Poètes d'aujourd'hui », nº 128, 1965.

Pierre CORAN, *Maurice Carême,* Bruxelles, Pierre de Méyère, « Portraits », 1966.

Maurice CARÊME, *poète de la joie*. Poèmes choisis par Maurice NICOULIN, 2e éd., Éditions Delta, La Tour de Peilz (Suisse), 1972.

PRIÈRE

(La voix du silence, *Chez l'auteur, 1951.)*

Je ne sais ni bêcher, ni herser, ni faucher,
Et je mange le pain que d'autres ont semé.
Mais tout ce que l'on peut moissonner de douceur,
Je l'ai semé, Seigneur.

Je ne sais ni dresser un mur de bonne pierre,
Ni couler une vitre où se prend la lumière,
Mais tout ce que l'on peut bâtir sur le bonheur,
Je l'ai bâti, Seigneur.

Je ne sais travailler ni la soie, ni la laine,
Ni tresser en panier le jonc de la fontaine.
Mais ce qu'on peut tisser pour habiller le cœur,
Je l'ai tissé, Seigneur.

Je ne sais ni jouer de vieux airs populaires,
Ni même retenir par cœur une prière,
Mais ce qu'on peut chanter pour se sentir meilleur,
Je l'ai chanté, Seigneur.

Ma vie s'est répandue en accords à vos pieds,
L'humble enfant que je fus est enfant demeuré,
Et le peu qu'un enfant donne dans sa candeur,
Je vous l'offre, Seigneur.

Henri MICHAUX

Michaux est né à Namur en 1899, d'une vieille famille bourgeoise. A 23 ans, avide de sensations nouvelles, il s'embarque comme mousse pour un périple qui le conduit aux Amériques. Cette première errance lui laisse une profonde nostalgie : après avoir essayé divers métiers (il fut, entre autres, enseignant et secrétaire de Supervielle), il part à nouveau pour l'Équateur, puis pour la Chine, les Indes, la Malaisie. Mais tous ces voyages ne sont pas ceux d'un explorateur en mal d'exotisme, et des titres comme Ecuador *(1929) ou* Un barbare en Asie *(1933) ne laissent pas d'être trompeurs. Le dépaysement touristique laisse Michaux indifférent : seule l'intéresse la recherche d'une connaissance que l'on ne peut trouver que dans un* Ailleurs *(1948). Cette quête est lucide, refusant tout mysticisme et toute mythologie ; systématique également, voire périlleuse, n'hésitant pas à explorer les marges de la conscience, comme dans le sommeil ou la drogue (*Misérable Miracle, *1956,* L'infini turbulent, *1957,* Façons d'endormi, façons d'éveillé, *1969). Sans cesse menacée par la sensation aiguë du néant et par le fonctionnement absurde et cruel de notre société, elle s'exprime souvent avec la violence du cri, rendant compte des tensions intérieures, et par des images hallucinées qui ne se veulent point portes d'évasion mais adhérence à la réalité la plus crue. L'imagination de Michaux prend d'ailleurs souvent une forme rigoureuse, empruntant jusqu'à l'allure de l'exposé scientifique, sans doute pour mieux saper le discours du monde. Peut-être est-ce là ce qui rend Michaux inclassable : on a vu en lui la fougue du surréalisme, la vigueur destructrice du dadaïsme, les désespoirs de la littérature de l'absurde, mais il reste que la lucidité, la cohérence de l'image ou du raisonnement, poussée parfois jusqu'au fantastique, sont pour l'auteur des exigences irréductibles. Multiple, Michaux l'est jusque dans sa forme : apologue, biographie amusée (*Un certain monsieur Plume, *1930), essai elliptique, etc.*

BIBLIOGRAPHIE

Cf. *B.E.F.B.*, t. IV.

À consulter:

R. BERTELE, *Henri Michaux,* Paris, Seghers, 1946.
R. BRECHON, *Henri Michaux,* Paris, Gallimard, « Bibliothèque idéale », 1959.
R. BELLOUR, *Henri Michaux, ou une mesure de l'être,* Paris, Gallimard, 1965.
Henri Michaux, numéro 8 des *Cahiers de l'Herne,* Paris, Minard, 1966.

LA PARESSE

Le texte qui suit est emprunté au recueil Mes propriétés *(Paris, 1929), qui a été repris dans* L'espace du dedans, *vaste anthologie de textes écrits entre 1929 et 1957 (Paris, Gallimard, nouvelle édition, 1972). Le plus souvent rédigé sur le mode du* je, *ce petit recueil de réflexions se coule dans le moule du langage le plus simple; à cette simplicité répond la grande rigueur de l'énoncé, qui emprunte volontiers ses allures au raisonnement scientifique. Mais derrière ce discours rassurant se font jour la puissance du rêve et de l'imagination, la force des pulsions viscérales et, en définitive, la subversion de tous les schémas conventionnels.*

L'âme adore nager.

Pour nager on s'étend sur le ventre. L'âme se déboîte et s'en va. Elle s'en va en nageant. (Si votre âme s'en va quand vous êtes debout, ou assis, ou les genoux ployés, ou les coudes, pour chaque position corporelle différente l'âme partira avec une démarche et une forme différentes, c'est ce que j'établirai plus tard.)

On parle souvent de voler. Ce n'est pas ça. C'est nager qu'elle fait. Et elle nage comme les serpents et les anguilles, jamais autrement.

Quantité de personnes ont ainsi une âme qui adore nager. On les appelle vulgairement des paresseux. Quand l'âme quitte le corps par le ventre pour nager, il se produit une telle libération de je ne sais quoi, c'est un abandon, une jouissance, un relâchement si intime...

L'âme s'en va nager dans la cage de l'escalier ou dans la rue suivant la timidité ou l'audace de l'homme, car toujours elle garde un fil d'elle à lui, et si ce fil se rompait (il est parfois ténu, mais c'est une force effroyable qu'il faudrait pour rompre le fil) ce serait terrible pour eux (pour elle et pour lui).

Quand donc elle se trouve occupée à nager au loin, par ce simple fil qui lie l'homme à l'âme s'écoulent des volumes et des volumes d'une sorte de matière spirituelle, comme de la boue, comme du mercure, ou comme un gaz — jouissance sans fin.

C'est pourquoi le paresseux est indécrottable. Il ne changera jamais. C'est pourquoi aussi la paresse est la mère de tous les vices. Car qu'est-ce qui est plus égoïste que la paresse?

Elle a des fondements que l'orgueil n'a pas.

Mais les gens s'acharnent sur les paresseux.

Tandis qu'ils sont couchés, on les frappe, on leur jette de l'eau fraîche sur la tête, ils doivent vivement ramener leur âme. Ils vous regardent alors avec ce regard de haine, que l'on connaît bien, et qui se voit surtout chez les enfants.

Albert AYGUESPARSE

Né en 1900 dans un milieu ouvrier et wallon, Albert Ayguesparse n'a pas quitté sa ville natale, Bruxelles, où il a été instituteur.

Dès sa jeunesse, il s'est engagé à fond dans l'action socialiste, mais aussi dans le mouvement des lettres et des revues : il dirige actuellement la revue Marginales.

Tenté par l'unanimisme, le surréalisme, le populisme et le théâtre prolétarien, il a bientôt dépassé les influences pour affirmer une originalité qui lui a valu les plus hautes récompenses avant son élection à l'Académie royale de langue et de littérature françaises en 1962.

Presque en même temps que ses premiers recueils de vers, il a publié des essais politiques. Il n'est venu que tardivement au roman, puis à la nouvelle, sans jamais renoncer à la poésie et à la critique littéraire.

Sa poésie (une douzaine de recueils), s'est libérée des problèmes politiques et sociaux pour se tourner vers le destin de l'homme, rendu angoissant par une civilisation fragile et l'obsession de la mort. Parmi Les Armes de la guérison *(1973), la plus efficace est en définitive l'amour, que depuis* Le Vin noir de Cahors *(1957) Ayguesparse creuse et célèbre dans un mouvement lyrique très pur.*

Romancier au style précis, incisif, son scalpel met à nu avec lucidité et dureté la médiocrité de la bourgeoisie provinciale française, le conflit des générations et des classes, le déchirement de la famille.

Citons, parmi une dizaine d'œuvres, L'Heure de la vérité *(1947),* Notre Ombre nous précède *(1953),* Le mauvais Age *(1959) et* Simon-la-Bonté *(1963), qui aborde un autre thème poignant : l'association, vouée à l'échec dans un couple, du mysticisme et de la prostitution.*

*Si les romans d'Ayguesparse ont le souci de tout expliquer, ses nouvelles (*Selon toute vraisemblance, *1961) ont une frange d'incertitude, de mystère. C'est ainsi que, de l'avis même de plusieurs spécialistes de la littérature fantastique, nombreux en Belgique, il atteint une sorte de perfection dans* La Lumière noire.

BIBLIOGRAPHIE

L'heure de la vérité, roman, Paris, Julliard, 1947.
Une génération pour rien, roman, Bruxelles, La Renaissance du Livre, 1954.
Le mauvais âge, roman, Bruxelles, La Renaissance du Livre, 1959.
Poésies 1923-1960, Paris, Éditions Universitaires, 1961.
Selon toute vraisemblance, recueil de récits, La Renaissance du Livre, 1962.
Simon-la-Bonté, Paris, Calmann-Lévy, 1965.

A consulter:

Le n° 100 de la revue *Marginales,* 1965.
Jean ROUSSELOT, *Albert Ayguesparse ou la leçon du réel.* Bruxelles, La Renaissance du Livre. « Collection anthologique », 1965.
Jacques BELMANS, *Albert Ayguesparse,* Paris, Seghers, « Poètes d'aujourd'hui », 1967.
Jacques CRICKILLON, *L'Œuvre romanesque d'Albert Ayguesparse,* Bruxelles, André De Rache, « Mains et chemins », 1970.

L'INCONNUE DE TORAVEGA *

La Lumière noire, *dont voici la fin, est la première nouvelle du recueil* Le Partage des jours, *paru en 1972 à Paris (Librairie Saint-Germain-des-Prés), dans la collection « Nouvelles de poètes ».*

Une photo égarée parmi les siennes, que lui rend le photographe, subjugue Roland par sa « lumière noire », son « éclat ténébreux », son mystère. Il l'emporte sans rien dire, elle le fascine; il l'examine de plus en plus attentivement, de soir en soir, dans la solitude de son bureau. Il a l'impression obsédante que la femme qui y apparaît à une fenêtre, et qui l'attire de plus en plus, l'appelle à son secours. Il part pour l'Espagne. Comme poussé par une force supérieure, il s'installe dans une petite ville insignifiante, Aranda, et il explore la région. Un jour, il retrouve dans leurs moindres détails le paysage et la femme que lui a révélés la photo.

En sortant d'Aranda, Roland avait quitté la route principale; il roulait sur un chemin défoncé qui sinuait au milieu des vignobles et des champs de blé, puis s'enfonçait dans une campagne rousse, tavelée de cailloux où, de loin en loin, il apercevait une sorte de campement nomade égaré sous la voûte énorme du ciel. Attroupés autour d'une batteuse, quelques ouvriers se lançaient des gerbes; parfois l'un d'eux levait le bras et Roland répondait d'un coup de klaxon à ce geste de vieille fraternité humaine. A chaque détour de la route, sur l'azur incandescent, les collines de terre sèche prenaient la grandeur et la pureté de ruines antiques. Le travail des saisons, les accidents géologiques, avaient rendu à la roche sa noblesse primitive. Roland naviguait dans un paysage calciné. Malgré lui, il subissait le charme de cette conjuration millénaire de la pierre et du soleil, et comparait à d'immenses colliers barbares noués sur la gorge palpitante de la terre les traînées de moellons qui jonchaient le flanc des montagnes.

Comme il venait de traverser une pinède touffue et dévalait un chemin bordé de platanes, le nom du village proche, tracé en lettres noires sur une flèche de bois, arriva à sa rencontre: Toravega. Il répétait encore la musique de ces quatre syllabes sonores et longeait la rue principale lorsqu'il déboucha sur la place. Il faillit crier. Du premier coup d'œil, il avait reconnu l'aire de terre battue, la fontaine de marbre, les balcons de fer, les arcades, les maisons chaulées et, régnant sur ce prodigieux décor de théâtre, l'impénétrable silence de la sieste méridienne. Il rangea sa voiture et, de son siège, regarda les façades, chercha l'horloge, à droite. Elle était là où il était sûr de la trouver, dans son campanile, marquant midi, exactement comme sur la photo. Chaque fois qu'il déplaçait le regard, un nouveau fragment d'architecture se superposait à la vision qu'il avait gardée de cette place.

Avec une crispation d'angoisse, il retrouvait la haute et sombre façade que trouaient les six arcades surmontées chacune d'une fenêtre rectangulaire, l'enfilade des colonnes mal équarries, les tronçons de dalles et l'azur pâle du ciel surchauffé, immobile, sans commencement ni fin. Ce village, dont l'image vivait au plus profond de sa mémoire, mais qui, pour lui, n'avait pas eu de nom jusqu'ici, était là, en plein soleil, pauvre, desséché, d'une beauté déconcertante. Il se remit à détailler les maisons, les toits ocrés, la perspective des colonnes, en évitant de regarder les fenêtres de la demeure carrée qui occupait l'extrémité de la place. Saisi d'une crainte panique, il détournait la tête lorsque son regard était attiré de ce côté, comme pour retarder une confrontation suprême. Il ne pouvait croire que la jeune femme serait là, qu'elle paraîtrait à la troisième fenêtre.

Le village restait désert, l'ombre et le soleil se partageaient l'espace, le soleil à gauche, l'ombre à droite. S'il n'y avait personne sur le seuil des portes, Roland devinait qu'on l'épiait derrière les rideaux de perles. Il guettait chaque maison, mais n'entendait que le bruissement fiévreux de son sang, et de chacun de ses pores suintait une sueur glacée. Il releva la tête, regarda du côté de la façade nue et blanche et, au même instant comme sortie d'une nuée, la jeune femme apparut, s'approcha de la fenêtre. Il ne rêvait pas, pas plus qu'il ne rêvait lorsqu'il avait vu naître son profil lumineux dans l'isolement de son bureau. C'était elle. Malgré la distance. Roland la distinguait nettement. Il ne pouvait plus en douter. Enfin, la réalité l'emportait sur l'incertitude, la vie triomphait du mystère.

Roland résolut de s'approcher d'elle; il voulait lui parler. Comme il abandonnait sa voiture, un homme quitta la maison patricienne et marcha à sa rencontre. Arrivé près de Roland, il lui demanda:

— Que désirez-vous, Monsieur?

Roland ne répondit pas. Il remarqua seulement que l'homme ressemblait à un vieux serviteur. Il portait un veston d'alpaga trop large et un faux col en celluloïd, d'où sortaient en éventail les fanons d'un cou décharné. Malgré son aspect chétif, on devinait dans toute sa personne la résolution de s'opposer aux desseins de Roland. Mais sourd et aveugle, détaché de ce monde, Roland s'avançait vers le fond de la place. L'homme le rejoignit.

— Où allez-vous ainsi, Monsieur?

Roland ne songea pas à s'offusquer de la question. La tête levée vers la fenêtre, il continua de marcher dans la direction de la maison, toujours escorté du domestique qui lui toucha le coude.

— Qui cherchez-vous? Me direz-vous enfin ce que vous venez faire ici?

Haute, menaçante, la voix résonna dans le silence. Son hostilité frappa Roland, mais il passa outre. Au même moment, la jeune femme parut sur le balcon. Elle avait dû entendre les questions du domestique. Elle posa les mains sur la rampe de fer, promena son regard étonné sur Roland, se pencha vers lui et ses longs cheveux blonds retombèrent sur son visage. Elle resta ainsi sans bouger, comme si elle ne le voyait pas. Alors qu'ils n'étaient plus séparés que de quelques pas, elle sembla à Roland plus inaccessible que jamais. Impatient de savoir enfin qui était cette femme, Roland la désigna de la tête et demanda avec anxiété:

— Qui est cette jeune fille? Je veux savoir qui elle est.

Le serviteur plissa les yeux, son visage se durcit. Dans un souffle, il dit:

— C'est impossible, Monsieur. N'insistez pas. Personne ne vous répondra.

Alors l'inconnue leva ses bras nus et, de ce geste qu'elle avait répété pour lui seul tous les soirs, elle ramena ses cheveux en arrière et les fit ruisseler sur ses épaules. Ébloui, Roland ne cessait de la regarder. Le vieil homme lui secoua le bras. Il devait crier, car sa voix allait se cogner aux façades, emplissait la place de son écho furieux, grimpait au milieu de la torpeur du village. Il s'accrochait à Roland qui continuait d'avancer et ne l'écoutait pas. Dans le tumulte des mots, une phrase se détacha avec une netteté inattendue :

— Vous ne savez donc pas qu'elle est folle?

Une douleur fulgurante traversa la poitrine de Roland. Le patient et fabuleux travail que l'amour avait tissé en lui venait de se défaire. Sur le balcon, la jeune fille impassible le regardait avec, dans les prunelles, cet éclat bizarre qui donnait à son visage une beauté déchirante.

Toujours accompagné du domestique, il retourna comme un automate vers sa voiture, s'installa au volant, mit le moteur en marche.

— Adieu, Monsieur, dit le vieillard. Ne revenez plus à Toravega.

Pendant que Roland virait autour de la fontaine pour reprendre le chemin d'Aranda, une pierre tomba sur le toit de la voiture. Alors seulement, il aperçut des hommes, des femmes et des enfants qui gesticulaient, dissimulés dans l'ombre des arcades. Les cailloux se mirent à pleuvoir autour de l'auto. Roland appuya sur l'accélérateur et s'enfonça dans la longue rue étroite qui débouchait sur le versant aride et ensoleillé de la sierra.

Suzanne LILAR

Née en 1901, issue d'une vieille famille gantoise (qu'elle dépeint avec émotion dans une autobiographie en préparation), devenue anversoise par son mariage avec un éminent juriste et homme politique belge, Suzanne Lilar a délaissé bientôt le barreau pour se consacrer entièrement à la littérature. Elle connaît très vite le succès au théâtre avec Le Burlador *(1946), variation originale sur le thème don-juanesque, auquel elle reviendra ultérieurement dans son roman* Le Divertissement portugais *(1960). Elle se fait ensuite l'historienne du théâtre moderne en Belgique avec le volume de synthèse* Soixante ans de théâtre belge *(1952), tout en continuant à écrire pour la scène des œuvres personnelles où s'expriment les problèmes fondamentaux qui l'obsèdent:* Tous les chemins mènent au ciel *(1947) et* Le Roi lépreux *(1951).*

Passionnée de philosophie, esprit naturellement spéculatif, infatigable lectrice, Suzanne Lilar s'oriente tout naturellement vers l'essai et donne en 1954 le Journal de l'Analogiste, *qui lui vaut le prix Sainte-Beuve de la critique: ouvrage remarquable, et qui trace la voie aux travaux de la sémiotique et de la rhétorique contemporaines. Une longue réflexion sur le statut de la femme l'amène à prendre ses distances à l'égard des positions féministes soutenues par Simone de Beauvoir (dans* Le deuxième sexe*), sans se replier pour autant sur des positions traditionnelles. Ainsi naîtront ses ouvrages sur la fonction de l'Eros dans la réalisation de l'être humain et dans la poursuite du bonheur:* Le Couple *(1963),* A propos de Sartre et de l'Amour *(1967),* Le malentendu du deuxième sexe *(1969). Ces brillants essais, fruits de longues méditations et d'immenses lectures, renouvellent le problème féminin et suggèrent une voie nouvelle vers la plénitude intérieure. Leur succès fut considérable, même en dehors du monde de langue française. Ils lui valurent, en 1971, le Grand Prix quinquennal de littérature française décerné par la Direction belge des Arts et des Lettres, et en 1972 le prix de littérature belgo-canadienne.*

Elle a été élue en 1956 à l'Académie royale de langue et de littérature françaises.

BIBLIOGRAPHIE

Cf. *B.E.F.B.*, t. III.

A consulter:

Julien GRACQ, préface à *Soixante ans de théâtre belge* (1952).
Denise BOURDET, *Suzanne Lilar*, dans *Revue de Paris*, juillet-août 1967, pp. 134-141.
Edmée de LA ROCHEFOUCAULD, dans *Courts Métrages*, 1970, pp. 35-47.

LE COUPLE RUBENS-HÉLÈNE FOURMENT *

Au chapitre Ier de l'essai intitulé Le Couple *(Paris, Grasset, 1963),* Deux emblèmes de l'amour, *Suzanne Lilar évoque les deux mariages de Pierre-Paul Rubens, avec Isabelle Brant d'abord, union raisonnable et réussie, mais qui conduit à une œuvre de sagesse et de retenue; avec Hélène Fourment ensuite, union de passion et de désir entre deux êtres que sépare un espace de trente-six ans, et qui fera connaître au peintre la plénitude de sa vie et les sommets de son art.*

L'auteur entend ainsi restituer à l'amour son caractère sacré et grave, et réhabiliter l'union charnelle comme le mystère de la régénération: le propos final de l'essayiste se veut, en toute clarté, « une nouvelle éthique conjugale de la pureté ».

Il est tout entier païen (1), ce barbare (2). Mais il l'est par nature, non par mode. Ingénument, donc de manière véridique. Ces nymphes, ces satyres, ces silènes, ces bacchantes (3) qui apparaissent dans ses toiles ne relèvent pas de l'allégorie. Ce sont les reflets d'une Grèce multiforme, panique (4), dionysiaque (5) qui viennent miroiter à la surface, tout de même une Grèce authentiquement sacrée, celle des Mystères. Mais après la rencontre d'Hélène, quelque chose s'y ajoute. Dans cette peinture incroyablement *cohérente*, les liaisons maintenant s'affirment, elles se répètent, elles se répondent, signalées par les repères que laisse, en se retirant, ce pinceau modulant et

1. Ici au sens de: adepte du polythéisme, du culte des forces de la nature.
2. Au sens originel de: non-grec, réfractaire à une esthétique de l'harmonie et de la symétrie.
3. *Nymphes, satyres, silènes, bacchantes*: ces divers emprunts à la mythologie gréco-latine caractérisent l'inspiration d'un grand nombre de toiles du peintre, qui sut maintenir des attirances « naturistes » en pleine époque de Contre-Réforme.
4. Adj., au sens premier, assez rare aujourd'hui et savant, de « propre au dieu Pan », le dieu-bouc, qui symbolise l'unité de la nature, le tout (en grec « pan »), l'universalité des formes de la vie.
5. Propre à Dionysos (ou Bacchus), et donc: tourné vers l'enthousiasme, ouvert au souffle de l'inspiration, voire du délire sacré. Par opposition à « apollinien »: qui se caractérise par l'ordre, la sérénité, la maîtrise de soi.

Rubens. Le couple (Rubens et I. Brant).
(Copyright Bibliothèque Royale Albert Ier, Bruxelles.)

ordonnateur. De l'ivresse, il semble que Rubens ait passé au savoir. Ce cosmisme (6) s'est haussé jusqu'à la conscience.

Même ceux qui réduisent au minimum l'influence de Fourment sur le peintre reconnaissent que dans les œuvres qui précèdent de peu le second mariage, il y a des signes d'essoufflement. Moins de grandeur que de grandiloquence dans le *Saint Georges* de Buckingham Palace ou le grand ensemble décoratif de la galerie de Médicis (7). Dans la vie de Rubens, il y a soudain comme un suspens. En vain se dépense-t-il en activités, en représentations, en voyages. Il ne tient pas en place. Pour la première fois, les cours l'ennuient. On dirait qu'il attend! Il faut que quelque chose se produise dans cette vie pourtant si riche, si animée, — quelque chose de plus bouleversant encore que la visite du Prado (8) —, il faut une grande perturbation des sens et du cœur pour que cette peinture s'augmente d'une dimension nouvelle et que s'y introduise une chose dont Rubens n'avait pas encore l'entendement: la poésie. Comme il s'est affiné à l'épreuve de l'amour, ce Flamand robuste! Comme il a su dominer sa nature *titanique* (9). A présent, c'est la mélancolie veloutée des fêtes galantes, des Jardins d'Amour, la frénésie des bacchanales et des kermesses, le mouvement perpétuel des derniers paysages, véritables machines tournantes et gravitantes lancées à travers l'espace...

... Entre ces trois figures exemplaires, la mère du peintre, la première femme du peintre, la bru du peintre (10), il semblerait qu'Hélène doive être un peu humiliée. Or, il suffit de jeter les yeux sur l'image solaire que Rubens a laissée de cette créature prodigieusement aimée pour voir les autres s'écraser au sol. Certes Hélène a des mérites, ne serait-ce que d'être apparue comme une Pomone chargée de fruits dans l'arrière-saison de ce Rubens qui ne concevait la beauté qu'abondante et nourricière — mais il ne s'agit pas de mérite. Hélène et Pierre-Paul ont vécu une expérience que

---

6. Néologisme pour: sens du cosmique, c'est-à-dire de l'universel.

7. *Galerie de Médicis*: Rubens décora les grandes galeries du Palais du Luxembourg (siège actuel du Sénat français) pour le compte de Marie de Médicis, veuve du roi Henri IV. La série de tableaux fut exécutée entre 1623 et 1625.

8. Galerie des tableaux appartenant au roi d'Espagne: actuellement Musée national des Beaux-Arts à Madrid. Le bâtiment présent ne date que du début du XIXe siècle.

9. Propre aux Titans, c'est-à-dire: gigantesque, démesuré (au moral). Titanesque se dirait plutôt au physique (synonyme de colossal).

10. *La bru du peintre*: la femme du fils aîné du peintre et d'Isabelle. Il en a été question dans les pages ici supprimées, remplacées par les points de suspension.

les autres n'ont même pas entrevue, celle d'une fusion si totale que désormais leur couple existe comme une entité vivante, organique, indépendante d'eux-mêmes. Ce qui distingue l'amour déraisonnable de l'autre, ce n'est certes pas qu'il mène plus sûrement à la réussite ou au bonheur, mais que les *époux y vont mêlés.* Mélange qui est à la fois miracle et mystère. Essentiellement différent de l'entente profane des époux-amis. Il est vrai qu'il y a encore, pour ceux-ci, le miracle de l'enfant. Mais ce n'est plus celui du couple, déjà supplanté, et qui passe la main ([11]). Hors de la génération, il n'y a dans l'amour raisonnable que réussites solitaires, même lorsqu'elles sont obtenues côte à côte. Certes Isabelle a assisté Rubens, mais son aide a consisté surtout à maintenir la voie libre. Hélène, au contraire, est au beau milieu de la voie. Rubens ne peut l'éviter. Il est obligé de se frayer chemin à travers elle. Par bonheur, ceci n'est pas un amour clos, refermé, replié sur lui-même, c'est l'amour ouvert, traversé, toujours en voie de se dépasser dans la connaissance. Certes Rubens est porté, comme tous les amants, à regarder le monde à travers Hélène, mais au lieu de lui boucher la vue (comme il arrive dans la passion), elle est pour lui comme une lentille au-delà de laquelle il voit le spectacle s'éclairer surnaturellement. Merveilleuse Hélène! (je ne sais qui a écrit qu'après sa rencontre, il y a quelque chose d'émerveillé dans la peinture de Rubens) — tout de même, elle sut ne jamais être indigne. Sans doute elle se remariera ([12]). A vingt-six ans et avec cinq enfants, probablement avait-elle pour le faire de bonnes, d'humaines raisons. Mais c'est à côté de Rubens qu'elle voudra reposer. Ainsi montre-t-elle qu'elle sait faire la juste part du temporel et de l'éternel.

---

11. *Passer la main*: (expression empruntée au jeu de cartes) céder l'initiative, abandonner la direction du jeu.

12. En 1645, cinq ans après la mort du peintre, avec le diplomate Broechoven de Bergeyck.

Odilon-Jean PÉRIER

La mort qui frappa prématurément Odilon-Jean Périer (Bruxelles, 1901-1928) a privé les lettres françaises de Belgique d'un poète qui était sans conteste le plus doué de sa génération. Son œuvre est mince, mais les deux recueils dont il souhaitait qu'on se souvienne: Le Citadin *(1924) et* Le Promeneur *(1927) éblouissent par la fermeté de l'écriture, par un mélange unique de gravité et de légèreté, de tension et de sérénité. Ces qualités apparaissent déjà fortement par endroits dans les précédents recueils que Périer, avec ironie, avait qualifiés de « brouillons choisis »:* La vertu par le chant *(1920) et* Notre mère la ville *(1922).*

Cette œuvre, dont on a souvent vanté la limpidité et la simplicité, est d'une grande complexité. C'est une vue un peu courte que de répéter qu'« elle perpétue la tradition classique » ou qu'elle illustre le néo-classicisme de l'après-guerre. Sans renoncer à des textes de facture traditionnelle et d'inspiration élégiaque, Périer n'a jamais oublié la leçon de Mallarmé et s'est montré sensible aux recherches de « l'esprit nouveau », celles d'Apollinaire et de Cendrars, de Cocteau et d'Éluard. Cette aisance à jouer sa subjectivité dans plusieurs langages atteste la modernité de Périer.

Quant aux thèmes essentiels de cette œuvre, on les a souvent ramenés à ceux dont les vibrations sentimentales sont immédiatement perçues: le drame de la pureté, la solitude humaine, la fuite des instants, l'amitié, l'émerveillement par la Ville. C'est oublier qu'un thème plus vaste les englobe tous: celui de la création poétique. A certains égards, toute son œuvre peut être considérée comme un art poétique continuellement approfondi.

BIBLIOGRAPHIE

Poèmes, Paris, Gallimard, 1952.

Le passage des anges, Paris, Gallimard, 1926.

Œuvres complètes (à paraître aux Éditions Jacques Antoine, à Bruxelles).

A consulter:

M. DEFRENNE, *Odilon-Jean Périer*, Bruxelles, Palais des Académies, 1957.

Passage d'Odilon-Jean Périer, n° 351 des *Cahiers du Sud*, 1959, (Textes de Hellens, Guiette, Noulet, Vandercammen, etc.).

JE T'OFFRE UN VERRE D'EAU GLACÉE *

Pour percevoir ce poème dans toute sa richesse de sens, il convient de savoir qu'il figure en tête du recueil Le Citadin, *Poèmes, Paris, Gallimard, 1952, et est imprimé en italiques, comme une sorte de « préface poétique ». Ceci suggère (suggestion renforcée par les deux derniers vers) que le verre d'eau glacée qui représente l'amitié partagée est aussi une image du long poème offert au lecteur.*

Je t'offre un verre d'eau glacée
N'y touche pas distraitement
Il est le prix d'une pensée
Sans ornement

Tous les plaisirs de l'amitié [1]
Combien cette eau me désaltère
Je t'en propose une moitié
La plus légère

Regarde Je suis pur et vide
Comme le verre où tu as bu
Il ne fait pas d'être limpide
Une vertu

Plus d'eau Mais la lumière sage
Donne à mon présent tout son prix
Tel, un poète où Dieu s'engage
Et reste pris.

1. Ce vers surprend un peu à la lecture, car on ne voit pas immédiatement sa fonction syntaxique. En fait, il prolonge probablement la dernière phrase de la première strophe et peut être considéré comme une apposition explicative de « une pensée sans ornement ». Il est curieux de remarquer que ce vers est le seul du poème qui comporte un substantif au pluriel.

Edmond VANDERCAMMEN

Né en 1901 à Ohain, dans le Brabant Wallon, Edmond Vandercammen (Vanderkaman), s'il a dépassé le surréalisme, est resté fortement marqué par son enfance campagnarde, par la terre, avant de l'être aussi par la mer quand il s'est rendu en Amérique au moment où il s'attachait à faire connaître et à traduire, avec autant d'art que de conscience, la poésie espagnole. Il a été, avec Pierre Bourgeois, un des fondateurs du Journal des poètes *en 1931.*

Il vit à Bruxelles, où il a été instituteur et professeur, poète (une vingtaine de recueils depuis 1931), peintre, critique et essayiste, il est membre de l'Académie royale de langue et de littérature françaises depuis 1952.

Discrète et grave comme son auteur, mais comme lui chaleureuse, sa poésie, au rythme harmonieux, à la musicalité exigeante, ne cesse d'être à l'écoute de la vie profonde comme de la magie du langage; elle se distingue par son lyrisme, par son sens cosmique, par son attention fraternelle aux choses concrètes, à la terre, à la mer, à la lumière, mais elle ne cesse d'accueillir et d'interroger l'homme et l'univers, de célébrer l'amour et de vouloir répondre à l'inquiétude de la mort, à l'appel d'un idéal et d'un absolu.

BIBLIOGRAPHIE

Poèmes choisis 1931-1959. Préface de Jean Cassou. Paris, Éditions Universitaires, 1961, Depuis lors, cinq recueils, dont les trois derniers aux éditions André De Rache, Bruxelles: *Horizon de la Vigie* (1972), *Le Chant vulnérable* (1972), *L'amour responsable* (1973).

A consulter:

Fernand VERHESEN et Elie WILLAIME, *Edmond Vandercammen*, Paris, Seghers, « Poètes d'aujourd'hui », 1969.

TESTAMENT

pour Anna [1]

(Faucher plus près du ciel, *Paris, Seghers, 1954.)*

I

J'ai toujours labouré plus profond que l'amour,
J'avais pour horizon des aubes millénaires,
J'ensemençais le ciel et moissonnais le jour,
Je bâtissais pour nous des meules de lumière.

Rappelle-toi le vieux langage des limons:
C'était une prière à peine dévidée,
C'était la plus heureuse plainte des sillons
A l'heure où s'éveillaient les graines délivrées.

Je parlais aux matins comme on parle aux vivants,
Je connaissais la patience de la sève,
L'étreinte de l'écorce et ses frémissements,
Les déchirures végétales de la terre.

Je connaissais la chair, le sang, la nudité
Des choses qu'on surprend plus loin que l'harmonie,
Et je savais pourquoi s'éteint l'éternité
Des pierres sans printemps aux portes de la vie.

Je parlais à l'insecte, à la fleur, aux trésors
Muets épanouis dans l'ombre des corolles;
Mes mains au front de l'animal nouaient l'écho
D'une pensée et nos regards étaient paroles.

Mais l'homme était partout ma plus grande saison,
Sa place était tissée au réseau des journées;
Quand un ami passait le seuil de ma maison,
Notre opulence ouvrait de nouvelles croisées.

---

1. Première partie de *Testament*, dédié à la femme du poète.

Georges SIMENON

Né à Liège en 1903, Georges Simenon, après des débuts dans le journalisme, quitta sa ville natale à 19 ans et demi pour tenter, à Paris, l'aventure littéraire. Il commença par écrire force romans populaires d'un style facile, où pointait déjà son goût pour le genre « policier ». S'étant ainsi fait la main, comme il le dira lui-même plus tard, il aborde, vers 1930, le vrai « roman de l'homme » avec Le relais d'Alsace *et* La maison du canal, *en même temps qu'il crée, dans* Pietr-le-Letton, *l'inoubliable figure du commissaire Maigret. Désormais, les œuvres se succéderont au rythme de plusieurs par année, partagées entre les romans psychologiques (où s'inscrivent quelques chefs-d'œuvre comme* Lettre à mon juge, La neige était sale, Le Fils, Le bourgmestre de Furnes, *etc.) et la série des Maigret. Le plus abondant des romanciers de langue française peut aujourd'hui aligner — en dehors de ses « péchés » de jeunesse — plus de 250 titres. A ce phénomène de la créativité s'ajoute celui, non moins extraordinaire, de la diffusion : romancier le plus répandu, Simenon est traduit dans presque toutes les langues et ses tirages n'ont été dépassés que par Mao Tsé-Toung, Lénine et la Bible!*

Cette popularité, qui s'étend à tous les milieux, est due sans doute à la réussite du père de Maigret dans le roman policier, genre mineur qu'il renouvela en lui donnant une dimension nouvelle : l'épaisseur de l'humain. Cette subtile imprégnation d'un récit par la présence des êtres et des choses qui l'entourent et l'enveloppent fait aussi tout le prix de ses romans psychologiques, d'une trame tellement sûre qu'elle réussit à faire oublier le style. Nullement homme de lettres, mais romancier à l'état pur, Simenon a découvert, grâce à l'intuition d'un art apparemment fait de détails, une certaine vérité de l'homme — surtout de l'homme en rupture avec son milieu social — qu'on n'avait pas encore atteinte aussi profondément dans la tradition romanesque française.

Après avoir parcouru le monde et séjourné notamment en Amérique, Georges Simenon s'est installé en Suisse, où il vit à Lausanne. Il fait partie de l'Académie royale de langue et de littérature françaises (Bruxelles, 1951).

BIBLIOGRAPHIE

Œuvres complètes, 72 vol., Lausanne, Éditions Rencontre, 1967-1973.

A consulter :

Thomas NARCEJAC, *Le cas Simenon,* Paris, Presses de la Cité, 1950.
Bernard de FALLOIS, *Simenon,* Paris, Gallimard, « La Bibliothèque idéale », Paris, Gallimard, 1961.
Quentin RITZEN, *Simenon, avocat des hommes,* préface de Gilbert Sigaux, Paris, Le Livre Contemporain, 1961.
De Simenon lui-même, un témoignage autobiographique dans les 3 volumes de *Quand j'étais vieux* (Paris, Presses de la Cité).

LA SAINT-NICOLAS *

Le texte qu'on va lire est extrait de Pédigrée, *Paris, Les Presses de la Cité, 1948, 2e partie, VI, œuvre largement autobiographique qui raconte l'enfance et l'adolescence de Roger Mamelin. La peinture du Liège d'avant 1914 y est saisissante de vérité.*

La fête de saint Nicolas (6 décembre) est, en Belgique et dans certaines régions voisines, la fête par excellence des enfants. Le grand saint, « patron des écoliers », y joue le rôle du Père Noël pour les petits Français : la nuit qui précède sa fête, il est censé venir déposer chez les enfants sages jouets et friandises. L'extrait que nous reproduisons décrit l'atmosphère d'une fin de journée dans les rues commerçantes d'une ville où l'on prépare la Saint-Nicolas. Le petit Roger, qui fréquente depuis peu l'école primaire, accompagne sa mère dans ses courses de ménage, avant le repas du soir

L'haleine de la ville est chargée d'odeurs particulières aux jours qui précèdent la Saint-Nicolas. S'il ne neige pas encore, d'invisibles parcelles de glace flottent dans l'espace comme une poussière et s'amassent dans le halo lumineux des vitrines.

Tout le monde est dehors. Toutes les femmes courent, traînant derrière elles des enfants qui voudraient s'arrêter longuement aux étalages.

— Marche, Roger. Lève tes pieds.

Des milliers de mamans prononcent les mêmes mots.

— Attention au tram.

Les confiseries, les pâtisseries, les épiceries regorgent comme les baraques de l'image d'Épinal ([1]). Deux odeurs dominent les autres, si caractéristiques qu'aucun enfant ne s'y tromperait, l'odeur sucrée,

1. Il faut comprendre : comme les baraques que l'on montre sur l'image d'Épinal. Allusion à des représentations de marchés, de foires, etc. dans les vignettes coloriées de l'imagerie populaire dont Épinal fut le centre principal au XIXe siècle. C'est sur ces feuilles volantes de papier grand format que se diffusait une partie de la littérature enfantine, avant l'époque des hebdomadaires illustrés et des bandes dessinées.

aromatisée [2] du pain d'épice et celle des sujets en chocolat [3], qui n'est pas la même que l'odeur du chocolat en tablettes. Du bas en haut des vitrines s'étagent des couques [4] grasses de miel, certaines fourrées de fruits confits multicolores. Des Saint-Nicolas en pain d'épice, grandeur nature, givrés de sucre, se tiennent debout, la barbe en ouate blanche, entourés de moutons, d'ânes, d'animaux de basse-cour, tout cela brunâtre ou couleur de pain bis, sucré, parfumé, cosmestible. La tête en tourne.

— Regarde, mère.

— Marche, voyons.

On va acheter du beurre chez Salmon, dans une ruelle en dessous du pont des Arches [5], de l'autre côté de l'eau. Pour rien au monde, Élise [6] n'achèterait ailleurs les mottes oblongues qu'enveloppent de fraîches feuilles de choux. On garde dans une boîte en fer blanc, près de la soupière, les tickets-prime qui, à la fin de l'année, donnent droit, à une ristourne de trois pour cent.

On entre à la « Vierge Noire » [7], rue Neuvice, acheter du café. Dans les étalages des pâtisseries, plus brillants que les autres, s'alignent les massepains [8] qui représentent à s'y méprendre des fruits, des fromages, voire une côtelette garnie de frites et de petits pois d'un vert tendre.

— Regarde.

— Viens.

Plus loin, elle questionne, pour détourner son attention de tous ces étalages :

— Qu'est-ce que tu veux que saint-Nicolas t'apporte?

---

2. Parfumée au moyen de substances telles que cannelle, anis, vanille, etc., qui sont des aromates.

3. *Sujets en chocolat*, chocolats façonnés de manière à représenter des objets, des figures, etc.

4. Dans l'usage liégeois, la couque est une espèce de pain d'épice, et non un gâteau sec du genre biscuit.

5. *Pont des Arches*, le plus ancien pont de Liège, sur la Meuse.

6. Mère du petit Roger. — Au pays de Liège, le beurre de ferme, en provenance de Herve, de Hasselt ou de la Campine, était détaillé dans les crémeries (la crémerie Salmon était l'une des plus connues) en mottes d'une livre ou d'un quarteron qu'on tenait au frais dans des feuilles de choux verts.

7. *La Vierge Noire*, enseigne d'une grande maison liégeoise d'alimentation dont l'une des succursales se trouvait rue Neuvice, entre la place du Marché et la Meuse.

8. Pâtisserie faite d'amandes pilées et de sucre... » (Larousse), l'une des friandises traditionnelles de la Saint-Nicolas.

Il pense à Ledoux ([9]), au visage étroit que surmontent des cheveux rebelles.

— Une boîte de couleurs, des vraies, dans des tubes, avec une palette.

Les trottoirs débordent, on s'agite dans le milieu obscur des rues, des trams, qui ne peuvent avancer qu'au pas, sonnaillent sans répit, une force mystérieuse vous tire en avant.

Liège: Pont des Arches vers 1912.

Parfois, pour échapper au vertige, Élise entraîne son fils dans une ruelle déserte et glaciale. On coupe au court. Bientôt on retrouve, comme au bout d'un tunnel, le grouillement lumineux des quartiers commerçants.

Dans chaque magasin, Roger reçoit quelque chose, Mme Salmon lui a tendu une mince tranche de Hollande ([10]) au bout de son couteau. A la « Vierge Noire », on l'a laissé choisir lui-même un

9. Ledoux est un condisciple de Roger, plus avancé que lui et qui ne « croit » plus à saint Nicolas.

10. *Tranche* (de fromage) *de Hollande*.

biscuit fourré dans la boîte à couvercle de verre. Par crainte de la perdre, il tient obstinément sa mère par son filet ou par sa jupe.

— On ne va pas au « Bazar » ([11])?

Car ils passent devant pour aller dire bonjour à Valérie à l'« Innovation ». Mais il n'y a pas moyen d'entrer au « Grand Bazar ». On fait la queue devant les portes de cuivre qui battent sans arrêt et il faut se bagarrer pour approcher des étalages.

— Mon Dieu, Valérie ([12])! Déjà six heures et Désiré ([13]) qui va rentrer.

Le feu aux joues, essayant de regarder encore en arrière, accroché au filet de sa mère, Roger est entraîné par le chemin le plus court, par les ruelles les plus sombres qui ne sentent pas la Saint-Nicolas.

Il a beau savoir que Ledoux a raison, il n'est pas dans son état normal; décembre, avec la Saint-Nicolas, puis Noël, le Nouvel An, est un mois lourd de mystères, d'impressions très douces et un tout petit peu inquiétantes qui se succèdent à un rythme échevelé.

---

11. Le *Grand Bazar* et, plus loin, l'*Innovation* désignent deux des grands magasins à entrée libre, qui existent toujours à Liège.

12. Valérie, vendeuse à l'Innovation, est une amie d'Élise.

13. Désiré est le père de Roger.

Achille CHAVÉE

Achille Chavée est né en 1906 à Charleroi, a vécu à La Louvière dans le Hainaut. Cette province, industrielle et révolutionnaire, fut, avec Bruxelles, un des deux berceaux du surréalisme belge. Si ce surréalisme eut ses originalités et n'entretint avec celui de Paris que des rapports assez lâches, André Breton salua avec enthousiasme les deux premiers recueils de Chavée, Pour cause déterminée *et* Le cendrier de chair *(1935 et 1936). C'est immédiatement après que Chavée part pour l'Espagne, afin d'y combattre le fascisme dans les rangs des Brigades Internationales (ses poèmes de* Une Foi pour toutes, *1938, rendent compte de ces heures). Rentré au pays, malade, c'est une autre épreuve que le militant doit affronter : traqué par la police nazie durant la guerre, il est condamné à la vie clandestine. Après 1945, son activité sociale est de plus en plus liée avec sa fidélité à la poésie, dans laquelle il voit l'expression de la liberté, du désir et de la création. Sans surestimer la fonction transformatrice du poète, il voit dans sa pratique une activité destructrice des mythes, une transgression des langages aliénants.* D'ombre et de sang *(1946) ouvre la suite ininterrompue jusqu'au dernier recueil (*Le grand cardiaque, *1969) de près de vingt titres — recueils de poèmes ou d'aphorismes — parmi lesquels nous citerons* Écrit sur un Drapeau qui brûle *(1948),* Catalogue du Seul *(1956),* Quatrains pour Hélène, L'enseignement libre *(1958),* L'éléphant blanc *(1961),* Décoctions *(1964) et surtout* De vie et mort naturelles *(1965). Jusqu'à sa mort, en 1970, il restera attaché aux manifestations de la littérature souterraine en Belgique, collaborant aux revues* Temps Mêlés, Phantomas, *et surtout* Daily-Bul.

Surréaliste longtemps resté fidèle à Breton, Chavée n'admet pas pour autant la primauté de l'inconscient. Sa sincérité réside plutôt dans une fidélité à l'émotion du moment, qui assure d'ailleurs la diversité de la forme. Cette forme est souvent concentrée, frappée en médaille. C'est d'ailleurs dans l'aphorisme frappant, caustique, subversif, qu'excelle Chavée. L'humour, qu'il partage avec quelques autres poètes belges de sa génération, est peut-être la meilleure traduction du mouvement de Chavée, qui sait allier l'imaginaire et le réel, la cruauté et la tendresse, le sérieux tragique à la dérision.

BIBLIOGRAPHIE

Les œuvres principales sont citées ci-dessus. Les éditeurs en sont, dans l'ordre, René Henriquez (Bruxelles), Cahiers de Rupture (La Louvière), *idem*, Le Boomerang (La Louvière), Le Daily-Bul (La Louvière), Haute nuit (Mons), Montbliart (La Louvière), Haute Nuit, *idem*, Daily-Bul, *idem*, Montbliart. On peut y ajouter *Ego-textes d'Achille Chavée*, choix de textes par A. Balthazar, La Louvière, Le Daily-Bul, 1969.

A consulter:

Achille BECHET, *Achille Chavée*, Tournai, Unimuse, « Le miroir des poètes », 1968.

André MIGUEL, *Achille Chavée*, Paris, Seghers, « Poètes d'aujourd'hui », n° 190, 1969.

CHOIX D'APHORISMES *

L'aphorisme est un genre qui véhicule en général, sous une forme bien frappée, une vérité établie, une pensée souvent conventionnelle. Chavée a réussi à subvertir ce genre, en rappelant par des jeux de rythmes ou de sonorités, des calembours, les proverbes et les expressions toutes faites de la langue française, nous rappelant ainsi brùsquement combien nous sommes jouets plutôt que maîtres du langage. Dans ces courtes phrases sentencieuses à la Jules Renard, s'énoncent des audaces parfois grimaçantes, un humour noir et indépendant, se traduisent le charme de l'insolite, ou le relativisme critique.

Les aphorismes qui suivent sont extraits des ouvrages Laetare 59 *(La Louvière, Daily-Bul, 1959),* Au demeurant *(*id.*, 1969),* L'enseignement libre *(Mons, Haute Nuit, 1958),* Décoctions *(La Louvière, Daily-Bul, 1954).*

Faire le point, comme on franchit un pont, en crachant dans le fleuve.

J'aurais vendu mon âme à un escargot pour habiter sa coquille.

Je ne saurais pas imiter ma signature.

Il ne faut jamais ternir sa mauvaise réputation ([1]).

C'est très beau mais c'est triste une mouche verte tombée dans un encrier d'encre rouge.

La raison du plus fort est toujours la moins drôle ([2]).

Il ne faut pas toujours tourner la page, il faut parfois la déchirer ([3]).

Je suis parfois cette allumette brûlée qui repose en votre cendrier et qui vous regarde avec des yeux bleus.

---

1. Démarquage de l'expression « ternir sa bonne réputation ».

2. Allusion au vers de La Fontaine dans *Le loup et l'agneau*: « La raison du plus fort est toujours la meilleure ».

3. « Tourner la page »: expression métaphorique courante signifiant qu'il faut oublier le passé et considérer l'avenir immédiat.

Je suis un vieux peau-rouge qui ne marchera jamais dans une file indienne ([4]).
S'étant mordu la queue il devint ventriloque.
Je suis le plus grand poète de la rue Ferrer à La Louvière.
La chaise est toujours assise.
Tant va la cruche à l'eau que se tarit la source ([5]).

HISTOIRE SIMPLE

(*A pierre fendre*, *Mons, Haute Nuit, 1952.*)

L'œuvre de Chavée est un Grand testament, *dont le* je *solitaire, et noble dans sa contingence, est le héros unique. Cette histoire, bien simple en vérité, porte un regard lucide sur cette identité qui se fait et se défait. Par un réseau métaphorique sobre et dense, Chavée exprime la dialectique de la consistance et de l'inconsistance grandiose du moi qui, à la fois gouffre et Dieu, mène une quête à laquelle la juxtaposition d'éléments apparemment sans liens entre eux donne une dimension inquiétante et universelle.*

Maintenant je suis un grand animal blessé
dans la jungle du temps
et je m'avance comme un tigre vers Dieu
en déniant son existence

Nul ne croit à ma démarche
nul ne sait que je m'avance vers un gouffre
qui dépasse la croyance
que je m'avance vers moi-même

Là-bas une partie de poker continue
là-bas une femme enfante un monstre miroitant
et moi je m'avance vers moi-même
à la découverte d'une preuve éblouissante.

4. File indienne: file de personnes se succédant une à une. L'expression, paradoxale, renvoie au combat entre l'embrigadement et l'individualisme.

5. Allusion à un proverbe disant « Tant va la cruche à l'eau qu'à la fin elle se brise »; ici, le rapport de force, fictif, entre la cruche et la source se voit renversé.

Charles BERTIN

Charles Bertin, neveu de Charles Plisnier, à qui il a consacré une excellente étude, est né à Mons en 1919. Il habite à proximité de Bruxelles. Docteur en droit, il est secrétaire du Conseil professionnel du métal. Il est membre de l'Académie royale de langue et de littérature françaises depuis 1967.

Il a été d'abord poète, puis dramaturge, puis romancier.
On retrouve dans la plupart de ses œuvres, mais renouvelé chaque fois par le ton et le contexte, le thème de la solitude d'un destin hors série.

Il apparaît dans ses deux romans: Journal d'un crime *(1961) l'associe au sentiment d'une responsabilité involontaire mais angoissante;* Le Bel Age *(1964) l'éclaire par l'hostilité d'une ville provinciale.*

*Malgré leur frappante diversité, ses trois principales œuvres dramatiques évoquent plus directement encore le destin d'un solitaire: en face de l'amour (*Don Juan, *1947), de l'aventure (*Christophe Colomb, *1953, prix Italia), de la mort (*Je reviendrai à Badenburg, *1970). Quant à la farce poétique* Le Roi Bonheur *(1966), c'est la revanche de la jeunesse, de la fantaisie contre l'âge adulte et la politique.*

Charles Bertin a été traduit et joué en plusieurs langues, il a fait des adaptations d'œuvres étrangères, il a écrit de nombreux articles sur des sujets très variés.

C'est, en même temps qu'un critique et journaliste extrêmement sensible et cultivé, un analyste lucide des profondeurs amères, un homme de théâtre au métier très sûr, un écrivain dont l'écriture, souple et ferme, est exemplaire.

BIBLIOGRAPHIE

Les deux romans de Charles Bertin ont paru à Paris, chez Albin Michel.

Christophe Colomb (1953), *Le Roi Bonheur* (1966), *Je reviendrai à Badenburg* (1970) ont paru à Bruxelles chez André De Rache.

Charles PLISNIER, *Les meilleures pages présentées par Charles Bertin,* Bruxelles, La Renaissance du Livre, 1964.

A consulter:

Réception de M. Charles Bertin. Discours de M. Georges Sion. Bulletin de l'Académie royale de Langue et de Littérature françaises, tome XLVI, n° 3, 1958.

Michel AUBRION, *Charles Bertin,* Bruxelles, Éd. P. De Méyère, 1968. Coll. « Portraits ».

DEUX AMOUREUSES DE DON JUAN *

Acte III, 1er tableau, scène 6.

Don Juan, l'éternel insatisfait, l'égoïste solitaire, avoue cyniquement à ses victimes, sans toutefois jamais les convaincre, qu'elles ne sont pour lui qu'un plaisir passager. La duchesse Isabelle (29 ans) a quitté Naples pour le suivre à Séville où il la délaisse, épris, semble-t-il, pour la première fois, acceptant l'attente que lui impose Anne (18 ans), la fille du Commandeur de la ville. Elle ne cache pas ses sentiments; sa pureté et sa piété, jointes à l'amour, espèrent le transformer, le sauver. Avant de s'éloigner pour une mission en Sicile, il demande à l'épouser. Elle accepte, mais son père refuse avec mépris. A ce moment Isabelle se présente chez Anne (c'est ici que commence la scène ci-après).

Anne a trop présumé de ses forces et de celles de Don Juan. Un dernier rendez-vous la met à la merci du séducteur. Elle sait que « tout est fini » entre eux. Il tue le commandeur. Elle le laisse s'éloigner, elle entrera au couvent pour y prier et y pleurer.

Le Don Juan *de Charles Bertin a été représenté en 1948. Nous reproduisons le texte de l'édition définitive, Bruxelles, Brepols, « Cahiers du Rideau de Bruxelles », 1964.*

ANNE. — Vous, Senora?

ISABELLE. — Vous êtes surprise de me voir? Je suis entrée. Je n'ai vu personne. *(Un silence.)* Juan est venu vous rendre visite?

ANNE. — Oui.

ISABELLE. — Il vient de me le dire. Il vous a fait ses adieux?

ANNE. — Nous nous sommes dit au revoir.

ISABELLE. — En attendant le bonheur d'être bientôt réunis?

ANNE. — En attendant ce bonheur, oui.

ISABELLE. — Vous y croyez vraiment?

ANNE. — Oui. Nous y croyons vraiment. Tous les deux. *(Isabelle sourit ou feint de sourire. Un silence.)* Que puis-je faire pour vous, Senora?

ISABELLE. — Rien. Je suis venue simplement prendre congé de vous.

ANNE. — Vous quittez Séville?

ISABELLE. — *(feignant l'étonnement)* Vous ne le saviez pas? Je pars pour la Sicile.

ANNE. — Vous partez pour la Sicile! Avec lui?

ISABELLE. — Mais oui.

ANNE. — Ce n'est pas vrai!

(Un silence.)

ISABELLE. — Et pourquoi, s'il vous plaît, ne serait-ce pas vrai?

ANNE. — Il m'a dit qu'il ne vous emmènerait pas.

ISABELLE. — C'est qu'il a changé d'avis depuis.

ANNE. — Ce n'est pas possible! Ce n'est pas vrai! C'est moi qu'il aime.

ISABELLE. — Il vous l'a dit sans doute?

ANNE. — Oui. Et il était sincère!

Don Juan. Théâtre des Galeries de Bruxelles. Mai 1964.

(Photo Nicole Hellyn appartenant à M. Charles Bertin.)

ISABELLE. — Je vous crois. Mais il me l'a dit à moi aussi, il n'y a pas si longtemps. Et il était sincère également. Don Juan est toujours sincère quand il ment: sa sincérité n'offre d'autre inconvénient que de changer fréquemment d'objet.

ANNE. — Il ne vous aime pas. Il ne partira pas avec vous.

ISABELLE. — Depuis quand, Senorita, Don Juan a-t-il besoin d'aimer une femme pour être son amant et l'emmener en voyage?

ANNE. — Vous avez raison! *(Un court silence.)* C'est pour se priver d'être son amant qu'il a besoin de l'aimer. Et il n'est pas le mien.

ISABELLE. — Est-ce bien sa faute?

ANNE. — S'il le voulait seulement un peu, s'il m'appelait seulement un peu comme je courrais vers lui!

ISABELLE *(railleuse)*. — Et il ne fait pas ce petit signe?

ANNE. — Non, pour la première fois, il est patient, parce que pour la première fois, il désire autre chose qu'un corps.

ISABELLE. — Ou parce qu'il ne désire pas ce corps! Un homme qui a beaucoup vécu peut trouver à un moment donné quelque distraction dans une amitié platonique. Appeler cela de l'amour me paraît osé. Cette patience, comme vous l'appelez, lui coûte d'ailleurs fort peu! Je suppose que vous n'ignorez pas que je lui fournis... toutes les compensations qu'il peut désirer.

ANNE. — Vous mentez. Vous ne lui êtes plus rien. Vous n'arriverez pas à me troubler.

ISABELLE. — Loin de moi cette pensée, Senorita! Votre pureté est un bien trop précieux...

ANNE. — Vous ne m'abuserez pas non plus! Je vous ai comprise maintenant. Voulez-vous que je vous dise quel est votre souhait le plus cher? Vous voudriez que Don Juan devienne mon amant. Je serais moins dangereuse, n'est-ce pas? Ce serait comme les autres fois, n'est-ce pas? Vous vous accommoderiez parfaitement d'une infidélité de plus, puisqu'à la fin, il vous est toujours revenu. Mais ceci est plus grave: je ne suis même pas sa maîtresse. Comment combattre ce qui n'est pas?

ISABELLE. — Vous n'êtes pas dépourvue d'imagination, Senorita!

ANNE. — Je défends mon bien, comme vous défendez ce que vous croyez être le vôtre. Si vous pouviez me voir dans ses bras, vaincue comme les autres, réduite comme les autres, quel beau triomphe ce serait pour vous, n'est-ce pas? Je serais redevenue la proie anonyme! Une simple distraction de Don Juan! Même pas une infidélité! Vous garderiez votre sceptre. Ce serait ma perte, oui! Mais ce serait aussi la sienne! Je suis sa dernière chance, vous comprenez, sa dernière chance d'être sauvé.

ISABELLE. — Vous n'êtes pas non plus dépourvue de prétention!

ANNE. — Résignez-vous, Senora! Votre règne est fini.

ISABELLE. — Et le vôtre commence, croyez-vous? J'ai encore de bonnes armes.

ANNE. — Sa faiblesse et son vice? C'étaient de bonnes armes, en effet. Mais elles ont fait leur temps. Il me donne ce qu'il ne vous a jamais donné : un amour sans condition.

ISABELLE. — Petite sotte! Il n'existe pas d'amour sans condition. Vous vous figurez qu'il vous aime. Et je veux bien qu'il se le figure aussi pour l'instant. Parce que vous le laissez sur sa soif! Ne sentez-vous pas comme c'est artificiel ? Quand vous serez sa maîtresse, vous saurez s'il vous aime. Alors, seulement, vous pourrez rire ou pleurer! Il sera lié ou délié. En attendant, vous jouez un assez pauvre jeu tous les deux. Parce que vous avez peur!

ANNE. — Je n'ai pas peur! Je serai sa femme.

ISABELLE. — Ah oui! Les chaînes! Vous appelez cela un amour sans condition!

ANNE. — Je serai sa femme. Une longue, longue vie! Les mêmes joies, les mêmes peines...

ISABELLE. — Le même lit?

ANNE. — Le même lit.

ISABELLE. — Il n'y sera peut-être pas tous les soirs.

ANNE. — Il y sera tous les soirs. Les mêmes cieux, les mêmes voyages, la même lampe, le même pain... *(Isabelle éclate d'un long rire qui fait mal.)* Et, un jour, j'aurai des enfants de lui.

ISABELLE. — Et quand vous serez bien vieux tous les deux, vous irez vous asseoir sur le même banc, sous le même soleil, en échangeant les mêmes souvenirs du doux amour passé! Vous croyez vraiment à tout cela?

ANNE. — J'y crois, comme je crois en Dieu.

ISABELLE. — Un jour viendra le temps des larmes.

ANNE. — En attendant, pleurez les vôtres!

ISABELLE. — Mon tour de rire reviendra!

ANNE. — Vous êtes folle de jalousie! Je suis sûre maintenant qu'il ne vous emmène pas.

ISABELLE. — Je pars quand même! Je suivrai la même route que lui, pas à pas, derrière lui, sans qu'il m'aperçoive! Je guetterai chacune de ses défaillances, chacune de ses faiblesses, chacun de ses désirs. Je le suivrai inlassablement.

ANNE. — Comme une chienne!...

ISABELLE. — Si vous voulez! Ce sera à mon tour d'avoir de la patience. Je connais Don Juan mieux que vous, ma petite fille! Je ne sais si vous êtes capable de me comprendre, mais le désir physique a chez lui des retours inattendus.

ANNE. — Une chienne! Vous êtes une chienne!

ISABELLE. — Je suivrai fidèlement mon maître. Pas à pas, vous dis-je! Si cela peut vous faire plaisir, je vous enverrai un courrier le jour où il sera de nouveau dans mes bras.

ANNE. — Il n'y sera plus jamais. Il n'est plus fait pour cette sorte d'amour que vous pouvez lui donner.

ISABELLE. — Je peux lui donner toutes les amours. Je lui ai donné tout l'amour! Petite idiote! Je lui donne plus en une seconde que vous ne lui donnerez pendant toute votre vie. C'est dans la mesure où je l'aime que j'existe. Si je l'ai moins aimé, je n'ai pas existé. Il a eu tout de moi! C'est parce que je l'aimais que je n'ai pas eu votre belle patience. Je n'avais que ma soif. Je n'ai rien compté. Je n'ai rien mesuré. Je me suis jetée en lui, comme une asphyxiée qui se jette à l'air.

ANNE *(faisant un pas vers Isabelle)*. — Allez-vous-en maintenant!

ISABELLE *(reculant d'un pas vers la porte)*. — Je le reprendrai!

ANNE *(avançant toujours)*. — Allez-vous-en!

ISABELLE *(reculant toujours)*. — Il me reviendra toujours!

ANNE *(avançant de plus en plus)*. — Allez-vous-en!

ISABELLE *(de la porte)*. — Trois mois en Sicile! Les nuits là-bas sont longues et belles.

ANNE *(criant)*. — Allez-vous-en!

(Isabelle sort.)

Françoise MALLET-JORIS

Françoise Mallet-Joris, fille de l'écrivain Suzanne Lilar, est née à Anvers en 1930. Elle devint rapidement française par sa vie et ses mariages, et ne laissera apparaître que de temps à autre, au fil d'une réflexion, une ascendance flamande qui semble l'avoir marquée moins profondément qu'elle ne le dit. C'est d'une manière fracassante qu'elle entra en littérature en publiant, à 21 ans, Le rempart des béguines *(1951), roman qui fit scandale par son thème, mais qui se montrait également audacieux par le style, à la fois souple et classique, oppressant et vigoureux. Ce grand talent, de nouveaux romans, aujourd'hui traduits en une vingtaine de langues, ne manquèrent pas de le confirmer, comme ne manquèrent pas de le reconnaître avant son entrée à l'Académie Goncourt, de nombreux prix littéraires:* La chambre rouge *en 1955,* Les mensonges *en 1956,* L'empire céleste *en 1958 (prix Femina), puis* Les personnages, Les signes et les prodiges.

C'est en 1963 que Mallet-Joris trouve sa seconde inspiration: dans sa Lettre à moi-même, *elle écrit son propre roman, et dresse le bilan de son existence encore jeune. On aurait pu croire qu'ayant fait d'elle-même un personnage de roman, et d'un roman ayant brisé avec toutes les formes de la narration, Françoise Mallet-Joris ne pouvait que s'arrêter. Il n'en est rien:* La maison de papier, *publié en 1970, et qui nous montre une existence bohême, bien semblable à ces maisons japonaises si mal fermées sur elles-mêmes, a su augmenter la part de la vie et du dialogue, a su maintenir intacte la vision aiguë des objets concrets, l'ironie et la fraîcheur du propos.*

Les deux manières se combinent avec bonheur et fantaisie dans le roman Le Jeu du Souterrain *(1973): divisé en trois parties, mais aussi, par des sous-titres, en de nombreux fragments dont chacun forme un tout, le récit, dispersé, alterne avec les portraits et les réflexions où l'on retrouve la gravité souriante de l'ironiste bienveillant et optimiste malgré tout.*

BIBLIOGRAPHIE

Cf. *B.E.F.B.*, t. IV, pp. 148-150.

A consulter:

M. GEORIS, *Françoise Mallet-Joris,* Bruxelles, P. de Méyère, 1964 coll. « Portraits », n° 7.

SEUL

Dans Le Jeu du souterrain *(Paris, Grasset, 1973), Françoise Mallet-Joris raconte, en mêlant très librement récit, réflexions, portraits et dialogues, une double aventure devenue, par sa gratuité et son échec, un jeu, mais qui a quand même une lourde signification morale et psychologique.*

Dans un village du Cotentin (Normandie), un gardien de musée, Pierre Sorel, creuse depuis plus de six ans, sous le château, la nuit, un souterrain: il espère atteindre un trésor qu'il croit enfoui depuis des siècles.

Excité par cette nouvelle, Pierre Guibal, romancier parisien plutôt raté, embourbé, jusqu'à l'impuissance de la création littéraire, dans une vie trop facile, rêve de faire de cette actualité le sujet d'un roman.

Tous deux échouent. Sorel sera progressivement abandonné par ceux qui ont cru à son rêve mais qui finissent par le croire fou, par sa femme Adrienne, par son dernier ami Guimard. Une décision administrative fera combler le souterrain, par crainte d'éboulements. Mais à défaut du trésor, Sorel aura trouvé autre chose: le noble « mal des profondeurs ».

Ce n'est pas sans raison que l'auteur place ces réflexions dans la deuxième des trois parties du roman: le trésor, le secret, le silence.

Il est seul. Adrienne dort, les enfants dorment. Il les aime surtout à ce moment-là. Quand ils dorment, et que lui, l'homme seul, franchit les trois cents mètres qui le séparent de son trou, de l'entrée de son royaume, comme s'il s'agissait d'un bras de mer, d'un continent. Le déchirement qu'il ressent à ce moment-là. Adrienne qui dort, est la seule femme qu'il ait jamais connue. Ses enfants, Frédéric et Génie, lui, si travailleur, sérieux, un vrai petit commerçant comme son grand-père, elle si mignonne, si complaisante, « une vraie petite femme » comme disent les gens, il les revoit comme s'il les quittait pour toujours. Ça fait du mal et du bien. Il est seul.

Le voilà arrivé au bord du trou. Risquer sa vie. C'est quelque chose, risquer sa vie. Et la risquer dans le noir. Il doit vaincre chaque nuit — chaque nuit depuis des années — la peur, non, la répulsion qui le prend au moment de s'enfoncer là-dedans. Plus de quarante mètres de fond, la baladeuse qui peut s'éteindre, et puis, le couloir le long duquel il rampe, mal étayé, plus étayé du tout. A la lueur de la baladeuse, deux fois, au fond d'un tunnel, il a rencontré des pierres. Non, pas les fondations du château. Des pierres gravées. A quarante mètres sous la terre, au bout d'un couloir long de douze mètres à peu près, des pierres plates, posées par terre, et sculptées. Sur un carnet terreux, il a recopié les dessins, avec un bout de crayon. A quarante mètres sous terre, au bout d'un couloir long de douze mètres à peu près, il a rencontré des hommes. Des hommes qui s'enfonçaient dans la terre pour évoquer quelque chose. Des hommes qui ne se contentaient pas de la croûte terrestre, de l'écorce des choses, qui ne pouvaient pas s'en contenter. Un moment, il a oublié le danger et la répulsion, il a caressé de la main la pierre gravée. En parlera-t-il à Guimard, dernier fidèle? Il imagine sa joie bruyante, ses exagérations. — Mais c'est fantastique! c'est bien la preuve qu'ils y sont venus!

Oui. Mais l'important, songe confusément Pierre Sorel, ce n'est pas « qu'ils » y soient venus, c'est qu'ils aient éprouvé — et lui-même — le besoin d'y venir.

* * *

Seul et pas seul. Car la profondeur à laquelle il s'est enfoncé le sépare de ceux qui là-haut marchent, vont, viennent, ont des buts. Car la profondeur devient le seul but de l'homme qui creuse. Et sa seule tentation, lui qui voulait remonter les mains pleines, c'est de ne plus remonter du tout.

Liliane WOUTERS

Liliane Wouters, née à Bruxelles en 1930, est professeur. Elle s'est toute jeune imposée comme un des meilleurs poètes de sa génération.

La Marche forcée *(1954) ne laissait souvent transparaître son inquiétude spirituelle qu'à travers une évocation du mysticisme, de la sensualité de la Renaissance et du Moyen Age flamands.*

Avec Le bois sec *(1960), Liliane Wouters atteint une véritable maîtrise d'expression. La forme où elle excelle est le vers de sept syllabes, sec, abrupt, dense, qui a le mouvement vif de la poésie archaïque ou des vieilles chansons. On perçoit l'ambiguïté d'un être qui se sent double (moi et l'autre), qui s'éprouve voué à Dieu et au Diable, tiraillé entre l'âme et le corps. Et, par-dessus tout, reviennent sans cesse la violence du désir, l'appel de la chair et le cri du sang, en même temps que la hantise physique de la mort, du retour à la terre-mère.*

Dans Le Gel *(1966), la forme poétique évolue vers plus de densité encore et approfondit l'inspiration déchirée du* Bois sec*: lutte entre la parole et le silence, entre le tout et le rien, angoisse de la naissance et de la mort, angoisse du mensonge nécessaire de la vie et de la solitude de celui qui se sent étranger à tous comme à lui-même.*

Ces dernières années, Liliane Wouters s'est tournée avec succès vers le théâtre. Elle a fait jouer Oscarine et les tournesols *(1964) et* La Porte *(1967).*

Il faut mentionner enfin son travail de traductrice de la poésie néerlandaise médiévale et moderne. Elle affirme sans doute par là sa double appartenance culturelle (« flamande de race, française de langue ») et renoue avec l'esprit qui avait animé Maeterlinck lorsqu'il avait révélé au public français la richesse poétique de la prose de Ruysbroeck.

BIBLIOGRAPHIE

La Marche forcée. Éd. des Artistes, Bruxelles, 1954.

Le Bois sec, Paris, Gallimard, 1960.

Le Gel, Seghers, Paris, 1966.

La Porte, Liège, Éd. du Théâtre de la Communauté, 1967.

Les belles heures de Flandre, Anthologie de la poésie flamande du XIIe au XVIe siècle. Seghers, Paris, 1961.

L'ALOÈS

Ces deux strophes sont les premières d'une assez longue suite consacrée au thème du temps dans Le Gel *(Paris, Seghers, 1966). Pour Liliane Wouters, la vie courante apparaît comme tellement superficielle qu'elle ne permet pas à la personnalité réelle de s'épanouir. Elle soupçonne qu'il existe un autre temps où l'être vit vraiment ; elle croit le trouver dans* l'instant *privilégié de la naissance, cet instant extraordinaire où l'âme immortelle rencontre « le limon » :*

« Je n'ai pas vécu trente ans,
ni même un seul. Mais l'instant
où s'ouvrirent mes paupières... »

Cette disproportion entre l'instant merveilleux et la longueur d'une vie morne a engendré la belle image de l'aloès qui ne fleurit qu'une fois tous les cent ans.

Une fois tous les cent ans,
l'aloès fleurit. Mon temps
connaît la même fortune.
Tant de jours perdus pour une
minute vivante, tant
de saisons pour un instant
parfait, arraché de force.
O mon temps, sous quelle écorce
caches-tu l'éternité
pendant que, pour me quitter,
pour reprendre ton empire,
chaque fois que je respire
tu t'échappes un peu plus.

Souffle qui ma vie élus,
voici trente ans, pour que prenne
conscience un corps, refrène
ton allure. Je n'ai pas
vécu. Sans cesse mes pas
m'ont porté, ma bouche pleine
de vent perdait son haleine.
J'occupais ma place, j'ai
travaillé, dormi, mangé.
Je cherchais à me connaître,
je n'ai rencontré qu'un être
stupide et bruyant. Sa voix
disait « Je » parlant de moi.

Pierre MERTENS

Avec les quatre ouvrages qu'il a publiés à ce jour, Pierre Mertens est assurément bien plus qu'un jeune espoir du roman belge. Né à Bruxelles en 1939, spécialiste du Droit international, et ayant à ce titre joué depuis 1967 un rôle d'observateur aux points chauds de la planète (Moyen-Orient, Grèce), Mertens est également chroniqueur au grand quotidien bruxellois Le Soir. *Son premier roman,* L'Inde ou l'Amérique *(1969), qui a été suivi d'un recueil de nouvelles intitulé* Le niveau de la mer *(1970), a été couronné du Prix Rossel, en quelque sorte le Goncourt belge, tandis que* La Fête des anciens *(1970) se voyait attribuer le prix Del Duca 1972.* Les Bons Offices *a été unanimement salué par la critique comme un des meilleurs ouvrages de 1974. Dans ce roman d'un souffle plus long, Mertens procède, à la manière fragmentée et lucide qui est la sienne, à l'émiettement de l'être de Paul Sanchotte. Mi-Quichotte, mi-Sancho, ce médiateur professionnel au service des droits de l'homme parcourt le monde et ses frontières, les détails et les hasards de sa vie propre, au travers de l'histoire du monde — de Lumumba à la Palestine —, et assiste à la lente et ironique décomposition de son moi. On doit aussi à Pierre Mertens une dramatique de télévision* Histoire d'un oiseau qui n'était pas pour le chat. *Le prix littéraire Belgique-Canada lui a été décerné en 1975.*

BIBLIOGRAPHIE

L'Inde ou l'Amérique, Lausanne, Éd. L'Âge d'homme, 1969 (Collection Écrire).

Le niveau de la mer, Lausanne, Éditions « L'Âge d'homme », 1970. (Collection: Vent d'Est Vent d'Ouest).

La fête des anciens, Paris, Le Seuil, 1970.

Les Bons Offices, Paris, Le Seuil, 1974.

*A l'occasion d'une fête scolaire (*La fête des anciens, *Paris, Le Seuil, 1970), se retrouvent auprès de Gilles son père et son grand-père, tous deux solitaires (ils sont divorcés) ; ils se retrouvent et retrouvent également leur passé. Au cours de cette fête — dont l'extrait ci-dessous fige un instant — Gilles doit interpréter le rôle du « songeur », qui, étendu à l'avant-scène et en proie à un sommeil agité, suscite les personnages d'un spectacle qui, sans son rêve, n'accéderaient point à l'existence.*

Dans l'enfilade des classes de cinquième et de sixième années, on a ménagé un espace suffisant pour contenir le public attendu. Le plateau a été monté sur tréteaux dans la loggia qui donne sur la cour de récréation, entre deux colonnes de stuc.

Sur scène, les élèves des petites classes jouent en lever de rideau. Ils présentent des bluettes didactiques et moroses sur les métiers, sur les maladies, destinées à mettre le public en appétit. Un laboureur, un pêcheur, un forgeron, un maréchal-ferrant miniatures vantent le charme et la nécessité sociale de leur travail. « Sans moi, pas de pain... Sans moi, jamais de poisson... » Virus et microbes enchaînent : « Moi, je suis la scarlatine... moi la rubéole... et moi la coqueluche... Nous, nous sommes les globules rouges ou blancs... » Pour finir, une énorme mouche tsé-tsé endort tout le monde. Et les enfants qui figurent le sang coagulent... On représente ensuite *le Radeau de la Méduse* (1). De très petites filles à ombrelles, grimées comme des femmes et presque désirables, confient leur sort à de minuscules navigateurs en culotte courte. Réduits à la famine, ils veulent se manger les uns les autres et tirent à la courte paille le mousse qu'ils vont sacrifier (2). Recueillis *in extremis*, ils entonnent des hymnes de reconnaissance et un ultime appel à la fraternité des hommes.

1. *Radeau de la Méduse* : tableau célèbre du peintre Géricault (1819) : les naufragés du navire *La Méduse* se regroupèrent sur un radeau où, à la longue, les survivants en furent réduits à manger les cadavres. La saynète représentée ici prend donc des libertés avec la donnée historique, afin de la rendre plus acceptable et de lui conférer un sens moral.

2. Allusion à la chanson populaire intitulée *Il était un petit navire*, où un mousse dans la même situation se voit miraculeusement sauvé.

« Tous les villages alors seraient heureux,
tous les visages alors seraient joyeux
Au paradis, nous nous retrouverons
Et nous nous re-po-se-rons. »

Au début de cet après-midi d'été, si chaud et si lumineux, on avait laissé la salle éclairée *a giorno*, car les plus petits auraient eu peur du noir. Sur ce plateau si réduit, ces acteurs menus apparaissaient grands. Enfants acteurs qui terrifiaient parfois, sous leurs peaux d'ours ou leurs perruques échevelées, quelques enfants spectateurs et les faisaient pleurer... Les adultes acclamaient la petite négresse, qu'ils croyaient fausse et matachée ([3]). Ils applaudiraient de plus belle lorsqu'ils la sauraient authentique.

Ce serait triste, aveuglément.

Mais toi, Gilles, lorsque tu reviendras, d'ici quelques années, à ton ancienne école, par un été semblable, en spectateur cette fois, comme nous aujourd'hui, abîmé dans une nostalgie très conventionnelle, tu ne connaîtras plus personne et personne ne te reconnaîtra.

Nous t'imaginions détaché, arpentant sans but précis les corridors, passant et repassant devant les cuisines, les urinoirs, le réfectoire, montant et descendant des escaliers. A un moment, tu ouvris une porte et te retrouvas dehors. Dans la cour un merle chantait, seul, éperdument. Tu marchas en direction du bac de sable. Cheval de cirque ou palefroi, tu caracolais, tu te livrais à un ultime galop d'essai. Tu te sentais des ailes, que tu accordais comme des harpes. Pégase et Centaure ([4]). Tu jouais les *outsiders*. « Le petit Gilles, vous connaissez? Oui, mon fils, ma fille, m'en ont touché un mot. *Le rêveur*, paraît-il. Mais je ne sais rien de plus. »

Et peut-être nous intriguais-tu, comme celui dont on peut tout attendre. Tu avais encore ta chance. Peut-être, secrètement, misions-nous sur toi. Le départ allait être donné d'un grand handicap que tu courrais ta vie entière. Même si, par coquetterie, tu te donnais, à chaque heure, l'air de participer déjà au suprême emballage. Ainsi ton goût du définitif t'a-t-il entraîné, de bonne heure, vers autant de petites morts d'apparat, répétitions toujours générales d'une représentation qui ne vient jamais.

---

3. Barbouillée (néologisme?).

4. Coursiers de la mythologie antique. La pièce où joue Gilles a la mythologie pour thème.

Maintenant, une sonnerie grelotte ([5]) dans les couloirs de l'école, à tous les étages. Qu'ils ont été doux, ces derniers moments qui ont précédé ton départ! Des rires clairs comme des éperons ont sonnaillé ([6]) en toi durant tout le temps qu'on te harnachait. Peut-être même aurais-tu aimé t'attarder encore un peu dans cette cour d'école où un merle solitaire chantera jusqu'au soir. A moins que tu n'eusses préféré fuir. A tout prendre, il vaut mieux que l'acteur ne se soit pas dérobé et qu'il écarte à présent, tel un maître de cérémonie, les rideaux du théâtre, qu'il rampe jusqu'à l'avant-scène et rejoigne le grabat où il va s'endormir. Ne regrettons rien. Nous n'y aurions gagné que le prix de ton silence. Le silence des Delmas.

---

5. Ici: émettre un bruit de grelot (le terme est plus fréquent avec l'acception « trembler de froid »).

6. Ont fait un bruit de clochettes, de sonnailles. Sonnailles, fréquentatif de sonner (Dict. Robert).

Liban

Collaborateur: M. Salah STÉTIÉ, conseiller, délégué permanent adjoint du Liban auprès de l'UNESCO.

Section IV

INTRODUCTION HISTORIQUE

La littérature libanaise de langue française est née, plus que d'aucune nécessité, d'un amour: celui de la langue française précisément. Elle est née dans un pays qui, à la différence de tous ceux où l'usage du français se trouve imposé par la force des choses, avait sa propre langue de civilisation et de communication, l'arabe. Issue donc d'un libre choix, cette littérature voit le jour avec le siècle, dans les souffrances et les incertitudes dues à la gestation d'un Liban nouveau. La fin — malaisée — de la domination turque dans la région s'accompagne dans ce pays, chez beaucoup, du souhait de voir la France, de préférence à toute autre puissance, s'intéresser aussi directement que possible à l'ensemble des problèmes posés. C'est ainsi qu'en ces années-là, des journalistes et des essayistes libanais, installés en France, militeront pour la cause arabe et libanaise, alertant l'opinion internationale dans une langue de grande diffusion où certains mots, tels que « liberté », « indépendance », « droit », « dignité » prennent, d'être si naturellement accordés à l'esprit de la langue, leur pouvoir le plus fort et le plus irradiant: Négib Azouri, Georges Samné, Khairallah T. Khairallah écrivent spontanément en français. Et c'est en français qu'un auteur dramatique défendra avec ses moyens propres les valeurs et les idées auxquelles il voudra donner corps: joué en 1907 au Théâtre National de l'Odéon à Paris, *Antar*, de Chékri Ganem — dont le musicien Gabriel-Dupont devait tirer une œuvre lyrique restée fameuse, inscrite depuis au répertoire de l'Opéra — projetait en pleine lumière, sous la fiction d'un chevalier-poète défiant l'opacité du sort, les déchirements et les refus de l'intellectuel révolté.

Finie la première guerre mondiale, la France aura au Liban la présence effective que l'on sait. Dans le cadre de cette présence, culturelle autant que politique, on assistera à l'éclosion de ce qu'on peut appeler le second temps de la littérature libanaise de langue française — la littérature arabe au Liban, quant à elle, poursuivant âprement, et dans l'inspiration, depuis déjà un siècle, son effort vers la *nahda*, la « renaissance ». Cette seconde génération, sans être aussi étroitement militante que la première, découvre avec un certain vertige le goût de l'indépendance — une indépendance pourtant mesurée — et, pour dire cette nouveauté, et ce relâchement de bien des liens, pour chanter son émerveillement devant la découverte ou la re-découverte du sol, de la mer et du roc natals, elle use avec décision du français : un français châtié (un peu trop), phrasé et balancé (un peu trop), coloré, « orientalisé », « libanisé » — un français toutefois à vocation visiblement classique, par amour sans doute des livres lus naguère en classe et par celui, chez les poètes, de ces quelques charmants jouets que sont la rime, l'alexandrin ou la stance.

Les noms de ces écrivains de la deuxième vague méritent d'intéresser et d'émouvoir — et d'être retenus par l'histoire des lettres — car ils auront été, en terre d'Orient, les initiateurs de ce qu'on n'appellera que bien plus tard, d'un vocable tout compte fait assez disgracieux, la « francophonie ». C'est ainsi qu'autour de *La Revue Phénicienne* et de ses éditions, fondées par Charles Corm, se regroupent dès les années 20 Hector Klat, Élie Tyane, Michel Chiha (plus tard lucide commentateur politique) et quelques autres. Ils ont en commun de produire une littérature au premier degré qui se veut d'abord « littéraire », c'est-à-dire d'une certaine façon mythique — au sens où toute littérature est *aussi* le mythe d'elle-même — puisque détachée de l'immédiat réel au profit de sa projection verbale. Curieux destin, donc, que celui de cette génération qui, plus qu'une autre, aura souhaité violemment le Liban, territoire politique et terroir concret, et qui, sans doute prise au dépourvu d'un pouvoir qui rêve et fonde, se sera un tant soit peu égarée loin de son exigence initiale — du côté des dorures...

Des journalistes efficaces, des poètes apparemment moins ambitieux, un romancier par-ci, un critique d'art par-là — voilà ceux par qui, à l'heure intermédiaire, la langue française trouvera au Liban à se faire et à se parfaire. Citons le brillant Georges Naccache et l'intransigeant Marcel Zahar, connu de toute la critique d'art parisienne, le fougueux, le tumultueux Farjallah Haïk (qu'on retrouvera dans les textes qui suivent) et le charmant, le charmeur Edmond Saad. Citons le valéryen, et claudélien, Fouad Abi-Zeyd, valéryen par son appel à la lumière, claudélien par son intuition de la nuit. Puis arriveront pieds nus, sur l'herbe née de l'aube, les nouveaux venus...

Schéhadé est leur père par qui le français de France, j'entends le plus littéraire, est marqué d'un coin véridique comme d'un poinçon. André Breton et les surréalistes ne s'y sont pas trompés, qui l'ont revendiqué comme un des leurs. Mais Schéhadé, poète et dramaturge, dépasse les appartenances d'école, pareil en cela aux plus grands. Au Liban, par lui, une nouvelle langue s'écrit aujourd'hui, et par la grâce des plus jeunes, de ceux de la troisième — et de la déjà quatrième génération, qu'il est peut-être un peu prématuré de saluer. A l'heure où l'arabe est en train de produire au Liban ses effets les plus éclatants, l'aventure du français dans ce pays, l'on dirait, d'une certaine façon, qu'elle commence...

Le choix de textes qui suit n'est pas mon fait, et non plus celui de leurs auteurs. Je regrette seulement que l'espace imparti à mon pays n'ait pas permis que figurent dans cette anthologie plus de noms et plus d'extraits [1]. Des noms de jeunes écrivains « fils de soleil » qui, ne serait-ce que d'être libanais, sont porteurs au sein de la langue française d'un ensoleillement mystérieux.

Salah STÉTIÉ

Les fleurs de lys de Toscane ou de France ont paré les arcs les plus authentiquement libanais. En témoignent ceux de l'église accrochée à la falaise de la vallée de Qoshaya.

1. Cf. Propos liminaire de L. Philippart, p. 9.

Farjallah HAIK

Né à Beit-Chabab en 1909, Farjallah Haïk, après des études de pharmacie, s'est consacré à la littérature. Farjallah Haïk est robuste comme un arbre. La terre généreuse du Liban, l'air et le soleil qui lui sont dispensés à profusion, tels sont de toute évidence les éléments constitutifs — il faudrait dire primitifs — de l'imagination romanesque de Haïk. Imagination elle-même profuse, inquiète, agitée, mariant spontanément, comme la branche à la feuille, la réalité quotidienne et la fable, l'observation des faits et des mœurs au surgissement irrationnel de la légende, les gens des travaux et des jours aux aventuriers hors saison. Des villes, bourgs et villages de sa terre natale — aimée passionnément quoique regardée sans indulgence — le romancier tire le meilleur, le plus profond de son inspiration. Avide de cerner de ce sol les traits forts et simplifiés — ce qu'il réussit à faire dans l'évocation des paysages et dans la description des êtres, notamment des plus proches de la terre —, il invente aussi des intrigues qu'il complique à plaisir, mais qui finalement apparaissent comme autant de preuves de son irrépressible fièvre de conter *— dans un langage aventureux et dru, chargé de « libanismes » — au-delà même de l'investigation psychologique et du témoignage sociologique.*

Farjallah Haïk a obtenu le Prix Rivarol en 1949 pour Abou-Nassif *et le Prix Monceau, en 1968, pour l'ensemble de son œuvre.*

BIBLIOGRAPHIE

Principales œuvres romanesques:

Barjoute, Paris, Corrêa, 1942.
Al-Ghariba, Paris, Corrêa, 1947.
Gofril le Mage, Paris, Corrêa, 1947.
Abou-Nassif, Paris, Plon, 1948.
La fille d'Allah, Paris, Plon, 1949.
Le poison de la solitude, Paris, Plon, 1951.
Joumana, Paris, Stock, 1957.
L'envers de Caïn, Paris, Stock, 1959.
La Croix et le Croissant, Paris, Fayard, 1959.

Les meilleures intentions, Paris, Gallimard, 1962.
La crique, Paris, Calman-Lévy, 1964.

A consulter:

Salah STÉTIÉ, *La littérature libanaise de langue française* in « Médecine de France », n° 103, 1959.
Sélim ABOU, *Le Bilinguisme arabe-français au Liban,* Paris, Presses Universitaires de France, 1962.
Sélim ABOU, *Les Écrivains célèbres,* Mazenod, 1965.
Saher KHALAF, *Littérature libanaise de langue française,* Sherbrooke, Éditions Na'aman, 1974.

LE CAFÉ DES BAS-FONDS *

Tirée de L'envers de Caïn *(Paris, Stock, 1959), cette évocation d'un café oriental dans un quartier populaire n'est pas sans rappeler, comme l'a remarqué Gabriel Venaissin dans « Combat » (8 décembre 1955) une certaine parenté entre l'art du romancier libanais et celui du grec Nikos Kazantzakis « qui raconte des histoires venues du fond du peuple, aussi amples que des légendes et qui sentent la terre, le sang et la sueur. Cette odeur de sang et de sueur peuple* l'envers de Caïn, *récit de révolte et poème de l'homme. Elle est indélébile.* »

Une odeur de cuir humain, de tabac et de laine nous assaille dès que nous y mettons les pieds. Des hommes désœuvrés, des contrebandiers, des fiers-à-bras, assis presque tous à califourchon sur des chaises éclopées, sont anéantis dans une sorte de kief (1), entourés d'épaisses volutes de fumée, l'œil mauvais. Des bribes de discussions tombent de temps en temps, ouatées ou sonores selon qu'il s'agit d'affaires louches à traiter ou de vieilles querelles à vider. La voix du garçon fuse, joyeuse et bien modulée: « Ena metrio » (2). Le glouglou des narguilés se perd dans ce tintamarre. Dans un coin retiré, un vieillard vêtu d'un ghoumbaz (3) bariolé, le souple tuyau aux lèvres, tient un chapelet d'ambre d'une main tandis que de l'autre, il frotte ses orteils nus [...] Le langage de ces hommes, si différent de celui qu'on parle à l'Orphelinat, choqua Lazare. Cette

1. Mot turc, sorte de sieste, de repos absolu.
2. En italien, souvent utilisé dans les ports du Levant: « Un café demi-sucré ».
3. Vêtement ample et typique porté par certains hommes du peuple.

pudeur naïve m'amusa. C'est ce qu'on appelle le langage-de-la-ceinture-et-au-dessous ([4]). S'ils parlaient autrement, ces hommes-là ne se comprendraient plus et perdraient tout leur charme. Ils vivent cul-de-tigre ([5]), heureux dans leur promiscuité. Et aussi au niveau de leur ventre, selon l'expression consacrée par la sagesse populaire...

4. Populairement, en arabe libanais: « Langage cru, sans retenue ».

5. Populairement, en arabe libanais: « Heureux, sans soucis ».

Georges SCHÉHADÉ

Né à Alexandrie d'Égypte en 1910, Georges Schéhadé a fait des études de droit. Il partage sa vie entre Beyrouth où il vit et Paris où il lui arrive de faire de longs séjours.

Georges Schéhadé est l'un des « grands » de la littérature francophone et de la littérature française tout court. Avec l'Irlandais Beckett, le Roumain Ionesco, le Géorgien Adamov, il a été dans les années 50 l'un des auteurs qui ont le plus profondément modifié la scène contemporaine et créé ce qu'on a appelé « le nouveau théâtre ». Toutefois, contrairement aux trois autres novateurs, il ne puise pas son inspiration dans le sentiment, tragique et dérisoire, de notre condition. Pour lui, ni l'angoisse métaphysique, ni l'investigation psychologique, ni l'intrigue dramatique ne constituent des éléments importants ou significatifs de sa recherche, et la demi-douzaine de pièces qu'il a écrites à ce jour se passent délibérément de ce qui, à ce rêveur, à ce puriste, peut paraître « ingrédient » ou « artifice ». Son théâtre, en effet, est d'abord une fête : rendez-vous de personnages funambulesques, charmants, cocasses, pathétiques, désireux avant tout de s'épanouir poétiquement sous les yeux d'un spectateur avide d'émerveillement. Qu'ils mettent en cause — fût-ce caustiquement — l'amour ou le vieillissement ou la mort, la mauvaise science ou le mauvais argent, la bêtise ou l'épais mensonge, ses personnages n'oublient jamais leur ascendance merveilleuse où pourraient figurer une certaine Alice, un certain Kara-Gueuz et plusieurs contes des Mille et une Nuits. Si de ce théâtre, où le langage lui-même est en fête, une philosophie devait être dégagée, ce serait non le sourire d'un chat fameux, mais la secrète conviction que par la vertu de poésie — à se maintenir fût-ce en équilibre instable sur le fil poétique, à ne pas perdre ce fil, l'homme échappe à la perdition ; il est quelque part « sauvé ».

La poésie de Schéhadé dans ses poèmes sait, elle aussi, au-delà d'un vif sentiment de la mélancolie de vivre, transmettre — à travers ses images radieuses et sereines — l'intuition d'un paradis possible, comme une immense enfance retrouvée à même les choses visibles et le cœur réconcilié.

Les œuvres dramatiques de Schéhadé ont été traduites dans les principales langues. Au théâtre, elles ont été créées dans la plupart des pays par des metteurs en scène prestigieux. En France, ces pièces ont été créées, pour l'essentiel, par la Compagnie Madeleine Renaud-Jean-Louis Barrault et par la Comédie Française.

BIBLIOGRAPHIE

Œuvre romanesque

Rodogune Sinne, G.L.M., 1946.

Œuvres poétiques:

L'Écolier Sultan, G.L.M., 1950.
Les Poésies, Paris, Gallimard, 1952.

Œuvres dramatiques:

Monsieur Bob'le, Paris, Gallimard, 1951.
La Soirée des Proverbes. Paris, Gallimard, 1954.
Histoire de Vasco, Paris, Gallimard, 1956.
Les Violettes, Paris, Gallimard, 1960.
Le Voyage, Paris. Gallimard, 1961.
L'Émigré de Brisbane, Paris, Gallimard, 1965.

A consulter:

Sur la poésie de Georges Schéhadé:

Gaétan PICON, *Panorama de la littérature française contemporaine,* Paris, Gallimard, 1953.
Gabriel BOUNOURE, *Marelles sur le parvis,* Paris, Plon, 1961.
Jean-Pierre RICHARD, *Onze études sur la poésie moderne,* Paris, Le Seuil, 1964.
Salah STÉTIÉ, *Les porteurs de feu,* Paris, Gallimard, 1972.

Sur le théâtre de Georges Schéhadé:

Geneviève SERREAU, *Histoire du Nouveau théâtre,* Paris, Gallimard, 1956.
Pierre ROBIN, *Poésie et théâtre de Georges Schéhadé,* éditions du Cénacle Libanais, 1957.
Léonard C. PRONKO, *Théâtre d'avant-garde,* Denoël, 1963.
Michel CORVIN, *Le théâtre nouveau en France,* Paris ,Presses Universitaires de France, 1966.

(Extrait de Les Poésies, *Paris, Gallimard, 1952.)*

Nous reviendrons corps de cendre ou rosiers
Avec l'œil cet animal charmant
Ô colombe
Près des puits de bronze où de lointains
Soleils sont couchés

Puis nous reprendrons notre courbe et nos pas
Sous les fontaines sans eau de la lune
Ô colombe
Là où les grandes solitudes mangent la pierre

Les nuits et les jours perdent leurs ombres par milliers
Le Temps est innocent des choses
Ô colombe
Tout passe comme si j'étais l'oiseau immobile.

LA JOURNÉE DE MONSIEUR BOB'LE *

Acte II, scène VIII.

Tiré de « Monsieur Bob'le », acte II, scène VIII, Paris, Gallimard, 1951, voici le récit d'une journée de ce dernier — personnage rayonnant, mystérieux et poétique — qui a quitté son village, Paola Scala, pour aller vivre dans une « île » — journée que raconte José Marco, le messager de Monsieur Bob'le aux gens de la petite communauté villageoise qui attend son retour.

JOSÉ MARCO. — Monsieur Bob'le se lève avec le soleil!... S'il pleut...

ARNOLD. — S'il pleut?

JOSÉ MARCO. — Il ne l'attend pas. Il s'habille et dit ses prières; invoquer Dieu, c'est la respiration du sage... *(Mimant avec les bras une sorte de gymnastique)* L'exercice du matin. Puis il déjeune; certainement, il mange; l'eau et le sel sont des amis très sûrs... Après quoi il se promène dans le jardin et il énonce des idées; mais je ne suis pas bien sûr qu'il parle...

FRÉDÉRIC. — Comment ça, mon ami?...

JOSÉ MARCO. — Ses yeux vont d'un objet à l'autre... *(Frédéric acquiesce d'un geste de la main)* Il contemple la rose et le bruit de la mer... Il ne fatigue pas sa pensée.

FRÉDÉRIC. — Quel calme!...

JOSÉ MARCO. — A huit heures, nous partons à cheval pour visiter les chantiers; nous traversons alors des gorges et des plaines... Chemin faisant, parfois j'appelle l'écho... Ohé... Ohé... On nous répond:

O—hé... O—hé... Monsieur Bob'le sourit... car il aime la montagne qui parle; il dit que la montagne est le lieu des Forces et de la grande Bonté, le Sosie des Mondes!...

(Ici José Marco reprend sa promenade sur la pointe des pieds; il se déplace comme quelqu'un qui aurait peur d'être entendu.)

FRÉDÉRIC. — *(à mi-voix)* Étrange!... Étrange!... comme il se déplace!...

JOSÉ MARCO. — N'y faites pas attention, c'est une habitude du temps des embuscades, quand j'errais dans la forêt.

ALEXANDRINE. — Monsieur Jésus!...

JOSÉ MARCO. — Et ce n'est que plus tard, quand le soleil est haut, que nous arrivons, Monsieur Bob'le et moi, au camp. Là, on travaille, on fait mal à la terre... Il y a des hommes et des cordes dans le ciel... Les mines!

FRÉDÉRIC. — Les Richesses!

JOSÉ MARCO. — Celles qui sont vouées au culte de la nuit, qui ne voient pas l'œil des enfants et des chevaux, ni les plantes nobles dans le ciel- mais les bêtes rampantes, les serpents fous, le crottin des tortues *(Se courbant et grattant le plancher.)* Le fer!... Le plomb!... L'or!... *(Ricanant)* Les Richesses!... Elles sont toutes là!... Mêlées, il est vrai, aux origines des sources, mais privées de soleil, la main avec le diable!... *(Criant)* Allez-y!... Les pioches, les pics, les marteaux, dans la cervelle de cette pourriture!...

ARNOLD. — *(Regardant l'image de la Sainte, à mi-voix)* C'est un dur métier. Dieu soit avec lui!

LE MÉTROPOLITE NICOLAS *(levant les bras au ciel)*. — Contre le plomb!... l'or!... le fer!... la pourriture!...

JOSÉ MARCO. — Oui, Monseigneur... La nuit venue, nous revenons sur nos pas; les étoiles sont rouges et douces, l'ombre est coutumière... Monsieur Bob'le ne parle pas. Il est en selle comme un homme d'argile; ses yeux sont blancs. Je ne comprends pas ce qui se passe dans son cœur, pourquoi cette peine après le travail qui est fini, le travail nécessaire, celui qui use les os et fait les vieillards!... *(Très las)* Je l'accompagne jusqu'à sa demeure; la nuit maintenant est très noire, les étoiles tombent; l'arbre n'a plus de vent!... Il me quitte sans dire un mot, et regagne sa chambre pour dormir.

(José Marco se lève et disparaît dans la chambre à coucher du Métropolite Nicolas.)

FRÉDÉRIC. — C'est l'exil... l'image de l'exil; il est tout seul, là-bas...

Andrée CHÉDID

Libanaise d'Égypte, née au Caire en 1921, établie à Paris, Andrée Chédid est multiple comme ses dons: poète, romancière, dramaturge, elle explore systématiquement toutes les voies de l'expression littéraire, à la recherche d'une définition d'elle-même et de ce monde qu'elle porte en elle. C'est essentiellement à la poésie qu'Andrée Chédid a confié le soin de la formuler dans son être essentiel. Son poème: des éclats brefs, des phrases concises, des tournures sapientiales qui se prolongent parfois et s'épanouissent dans le chant d'une méditation lyrique plus ample. Il exprime toujours la présence tourmentée et fidèle de l'homme au sein de ce qui pourrait bien être l'absence du monde. Au roman, parfois au théâtre, Andrée Chédid réserve l'autre aspect de sa quête: traduire ce vaste lieu spirituel et matériel, qui fut celui où se déroulèrent son enfance et son adolescence, et fonder poétiquement l'Orient, patrie originelle de l'écrivain, patrie seconde de quiconque est en mal d'origine.

Elle a reçu en 1975 de l'Académie royale de langue et de littérature françaises de Belgique le grand Prix de littérature française hors de France.

BIBLIOGRAPHIE

Principales œuvres poétiques:

Textes pour une figure, Pré-aux-Clercs, 1949.
Textes pour un poème, G.L.M., 1950.
Textes pour la terre aimée, G.L.M., 1955.
Seul, le visage, G.L.M., 1960.
Contre-chant, Paris, Flammarion, 1970.
Visage premier, Paris, Flammarion, 1972.
Fêtes et Lubies, Paris, Flammarion, 1973.

Principales œuvres romanesques:

Le sommeil délivré, Paris, Stock, 1952.
Jonathan, Paris, Le Seuil, 1956.
Le sixième jour, Paris, Flammarion, 1960.
Le survivant, Paris, Julliard, 1963.

L'autre, Paris, Flammarion, 1971.
La Cité Fertile, Paris, Flammarion, 1972.
Nefertiti et le rêve d'Akhnaton, Paris, Flammarion, 1974.
Andrée Chédid est également l'auteur de diverses pièces de théâtre créées à la Comédie Française, au Festival International de Baalbeck et à la radio. Il faut citer:
Bérénice d'Égypte, Le Seuil.
Les Nombres, Le Seuil.
Le Montreur, Le Seuil.

A consulter:

Jean MOSCATELLI, *Poètes en Égypte,* 1955.
Sélim ABOU, *Le Bilinguisme franco-arabe au Liban,* Paris, Presses Universitaires de France, 1962.
Les Écrivains célèbres, Mazenod, 1965.
Poésie partagée, in « Les Conférences du Cénacle », XXe année, n° 3 (1966).

JE REGARDE NEFERTITI *

Le dernier roman d'Andrée Chédid, Nefertiti et le rêve d'Akhnaton, *Paris, Flammarion, 1974, est écrit, à deux voix. Après la mort de son époux bien-aimé Akhnaton, qui règne sur l'Égypte vers 1400 avant J.-C., et après la destruction de la Cité d'Horizon, créée par le couple célèbre, Nefertiti se réfugie, avec le scribe Boubastos, aux confins de la ville. Le scribe note ce qu'il voit et recueille aussi ce qu'il entend de la bouche de la Reine. « Les événements offrent une plate-forme véridique à l'exceptionnelle aventure... Bien qu'enraciné dans l'Histoire, ce récit veut échapper à la reconstitution historique. Il se voudrait, à la fois réel et imaginaire. » Voici, sous la plume du scribe, l'une des premières pages du livre.*

Je regarde Nefertiti.

A longueur de jour, je marche derrière elle, sans cesse à l'affût de ce qu'elle dira. A force d'être aux aguets tout ce qu'elle éprouve finit par retentir dans mes propres os.

Quelquefois, sa vie lui est d'un poids terrible. Son corps se fait lourd, presque sans âme. Ses mots ne parviennent plus à se former.

Pour chasser l'obscurité qui l'envahit, je danse, je chante, m'accompagnant d'un tambourin ou d'une harpe. Je fais tout pour lui être agréable et pour la divertir. Le plus souvent, j'y parviens.

D'autres fois, la reine s'éloigne pour errer dans les chambres vides; ou bien, à l'aube, elle s'enfonce dans les chemins qui vont au désert. Sans qu'elle me le dise, je sais qu'elle veut être seule. Tassé au bas des marches, ou devant notre demeure à l'abri d'un vieux sycomore, je reste là, à l'attendre.

Quand je me repose sous l'arbre, je détache la chèvre pour qu'elle rôde autour de moi et lèche ma nuque de sa langue grise. J'ai perdu Senb, mon singe, dans le naufrage de cette ville, dès que les malheurs se sont violemment abattus sur nous tous ici. Je m'en remets mal.

Sur ce rouleau de papyrus, à la suite des paroles de la reine, il m'arrivera de glisser mes propres souvenirs. Du commencement à la fin : j'ai vécu cette Cité. Mais de l'autre bord, celui des humbles. Dans l'ombre où je me plaisais, il m'a semblé, parfois, que je gardais une vue plus détachée, et par suite plus exacte, plus mesurée de l'histoire, que ceux qui la font.

Ce soir, Nefertiti est assise le dos à la fenêtre. Le Nil, gonflé, torrentueux en cette saison, roule jusqu'à la hauteur de son cou. Les oiseaux migrateurs strient l'air puis filent en vol bas vers les marais.

Pour ne pas la distraire de ses pensées, mon roseau touche à peine ma feuille blanche ; je trace des traits de plus en plus effilés dans un frottement imperceptible.

Autour de nous le temps s'arrête. Le silence grandit. Je cesse, un moment, d'écrire pour prendre part à ce silence.

Enfin Nefertiti tourne la tête et fixe longuement le crépuscule. Terre et ciel prennent feu, puis d'un coup sombrent dans le noir.

Fouad Gabriel NAFFAH

Né à Beyrouth en 1925, Fouad Gabriel Naffah a fait des études de droit.

Fouad Gabriel Naffah n'est pas un auteur abondant. Pourtant ses deux livres, notamment le premier — « La description de l'homme, du cadre et de la lyre » — l'ont imposé à l'attention des fervents de poésie comme l'un des poètes les plus singuliers de ces vingt dernières années. Préoccupé le plus souvent de thèmes simples, voire élémentaires — l'amour, la mer, la mort, mais aussi la main, la neige, la plaine, la lune, le café... — le poète impose du monde une image à la fois ouverte et close, vision de nature cristalline dont on ne sait par quelle magie elle vire au noir.

De Naffah, qui manie l'alexandrin avec une perfection valéryenne, plusieurs critiques ont pu dire que, tout en étant l'héritier d'une antique tradition orientale de raffinement esthétique, il n'en était pas moins le neveu du Nerval des « Chimères ».

Fouad Gabriel Naffah a obtenu en 1964 le Prix de poésie René Laporte pour La description de l'homme, du cadre et de la lyre.

BIBLIOGRAPHIE

Œuvres poétiques:

La description de l'homme, du cadre et de la lyre, Beyrouth, 1957, Mercure de France, 1963.

L'Esprit-Dieu et Les Biens de l'Azote, Beyrouth, 1966.

A consulter:

Sélim ABOU, *Le Bilinguisme arabe-français au Liban,* Paris, Presses Universitaires de France, 1962.

Serge BRINDEAU, *La poésie contemporaine française depuis 1945,* Éditions Saint-Germain-des-Prés, 1973.

Salah STÉTIÉ, *Les porteurs de feu,* Paris, Gallimard, 1972.

LES DEUX AMANTS D'HIER

(La description de l'homme, du cadre et de la lyre, Paris, Mercure de France, 1963.)

Les deux amants d'hier dorment en bonne terre
Leurs quatre pieds plantés dans un jardin de pommes
Pour nourrir en été les oiseaux du village
Et fournir de l'ombrage aux vagabonds du ciel
Leurs bras laissés dans l'air au jeu des tourterelles
Et leur voix et leur souffle ajoutés à la mer
Tous les moyens d'amour de luxe et de tendresse
Leur manquent dans la tombe ou le nouveau berceau
Leur jeunesse est partie aux œuvres du printemps
L'appareil lacrymal aux yeux bleus de l'automne
Et l'éclat de la neige aux doigts noirs de l'hiver
Et libre de la soif la fleur à deux pétales
Reste dans la fontaine à jamais effeuillée
Tous les moyens d'amour de luxe et de tendresse
Leur manquent dans la tombe ou le nouveau berceau
Excepté leurs beaux yeux qui rallumés dans l'ombre
Sont quatre chandeliers tout ravagés de pleurs

Salah STÉTIÉ

Né à Beyrouth en 1929, il a fait des études de droit, de lettres et de sociologie. En 1956, il fonde et dirige un hebdomadaire culturel de langue française « L'Orient littéraire » qui pendant de longues années sera le détecteur et le révélateur des nouvelles valeurs de civilisation au Liban et dans le monde arabe. Il collabore à de nombreuses revues littéraires françaises. Diplomate, il vit à Paris. Toute la carrière littéraire de Salah Stétié est marquée par l'obsession poétique. Poète, critique, essayiste, c'est finalement le langage incandescent du poème qui retient une attention exigeante, préoccupée de découvrir, derrière les apparences et au-delà des mots, ce que Novalis appelle énigmatiquement la « Figure ». La Figure, serait-ce ce lieu non localisable où la multiplicité foisonnante du monde se résout en son principe irradiant — non intellectuel mais sensible — dont émanent comme d'une commune source les « réalités » visibles, leur projection dans l'imaginaire, et les nombreux symboles — paroles et signes — qui les formulent? De ce poète, Serge Brindeau écrit qu'« il s'inscrit dans une haute tradition de la poésie universelle — et, particulièrement en France, de celle qui pourrait nous conduire de du Bellay et de Maurice Scève à Yves Bonnefoy, en passant par Mallarmé, Valéry, Pierre Jean Jouve ».

Il a obtenu en 1973 le Prix de l'Amitié franco-arabe pour Les porteurs de feu.

BIBLIOGRAPHIE

Principales œuvres:

La nymphe des rats, avec des gravures de Roger-Edgar Gillet, Paris, H.C., 1965.
Les porteurs de feu et autres essais, Paris, Gallimard, 1972.
La mort-abeille, Paris, l'Herne, 1972.
L'eau froide gardée, Paris, Gallimard, 1973.

A consulter:

Sélim ABOU, *Le Bilinguisme arabe-français au Liban,* Paris, Presses Universitaires de France, 1962.
André PIEYRE de MANDIARGUES, *L'eau froide gardée,* in « Le Nouvel Observateur » nº 452 (9-7-73).

Serge BRINDEAU, *La poésie contemporaine de langue française depuis 1945*, Paris, Éditions Saint-Germain-des-Prés, 1963.
Pierre ROBIN, *L'eau froide gardée*, in « Critique », avril 1974.

(Extrait de L'eau froide gardée, *Paris, Gallimard, 1973.)*

Les pigeons, les visiteurs diurnes
De ce lieu chaste avec ses ombres pauvres
Ont décidé que le salut sera
Pour les chevaux tremblants de la lumière

Alors le bruit s'est retiré des bruits
La solitude a frappé d'un marteau
Le bronze et le marbre cousins du temps
Dans la beauté du temps, serment tenu

Mais la doublure du jour et ses liaisons
Avec les apparues les plus nocturnes
Va-t-elle sauver du flamboiement ce lieu
D'un astre en mélancolie de violon?

Nadia TUÉNI

Née le 8 juillet 1935, à Beyrouth, de père libanais et de mère française, Nadia Tuéni est une poétesse tout à la fois éclatante et secrète. Éclatante comme ce monde vivant et coloré vers lequel elle va avec une gourmandise non feinte et qu'elle transforme dans sa poésie en images hantées d'éléments et de souffles. Secrète, parce qu'elle devine le prix du repli de l'âme, du voilement du regard: la maturité par le chagrin, par la mélancolie, par la souffrance n'exclut pas la quête d'enfance, l'approche innocente et ce léger tremblement de la voix devant la fragilité des choses et des montagnes elles-mêmes. Entre ces deux pôles — une certaine blessure, une certaine attente — s'achemine, de jour et de nuit, la poésie de cette jeune femme qui n'abandonne jamais la main de la petite fille qu'elle a été. Fût-ce, comme dans son anxieux réquisitoire intitulé « Juin et les Mécréantes », quand la violence et la guerre vinrent, en 1967, éclabousser son chant et l'ouvrir à une dimension pathétique, jusque-là sous-jacente. Rouben Melik a pu écrire de cette poésie qu'« évocation très fugitive d'une fleur ici, d'un arbre autre part, ou d'un oiseau ou d'une vague... (sa) raison d'être avant tout se justifie par un drame permanent que Nadia Tuéni ne personnalise que pour lui donner sa vraie dimension humaine où le pouvoir de mort *est impuissant quand* il arrive que la terre soit prodigieuse. »
Nadia Tuéni a obtenu en 1973 un des prix de poésie de l'Académie française.

BIBLIOGRAPHIE

Principales œuvres de poésie:

Les textes blonds, Beyrouth, 1963.
L'âge d'écume, Paris, Seghers, 1966.
Juin et les mécréantes, Paris, Seghers, 1968.
Poèmes pour une histoire, Paris, Seghers, 1972.

A consulter:

Rouben MELIK, « *Une voix du Liban* », *Nadia Tueni,* Europe, nº 523-524, décembre 1972.
Serge BRINDEAU, *La poésie contemporaine française depuis 1945,* Paris, Éditions Saint-Germain-des-Prés, 1973.

INVENTAIRE

(Extrait de Poèmes pour une histoire, *Paris, Seghers, 1972.)*

De tout ce qui est terre j'accepte le message. De tout ce qui est jardin j'accepte la puissance. Une odeur d'avenir s'installe et bouscule un enfant sur son trajet.

Nous ferons des soleils derrière le mur, parmi vos yeux de lunes peintes et dans vos mains qui coulent fraîches.

Si la mort est parfaitement belle il y aura pour chaque vie un matin d'oiseaux tendres et cruels.

A ce qui est lumière je penserai la nuit (ne dites rien c'est chose faite). Sur vos pas un amour blanc comme une menace.

Ce soir, entre moi et le premier venu, un mot sur le ciel courbe. Car, de ce qui est un cri je ferai mon histoire.

Grand-Duché de Luxembourg

Collaboratrice: Mme Rosemarie KIEFFER, professeur de lettres au Lycée Robert Schuman de Luxembourg.

INTRODUCTION HISTORIQUE

Au Moyen Age, l'actuel Grand-Duché de Luxembourg, tout en n'étant qu'un comté d'abord, puis un duché, était bien plus grand qu'aujourd'hui. Ses voisins allemands, français et belges lui ont enlevé d'importantes parties de son territoire. C'est ainsi qu'en 1839 il perd toutes ses terres wallonnes. L'État luxembourgeois de 1975 se compose des anciennes régions germaniques. Au dix-neuvième siècle s'affirme vigoureusement la littérature dialectale — sans doute par réaction contre la menace constante que constituent pour la personnalité ethnique du Luxembourg les trois États voisins. Les écrits rédigés dans notre dialecte franco-mosellan se sont multipliés de nouveau à la suite de l'invasion allemande de 1940, et nous avons en ce moment un nombre relativement élevé d'écrivains qui composent en luxembourgeois des œuvres tout à fait valables: pièces de théâtre, poésies lyriques, poésies satiriques.

Les Luxembourgeois qui ont subi l'attrait de la langue et de la civilisation allemandes, ont dû affronter à deux reprises une situation douloureuse: en 1914 et en 1940, le peuple dont ils aimaient la littérature a envahi le Luxembourg neutre et lui a imposé une domination qui, de 1940 à 1944 surtout, se révéla être cruelle et dure. Mais, de nos jours, les relations entre l'Allemagne nouvelle et le Luxembourg sont bonnes, et un certain nombre d'auteurs luxembourgeois d'expression allemande réussissent à se faire lire dans les pays de langue allemande.

Beaucoup de Luxembourgeois, conscients d'une double appartenance à la pensée allemande et à la culture française, ont voulu jeter des ponts entre les deux pays si longtemps ennemis. Aline Mayrisch-de Saint-Hubert (1874-1947) a réuni dans son château de Colpach écrivains, artistes, philosophes et hommes politiques: André Gide, Paul Claudel, Jean Schlumberger, Walter Rathenau, Ernst Robert Curtius faisaient partie de ce cercle dont nous conservons le souvenir.

Pierre Frieden (1892-1959), écrivain bilingue, publia entre autres en 1927 chez l'éditeur renommé Ferdinand Schöningh (Paderborn) un ouvrage consacré à la pédagogie française. Aujourd'hui, la poétesse Anise Koltz, connue et estimée dans les pays germanophones, réunit tous les deux ans des poètes d'expression française et des poètes d'expression allemande à l'occasion des « Journées Poétiques de Mondorf » qu'elle a créées pour favoriser les rencontres entre les deux langues. Deux revues littéraires, les « Cahiers luxembourgeois », fondés par Nicolas Ries (1876-1941), et « Arts et Lettres », publication de l'Institut Grand-Ducal, ont poursuivi le même but en se voulant pluri- ou multilingues.

Très tôt l'influence française apparaît dans l'histoire du Luxembourg. Les souverains, encore qu'ils puissent être empereurs d'Allemagne et rois de Bohême — tout en étant comtes de Luxembourg —, souvent aiment le français : parce qu'ils ont une mère française, ou une épouse française, ou tout simplement par goût personnel. Le Luxembourg subit plus tard aussi deux invasions françaises, sous Louis XIV qui visite la forteresse et qui y mène son historiographe Jean Racine, et à l'époque de la Révolution ; à partir de 1795, le Luxembourg est français et le restera jusqu'à la chute de Napoléon Ier. Les familles distinguées ont souvent recours au français pour parler à leurs enfants — ce qui n'est plus guère le cas aujourd'hui. Plus tard, beaucoup d'artisans font leur « tour de France » et un grand nombre de familles envoient en France leurs filles — pour qu'elles y soient cuisinières, femmes de chambre, bonnes d'enfants, gouvernantes... Hommes et femmes reviennent dans leur patrie et manient bien le français. A présent, nous n'avons plus que des étudiants en France... Quelquefois, je perçois comme une lutte sourde entre les deux langues : les tenants de l'allemand se veulent plus simples, populaires, et ils reprochent aux amis du français de vouloir faire bande à part, d'être prétentieux.

Marcel Noppeney, le champion le plus ardent, le plus passionné du français en Luxembourg, affirmait toujours que l'emploi du français devait nous aider à rester Luxembourgeois en marquant une distinction bien nette entre nous et nos voisins allemands. Cette attitude lui a valu un séjour prolongé en prison (1915-1918) et de longues souffrances dans le camp de concentration de Dachau. Né en 1877, Marcel Noppeney est mort en 1966, après avoir voué sa longue vie tout entière à un amour généreux et noble de la langue française. En 1934, il fonda la SELF — la Société des Écrivains luxembourgeois de langue française. En 1962, le Ministre des Affaires Culturelles, Pierre Grégoire, créa une nouvelle section de l'Institut Grand-Ducal, la « Section des Arts et des Lettres », qui eut une « sous-section de littérature d'expression française ».

Appartenant à la génération de Noppeney, les écrivains Willy Gilson, Paul Palgen et Anne Beffort ont servi avec un grand zèle et avec talent la « cause française » ; ils voyaient eux aussi dans le rapprochement avec la France une garantie de notre indépendance. Et ils aimaient le français, tout comme l'aimaient ces professeurs, dont plusieurs sont d'anciens élèves de l'École Normale Supérieure de Paris, et qui tous sont d'excellents essayistes : Charles Becker (1881-1952), Mathias Esch (1882-1928), Joseph Hansen (1874-1952), Martin d'Huart (1852-1923), Nicolas Ries (1876-1941) et Mathias Tresch (1876-1942) ont été de fins connaisseurs des lettres françaises et ils savaient s'exprimer dans leurs écrits avec une aisance élégante et naturelle. Une nouvelle génération de très bons essayistes comprend Edmond Wampach, Léon Thyes et surtout cet écrivain souple et brillant, spirituel et alerte qu'est le vice- président de la SELF, Alphonse Arend.

Si le patriotisme a longtemps assuré à notre production littéraire une note presque homogène, à l'heure présente la situation révèle des aspects plus disparates. Se détachent du grand nombre de ceux qui écrivent en français le poète Edmond Dune, Joseph Leydenbach, romancier et auteur dramatique, Albert Borschette, romancier et auteur d'« Itinéraires » autobiographiques. Notre premier romancier, Félix Thyes, a vécu et travaillé en Belgique, au dix-neuvième siècle; il était l'ami de Charles De Coster. Aujourd'hui, nos écrivains font paraître leurs livres — souvent à compte d'auteur! — dans leur patrie, en France, en Belgique. Albert Mambourg a publié en 1973 un long poème en prose, « Approches », aux Nouvelles Éditions Debresse à Paris, André Villois a fait paraître chez le même éditeur un roman, « Carrefour » (1971). Pierre Hamer a fait imprimer à Luxembourg trois romans policiers dont l'action se passe dans l'île de Crète à l'époque du roi Minos! Le Canada s'intéresse à nous: à Sherbrooke, le professeur Antoine Naaman a inscrit des écrivains luxembourgeois sur la liste des auteurs qu'il publie (Éditions Naaman, Sherbrooke, Québec). Nous avons de jeunes auteurs dramatiques, comme Jean Nicolas, des poètes — Paul Lanners, Suzanne Hedo, Annette Berger, Christian Bourkel —, des essayistes — Nicolas Klecker, Lucien Kayser, d'autres encore. Mais, à vrai dire, il n'y a qu'un seul Luxembourgeois qui grâce à ses mérites, ait su conquérir sa place à Paris: c'est le critique d'art Joseph-Émile Muller (né en 1911) qui a fait paraître de nombreux ouvrages chez Hazan à Paris et même dans le Livre de Poche.

Rosemarie KIEFFER

Paul PALGEN

Paul Palgen naquit en France, à Audun-le-Tiche, le 9 octobre 1883, de parents luxembourgeois. Il mourut en Belgique, à Liège, le 6 août 1966. Il fit des études d'ingénieur à Louvain et exerça sa profession au Luxembourg, au Brésil et en Belgique.

Sensuel, il aime passionnément la chatoyante richesse de la vie, mais il a aussi un sentiment très vif de la présence constante de la mort, de la décomposition, de l'étrange et de la folie que cette vie peut nous faire connaître.

BIBLIOGRAPHIE

Poésie

La Route Royale, Luxembourg, V. Buck, 1917.
Petits Poèmes d'amour, Luxembourg, G. Soupert, 1918.
Les Seuils noirs, Luxembourg, G. Soupert, et Paris, Eugène Figuière, 1919.
La Pourpre sur les crassiers, Mézières-Charleville, Écrivains Ardennais, 1931.
Guanabara, Marseille, Cahiers du Sud, 1933.
Réveil à Minuit Paris, Bruxelles, La Maison du Poète, 1945.
Poèmes en prose et en vers, Lyon, Armand Henneuse, 1952.
Oratorio pour la Mort d'un Poète, Paris, Pierre Seghers, 1957.

Prose

La Margrave aux chiens, roman, Rodez, Cahiers du Nouvel Humanisme, 1952.

Luxembourg par Joseph Kutter (1894-1941).
(Musée d'histoire et d'art du G.-D. de Luxembourg.)
(Archives iconographiques.)

Dans Oratorio pour la Mort d'un Poète, *Paris, Seghers, 1957, Paul Palgen dresse le bilan de sa vie; il évoque ses souvenirs, ses joies et ses peines, la peur de la mort et le regret de quitter la terre lumineuse qu'il aime — il fait alors chanter le* Chœur des Lumières*:*

O yeux de mes yeux, adorez la lumière,
aimez-la, mes yeux, comme on aime la mère
de toutes les beautés qui sont sur la terre
et que nous dérobe et abolit la nuit.

Contemplez le désert drapé dans les plis
de son vaste burnous de vent et de sable,
la mer déroulant ses tapis sur les plages,
les roulant à neuf dans le reflux des vagues,

les grands pans de ciel s'écroulant dans la mer
glauque des grands nords, de cristal des tropiques,
arc-en-ciel: Rialto, les frissons de l'air:
une assomption de colombes mystiques.

Rassasiez-vous, quand il est temps encore,
des feux du couchant, des teintes de l'aurore,
du soleil de minuit, des neiges que dorent
les soirs, des matins étalant leurs trésors.

O lumière, emplis au ras des yeux mon corps,
car sur les pas lents de ses filles les ombres,
voici venir la nuit dans sa toge sombre
que suit pas à pas sa sœur noire, la mort.

Les doigts de la nuit pèsent sur mes paupières
et la mort s'apprête à serrer son garrot.
Ne te hâte, ô mort, de m'étrangler trop tôt,
et me verse encor un seul rayon, lumière!

Un rayon si fin qu'il traverse ma chair
jusqu'au creux du cœur et la moelle des os,
afin de nourrir jusqu'au fond du tombeau,
dans mes yeux, les couleurs qui me furent chères.

Joseph LEYDENBACH

Joseph Leydenbach est né à Luxembourg le 16 septembre 1903. Il a fait des études de droit et préside la Banque Internationale. Musicien doué, il s'intéresse beaucoup à l'art et à la philosophie. Dans ses œuvres littéraires, il analyse la vie et la conduite de la bourgeoisie luxembourgeoise. Il excelle dans la description des paysages et dans l'évocation de la musique et de ses envoûtements. On constate que ses personnages principaux souvent sont déchirés par le désir d'agir et le charme du rêve.

BIBLIOGRAPHIE

Romans

Les Désirs de Jean Bachelin, Paris, Corrêa, 1948.
Piccolo, Bruxelles, La Renaissance du Livre, 1970.

Pièces de théâtre

Nadia, Luxembourg, SELF, 1953.
No man's Land, Luxembourg, SELF, 1953.

MAX ALLAR EN PRISON*

Le héros du roman Piccolo *(Bruxelles, La Renaissance du Livre, 1970), Max Allar, est un jeune Luxembourgeois intelligent et sensible. Lorsqu'il découvre les dessous de la société bourgeoise dans laquelle il est né, il est profondément bouleversé et, dans cet état de désarroi, il cause — à dessein ou malgré lui — la mort d'une femme aimée. Le voici en prison — il se souvient:*

... Voici les mois blancs et noirs où dort la nature et où se tissent des rêves étranges autour des arbres aux bras tordus. A peine allumés, les sapins de Noël retombent dans le sommeil de la nuit et les cantiques s'évanouissent dans le silence glacial. Un travail énorme se prépare sous la terre en attendant les fêtes du renouveau. La neige tombe dru dans le Nord et couvre tous les bruits, hommes et bêtes sont enfermés sous des cubes blanc cassé, d'où monte une fumée grise vers le ciel de plomb. Tantôt dur tantôt fantastique, le paysage souvent s'éclaire de longues lumières fuyantes, quand le ciel s'ouvre et chasse les nuages au-dessus des croupes de montagnes mauves. Parfois le givre descend des rêves argentés de la nuit et c'est alors que les féeries de l'hiver atteignent leur point culminant. La terre craque de plaisir, les arbres revivent pour quelques heures joyeuses, dans une fête de dentelles et de lumière.

Il songe, avec une infinie tristesse, à ses longues bottes noires qui trottaient silencieusement parmi l'ensorcellement général.

...

Et voici le printemps qui rallume les cœurs et les esprits assoupis. La terre a éclaté, semant des milliers de fleurs qui s'ouvrent au chant des oiseaux. Le paysage vert clair s'est installé, triomphant, et une splendeur a fait reculer dans le temps les longues nuits impatientes. De tous les coteaux jaillissent des petites rivières bavardes, qui descendent vers les vallons où s'engouffrent les giboulées. Un apogée se prépare. C'est le règne du genêt, autour de la Pentecôte. Une chaleur nouvelle monte de la terre, qui fume, faisant surgir des sillons les alouettes de la vie.

Comme il flânait, dans le pays en fête, des journées entières, musette en bandoulière, le long des sentiers parfumés, inondés de fleurs d'or.

...

Avec une netteté toute particulière défilent les éternelles images de l'été. Au fur et à mesure que le temps s'arrête autour de la lumière verticale, une torpeur générale envahit la terre des hommes. Le paysage de sieste s'alourdit jusqu'au soir, où l'air frais fait revivre les esprits dans l'apaisement.

Qu'elles étaient passionnantes, quand la nuit tombait, ces lectures sous la tente, à la chandelle! Et au-dessus, le ciel étoilé qui enveloppait les rêves fous jusqu'au matin. Très tôt, à la lumière naissante il se levait, faisait les premiers pas pieds nus dans la rosée matinale et allumait un feu de bois. Déjà s'annonçaient les premiers bruits de la campagne, se mêlant, dans un subtil concert rustique, à la musique des casseroles. C'était l'heure solennelle du café et de la première pipe. Puis, avec les copains de la veillée, il s'en allait au hasard, par prés et bois, contournant les champs de blé grésillants, où s'étalait avec volupté la lumière éclatante du jour.

C'était l'époque des coquelicots.

...

Peu à peu, elle se relayait par celle des colchiques. Alors, par-delà les coteaux qui se chevauchent, montaient et descendaient les brumes, dans un jeu capricieux d'ombres et de lumières. Qu'elles étaient fines et transparentes les toiles d'araignées, qui se balançaient à l'aube, vibrant à contre-jour!

Mais déjà, à grands pas, l'automne avançait vers son destin. C'était le temps des vendanges. Les gars étaient costauds et les belles filles qui dansaient le soir autour des fûts de joie s'offraient comme des grappes de raisins.

C'était surtout le temps des flamboiements d'une nature exaltée. Une apothéose. Un déclin ensuite, une morbide dégénérescence enfin qui se consumait dans un foisonnement de coloris d'absinthe, de rouille, de soufre, et de rouge sang. Il a toujours frémi, à l'époque, devant cette rutilante beauté comme au contact d'une caresse sensuelle.

C'est dans les bosquets et les forêts, avant tout, que se déroulaient les fauves orgies. Parfois il imaginait, les joues en feu et cachés à la lisière, des satyres à l'affût.

Edmond DUNE

Edmond Dune est né à Athus, en Belgique, le 2 mars 1914, de parents luxembourgeois. Après avoir fait des études d'agronomie aux universités de Louvain et de Nancy, il devient soldat dans la Légion étrangère d'abord, puis dans l'armée britannique et participe à la libération de l'Europe occidentale. A présent, il est journaliste à Luxembourg et collabore à de nombreuses publications littéraires luxembourgeoises ou étrangères.

En 1957, Edmond Dune a fait jouer à Paris, au théâtre du Vieux-Colombier, une de ses pièces, Les Taupes. *Il se consacre aussi à la peinture.*

Le poète Dune est un homme profondément exigeant qui hait la médiocrité, la pensée vague et la lâcheté, mais il aime avec une tendresse pudique la beauté, la grande beauté émouvante de l'existence et l'humble beauté de la vie quotidienne.

BIBLIOGRAPHIE

Poésie

Révélations, Dinard, 1938.
Usage du temps, Luxembourg, 1946.
Corps élémentaires, Nice, 1948.
Matière première, Nice, 1950.
Enfantines, Luxembourg, 1950.
Brouillard, Paris, Caractères, 1956.
Rencontres du veilleur, Jarnac, 1959.
Douze Coplas, Basse-Yutz, Jean Vodaine, 1962.
Jonchets, Basse-Yutz, Jean Vodaine, 1965.
24 poèmes pour cœur mal tempéré, Basse-Yutz, Jean Vodaine, 1967.
Almanach, Luxembourg, Origine, 1969.
Des rives de l'aube aux rivages du soir, poèmes choisis 1934-1972, Luxembourg, Institut Grand-Ducal, Section des Arts et des Lettres, 1974.

Théâtre:

Les Taupes, drame en 4 actes, Basse-Yutz, Jean Vodaine, 1955.
Gloire à Rudois, farce en 1 acte, Basse-Yutz, Jean Vodaine, 1956.
Le Tambourin et la guitare, quatuor dramatique, Basse-Yutz, Jean Vodaine, 1962.

Le Dernier Roi, comédie en 1 acte, Luxembourg, 1962.
Agathe et Beaudéa, pièce pour marionnettes, Luxembourg, 1964.
Les Tigres, pièce en 4 actes, Luxembourg, 1966.
Le Puits de Fuentès, drame en 4 actes Luxembourg, SELF, 1973.

Essais:

Remarques, Basse-Yutz, Jean Vodaine, 1971.

Traductions:

Poètes italiens d'aujourd'hui, anthologie, Luxembourg, 1965.
Poèmes en Prose de Georg Trakl, Basse-Yutz, 1970.

LE CLOCHARD

Ce texte est extrait d'un recueil de Poèmes en prose *qui a paru aux Éditions Naaman à Sherbrooke (Québec, Canada), en 1973; il appartient à la dernière partie qui s'intitule* Le sablier et la guitare *et qui contient des poèmes en prose qu'Edmond Dune a composés entre 1958 et 1971.*

Le silence en haillons sur les clôtures. L'homme écoute germer dans les nids de l'aube des graines d'oiseaux pépiantes. La lune est encore un grand pain de paysan sur la table du ciel. Les étoiles pâlissent, un grand drap d'air bleu recouvre l'homme couché dans le fossé. Il a froid, il frissonne, il rêve sa faim, sa faim le rêve.

Soudain le clairon enroué du coq, l'aboi des chiens et le jour levant qui lâche dans la nature ses paysans méfiants, ses chasseurs arrogants et ces gendarmes qui vont toujours par deux comme la loi et l'injustice. Il est temps de partir.

Sec le bâton, comme un coup de trique, et flasque, la besace. La banlieue jette aux orties son masque de vache verte et se coiffe d'un horrible masque de monstre mécanique. Une face de fer blanc piqué de rouille, des joues de béton envahies par du fil barbelé. Et des mâchoires sans pitié qui écrasent le dernier chant du rossignol, envoient paître l'ultime message du chèvrefeuille aux portes de la ville.

Ah, voici donc la chienne aux cent mille poubelles, la charogne de pierre aux os mal léchés, la grande boîte à ordures qu'on appelle la ville.

D'un balcon, la dame patronnesse quitte son ouvrage de dentelles et laisse choir sur le pavé le sou péremptoire de sa charité. L'homme le ramasse et poursuit son chemin vers le fleuve. L'eau emporte les rages, les rancœurs, l'eau lave les cœurs purs.

Rosemarie KIEFFER

Rosemarie Kieffer est née à Luxembourg le 30 décembre 1932. Elle a fait des études de lettres à Paris, à la Sorbonne et à l'École des Langues Orientales. A présent, elle enseigne au Lycée Robert Schuman de Luxembourg. Elle exerce des activités culturelles dans les associations d'amitié avec la France, le Royaume-Uni de Grande-Bretagne et l'U.R.S.S. et elle est vice-présidente de la Commission nationale pour la coopération avec l'Unesco.

BIBLIOGRAPHIE

Alchimie et toute-puissance, essai sur l'esthétique littéraire de Léon Bopp, Genève-Paris, Librairie Droz, 1959.

Amphithéâtre D 53, contes, Luxembourg, Éditions SELF, 1962.

Un Chat noir à Galway, contes, Luxembourg, Éditions SELF, 1965.

Les Forêts de Perm et *Villes mortelles au cœur de l'homme,* Luxembourg, hors commerce, 1972.

La Nuit d'avril sereine, contes et nouvelles, Sherbrooke (Québec, Canada), Éditions Naaman, 1974.

VILLES MORTELLES AU CŒUR DE L'HOMME

Les sept chapitres qui composent Villes mortelles au cœur de l'homme *célèbrent la beauté des vieilles villes européennes. Dans le chapitre intitulé* Les plissements hercyniens, *la narratrice passe quelques jours chez des amis à Francfort-sur-le-Main:*

Je me repose paresseusement, je rêve dans des draps d'une blancheur admirable et du haut d'un clocher voisin, les cloches, joyeuses, sonnent à toute volée. Je sais que des hommes endimanchés sont en train de se rendre à l'église, que beaucoup d'autres habitants du quartier prennent leur petit déjeuner — café au lait, pain blanc, confiture, beurre — en veux-tu, en voilà. Le ciel est bleu, les cloches sonnent et personne ne pense plus à ces nuits affreuses au cours desquelles se sont effondrés, au centre de la ville, des monuments irremplaçables, des monuments d'une immortelle beauté.

Dans ces nuits de fin du monde, de cataclysme et de mort, les églises et les demeures des hommes s'écroulèrent ensemble. On aurait dit que les explosions et les flammes donnaient naissance à un monde de spectres et de ténèbres — et voici que vingt-cinq ans plus tard je contemple avec nonchalance ce beau ciel bleu résonnant du chant gai et triomphant de cloches qui semblent ne jamais avoir connu la guerre, la torture, la prison, le fer, le feu, instruments dont la destinée s'est servie pour venir à bout de la ville et de ses habitants. Quelquefois j'imagine — je sais que ce ne sont que des caprices, des fantaisies —, j'imagine pourtant les transformations géologiques de la terre et je me réfère à des phénomènes que j'ai pu observer — coulées d'acier, inondations, éboulements, orages. Je vois une sorte de bouillonnement chaotique des éléments, la naissance de mers, de plaines, de chaînes montagneuses. Effondrements, plissements, vallées en forme d'auge, collines à sommet aplati, volcans en activité, cratères remplis d'une eau noire et insidieusement tranquille, sources chaudes sifflantes, geysers, chutes fracassantes, forêts émergeant sur les hauteurs des Ardennes, plissements hercyniens, cours de la Moselle à travers une terre bénie, entre des coteaux riants et heureux, eau scintillante et qui ondoie doucement, plissement des nuits de bombes quand la terre meurtrie se tord sous l'écroulement des villes — Coventry Caen Cologne — convulsions et douleur, désespoir — et aujourd'hui les maisons sont reconstruites, les hommes morts sont oubliés, le ciel est bleu, pur, immaculé, et les cloches, dans la tour de l'église de ce quartier, ces cloches sonnent à toute volée.

Sonnent-elles la naissance d'une Europe unie?

Tout à l'heure je descendrai, et je trouverai sur la terrasse, donnant sur le jardin, le petit déjeuner servi sur une nappe rose clair. Le service de Dresde, le pain noir et le pain blanc, le miel et la confiture, le thé fumant — et dehors les fleurs sur lesquelles brillent des gouttes de rosée, et les merles qui se promènent dans l'herbe de la pelouse.

Maghreb

Collaborateur: R.P. Jean DÉJEUX, Centre d'études d'Alger.

INTRODUCTION HISTORIQUE

Une riche *littérature populaire de traditions orales* existe au Maghreb comme dans tout le continent africain. Conteurs de hauts faits et d'épopées, *meddah*-s chantant les louanges de héros ou de personnages religieux, rapportant des légendes ou proposant des énigmes, poètes satiriques ou « donneurs de joie » — en langue parlée arabe ou en dialectes berbères — se présentent pour ainsi dire comme les porte-parole du petit peuple des campagnes surtout, de son histoire avec ses gloires anciennes et ses revers, de ses événements quotidiens et de son humanisme vécu.

Parallèlement *une littérature maghrébine écrite en langue arabe*, créée dans les villes principalement, enrichit le patrimoine de l'humanité par des œuvres poétiques, des récits, des relations historiques, des commentaires religieux. De nos jours, cette littérature renaît depuis les indépendances recouvrées. Romans, recueils de nouvelles et de poèmes, pièces de théâtre, essais viennent chaque jour étoffer l'importante littérature arabe d'autrefois.

La littérature de langue française et d'expression maghrébine (tunisienne, algérienne et marocaine) n'est ni une ni la littérature française. Elle s'impose depuis une vingtaine d'années environ et, avec la littérature de langue arabe, elle exprime purement et simplement le Maghreb et non la France : Maghreb colonisé hier, indépendant aujourd'hui (depuis 1956 pour la Tunisie et le Maroc, depuis 1962 pour l'Algérie).

Les auteurs écrivant en français ne le font donc pas en tant que Français, mais en tant que Tunisiens, Algériens et Marocains, de même que les Québecois ne sont pas Français parce qu'ils écrivent en français.

La langue française a été introduite au Maghreb du fait même de la colonisation. En ce qui concerne l'Algérie, cette colonisation ayant marqué le pays pendant cent trente-deux ans, la langue française y a été utilisée dans des journaux, des essais et des œuvres de fiction davantage et plus tôt qu'en Tunisie et au Maroc. D'où l'importance quantitative de la littérature algérienne de langue française par rapport à celle qui est produite par des Tunisiens et par des Marocains et qui reste dans ces deux pays un phénomène relativement marginal.

Certains auteurs se sont servis de la langue française d'abord, sans doute, pour faire plaisir au colonisateur et lui montrer qu'ils pouvaient écrire en bon français à défaut d'être considérés à part entière comme de bons Français, mais d'autres, le moment historique venu, en usèrent comme d'une arme de combat et de libération. Elle est utilisée, aussi, d'une façon générale jusqu'à nos jours, pour exprimer des réalités maghrébines, celles des sociétés d'Afrique du Nord avec leurs richesses humaines et leurs apports spécifiques dans le concert des nations.

Une littérature française écrite par des Français, nés au Maghreb ou y ayant séjourné plus ou moins longtemps, a fleuri sur ces rives méditerranéennes. Les noms de Louis Bertrand, Robert Randau, Albert Camus, Gabriel Audisio, Emmanuel Roblès, etc. sont connus. Cette « littérature sudiste » fut une « littérature de fin du monde », nous racontant un échec, celui du mariage mixte et de l'assimilation à la France des populations maghrébines. Cependant, comme l'écrit Albert Memmi, « une littérature de l'échec n'est pas un échec de la littérature » ([1]). Ces auteurs étaient en fin de compte tournés vers Paris. Malgré leur générosité et leur talent certain, ils n'ont pas davantage pu exprimer le chant profond du peuple arabo-berbère. Ce n'est donc pas de cette littérature-là qu'il est question ici.

Il faudrait en fait distinguer l'apport particulier de chacun des trois pays du Maghreb dans cette littérature écrite par les gens du terroir. Chaque pays est indépendant, avec ses problèmes politiques et son histoire. Cependant, pour résumer l'aventure littéraire du français dans ces trois pays et pour simplifier, nous uniformisons la manière de voir, le contexte historique commun étant avant tout, hier, la domination coloniale subie.

Des écrits journalistiques, de petits essais d'ordre politique ont vu le jour en Algérie, sous la plume d'Algériens en tant que tels et s'exprimant par eux-mêmes, *vers la fin du XIXe siècle*. La littérature de fiction : petits recueils de poèmes, premiers récits qualifiés de romans, ont commencé à paraître en Tunisie et en Algérie *vers les années 20* de notre siècle. Des Tunisiens, employés dans l'administration marocaine, publiaient aussi au Maroc quelques écrits et recueils de contes en français se rapportant à ce pays. D'autres Tunisiens venant des milieux juifs écrivaient quelques bons récits très colorés à partir de l'observation de leurs milieux de vie. Les poètes ne furent pas très nombreux au début, du moins si on fait le compte des recueils publiés. Mais le grand nom fut celui de Jean Amrouche (1906-1962), pionnier talentueux de la poésie algérienne de langue française.

En réalité, l'histoire de cette littérature maghrébine de langue française commence véritablement *autour des années 50*. Elle fit alors une entrée remarquée, en qualité. Elle apparut même à ce moment-là comme une génération spontanée tant les précédentes œuvres étaient passées inaperçues en raison de leur insignifiance. Folkloriques et exotiques, elles étaient en général écrites en fonction du colonisateur ou du lecteur de la Métropole en mal d'évasion.

---

1. *Anthologie des Écrivains français du Maghreb*, Paris, Présence africaine, 1969, introduction, p. 20.

Plusieurs périodes peuvent être distinguées dans cette histoire littéraire, si brève soit-elle, puisqu'elle ne fait parler d'elle surtout que depuis une vingtaine d'années.

Mise à part la première qui condense une vue d'ensemble des origines, ces périodes se manifestent d'elles-mêmes à mesure que l'histoire politique de ces pays maghrébins s'oriente d'une façon de plus en plus précise vers l'affirmation de soi. Les crises et les événements politiques se succèdent et s'accélèrent vers le but entrevu: l'indépendance nationale; aussi les écrivains se veulent-ils témoins de leurs sociétés, acteurs dans les bouleversements en cours, combattants même à l'instant de la lutte libératrice, tout en rendant compte dans leurs romans de leurs malaises et de leurs vies personnelles. Rien n'est certes tranché à partir d'une seule date donnée. Il faut bien toutefois s'en tenir à quelques-unes qui nous paraissent significatives, bien que des œuvres soient parfois écrites longtemps avant leur parution en librairie.

1° *L'acculturation et le mimétisme*, telle nous paraît être la période des origines, *celle qui va globalement de 1900 à 1949*, disons quelques années après la seconde guerre mondiale. Nous avons déjà évoqué ces auteurs qui écrivaient en général pour faire plaisir au colonisateur, qui voyaient leur société souvent avec les yeux de l'Autre et qui entendaient même parfois être la fidèle image de cet Autre, selon l'option politique des uns ou des autres. Leur intention était de « bien » écrire, de ne pas faire de fautes de syntaxe et de rédiger dans un style académique reçu. Avec le recul du temps, le critique ne peut être que sévère à l'égard de ce genre de littérature qui ne rendait pas compte du tréfonds des sociétés colonisées.

Citons simplement quelques noms de cette époque ancienne. En Algérie, le premier roman est celui de Caïd Ben Chérif, *Ahmed ben Mostepha, goumier* (Paris, 1920), mais plus romanesque et dans la ligne de Zola est celui de Abdelkader Hadj Hamou, *Zohra, la femme du mineur* (Paris, 1925). Nous relevons ensuite les noms de Mohammed Ould Cheikh (né en 1906), Mohammed Sifi (né en 1898), Rabah Zenati (né en 1880), etc. Jean Amrouche, déjà cité, brille principalement par ses qualités poétiques (*Cendres* et *Étoile secrète*, Tunis, 1934 et 1937). En Tunisie: Tahar Essafi (né en 1893), Mahmoud Aslan (né en 1902), etc.

Les essayistes ont été assez nombreux en Algérie. Leurs visées politiques variaient: les uns militaient pour davantage de libertés politiques et sociales, d'autres pour une plus grande égalité avec les Français et pour l'assimilation totale, d'autres pour la reconnaissance d'une personnalité algérienne dont ils affirmaient la persistance. Une idée-force semble être toutefois sous-jacente dans de nombreux textes: comment rester soi-même? On entend donc sauvegarder un certain quant-à-soi. Parmi ces publicistes et essayistes, citons: Chérif Benhabylès, l'émir Khaled (petit-fils de l'émir Abdelkader, 1808-1883), Ferhat Abbas, Saïd Faci, Rabah Zenati, Mohammed-Aziz

Kessous, Abdelaziz Khaldi, Mohamed-Chérif Sahli, etc. Ils rédigent donc en français des opuscules et brochures ou des articles dans des journaux d'opinion, mais avec des préoccupations politiques très différentes et très opposées les unes aux autres même, selon chacun de ces auteurs.

2° *Le malaise et le dévoilement de celui-ci*, qui s'explique par la situation coloniale de plus en plus mal supportée, constitue *la période qui va de 1950 à 1955*.

On a parlé de la « génération de 52 » en pensant à ce moment historique qui vit l'éclosion de la littérature maghrébine de langue française. Les événements politiques vont en effet se précipiter de plus en plus. L'année 1956 marque les indépendances de la Tunisie et du Maroc; le 1er novembre 1954 est le début de la guerre de libération algérienne. Quelques auteurs pourraient être classés encore dans la première période; ils se situent ici comme à la frontière et leurs œuvres paraissent participer à la fois de la littérature ethnographique et documentaire, et de certaines prises de conscience nouvelles. Ainsi Ahmed Sefrioui, Marocain (né en 1915) se se rattache davantage à la période précédente, tandis que Djamila Debèche, Algérienne, qui avait publié dès 1947, pose quelques problèmes nouveaux dans *Aziza* (Alger, 1955). Cet auteur a cependant disparu de l'horizon littéraire nord-africain depuis une dizaine d'années.

La date de 1950 est importante. Elle voit la parution à compte d'auteur du *Fils du pauvre* de Mouloud Feraoun (1913-1962). A partir de 1952, des auteurs vont s'imposer: Mouloud Mammeri (né en 1917), Mohammed Dib (né en 1920), Albert Memmi (né en 1920), Malek Ouary (né en 1916), Driss Chraïbi (né en 1926). Marguerite-Taos Amrouche (née en 1913) est la première romancière algérienne: son œuvre très autobiographique serait même à situer dans la période précédente. Malek Bennabi (né en 1905) s'affirme dans des essais, tandis que Kateb Yacine (né en 1926) commence à publier dès 1946 une œuvre poétique très enracinée dans le terroir algérien. Dans le même temps Ismaïl Aït Djafer (né en 1929) faisait paraître un long et douloureux poème sur « les mendiants arabes de la Casbah » et Jean Sénac (né en 1926) voyait son premier recueil de poèmes préfacé par René Char.

Cette période féconde fut surtout celle de la question fondamentale: Qui suis-je? Un critique a même parlé dans une thèse du « quinquennat de l'aliénation » ([2]). L'écrivain dévoilait son déchirement intérieur, son malaise: il disait se trouver entre deux mondes, aliéné, ne sachant de quel côté se se tourner, refusant les siens parce qu'ils lui paraissaient demeurés au

2. Isaac Yétiv, *Le thème de l'aliénation dans le roman maghrébin d'expression française*, 1952-56, Sherbrooke, Université, Faculté des Arts, C.E.L.E.F., 1972. (P. Qué. Canada.)

Moyen Age, disait-il, mais refusé par les « autres » vers lesquels il était pourtant parti pour être reconnu comme héros révolté. « L'Éternel Jugurtha », pour employer l'expression de Jean Amrouche, finissait de mimer le visage des autres. Il se montrait dans sa vérité, avec un visage angoissé et inquiet. Les masques les mieux ajustés allaient d'ailleurs tomber rapidement d'un bout à l'autre du Maghreb.

3° *L'affirmation de soi par le combat* contre le colonisateur, *de 1956 à 1964*, apparaît comme la troisième étape importante de cette littérature, en ce qui concerne l'Algérie du moins, les auteurs marocains et tunisiens se manifestant beaucoup moins durant ces années. En réalité, le combat commence ouvertement le 1er novembre 1954, comme nous l'avons déjà dit; il se termine par l'indépendance de l'Algérie le 1er juillet 1962. Mais sur le plan proprement littéraire, les ouvrages véritablement « engagés » dans le sens de cette lutte armée sont publiés à partir de 1956. En outre, une poésie guerrière, versant de plus en plus dans la médiocrité, continue jusque vers 1964 (ou même après). Plusieurs auteurs qui n'avaient pu faire paraître leurs recueils durant la guerre l'ont fait tout naturellement après 1962, mais combien d'autres ont « fabriqué » de la poésie de combat et de résistance dix ans après la fin de l'événement !

Durant cette période, l'écrivain est « condamné à la plongée dans les entrailles de son peuple », comme le disait Frantz Fanon. De nouveaux auteurs s'affirment en relation avec ce moment historique, certains se tairont ensuite n'ayant été que des écrivains de circonstance ou d'une révolution.

Mentionnons parmi ces écrivains de la guerre de libération : Malek Haddad (né en 1927), Assia Djebar (née en 1936), Henri Kréa (né en 1933), Djamal Amrani (né en 1935), Anna Greki (1931-1966), Hocine Bouzaher (né en 1935), Nordine Tidafi (né en 1929), Bachir Hadj Ali (né en 1920), Boualem Khalfa (né en 1923), etc., sans parler des anciens qui continuent à écrire et d'être à la hauteur de l'événement : Mohammed Dib, Kateb Yacine, Mouloud Mammeri.

A partir de 1958, des témoignages et des mémoires commencent à paraître sur la période coloniale et sur la guerre elle-même : des pages du journal de Jean Amrouche, *Le Témoin* (Paris, 1960) de Djamal Amrani, le *Journal* (Paris, 1962) de Mouloud Feraoun si émouvant et si fidèle aux cruelles réalités d'alors, les récits d'Abdelhamid Benzine (né en 1926), les *Lettres de prison* (Paris, 1966) d'Ahmed Taleb (né en 1932), etc.

L'écrivain est de plus en plus préoccupé par l'urgence d'une expression authentique de ce qu'il ressent. En pleine crise, plusieurs perçoivent la nécessité d'un style heurté, fortement imagé, expression de leur vie éruptive libérant les énergies inconscientes, pour reprendre les formulations de Frantz Fanon. Ils plongent au fond de la caverne ancestrale et chantent en même temps le jaillissement du peuple « exact à l'heure de l'histoire » (Kréa) pour enfin « habiter son nom », selon la belle image utilisée par Jean Amrouche.

4° *Les refus et les remises en question* font leur apparition à partir de 1964-66, années qui font charnière. On refuse en effet une littérature conventionnelle, inodore et sans saveur, un conformisme sécurisant, des textes qui ne rendent plus compte des vrais problèmes de l'heure. La littérature « engagée » sur le plan de la lutte guerrière devrait avoir fait son temps, si bien qu'un Algérien, Mostefa Lacheraf, parle de « l'exploitation abusive de l'héroïsme guerrier »! Au Maroc, pareillement, en 1966, les revues *Lamalif* et *Souffles* réclament de nouveaux témoins et font état d'un malaise poignant depuis l'établissement de l'indépendance qui n'a pas résolu naturellement tous les problèmes. Le poète marocain Abdellatif Laâbi (né en 1942) va jusqu'à écrire à la fin de son roman-itinéraire *L'Œil et la nuit* (Casablanca, 1969): « Comment sortir de la caverne? » On cherche des porte-parole audacieux, des thèmes nouveaux, des écritures authentiques. On refuse les héros positifs, sans conflits et sans angoisse, certaines images officielles trop « bourgeoises », factices, cachant, selon ces nouveaux auteurs, les vrais problèmes des sociétés maghrébines en pleine mutation. D'une certaine façon, cette prise de conscience n'est pas sans rejoindre celle de *Parti pris* au Québec, à partir de 1963.

La langue française cassée et éclatée, utilisée parfois d'une manière terroriste est revendiquée, certes, mais on s'en sert souvent de manière déconcertante pour le lecteur français « classique », si l'on peut parler ainsi. On mêle le rêve à la réalité. On se rêve même et à la limite, chez certains, c'est la fuite dans le délire ou dans l'écriture. On aime violenter les genres traditionnels, faire éclater les frontières, appeler un chat un chat et user de mots crus, terreux, charnels; on entend se libérer de tout et faire fi de toutes les castrations.

Ceci à côté de « littérateurs » inodores et sans saveur, ternes et très médiocres sur le plan littéraire, aux thèmes éculés et aux poncifs cent fois employés.

Parmi les nouveaux romanciers-poètes qui font parler d'eux, citons: Rachid Boudjedra (né en 1941), Mohammed Khair-Eddine, Marocain (né en 1941), Mourad Bourboune (né en 1938), Ahmed Azeggagh (né en 1942), Abdelkébir Khatibi, Marocain (né en 1938), Nabile Farès (né en 1941), Tahar Ben Jelloun, Marocain (né en 1944), Abellatif Laâbi, Marocain (né en 1942), etc.

Des essayistes publient d'excellents travaux, comme ceux d'Abdallah Mazouni (né en 1928), d'Abdallah Laroui, Marocain (né en 1933) ou d'Albert Memmi (né en 1920) sur la sociologie de la dominance et de l'oppression.

Sur le plan de la fiction et de la littérature d'imagination, de jeunes auteurs réclament une production nouvelle car l'ancienne n'arrive pas « à répondre à notre besoin d'une littérature portant le poids de nos réalités actuelles, des problématiques toutes nouvelles en face desquelles un désarroi et une sauvage révolte nous poignent ». Abdellatif Laâbi, qui écrit ceci dans le prologue du premier numéro de la revue *Souffles* (1er trim. 1966), continue : « Personne ne peut prévoir ce que cette pensée « extra-logique » donnera au monde. Mais le jour où les vrais porte-parole de ces collectivités feront entendre réellement leur voix, ce sera une dynamite explosée dans les arcanes pourries des vieux humanismes ».

Les problèmes ne manquent pas, en particulier ceux qui concernent l'écriture. On veut tout dire, l'aigreur et l'impatience, la violence des temps nouveaux et les réalités d'habitude innommables ; on s'enivre de verbe et d'incantation ; on parodie parfois l'ancienne sourate coranique et on entame un « pèlerinage païen ». Cependant, en fréquentant trop l'obscurité des profondeurs, on en arrive à être hermétique. Il n'est sans doute pas possible d'écrire pour tout le monde, mais le drame de ces auteurs n'en est pas moins de n'être compris alors que par un petit nombre.

Ajoutons que plusieurs parmi les plus audacieux de ces nouveaux auteurs sont d'idéologie marxiste.

Des lecteurs étrangers ou nationaux maghrébins considèrent parfois cette littérature comme médiocre, dépassée, imitant lourdement les « maîtres » d'hier ; ils la dévalorisent systématiquement quelquefois : si ce sont des Maghrébins, parce que la langue est le français et non l'arabe, si ce sont des Etrangers, parce qu'on sent trop l'imitation de Zola ou de Maupassant, par exemple. Des Maghrébins — qui en réalité la connaissent très peu — diront qu'elle n'est pas représentative de la société algérienne, marocaine ou tunisienne ou que les auteurs sont des « Français » parce qu'ils se font éditer en France et qu'ils reçoivent des prix étrangers, etc. Des Etrangers la jugeront à partir de l'immense et riche littérature française, en fonction de critères étrangers, sans essayer de la goûter « de l'intérieur », pour elle-même.

On remarque certes qu'un certain nombre parmi ces auteurs maghrébins ont été influencés par des écrivains occidentaux, russes, français, italiens, anglais, américains. Ils avaient lu Gorki, Rousseau, Gide, Maupassant, Caldwell, Faulkner, Virginia Woolf, Zola, Céline ou encore Pavese, Vittorini, Cossery et David Lawrence par exemple. Des poètes ont démarqué Aragon, Éluard, René Char ou Desnos, d'autres ont lu Ungaretti, Milosz et Patrice de La Tour du Pin. Mais ces auteurs occidentaux ont eux-mêmes été influencés, souvent à leur insu, par des anciens, par des trésors communs à l'humanité, par des auteurs qui se trouvaient dans des situations analogues et qui réagissaient avec les mêmes sentiments humains.

De toute façon, si l'on veut se donner la peine d'aborder cette littérature maghrébine sans préjugés, on s'apercevra qu'elle éveille des résonances spécifiques.

Sur le simple plan de l'utilisation de la langue française, pensons aux très nombreuses expressions venant du terroir, c'est-à-dire de l'arabe parlé et du kabyle, qui sont traduites et restituées intelligemment en français chez les meilleurs auteurs et qui ainsi enrichissent cette langue d'une sensibilité originale. Faut-il évoquer la luxuriance des images, la finesse de certaines observations et notations psychologiques, la délicatesse dans l'expression de certaines douleurs? Venant du tréfonds arabo-berbère, un savoureux art de conter est manifeste. D'aucuns se laisseront aller de nos jours à écrire comme dans *Tel Quel* et il est sûr que des recherches stylistiques nouvelles sont nécessaires. Mais ne pas couper le cordon ombilical qui relie le romancier aux vieux fonds traditionnel oral est encore plus important pour rendre exactement le mouvement même du peuple maghrébin en mutation. On évitera ainsi du reste le jargon hermétique.

Sur le plan du contenu de ces œuvres, les valeurs sont suffisamment claires pour qui sait lire. Cette qualité d'humanisme est faite d'un sens de l'homme propre aux peuples longtemps sous la domination, dans la misère et la pauvreté. Nous voyons alors apparaître dans les situations romanesques, les dialogues et les réflexions, un sens du petit et de l'opprimé, un sens de la solidarité (avec le refus de faire bande à part), un sens surtout de la dignité et de l'honneur au cœur même de la misère. Nous touchons du doigt une sensibilité particulière, souvent très vive, à cause des conditions historiques dans lesquelles ont vécu les auteurs. Faut-il évoquer aussi la pudeur, la réserve, la discrétion qui disparaissent actuellement dans certaines œuvres à cause de la remontée d'une vague de fond méditerranéenne et parfois par imitation de la vague européenne d'érotisme et de sexualité débridée? Cette littérature témoigne enfin d'une soif d'absolu, d'une chaleur humaine, d'authentiques valeurs du cœur. A travers des itinéraires de héros, on découvre la présence de quelque chose d'autre que la technique sans âme, les idées pures, les concepts ou les désœuvrements de nantis. L'homme colonisé d'hier n'était pas un homme satisfait ou « habitué ». Son impatience à reconstruire l'homme dans sa totalité ne peut être dès lors qu'un enrichissement pour tous.

La religion musulmane marque de son empreinte ces sociétés et certains textes ne peuvent pas, en effet, se comprendre dans leur plénitude en dehors de cette philosophie de la vie, de cette « manière d'être » au monde et de cette volonté de « vivre-avec » les frères.

Avec la littérature de langue arabe qui se voit elle-même obligée de renouveler son style, son langage académique d'hier, ses images conventionnelles d'autrefois et qui est, elle aussi, affrontée à des problèmes importants, la littérature de langue française, contribue à la construction d'une société nouvelle en prise sur son temps et sur le futur ([3]).

Jean DÉJEUX

3. Ce dernier paragraphe reprend, en l'allégeant, la conclusion d'une de nos conférences données à Alger le 27 février 1973: *Les Tendances depuis 1962 dans la Littérature maghrébine de langue française*, Alger, Centre culturel français, 1973, p. 41. Voir aussi notre ouvrage: *Littérature maghrébine de langue française*, Sherbrooke, édit. Naaman, C.E.L.E.F., Faculté des Arts, Université de Sherbrooke (P. Qué. Canada), 1973.

Note bibliographique

Déjeux Jean, « Bibliographie méthodique et critique de la littérature algérienne d'expression française (1945-1970), suivie de la Bibliographie succincte des Littératures tunisienne et marocaine », *Revue de l'Occident musulman et de la Méditerranée*, 2e sem. 1971, nº 10. (Association pour l'étude des Sciences humaines en Afrique du Nord, Archives d'Outre-Mer (ROMM) Chemin du Moulin de Testas, 13100-Aix-en-Provence, France.)

Anthologies

Arnaud Jacqueline, Déjeux Jean, Khatibi Abdelkebir et Roth Arlette, *Anthologie des écrivains maghrébins d'expression française*, sous la direction d'Albert Memmi, Paris, Présence africaine, 2e édit. 1965.

Barrat Denise, *Espoir et parole*, poèmes algériens recueillis par D. B. dessins d'Abdallah Benanteur, Paris, Seghers, 1963.

Lévi-Valensi Jacqueline et Bencheikh Jamel-Eddine, *Diwân algérien — La poésie algérienne d'expression française de 1945 à 1965*. Étude critique et choix de textes, Alger, S.N.E.D., 1967.

Sénac Jean, *Anthologie de la nouvelle poésie algérienne*, Paris, Librairie Saint-Germain-des-Prés, coll. « Poésie 1 », nº 14, 1971.

Études

Déjeux Jean, *La Poésie algérienne de 1830 à nos jours — Approches socio-historiques*, sous la direction d'Albert Memmi, Paris-La Haye, Mouton, École pratique des Hautes Études-Sorbonne, 1963, 95 p. (sans mention du nom de l'auteur).

Déjeux Jean, *La Poésie maghrébine* dans *La Poésie contemporaine de langue française depuis 1945*, Paris, Librairie Saint-Germain-des-Prés, 1973.

Déjeux Jean, *Littérature maghrébine de langue française*, Sherbrooke (P. Q. Canada), édit. Naaman, 1973; diffusion Nizet, 3bis Place de la Sorbonne, Paris 5e, France.

Déjeux Jean, *Les Tendances depuis 1962 dans la Littérature maghrébine de langue française*, Alger, Centre culturel français, 1973.

Déjeux Jean, *La Littérature algérienne contemporaine*, Paris, PUF, 1975.

Khatibi Abdelkebir, *Le Roman maghrébin*, Paris, Maspero, « Domaine maghrébin », 1968.

Mazouni Abdallah, *Culture et enseignement en Algérie et au Maghreb*, Paris, Maspero, « Domaine maghrébin », 1969.

Yetiv Isaac, *Le Thème de l'aliénation dans le roman maghrébin d'expression française 1952-1956*, préface de Germaine Brée et postface de Jean Déjeux, Sherbrooke, Université, Fac des Arts, C.E.L.E.F., 1972.

Bonn Charles, *Imaginaire et discours d'idées, La littérature algérienne d'expression française à travers ses « lectures »*, 1969-1972, Sherbrooke, Naaman, 1974, P. Qué., Canada.

Jean AMROUCHE

Jean el Mouhouv Amrouche est né le 7 février 1906 à Ighil Ali dans la vallée de la Soummam, en Petite Kabylie (Algérie). La famille ayant dû émigrer en Tunisie, Jean fit ses études secondaires au collège Alaoui puis partit pour l'École normale de Saint-Cloud. Il devint instituteur, puis professeur d'école primaire supérieure. Autour des années 30, il donnait des conférences dans des Cercles littéraires et écrivait dans des périodiques tunisiens. C'est de ces années-là que datent ses deux beaux recueils de poèmes Cendres *et* Étoile secrète. *En 1943, il entre au Ministère de l'Information à Alger, puis à la Radiodiffusion française. En 1944 il lance la revue* L'Arche *et en 1958 il était devenu rédacteur en chef du journal parlé de la R.T.F. à Paris. Ses entretiens avec Paul Claudel, François Mauriac et André Gide sont très connus. Durant la guerre de libération, « seul, à ses frais et risques », il avait servi de médiateur entre le Général de Gaulle et Ferhat Abbas, leader du Gouvernement provisoire de la République algérienne. Il mourut à Paris le 16 avril 1962 et fut inhumé à Sargé-sur-Braye dans le Loir-et-Cher.*

Amrouche est le premier poète algérien de langue française digne de ce nom. Brillant essayiste, militant fougueux et ardent, aimant la rhétorique habile et éblouissante, la passion des mots, le penchant aux ingénieuses constructions de l'esprit, il est obsédé par la recherche de son identité et par la quête des origines. Il œuvre pour une « réinvention de l'homme » en revendiquant d'abord une patrie charnelle. Sa traduction des Chants berbères de Kabylie *témoigne de cette hantise des mélodies ancestrales. Son poème,* Le combat algérien, *contient les thèmes essentiels de la poésie de la résistance algérienne.*

BIBLIOGRAPHIE

Cendres, Tunis, Mirages, 1934.

Étoile secrète, Tunis, Mirages, 1937.

L'Éternel Jugurtha, Propositions sur le génie africain, l'Arche, nº 13, février 1946.

Chants berbères de Kabylie, traduction française, Tunis, 1939; réédition, Paris, Charlot, 1947.

A consulter:

J. DEJEUX, *Le sentiment religieux dans l'œuvre de Jean Amrouche,* Cahiers algériens de littérature comparée, Alger, nº 3, 1968, pp. 33-77.

Discographie:

TAOS AMROUCHE, Chants berbères de Kabylie, BAM-LD, 101; Chants de processions, méditations et danses sacrées berbères (SM, 30A-280); Chants de l'Atlas-Traditions millénaires des Berbères (CBS-Arion).

L'AFRICAIN DU NORD *

« L'Éternel Jugurtha — Propositions sur le génie africain »

L'Arche, *nº 13, février 1946.*

Amrouche recourt pour son propos à la figure historique de Jugurtha. Ce roi de Numidie lutta contre les Romains, mais fut vaincu par Marius. Le théâtre militant algérien a réactualisé le personnage pour enraciner le combat politique dans l'histoire ancienne. Jean Amrouche s'arrête, lui, aux caractères du héros pour les appliquer à un tempérament maghrébin qu'il dit être « spécifique ».

Je suppose, pour plus de commodité, qu'il existe un génie africain: un faisceau de caractères premiers, de forces, d'instincts, de tendances, d'aspirations, qui se composent pour produire un tempérament spécifique.

Je n'en proposerai pas une explication à proprement parler, mais une simple description. Jugurtha ([1]) représente l'Africain du Nord, c'est-à-dire le Berbère, sous sa forme la plus accomplie: le héros dont le destin historique peut être chargé d'une signification mythologique.

(...)

On reconnaît d'abord Jugurtha à la chaleur, à la violence de son tempérament. Il embrasse l'idée avec passion; il lui est difficile de maintenir en lui le calme, la sérénité, l'indifférence, où la raison cartésienne échafaude ses constructions. Il ne connaît la pensée que militante et armée pour ou contre quelqu'un. Il aperçoit l'idée pure comme un éclair au flanc de l'orage. L'imagination aussitôt s'en empare, lui donne une forme et l'exagère en vision. Privé de la chaleur de l'enthousiasme et du ragoût de l'émotion, Jugurtha se

1. Roi de Numidie (en gros l'Est de l'Algérie ancienne) de 118 à 105 av. J.-C.

désintéresse du lent progrès de la pensée abstraite. Il est poète; il lui faut l'image, le symbole, le mythe. Sans cesse, il passe du réel à l'imaginaire et de l'imaginaire au réel, apercevant des relations singulières, des similitudes et des dissemblances, progressant de métaphore en métaphore, sautant de parabole en parabole, sans conclure ni décider, car pourquoi *ceci* plutôt que *cela* qui en est le contraire? Parfois l'imagination surchauffée, et comme ivre de sa fécondité spontanée, poursuit son aventure de vision en vision, sans se préoccuper le moins du monde de les ordonner, de leur donner un sens avec quelque rigueur. Poser une proposition clairement définie, et suivre le paisible déroulement de ses conséquences logiques, raisonner en un mot, Jugurtha certes en est capable, à la condition que la passion l'y porte et qu'un grand effort de volonté le contraigne à l'application. Mais il faut qu'il s'y donne tout entier, y prenant le même plaisir qu'à la rêverie, car sa nature répugne à un exercice où toutes ses puissances ne se trouvent pas engagées toutes à la fois. Son climat de prédilection, celui où il se sent vraiment vivant, c'est le climat de la passion et de la lutte. Pourquoi sans doute, alors qu'il n'est pas plus courageux qu'un autre, il aime le *baroud* pour le *baroud* (2).

LE COMBAT ALGÉRIEN

Espoir et Parole *(anthologie de Denise Barrat, Paris, Seghers, 1963.)*

Aux Algériens on a tout pris
la patrie avec le nom
le langage avec les divines sentences
de sagesse, qui règlent la marche de l'homme
depuis le berceau
jusqu'à la tombe
la terre avec les blés les sources avec les jardins
le pain de bouche et le pain de l'âme
l'honneur
la grâce de vivre comme enfant de Dieu frère des hommes
sous le soleil dans le vent la pluie et la neige.

2. La poudre, mais dans l'argot militaire français: le combat.

On a jeté les Algériens hors de toute patrie humaine
    on les a faits orphelins
    on les a faits prisonniers d'un présent sans mémoire
    et sans avenir
    les exilant parmi leurs tombes de la terre des ancêtres
    de leur histoire de leur langage et de la liberté.

Ainsi
    réduits à merci
    courbés dans la cendre sous le gant du maître colonial
    il semblait à ce dernier que son dessein allait
    s'accomplir
    que l'Algérien en avait oublié son nom son langage
    et l'antique souche humaine qui reverdissait
    libre sous le soleil dans le vent la pluie et la neige en lui.

(...)

Nous voulons la patrie de nos pères
la langue de nos pères
la mélodie de nos songes et de nos chants
sur nos berceaux et sur nos tombes
Nous ne voulons plus errer en exil
dans le présent sans mémoire et sans avenir

    Ici et maintenant
    nous voulons
    libres à jamais sous le soleil dans le vent
        la pluie ou la neige
    notre patrie : l'Algérie.

Mouloud FERAOUN

Mouloud Feraoun est né de paysans pauvres le 8 mars 1913 à Tizi-Hibel, près de Taguemount-Azouz en Grande Kabylie (Algérie). En 1910, son père est parti en France travailler dans les mines de charbon. Cette histoire et sa propre enfance, Faraoun les a racontées dans Le Fils du pauvre, *qui marque une date dans le roman nord-africain. A sept ans, il entre à l'école, puis grâce à une bourse au collège de Tizi-Ouzou, enfin à l'École normale de Bouzaréa (Alger) où il fait la connaissance du romancier français Emmanuel Roblès.*

Nommé instituteur en 1935 dans son village natal, il devient en 1952 directeur du cours complémentaire de Fort-National (actuellement Larba Nath-Iraten). En 1957, durant la guerre de libération, il est nommé à Alger. Il entre en 1960 dans le Service des Centres sociaux fondés dans un but éducatif. Mais, lors d'une réunion, il est lâchement assassiné à El Biar (Alger), le 15 mars 1962, par un commando terroriste français. Il fut inhumé dans son village natal de Tizi-Hibel. Marié avec une de ses cousines, Feraoun avait sept enfants.

Son œuvre est sans doute la plus lue de la littérature maghrébine. Des Lettres *et son* Journal *(1955-62) ont fait connaître davantage l'homme, toujours discret et ennemi de la violence. Comme* Le Fils du pauvre, *son second roman* La Terre et le sang *décrit le peuple pauvre de la montagne kabyle et la dure condition des travailleurs algériens en Europe. Feraoun écrivait d'abord pour faire connaître ses compatriotes, pour dire qu'ils étaient « des hommes comme les autres ». Dans son troisième roman,* Les Chemins qui montent, *il fait preuve des mêmes dons d'observation, de la même finesse dans la découverte de la psychologie populaire.*

BIBLIOGRAPHIE

Le Fils du pauvre, Le Puy, 1950, 2e éd. Paris, Le Seuil, 1954.
La Terre et le Sang, Paris, Le Seuil, 1953.
Jours de Kabylie, Alger, 1954; 2e éd. Paris, Le Seuil, 1968.
Les Chemins qui montent, Paris, Le Seuil, 1957.

LA FABRICATION DES POTERIES

Dans cet ouvrage, Mouloud Feraoun nous conte son enfance au village natal. Il parle, entre autres, de ses deux tantes qui habitent la même rue que ses parents. Khalti était l'aînée, tandis que le jeune Fouroulou (nom d'emprunt de l'auteur) appelait l'autre Nana. Il décrit la fabrication des poteries; il s'agit d'une activité importante des femmes dans certains villages de Grande Kabylie. (Extrait de Le Fils du pauvre, *1re partie, ch. VI, Paris, Le Seuil, 1954.)*

Mes tantes travaillaient l'argile et la laine. La courette était toujours encombrée de poterie. Voici, à l'angle, près du portail, un gros tas de bois qui servira à la cuisson. L'argile se travaille dès le printemps. Baya et Khalti vont la chercher dans des paniers, à plusieurs kilomètres du village. Les mottes sèchent au soleil dans la cour, puis elles sont écrasées et réduites en poussière. Avec cette poussière imbibée d'eau, mes tantes font une pâte dont elles emplissent des jarres. La pâte devient consistante au bout de deux jours. Il faut alors la malaxer vigoureusement et lui incorporer les débris d'un vieil ustensile broyé. Les grains de terre cuite ainsi ajoutés forment avec l'argile fraîche une pâte qui ne fendra pas. Il est temps de modeler.

Khalti, le bas de sa gandoura ([1]) tiré jusque sur les genoux, les bras nus, le foulard relevé en turban, dépose un gros paquet de pâte sur une planche. Elle façonne vivement le fond de la cruche, de la marmite ou du plat. C'est toujours une galette bien ronde. Khalti est attentive, elle travaille vite. Je sais qu'il ne faut pas lui parler. Ce n'est pas le moment. Nana, souriante et très à l'aise, saisit l'argile entre ses petites mains pâles, triture, tâte, caresse: de ses doigts agiles sort une espèce de bâton qui s'allonge, vacille et zigzague comme un serpent. Lorsqu'elle juge suffisante la longueur, elle s'arrête, coupe la couleuvre en tronçons et, avec précaution, entoure la galette préparée par Khalti. Alors, munie d'une planchette bien lisse, elle tire l'argile, amincit le tronçon qui monte et dessine bientôt le bas de la paroi. Elle passe au fond suivant puis à un autre encore, ne tarde guère à rattraper sa sœur.

Mes tantes ne préparent que trois ou quatre ustensiles à la fois, parce que la cour est exiguë. Le dernier ustensile ébauché, Nana revient au premier qui a déjà séché un peu — nous disons qu'il a

1. Longue et large blouse en laine fine ou en étoffe de coton ou de soie; elle est portée ici comme une sorte de robe.

Une potière Kabyle.

(Photo E. Grange.)

bu. Elle prend de nouveau un cylindre de pâte et l'ajoute à l'ébauche. Puis à l'aide de la raclette, elle aplatit, tire, polit, amincit l'argile, supprime les bavures. Les parois montent petit à petit, la marmite ou la cruche se dessine. La main droite tient la raclette et façonne

Musée Stéphane-Gsell. Section musulmane. Coffre et poteries Kabyles.
(Photo OFALAC.)

l'intérieur, la main gauche surveille l'extérieur qu'elle caresse continuellement pour l'obliger à prendre forme. Khalti ne fait pas seulement les fonds de marmite. Elle travaille aussi bien que Nana. Mais de l'avis de tous, les cruches qui sortent des mains de Nana ont un cachet spécial. Elles sont toujours bien proportionnées, leurs lignes harmonieuses, leur col élancé, leur légèreté et la finesse de leurs ornements les font préférer par toutes les élégantes du village.

LE RETOUR DE L'ÉMIGRÉ *

Le romancier raconte l'histoire d'un travailleur qui, parti pour la France, revient dans son village natal après plusieurs années. Il s'est marié en France et sa femme, Marie, l'accompagne. Ceux qui sont restés observent le nouvel arrivant : ils tentent de savoir s'il rapporte ou non beaucoup d'argent. Tous sont curieux. L'émigré, lui, va prendre certaines attitudes pour se faire bien juger. (Extrait de La Terre et le sang, *ch. II, Paris, Le Seuil, 1953.)*

Lorsque le Kabyle revient dans sa montagne après une longue absence, le temps qu'il a passé ailleurs ne lui apparaît plus que comme un rêve. Ce rêve peut être bon ou mauvais, mais la réalité, il ne la retrouve que chez lui, dans sa maison, dans son village.

(...) Dès le lendemain de son arrivée, Amer-ou-Kaci constate ces changements avec un plaisir réel, car enfin c'est là son village natal, toujours prêt à accueillir sans façon un de ses enfants prodigues, comme il se sent accueilli lui-même; déjà il est repris, rattaché par une foule de liens mystérieux qui l'enveloppent de leur réseau, qui sont faits de souvenirs précis revenant tumultueusement et surtout de sentations vagues recréant une atmosphère connue. Bref, Amer comprend nettement qu'il redevient tout à fait l'enfant du pays, sans transition. Sa longue absence n'a d'ores et déjà plus d'autre signification que celle d'une parenthèse gigantesque, impuissante à changer le sens général d'une phrase. Mais pendant qu'il se retrouve ainsi, d'autres constatations s'imposent à son esprit. Que fera-t-il maintenant? On le jugera à ses réalisations. Il faudra bientôt se comporter comme les siens.

Sa qualité de « nouveau » durera ce que durent les fêtes. Il est, pour l'instant, un objet de curiosité, à la djema ([1]) ou au café. Chacun veut tenir conversation avec lui; on est souriant, poli, intéressé. C'est ainsi que les derniers arrivants sont toujours reçus. Néanmoins, à travers les politesses, les plaisanteries, et les demandes de renseignements d'allure discrète perce chez tous, l'intention d'apprendre ce qu'on est avide de savoir: le revenant a-t-il, oui ou non, rapporté de l'argent? On le tâte, on le jauge, on l'estime et, en attendant de déterminer le degré de considération qui lui est due proportionnellement à sa bourse, on reste aimable et affectueux. Les plus malins sont fixés, rien qu'à voir les réactions qu'ils provoquent. Ils lisent

1. Lieu où se rassemblent les hommes du village; le rassemblement lui-même.

dans les yeux. La façon de répondre aux compliments constitue un aveu. Celui qui se fait doux, humble, qui va au-devant des gens pour leur baiser la tête n'a rien rapporté. C'est sûr. Mais quand ils voient le Monsieur accepter fermement les hommages, parler haut, répondre par des banalités à des expressions d'intérêt sciemment exagérées, alors celui-là mérite le respect : il n'est pas revenu les mains vides. On tient rarement compte du costume ou de l'importance des bagages de celui qui arrive de France. Cela ne veut rien dire. Ce qui compte, ce sont les billets qui se dissimulent très bien dans des vestons crasseux ou des blouses élimées. Il faut dire aussi que la curiosité de chacun finit toujours par être satisfaite.

Ahmed SEFRIOUI

Les parents d'Ahmed Sefrioui était d'origine berbère, mais très arabisés. Ils habitaient Fès (Maroc). C'est là qu'est né le conteur-romancier en 1915. Après l'école coranique, puis l'école française, Ahmed Sefrioui continue ses études au collège Moulay Idriss à Fès. Il exercera plusieurs emplois avant d'entrer au Service des Arts et Métiers marocains. Il est actuellement directeur des Beaux Arts à Rabat.

Ahmed Sefrioui est plus conteur que romancier. Il excelle dans la description et la peinture des milieux simples, des artisans, des lettrés et de la vie quotidienne traditionnelle de sa ville natale. Il parsème ses récits de contes et de rêves pleins de poésie, s'ingéniant toujours à peindre un Maroc enchanteur, fidèle aux splendeurs et aux rythmes du passé, comme dans Le Chapelet d'ambre *et dans* La Boîte à merveilles.

BIBLIOGRAPHIE

Le Chapelet d'ambre, Paris, Le Seuil, 1954.
La Boîte à merveilles, Paris, Le Seuil, 1954.
La Maison de servitude, Alger, SNED, 1973.

SOUVENIRS D'UN ENFANT DE SIX ANS *

Ahmed Sefrioui raconte son enfance. Abdallah, l'épicier, l'entraîne en imagination dans un monde merveilleux, tandis que son père lui parle du royaume paradisiaque. Le monde lui apparaît peuplé d'êtres extraordinaires et enchanteurs. (Extrait de La Boîte à merveilles, *ch. I, Paris, Le Seuil, 1954.)*

A six ans, j'étais seul, peut-être malheureux, mais je n'avais aucun point de repère qui me permît d'appeler mon existence: solitude ou malheur.

Je n'étais ni heureux, ni malheureux. J'étais un enfant seul. Cela, je le savais. Point farouche de nature, j'ébauchais de timides amitiés avec les bambins de l'école coranique, mais leur durée fut brève. Nous habitions des univers différents. J'avais un penchant pour le rêve. Le monde me paraissait un domaine fabuleux, une féérie grandiose où les sorcières entretenaient un commerce familier avec des puissances invisibles. Je désirais que l'Invisible m'admit à participer à ses mystères. Mes petits camarades de l'école se contentaient du visible, surtout quand ce visible se concrétisait en sucreries d'un bleu céleste ou d'un rose de soleil couchant. Ils aimaient sucer, grignoter, mordre à pleines dents. Ils aimaient aussi jouer à la bataille, se prendre à la gorge avec des airs d'assassins, crier pour imiter la voix de leur père, s'insulter pour imiter les voisins, commander pour imiter le maître d'école.

Moi, je ne voulais rien imiter, je voulais connaître.

Abdallah, l'épicier, me raconta les exploits d'un roi magnifique qui vivait dans un pays de lumière, de fleurs et de parfums, par-delà les Mers des Ténèbres, par-delà la Grande Muraille. Et je désirais faire un pacte avec les puissances invisibles qui obéissaient aux sorcières afin qu'elles m'emmènent par-delà les Mers des Ténèbres et par-delà la Grande Muraille, vivre dans ce pays de lumière, de parfums et de fleurs.

Mon père me parlait du Paradis. Mais, pour y renaître, il fallait d'abord mourir. Mon père ajoutait que se tuer était un grand péché, un péché qui interdisait l'accès à ce royaume. Alors, je n'avais qu'une solution: attendre! Attendre de devenir un homme, attendre de mourir pour renaître au bord du fleuve Salsabil ([1]). Attendre! C'est cela exister. A cette idée, je n'éprouvais certainement aucune frayeur. Je me réveillais le matin, je faisais ce qu'on me disait de faire. Le soir, le soleil disparaissait et je revenais m'endormir pour recommencer le lendemain. Je savais qu'une journée s'ajoutait à une autre, je savais que les jours faisaient des mois, que les mois devenaient des saisons, et les saisons l'année. J'avais six ans, l'année prochaine j'en aurai sept et puis huit, neuf et dix. A dix ans, on est presque un homme. A dix ans, on parcourt seul tout le quartier, on discute avec les marchands, on sait écrire, au moins son nom, on peut consulter une voyante sur son avenir, apprendre des mots magiques, composer des talismans.

1. Source qui se trouve dans le jardin du paradis, selon le Coran (sourate 16, verset 18).

Malek OUARY

Né le 27 janvier 1916 à Ighil Ali dans la vallée de la Soummam en Petite Kabylie (Algérie), Malek Ouary fait ses études primaires à l'école de son village natal, puis des études de théologie au séminaire. Il devient ensuite journaliste de carrière et assure des émissions à Radio Alger. On lui doit des reportages sur l'émigration des travailleurs algériens en France. Il travaille actuellement à l'O.R.T.F. à Paris et a été chargé de conférences à l'Université de la Sorbonne nouvelle. Marié avec une Française, il vit dans la banlieue parisienne.

Malek Ouary a toujours été très sensible aux voix de la montagne kabyle, attaché à rechercher et à conserver la tradition orale. Il a publié d'ailleurs des traductions de poèmes et chants de Kabylie. *Son œuvre reflète des préoccupations humanistes : le désir de faire connaître les valeurs de son peuple et les trésors du milieu berbère.* Le Grain dans la meule *raconte une histoire de vengeance et d'honneur. Le romancier s'arrête à la description des villages, des maisons et du mobilier de celles-ci afin de mieux faire voir comment et où vivent les héros de son histoire. Malek Ouary exprime dans une langue exacte et harmonieuse des réalités très vivantes.*

BIBLIOGRAPHIE

Le Grain dans la Meule, Paris, Buchet-Chastel, 1956.

Poèmes et chants de Kabylie, traduction en français, Paris, Librairie Saint-Germain-des-Prés, 1972.

LES OBJETS FAMILIERS *

Le romancier conte une histoire de vengeance et d'honneur dans la société kabyle. Il prend soin de bien camper ses personnages dans leur environnement propre : villages, maisons, mobiliers, objets domestiques tels qu'ils sont décrits nous transportent sur ce coin de terre d'Ighil Ali en Petite Kabylie. (Extrait de Le Grain dans la meule, *ch. VI, Paris, Buchet-Chastel, 1956.)*

Voici le petit moulin de pierre, scellé au sol; combien de fois son chant sourd et monotone n'a-t-il bercé leurs rêves d'enfants; parfois, un autre chant accompagnait celui des meules. Ils voient alors une femme assise à croupetons et dont les bras tournent le disque de pierre. La farine, comme une source, coule d'entre les meules et se répand sur la peau de mouton disposée pour la recevoir. Voici, siégeant dignement sur leur trône, les ikoufânes ([1]) obèses et solennels; on les dirait conscients de leur importance; ne tiennent-ils pas dans leurs panses la subsistance de la maison : grains, figues, olives; tout à côté, les jarres ventrues pleines d'huile. Le trou pratiqué en plein ventre des ikoufânes de grain, ridicule nombril, exerce sur eux une manière de fascination... Ils se rappellent alors ces jours brûlants d'été où de grands chameaux, venus des hautes plaines de Hodna ([2]) sous la conduite de grands Arabes basanés au langage rude et incompréhensible, s'agenouillaient en blatérant dans la cour de la maison. Quand on vidait dans les ikoufânes les grands « sakou » de blé, il s'en élevait un grand nuage de poussière fleurant l'armoise. Il emplissait la chambre et se répandait dehors; eux se sauvaient alors en toussotant.

Le métier à tisser dresse ses montants massifs, tendus de la grille de la chaîne; derrière cette grille, souvent, se tenait une silhouette infatigable. Il n'est dans cette maison, de pièce de laine qui ne soit l'œuvre de ses mains. Et puis, voici le coffre. Bien calé sur ses pattes carrées, il leur est longtemps apparu comme un objet de mystère et d'émerveillement, meuble magique dont on tire à sa guise étoffes éclatantes, bijoux, parfums, et tant de choses précieuses... Le voilà maintenant transformé en reliquaire.

Et ces niches aveugles dans le mur, avec leurs satellites d'alvéoles, où l'on trouve pêle-mêle tant d'objet hétéroclites. Tout au long des

1. Sortes de grandes et monumentales amphores, ou encore de grands et gros pots carrés; singulier : *akoufi*.

2. Région de l'Algérie au sud de la Petite Kabylie d'où est originaire l'auteur.

poutres et des solives vernissées de suie des paquets d'oignons d'où jaillissent des pousses vertes, et des cascades de piments rouges desséchés.

Tous ces humbles objets constituent la maison, la tanière de la race dont il faut défendre non seulement le patrimoine matériel, mais aussi, mais surtout, le patrimoine moral qui tient en un seul mot : l'honneur.

Mouloud MAMMERI

Originaire de Taourirt-Mimoun en Grande Kabylie (Algérie) où il est né le 28 décembre 1917, Mouloud Mammeri a appris le français à l'école primaire de son village, mais le kabyle est sa langue maternelle. A onze ans, il part chez l'un de ses oncles à Rabat; il entre en sixième au lycée Gouraud: il y reçoit le choc de la culture occidentale qui est pour lui « un véritable traumatisme ». Rentré en Algérie, il étudie au lycée Bugeaud, puis à Paris au lycée Louis-le-Grand; il avait en vue alors l'École normale supérieure. Mais la seconde guerre mondiale éclate. Mobilisé puis libéré en 1940, il s'inscrit à la Faculté des Lettres d'Alger. Remobilisé en 1942, il participe aux campagnes d'Italie, de France et d'Allemagne. Il passe ensuite le concours de professorat de lettres et, de retour en Algérie, il enseigne à Médéa puis à Ben Aknoun près d'Alger. Durant la guerre de libération, il part pour le Maroc en 1957 et revient en Algérie en 1962. Professeur à l'Université d'Alger, Mammeri est en même temps directeur du Centre de recherches anthropologiques, préhistoriques et ethnographiques du Bardo (C.R.A.P.E.).

Mammeri a traduit les poèmes de Si Mohand, poète populaire de la montagne kabyle. Il a publié une pièce de théâtre sur la fin de la civilisation aztèque, mais il est connu surtout par ses trois romans: La Colline oubliée *où l'on voit le héros abandonner son village pour l'exil,* Le Sommeil du juste, *où il se ressaisit,* L'Opium et le bâton *enfin où le Dr. Bachir Lazrak, héros de l'aventure, part au maquis. Cette œuvre est attachante, à cause de son réalisme, parfois teinté de pessimisme, mais somme toute très humain.*

BIBLIOGRAPHIE

La Colline oubliée, Paris, Plon, 1952.
Le Sommeil du juste, Paris, Plon, 1955.
L'Opium et le bâton, Paris, Plon, 1965.
Les Isefra, poèmes de Si Mohand ou Mhand, Paris, Maspero, 1969.
Le Banquet, Paris, Librairie Académique Perrin, 1973.

L'ENTRÉE A L'ÉCOLE PRIMAIRE SUPÉRIEURE *

Le romancier nous montre la confrontation brutale de deux sociétés et la prise de conscience grandissante chez les opprimés. Le héros Arezki est un intellectuel, d'un autre monde que ses frères. Pourtant, lorsqu'il a voulu découvrir « le vaste monde », il a fait la dure expérience de la différence. (Extrait de Le Sommeil du juste, *3e partie, Paris, Plon, 1955.)*

Le malentendu a commencé pour moi dès ma première enfance. Quand j'ai quitté pour la première fois Ighzer pour le vaste monde (le vaste monde c'était l'école primaire supérieure de Tizi-Ouzou) ([1]), je me souviens, la joie riait dans l'air clair et froid d'octobre. L'échappement enroué du vieux car qui me portait scandait des rythmes de délivrance. L'oiseau dont s'ouvre la cage contre laquelle butaient ses vols obstinément, le mousse aux yeux agrandis qui prend le large, le captif dont on a brisé la chaîne sentent-ils ainsi leur cœur près d'éclater? Toutes les cloches du monde sonnent-elles pour eux à se rompre? Les pierres, les oiseaux, les arbres, les mendiants des chemins et les nuages du ciel rient-ils sur leur passage et pour leur joie? Le petit chaperon rouge...

Le soir je fus livré aux loups. Je n'avais pas de pyjama: je ne savais pas ce que c'était. Je ne comprenais pas ce que mes camarades disaient: ils ne parlaient pas le français de mes livres. J'avais l'accent traînard d'Ighzer. Ils se moquaient de moi. J'en pris par le col, un grand rouquin, je l'aurais tué. Quelqu'un me fit un croc en jambe, je tombai, ils se jetèrent tous sur moi, je mordis, ruai, griffai, (c'est ainsi que l'on se bat à Ighzer) mais ils étaient trop nombreux. Je cherchai dans la foule un regard ami; des lèvres distendues aboyaient des injures que je n'avais jamais entendues; j'étais en sang, essoufflé; on m'avait ligotté les mains. La dernière image que je vis fut celle du talon clouté du grand rouquin qui mit une éternité à s'écraser sur mes yeux, une fois... deux fois... C'est à l'infirmerie que je me réveillai.

Longtemps les cours que je suivais de toutes mes oreilles restèrent pour moi incantantions mortes d'une tribu étrangère. Rien dans le monde nouveau et jadis désiré où j'entrais n'était fait pour moi.

1. Ighzer est situé par l'auteur dans la montagne. Tizi-Ouzou n'est qu'à une quarantaine de kilomètres en bas, dans la plaine, ou plutôt à un col. Mais c'est déjà « le vaste monde ». Le roman se déroule en Grande Kabylie, région montagneuse à cent kilomètres à l'est d'Alger.

Dès le premier soir j'avais été pour mes camarades l'ennemi, longtemps pour tout le monde je restai l'étranger. J'errai dans un monde hostile ou indifférent. Les efforts que je fis pour échapper à cette condition nul ne les a soupçonnés, pas même vous dont j'ai été le disciple aimé. Il fallait chaque jour m'arracher à un peu de ce qui avait été moi; je ne croyais pas que ce dût être si douloureux.

Mohammed DIB

C'est à Tlemcen, en Algérie, le 21 juillet 1920, qu'est né Mohammed Dib. Il fait ses études dans sa ville natale puis à Oujda (Maroc). Son père était artisan menuisier et mourut lorsque le jeune Dib avait onze ans. Tour à tour instituteur, comptable, fabricant de tapis, journaliste, interprète auprès des armées alliées en 1943-44, tels ont été les métiers de Mohammed Dib. En 1951, il se marie avec une Française. En 1959, il est expulsé d'Algérie, en pleine guerre; il s'installe dans les Alpes maritimes, puis en 1964, il monte dans la banlieue parisienne où il réside actuellement. Il est père de quatre enfants.

Son œuvre est très importante. D'abord poète, Dib n'en a pas moins écrit neuf romans et deux recueils de nouvelles. L'auteur y révèle une exigence de vérité peu commune et une attention lucide aux problèmes humains de son pays. L'œuvre est optimiste par son sens du peuple et de la solidarité ainsi que par son sens de l'homme. Par sa constance et par la qualité de ses écrits, Dib s'impose comme l'un des meilleurs romanciers maghrébins et sans doute le plus constructif.

Sa première trilogie est très connue, avec La Grande Maison, L'Incendie *et* Le Métier à tisser. *L'auteur y est témoin et acteur dans un drame socio-politique qui se met en place de 1939 à 1954. Éveil politique des paysans ou des tisserands, ici, dans d'autres romans: la guerre de libération, et dans une nouvelle trilogie commençant avec* Dieu en Barbarie *les problèmes de l'Algérie indépendante, l'auteur reste fidèle aux réalités de son pays. Les premiers romans sont de style populiste; à partir de 1962, on y découvre plus d'intériorité et une investigation sensible des profondeurs. Quant au recueil de poèmes* Ombre gardienne, *il a été préfacé par Aragon.*

BIBLIOGRAPHIE

La Grande Maison, Paris, Le Seuil, 1952.

L'Incendie, Paris, Le Seuil, 1954; réédition corrigée en 1967.

Le Métier à tisser, Paris, Le Seuil, 1957.

Qui se souvient de la mer, Paris, Le Seuil, 1962.
La Danse du roi, Paris, Le Seuil, 1968.
Dieu en Barbarie, Paris Le Seuil, 1970.

Recueil de poèmes:

Ombre gardienne, Paris, Gallimard, 1961.

LE RESPECT DE L'HOMME *

Les tisserands de Tlemcen nous sont dépeints dans ce roman comme mécontents de leur sort et des dures conditions de leur vie. Peu à peu, ils prennent conscience d'injustices; ils aspirent à ce que la situation qui est la leur change. L'action se passe durant l'hiver 1941-42. Ici, deux artisans discutent sur le respect qui est dû à l'homme. (Extrait de Le Métier à tisser, *ch. XIII, Paris, Le Seuil, 1957.)*

« Nous ne valons rien, ce n'est pas la peine de discuter; nous ne valons rien. »

Et l'un ou l'autre d'ajouter:

« Seigneur Dieu nous a faits ainsi... Il n'y a rien à y faire! »

Les tisserands, ses compagnons, malgré les différences d'âge, de tempérament, d'opinions, se ressemblaient sur ce point: ils s'entretenaient d'eux-mêmes toujours avec dégoût. A force de tâtonnements? Et le travail? Leur travail. A quoi leur servait-il donc? Pourquoi le faisaient-ils, s'il ne leur était rien?

Cependant, aucun changement ne survenait dans la conduite d'Ocacha. Même calme, même silence. Quand ils se retrouvaient à la rôtisserie, Ocacha se tenait assis sans bouger, indifférent à tout, et regardait devant soi avec une attention soutenue, tandis que le temps passait. Il restait ainsi longtemps sans quitter des yeux le point de mire qu'il avait choisi. Puis, il se levait, sans un mot, considérait Omar, qui se levait aussi. Tous deux marchaient dans les rues qui roulaient leur flot de passants et de véhicules, qui les emportait doucement, tout doucement, sans savoir où, Ocacha absorbé et prêtant l'oreille comme si la ville lui murmurait quelque chose...

Taciturne de nature, le tisserand se repliait davantage sur lui-même, à mesure que les jours passaient. Une fois, Omar lui demanda:

— Tu partiras... Et alors?

Mais Ocacha lui répondit:

— Il faut accorder aux hommes le respect qui leur est dû. Pourquoi le monde est devenu ce qu'il est, quelque chose sur quoi on n'a pas envie de jeter un regard? C'est faute de respect. Les hommes qui respectent leurs semblables, il n'y en a plus sur ce sol. Les Européens, par exemple, avec quels yeux vous regardent-ils? Mahi Bouanane, comment lui apparaissaient les autres hommes? Il est lui, pour les Européens, l'Arabe, l'individu sans idéal, vautré dans la crasse et le laisser-aller, et qui ne changera pas, quelque effort qu'il fasse pour se décrotter, etc. Et nous, pour lui, des affamés sans idéal, plus proches de la bête que de l'être humain, des fainéants qui prétendent vivre sans travailler, etc.

— Tu en veux à tout le monde.

— A tout le monde?

Ocacha réfléchit.

— Possible, dit-il.

— C'est ça qui fait mal au cœur.

Ocacha serra le poing et le montra à un témoin invisible.

ÉTRANGER *

(Ombre gardienne, *Paris, Gallimard, 1961.)*

Si ce n'est pas ce froid, qu'est-ce qui me signale?
Le rêve mal dissous, l'ombre noire et la voix
Qui font pleurer l'enfant, ou la brume hivernale?
C'est moi... moi, l'importun qui vous barre la voie.

Je ne suis mort ni vif, ailleurs est mon domaine.
L'enfer du ferrailleur est moins que moi rongé,
Moins diffus le retour inquiet d'une âme en peine;
Le regard qu'on lui jette éloigne l'étranger.

Il est une pâleur, il est une couleur
Et sombre et claire, un jour vague entre chien et loup:
Le croirez-vous, je suis fait de cette douleur.

Je viens d'ailleurs, que vaut l'objet qu'on porte au clou?
Et voici que grandit en moi l'incertitude,
Que s'approfondit plus encor ma solitude.

Albert MEMMI

Albert Memmi est né à Tunis le 15 décembre 1920 ; son père était bourrelier, sa langue maternelle l'arabe. Après l'école rabbinique et celle de l'Alliance universelle, il entre au lycée français de Tunis. C'est dans La Statue de sel *(en grande partie autobiographique) qu'il a raconté avec combien de talent cette enfance dans l'Impasse et dans « la ville bâtarde ». Memmi poursuivra des études supérieures à Alger ; peu après, il fera l'expérience des camps de travail forcé en Tunisie durant la guerre en 1943 et, à la fin des hostilités, il partira pour Paris où il passera son agrégation de philosophie en Sorbonne. Après son mariage avec une Française, il rentre à Tunis et y enseigne. Cependant après l'accès de la Tunisie à l'indépendance, il revient à Paris où il se fixe en septembre 1956. Il a trois enfants. Il enseigne actuellement à l'Université de Nanterre.*

Une œuvre rigoureuse de psychosociologue est centrée sur la découverte de la relation de dominance, d'où ses Portraits *très connus du colonisé et du colonisateur, du juif, de « l'homme dominé ». Les ouvrages de Memmi sont toujours sans indulgence ni travestissement ; ils témoignent d'une grande loyauté et d'une clairvoyance aiguë.*

Ses romans, le premier comme le second Agar, *consacré au mariage mixte, participent de la même recherche de la libération de l'homme et de la même quête de soi.* Le Scorpion *est un roman éclaté, fort curieux, où plusieurs voix se font entendre. Le narrateur est ramené à lui-même, à ses problèmes et à ses obsessions: encerclé par eux, il peut être comparé au scorpion entouré de flammes.*

BIBLIOGRAPHIE

La Statue de sel, Paris, 1953, Prix de Carthage en 1953 et Prix Fénéon en 1954 ; rééd. Gallimard, 1966, (préface d'Albert Camus).

Agar, Paris, Buchet-Chastel, 1955; 2e éd. 1963.

Le Scorpion, Paris, Gallimard, 1969.

Essais:

Portrait du colonisé, précédé du portrait du colonisateur, **Paris, Buchet-Chastel, Corrêa, 1957; rééd. avec une préface de Jean-Paul Sartre, Pauvert, 1966.**
Portrait d'un juif, **Paris, Gallimard, 1962; dans la collection « Idées » en 1969.**
L'homme dominé, **Paris, Gallimard, 1968.**

L'IMPASSE *

Le romancier raconte son enfance et son adolescence dans la ville de Tunis et plus particulièrement dans le quartier juif où il est né. L'impasse marquera la mémoire de l'auteur puisqu'il y revient de longues années après en se rappelant de nouveau dans Le Scorpion *les souvenirs de sa première enfance. (Extrait de* La Statue de sel, *Ire partie, ch. I, Paris, Gallimard, 1966.)*

La respiration sifflante et pressée de mon père rythmait le silence nocturne de la chambre. Le monde de mon enfance fut rassuré, protégé, par ce souffle d'asthmatique qui dissipait les frayeurs de mes réveils solitaires. Lorsque la lune haute s'engouffrait dans l'étroite Impasse, l'inquiétude de la nuit s'arrêtait aux barreaux de la fenêtre dont l'ombre tournante quadrillait le mur. Je n'aimais pas fixer la chambre engluée de noir, qui gonflait les vêtements accrochés aux clous, derrière la porte fermée, bouchait la glace de l'armoire et se diluait bleu près de la fenêtre. Je maintenais mes paupières fermées et rapidement m'endormais. Je veux m'en souvenir: ma vie connut des jours d'innocence où il me suffisait de fermer les yeux pour ne pas voir.

Régulièrement, à l'aube, j'étais réveillé par les roulements hoqueteux et sourds des tombereaux d'ordures. Effrayé, je me serrais contre mon père, dans le grand lit familial, lui mettant les jambes sur le ventre. Lui posait sa grosse main sur ma tête, d'un geste devenu rituel. Après les chocs sonores des poubelles vides retombant sur le sol, le tombereau s'éloignait lourdement, trébuchant de toutes ses planches mal jointes sur les pavés cahoteux. Je me rendormais jusqu'au matin. Ma mère, levée la première, commençait aussitôt sa vie quotidienne, toujours pressée; et bientôt l'odeur du café maure [1] débordait de la cuisine et parfumait la chambre. Mes matins d'espoir doivent embaumer le café maure.

1. *Café maure*: appelé aussi café turc, que l'on obtient en gardant au fond de la tasse le marc qui s'y est déposé après l'infusion. Connu dans les pays arabes et turcs.

Nous habitions au fond de l'impasse Tarfoune une petite chambre où je suis né, un an après ma sœur Kalla. Nous partagions avec la famille Barouch, l'entresol d'un vieil immeuble informe, une espèce d'appartement de deux chambres; la cuisine, moitié mansardée moitié cour, se poursuivait en long couloir vertical jusqu'à la lumière. Mais avant d'aboutir au carré de ciel bleu pur, elle recevait par la multitude des fenêtres les fumées, les odeurs et l'incessant bavardage des voisins. La nuit chacun s'enfermait à clef dans sa chambre; mais le matin la vie, toujours commune, courait le long du tunnel, mêlant l'eau des éviers, les odeurs du café et les voix encore brouillées.

LE SCORPION *

L'auteur se sert de l'image du scorpion entouré de flammes et qui va, selon les dires, se piquer, et donc se tuer, pour montrer le narrateur ramené à lui-même, à ses propres problèmes, encerclé dans ses recherches et préoccupations au point non pas de se tuer mais de se faire souffrir quand même. (Extrait de Le Scorpion, *Paris, Gallimard, 1969.)*

Il avança d'une saccade, fit volte-face, repartit aussi brusquement, s'arrêta pile. Il n'y avait plus de doute: la chose inouïe était partout, le mur de braises était sans faille. Il s'immobilisa au milieu de ce piège monstrueux, abandonnant toute révolte, cette brusquerie sauvage qui affolait les gens de plaisir.

Les yeux rivés sur le cercle de feu, les assistants maintenant se taisaient; le dénouement était proche et immanquable, on le leur avait dit, ils l'avaient déjà constaté; il n'y aurait pas d'autre issue. Maintenant, il remuait doucement la tête avec un désespoir rêveur. Et chaque fois que son ombre changeante se projetait sur une partie de la foule, un mouvement se faisait pour esquiver cette affreuse caresse.

Enfin, l'arme se dressa lentement, immense, accaparant tout l'équilibre du corps, tous les regards sur cet étrange monument cuirassé, sur lequel glissaient les lumières des quinquets, terminé par la lame courbe, acérée, atroce. Et tout à coup, si vite que certains, distraits une minime fraction de temps par la fatigue de l'extrême attention, avouèrent avec regret qu'ils n'avaient rien vu, l'arme avait frappé la tête. La foule hurla, insupportablement atteinte et délivrée. Un seul éclair rougeoyant, d'une brutalité et d'une sécheresse parfaite, et l'extraordinaire pyramide s'était écroulée en un tumulte figé de carapaces.

Le jeu de la mort était clos. La foule venait de revivre ce qu'elle savait déjà, mais dont aucun récit, aucune répétition ne saurait jamais la convaincre.

Avant de quitter l'enclos, les assistants défilèrent devant la petite arène assombrie, où s'éteignaient rapidement les braises déjà rongées par la cendre. Et bien que le cadavre, privé de mouvement et du fantastique de l'ombre, fût devenu étonnamment minuscule, personne n'osait trop approcher de la chaotique petite masse noire, par crainte peut-être du poison encore frais, mais aussi par respect pour la grande leçon : ramené à lui-même, certain de ne pas découvrir d'autre solution, le scorpion s'était tué.

(...)

Enfin, j'ai raconté à mon royal cousin l'histoire de la mort du scorpion, la vraie. Contrairement à ce que l'on répète, le scorpion ne meurt généralement pas de sa propre piqûre. Il lui arrive, certes, de se blesser et d'en souffrir. Quelquefois même, en se débattant un peu violemment, il plante son aiguillon dans sa propre nuque, ou dans ce qui y correspond, et devient tout raide. Mais il ne s'agit que d'une mort apparente.

Driss CHRAÏBI

Driss Chraïbi est Marocain. Il est né le 15 juillet 1926 à El Jadida. Ayant fréquenté d'abord l'école coranique, puis l'école française, il continue ses études au lycée Lyautey à Casablanca. Il quitte le Maroc en 1945 pour aller étudier la chimie à Paris; il termine ses études d'ingénieur-chimiste en 1950. Il fait ensuite des études de neuro-psychiatrie, mais il est bientôt possédé par la passion des voyages: l'Italie, la Suisse, la Yougoslavie, l'Allemagne, l'Espagne, l'Angleterre, sont les principaux pays qu'il visitera. Il essaie plusieurs métiers: manœuvre, débardeur, journaliste, assureur, professeur d'arabe, etc. Il est allé au Québec à l'Université Laval. Sa profession actuelle est producteur à l'O.R.T.F. Marié avec une Française, Chraïbi est père de cinq enfants et vit dans la banlieue parisienne.

Son premier roman Le Passé simple *a éclaté comme une bombe et a scandalisé pas mal de monde. Cinq autres romans, comme le premier, illustreront la révolte contre le père: au nom du père, pour affirmer sa propre personnalité, défendre les exploités et refuser l'oppression. Dans* Succession ouverte *l'auteur revient au Maroc pour la mort du père. Lors de l'enterrement, le chant incantatoire balaye toutes les misères anciennes. Avec* La Civilisation, ma Mère!, *Chraïbi retrouve la tendresse. C'est au nom du fils que cette femme « colonisée » est libérée: le fils aidant la mère à découvrir les objets modernes, les inventions des hommes, le monde technique, l'univers de la consommation, et bientôt à posséder ce monde. Ce roman est le début d'une trilogie.*

BIBLIOGRAPHIE

Le Passé simple, Paris, Denoël, 1954.
Succession ouverte, Paris, Denoël, 1962.
La Civilisation, ma Mère!, Paris, Denoël, 1972.

LA MÈRE *

Dans ce roman nous voyons un enfant entreprendre la libération de sa mère « colonisée » par des siècles de traditions figées à l'égard de la femme. Il l'aide à découvrir le monde. Cette mère qui vivant dans un univers clos s'ouvre peu à peu à la vie : c'est une nouvelle naissance. Ce livre technique et optimiste est écrit dans un style enjoué, chaleureux, sur un ton allègre, drôle et émouvant. (Extrait de La Civilisation, ma Mère!, *1ʳᵉ partie, ch. II, Paris, Denoël, 1972.)*

Pour filer, elle n'avait rien que ses mains — et ses orteils. Mais son agilité et sa patience étaient telles qu'on eût juré qu'elle avait cent doigts doués d'un mouvement de bielles. Les pelotes de laine s'enroulaient, grossissaient, croissaient en nombre autour d'elle. Et, ce faisant, elle soliloquait, fredonnait, riait comme une enfant heureuse qui n'était jamais sortie de l'adolescence fruste et pure et ne deviendrait jamais adulte, en dépit de n'importe quel événement — alors que, la porte franchie, l'Histoire des hommes et leurs civilisations muaient, faisaient craquer leurs carapaces, dans une jungle d'acier, de feu et de souffrances. Mais c'était le monde extérieur. Extérieur non à elle, à ce qu'elle était, mais à son rêve de pureté et de joie qu'elle poursuivait tenacement depuis l'enfance. C'est cela que j'ai puisé en elle, comme l'eau enchantée d'un puits très, très profond : l'absence totale d'angoisse ; la valeur de la patience ; l'amour de la vie chevillé dans l'âme.

Je venais parfois m'asseoir à côté d'elle, filant et tissant à la lumière d'une bougie en suif. Lui parlais de ma journée d'école, de mathématiques, de Victor Hugo ou de latin. Elle me regardait en silence, de ses yeux immenses et sans cils, me montrait ses mains aux lignes profondes comme des sillons dans un champ labouré. Cela. Seulement ses mains qui ne s'exprimaient pas avec des mots.

Elle prenait l'un de mes souliers et, s'en servant comme d'un marteau, elle enfonçait quatre clous de charpentier dans le mur. Jamais ils n'ont formé un carré comme en pouvait témoigner n'importe quel livre de géométrie. Ou un simple coup d'œil. Je le lui disais, le lui démontrais, mais elle était comme sourde à tout ce qu'elle ne *sentait* pas.

Personne ne lui avait rien appris depuis qu'elle était venue au monde. Orpheline à six mois. Recueillie par des parents bourgeois à qui elle avait servi de bonne. A l'âge de treize ans, un autre bourgeois cousu d'or et de morale l'avait épousée sans l'avoir jamais vue. Qui pouvait avoir l'âge de son père. Qui était mon père.

Quatre clous dans le mur et ses doigts, c'était là son métier à tisser. Le « hardware » et le « software » ([1]) des ordinateurs que je connais à présent, franchis l'espace et le temps. Quelqu'un a dit que demain n'était plus à attendre, mais à inventer.

Quand le dernier brin de laine avait trouvé de lui-même sa place dans le tissu, ma mère prenait mes mesures. A sa façon. Sans patron. A vue d'œil. Un œil à moitié fermé et l'autre grand ouvert, elle tournait autour de moi, ses lèvres remuaient en silence et de temps à autre elle se frottait les mains.

---

1. *Hardware*: les éléments matériels (circuits, dispositifs, rubans magnétiques, matériel électronique) d'un système informatique, opposé aux moyens d'utilisation, programmes, etc. dits *software*.

Jean SÉNAC

D'origine espagnole par sa mère, Jean Sénac est né à Beni-Saf non loin d'Oran en Algérie le 29 novembre 1926. Il n'a pas connu son père et il a porté son nom de Sénac un peu « comme un pseudonyme »; du reste jusqu'à l'âge de cinq ans avant d'être reconnu par Edmond Sénac, il s'appelait Jean Comma, du nom de sa mère. Son enfance et son adolescence, il les a passées à Saint-Eugène, un quartier populaire d'Oran. A seize ans, il enseigne à Mascara et commence à publier des poèmes. Il s'engage dans l'armée pour la durée de la guerre et lit Les Nourritures terrestres *qui l'impressionnent vivement. Possédant alors une foi chrétienne très vive, il est bientôt en proie à une crise morale et religieuse profonde. Il fonde à Alger avec des amis le Club Lélian, mais malade il est hospitalisé au sana de Rivet près d'Alger en 1947. Ses amis sont nombreux: Edmond Brua, Robert Randau, Sauveur Galliéro, écrivain et peintre algérois bien connus. En 1950 il fonde la revue* Soleil *avec une équipe. En cette même année, il fait des rencontres capitales sur le plan politique et littéraire, celles de Camus et de René Char. Après avoir été employé de bureau et metteur en ondes à la radio d'Alger, il part pour Paris. Les options politiques en faveur du nationalisme algérien sont de plus en plus nettes dès cette époque. Il lance la revue* Terrasses *en juin 1953; elle n'aura malheureusement qu'un seul numéro.*

Durant la guerre de libération algérienne, il milite dans les rangs du Front de libération nationale en France et participe à des actions clandestines. Il rentre en Algérie en octobre 1962. Vivant à Alger, sans cesse sur la brêche, éveilleur de jeunes talents poétiques, il donne des émissions littéraires à la R.T.A. Celles-ci sont interdites en janvier 1972. Jean Sénac est découvert assassiné à son domicile le 1er septembre 1973. Il est inhumé dans le cimetière d'Aïn Benian, près de la mer comme il l'avait demandé dans son testament.

Son œuvre comprend des recueils de poèmes: Poèmes, Matinale de mon peuple, Citoyens de beauté, Avant-Corps, Les Désordres *parmi les plus importants, ainsi qu'un manifeste sur la poésie de la résistance algérienne:* Le Soleil sous les armes. *Poète de l'absolu, de la générosité, de l'amour et de la liberté, de la foi en la poésie, disciple de Rimbaud et de Char, obsédé par la recherche du nom, Jean Sénac est le plus grand poète algérien de ces dernières années.*

BIBLIOGRAPHIE

Poèmes, Paris, N.R.F., 1954.
Matinale de mon peuple, Rodez, Subervie, 1961.
Citoyens de beauté, ibidem, 1967.
Avant-corps, précédé de Poèmes iliaques et suivi de *Diwân du Noûn,* Paris, Gallimard, 1968.
Les Désordres, Paris, Librairie Saint-Germain-des-Prés, 1972.

CITOYENS DE BEAUTÉ *

*(*Citoyens de beauté, *Rodez, Subervie, 1967.)*

Et maintenant nous chanterons l'amour
Car il n'y a pas de Révolution sans Amour,
Il n'y a pas de matin sans sourire.
La beauté sur nos lèvres est un fruit continu.
Elle a ce goût précis des oursins que l'on cueille à l'aube
Et qu'on déguste alors que l'Oursin d'Or s'arrache aux brumes et sur les vagues module son chant.
Car tout est chant — hormis la mort!
Je t'aime!
Il faut chanter, Révolution, le corps sans fin renouvelé de la Femme,
La main de l'Ami,
Le galbe comme une écriture sur l'espace
De toutes ces passantes et de tous ces passants
Qui donnent à notre marche sa vraie lumière,
A notre cœur son élan.
O vous tous qui constituez la beauté sereine ou violente,
Corps purs dans l'alchimie inlassable de la Révolution,
Regards incorruptibles, baisers, désirs dans les tâtonnements de notre lutte,
Points d'appui, points réels pour ponctuer notre espérance,
O vous, frères et sœurs, citoyens de beauté, entrez dans le Poème!
...
Je t'aime. La Révolution monte
Parmi la pure symphonie des jeunes corps face à la mer.

…
Oui, n'aie pas peur, dis-leur
Que tu es belle comme un comité de gestion
Comme une coopérative agricole
Comme une mine nationalisée.
Osons, ô mon amour, parer de fleurs nouvelles
Le corps du poème nouveau!

Malek HADDAD

C'est à Constantine (Algérie) qu'est né Malek Haddad le 5 juillet 1927. Durant la guerre algérienne de libération, il abandonne ses études de droit commencées à Aix-en-Provence et fait une expérience de travail manuel en Camargue avec Kateb Yacine. Il collabore ensuite en France à plusieurs hebdomadaires et revues, faisant surtout paraître des poèmes, mais aussi de 1958 à 1961 chaque année un roman. Il travaille quelque temps à la Radiodiffusion française et rentre en Algérie après l'accession du pays à l'indépendance. Malek Haddad est actuellement conseiller technique, chargé des études et recherches dans le domaine de la production culturelle en langue française, au Ministère de l'Information et de la Culture à Alger.

Le Malheur en danger *parait la même année que* Nedjma *de Kateb; c'est le premier recueil de poèmes « engagés » publié durant la guerre; il sera suivi en 1961 par* Écoute et je t'appelle. *Parmi ses quatre romans, le premier* La Dernière Impression *nous montre l'amour de Saïd pour Lucie en pleine guerre algérienne. Cependant Saïd doit faire sauter un pont, symbole et de son amour et des liens de l'Algérie avec la France. Le narrateur, intellectuel lui-même, ne se veut pas différent ni séparé de ses compatriotes travailleurs: il est solidaire. Malek Haddad, poète, a été assez influencé par les poètes de la Résistance française. Écrite en fonction du combat algérien, cette œuvre poétique témoigne d'une grande sensibilité, hantée par la patrie, les copains, l'exil, le malheur mais aussi l'espoir des lendemains.*

Depuis longtemps déjà, mis à part un poème sur la Palestine en 1967, l'auteur a choisi de se taire, pensant toujours que « la langue française est son exil ».

BIBLIOGRAPHIE

Le Malheur en danger, Paris, La NEF, 1956.
La Dernière Impression, Paris, Julliard, 1958.
L'élève et la leçon, Paris, Julliard, 1960.
Écoute et je t'appelle, Paris, Maspéro, 1961.

Dans ce roman, Saïd aime Lucia en pleine guerre algérienne d'indépendance. Il envisage la vie sous de beaux aspects à cause de cet amour. Mais la mission de Saïd est de faire sauter un pont, symbole de son amour pour Lucia (qui sera tuée) et des liens de l'Algérie avec la France. Saïd rencontre beaucoup de Nord-Africains auprès desquels il séjourne, à Aix-en-Provence par exemple. (Extrait de La Dernière Impression, *Paris, Julliard, 1958.)*

Saïd était gêné de rencontrer des Nord-Africains parce qu'il était moins malheureux qu'eux, moins vulnérable qu'eux. Parce qu'ils n'étaient pas à l'ombre de leurs arbres, dans la lumière du ciel, dans la solidité du sol. Ils n'étaient pas chez eux avec leur marmaille, autour d'un banc boiteux sur le bord d'un trottoir. Ils n'étaient pas là-bas à Constantine, à Tlemcen, à La Calle ou à Oran. Ils étaient chez ceux qui les acceptent dès lors qu'ils passent inaperçus. Or, en vérité, est-il possible qu'un Nord-Africain puisse passer inaperçu en France, en Suisse, ou dans la lune? Le malheur peut-il passer inaperçu?

Mais vous, Saïd, vous n'êtes pas comme les autres. Avec vous on peut discuter. On peut vous inviter. On peut parler de René Char ou de Beethoven. Vous n'êtes pas comme les autres. On vous vouvoie. On ne fait pas cette grimace de dégoût, on n'a pas ce réflexe de peur. Avec vous, on peut s'entendre.

Erreur! Je suis comme les autres et mes bachots n'ajoutent rien, n'enlèvent rien. Je suis comme les autres, dans la rue des Cordeliers, place Saint-Michel, dans les Vosges ou à Saint-Étienne. Je suis comme les autres, je suis avec les autres. Je comprends leur galette et leur fusil. Je dis ma mère comme ils disent leur mère. J'embrasse mes enfants comme ils embrassent leurs enfants. Je crains une rafle comme ils craignent les rafles. Je suis comme les autres. Tout me rattache à eux, tout m'identifie à eux. Je ne suis moi-même qu'avec eux. L'arbre a choisi sa forêt, la note sa symphonie. Les seuls à me comprendre, les seuls que je puisse comprendre réellement, les miens.

Ah! Ces visages tranquilles, ces visages vaguement sceptiques avec au coin des yeux une ironie gentille et résignée, ces visages bruns et éternellement juvéniles comme ces fruits prématurés tombés d'un arbre, un arbre qui décida de refleurir un beau jour de novembre (1)...

---

1. L'auteur évoque ici le déclenchement de la guerre algérienne de libération, le 1er novembre 1954.

Ces visages dont on se méfie comme on se méfie des choses qu'on ne connaît pas avec l'intention profonde d'excuser sa paresse, son ignorance et son manque de cœur. Comme on évite de regarder en face sa victime.

MES COPAINS MA LONGUE LITANIE

(Extrait de Écoute et je t'appelle, *Paris, Maspero, 1961.)*

Surtout ne croyez pas qu'ils méprisaient la mer
Et les joies racontant les évasions petites
Une fleur un gâteau
La fiancée des veuvages
L'enfant qui court après son ombre
Surtout ne croyez pas qu'ils méprisaient les farandoles
Les troïkas ([1]) signant sur les pistes bleutées
Et les lourdes questions que posent les gazelles
A l'instant de mourir
Surtout ne croyez pas qu'ils n'aimaient que la guerre
Ils savaient caresser les cheveux des légendes...

Un jour c'était Alger qui répétait la pièce
Qu'aujourd'hui jouent si bien des acteurs non grimés
Et j'ai vu regarder un rêve et la promesse
Est devenue chanson: La mort des condamnés.

Au-dessus des crapauds qui balbutiaient l'amour
Qui donnaient des leçons à nos jeunes années
Nous étions quelques-uns à savoir que le jour
Pour devenir matin sacrifiait ses journées

Nous étions quelques-uns à parler de Patrie
Sans formules rouillées dans les journaux bavards
Nous étions quelques-uns à parler d'Algérie
Sans verser des sanglots sur d'avides buvards

Quelques-uns de vingt ans pour qui la capitale
Se trouvait du côté où se font les chansons
Quelques-uns à savoir la peinte-capitale
Suspendue quelque part au-dessus de nos fronts

1. En Russie, ensemble de trois chevaux et d'un traîneau.

Nous étions quelques-uns à dénoncer l'erreur
D'un oiseau qui se tait d'un aigle qui s'endort
Nous étions quelques-uns à crier que l'honneur
Bien ici comme ailleurs se payait au prix fort

Nous étions quelques-uns à prévoir que l'orage
S'il se faisait sans nous serait démesuré
Nous étions quelques-uns à crever les nuages
Nous étions quelques-uns soleils prématurés

Nous étions quelques-uns à douter des paroles
De ceux-là qui craignaient que le soleil soit roi
Nous sommes quelques-uns chantant les choses folles
Parmi les champs de tir des chansons hors-la-loi.

KATEB Yacine

L'auteur signe toujours son nom avant son prénom en souvenir de l'école primaire. Il est né le 6 août 1929 à Constantine (Algérie) dans une famille de lettrés. Après l'école coranique, il entre « dans la gueule du loup », selon son expression, c'est-à-dire à l'école française. Au lycée de Sétif en mai 1945, il est dans la rue avec les manifestants le 8 de ce mois-là qui vit la répression s'abattre. Ce fut pour lui un coup terrible: son « vague humanitarisme » s'effondra. Il passe trois mois en prison. Expulsé du lycée, il commence ensuite une vie errante en Algérie et, à partir de 1951, en France. Son père mourait en 1950 et sa mère était internée pour de longues années à l'hôpital psychiatrique de Blida. Durant la guerre de libération, il parcourt plusieurs pays d'Europe, toujours hanté par « les chers visages de l'enfance » disparus à jamais et par Nedjma, une cousine aimée du grand amour, mais mariée avec un autre. Longtemps hors de la terre natale et cherchant à se réenraciner, Kateb revient finalement en Algérie en 1971 pour s'y fixer, semble-t-il, après des voyages jusqu'au Vietnam. Il se consacre actuellement à des pièces socio-politiques en arabe parlé algérien.

Son œuvre rompt avec les genres traditionnels et son ouvrage Nedjma *apparaît comme une nouveauté dans le courant littéraire nord-africain: style, structure, images, obsessions, hantise du passé à retrouver, mythographie, tout s'affirmait dans cette « autobiographie au pluriel ». Kateb était à la recherche de Nedjma, de la patrie et du mythe des « Ancêtres (qui) redoublent de férocité ». Son théâtre,* Le Cercle des représailles, *fait partie du même cycle de Nedjma et participe du même propos de retrouver le passé et de le ressusciter pour fonder la nation. Il fallait faire recouvrer la mémoire à cette Nedjma-Algérie frappée d'amnésie durant des siècles, investie par les conquérants successifs « prétendants sans titre et sans amour ».* Le Polygone étoilé *paru en 1966 laisse l'œuvre comme l'auteur l'avait commencée: « à la fois une ruine et un chantier ».*

BIBLIOGRAPHIE

Nedjma, Paris, Le Seuil, 1956.
Le Cercle des représailles, Paris, Le Seuil, 1959.
Le Polygone étoilé, Paris, Le Seuil, 1966.

A consulter:

Jean DEJEUX, *Les structures de l'imaginaire dans l'œuvre de Kateb Yacine,* Revue de l'Occident musulman et de la Méditerranée, *n*° 13-14, 1er sem. 1973. (Mélanges Le Tourneau, t. I), pp. 267-292.

Jacqueline ARNAUD, *Kateb ou la corde tranchée,* Les Lettres nouvelles, mars-avril 1967, pp. 32-54.

Jacqueline ARNAUD, *Le mythe tribal chez Kateb Yacine,* Actes du premier Congrès d'Études des cultures méditerranéennes d'influence arabo-berbère (3-6 avril 1972), Alger, S.N.E.D., 1973, pp. 285-291.

LES ANCÊTRES

Le propos de Kateb est de retrouver le passé et de le ressusciter. Avec ce passé, c'est toute l'Algérie qui doit revivre. Pour fonder la patrie, l'auteur recourt aux Ancêtres, qu'il élève d'ailleurs au niveau du mythe dans sa pièce, Les Ancêtres redoublent de férocité. *Ce sont des ombres, mais « leur vieil échec » est quand même « chargé de gloire ». Il importe de reconnaître leurs traces et de prêter l'oreille à leur galop souterrain. Toutes les richesses ancestrales ne sont-elles pas enfouies dans la caverne? (Extrait de* Nedjma, *3e partie, ch. IX, Paris, Le Seuil, 1956.)*

— Comprends-tu? Des hommes comme ton père et le mien... Des hommes dont le sang déborde et menace de nous emporter dans leur existence révolue, ainsi que des esquifs désemparés, tout juste capables de flotter sur les lieux de la noyade, sans pouvoir couler avec leurs occupants: ce sont des âmes d'ancêtres qui nous occupent, substituant leur drame éternisé à notre juvénile attente, à notre patience d'orphelins ligotés à leur ombre de plus en plus pâle, cette ombre impossible à boire ou à déraciner, — l'ombre des pères, des juges, des guides que nous suivons à la trace, en dépit de notre chemin, sans jamais savoir où ils sont, et s'ils ne vont pas brusquement déplacer la lumière, nous prendre par les flancs, ressusciter sans sortir de la terre ni revêtir leurs silhouettes oubliées, ressusciter rien qu'en soufflant sur les cendres chaudes, les vents de sable qui nous imposeront la marche et la soif, jusqu'à l'hécatombe où gît leur vieil échec chargé de gloire, celui qu'il faudra prendre à notre compte, alors que nous étions faits pour l'inconscience, la légèreté, la vie tout court... Ce sont nos pères, certes; des oueds mis à sec au profit de moindres ruisseaux, jusqu'à la confluence [1], la mer où nulle source ne reconnaît son murmure: l'horreur, la mêlée, le vide — l'océan — et qui d'entre nous n'a vu se brouiller son origine comme un cours d'eau ensablé, n'a fermé l'oreille au galop souterrain des ancêtres, n'a couru et folâtré sur le tombeau de son père...

NEDJMA — ALGÉRIE — LIBERTÉ *

Nedjma était d'abord pour l'auteur une cousine. Elle en est arrivée à symboliser l'Algérie. Dans ce texte, la signification peut aller plus loin, semble-t-il: cette femme idéalisée et convoitée n'est-elle pas l'image de la liberté, de la vie toujours renaissante, de la résurrection? L'Algérie a subi des avatars au cours de son histoire: sa liberté a été souvent obscurcie et comme mise au tombeau. Frappée d'amnésie, elle-même avait oublié sa liberté primordiale. Cette liberté révolutionnaire se lève d'ailleurs dans les cinq parties du monde comme une étoile. (Extrait de Le Polygone étoilé, *4ᵉ partie, ch. VI, Paris, Le Seuil, 1966.)*

Depuis qu'elle voyageait au grand air, son visage obscur avait rougi, elle avait bu le sang, la poussière des champs de bataille, et ils ne pouvaient plus l'isoler dans un temple: « Allons-nous l'enterrer vivante? Faut-il la sacrifier, ou bien la laisser vivre? Elle parle, et nous marchons, elle doit pouvoir nous suivre, n'en doutez plus, puisque c'est elle qui nous pousse à la marche. Ne doutez plus! La voici arrivée à la hauteur de sa légende, après d'absurdes persécutions, la voici libre et pourtant, on l'avait crue morte car nous l'avions perdue dans la guerre, perdue, reconquise, et rien ne la menace autant que la fougue de ses propres guerriers; c'est que nous l'aimions trop, et qu'en amour, nous sommes féroces... »

Elle pouvait aussi garder l'anonymat, rentrer dans l'ombre d'Osiris [2] au fond de son tombeau, le temps d'un renouveau et d'un autre avatar; elle était née là et ailleurs; combien de peuples avaient laissé, dans le sang noir et la terre rouge, le signe et le regret de leur enfance turbulente, sans savoir quelle beauté, rose de sable, fleur de poussière, avait gardé la forme de leur dernier souffle, allait grandir loin d'eux, sans eux, qui la ramènerait enfin à sa famille, dans un linceul ou dans un palanquin, libre ou morte, arrachée à la réclusion, à la profanation, à l'esclavage: n'avait-on pas toujours

1. (wed). Désigne les rivières d'Afrique du Nord.
2. Dieu de l'ancienne Égypte, protecteur des morts.

douté de sa venue au monde? Avait-elle vécu? Depuis qu'elle prenait connaissance d'un destin trop riche, trop chargé, elle avait l'air de balbutier au terme d'une crise d'amnésie et de déranger ses voisins — enfants sages ou vieillards résignés — qui la traitaient encore comme si son existence n'avait été qu'un vide, un trou, comme s'il ne suffisait pas de la voir se lever, aux cinq parties du monde, comme une étoile de sang noir.

Ali BOUMAHDI

Né en 1934 à Berrouaghia dans le sud de l'Algérois, au centre de l'Algérie, Ali Boumahdi est allé d'abord à l'école coranique et à l'école française de son village avant d'entreprendre ses études secondaires à Médéa. Plus tard, il terminera ses études universitaires par une licence ès lettres et un diplôme d'études supérieures d'anglais. Marié avec une Française, il enseigne actuellement dans un lycée de France (dans le Doubs).

Le seul ouvrage publié par Boumahdi, Le Village des asphodèles, *raconte sa propre enfance. A travers ce récit attachant, c'est le monde de deux grandes familles traditionnelles qui se dévoile à nous, en même temps que la vie quotidienne, les travaux et les jours, les aspirations politiques d'une société demeurée pendant longtemps repliée sur elle même. La guerre de libération la réveille et le combat creuse des vides parmi les camarades de l'auteur.*

Ce récit nous fait découvrir avant tout des êtres semblables à d'autres hommes sous d'autres cieux, avec leurs vicissitudes, leurs malheurs, mais aussi leurs valeurs et leur désir de vivre.

BIBLIOGRAPHIE

Le village des Asphodèles, Paris, Laffont, 1970.

LES TAPIS DE YEMMA

L'auteur raconte son enfance. Ici il compare la manière de tisser de Yemma et de sa mère. Cette fabrication des tapis représentait une activité importante dans la vie des femmes. La beauté et la réussite des tapis rehaussaient les qualités de l'artisane devant les voisines et dans la famille, en plus du plaisir que la femme éprouvait à réaliser un travail bien fait. (Extrait de Le village des asphodèles, *ch. VII, Paris, Laffont, 1970.)*

Elle avait compris instinctivement que la seule manière d'échapper à la médiocrité du monde qui l'entourait était de produire, selon ses possibilités, un travail original, personnel, dans lequel elle exprimerait le meilleur d'elle-même. Yemma tissait depuis fort longtemps des tapis avec une véritable passion. Plus tard, lorsque Mme Collin, directrice de l'école, ouvroir du village, vint les admirer, elle fut confrontée à une œuvre d'art et elle en fut émerveillée.

Les tapis de Yemma avaient une beauté toute classique. Pour les fabriquer, Yemma utilisait trois ou quatre couleurs avec un ton dominant; généralement le rouge, le marron ou le noir. Elle inventait un motif géométrique très simple qu'elle répétait sans aucune altération, sur toute la surface du tapis, à l'exception des bordures où elle représentait des branches de fleurs très stylisées. Ces bordures, qui suggéraient plutôt des fruits, atténuaient et adoucissaient du même coup le caractère austère du tapis.

Ma mère avait une conception diamétralement opposée. Elle dédaignait les dessins géométriques et s'attaquait hardiment à la représentation d'un énorme bouquet de fleurs qui prenait naissance dans le bas du tapis, ne cessait de croître et de se développer en une éblouissante débauche de couleurs, jusqu'au sommet du tapis. Ma mère était toujours à la recherche de nouvelles gammes de couleurs. Comme le mélange de teintures différentes ne lui suffisait pas, elle créait d'autres coloris en assemblant des bouts de laine de couleurs différentes. Le résultat ne correspondait pas à tous les efforts qu'elle avait déployés, car ses tapis donnaient un sentiment d'inachevé, laissaient insatisfait. Ceux de Yemma, dans leur sobriété, formaient une unité parfaite. C'était peut-être cette impression qui avait motivé la préférence de Mme Collin pour les tapis de ma tante.

Presque tous les soirs, Yemma avait sa provision de laine à travailler. Elle s'asseyait en tailleur, et frottait d'un geste saccadé, l'une contre l'autre, les deux petites raquettes carrées munies de fines pointes. Lorsque la laine devenait semblable à une mousse légère,

Les deux femmes avec les tapis.
(Photo extraite de l'album: Algérie An V.
Photo Ministère algérien de l'Information.)

comme un prestigiditateur, d'un seul coup de raquette, elle transformait toute la laine en un petit rouleau superbe qui allait augmenter la pyramide de rouleaux disposés délicatement sur un panier d'alfa. Puis Yemma prenait son fuseau, qu'elle faisait rouler contre la jambe droite. Lorsque le fuseau tournait en équilibre sur le sol, Yemma le lâchait et tirait à petits coups sur le petit rouleau qui se transformait en fil.

Abdelkebir KHATIBI

Né à El Jadida (Maroc) en 1938, Abdelkebir Khatibi fait ses études secondaires dans son pays puis des études supérieures de sociologie en Sorbonne. Marié avec une Suédoise, il enseigne actuellement la sociologie à l'Université de Rabat.

L'auteur a été remarqué par une thèse sur le roman maghrébin, divers travaux universitaires et par un roman subtil et intelligent où les influences de l'écriture coranique et de Mallarmé sont manifestes. Il s'agit de « l'autobiographie d'un décolonisé » : La Mémoire tatouée. *Sortant des sentiers battus, Khatibi fait preuve d'un réel talent aussi bien dans son propos que dans son style.*

Ses souvenirs sur l'école coranique fréquentée de bonne heure ne ressemblent pas aux descriptions courantes d'allure ethnographique. Tout y est, mais dit d'une manière originale et personnelle.

BIBLIOGRAPHIE

La Mémoire tatouée, Paris, Denoël, 1971.

La Blessure du nom propre, essai, Paris, Denoël, 1974 (collection Dossier des Lettres nouvelles).

Vomito Blanco, trad. Le Sionisme et la conscience malheureuse, Union Générale d'Édition, 1974.

L'ÉCOLE CORANIQUE *

L'auteur écrit « l'autobiographie d'un décolonisé ». Il refuse l'écriture descriptive et d'allure ethnographique de certains romanciers nord-africains qui l'ont précédé. Il procède par touches successives et par évocations : chaque situation signifie quelque chose pour l'avenir tel que le narrateur le vivra. (Extrait de La Mémoire tatouée, *Paris, Denoël, 1971.)*

J'avais fréquenté l'école coranique pendant un certain temps. On me demanda de m'exercer à la calligraphie, parce qu'elle mène, nous répétait le fqih ([1]), droit au paradis. Pour écrire sur la planche en bois, il fallait tailler un roseau fin, le tremper dans une écritoire profonde, et recomposer patiemment les paroles coraniques jusqu'à la vision chantante.

La petite planche sur laquelle devait se développer mon savoir resta longtemps blanche ; je ne savais ni écrire, ni aiguiser la plume de bois ; je posais la planche sur mes genoux, comme un symbole inutile. Le fqih, patriarche très proche du bon Dieu par sa barbe et son autorité, nous enseigna quelques procédés mnémo-techniques. Ma mémoire s'épanouit vaguement, puis elle devint une pomme gâtée. Très tôt, je connus l'acte manqué, la perception d'un double langage. Mon temps à crier n'importe quoi, pendant de longues heures, assommé par le bruit, sous le regard méprisant du patriarche. Journées d'un temps linéaire, réduites à un espace limite où le cercle des enfants prisonniers de leurs corps se refermait autour d'une divinité sadique. Ce patriarche que faisait vivre la communauté du quartier mangeait parfois en notre présence, on se tournait contre le mur pendant qu'il consommait. Criant face au mur je rêvais de fuite. Désarmé, je résistais aux pleurs, à l'échec.

Devant le père je pliais l'échine, me conformais à un rôle d'esclave complice. Je me vengeais en lui volant de l'argent pour les comptes des frères ou en dessinant sur son bureau des cow-boys monolithiques et fades sachant à peine tenir un révolver. Tout cela ne fit aucun drame, je continuais à trimbaler ma vie ennuyée et docile. La rue me prenait, je me faufilais dans le labyrinthe où tout pouvait jaillir : des chats errants, des yeux de femmes entre les portes ou près de la

1. Terme utilisé au Maroc pour nommer le maître d'école coranique, le lettré, mais normalement ce nom signifie jurisconsulte.

L'apprentissage de la langue nationale.
(Photo extraite de la collection « Visages de l'Algérie »: Les Oasis, *Ministère algérien de l'Information.)*

maison, des jnouns (2) derrière les figues de Barbarie. J'assistais aussi aux terribles bastonnades sur la plante des pieds quand éclatait la colère du maître. On tenait la victime de force, elle tombait ensuite, petite bave sur la natte d'osier. Je me débinais au moment de la prière, on me traita de voyou; je retrouvai la tactique de la rue.

2. Génies, démons.

Rachid BOUDJEDRA

Rachid Boudjedra est né le 5 septembre 1941 à Aïn Beida dans l'Est algérien. Sa famille était aisée et s'adonnait au commerce. Boudjedra interrompt ses études durant la guerre d'Algérie, séjourne en Espagne, puis après la guerre, il commence une licence de philosophie à Alger qu'il termine en Sorbonne. Il épouse une Française, professeur de lettres et enseigne lui-même dans un lycée de jeunes filles à Blida, près d'Alger. Il quitte l'Algérie après le changement de la situation politique en juin 1965. Boudjedra revient en Algérie en 1973.

L'auteur a raconté dans le roman La Répudiation, *pour lequel il a reçu en 1970 le Prix des Enfants terribles, un certain nombre de souvenirs autobiographiques qu'il a pris plaisir à dramatiser et à exagérer. Il s'agit cependant d'un livre majeur de la littérature maghrébine, de même que* L'insolation *qui suivit.*

L'auteur est surtout connu par ses deux romans plùs que par ses essais. Ces romans sont très colorés et scatologiques. Fasciné par les malades mentaux, l'auteur use d'une écriture de délire pour décrire une réalité qu'il dit être hallucinante. Il entend ainsi parler d'une certaine société bourgeoise, apparemment puritaine, dominée par un « patriarcat polygame », selon son expression. Boudjedra veut témoigner aussi contre la situation faite à la femme, mais il fait sans doute en même temps état de ses propres obsessions sexuelles et phobies. Son œuvre est parmi les plus marquantes de l'Algérie indépendante ; elle renouvelle à la fois l'écriture et les thèmes.

Un recueil de poèmes, Pour ne plus rêver, *avait paru à Alger en 1965.*

BIBLIOGRAPHIE

Pour ne plus rêver, Alger, SNED, 1965.

La Répudiation, Paris, Denoël, 1969, (Coll. Les Lettres Nouvelles).

L'Insolation, Paris, Denoël, 1972.

Topographie idéale pour une agression caractérisée, Paris, Denoël, 1975.

ÉCHAPPER A LA HANTISE DE L'IMMOLATION *

L'auteur insiste particulièrement dans son roman sur divers moments et souvenirs qui l'ont obsédé durant son enfance: celui, ici, de l'immolation du mouton lors de la « fête du sacrifice ». Poursuivi par la hantise de l'odeur du sang, Rachid Boudjedra tente par une écriture extrêmement colorée de faire sentir au lecteur son traumatisme et son désarroi en face du carnage. (Extrait de La Répudiation, *Paris, Denoël, 1969.)*

Comment échapper à l'horrible carnage ([1])?

Il n'était plus question de fuir: on nous surprenait dans notre sommeil — contre lequel nous avions longtemps lutté, nous préparant à fuguer dès l'aube; mais nous ne savions pas quand ni comment nous succombions pour tomber raides morts dans les ténèbres embrouillées où notre plan chimérique nous poursuivait: nous avions conscience qu'il fallait agir au plus vite mais nous ne savions plus que faire au juste, et le dérapage avait, dans nos cauchemars de veille de fête, une inconsistance extraordinaire car tout était haché, coupé, entrecoupé, transformé en eau dans laquelle nos mains, devenues soudainement des poissons rouges, avaient peine à se mouvoir. Quelque part la cassure était évidente mais nous ne pouvions pas la localiser; et l'odeur de viande grillée nous parvenait en même temps que le sentiment de notre impuissance originelle à voir clairement ce que nous voulions, à comprendre le sens des symboles posés entre nous et le monde des adultes, au lieu de nous entortiller dans le sommeil qui ouvrait des failles dans notre corps englouti et démantelait notre langage — les mots ne voulaient plus rien dire, pas même leur contraire! mais juste assez, peut-être, pour exprimer un bêlement arrêté net par un couteau ruisselant de sang sur une grosse toison piquetée çà et là de paille et d'avoine; d'ailleurs, alentour, tout était calme et notre effort pour nous rappeler l'exigence vitale se faisait sans aucun remous, au sein de cette distance qui nous séparait de nos propres idées jetées dans un coin de cauchemar; comment se traîner, marcher à quatre pattes pour les récupérer quand nous avions le dos fourbu, la langue coupée en deux et, à la place des yeux, deux guêpes somnolentes dont nous ne voulions, à aucun prix, gêner l'évolution satinée? Les réveille-matin pouvaient sonner tout leur soûl, il n'y avait rien dans notre sommeil qui pût nous

1. L'auteur appelle « carnage » les immolations de moutons lors de la grande fête du sacrifice, l'Aïd el Kebir (ou Aïd el Adha) dans le monde musulman.

éblouir, nous donner le signal miraculeux de l'éclipse merveilleuse; non! rien que cet espace, toujours rutilant, aseptisé (sentait-il le chloroforme?) et sans aucune signification, galvaudant nos muscles et trahissant nos mâchoires dont l'étonnante fragilité nous faisait baver sur nos oreillers un liquide que nous savions sapide, sans y avoir goûté, comme une sorte de latex rejeté par quelque plante violacée et qui donnait à notre songe sa coloration définitive. Ainsi, nous étions tellement effrayés de ne pouvoir nous réveiller à temps pour échapper à l'immolation fastueuse, que nous sombrions dans d'atroces séismes qui engloutissaient notre volonté enfantine: tout croulait, se désarçonnait, dégénérait en un holocauste pour bêtes bigarrées à quatre pattes.

ALPHABÉTISATION *

(Pour ne plus rêver, *Alger, SNED, 1965.)*

A quoi servent mes poèmes
Si ma mère ne sait me lire?
Ma mère a vingt ans
Elle ne veut plus souffrir
Ce soir elle viendra
Épeler mes lettres
Et demain elle saura
Écrire
Émancipation.

A quoi servent mes poèmes
Si mon père ne sait me lire?
Mon père a cent ans
Il n'a pas vu la mer
Ce soir il viendra
Épeler mes lettres
Et demain il saura
Lire
Dignité.

A quoi servent mes poèmes
Si mon copain ne sait me lire?
Mon copain n'a pas d'âge
Il a vécu dans les prisons
Ce soir il viendra
Épeler mes lettres
Et demain il saura
Crier
Liberté.

Mohammed KHAÏR-EDDINE

Les parents de Mohammed Khaïr-Eddine étaient commerçants à Casablanca (Maroc), mais l'auteur vit le jour en 1941 à Tafraout dans l'Anti-Atlas. Il n'a jamais été à l'aise dans sa famille. Il découvre Rimbaud au cours de ses études secondaires. La Vigie marocaine *publie ses premiers textes en français. Il tombe amoureux d'une Française, mais l'union entrevue se heurte à l'opposition des deux familles. Du 1er juillet 1961 au 1er mai 1963, il est fonctionnaire du gouvernement à Agadir après le tremblement de terre. Avec des amis, il publie un manifeste poétique:* Poésie toute, *et lance une revue:* Eaux vives. *En 1965, il part pour la France et connaît comme travailleur une situation très précaire. Il publiait déjà divers textes et poèmes dans plusieurs revues, quand en 1967 les éditions du Seuil font paraître son premier roman-poème* Agadir, *livre dans lequel l'auteur exprime déjà presque tout ce qu'il a sur le cœur.* Le Déterreur *est de la même veine. Entre ces deux ouvrages, signalons la publication de* Corps négatif suivi de Histoire d'un bon Dieu, Moi l'aigre *et d'un recueil de poèmes:* Soleil arachnide. *L'auteur vit en France.*

Khaïr-Eddine représente bien la nouvelle génération d'écrivains maghrébins. Son œuvre viole constamment les frontières traditionnelles des genres littéraires. La révolte est totale sur tous les plans: vocabulaire cru et dru, néologismes pour révéler les profondeurs et l'aigreur, phrases hachées, nominales, pages entières sans ponctuation, lyrisme déferlant mais parfois hermétisme. Comme d'autres actuellement, l'auteur se débat avec l'écriture et les mots pour exprimer son délire. « Je suis un bougre qui ne tolère pas les autres », écrit-il dans Le Déterreur, *de même qu'il disait ailleurs: « Je suis devenu un étang de microbes. Puis-je en réduire la voracité, ô moi déjà usé. » Son œuvre est parmi celles parues depuis 1966 l'une des plus violentes et des plus audacieuses.*

BIBLIOGRAPHIE

Agadir, Paris, Le Seuil, 1967.

Corps négatif suivi de *Histoire d'un Bon Dieu,* Paris, Le Seuil, 1968.

Soleil arachnide, Paris, Le Seuil, 1969.

Moi l'aigre, Paris, Le Seuil, 1970.

Le Déterreur, Paris, Le Seuil, 1973.

Ce Maroc, Paris, Le Seuil, 1975.

NAUSÉE NOIRE

L'auteur passe en revue sa vie. C'est une nausée noire qui lui monte à la gorge. La manière de « dégurgiter » cette vie ressemble fort à des rafales de mitrailleuse, ponctuées par des hoquets : série de flashs éclairant la nuit obscure. (Extrait de Soleil arachnide, *Paris, Le Seuil, 1969.)*

I

Un prisme ouvert posé au hasard des chardons
et nulle
cause pour vivre
sauf quand je vais aveuglément mais plus
intense que toutes les sauterelles
absent de bruits
presque ininterrompu
à chaque angle un nouvel écriteau
les rues me croisent
un accroc
serait-ce encore cette
pêche au sommet des roseaux
non
les affiches mentent
voyez leurs couleurs
je recommencerai à zéro s'il le
faut
voilà qu'une fenêtre s'ouvre sur moi-même
je donne
tout entier sur un terrain vague
(...)

VII

syllabe par syllabe je construis mon nom
le tien est un long
chapelet indéchiffrable
il est pourtant des noms qui partent
comme des balles
qui laissent une tache dans l'atmosphère
il
est des noms qui mettent en relief

des noms qui coupent le monde
en deux
mon nom n'est pas un effet de la température
plutôt contre-
nature
je ramasse des chocs
je tire des photocopies de mon réel
vois cette insinuation
et serais-je amputé d'un mot
si je ne me
heurtais pas à l'asphyxie des heures
abeilles froides mais rouges
comme les élytres qui déchaînent des tremblements d'espace
on m'at-
tend ailleurs
mais je préfère circuler seul
ainsi je m'incorpore
à ma saignante multitude
j'alunis sur une terre d'humide indifférence
une terre coupable d'avoir donné la grave image de l'homme
laissez-moi créer un cyclope pour les faits divers
ma chambre est
un perchoir
mon cœur électronique branché sur mon affreuse
mort
je préfère alunir sur une terre qui sache dire mon nom
primitif
mon adversaire
(...)

IX

le poète c'est toi qui te perds
en même temps que tout le sang du monde
criblé
blessé
comme ce sol-
dat de 1941 qui cogne à ma mémoire
et ne trouve plus large issue
que la vie
ouvert sur un désordre
au pays cette année les figues

mûrissent à même le rocher
il saigne
mais voici que la chambre ne
suffit plus
le poète c'est toi
toi qui te nourris de la nostalgie
du futur

Tahar BEN JELLOUN

Né à Fès en 1944, Tahar Ben Jelloun a enseigné la philosophie après ses études secondaires et supérieures. Il termine une thèse en psychiatrie sociale, après avoir obtenu un diplôme de maîtrise en sociologie. En 1973, il est accueilli en qualité de psychosociologue vacataire au centre de médecine psychosomatique « l'Élan » (section impuissance sexuelle des Nord-Africains en France) à Paris. Collaborateur au Monde, *l'auteur a publié deux recueils de poèmes:* Hommes sous linceul de silence *et* Cicatrices du soleil *ainsi qu'un roman,* Harrouda. *Harrouda est la vieille prostituée, mais surgissent à travers son évocation les phantasmes de sexe interdit, d'araignée castatrice, de souvenirs hallucinants. La mère du narrateur paraît comme un hâvre de douceur dans cet univers de mutilations: présence de la mère et hantise de la mer. Déchiffrer Fès et ses signes ancestraux, mais aussi dénoncer la trahison de Tanger, bâtarde; la transgression apparaît à chaque flash sur le passé.*

Ben Jelloun qui a beaucoup de talent est l'un des meilleurs représentants des nouvelles tendances dans la littérature maghrébine. Non seulement parce qu'il rompt avec les écritures traditionnelles et linéaires, mais surtout parce que son écriture lyrique dit davantage qu'un simple texte lu rapidement. Comme Abdelkébir Khatibi son compatriote, il se sert d'écritures «parallèles», de significations au niveau même du texte pour parler de ses cicatrices, de ses ratures et de ses « lectures ». Dans cette manière d'écrire, on décèle une volonté de se distinguer. « J'écris pour dire la différence. » « Le mot et le verbe sont ce par quoi je réalise la non-ressemblance et l'identité. » « Me reconnaître, c'est enregistrer la différence même si c'est pour me refouler au banc de l'écriture. »

BIBLIOGRAPHIE

Hommes sous linceul de silence, Casablanca, Atlantes, 1971.
Cicatrices du soleil, Paris, Maspéro, 1972.
Harrouda, Paris, Denoël, 1973.

LA PRISE DE LA PAROLE

L'auteur a fait parler sa mère qui lui raconte sa vie. A la fin du volume, Tahar Ben Jelloun revient sur cet entretien pour réfléchir sur cette « prise de la parole » par la femme dans une société qui la voue au silence. (Extrait de Harrouda, *Paris, Denoël, 1973.)*

L'entretien avec ma mère n'est pas imaginaire. C'est un texte vécu, une coupe opérée dans mon écoute; ce qui n'a pas été sans violence ni sans consentir la sanction qui en découle: une première blessure.

Cette pratique s'est caractérisée par un double mouvement: l'un introspectif et subjectif (il est peut-être faux car je me suis permis un autre je), l'autre est distant.

Il fallait *dire* la parole dans (à) une société qui *ne veut pas* l'entendre, *nie* son existence quand il s'agit d'une femme qui ose la prendre.

Cette prise de la parole est peut-être illusoire puisqu'elle s'énonce dans le langage de l'Autre. Mais le plus important dans ce texte n'est pas *ce* que la mère dit, mais qu'elle ait *parlé*. La parole est déjà une prise de position dans une société qui la refuse à la femme.

La prise de la parole, l'initiative du discours (même si elle est provoquée) est un manifeste politique, une réelle contestation de l'immuable. Dans un contexte, où la parole est chose courante, le silence peut être une prise de position. Mais dans le contexte précis où la parole n'est jamais donnée, le silence perd de sa qualité. Le mutisme fait corps avec le décor. Il s'installe dans la nature des choses. Chaque société a un écran où apparaissent les signes autorisés. Tout ce qui est en dehors de ces signes est condamné. Pour notre société l'ensemble de ces signes est un Livre ([1]).

Quel statut donner à cette parole?

Interminée, renouvelée, elle émane d'une durée singulière et en même temps plurielle, car elle est devenue écoute, une écoute répartie sur plusieurs années. Sa rigueur est artificielle. Disons qu'elle n'existe pas. Elle a disparu à partir du moment où on a voulu la saisir et la systématiser. C'est un discours qui au fond ne s'écrit pas et ne peut s'écrire. Et pourtant cette parole est devenue écriture: elle a changé d'espace. Elle a perdu quelque chose dans le passage. Mais c'est une convention que j'ai dû accepter. Je célèbre l'irréalisme de l'écriture. Le réel se maintient dans l'irréversibilité de la parole. La parole

1. Il s'agit du Coran.

a été manipulée. Cet irréalisme apparaît dans des mots et des phrases qui gênent l'écoute.

Cependant il y eut des « choses » qui ont récusé l'écriture. Elles sont restées inarticulées. La division de l'espace (espace de la parole) ne m'appartient pas. Le champ des interprétations se limite et s'enrichit en même temps. La censure, considérée comme réductrice de sens, devient ici révélatrice d'un ensemble de sens.

Le sens de cette prise de la parole:

il est l'énoncé même. Il est l'écoute.

Il n'est pas dans ce qui apparaît sur l'écran/le livre/le réel.

Il est d'ailleurs, dans l'économie d'une violence (l'économie d'un drame).

Québec

Collaborateurs: MM. André GAULIN, professeur agrégé au Département des Littératures de l'Université Laval à Québec.
Émile BESSETTE, professeur à l'Université de Montréal.
Gilles DORION, professeur agrégé au Département des Littératures de l'Université Laval à Québec.
Albert LE GRAND, professeur à l'Université de Montréal.
Michel TETU, professeur à l'Université Laval à Québec.

INTRODUCTION HISTORIQUE

Il conviendrait sans doute, dans le cadre de cette introduction, de rappeler que le Québec, jadis appelé Nouvelle-France comme colonie française, connaît le peuplement depuis près de quatre cents années consécutives. (Se trouvent ainsi exclus la période de Jacques Cartier et de Roberval — 1534-1543 — et le grand trou de silence que devaient creuser sur les bords du Saint-Laurent les guerres de religions européennes.) Avec De Chastes, De Monts et surtout Champlain, l'Acadie puis la vallée du Saint-Laurent deviendront colonies françaises. Québec, les Trois-Rivières puis Ville-Marie (aujourd'hui Montréal) seront fondées et toutes les terres qui longent le grand fleuve du Québec seront occupées, désertées (c'est-à-dire défrichées) de telle sorte que, selon l'expression du régime seigneurial, on y tienne feu et lieu. Les pères de ce pays, partis de Bretagne, de Normandie, de l'Ile-de-France, d'Aunis, de Saintonge, de Guyenne et du Languedoc affrontèrent donc le périlleux voyage de traversée et la rigueur d'un sol vaste en neige et en solitude. Au début de ce siècle, Louis Hémon, dans son roman célèbre *Maria Chapdelaine*, reconnaît encore en leurs descendants « une race pétrie d'invincible allégresse et que rien ne peut empêcher de rire ». Et Maria Chapdelaine entend la voix de son pays :

> « Nous sommes venus il y a trois cents ans, et nous sommes restés (...) Ceux qui nous ont menés ici pourraient revenir parmi nous sans amertume et sans chagrin, car s'il est vrai que nous n'ayons guère appris, assurément nous n'avons rien oublié.
>
> « Nous avions apporté d'outre-mer nos prières et nos chansons : elles sont toujours les mêmes. Nous avions apporté dans nos poitrines le cœur des hommes de notre pays, vaillant et vif, aussi prompt à la pitié qu'au rire, le cœur le plus humain de tous les cœurs humains : il n'a pas changé. Nous avons marqué un plan du continent nouveau, de Gaspé à Montréal, de Saint-Jean-d'Iberville à l'Ungava. »

Les poètes-chansonniers d'aujourd'hui parlent toujours de ce pays, « grand à se perdre, froid, seul, long à finir, à mourir » (Léveillée), de ce pays qui est l'hiver (Vigneault) et de ces ancêtres qui ont acquis la victoire de la survivance (Georges Dor). C'est ce pays d'épopée où Jos Montferrand, Cailloux Lapierre, John Débardeur (personnages gargantuesques des chansons de Vigneault) ont « deux montagnes à traverser, deux rivières à boire, six vieux lacs à déplacer, trois chutes neuves à mettre au lit, dix-huit savanes à nettoyer, une ville à faire avant la nuit » (Félix Leclerc).

La littérature de toute cette période dite du régime français (1608 — date de la fondation de Québec — à 1759-60 — dates des deux redditions françaises aux Anglais) tient surtout dans les relations de voyages: celles de Cartier, de Champlain, de Sagard, des Jésuites, de Lahontan, du jésuite-explorateur du Mississipi le père Marquette..., etc. A cela, il faut ajouter des histoires, celles de Sœur Morin, de Pierre Boucher, de Bacqueville de La Potherie, des pères Lafitau et Charlevoix..., etc., et réserver une mention spéciale à la correspondance d'une des nombreuses mystiques des origines qui écrivit sept mille lettres, mère Marie de l'Incarnation. Cette société, aux élites mystiques ou raffinées, est une société gaie, simple, près de la vie. Sa littérature à elle, c'est la tradition orale, ces milliers de contes populaires ou de chansons traditionnelles. Il y a encore au Québec des grands-mères capables de chanter la légende médiévale du roi Renaud par le seul relais de la tradition orale. Ce peuple qui savait à peine lire et écrire, qui parlait un français valant celui de Paris, a écrit sa véritable littérature en nommant si bellement le pays: Saint-André de l'Épouvante, l'Anse-à-la-Frégate, Sainte-Rose-du-Dégel, Trois-Pistoles, la Famine, Manche-d'Épée, Ruisseau-à-Rebours, la Malbaie, rivière la Croche, rivière des Vases, île Patience, île-au-Cerfeuil, île-de-Grâce, lac Penché, lac Plongeon, lac du Fou, lac à la Chienne, lac-à-l'eau-claire, Pointe-Fortune, Pointe-au-Pic, Pointe-à-la-Renommée, Pointe-Mille-Vaches... Tout le Québec est une litanie où les saints flottent avec les canards sauvages. Les gens de ce pays finissent pas apprivoiser les forêts, les lacs, les fleuves (la circulation est d'eau), la terre, la neige, l'espace. Hier, ces Français implantés le long d'un fleuve d'Amérique, dans ce pays appelé Canada, la métropole les verra bientôt de plus en plus différents. Ils sont indépendants, volontiers indisciplinés: s'ils aiment bien le roi, ils ont perdu contact avec une société de classes que le régime seigneurial a atténuée ici. Le climat, la nouveauté du pays, la tâche commune de la construction ont presque aboli ici les distances sociales. Une cohésion se fait de plus en plus dans cette population de 60 000 habitants issus de 10 000 immigrants initiaux. Et l'on peut se demander quel « Boston tea party » [1] aurait entraîné « sur nos bords » l'indépendance de cette Amérique française.

Le régime anglais

Mais tout l'hiatus est là: nous fûmes arrachés à la France-mère, enfants à peine sevrés. Ou encore, pour employer une autre image, le fruit de la gestation historique n'était pas mûr. 1759-60 reste une profonde brisure dans

1. Dernier des incidents qui amena la révolution américaine contre l'Angleterre. Les colons américains disaient: « No taxation without representation ».

notre inconscient collectif. Les Anglais, séculaires ennemis des Français, avaient toujours convoité ce territoire et l'avaient d'ailleurs occupé sous Champlain avec les Kirke de 1629 à 1632. La prise de possession définitive du pays par les Anglais reste un profond traumatisme national. La bataille des Plaines d'Abraham fait écran dans nos mémoires. Nous sommes un peuple douloureusement tourné vers le passé (et paradoxalement un peuple qu'on dit plein d'avenir) et notre devise qui est souvenance se dit : Je me souviens. Ce qui fait dire au poète Jacques Brault que nous sommes d'une race de bûcherons et de crucifiés. *Voilà donc la clé de notre littérature de 1760 à nos jours.* Il est important de le noter : le français n'est pas pour le Québécois le signe du colonialisme comme au Maghreb par exemple. Bien au contraire. C'est une langue d'appartenance, de tradition historique, de liaison temporelle, d'apprentissage collectif et d'évolution nationale. Entre la France et nous, il n'y a que la gêne : initialement convergents, l'histoire nous a fait divergents mais non pas opposés. Il sera plus tard difficile, en 1855, de rétablir nos relations interrompues pendant plus de cent ans. Nous avions quitté une France monarchique, catholique et nous retrouvons une France profondément réformée par la Révolution. De plus, notre vie collective longtemps vécue en milieu fermé et notre rupture culturelle séculaire auront fait que notre langue qui était essentiellement française n'aura pas été touchée par la modernité. Et même si inconsciemment nous cultivons aujourd'hui une certaine rancœur envers la France « qui nous a laissés tomber », tout en n'en aimant pas moins la France, nous ne voudrions pour tout l'or du monde redevenir citoyens français. Nous sommes un peu comme ces Noirs américains qui, conscients d'un pouvoir noir, n'ont pas le goût de redevenir citoyens d'Afrique.

C'est donc sous une métropole anglaise — trois grandes villes nous ont marqués : Paris, Londres et Rome — que notre littérature va évoluer. Et de ce fait, elle sera initialement marquée par le signe du combat. Les colons français d'ici et qu'on appelait Canadiens ont dû défendre avec véhémence la survie de leur langue de 1763 (année du Traité de Paris) à 1774 (année de l'Acte de Québec donné par le hanovrien George III contre la volonté des marchands anglais, Acte qui constitue la charte d'un territoire français très vaste). Les énergies des gens qui auraient alors été capables d'écrire sont accaparées par la lutte politique sous le premier parlement de 1791. Le journalisme, en particulier, connaîtra son premier essor avec les Français Mesplet et Jautard, les députés Blanchet et Bédard (qui fondent le *Canadien*). Mais c'est surtout le journal la *Minerve* qui donne le véritable coup d'envoi de toute une littérature d'engagement et de combat qui ne s'est jamais tarie depuis. La littérature de cette période de 1826-1840 sera celle de jeunes gens plus souvent politiciens que littéraires ou plutôt hommes dévoués à la difficile vie de l'esprit ici et qui sont obligés de fonder de nombreux journaux de combat et de mener la lutte culturelle dans le giron même du Parlement. Ainsi de Bibaud, le premier à publier un recueil de poèmes en 1830 (le deuxième important ne viendra qu'en 1864 avec *Mes Loisirs* de Louis Fréchette), ainsi d'Étienne Parent, ainsi de Napoléon Aubin. Les livres sont peu nombreux et peuvent être édités souvent à l'aide de subsides populaires (le premier roman *Le Chercheur de trésors* paraîtra en 1837). De sorte que la littérature jusqu'en 1860 trouvera surtout son lieu dans les journaux, dans quelques rares ou éphémères revues. Les textes sont très souvent des poèmes signés par Mermet, Quesnel, Charles Levesque, Adolphe Marsais et plus particulièrement par celui qu'on peut considérer comme le premier des poètes du Québec, François-Xavier Garneau.

C'est pourtant comme historien que Garneau a fait une œuvre unique et essentielle. Après l'Union des deux Canadas en 1840 (L'Acte constitutionnel de 1791 avait créé un Bas-Canada français et son parlement et un Haut-Canada anglais et son parlement), Garneau répondra longuement à Lord Durham dont le Rapport faisant suite aux insurrections des patriotes de 1837-1838 réunissait les deux Canadas et de ce fait exposait la langue et la culture françaises dans l'enceinte d'un parlement mixte. Garneau mérite le titre d'homme capital du dix-neuvième siècle car il redonnait à un peuple battu pour la deuxième fois des sources françaises. Dix ans plus tard, en 1855, *La Capricieuse* remontait le Saint-Laurent : c'était le premier vaisseau arborant pavillon français à le faire depuis la Cession du Canada. L'Accueil des riverains fut tel que le gouvernement de Londres fit des remontrances à Paris. Le capitaine du navire devenait soudainement coupable de l'enthousiasme des colons qui arboraient le tricolore et qui croyaient la France enfin de retour. C'est ainsi que les inoffensifs poèmes patriotiques de Crémazie le *Drapeau de Carillon* ou encore le *Vieux soldat canadien* qui appelaient le retour de la France devenaient des poèmes presque séditieux. Un peuple se reconnaissait dans ce « barde national », un de nos premiers romantiques, qui admettait lui-même avoir fait de mauvais vers. Mais le poète-essayiste qui devait s'exiler en France pour dettes parlait en justes termes dans ses lettres, à son ami l'historien et critique Casgrain, de la difficulté de vivre de l'esprit dans un pays matérialiste.

A partir de 1860, les revues se multiplient, les journaux se succèdent, des volumes plus nombreux paraissent. Cette période pourtant sera de plus en plus ultramontaine. Avec les années 60 qui correspondent au Syllabus (condamnation vaticane des erreurs modernes : 1864), les libéraux du pays appelés les « rouges » — Papineau, Barthe, Dessaulles, Guibord, ... — vont devoir se ranger devant le pouvoir monolithique du clergé catholique. Toute la littérature va donc subir les conséquences de ce bain d'eau bénite et le roman en particulier qui est perçu comme un genre dangereux. Chez un peuple à qui le clergé et les élites traditionnelles prêchent la fidélité béate à la terre, la fuite du commerce et de l'industrie, la littérature devient vite enchaînée, le roman facilement roman à thèse et généralement roman terrien. Seule Laure Conan (de son vrai nom Félicité Angers), la première femme-écrivain, fera un remarquable roman psychologique, *Angéline de Montbrun*, mais l'abbé Casgrain aura vite fait de lui imposer le roman historique. Il faudra attendre, après 1940, Robert Charbonneau pour renouer avec le roman psychologique. C'est peut-être la poésie qui va souffrir le moins des contraintes du pouvoir clérical. Ce ne fut certes pas le cas du jeune zouave de Garibaldi, le pamphlétaire Arthur Buies, qui devait attaquer ouvertement l'ennemi ensoutané dans son journal la *Lanterne* et ses *Lettres sur le Canada*.

La fin du siècle et le début du XXe siècle sont surtout marqués par l'école littéraire de Montréal. Les jeunes écrivains qui la fréquentent veulent affranchir la littérature du Canada de son régionalisme et du terroir. L'essayiste Edmond de Nevers, les poètes Albert Lozeau, Alfred Garneau, Louis Dantin, Jean-Aubert Loranger, Pamphile Lemay, Nérée Beauchemin, Charles Gill, William Chapman, et surtout Émile Nelligan, les romanciers Damase Potvin, Rodolphe Girard (qui fit scandale avec un roman à peine égrillard du nom de *Marie Calumet*), Albert Laberge (qui lui ne fit pas scandale parce qu'il fit tirer son dur roman réaliste *La Scouine* à quelque soixante exemplaires), le journaliste et essayiste Jules Fournier, voilà des noms en vrac de quelques écrivains fort nombreux de toute cette période. Cette période d'ailleurs prendra fin avec la deuxième guerre. La poésie deviendra plus critique avec Alfred Desrochers et les femmes, les premières, Eva Sénécal, Medjé Vézina, Jovette Bernier, Simone Routier. Le roman fournira quelques livres remarquables quant au fond avec les *Demi-Civilisés* de Jean-Charles Harvey, quant au fond et à l'écriture avec *Menaud maître-draveur* de Félix-Antoine Savard et *Trente Arpents* de Ringuet. Harvey dénonce un monde sans liberté de parole, Savard reprend Louis Hémon en visant plus directement les « barbares » qui tout autour prennent le pouvoir et le sol pendant que Ringuet décrit la fin d'une terre suzeraine qui tue ceux qui s'y consacrent. C'est ce « pays sans pitié et sans douceur » dont parle Lorenzo Surprenant de *Maria Chapdelaine* qui a fait émigrer entre 1900-1940 près d'un Québécois sur trois et qui a donné à la Nouvelle-Angleterre (U.S.A.) près de cinq millions de franco-américains aujourd'hui presque entièrement anglicisés. Vers les années trente, le théâtre commence vraiment à vivre et à s'implanter plus populairement encore avec les *Compagnons de Saint-Laurent* (1937). Apparaissent en même temps les premières œuvres poétiques des quatre premiers grands de la poésie québécoise moderne: Saint-Denys Garneau, Alain Grandbois, Rina Lasnier et Anne Hébert. Garneau traduit en vers libre son mal d'exister, Grandbois conjure avec un lyrisme prenant la mort toujours sûre de sa victoire, Rina Lasnier construit une poésie mystique dans le bonheur des mots tandis qu'Anne Hébert affirme par le pouvoir du langage la libération de l'être retenu dans son asile blanc séculaire.

Enfin la guerre vint

Ce deuxième fléau mondial que les écrivains français comme Gide, Martin du Gard, Roman Rolland ou plus simplement l'Europe voyaient comme un cauchemar absurde prenait ici la forme de l'ouverture et du salut. C'est la guerre qui sort le Québec d'une crise économique abominable, c'est la guerre qui l'ouvre enfin au monde moderne et accentue son mouvement d'urbanisation. La ville apparaît alors pour une des premières fois dans le roman québécois avec *Bonheur d'Occasion* de Gabrielle Roy et *Au pied de la pente douce* de Roger Lemelin. Une période de deux décennies de réflexion (1940-1960) s'ouvre ainsi avec la floraison de revues sérieuses (la *Relève*, la *Nouvelle relève*, *Amérique française*, *Regards*, *Idées*, les *Carnets viatoriens*), avec la dénonciation verbale d'un régime politique et clérical d'oppression (le *Refus global* et *Projections libérantes* de 1948), avec surtout une production importante de romanciers qui scrutent « au-delà des visages » les valeurs d'une société et recherchent le sens de la vie. C'est l'univers romanesque de Robert Charbonneau, de François Hertel, de Berthelot Brunet, de Pierre Baillargeon, de Robert Élie, d'Eugène Cloutier, d'Anne Hébert, d'André Giroux, de Jean Filiatrault, de Bertrand Vac, d'André Langevin. C'est l'univers dramatique de Françoise Loranger, de Gratien Gélinas, et tout ce petit monde de Marcel Dubé. Ce sont les hommes et les femmes qui le cherchent, les institutions vénérables qui sont mises en joue, de sorte que bien avant la fin de l'ère duplessiste et cléricale de 1958, le monde québécois est profondément bouleversé. Cela est davantage vrai de la poésie qui, grâce aux voiles du langage, a toujours su s'exprimer plus librement. (Un critique n'avait-il pas dit de Saint-Denys Garneau longtemps auparavant que son écriture était européenne donc illisible pour les gens d'ici?) Le mouvement poétique de l'Hexagone (1953) prophétise déjà la prise de possession d'une Terre-Québec et associe la femme aimée et le pays. Ayant pour tête Gaston Miron lui-même, une pléiade de jeunes poètes nomment l'homme d'ici écartelé et « épaillé » et appellent son unité. Pendant plus de dix ans, Gaston Miron, Gilles Hénault, Roland Giguère, Yves Préfontaine, Paul-Marie et Gatien Lapointe, Maurice Beaulieu, Jean-Guy Pilon, Fernand Ouellette, Pierre Trottier, Jean-Paul Fillion vont, en des modes d'écriture différents, refaire l'invitatoire d'un nouveau matin.

Et la révolution... tranquille

L'expression n'est pas du poète mais du politicien. Celui-ci sait souvent comment annuler les mots puisqu'un parti fédéral canadien s'appelle même progressiste-conservateur. Quoi qu'il en soit, 1960 voit accéder au pouvoir au Québec, une équipe libérale dynamique qui eut le grand mérite d'assurer la démocratisation de l'enseignement. La période 1960-1964 revêt l'aspect d'une vraie lune de miel québécoise. La littérature se ressent beaucoup de cette longue révolution tranquille qui commençait vraiment pour elle avec le roman de la ville (1944) ou l'année du refus global (1948) et l'avènement des automatistes (dont le plus célèbre et le plus persévérant fut Claude Gauvreau). Le monde de l'édition après 1960 prolifère en œuvres de toutes sortes depuis les œuvres vastes et enracinées de Jacques Ferron, de Marie-Claire Blais, d'Yves

Thériault, en passant par les œuvres originales de Jacques Godbout, d'Hubert Aquin, de Jean Basile, de Réal Benoit, de Claire Martin, de Claude Jasmin, d'André Major, d'Andrée Maillet, de Diane Giguère, de Louise Maheux-Forcier, d'Yolande Chéné, de Gilles Archambault, de Gérard Bessette, de Monique Bosco, de Paul Toupin, de Wilfrid Le Moyne, de Gilles Marcotte, et jusqu'aux œuvres en chantier de plus jeunes romanciers encore, comme Réjean Ducharme (dont l'*Avalée des avalés* fut remarqué), Roch Carrier, Jacques Poulin, Jacques Renaud, Victor Lévy Beaulieu, Jacques Benoit, Pierre Turgeon, Jacques Garneau, pour ne nommer que ceux-là. Tous ces romanciers évoquent le pays nommé, appelé, dénoncé, affirmé et annoncé. Dans toutes ces structures spatio-temporelles, le pays est recomposé et reconquis et le temps perdu retrouvé. C'est à la fois le pays de la mémoire passée et à venir.

La poésie continue dans la lignée de l'Hexagone (l'appartenance au pays, à la femme et au monde) avec Gilbert Langevin, Michel Beaulieu, Michèle Lalonde, Paul Chamberland, Gérald Godin, Pierre Perrault, Jacques Brault, Yves Préfontaine, Luc Racine, Pierre Morency, Nicole Brassard, Pierre Châtillon encore que de jeunes auteurs comme René Pageau ou Juan Garcia entre autres font œuvre plus mystique. Quant au théâtre, il est abondamment nourri par Gilles Derome, Robert Gurik, Françoise Loranger, Jacques Ferron, Jacques Languirand, Michel Tremblay, Jean Barbeau, Jean-Claude Germain, quand ce n'est pas toute une série de troupes nouvelles qui donnent des créations collectives. C'est le théâtre de la psychanalyse d'un peuple, c'est le lieu de sa révolte et de son défoulement qui débouche souvent sur le cri libérateur et appelle l'invention et la participation du public assidu. L'essai lui-même qui a toujours été abondant fleurit comme au lieu où un immense chantier humain appelle les rétrospectives et les prospectives. Le frère Untel, de son nom Jean-Paul Desbiens, (dont les *Insolences* eurent un tirage sans précédent), Jean Lemoyne, Gilles Leclerc, Fernand Dumont, Jacques Grand'Maison, Pierre Vadeboncœur, Jean Bouthillette, Pierre Perrault (par ses films-vérités), Gilles Marcotte, André Vachon, André Brochu, enrichissent la réflexion collective. La préoccupation fondamentale de ces essayistes reste toujours l'homme d'ici et son pays à définir. Il faut marquer les lignes du territoire, scruter l'histoire pour mieux cerner ses sinueuses frontières et imaginer les chemins de l'avenir. Ces essayistes sont souvent des littéraires remarquables qui ont délaissé le roman ou la poésie pour aplanir la voie du discours littéraire difficile dans les conditions de l'exil et de l'occupation.

La littérature d'un peuple toujours exilé

Il est difficile de rendre justice dans un si bref panorama aux nombreux auteurs québécois. La bibliothèque nationale du Québec vient d'en établir une liste provisoire de 1600 noms. C'est donc dire que le choix des textes reste difficile et en un sens injuste, comme d'ailleurs parfois arbitraires certains mouvements discernés au cours de l'histoire littéraire québécoise. Où situer les écrivains-poètes René Chopin, Paul Morin, Émile Coderre, Gustave Lamarche, Suzanne Paradis, Isabelle Legris, Éloi de Grandmont, Sylvain Garneau, Alphonse Piché, Albert Ferland; pourquoi n'avoir pas salué au passage des romanciers prolifiques comme Joseph Marmette, Rex Desmarchais, Harry Bernard, Robert de Roquebrune, Léo-Paul Desrosiers, Robert Choquette, Germaine Guèvremont, Adrienne Choquette; pourquoi avoir omis de parler des essayistes et critiques et journalistes Jules-Paul Tardivel, Albert Pelletier, Marcel Dugas, Louis Francœur, Ernest Gagnon, Clément Lockqell, Naïm Kattan, des historiens Albert Ferland ou Lionel Groulx et du poète-botaniste Marie-Victorin? La liste des omissions serait longue et le lecteur consciencieux aura vite compris qu'on n'entre pas dans une littérature et une culture par un abrégé critique ([1]).

Pourtant, cette anthologie nous aura sensibilisés les uns aux autres, nous qu'on pourrait appeler de la « francité diasporale ». Au nord d'un grand continent anglo-saxon, en excluant le Mexique espagnol, un petit peuple français que l'histoire a nommé canadien, puis canadien-français (après la Confédération de 1867) et qui se reconnaît comme québécois, un petit peuple vit difficilement sa vie et sa culture françaises. Depuis la lutte épistolaire qui donna l'Acte de Québec, depuis les luttes parlementaires dans les gouvernements du Bas-Canada, de l'Union ou de la Confédération, les écrivains de ce peuple français ont toujours ressenti la difficulté d'être à la fois latins et nordiques, de tradition française mal accordée à l'« american way of life ». Comme le chante Charlebois: « Vivre en ce pays, c'est comme vivre aux États-Unis ». Il y a ici un mal de vivre, un mal d'appartenance, une sorte de non-lieu historique. Les écrivains du Québec, depuis Crémazie par exemple, éprouvent le sentiment de l'exil sur leur terre natale. S'ils ne vont plus comme le poète-exilé affirmer l'impossibilité d'une littérature québécoise originale et typique, ils éprouvent souvent du vague-à-l'âme, une sorte d'indicible ennui ainsi que le chante Pierre Calvé: « Dans ma ville grise de presqu'Amérique, je m'ennuie. » Un demi-siècle plus tôt, Nelligan parlait du spasme de vivre à tout l'ennui qu'il avait. Et Claire Peabody de l'*Elan d'Amérique* (André Langevin), fille étatsunienne de Québécoise assimilée se suicidera d'ennui. Le poète Saint-Denys Garneau le disait: « Alors, qu'est-ce qui lui prend de vivre et pourquoi ne s'être pas en allé? » ou encore: « Je suis une cage d'oiseau une cage d'os avec un oiseau » ou encore: « Ah! quel long voyage nous allons faire mon âme et moi, quel lent voyage Et quel pays nous allons voir quel long pays d'ennui » ou encore: « Je songe à la désolation de l'hiver seul dans une maison fermée ». Les textes seraient nombreux de ces exilés de l'univers romanesque, que ce soit un Philippe Boureil (dans *La Neige et le feu*

1. On pourra consulter avec intérêt, pour pallier la brièveté de ce texte, le numéro 1579 de *Que Sais-je?* sur la *Littérature québécoise*, PUF.

de Pierre Baillargeon) cherchant un-je-ne-sais-quoi en France, que ce soit Fabrice Navarin (dans *Mon Fils pourtant heureux* de Jean Simard) qui doit son prénom aux lectures stendhaliennes de sa mère et qui se trouve pour la première fois, à quarante ans, illuminé par la grâce française de Paris.

Cet exil, cette solitude innommable, cette terre mouvante de la patrie, les essayistes et les poètes de l'Hexagone les ont davantage cernés. Le grand conteur et historien-romancier Jacques Ferron parle du « pays incertain ». Le poète lui réplique ne pas vouloir vivre à moitié dans ce demi-pays (Chamberland). L'essayiste André Langevin, ce remarquable romancier, parle avec justesse des « extrémistes-parlant-français », de ceux à qui tout l'entourage américain et « canadian » anglo-saxon dit le « Speak white » de Michèle Lalonde. Tels sont les « nègres blancs d'Amérique » (Pierre Vallières) que le magnifique Miron incarne dans ses délires en poésie: « Longtemps, je n'ai pas su mon nom, et qui j'étais, que de l'extérieur. Mon nom est PEA SOUP. Mon nom est PEPSI. Mon nom est MARMELADE. Mon nom est FROG. Mon nom est DAM CANUCK. Mon nom est SPEAK WHITE. Mon nom est DISH WASHER. Mon nom est FLOOR SWEEPER. Mon nom est BASTARD. Mon nom est CHEAP. Mon nom est SHEEP ». Et le poète de parler de sa poésie « occultée » en lui et dans les siens, le poète « malade d'un cauchemar héréditaire » qui se dit « Amnésique Miron ». Le tendre poète Brault de la Catherine mal fardée (la main street of Montreal) écrivant de l'« orphelinat de la neige » parle du nom de son pays « matricule, un chiffre de misère, une petit mort sans importance, un cheveu sur une page d'histoire ». Et il s'écrie ailleurs:

> « Nous ne sommes pas au monde nous ne sommes pas à nous-mêmes
> chacun dans le ventre de la mère tourne à la motte de sang l'œil crevé
> la mémoire maudite et la langue au pilori de l'aveu. »

Les écrivains québécois sont des exilés de la parole. Ce qu'ils disent signifie à la fois ce qu'ils appellent et qui n'existe pas encore, île française flottante en marée saxonne. « Je vous le dis je ne suis pas dans mon état normal je n'ai jamais été dans mon état normal agressé dès ma naissance je fus cloué en espalier contre le mur de l'ordre mes bourgeons sont des épines en parlant je déchire mes paroles sont des griffes » dit le poète Paul Chamberland, qui parle aussi de la « parole épée dressée sur nos arpents ».

Il convient sans doute d'accorder finalement la parole à l'auteur de *Suite fraternelle*.

Il nous dit:

> « Mes amis mes camarades ne vous moquez pas
> si je vous arrive ainsi de travers
> mou de songerie
> mal accordé à vos gestes. »

Le Québec « ponctuel à l'heure incertaine » nous dit encore avec le poète:

« Je vous écris mes ailleurs d'ici sans détour (...)
je vous écris sans suite avec une fin du monde tout alentour
comme ceux-là fantômes à la peine expirés que nous fûmes du creux de l'histoire
nous frôlant à l'envers du silence si lente est l'agonie du discours
laiteuse et bleuie sur la peau d'un peuple en vacance
de sa vie ravinée de bêtes rêveuses d'humaine patrie
je vous écris farouche et tendre avec la neige dernière venue (...)
JE VOUS ÉCRIS POUR NE PAS FAILLIR A LA TACHE DU BONHEUR FOU DE VIVRE. »

André GAULIN

NOTE BIBLIOGRAPHIQUE

Baillargeon Samuel, *Littérature canadienne-française*, Montréal, Fides, 1957.

(Archives des lettres canadiennes), *Mouvement littéraire de Québec 1860*, tome 1, Ottawa, Université d'Ottawa, 1961.

(Archives des lettres canadiennes), *L'École littéraire de Montréal*, Montréal, Fides, 1963.

Sylvestre Guy, *Anthologie de la poésie canadienne-française*, Montréal, Beauchemin, 1964.

Bosquet Alain, *La Poésie canadienne contemporaine de langue française*, Paris-Montréal, Seghers-HMH, 1966.

Bessette G., Geslin L., Parent C., *Histoire de la littérature canadienne-française par les textes*, Montréal, Centre éducatif et culturel, 1968.

(Archives des lettres canadiennes), *La poésie canadienne-française*, Montréal, Fides, 1969.

Grandpré Pierre de, et al., *Histoire de la littérature française du Québec*, Montréal, Beauchemin, 4 vol. 1969.

Revue Europe, *Littérature du Québec*, février-mars 1969, n^os^478-479.

(Archives des lettres canadiennes), *Le Roman canadien-français*, Montréal, Fides, 1971.

Mailhot Laurent, *La littérature québécoise*, Paris, PUF, Que sais-je?, 1974.

Tougas Gérard, *Histoire de la littérature canadienne-française*, Paris, PUF, 5e édition, 1974.

Rioux Marcel, *Les Québécois*, Paris, Le Seuil, coll. Microcosme, Le temps qui court, 1974.

Hamel, Hare, Wyczynski, *Dictionnaire pratique des auteurs québécois*, Fides, Montréal, 1975.

Jacques CARTIER

Jacques Cartier est né à Saint-Malo, en 1491. Chargé par François Ier de découvrir un passage vers les Indes, il emprunte la route des pêcheurs bretons, touche Terre-Neuve le 20 mai 1534, remonte le fleuve Saint-Laurent jusqu'à Stadaconé (Québec) au cours de l'été 1535. En 1542, lors d'un troisième voyage, il emmène avec lui les premiers colons de la Nouvelle-France et explore avec soin les rives du Saint-Laurent dont il décrira la faune et la flore dans ses relations. Plutôt délaissé dans ses dernières années, il meurt dans sa ville natale, le 1er septembre 1557.

Cartier ne fut pas seulement un grand explorateur, il fut aussi un remarquable poète. Il a parlé avec émerveillement du pays qu'il visitait, il a nommé avec bonheur le territoire qu'il découvrait. Son écriture est fraîche et neuve. Dans une lettre à un ami sur les relations de Cartier *(dans son ouvrage l'*Abatis*), Félix-Antoine Savard écrit à propos des textes du découvreur : « J'y ai trouvé la curiosité, l'exactitude consciencieuse, l'émerveillement primitif et un style professionnel le plus honnête qui soit et le plus proche des événements d'une extraordinaire navigation. » L'œuvre du poète-cinéaste Pierre Perrault est souvent marquée par la parole ingénue du capitaine malouin.*

BIBLIOGRAPHIE

Bref récit et succincte narration de la navigation faite en 1535 et 1536 par le Capitaine Jacques Cartier aux îles de Canada, Hochelaga, Saguenay et autres. Réimpression figurée de l'édition originale rarissime en 1545 avec les variantes des manuscrits de la bibliothèque impériale précédée d'une brève et succincte introduction historique par M. d'Avezac. Paris, Tross, 1863.

Voyages de découverte au Canada entre les années 1534 et 1542, suivis d'une biographie de Jacques Cartier par René Maran. Éditions anthropos, Paris, 1968.

Textes choisis et présentés par Marcel Trudel, Montréal, Fides, 1968.

A consulter :

DUCLOS DE CELLES, *Alfred Cartier et son temps,* Montréal, Beauchemin, 1913.

DESCRIPTION DU PAYS DE CANADA *

Lors d'un deuxième voyage en Nouvelle-France, Jacques Cartier remonte le fleuve St-Laurent jusqu'à Stadaconé (l'actuelle ville de Québec) au centre du pays de Canada. Les notes en bas de page sont de l'éditeur. (Extrait du ch. XIII des Voyages de découverte au Canada entre les années 1534 et 1542.*)*

Après la dite Rivière est la province de Canada, où il y a plusieurs peuples par villages non clos. Il y a aussi aux environs du dit Canada dedans le dit fleuve plusieurs Isles tant grandes que petites; et entre autres, y en a une qui contient plus de dix lieues de long ([1]), laquelle est pleine de beaux et grands arbres, et force vignes. Il y a passage des deux costés d'icelle. Le meilleur et le plus sûr est du costé devers le Su. Et au bout d'icelle Isle vers l'Ouest, y a un affourq d'eau bel et délectable pour mettre Navires, auquel y a un destroist du dit Fleuve fort courant et profond ([2]), mais il n'a de large qu'environ un tiers de lieue, le travers duquel y a une terre double de bonne hauteur toute labourée, aussi bonne terre qu'il soit possible de voir; et là est la ville et demeurance du Seigneur Donnacona, et de nos deux hommes qu'avions pris le premier voyage: laquelle demeurance se nomme Stadaconé. Et auparavant qu'arriver au dit lieu, y a quatre peuples et demeurances, savoir: Ajoasté, Starnatam, Tailla qui est sur une montagne, et Satadin, puis le dit lieu de Stadaconé, sous laquelle haute terre vers le Nord est la Rivière et Hâble de Saincte Croix ([3]): auquel lieu avons été dempuis le quinzième jour de Septembre jusqu'au sixième jour de mai mil cinq cens trente-six: auquel lieu les Navires demeurèrent à sec, comme ci-devant est dit. Passé le dit lieu, est la demeurance du peuple du Téquenouday et de Hochelay: lequel Téquenouday est sur une montaigne, et l'autre en un plain pays.

Toute la terre des deux côtés du dit Fleuve jusques à Hochelaga, et outre, est aussi belle et unie que jamais homme regarda. Il y a aucunes montaignes assez loin du dit Fleuve qu'on voit par sus les

1. L'Isle d'Orléans, à laquelle Cartier donne encore une étendue de plus de dix lieues de long.

2. Ce détroit, doit s'entendre de l'endroit où le Fleuve St-Laurent passe entre Québec et la Pointe Lévi.

3. D'après ce passage de la Relation, on est porté à croire que le Village de Stadaconé devait être situé sur la partie du côteau Ste. Geneviève, où se trouve maintenant le Faubourg St. Jean; et ce point une fois établi, l'ancienne Rivière et Hâble de Ste. Croix est incontestablement la Rivière St. Charles d'aujourd'hui.

Bartlett, W. H., Québec à partir de la rive opposée du Saint-Laurent. Gravure au burin colorée à l'aquarelle.
(Musée du Québec, Québec.)

dites terres, desquelles il descend plusieurs rivières qui entrent dedans le dit Fleuve. Toute cette dite terre est couverte et pleine de bois de plusieurs sortes, et force vignes, excepté à l'entour des peuples, laquelle ils ont désertée pour faire leur demeurance et labeur. Il y a grand nombre de grands Cerfs, Daims, Ours et autres bestes. Nous y avons vu les pas d'une beste qui n'a que deux pieds, laquelle nous avons suivie longuement pardessus le sable et vase, laquelle a les pieds en cette façon: grands d'une paulme et plus. Il y a force Loutres, Bièvres, Martres, Reynards, Chats Sauvages, Lièvres, Connins, Escureuils, Rats, lesquels sont gros à merveille, et autres sauvagines. Ils s'accoutrent des peaux d'icelles bestes, parce qu'ils n'ont nuls autres accoustremens. Il y a grand nombre d'oiseaux, savoir: Grues, Outtardes, Cygnes, Oies sauvages blanches et grises, Cannes, Canards, Merles, Mauvis, Tourtres, Ramiers, Chardonnerets, Tarins, Serins, Linottes, Rossignols, Passes-Solitaires, et autres oiseaux comme en France.

Aussi, comme par ci-devant est faite mention ès chapitres précédens, le dit Fleuve est le plus abondant de toutes sortes de poissons qu'il soit mémoire d'homme avoir jamais vu ni ouï; car depuis le commencement jusques à la fin, y trouverez selon les saisons la plupart des sortes et espèces de poissons de la mer et d'eau douce. Vous trouverez jusques au dit Canada force Baleines, Marsoins, Chevaux de mer, Adhothuis, qui est une sorte de poisson duquel jamais n'avions vue, ni ouï parler. Ils sont blancs comme neige, et grands comme Marsouins, et ont le corps et la teste comme Levriers; lesquels se tiennent entre la mer et l'eau douce qui commence entre la rivière du Saguenay et Canada.

Item ([4]) y trouverez en Juin, Juillet et Aoust force Macquereaux, Mulets, Bars, Sartres, grosses Anguilles, et autres poissons; ayant leur saison passée, y trouverez l'Éperlan aussi bien qu'en la Rivière de Seine. Puis au renouveau y a force Lamproies et Saulmons. Passé le dit Canada y a force Brochets, Truites, Carpes, Brèmes, et autres poissons d'eau douce, et de toutes ces sortes de poissons fait le dit peuple, de chacun selon leur saison, grosse pescherie pour leur substance et victuaille.

4. De même.

Octave CRÉMAZIE

Octave Crémazie né en 1827 fait ses études au Séminaire de Québec, puis tient librairie avec ses frères, rue de la Fabrique. C'est la période la plus heureuse et la plus fertile de son existence. Premier poète de talent à paraître dans les lettres canadiennes-françaises, en dépit de clichés romantiques trop facilement accueillis, d'un patriotisme fondé sur une image idéalisée de la France, il produit quelques pièces qui ne manquent pas de souffle et qui lui valent le titre de poète national. C'était l'époque où la France rétablissait des relations officielles avec le Canada, réveillant des nostalgies jamais abandonnées.

En 1862, Crémazie doit quitter Québec. Acculé à la banqueroute, se croyant déshonoré et craignant la prison, il se réfugie en France. Une France de rêve que la réalité poursuivra de démentis. L'activité poétique se tarit. Mais dans une correspondance nourrie avec l'abbé Casgrain, Crémazie livre de Paris des réflexions et des critiques nombreuses sur la littérature canadienne naissante.

Son exil, souvent pénible, se termine au Havre, où il meurt en 1879.

BIBLIOGRAPHIE

Œuvres complètes, sous le patronage de l'Institut canadien de Québec, Montréal, Beauchemin, 1896, (1re édition: 1882).

Poésies. Sous le patronage de l'Institut canadien de Québec, Montréal, Beauchemin, 1925.

Œuvres, Texte établi, annoté et présenté par Odette Condemine, Ottawa, Éditions de l'Université d'Ottawa, 1972.

A consulter:

ROY, P.-Geo., *A propos de Crémazie,* Québec, Garneau, 1945.

UNE LITTÉRATURE SANS GLOIRE *

De son exil, le premier poète national du Canada français confie à l'abbé Casgrain, historien et critique, ses réflexions sur l'avenir des lettres canadiennes. (Extrait de La lettre à M. l'abbé Casgrain *du 29 janvier 1867, Œuvres complètes, Montréal, Beauchemin, 1896.)*

Plus je réfléchis sur les destinées de la littérature canadienne, moins je lui trouve de chances de laisser une trace dans l'histoire. Ce qui manque au Canada, c'est d'avoir une langue à lui. Si nous parlions iroquois ou huron ([1]), notre littérature vivrait. Malheureusement nous parlons et écrivons d'une assez piteuse façon, il est vrai, la langue de Bossuet et de Racine. Nous avons beau dire et beau faire, nous ne serons toujours, au point de vue littéraire, qu'une simple colonie; et quand bien même le Canada deviendrait un pays indépendant et ferait briller son drapeau au soleil des nations, nous n'en demeurerions pas moins de simples colons littéraires. Voyez la Belgique, qui parle la même langue que nous. Est-ce qu'il y a une littérature belge? Ne pouvant lutter avec la France pour la beauté de la forme, le Canada aurait pu conquérir sa place au milieu des littératures du vieux monde, si parmi ses enfants il s'était trouvé un écrivain capable d'initier, avant Fenimore Cooper, l'Europe à la grandiose nature de nos forêts, aux exploits légendaires de nos trappeurs et de nos voyageurs. Aujourd'hui, quand bien même un talent aussi puissant que celui de l'auteur du *Dernier des Mohicans* se révélerait parmi nous, ses œuvres ne produiraient aucune sensation en Europe, car il aurait l'irréparable tort d'arriver le second, c'est-à-dire trop tard. Je le répète, si nous parlions huron ou iroquois, les travaux de nos écrivains attireraient l'attention du vieux monde. Cette langue mâle et nerveuse, née dans les forêts de l'Amérique, aurait cette poésie du cru qui fait les délices de l'étranger. On se pâmerait devant un roman ou un poème traduit de l'iroquois, tandis que l'on ne prend pas la peine de lire un livre écrit en français par un colon de Québec ou de Montréal. Depuis vingt ans, on publie chaque année, en France, des traductions de romans russes, scandinaves, roumains. Supposez ces mêmes livres écrits en français, ils ne trouveraient pas cinquante lecteurs.

---

1. Deux « nations » indiennes du Canada.

Une porte des fortifications de Québec au XIXe siècle (autrefois côte de Léry où Crémazie ouvrit sa première librairie).

(Photo tirée de Québec vu par les photographes. *Musée du Québec, Québec.)*

La traduction a cela de bon, c'est que si un ouvrage ne nous semble pas à la hauteur de sa réputation, on a toujours la consolation de se dire que ça doit être magnifique dans l'original.

Mais qu'importe après tout que les œuvres des auteurs canadiens soient destinés à ne pas franchir l'Atlantique. Ne sommes-nous pas un million de Français oubliés par la mère-patrie sur les bords du Saint-Laurent? N'est-ce pas assez pour encourager tous ceux qui tiennent une plume que de savoir que ce petit peuple grandira et qu'il gardera toujours le nom et la mémoire de ceux qui l'auront aidé à conserver intact le plus précieux de tous les trésors: la langue de ses aïeux?

Que le père de famille, après les fatigues de la journée, raconte à ses nombreux enfants les aventures et les accidents de sa longue vie, pourvu que ceux qui l'entourent s'amusent et s'instruisent en écoutant ses récits, il ne s'inquiète pas si le riche propriétaire du manoir voisin connaîtra ou ne connaîtra pas les douces et naïves histoires qui font le charme de son foyer. Ses enfants sont heureux de l'entendre, c'est tout ce qu'il demande.

Il en doit être ainsi de l'écrivain canadien. Renonçant sans regret aux beaux rêves d'une gloire retentissante, il doit se regarder comme amplement récompensé de ses travaux s'il peut instruire et charmer ses compatriotes, s'il peut contribuer à la conservation, sur la jeune terre d'Amérique, de la vieille nationalité française.

Emile NELLIGAN

Né à Montréal le 24 décembre 1879. A partir de 1893, il fait ses études classiques au Petit séminaire de Montréal, puis au Collège Sainte-Marie dirigé par les Jésuites. Il assiste à des séances de l'école littéraire de Montréal en 1897. Il interrompt ses études pour se consacrer à la poésie. Sa décision est source de conflits avec son père qui tente de l'engager sur un navire, lui trouve un emploi dans un bureau, mais en vain.

Toute l'activité poétique de Nelligan tient en trois années. Agé de moins de vingt ans, le 9 août 1899, il doit faire un premier séjour dans une maison de santé à cause de troubles mentaux qui imposeront l'hospitalisation permanente de 1925 jusqu'à sa mort, survenue le 18 novembre 1941.

L'œuvre de Nelligan marque une étape importante dans la poésie québécoise. C'est en quelque sorte le premier poète maudit québécois et le premier à faire son œuvre de son drame intérieur. Grâce à Louis Dantin qui le fit connaître, Nelligan devait devenir le poète dont on savait par cœur les sonnets les plus remarquables comme le Vaisseau d'or *ou* Devant deux portraits de ma mère. *Sa poésie marque l'aliénation du jeune homme réduit au « spasme de vivre » dans la patrie absente et dans son propre drame.*

BIBLIOGRAPHIE

Emile Nelligan et son œuvre, Montréal, Beauchemin, 1904, Première édition des poésies de Nelligan avec une présentation par Louis Dantin.

Poésies complètes 1896-1899, 3e édition, texte établi et annoté par Luc Lacourcière, Montréal, Fides, 1966.

Poèmes choisis. Présentés par Eloi de Grandmont et précédés d'une chronologie, d'une bibliographie et de jugements critiques, Ottawa, Fides, 1966.

Nelligan vu par Jean-Paul Lemieux.
(Musée du Québec.)

SOIR D'HIVER

*(Extrait d'*Émile Nelligan et son Œuvre, Les pieds sur les chenêts, *Montréal, Éditions Édouard Garand, 1925.)*

Ah! comme la neige a neigé!
Ma vitre est un jardin de givre.
Ah! comme la neige a neigé!
Qu'est-ce que le spasme de vivre
A la douleur que j'ai, que j'ai!

Tous les étangs gisent gelés,
Mon âme est noire: Où vis-je? Où vais-je?
Tous ses espoirs gisent gelés:
Je suis la nouvelle Norvège
D'où les blonds ciels s'en sont allés.

Pleurez, oiseaux de février,
Au sinistre frisson des choses,
Pleurez, oiseaux de février,
Pleurez mes pleurs, pleurez mes roses,
Aux branches du genévrier.

Ah! comme la neige a neigé!
Ma vitre est un jardin de givre.
Ah! comme la neige a neigé!
Qu'est-ce que le spasme de vivre
A tout l'ennui que j'ai, que j'ai!...

Félix-Antoine SAVARD

Né à Québec le 31 août 1896, il fait ses études classiques et théologiques à Chicoutimi. Ordonné prêtre en 1922, il devient professeur au séminaire de cette même ville jusqu'en 1927. Son ministère le met ensuite en contact quotidien avec les gens de la terre et des bois, dans des régions nouvellement défrichées. Le spectacle des forêts sans confins, des eaux sauvages, des sols neufs péniblement conquis, un sentiment profond d'enracinement inspirent largement son œuvre littéraire. Nourri d'une solide formation gréco-latine, il la met à contribution dans sa tentative de créer une mythologie québécoise et module souvent son écriture sur les rythmes des chœurs grecs.

A partir de 1943, il devient professeur, puis doyen de la Faculté des Lettres de l'Université Laval à Québec. Maintenant retiré, il poursuit toujours son œuvre d'écrivain avec le même souci de l'art qui caractérise ses premiers écrits.

On peut le considérer comme l'un des grands prosateurs de langue française car son écriture toute de clarté débouche sur l'expression d'un pays de silence.

BIBLIOGRAPHIE

Menaud maître-draveur, 1re version, Québec, Garneau, 1937.

Le Barachois, Montréal, Fides, 1959.

L'Abatis, version définitive, Montréal, Fides, 1960.

Menaud, maître-draveur, 3e version, Montréal, Fides, 1964.

Le Bouscueil, poèmes et proses, Montréal, Fides, 1972.

A consulter:

MAJOR, André, *Félix-Antoine Savard,* dans *Écrivains canadiens d'ajourd'hui,* Montréal, Fides, 1968.

SAMSON, J.-N. et CHARLAND, R.-M., *F.-A. Savard,* Dossiers de documentation sur la littérature canadienne-française, Montréal, Fides, 1969.

LA MORT DE JOSON

La mort de son fils Joson, c'est pour Menaud, fier possesseur de sa terre, la ruine de tous les espoirs de permanence, l'écroulement du rempart dressé de sa chair contre l'envahissement de l'exploitation étrangère. Le drame se produit au printemps, au moment de la « drave ». Cette opération périlleuse consiste à pousser les billots dans le cours des rivières vers les moulins à scie. (Extrait de Menaud, Maître-Draveur, *ch. IV, Montréal, Fides, 1964.)*

Une clameur s'éleva!

Tous les hommes et toutes les gaffes ([1]) se figèrent, immobiles... Ainsi les longues quenouilles sèches avant les frissons glacés de l'automne.

Joson, sur la queue de l'embâcle, était emporté, là-bas...

Il n'avait pu sauter à temps.

Menaud se leva. Devant lui hurlait la rivière en bête qui veut tuer.

Mais il ne put qu'éteindre du regard l'enfant qui s'en allait, contre lequel tout se dressait haineusement, comme des loups quand ils cernent le chevreuil enneigé.

Cela s'agriffait, plongeait, remontait dans le culbutis meurtrier..

Puis tout disparut dans les gueules du torrent engloutisseur.

Menaud fit quelques pas en arrière; et, comme un bœuf qu'on assomme, s'écroula, le visage dans le noir des mousses froides.

Alexis, lui, n'avait écouté que son cœur. Il s'était précipité dans le remous au bord duquel avait calé ([2]) Joson.

Et là, il se mit à tâtonner à travers les longues écorces qui tournaient comme des varechs, à lutter de désespoir contre les tourbillons de l'eau, à battre de ses bras fraternels, à l'aveuglette, vers des semblances vagues de forme humaine.

Et quand le froid lui serrait trop le cœur, il remontait respirer, puis replongeait encore, acharné, dans la fosse obscure, parmi les linceuls de l'ombre.

Non, personne autre que lui n'aurait fait cela; car, c'était terrible! terrible!

A la fin, d'épuisement, il saisit la gaffe qu'on lui tendait, remonta en se traînant sur les genoux, se releva dans le ruissellement de ses loques, anéanti, les yeux fous, les lèvres blanches, les bras vides...

---

1. Perches de bois.
2. S'était enfoncé.

Burns. La drave.

(Musée du Québec.)

A peine murmura-t-il quelque chose que l'on ne comprit pas; puis il prit sa course vers les tentes, et se roula dans le suaire glacé de son chagrin.

Alors, semblable à un homme ivre, levant haut les pieds comme ceux qui tombent de la clarté dans les ténèbres, arriva Menaud, ses paupières baissées sur la vision de l'enfant disparu.

Et les hommes s'écartèrent devant cette ruine humaine qui s'en venait en se cognant aux cailloux du sentier.

Il demanda: « L'avez-vous? », regarda les mailles du courant et dit:

« Il est là! »

Puis, il prit sa gaffe, fit immobiliser une barque en bordure du remous, et se mit à sonder, manœuvrant le crochet de fer avec d'infinies tendresses.

Depuis deux heures maintenant, qu'il cherchait, seul, ne voulant de personne, de peur qu'on ne blessât la chair de son fils, au fond.

Par intervalles, il exhalait une plainte sourde à laquelle répondait le bruit du fer sur les cailloux raclés.

Déjà, le soir fossoyeur commençait à jeter ses ombres.

Menaud entra dans une terreur d'agonie. Il regardait le ciel, suppliant qu'il eût, au moins, le cadavre de son fils pour l'enterrer là-bas près de sa mère.

A la fin, la nuit allait lever son dernier pan de ténèbres et murmurer le désespoir de l'homme, lorsqu'il sentit au fond quelque chose de mou qui venait. Il tira lentement sa gaffe.

Alors, émergea du noir, Joson, sa pauvre tête molle et ballante...

On rama vers la berge, en hâte, car le frisson gagnait le cœur des hommes.

A la poupe gisait Menaud, rabattu sur sa capture, et son visage appuyé d'amour sur le visage de son enfant mort.

Dès qu'il sentit que la barque avait touché, il prit le cadavre dans ses bras, et comme un personnage d'une descente de croix, monta vers sa tente parmi les suaires des brumes.

Alain GRANDBOIS

Alain Grandbois est né près de Québec, en 1900, d'une famille aisée. Il fait ses humanités à Montréal, à Québec et dans l'Ile-du-Prince-Édouard. Il abandonne le droit aussitôt après la licence et poursuit des études de littérature à la Sorbonne. Libre de soucis matériels, il consacre de nombreuses années à parcourir le monde. Ses voyages sont indissociables de son aventure poétique, espèce d'épopée de l'humanité aux prises avec la douleur, l'amour et la mort, où se détache et se fond tour à tour le cheminement tourmenté du poète.

Alain Grandbois est considéré comme un grand moderne de la poésie québécoise. Les poèmes qu'il a publiés à Han-Kéou, en 1934, sont restés inconnus. Il a 44 ans quand paraissent Les Iles de la nuit, *à Montréal où la guerre l'a ramené. La même année, il participe à la fondation de l'Académie canadienne-française. La critique a reconnu d'emblée la richesse et la nouveauté de sa poésie. Retiré à Québec depuis quelques années, Alain Grandbois est mort le 21 mars 1975.*

BIBLIOGRAPHIE

Les îles de la nuit, Montréal, Parizeau, 1944.
Poèmes, Montréal, l'Hexagone, 1963.
Avant le chaos, suivi de quatre nouvelles inédites, Montréal, HMH, 1964.

A consulter :

BRAULT, Jacques, *Alain Grandbois,* Montréal, Fides, 1958.
BLAIS, Jacques, *Présence d'Alain Grandbois,* Québec, P.U.L., 1974.

LE SILENCE

(Extrait de la partie « Rivages de l'homme », des Poèmes Les îles de la nuit, *Montréal, l'Hexagone, 1963.)*

Terre d'étoiles humiliées
O Terre O Terre
Ta surface assassine le cœur
Avec ses paysages écrasés
Dans le cruel anneau
De ses hommes de peur
Ce qui lui reste de ce grouillement stérile
Rejoint les grandes clameurs
Des fleuves enténébrés
Nul ange ne soutient plus
Les parapets des îles

Mais il suffit peut-être
O Terre
De gratter légèrement ta surface
Avec des doigts d'innocence
Avec des doigts de soleil
Avec des doigts d'amour
Alors toutes les musiques
Ont surgi d'un seul coup
Alors tous les squelettes aimés
Tous ceux qui nous ont délivrés
Leurs violons tous accordés
Ont d'abord chanté
Sans plaintes sans pleurs
Les aurores de nacre
Les midis de miel
Les soirs de délices
Les nuits de feux tendres

Ils ont chanté encore
Le mur obscur de la mer
Le relief des vents
Le pur dur diamant de la source
Le souffle frais des montagnes

La fluidité de la pierre du roc
Ils ont ensuite chanté
Tout ce qui peut se dire
Du mort au vivant
Tissant la soie
De l'extraordinaire échelle
Alors le silence s'est fait
Ils n'avaient tu que le dernier sacrifice

O belle Terre féconde et généreuse
Ils étaient quarante millions de beaux
cadavres frais
Qui chantaient sous ta mince surface
O Terre O Terre
Ils chantaient avec leur sourde musique
De Shanghaï à Moscou
De Singapour à Coventry
De Lidice à Saint-Nazaire
De Dunkerque à Manille
De Londres à Varsovie
De Strasbourg à Paris
Et quand ils ont été plus morts encore
D'avoir trop chanté
Quand s'est fait leur grand silence
Nous n'avons rien répondu.

Gabrielle ROY

Gabrielle Roy est née à Saint-Boniface, au Manitoba en 1909. Elle est d'abord institutrice pendant huit ans. A la même époque, elle fait du théâtre. C'est à l'occasion d'un séjour prolongé en Angleterre et en France (1937-1939) qu'elle commence à publier des reportages et des nouvelles dans divers périodiques canadiens.

De retour à Montréal en 1939, elle tire de son expérience de la grande ville son premier roman, Bonheur d'occasion. *L'édition française lui vaut le prix Fémina (1945). Les récits qui suivront sont fortement marqués par ses souvenirs d'enfance, la vie manitobaine et la nostalgie du Québec qui l'habitent.*

Gabrielle Roy avouera que l'indignation fut le moteur de Bonheur d'Occasion *parce que la « guerre paraissait comme un salut… une espèce d'avenir pour les jeunes ». Mais toute son œuvre, que ce soit* La petite poule d'eau, Rue Deschambault *ou* La route d'Altamont *(ou encore* La montagne secrète*) manifestent la femme portée vers l'écriture et voulant sauver par elle ce monde et son univers intérieur.*

Il faut signaler aussi sa collaboration à plusieurs revues françaises et canadiennes.

Gabrielle Roy est membre de la Société Royale du Canada, décorée de l'Ordre du Canada. Le prix du Conseil des Arts lui a été décerné en 1968 pour l'ensemble de son œuvre. Elle habite Québec depuis 1952.

BIBLIOGRAPHIE

Bonheur d'occasion, Montréal, éd. Pascal, 1945, 2 vol.

Bonheur d'occasion, Montréal, Beauchemin, 1970.

La petite poule d'eau, Édition définitive, Montréal, Beauchemin, 1964, (1re éd. 1950).

Alexandre Chenevert, Montréal, Beauchemin, 1964, (1re éd. 1954).

Rue Deschambault, Montréal, Beauchemin, 1959, (1re éd. 1955).

La montagne secrète, Montréal, Beauchemin, 1961.

Cet été qui chantait, Québec, les Éd. françaises, 1972.

A consulter:

RICARD François, *Gabrielle Roy,* Montréal, Fides, 1974.

GAGNÉ Marc, *Visages de Gabrielle Roy,* Montréal, Beauchemin.

BROCHU André, *Thèmes et structures* dans *Bonheur d'occasion,* dans *Écrits du Canada français,* nº 22, 1966, p. 163 à 208.

LE GRAND Albert, *Gabrielle Roy ou l'être partagé,* dans *Études françaises,* juin 1965, p. 39 à 65.

UNE FEMME ET LA GUERRE *

Bonheur d'occasion *est l'histoire d'un quartier pauvre de Montréal au début de la seconde guerre mondiale. Rose-Anna est la figure dominante de ce récit. Mère d'une famille miséreuse, sans cesse tourmentée par le sort de ses enfants, dont l'un s'est enrôlé pour échapper à la faim, elle prend conscience de la guerre à travers son angoisse maternelle. (Extrait du ch. XIX, Montréal, Beauchemin, 1970.)*

Rose-Anna descendait du tram, rue Notre-Dame, lorsque, devant les Deux Records ([1]), elle aperçut un bulletin de nouvelles tout frais imprimé. Un petit groupe d'hommes et de femmes s'y pressait. Et, de loin, par delà les têtes penchées et les épaules écrasées comme par l'étonnement, Rose-Anna vit danser sur le jaune de l'affiche des lettres en caractères gras:

Les Allemands envahissent la Norvège. ([2])
Bombes sur Oslo.

Elle resta hébétée un moment, l'œil dans le vide, et tirant la courroie de son sac. Elle ne sut pas d'abord d'où et comment lui était venu le coup qui la paralysait. Puis, dressée au malheur, sa pensée vola à Eugène. De quelque façon inexplicable et dure, elle crut sur l'instant que le sort de son fils dépendait de cette nouvelle. Elle relut les gros caractères, syllabe par syllabe, formant à demi les mots du bout de ses lèvres. Sur le mot « Norvège », elle s'arrêta pour réfléchir. Et ce pays lointain, qu'elle ne savait situer que vaguement, lui parut lié à leur vie d'une manière définitive et incompréhensible. Elle n'examina, ne calcula, ne pesa rien; elle oublia qu'Eugène l'assurait, dans sa dernière lettre, qu'il resterait au moins six mois au camp d'entraînement. Elle voyait des mots qui s'allongeaient devant elle, lourds de danger immédiat. Et cette femme, qui ne lisait

1. Petit café du coin.
2. Avril 1940.

Hébert Raine, Le Marché Bonsecours. Vieux Montréal.
(Musée du Québec.)

jamais que son livre d'heures, fit une chose extraordinaire. Elle traversa rapidement la chaussée en fouillant déjà dans son réticule; et, à peine arrivée sur le trottoir d'en face, elle tendit trois sous au vendeur de journaux et déplia aussitôt la gazette humide qu'il lui avait remise. S'appuyant au mur d'un magasin, elle lut quelques lignes, poussée, entraînée par des ménagères qui sortaient de la fruiterie, et retenant son sac comme elle le pouvait sous son bras serré contre elle. Au bout d'un moment, elle plia le journal d'un geste absent, et leva devant elle des yeux lourds de colère. Elle haïssait les Allemands. Elle, qui n'avait jamais haï personne dans sa vie, haïssait ce peuple inconnu d'une haine implacable. Elle le haïssait non seulement à cause du coup qu'il lui portait, mais à cause du mal qu'il faisait à d'autres femmes comme elle.

D'un pas d'automate, elle prit le chemin de la rue Beaudoin. Elle les connaissait bien soudain, toutes ces femmes des pays lointains, qu'elles fussent polonaises, norvégiennes ou tchèques ou slovaques. C'étaient des femmes comme elle. Des femmes du peuple. Des besogneuses. De celles qui, depuis des siècles, voyaient partir leurs maris et leurs enfants. Une époque passait, une autre venait; et c'était toujours la même chose: les femmes de tous les temps agitaient la main ou pleuraient dans leur fichu, et les hommes défilaient. Il lui sembla qu'elle marchait par cette claire fin d'après-midi, non pas seule, mais dans les rangs, parmi des milliers de femmes, et que leurs soupirs frappaient son oreille, que les soupirs las des besogneuses, des femmes du peuple, du fond des siècles montaient jusqu'à elle. Elle était de celles qui n'ont rien d'autre à défendre que leurs hommes et leurs fils. De celles qui n'ont jamais chanté aux départs. De celles qui ont regardé les défilés avec des yeux secs et, dans leur cœur, ont maudit la guerre.

Et pourtant, elle haïssait les Allemands plus que la guerre. Ce sentiment la troubla. Elle chercha à le chasser comme une mauvaise pensée. Puis, il l'effraya, car elle vit tout à coup en elle une raison de consentir à son sacrifice. Elle voulut se reprendre, se défendre de la haine comme de la pitié. « On est au Canada, se disait-elle en brusquant le pas; c'est bien de valeur ([3]) ce qui se passe là-bas, mais c'est pas de notre faute. » ([4]) Elle reniait farouchement ce cortège triste qui accompagnait sa démarche. Mais elle ne pouvait aller assez vite pour s'en dégager. Une foule innombrable l'avait rejointe, venant mystérieusement du passé, de tous les côtés, de très loin et aussi de très près, semblait-il, car des visages nouveaux surgissaient à chaque pas, et ils lui ressemblaient. Pourtant, c'étaient des malheurs plus grands que les siens qu'elles supportaient, ces femmes d'ailleurs. Elles pleuraient leur foyer dévasté; elles arrivaient vers Rose-Anna, les mains vides et, en la reconnaissant, esquissaient vers elle un geste de prière. Car, de tout temps, les femmes se sont reconnues dans le deuil. Elles suppliaient tout bas, elles tenaient leurs bras levés comme pour demander un peu d'aide. Rose-Anna allait d'un pas pressé. Et chez cette femme simple se livrait un grand combat. Elle vit le désespoir de ses sœurs, elle le vit bien, sans faiblesse, elle le regarda en face et en comprit toute l'horreur; puis, elle mit le sort de son enfant dans la balance, et il l'emporta. Eugène lui parut aussi délaissé, aussi impuissant que Daniel. C'était la même chose; elle les voyait tous deux ayant besoin d'elle. Et son instinct de gardienne remontant en elle, elle retrouva toute son énergie, elle retrouva son but et écarta toute autre pensée.

---

3. Canadianisme: c'est bien dommage.
4. Le Canada avait déclaré la guerre à l'Allemagne dès septembre 1939.

Hector de SAINT-DENYS GARNEAU

Hector de Saint-Denys Garneau est né à Montréal en 1912. Très jeune, il est attiré par la peinture et la poésie ; sa mère exerce sur lui une influence considérable.

En 1934, son état de santé le force à interrompre ses études classiques. La maladie l'éprouve profondément. Commence alors une période intense d'activité intellectuelle et de création poétique. Son premier recueil, Regards et jeux dans l'espace, *paraît en 1937.*

Après un bref séjour à Paris, il restreint ses relations à sa famille et à quelques amis, devenant de plus en plus solitaire. Son journal s'interrompt en 1939. Il meurt de façon soudaine, le 24 octobre 1943, au domaine familial, près de Québec.

Saint-Denys Garneau était le cousin de la poétesse et romancière Anne Hébert.

L'œuvre de Saint-Denys Garneau marque une étape nouvelle de la poésie québécoise. Sa poésie tout à fait libre — il est l'un des premiers à la faire ici — traduit son mal intérieur, sa difficulté de vivre, son refus du monde charnel, sa perception du jour au bout de sa nuit. Sa voix si nouvelle dans les années quarante du Québec ne sera finalement comprise que beaucoup plus tard, trop tard pour que le poète puisse compter sur la solidarité d'un groupe de lecteurs, même petit.

BIBLIOGRAPHIE

Poésies complètes, Montréal, Fides, 1949.

Journal, préface de Gilles Marcotte, Montréal, Beauchemin, 1963.

Lettres à ses amis, Montréal, HMH, 1967.

Œuvres, texte établi, annoté et présenté par Jacques Brault et Benoît Lacroix, Montréal, Presses de l'Univ. de Montréal, 1971.

Regards et Jeux dans l'espace, Les Solitudes, Introduction de Poésies, Robert Elis (nouvelle édition), Montréal, Fides, 1972 (coll. du Nénuphar).

A consulter :

LÉGARÉ, Romain, *L'Aventure poétique et spirituelle de Saint-Denys Garneau,* Montréal, Fides, 1957.

KUSHNER, Eva, *Saint-Denys Garneau,* coll. « Poètes d'aujourd'hui », Paris, Seghers, 1967.

(*Poésies*, Regards et jeux dans l'espace. *Les solitudes. Ch. VII, Montréal, Fides 1972.)*

Qu'est-ce qu'on peut pour notre ami
au loin là-bas à longueur de notre bras

Qu'est-ce qu'on peut pour notre ami
qui souffre d'une douleur infinie

Qu'est-ce qu'on peut pour notre cœur
Qui se tourmente et se lamente

Qu'est-ce qu'on peut pour notre cœur
Qui nous quitte en voyage tout seul

Que l'on regarde d'où l'on est
Comme un enfant qui part en mer

De sur la falaise où l'on est
Comme un enfant qu'un vaisseau prend

Comme un bateau que prend la mer
Pour un voyage au bout du vent

Pour un voyage en plein soleil
Mais la mer sonne déjà sourd

Et le ressac s'abat plus lourd
Et le voyage est à l'orage

Et lorsque toute la mer tonne
Et que le vent se lamente aux cordages

Le vaisseau n'est plus qu'une plainte
Et l'enfant n'est plus qu'un tourment

Et de la falaise où l'on est
Notre regard est sur la mer

Et nos bras sont à nos côtés
Comme des rames inutiles

Nos regards souffrent sur la mer
Comme de grandes mains de pitié

Deux pauvres mains qui ne font rien
Qui savent tout et ne peuvent rien

Qu'est-ce qu'on peut pour notre cœur
Enfant en voyage tout seul
Que la mer à nos yeux déchira.

Anne HÉBERT

Anne Hébert est née en 1916 à Sainte-Catherine de Portneuf, près de Québec. Elle est la fille de Maurice Hébert, poète et critique, et la cousine du poète de Saint-Denys Garneau. L'un et l'autre ont eu une influence considérable sur sa conception de l'art et de la poésie. De 1953 à 1954, elle est scénariste à l'Office national du film. Depuis, elle s'est consacrée entièrement à son métier d'écrivain, tantôt à Paris, tantôt à Montréal ou à Québec. Elle a publié des poèmes, des romans et quelques pièces de théâtre. Anne Hébert est un écrivain qui a affirmé l'âge de la parole pour ce pays de silence. Sa poésie est dépouillée comme « une fille maigre » et constitue un long cri de libération. Ce dernier thème, elle le reprend dans ses romans. Ses personnages s'arrachent aux songes, à l'histoire aliénante et s'installent dans la vie. De nombreux prix ont reconnu la valeur de son œuvre. Son avant-dernier roman, Kamouraska, *lui a valu le des libraires, en 1971.*

BIBLIOGRAPHIE

Les songes en équilibre, Montréal, éd. de l'Arbre, 1942.

Le Tombeau des rois, Québec, Institut littéraire, 1953.

Les Chambres de bois, Paris, Seuil, 1958.

Le Torrent, Montréal, HMH, 1963.

Poèmes, Paris, Seuil, 1960 (réunit *Le tombeau des rois* et *Mystère de la parole*).

Théâtre, Montréal, HMH, 1967.

Kamouraska, Paris, Seuil, 1970.

Les Enfants du Sabbat, Paris, Seuil, 1975.

A consulter:

PAGÉ Pierre, *Anne Hébert,* Montréal, Fides, 1965.

ETHIER-BLAIS Jean, *Fleurons glorieux,* dans *Signets II,* Montréal, Cercle du Livre de France, 1967.

MARCOTTE Gilles, *Le Tombeau des rois,* dans *Une littérature qui se fait,* Montréal, HMH, 1962. p. 272-283.

LE GRAND Albert, *Une parole enfin libérée,* dans *Maintenant,* 15 sept. 1967.

LE GRAND Albert, *Anne Hébert: de l'exil au royaume,* dans *Études françaises,* février 1968, p. 3-29.

DÉTRESSE *

Au chevet de son second mari qui va mourir, Élizabeth, la protagoniste de Kamouraska ([1]), *revit le meurtre de son premier mari, Tassy, tué par son amant, le docteur Nelson. (Paris, Le Seuil, 1970.)*

Le traîneau noir me frôla au passage. Emportant les deux hommes. A fond de train. Sur le chemin du Roi. En direction de la petite maison de Paincourt. Docteur Nelson, vous n'avez pas une minute à perdre. Celui de vous deux qui prendra la peine d'ouvrir la bouche pour injurier l'autre, sera perdu. Échec et mat, mon vieux Tassy. Le plus rapide joue et gagne. Tu n'avais qu'à ne pas perdre ton temps en imprécations contre ton vieux camarade de collège. Déjà le canon froid du pistolet contre ta tempe. Éclate. Te perce la cervelle. Tu penches la tête sur l'épaule de ton meurtrier. L'inondes de sang. L'écrases de tout ton poids. Quelqu'un assure, au-dessus de ta tête, que voilà des nouvelles de ta femme qui est à Sorel ([2]).

Le bruit de la première détonation sur le chemin du Roi se perd dans la neige épaisse qui tourbillonne. Dans les sifflements du vent. Je crois que je porte mes deux mains à mes oreilles. Mon cœur contre mes mains bat à se rompre. Ce n'est que mon cœur qui bat, je le jure. Nul autre bruit perceptible à cent lieues à la ronde. Trois hommes se rangent pourtant avec moi au bord de la route. Menacés par un train d'enfer (prétendent-ils) qui fonce sur nous au grand galop d'un cheval noir. Bernard Lancoignard dit Sansterre, Jean Saint-Joire dit Sargerie et Étienne Lancoignard dit Sansterre peuvent en témoigner. Quant à moi, je suis sourde et aveugle et ne puis vous assurer de rien. Ce n'est qu'un homme debout dans son traîneau, conduisant un blessé, en direction de l'anse de Kamouraska. Pour l'achever et l'ensevelir dans la neige. Chantant à tue-tête pour couvrir une plainte sourde, dans le fond du traîneau, sous les robes de fourrure.

La seconde détonation résonne très loin, dans l'anse. Un signe à peine. Comme un bateau en détresse qui s'éloigne sur le fleuve.

Un homme s'acharne, à coups de crosse de pistolet, sur un mort couché, la face dans la neige. Il frappe jusqu'à l'usure de la force surhumaine en lui déchaînée. Maître de la vie et de la mort. Un instant le vainqueur essuie son visage sur ma manche. Cherche

1. Village historique situé à 130 kilomètres en aval de Québec.
2. Ville historique située à 65 kilomètres en aval de Montréal.

dans son cœur la femme pour laquelle... Désire s'accoupler immédiatement avec elle. Triomphalement. Avant que ne déclinent sa puissance et sa folie. Avant que ne s'apaise son ivresse. Déjà on pourrait croire que cet homme est cerné par les larmes. Un tel épuisement point en lui, comparable à celui des fous après leur crise, à celui des femmes après leur accouchement, à celui des amants après l'amour.

Il s'agit maintenant pour l'homme de remonter en traîneau. De revenir sur la terre ferme, au plus vite. De discerner la ligne de partage de la neige, entre la terre et le fleuve gelé.

Jacques FERRON

Jacques Ferron est né à Louiseville, en 1921. Il fait ses humanités à Montréal et étudie la médecine à Québec. Il exerce d'abord dans l'armée canadienne, puis en Gaspésie et, depuis 1949, à Longueuil, en face de Montréal, dans les milieux populaires et souvent démunis. Ce choix n'est pas étranger à l'humanité qui le caractérise, ni à l'orientation d'une activité politique assez considérable. Il a eu une influence sur le Front de libération du Québec et son chef, Pierre Vallières, contestataire vigoureux, mais toujours opposé à l'usage de la violence.

Mais Jacques Ferron est par-dessus tout un écrivain remarquable par l'abondance, la variété et la valeur de son œuvre romanesque et théâtrale. C'est un conteur naturel et pittoresque. Sa verve s'enrichit d'une sympathie vraie pour son pays, ses gens, et d'une connaissance curieuse et vivante de notre histoire.

Jacques Ferron a publié dans les journaux et revues des centaines de lettres et d'articles sur des sujets sociaux, politiques et littéraires.

Son essai Du fond de mon arrière-cuisine *est une sorte de testament touchant (même si Ferron n'a que cinquante-quatre ans). Avec beaucoup de sérénité et une tristesse noble, l'auteur met en cause cette civilisation qui assassine la jeunesse de son pays.*

BIBLIOGRAPHIE

Papa Boss, Montréal, éd. Parti pris, 1966.

Contes, édition intégrale des *Contes du pays incertain,* des *Contes anglais et autres,* augmentée de quatre contes inédits, Montréal, HMH, 1968.

La charrette, Montréal, HMH, 1968.

Théâtre I (Les Grands soleils, 1958, le Cheval de Don Juan, Tante Elise ou le prix de l'amour) Montréal, Déom, 1968.

Le Ciel de Québec, Montréal, Éditions du Jour, 1969.

Le Salut de l'Irlande, Montréal, Éditions du Jour, 1970.

L'Amélanchier, Montréal, Éditions du Jour, 1970.

Le Saint-Elias, Montréal, Éditions du Jour, 1972.

Du fond de mon arrière-cuisine, Montréal, Éditions du Jour, 1973.

Ce bordel de pays I-VI, dans la revue *Parti pris,* déc. 1963; janv., fév., mars, avril 1964; mars 1965.

A consulter:

MARCEL Jean, *Jacques Ferron malgré lui,* Montréal, Éditions du Jour, 1970.

LES GRANDS SOLEILS

Prologue *

Dans la pièces Les Grands soleils *(Montréal, Librairie Déom, 1968), Ferron fait revivre un épisode de la rébellion des patriotes canadiens contre le régime anglais (1837), la bataille de Saint-Eustache. Le prologue, prononcé par un improbable Mithridate, roi du Pont, présente les acteurs de cet événement et les relie aux spectateurs d'aujourd'hui.*

MITHRIDATE:

Sieurs, Dames, garçons, demoiselles, citoyens, citoyennes des grandes paroisses [1] et des petites nations. Tenanciers, tenancières de nos cantons, de nos comtés, et vous, gens des îles qui ont retrouvé leur archipel qui se resserre pour donner terre ferme à un pays, permettez que je vous accueille comme vous le méritez, c'est-à-dire sans plus de cérémonie.

Je suis Mithridate, roi du Pont, je ne sais plus lequel; cela n'a d'ailleurs aucune importance que ce soit l'un, que ce soit l'autre pourvu que je passe l'eau à sec: je ne bois que du branvin [2] et de la robine [3]: roi quand même et seul personnage de la distribution assez fastueux pour ne pas vous payer les égards qui vous sont dus, assez malvenu en même temps pour vous présenter sans les désavantager les autres personnages de la pièce.

Élizabeth Smith d'Angleterre et des Ursulines [4], la seule personne du sexe [5] que vous verrez ce soir sur la scène. C'est une petite Anglaise qu'on a enquébecquoisée. Élizabeth Smith, Salut!

---

1. Villages. Au Québec. le village s'est constitué autour de l'église; il porte souvent le nom du saint patron de la paroisse.
2. Branvin, eau de vie, du français « brandevin » avec influence de l'anglais « brand-wine ».
3. Robine, alcool frelaté. Francisation de l'anglais « rubbing alcohol », alcool à friction.
4. Les Ursulines sont arrivées en Nouvelle-France en 1639.
5. Expression ancienne et pudique pour désigner les femmes. Abréviation de « sexe féminin ».

Bataille de St Eustache (14 décembre 1837). Lithographie de N. Hartnell d'après un dessin de Lord Charles Beauclerk. Publiée à Londres en mars 1840 par A. Flint.

(Archives nationales du Québec.)

L'autre robe, c'est un curé, le curé de Saint-Eustache ([6]), partisan de l'éternité, mal à l'aise dans l'histoire, bien avisé et maladroit, un compatriote quand même. Curé, Salut!

Félix Poutré, l'habitant, le père Noé de notre pays, après le déluge de l'Atlantique, un plus grand personnage que la pièce ne le montre. On l'avait trop vanté dans le passé. Aujourd'hui il n'en mène pas large, c'est qu'il doit rembourser. Félix Poutré, Salut!

Maintenant, c'est François, son fils, François, le canadien errant de l'Amérique, de la bataille de Saint-Eustache, du front de Normandie, de la guerre de Corée, le zouave, le mercenaire, le Vandouze, le timide, l'inquiet, le proscrit, dont l'exil cessera bientôt, le jour même qu'il aura un pays. François Poutré, Salut!

---

6. Allusion à la rébellion armée des Canadiens contre les Anglais, en 1837. Les Patriotes, conduits par le docteur Jean-Olivier Chénier, sont écrasés par les troupes six fois supérieures en nombre (1200 hommes) de John Colborne, à Saint-Eustache, le 14 décembre 1837. Chénier est tué au cours du combat.

Sauvageau l'immémorial, celui qu'on a dépouillé de tout, qu'on a traqué comme un gibier, qu'on a exterminé, le Sauvage qui en retour nous a apporté nos enfants, sauvant ainsi son âme en nous la transmettant. Sauvageau, mon antagoniste, mon frère, Salut!

Jean-Olivier Chénier, lui, n'a pas fait grand chose: il a simplement donné sa vie pour son pays, le pays qui retenait son souffle dans le limbe du Saint-Laurent et qui, après sa mort, s'est mis à crier, à crier de plus en plus fort. Aujourd'hui, il parle, le monde commence à l'entendre. Chénier, Salut!

Voilà, ils sont six, nous serons sept dans la pièce que nous allons maintenant vous jouer. Sept personnages, autant de complices, sans compter les autres, ceux que nous recruterons dans la maffia des locataires de places. Sieurs, Dames, les Tenancières, les Tenanciers, le chacun, la chacune, d'un petit bordel portatif, personnel et intime. Vous êtes venus pour ça et nous n'avons pas d'autre but.

Le théâtre, ce n'est jamais gratuit, c'est machiné, prémédité, concerté, c'est un appareil de sédition masqué par les feux des projecteurs et les besoins de l'amusement. Si la représentation d'une pièce a du sens, c'est par la conspiration qu'il y a derrière. Telle est l'idée que je me fais du théâtre, moi, Mithridate, roi du Pont et de la robine. Cette idée, vous n'êtes pas obligés de la partager. On vous conseille même de l'oublier. Mon idée, ma robine, c'est du pareil au même. Oubliez l'une il restera l'autre. Vous en boirez comme j'en ai fait boire, vous le verrez, à Monsieur le docteur Jean-Olivier Chénier, qui était certainement aussi respectable que vous.

Écoutez-moi bien: je vous ai abordés poliment — soyez polis. Je vous ai dit: « Mesdames, Messieurs, gentilles demoiselles, jolis garçons... Oui, pensez donc! C'était gracieux comme tout. Je vous ai abordés comme des innocents.

Que ceux qui le sont, le restent, mais comme il n'y en a pas, excepté ceux qui font semblant, et ça je le sais bien, et ça, vous le savez mieux que moi, alors tant pis pour l'innocence! Je vous dis:

Mes complices, mes frères, Salut!

André LANGEVIN

Né à Montréal, en 1927, André Langevin est d'abord journaliste à Notre Temps *(1946-47), puis critique littéraire au* Devoir *(1947-48). En 1948, il entre à Radio-Canada, où il est maintenant réalisateur.*

En quelques années, de 1951 à 1956, il publie trois romans et produit deux pièces de théâtre. Par la suite, il devient essayiste et obtient à ce titre, en 1967, le prix de la revue Liberté. *Tout récemment, il est revenu à la production romanesque avec l'*Élan d'Amérique *et* Une chaîne dans le parc.

*André Langevin est le romancier de l'homme seul, impuissant à communiquer avec ses semblables. Ses trois premiers romans traitent de l'échec, celui de la personne (*Évadé de la nuit*), celui du couple (*Poussière sur la ville*), celui de la charité avec l'aventure bunuélienne du prêtre réfractaire Pierre Dupas (*Le Temps des hommes*). Avec ses deux romans parus après 1970, Langevin éclaire sa trilogie antérieure. L'*Élan d'Amérique *reprend le thème de l'échec au niveau même de la nation alors qu'*Une Chaîne dans le parc *éclaire le thème du regard constamment présent dans l'œuvre langevinienne. C'est l'aspect sartrien de l'œuvre de Langevin où l'orphelin omniprésent et toujours de trop est offert en pâture à l'indiscrétion du regard.*

Comme essayiste, c'est surtout dans des revues que Langevin a livré ses réflexions. L'auteur montréalais a privilégié la condition culturelle des parlant français en même temps que leur caractère américain.

BIBLIOGRAPHIE

Évadé de la nuit, Montréal, Cercle du Livre de France, 1951.

Poussière sur la ville, 3e éd , Montréal, Cercle du Livre de France, 1964, (1re éd. 1953).

Le temps des hommes, Montréal, Cercle du Livre de France, 1956.

L'élan d'Amérique, Montréal, Cercle du Livre de France, 1972.

Une chaîne dans le parc, Montréal, Cercle du Livre de France, 1974.

A consulter:

MARCOTTE Gilles, *L'œuvre romanesque d'André Langevin,* dans *Une littérature qui se fait,* Montréal, HMH, 1962, p. 51 à 61.

Numéro spécial d'*Études littéraires,* Québec, P.U.L., vol. VI, n° 2, août 73, p. 151 à 268.
GAULIN André, *André Langevin, essayiste (1946-1969)*, dans *Voix et Images du pays VII,* Montréal, Presses de l'université du Québec, 1973, p. 151 à 165.

LA MORT BLANCHE *

Le temps des hommes *d'André Langevin (Montréal, Le Cercle du Livre de France, 1956) relate la vie âpre et les amours frustes des bûcherons. Cet extrait, ch. XIII, se place à la fin du récit. Dupas, un prêtre qui a laissé son ministère et s'est fait bûcheron, accompagne Laurier, auteur de deux meurtres, dans sa fuite désespérée à travers le blizzard.*

— Je peux te passer mon coupe-vent. J'ai chaud.

Il mentait. Son corps ne produisait aucune chaleur. Il n'avait pas assez mangé. Le froid le transperçait jusqu'à l'os.

— Où que tu veux que je le mette ton coupe-vent? Je peux pas l'enfiler par-dessus le mien.

Il s'étendit dans la neige et respira profondément la bouche ouverte. Le frisson durait toujours. Il dit en se relevant:

— Le mieux est de continuer à marcher.

Une pente raide, où le vent avait amoncelé plusieurs pieds de neige, descendait jusqu'au lac. Laurier s'y engagea en courant, mais la neige le happa et il continua en rampant à demi. Dupas le rejoignit.

— Passe derrière moi. Je ferai un chemin.

Laurier ne répondit pas. Il passa devant. Quand ils atteignirent le lac, Laurier se traînait à quattre pattes. Il avait perdu son bonnet de fourrure. La neige le recouvrait d'un masque rose, là où était la bouche. Parvenu à côté de Dupas, il s'étendit complètement sur le ventre, le visage dans la neige. Dupas attendit un moment, puis il le retourna sur le dos. Il avait les yeux hagards. Il soufflait sans arrêt. Dans sa poitrine, l'air crépitait.

Dupas enfin se coucha à ses côtés. Ses membres étaient rigides. Le moindre mouvement lui coûtait un effort insensé et il ne parvenait pas à alléger sa poitrine d'un poids qui l'oppressait. Le vent chassait des tourbillons de neige au-dessus d'eux. Il ferma les yeux et la panique lui étreignit le cœur. Il allait mourir ainsi, allongé à côté de Laurier, mourir de froid, de faim, enseveli sous la neige. La mort était ce grand espace blanc qui se dilatait dans sa tête, le faux sommeil qui le tirait par derrière, la torpeur de tout son corps. La mort s'offrait, séduisante, facile, glacée. Il n'avait qu'à se laisser couler, à s'abandonner. La mort monterait de ses pieds, lentement et il ne sentirait rien qu'un bienfaisant engourdissement. Elle monterait avec son sang, goutte à goutte. Il pourrait même la regarder venir les yeux ouverts. Il pourrait se pencher au-dessus d'elle pour la voir progresser. Une mort blanche, tendre, pacifiante.

Laurier parlait à côté de lui. Il essaya d'entendre, mais il ne comprit pas. Laurier délirait. Les mots lui sortaient de la bouche comme une respiration gelée. Ils n'avaient aucun sens. Les derniers mots qui lui restaient sur le cœur. Ils sortaient pour faire place à la mort qui montait en lui aussi, enveloppée de l'écume rose.

Dupas rouvrit les yeux tout à coup. Il avait senti un coup de fouet dans tout son corps, un avertissement violent. Laurier était assis et le mettait en joue avec son revolver en parlant d'une façon incohérente. Il avait dans les yeux une tristesse intolérable, lointaine, au-delà de la vie. Laurier le mettait en joue et essayait pitoyablement de lui dire quelque chose d'essentiel. Il avait l'âme au bord des yeux, mais rien ne passait de son message. Dupas n'obéit qu'à sa terreur. Il saisit l'automatique par le canon et le détourna de lui. Un bruit énorme injustifié, se répercuta dans sa tête. Il se retourna vivement sur le ventre, les yeux fermés. Le silence qui suivit chassa la mort blanche de ses veines, lui pinça le cœur. Lentement il se redressa sur ses bras. Il regarda à côté de lui. Laurier était immobile, sur le dos, les yeux pleins d'eau, la bouche ouverte, la tête rejetée en arrière. Il avait une tache rouge dans le cou, une tache qui s'étendit jusque sur la neige.

Il ne pouvait détacher ses yeux. Il n'y avait que ses yeux séparés de son corps, en suspens dans l'air qui regardaient Laurier dormir.

Il eut froid aux mains. Il se leva et il s'aperçut que Laurier était mort. Il chercha ses moufles dans la neige, les mit. Il pensait: la cabane à l'autre bout du lac. Dans la cabane il y a des policiers. Tirer le corps de Laurier sur le lac pour qu'ils puissent le retrouver.

Il se pencha, prit les pieds de Laurier dans ses mains et tira en reculant jusqu'à ce qu'il fût loin de la rive. Puis, sans un regard pour le mort qu'il laissait derrière lui, il se dirigea lentement vers l'autre extrémité du lac. Il avait le vent en pleine poitrine. Il s'immobilisait parfois pour laisser passer une rafale, puis il reprenait. Un lien venait d'être coupé entre la vie et lui. Il ballottait au gré du vent. Il dérivait. Il perdait son âme, grain à grain derrière lui.

Gaston MIRON

Gaston Miron est né dans les Laurentides, à Sainte-Agathe-des-Monts, en 1928. Sa poésie s'alimente abondamment aux vastes étendues, aux beautés et à l'âpreté des paysages habités dans son enfance. Après des études à l'école normale, il enseigne un an ; mais la poésie l'attire, impérieuse et exclusive. Il abandonne l'enseignement, s'adonne à toutes les tâches pour assurer sa subsistance et publie quelques poèmes dans des journaux et des revues. En 1953, il fonde avec d'autres les éditions de l'Hexagone qui deviendront la grande maison de la poésie québécoise. Il y publie avec Olivier Marchand son premier recueil, Deux sangs. *Bientôt, il se jette dans la lutte politique et devient indépendantiste convaincu et militant socialiste. Par son œuvre de poète et d'éditeur, par son action politique, Miron est une figure dominante — presque mythique — du renouveau des lettres québécoises. Combattant d'avant-garde, il surmonte ses doutes et ses angoisses pour animer les esprits à la création libératrice. Il crie ses poèmes sur la voie publique. Il affirme en poésie ce qu'il appelle le non-poème :* « Le non-poème / c'est ma tristesse ontologique / la souffrance d'un autre être / Le non-poème / ce sont les conditions subies sans espoir / de la quotidienne altérité /. Le non-poème / c'est mon historicité / vécu par substitutions / Le non-poème / c'est ma langue que je ne sais plus reconnaître / des marécages de mon esprit brumeux / à ceux des signes aliénés de ma réalité / Le non-poème / c'est la dépolitisation maintenue de ma permanence / Or le poème ne peut se faire que contre le non-poème ». *Ses poèmes sont recueillis dans* L'Homme rapaillé *(1970) qui lui a valu le prix de la revue* Études françaises *de l'Université de Montréal.*

BIBLIOGRAPHIE

Deux sangs, Montréal, l'Hexagone, 1953.

L'Homme rapaillé, Montréal, Presses de l'Université de Montréal, 1970.

A consulter:

BRAULT Jacques, *Miron le magnifique,* Conférences De Sève, Université de Montréal, 1965-66, p. 141-180.

ETHIER-BLAIS Jean, *Miron's Band (l'Hexagone),* dans *Signets II,* Montréal, Cercle du Livre de France, 1967, p. 175-184.

CHAMBERLAND Paul, *Dire ce que je suis* dans *Parti pris* janv. 1965, p 33-42.

MIRON Gaston, *Le non-poème et le poème,* dans *Parti pris,* juin-juil. 1965, p. 88-97.

Numéro spécial de la *Barre du jour,* Document Miron, Montréal, octobre 1970, nº 26, 52 p.

Dans la revue *Québec français,* Dossier Miron, Québec, mars 1974, nº 14, p. 13 à 20

L'OCTOBRE

*(Extrait de « La vie agonique », dans l'*Homme rapaillé, *Montréal, Les Presses de l'Université de Montréal, 1970.)*

L'homme de ce temps porte le visage de la flagellation
et toi, Terre de Québec, Mère Courage
dans ta longue marche, tu es grosse
de nos rêves charbonneux douloureux
de l'innombrable épuisement des corps et des âmes.

Je suis né ton fils par en haut là-bas
dans les vieilles montagnes râpées du nord
j'ai mal et peine ô morsure de naissance
cependant qu'en mes bras ma jeunesse rougeoie

voici mes genoux que les hommes nous pardonnent
nous avons laissé humilier l'intelligence des pères
nous avons laissé la lumière du verbe s'avilir
jusqu'à la honte et au mépris de soi dans nos frères
nous n'avons pas su lier nos racines de souffrance
à la douleur universelle dans chaque homme ravalé.

je vais rejoindre les brûlants compagnons
dont la lutte partage et rompt le pain du sort commun
dans les sables mouvants des détresses grégaires

nous te ferons, Terre de Québec
lit des résurrections
et des mille fulgurances de nos métamorphoses
de nos levains où lève le futur
de nos volontés sans concessions
les hommes entendront battre ton pouls dans l'histoire
c'est nous ondulant dans l'automne d'octobre
c'est le bruit roux de chevreuils dans la lumière
l'avenir dégagé
l'avenir engagé.

Gilles VIGNEAULT

Gilles Vigneault est né en 1928, à Natashquan, petit village de la basse côte nord du Saint-Laurent. Il fait ses études classiques au Séminaire de Rimouski et sa licence en lettres à l'Université Laval de Québec. Il y fait la connaissance de Luc Lacourcière, spécialiste du folklore, avec qui il travaille quelque temps. En 1953, il fonde avec un groupe d'étudiants la revue de poésie Emourie *qui sera publiée jusqu'en 1966. En 1959, il lance les éditions de l'Arc et publie son premier recueil de poèmes,* Étraves, *qui sera suivi en peu d'années de nombreux autres.*

C'est en 1960, après quelques années d'enseignement, qu'il se produit à la Boîte à chansons, à Québec. Dès 1963, il obtient le prix du Disque et devient bientôt une vedette de renommée internationale, sans négliger pour autant sa production poétique.

Le poète de la Côte-Nord, le nord du nord selon son expression, est le chantre d'un pays de paroles, de gens de langage qui parlent pour parler ; ses personnages à la fois légendaires et gargantuesques ou amoureux et fragiles disent assez les racines historiques de l'homme d'ici trois fois séculaire malgré les glaces et peut-être bien aussi l'évanescence de cet être fugace qui peut connaître comme l'Acadien d'hier sa déportation en Louisiane. « Quand nous marcherons vers la Louisiane / Anne ma sœur Anne,/ nos enfants sauront/ Déjà mieux que nous / la langue des gens de la Louisiane... »

BIBLIOGRAPHIE

Etraves, Éd. de l'Arc, 1959.
Balises, Québec, Éd. de l'Arc, 1964.
Avec les vieux mots, Québec, Éd. de l'Arc, 1965.
Quand les bateaux s'en vont, Québec, Éd. de l'Arc, 1965.
Les Gens de mon pays, Québec Éd. de l'Arc, 1967.
Tam ti delam, Québec, Éd. de l'Arc, 1967.
Ce que je dis c'est en passant, Québec, Éd. de l'Arc, 1970.
Exergues, Montréal, Nouvelles éditions de l'Arc, 1971.

A consulter :

ROBITAILLE Aline, *Gilles Vigneault,* Montréal, l'Hexagone, 1968.
GAGNÉ Marc, *Propos de Gilles Vigneault,* Nouvelles éditions de l'Arc, Montréal, 1974.

Clarence Gagnon, Le pont de glace à Québec.
(Musée du Québec.)

MON PAYS

(Extrait de Gilles Vigneault, *présentation par Lucien Rioux, choix de chansons, discographie, bibliographie, portraits. Ed. Pierre Seghers, Paris, 1969.)*

Mon pays ce n'est pas un pays c'est l'hiver
Mon jardin ce n'est pas un jardin c'est la plaine
Mon chemin ce n'est pas un chemin c'est la neige
Mon pays ce n'est pas un pays c'est l'hiver

Dans la blanche cérémonie
Où la neige au vent se marie
Dans ce pays de poudrerie ([1])
Mon père a fait bâtir maison
Et je m'en vais être fidèle
A sa manière à son modèle
La chambre d'amis sera telle
Qu'on viendra des autres saisons
Pour se bâtir à côté d'elle

Mon pays ce n'est pas un pays c'est l'hiver
Mon refrain ce n'est pas un refrain c'est rafale
Ma maison ce n'est pas ma maison c'est froidure
Mon pays ce n'est pas un pays c'est l'hiver

De mon grand pays solitaire
Je crie avant que de me taire
A tous les hommes de la terre
Ma maison c'est votre maison
Entre mes quatre murs de glace
Je mets mon temps et mon espace
A préparer le feu la place
Pour les humains de l'horizon
Et les humains sont de ma race

Mon pays ce n'est pas un pays c'est l'hiver
Mon jardin ce n'est pas un jardin c'est la plaine
Mon chemin ce n'est pas un chemin c'est la neige
Mon pays ce n'est pas un pays c'est l'hiver

Mon pays ce n'est pas un pays c'est l'envers
D'un pays qui n'était ni pays ni patrie
Ma chanson ce n'est pas ma chanson c'est ma vie
C'est pour toi que je veux posséder mes hivers...

1. Tempête de neige abondante poussée par des vents violents. Se dit aussi lorsque le vent soulève la neige après la tempête.

Hubert AQUIN

Hubert Aquin est né à Montréal en 1929. Après avoir obtenu une licence en philosophie de l'Université de Montréal, il étudie les sciences politiques à Paris et en Suisse. Il travaille pendant cinq ans à Radio-Canada et quatre ans à l'Office National du Film comme auteur, réalisateur, animateur et producteur. En 1961, il milite dans un parti politique aux tendances révolutionnaires. La même année, il est directeur de la revue Liberté. *A la suite d'un vol d'armes, en 1964, il fait un séjour en prison, puis dans un institut psychiatrique. Il se tourne ensuite vers la littérature en faisant une entrée remarquée dans le monde littéraire. Depuis quelques années, il œuvre dans l'enseignement et dans l'édition.*

Hubert Aquin a un style bien à lui: il est original dans son écriture même qui est baroque ou, pourrions-nous dire, aquinienne, tellement elle est personnalisée. Cet écrivain de l'intelligence, érudit et philosophe, nous conduit en tant que lecteurs au cœur de son œuvre, au cœur même de sa dualité, au cœur même de sa mémoire. D'épisode en prochain épisode, l'auteur nous implique dans son univers qui parle autant de la libération d'une personne ou de personnages que de la libération de l'homme contemporain, qu'il soit de Montréal ou de Lausanne.

BIBLIOGRAPHIE

Romans:

Prochain épisode, Montréal, Le Cercle du Livre de France, 1965.
Trou de mémoire, Montréal, Le Cercle du Livre de France, 1968.
L'Antiphonaire, Montréal, Le Cercle du Livre de France, 1969.
Point de fuite, Montréal, Le Cercle du Livre de France, 1971.
Les Rédempteurs, récit, dans *Écrits du Canada français,* n° 5 (1959), p. 45-114.
Neige noire, Montréal, La Presse, 1974.

Pièces de théâtre:

Table tournante, dans *Voix et images du pays II,* 1969,.
24 heures de trop, dans *Voix et images du pays III,* 1970.
Le choix des armes, dans *Voix et images du pays V,* 1972.

A consulter :

ETHIER-BLAIS Jean, *Hubert Aquin — Témoin à charge,* dans *Signets II,* Montréal, Le Cercle du Livre de France, 1967, p. 233-237.
IQBAL Françoise, *L'œuvre romanesque de Hubert Aquin,* Vancouver, University of British Columbia (thèse de doctorat), 1972.
SMART Patricia, *Hubert Aquin, agent double,* Montréal, P.U.M., 1973.

LE SYMBOLE FRACTURÉ DE LA RÉVOLUTION DU QUÉBEC *

Le narrateur, incarnation symbolique du Québec, — qui se confond presque avec l'auteur — entreprend de raconter l'échec de ses tentatives révolutionnaires et son suicide raté. (Le texte est tiré de Prochain épisode, *Montréal, Le Cercle du Livre de France, 1965.)*

Entre un certain 26 juillet et la nuit amazonique du 4 août, quelque part entre la prison de Montréal et mon point de chute, je décline silencieusement en résidence surveillée et sous l'aile de la psychiatrie viennoise ; je me déprime et me rends à l'évidence que cet affaissement est ma façon d'être. Pendant des années, j'ai vécu aplati avec fureur. J'ai habitué mes amis à un voltage intenable, à à un gaspillage d'étincelles et de courts-circuits. Cracher le feu, tromper la mort, ressusciter cent fois, courir le mille ([1]) en moins de quatre minutes, introduire le lance-flamme en dialectique, et la conduite-suicide en politique, voilà comment j'ai établi mon style. J'ai frappé ma monnaie dans le vacarme à l'image du surhomme avachi. Pirate déchaîné dans un étang brumeux, couvert de Colt 38 et injecté d'hypodermiques grisantes, je suis l'emprisonné, le terroriste, le révolutionnaire anarchique et incontestablement fini ! L'arme au flanc, toujours prêt à dégainer devant un fantôme, le geste éclair, la main morte et la mort dans l'âme, c'est moi le héros, le désintoxiqué ! Chef national d'un peuple inédit ! Je suis le symbole fracturé de la révolution du Québec, mais aussi son reflet désordonné et son incarnation suicidaire. Depuis l'âge de quinze ans, je n'ai pas cessé de vouloir un beau suicide : sous la glace enneigée du lac du Diable, dans l'eau boréale de l'estuaire du Saint-Laurent, dans une chambre de l'hôtel Windsor avec une femme que j'ai aimée, dans l'auto broyée l'autre hiver, dans le flacon de Beta-Chlor 500 mg, dans le lit de Totem, dans les ravins de la Grande-Casse et de Tour

1. Mesure anglaise valant 1609 mètres.

d'Aï, dans ma cellule CG 19, dans mes mots appris à l'école, dans ma gorge émue, dans ma jugulaire insaisie et jaillissante de sang! Me suicider partout et sans relâche, c'est là ma mission. En moi, déprimé explosif, toute une nation s'aplatit historiquement et raconte son enfance perdue, par bouffées de mots bégayés et de délires scripturaires et, sous le choc noir de la lucidité, se met soudain à pleurer devant l'immensité du désastre et l'envergure quasi sublime de son échec. Arrive un moment, après deux siècles de conquêtes et 34 ans de tristesse confusionnelle, où l'on n'a plus la force d'aller au-delà de l'abominable vision. Encastré dans les murs de l'Institut et muni d'un dossier de terroriste à phases maniacospectrales, je cède au vertige d'écrire mes mémoires et j'entreprends de dresser un procès-verbal précis et minutieux d'un suicide qui n'en finit plus. Vient un temps où la fatigue effrite les projets pourtant irréductibles et où le roman qu'on a commencé d'écrire sans système se dilue dans l'équanitrate ([2]). Le salaire du guerrier défait, c'est la dépression. Le salaire de la dépression nationale, c'est mon échec; c'est mon enfance dans une banquise, c'est aussi les années d'hibernation à Paris et ma chute en ski au fond du Totem dans quatre bras successifs. Le salaire de ma névrose ethnique, c'est l'impact de la monocoque et des feuilles d'acier lancées contre une tonne inébranlable d'obstacle. Désormais, je suis dispensé d'agir de façon cohérente et exempté, une fois pour toutes, de faire un succès de ma vie. Je pourrais, pour peu que j'y consente, finir mes jours dans la torpeur feutrée d'un institut anhistorique, m'asseoir indéfiniment devant dix fenêtres qui déploient devant mes yeux dix portions équaniles ([3]) d'un pays conquis et attendre le jugement dernier où, étant donné l'expertise psychiatrique et les circonstances atténuantes, je serai sûrement acquitté.

---

2. Médicament, tranquillisant.
3. Néologisme dérivé de équanil: médicament tranquillisant.

Roland GIGUÈRE

Roland Giguère est né à Montréal, en 1929. Il reçoit sa formation artistique à l'École des Arts graphiques de Montréal, puis à l'École Estienne de Paris. A vingt ans, il publie Faire naître, *aux Éditions Erta qu'il a lui-même fondées et où l'art du graveur et celui du poète trouvent un objet commun. Roland Giguère est donc sensible à la lumière des formes et des mots. On pourrait dire que sa poésie va du noir au blanc et du blanc au noir. C'est le poète qui appelle la naissance de chacun et de son pays, et qui tente de cerner le mal dans sa nuit ou son jour de poète. Celui qui affirme que la main du bourreau finit toujours par pourrir. Ses recueils, tirés à peu d'exemplaires, ont été réunis sous le titre* L'Age de la parole, *aux Éditions de l'Hexagone. Roland Giguère tient un atelier d'arts graphiques à Montréal.*

BIBLIOGRAPHIE

Faire naître, ill. d'Albert Dumouchel, Montréal, éd. Erta, 1949.
Yeux fixes, Montréal, Erta, 1953.
Les Armes blanches, Montréal, Erta, 1954.
L'Âge de la parole (poèmes 1949-1960), Montréal, l'Hexagone, 1965.
La main au Jeu, 1949-1968, Montréal, Éditions de l'Hexagone, 1973.

A consulter:

MARCOTTE Gilles, *Une littérature qui se fait,* Montréal, HMH, 1962, pp. 65-70, 284-293.
BOURNEUF Roland, *Roland Giguère,* dans *Europe,* fév.-mars 1969, p. 157-163.
Numéro spécial de la *Barre du Jour,* Connaissance de Giguère, Montréal, nos 11-12-13, mai 1968.

DOLMEN

(Extrait de La main au Jeu, *Montréal, Éditions de l'Hexagone, 1973.)*

Vivre en pays barbare, à l'ombre des baobabs et retrouver le goût du feu dans les gestes quotidiens.
L'amour aidant l'ampleur du brasier, cuire l'inutile à la broche.
Le futur ne saura rien de ces absences précieuses et le présent ferme l'œil.
Sous la paupière passe un troglodyte transpercé de stalagmites et trois cents aurochs illuminent la plaine.
Dans la main de l'homme, le silex patiente.

Homme de Néanderthal, n'as-tu pas dessiné la forme de ta vie sur le calcaire de tes demeures? Le rouge crie, le noir souligne et l'ocre nous parle de ta terre où croissaient tes désirs échevelés, à l'état sauvage, à l'air merveilleusement libre. Tu n'avais pas la parole facile mais la tête claire et la main heureuse.
Le reste n'est que paille roussie.
Le reste n'est que peau morte.
Le reste est pourri.

Dans la nuit parfois nous reprenons tes sentiers pour aller boire à la Source de Feu et il nous arrive de rencontrer cet oiseau-à-tête-d'homme qui hantait ton ciel, nous lui ouvrons les ailes et offrons à ses serres ce qui nous reste de chaleur pour qu'il reprenne, le temps d'une lueur, cette course fulminante qui mène à l'ultime bûcher.

Homme de Néanderthal, souviens-toi de nous!

Paul-Marie LAPOINTE

Paul-Marie Lapointe est né au Lac Saint-Jean en 1929. Il fait ses études classiques à Chicoutimi et à Montréal et s'engage dans le journalisme où il se distingue bientôt. Lié au mouvement automatiste des années 48 dont le Vierge incendié *est son illustration éloquente, le poète s'est dit beaucoup influencé par le jazz dans son écriture. Après avoir contribué à la fondation de la revue* Liberté *et du* Nouveau Journal, *il devient, en 1963, directeur du* Magazine Maclean. *Il est maintenant attaché au programme des émissions: affaires publiques à Radio-Canada.*

Le poète, qui est aussi journaliste, ne se détournera jamais de son projet: fonder par la « modulation » poétique le lien et la force de vivre en dépit des angoisses, pour les humbles auprès desquels il se range.

Poète de l'appartenance, il n'a cessé de proclamer la solidarité fraternelle et trahie.

BIBLIOGRAPHIE

Le Vierge incendié, s.l., Mithra-Mythe, 1948.
Choix de poèmes, Arbres, Montréal, l'Hexagone, 1960.
Pour les âmes, Montréal, l'Hexagone, 1964.
Le réel Absolu, Montréal, l'Hexagone, 1971.
Tableaux de l'amoureuse suivi de Une unique, Art égyptien, Voyage et autres poèmes, Montréal, l'Hexagone, 1975.

(Extrait de Le Vierge incendié, *dans* Le réel Absolu, *poèmes 1948-1965, Montréal, Éditions de l'Hexagone, 1971.)*

Le message de la pluie, de la nuit, porte un cœur d'or dans ses paumes larges fermées; je suis trop doux, les masques brûlent dans mon visage, et j'ai consommé ma vie dans les murs de ta bouche. Mais tu graves la cire avec tes ongles quand tu cries comme un geste qui te fait souffrir. Je serai toujours de l'autre côté de la force; là, de longs pardons sont à genoux pour demander grâce. Route de porcelaine blanche, tu reluis comme un astre, un rien de temps suivi de l'aube. Jour qui m'anéantis, toute la grâce d'une tête d'étoile; elle ne sai*s* pas la place exacte. Avoir dormi dans tes yeux où se consumait l'après-midi d'un fagot. Soir de jute aux miaulements rauques; des chatteries immenses; point de terme hormis le rasoir dans la gorge. Nul ne pensait à la rivière. Elle coule dans une idée bien déterminée de finir cela le plus tôt possible, de trancher la question. Ma fille d'oiseau. Le tigre a dévoré des plumages et nous irons dormir au fond de l'eau.

Antonine MAILLET

Antonine Maillet est née en 1929 à Bouctouche, village de l'Acadie (1). *Elle fait ses études secondaires à Moncton, au Nouveau-Brunswick, obtient une licence en Lettres à l'Université de Montréal et le doctorat à l'Université Laval, à Québec. A présent, elle y enseigne la littérature orale.*

Antonine Maillet a publié quelques romans et des contes, mais c'est par son théâtre qu'elle est connue depuis le succès énorme remporté par La Sagouine. *Acadienne de souche et de cœur, elle s'est consacrée à ses compatriotes qu'elle raconte et fait vivre avec une sympathie émue. Elle parle de l'Acadie comme d'un pays fait de résistants qui ont appris les secrets efficaces de la résistance passive. C'est l'Acadie française restée savoureusement pittoresque dans sa langue rabelaisienne et son humour délicieux.*

BIBLIOGRAPHIE

Les crasseux, pièce en trois actes, Présentations de Rita Scalabrini et Jacques Ferron, Montréal, Leméac, 1973 (1re éd. 1966).

La Sagouine; pièce pour une femme seule, Montréal, Leméac, 1971.

Par derrière chez mon père, recueil de contes, ill. de Rita Scalabrini, Montréal, Leméac, 1972.

Mariaagélas, Montréal, Leméac, 1973.

L'Acadie pour quasiment rien: guide historique, touristique et humoristique d'Acadie, Montréal, Leméac, 1973.

Evangéline deusse, Montréal, Leméac, 1975.

1. L'Acadie était la plus ancienne colonie française en Amérique. Le traité d'Utrecht de 1713 la céda à l'Angleterre. En 1755, les Anglais dispersèrent les Acadiens dont un groupe important alla s'établir en Louisiane. Forte d'une vie culturelle intense, l'Acadie lutte pour la reconnaissance de ses droits linguistiques.

LA SAGOUINE

Ce passage est l'un des nombreux monologues au cours desquels l'auteur relate en clé satirique la vie dure et humiliée de bien des Acadiens dans un passé encore récent. *(Extrait de* La Sagouine: pièce pour une femme seule, *Montréal, Leméac, 1971.)*

J'ai peut-être ben la face nouère pis la peau craquée, ben j'ai les mains blanches, Monsieur! J'ai les mains blanches parce que j'ai eu les mains dans l'eau toute ma vie. J'ai passé ma vie à forbir. Je suis pas moins guénillouse pour ça... j'ai forbi sus les autres. Je pouvons ben passer pour crasseux : je passons notre vie à décrasser les autres. Frotte, pis gratte, pis décolle des tchas ([1]) d'encens... ils pouvont ben aouère ([2]) leux maisons propres. Nous autres, parsoune s'en vient frotter chus nous.

Parsoune s'en vient non plus laver nos hardes. Ni coudre, ni raccommoder. Ils pouvont ben nous trouver guénilloux: je portons les capots ([3]) usés qu'ils nous avont baillés pour l'amour de Jésus-Christ. Par chance qu'ils avont de la religion: ils pensont des fois à nous douner par charité leux vieilles affaires. Leux vieilles affaires et leux vieilles hardes qu'étiont neuves un jour que ça nous faisait rêver d'en aouère des pareilles. Je finissons par les receouère pour nous payer nos journées d'ouvrage, mais quand c'est que j'en avons pus envie. Quand c'est que t'as vu dix ans de temps un chapeau de velours sus la tête d'une femme, au coumencement tu le trouves ben beau et tu voudrais ben l'aouère. Pis il coumence à cobir ([4]) pis finit pas ressembler une crêpe de boqouite ([5]). C'est ce temps-là qui te le dounont. Ils te dounont des châles itou quand c'est qu'ils se portont pus, et des bottines quand c'est la mode des souliers. Ça arrive même qu'ils te dounont deux claques ([6]) du même pied, ou ben un manteau trop petit où c'est qu'ils avont louté les boutons. Ils pouvont ben trouver que je sons mal attifés.

---

1. Prononciation régionale de tas.
2. Prononciation régionale de avoir.
3. Manteaux.
4. Bosseler.
5. Farine de sarrazin.
6. Semelles de caoutchouc que l'on porte pour isoler ses souliers de la pluie ou de la neige. Les couvre-chaussures ou pardessus recouvrent eux complètement les souliers.

Un paysage d'Acadie.

Trop mal attifés pour aller à l'église, t'as qu'à ouère! C'est pour aller à l'église que le monde met ses pus belles hardes. Pour aller à l'église le dimanche. Nous autres, j'avons pas de quoi nous gréyer (7) pour une église de dimanche. Ça fait que j'y allons des fois sus la semaine. Mais y en a qui voulont pus y retorner, parce que les prêtres leur avont dit que la messe en semaine, ça comptait pas. Ils faisiont rien qu'un péché de plusse d'aller communier le vendordi matin avec leu messe de dimanche sus la conscience. Quand c'est que Gapi a vu ça, il a arrêté d'y aller aussi ben le vendordi coume le dimache et asteur j'y retornons pas souvent.

7. Nous habiller. Emprunté au vocabulaire des marins.

C'est point aisé non plus d'apprendre à parler en grandeur et à se comporter coume du monde parmi le monde, quand c'est que t'as pas le droit de leur adresser la parole sans passer pour un effaré. Va-t'en dire à la femme à Dominique: « Salut ben! » en rentrant par la porte d'en avant pour laver sa place... A' se pincera le nez coume si même ton salut sentit point à bon. Ça fait que la prochaine fois, tu rentreras par la porte d'en airière et tu te farmeras la goule.

C'est malaisé de saouère quoi c'est dire à ce monde-là. Eux autres ils pouvont te parler de leu parenté, de leux voyages dans les vieux pays ([8]), de leux maisons d'été pis leux maisons d'hiver, ou ben donc de leux enfants qui sont rendus dans les colléges ou dans le gouvarnement. Mais nous autres, j'avons ni garçons instruits, ni parenté aux États ([9]), ni que je pouvons changer de maison d'une saison à l'autre, ou changer de pays coume des vacanciers. J'avons jamais de vacances parce que j'avons pas d'ouvrage. Je travaillons parmi les maisons. Et là, point de vacances payées. Point de semaines de quarante heures, non plus, ni de rentes pour tes vieux jours. Tes vieux jours tu les passeras coume les autres: à gratter pis à forbir... Hé oui!...

8. L'Europe.
9. États-Unis.

Fernand OUELLETTE

Fernand Ouellette est né à Montréal, en 1930. Il s'oriente d'abord vers les sciences qu'il abandonne après l'obtention de la licence. Il devient commis de librairie, puis entre à Radio-Canada où il est maintenant réalisateur d'émissions culturelles. Il fait ses débuts poétiques dans le groupe de l'Hexagone. En 1959, il participe à la fondation de la revue Liberté *; il en devient rédacteur en chef en 1961. La poésie de Ouellette est toute sous le signe de la dualité. Elle exprime la difficulté de la naissance de l'esprit. Ce que l'auteur traduit souvent dans sa poésie par des vers brisés. Esprit sérieux et réfléchi, lecteur délicat qui s'alimente aux meilleures sources de la culture, il a publié des essais remarquables sur sa démarche poétique, la peinture, la musique, la question linguistique au Québec. Il analyse avec soin les manifestations modernes du terrorisme et de la violence. Son étude sur Edgar Varèse lui vaut le prix France-Québec en 1967. Ses convictions politiques lui font refuser le prix du Gouverneur Général du Canada en 1971. Tout récemment, la revue* Études françaises *de l'Université de Montréal a couronné son dernier ouvrage,* Journal dénoué.

BIBLIOGRAPHIE

Ces anges de sang, Montréal, l'Hexagone, 1955.
Séquences de l'aile, Montréal, l'Hexagone, 1958.
Le Soleil sous la mort, Montréal, l'Hexagone, 1965.
Poésie: poèmes 1953-1971, suivi de *Le poème et le poétique,* Montréal, l'Hexagone, 1972.
Edgard Varèse, Paris, Seghers, 1966.
Depuis Novalis, errance et gloses : essai, Montréal, HMH, 1973.
Journal dénoué, Montréal, HMH, 1974.

PROBLÈMES D'IDENTITÉ CULTURELLE *

*Fernand Ouellette oppose la montée individuelle du Canadien français à celle de la collectivité dans l'échelle sociale canadienne. Il replace le problème du français au Québec dans le cadre des difficultés et des exigences de cette promotion collective. (*Le Québec et la lutte des langues, *dans la revue Liberté, nos 31-32, 1964, pp. 87-113.)*

Jusqu'ici, pour un Canadien français, la « mobilité verticale » a toujours été individuelle. Elle n'était d'ailleurs possible que par le bilinguisme qui fut une sorte de lavage de cerveau, une métamorphose de sa mentalité. Car la mobilité verticale individuelle ne menace jamais les privilèges de la société majoritaire. Cette nouvelle élite s'acclimate bien et alors les maîtres peuvent la transplanter ou la surveiller. Or, aujourd'hui, l'on assiste à une prise de conscience collective d'une situation de prolétariat non seulement économique mais culturel, linguistique. Les Canadiens français veulent que la mobilité verticale s'étende à tout le peuple. Ils n'acceptent plus que leur langue soit un signe d'infériorité collective. Ceux qui employaient « speak white » (1) se considéraient eux-mêmes comme des colonisateurs et nous obligeaient à nous considérer nous-mêmes comme des colonisés, comme des « Nègres blancs ». Peu à peu nous avons découvert que « la ville séparait les races plus qu'elle ne les unissait ». Les ghettos se forment par le haut. Nous savons maintenant que le véritable problème qui se pose, c'est celui de notre ascension collective. C'est pourquoi dès que l'on parle d'ascension collective, de la volonté de gagner notre pain avec notre langue, on nous parle de la vocation anglo-saxonne de l'Amérique du Nord, de la culture de ces grands hommes qui, selon le témoignage d'Arnold Toynbee, s'isolent dans toutes les capitales et les colonies où ils vivent de crainte d'être contaminés. Nous nous permettons de sourire à la manière de Socrate. Avec un tel sourire il n'y a pas de « racisme » linguistique qui tienne. Nous, du Canada français, étions Nord-Américains bien avant 1760 (2). Notre structure familiale et même notre société rurale étaient nord-américaines. Elles avaient été largement déterminées par le milieu canadien. Et même, d'après Philippe Garigue, notre mobilité ressemblait beaucoup à celles des Américains; elle montrait une similitude culturelle entre les deux pays.

---

1. Expression méprisante employée par les anglophones à l'endroit des francophones, assimilant ces derniers aux noirs américains.

2. La capitulation de Montréal, le 8 septembre 1760, marque la fin de la colonisation française au Canada et en Amérique du Nord.

Ce n'était pas la stabilité qui caractérisait notre société, mais des « cycles alternants de migration et de colonisation ». Aujourd'hui nous nous rappelons que nous avions commencé à penser, à structurer notre société en Français nord-américains. Même aux yeux du Conquérant nous étions les Canadiens. Oui nous avons été et nous sommes bien de ce continent. S'il fut un temps, dit-on, où nulle part on ne parla mieux le français, on peut voir aujourd'hui à quel point le bilinguisme avilit notre langue. Nous pouvons témoigner que le bilinguisme est la fosse des peuples. Nous le subissons profondément dans notre être collectif et individuel. Notre souffrance est aussi aiguë que la conscience de notre dégénération. Il y a peu d'êtres aussi tendus que nous. Et pourtant, jadis, nous fûmes parmi les êtres les plus joyeux, les plus robustes et les plus fiers.

Jean-Guy PILON

Jean-Guy Pilon est né à Saint-Polycarpe, dans la région de Montréal, en 1930. En 1954, il obtient la licence en Droit de l'Université de Montréal. Il change aussitôt de voie, entre au service de Radio-Canada et y devient réalisateur et superviseur d'émissions littéraires. En 1964, il apporte son concours au groupe de l'Hexagone et lui donne des assises stables. Il est fondateur de la revue Liberté *et initiateur de la « Rencontre des écrivains », qui a encore lieu chaque année. En 1969, il réunit ses œuvres précédentes dans* Comme eau retenue *et publie à Paris* Saisons pour la continuelle.

Jean-Guy Pilon est le magnifique poète de la lumière. C'est le poète appelé par l'espace comme la mouette par le large. Il recourt aussi au pays comme en son lieu originel.

Jean-Guy Pilon est membre de la Société royale du Canada depuis 1968.

BIBLIOGRAPHIE

Les Cloîtres de l'été, Avant-propos de René Char, Montréal, l'Hexagone, 1954.
Comme eau retenue: poèmes 1954-1963 Montréal, l'Hexagone, 1968.
Pour saluer une ville, Paris, Seghers, 1963.
Saisons pour la continuelle, Paris, Seghers, 1969.

A consulter:

GRANDPRÉ Pierre de, *Le courage du jour à vivre,* et *Rapatriement d'une poésie,* dans *Dix ans de vie littéraire au Canada français,* Montréal, Beauchemin, 1966, pp. 69-73; 79-88.
BLAIS Jacques, *Jean-Guy Pilon,* dans *Europe,* fév.-mars, 1969, p. 163-169.

POUR SALUER UNE VILLE

Paris, Seghers, 1963. — (Fragments)

MONTRÉAL

TENDRES, doux et pleins, tous les mots pour elle. Mon ardente inquiétude. Chaque jour, figure renouvelée, corps plus beau que la veille. Je dis plus beau. J'aime cette ville, j'aime cette femme.

Vue de Montréal prise au Mont-Royal.
(Office du film du Québec.)

Toute saison embellit la maison de nos amours. Neige ou soleil, printemps insaisissable, automne de paresse. Je ne saurai jamais assez son corps, je n'aimerai jamais assez son cœur.

J'enlève chaque jour ses vêtements magnifiques pour m'allonger près d'elle dans le délire.

SANTIAGO

La liberté n'existe pas quand le froid traverse les os. Les matins à la recherche de son âme arrachent tous les nimbes de la nuit, toutes les auréoles d'ivresse aux statues d'argile malodorante.

Que s'annonce et s'avance la main d'un camarade! Les Andes sont décor de salut ou fin du monde.

Je n'étais pas encore né, ô toi dont le nom embaume toute bouche.

QUÉBEC

C'EST sur cette rive que tombèrent les premiers arbres dans un grand éclair qui illumina les espaces infinis de la terre où j'allais naître.

Ne viens jamais ici pour retrouver ton visage: s'accomplit sans parole le pèlerinage au grand fleuve, respiration bruyante qui monte du ventre de mon pays et claironne vers la mer.

Si je parviens un jour à reconnaître ma patrie, ce sera par la chaleur de ta persistance.

NEW YORK

L'ÉMOI du premier archipel, comme un rêve qui se poursuivrait contre toute apparence, contre toute vraisemblance.

De la fin du soleil aux premières silhouettes mâtées contre le ciel, le cœur fut toute avidité. Ainsi s'est édifiée la ville, ainsi fut apprivoisée la ville-forêt.

A la tombée du jour, il y eut quelque part un miracle. Ce fut une naissance. Les forces intenses de la vie, libérées, n'atteindront maintenant leurs limites qu'à des distances insoupçonnables.

Nous nous sommes reconnus: les symboles nous appartiennent.

Vue de Québec au XIXe siècle.
(Photo tirée de Québec vu par les photographes.
Musée du Québec.)

OTTAWA

LE noyé, au fond de l'oubli, ne murmure plus de chansons. Il a perdu tous ses livres d'images, même son nom.

L'éternité des algues : sa seule demeure.

BRUXELLES

SI je t'offre une rose, garde-la sous tes yeux, protège sa fragile couleur contre l'ombre et le soleil.

Une rose sur ton sein. Deux roses à s'ouvrir sur ta poitrine, moins odorantes que l'éclat de ta peau, moins troublantes que l'appel inquiet de tes larges lèvres.

Une rose, une ville, deux roses, ton nom.

Tu es jardin et univers, ton nom trop doux est boussole.

PARIS

IL y flottait, à la naissance du jour, une incertaine odeur de muguet. Troublante, mais quel rêve impossible se poursuivait-il donc?

Le sommeil se prolongeait. Sa longue présence, encore plus émouvante que la veille, n'apparaissait que dans une respiration lointaine. Elle attendait, sans vertige, émergeant lentement de l'ombre, le premier salut que je désirais lui rendre.

Mais au moment où les derniers nuages disparaissaient, retrouvant la vie, je la regardais longuement, déjà brûlante, avant de suivre l'appel voilé et la trace maintenant certaine du muguet.

Toute superstition était abolie. Le temps fortifiait son unité.

Gatien LAPOINTE

Gatien Lapointe est né à Sainte-Justine de Dorchester, près de la frontière du Maine (U.S.A.), en 1931. Il fait ses études secondaires à Québec, fréquente l'École des Arts graphiques de Montréal, puis commence des études de lettres à l'Université de Montréal. Il publie alors deux recueils à compte d'auteur. De 1956 à 1962, il est à Paris pour compléter ses études littéraires. Il y écrit Le Temps premier, *prix du Club des poètes en 1961, et surtout son* Ode au Saint-Laurent *qui le fera largement connaître et lui méritera plusieurs prix littéraires.*

De retour au Québec, Gatien Lapointe est professeur de littérature au Collège militaire de Saint-Jean, puis à l'Université du Québec à Trois-Rivières.

Le poète affirme simplement, avec la force répétée des mots constructeurs, qu'il appartient à la terre et qu'il écrit pour ne pas mourir. Le poète de la terre qui se veut à toute la terre n'en reste pas moins comme un arbre qui enfonce ses racines le long du Saint-Laurent bien-aimé.

BIBLIOGRAPHIE

Jour malaisé, Montréal, s. éd., 1953.
Otages de la joie, Montréal, s. éd., 1955.
Le Temps premier, Paris, éd. Grassin, 1962.
Ode au Saint-Laurent, Montréal, éd. du Jour, 1963.
Le Premier mot, Montréal, éd. du Jour, 1967.

Bartlett, W. H. Vue du St-Laurent depuis la citadelle de Québec. Gravure au burin colorée à l'aquarelle.

(Musée du Québec.)

ODE AU SAINT-LAURENT

*(Extrait de l'*Ode au Saint-Laurent,
Montréal, Éditions du Jour, 1963.)

Tout ce que j'ai appris me vient d'ici
Je retrouve ici mes premières images

Et brille en mes doigts la première ville

Québec rose et gris au milieu du fleuve
Chaque route jette en toi un reflet du monde
Et chaque paquebot un écho de la mer
Tu tiens toute la mer dans ton bras recourbé
Une figure naît sur ton double profil
Une parole creuse son nid dans tes paumes
Je me rappelle un soir avoir bu la lumière
Ton cœur battait sur chaque front

C'est le fleuve qui revient d'océan chaque soir
Et c'est l'océan qui tremble dans chaque regard

C'est ici le plus beau paysage du monde

Mais que devient tout cela que je nomme

Que sont devenus ceux que j'ai laissés
Là-bas tremblants sur le bord du matin

Je vous montrerai la mer verte et bleue
Je reviens à la mer comme un arbre qui souffre

J'ouvrirai les paupières du temps
Je jetterai debout chaque enfance

Car l'homme ne peut que grandir

Et que s'agrippe l'aube à mon dos couturé
Soleil de chair ô lumière la plus belle
Tout me lie et tout me brûle en secret
La parole de l'homme est ma seule présence
Je réduis la distance entre chaque être
Je célèbre chaque chose qui vit
Le blé grandit à hauteur d'homme
Je planterai des arbres pour nos haltes

Mais ne dites pas que vous m'avez vu pleurer

J'ai remis en terre l'épi de ma mémoire
La douceur me revient plus forte qu'une épée

Je prends pied sur une terre que j'aime
L'Amérique est ma langue ma patrie
Les visages d'ici sont le mien
Tout est plus loin chaque matin plus haut
Le flot du fleuve dessine une mer
J'avance face à l'horizon
Je reconnais ma maison à l'odeur des fleurs
Il fait clair et beau sur la terre

Ne fera-t-il jamais jour dans le cœur des hommes?

Jacques BRAULT

Jacques Brault est né à Montréal, en 1933, dans une famille d'ouvriers. Comme à tant d'autres, la guerre apportera du travail et plus d'argent à son père ; mais elle emportera l'un des fils de la famille : son frère Gilles est mort en Sicile.

Jacques Brault a dû travailler dur pour payer ses études. Depuis 1960, il est professeur à l'Institut d'études médiévales de l'Université de Montréal. Poète d'un lyrisme intense, essayiste et critique littéraire remarquable, il est de ceux qui ont décidé d'édifier l'homme et le pays d'ici.

Jacques Brault est un tendre troubadour moderne qui écrit dans la continuité des poètes « en-allés ». Il dénonce la guerre abominable, il affirme l'amour dans le pays aux « chacals de l'histoire, aux pygmées de la peur ». Chantre de son Montréal monnayé et intimement lié à la vie peineuse des siens, le poète seul se solidarise avec le monde. Toute sa poésie, soumise à la dynamique profonde de la mémoire, s'épanouit en tendresse, cette tendresse pour ceux à qui la mort donne tellement d'importance.

BIBLIOGRAPHIE

D'Amour et de mort, dans *Trinôme,* Montréal, J. Molinet, 1957.
Mémoire, Montréal, Déom, 1965 et Paris, Grasset, 1968.
Édition critique des œuvres de Saint-Denys Garneau (voir ce dernier).
Miron le magnifique (voir ce dernier).
Alain Grandbois (voir ce dernier).
Suite fraternelle, Ottawa, éd. de l'Université d'Ottawa, 1969.
La poésie ce matin, Paris, Grasset, 1971.
Poèmes des quatre côtés, avec cinq encres de l'auteur, Montréal, Éditions du Noroît, 1975.

SUITE FRATERNELLE

Dans ce texte incomplet, l'auteur parle à la fois de son frère Gilles tué en Sicile et de son pays livré à ses bourreaux. (Fragment de Suite fraternelle, *Ottawa, Éditions de l'Université d'Ottawa, 1969.)*

Je me souviens de toi Gilles mon frère oublié dans la
terre de Sicile je me souviens d'un matin d'été
à Montréal je suivais ton cercueil vide j'avais
dix ans je ne savais pas encore

...

Je n'oublie pas Gilles et j'ai encore dans mes mots la
cassure par où tu coulas un jour de fleurs et
de ferraille

Non ne reviens pas Gilles en ce village perdu dans les
neiges de la Terre Promise
Ne reviens pas en ce pays où les eaux de la tendresse
tournent vite en glace
Où circule toujours la jongleuse qui hérissait ton enfance
Il n'y a pas d'espace ici pour tes gestes rassembleurs de
vérités sauvages
Tu es de là-bas maintenant tu es étranger à ton peuple
Dors Gilles dors tout ton sommeil d'homme retourné au
ventre de l'oubli

A nous les mensonges et l'asphalte quotidienne
A nous la peur pauvresse que farfouille le goinfre du
ridicule
Pirates de nos désirs nous longeons la côte de quelque
Labrador ([1]) fabuleux
Loin très loin de ta Sicile brûlante et plus loin encore
de nos plus secrètes brûlures

Et voici que tu meurs Gilles éparpillé au fond d'un trou
mêlé aux morceaux de tes camarades Gilles
toujours violenté dans ton pays Gilles sans
cesse tourmenté dans ton peuple comme un idiot
de village

1. Immense territoire du Québec au sous-sol très riche.

Et perdure la patrie comme l'amour du père haï pays de pâleur suspecte pays de rage rentrée pays bourré d'ouate et de silence pays de faces tordues et tendues sur des mains osseuses comme une peau d'éventail délicate et morte pays hérissé d'arêtes et de lois coupantes pays bourrelé de ventres coupables pays d'attente lisse et froide comme le verglas sur le dos de la plaine pays de mort anonyme pays d'horreur grassouillette pays de cigales de cristaux de briques d'épinettes de grêle de fourrure de fièvres de torpeur pays qui s'ennuie du peau-rouge illimité

Cloaques et marais puants où nous coltinons le mauvais sort
Oh le Livre le Livre où c'était écrit que nous grugerions
    le pain dur que nous lamperions l'eau moqueuse
Rare parchemin grimoire éculé hiéroglyphe savantasse
    écriture spermatique obscène virgule tu nous
    fascines tu nous façonnes
Quel destin mes bêtes quelle destinée la rose aux bois
    et le prince qui n'y était pas

Muets hébétés nous rendons l'âme comme d'autres rendent
    la monnaie
Nos cadavres paisibles et proprets font de jolies bornes
    sur la route de l'histoire
Gravissons la montagne mes agneaux et renouons avec le bois
    fruste nous sommes d'une race de bûcherons et
    de crucifiés

Jacques GODBOUT

Né à Montréal, en 1933, Jacques Godbout fait ses études secondaires chez les Jésuites. Des voyages aux États-Unis et au Mexique précèdent la reprise de ses études, en lettres françaises, à l'Université de Montréal. Après l'obtention de sa maîtrise en lettres, il enseigne en Éthiopie de 1954 à 1957. Il voyage à nouveau, parcourant, entre autres, l'Égypte et les Antilles. En 1957, il entre à l'Office national du film, où il deviendra scénariste et réalisateur. Il y produit plusieurs longs métrages, dont Yul 871, Kid sentiment, X 13. Il fait partie du groupe de la revue Liberté *et milite dans le Mouvement laïque de langue française. Poète, romancier, cinéaste, peintre, journaliste, Jacques Godbout manifeste en tout ce qu'il fait beaucoup de brio, d'humour et de lucidité. Comme romancier, Jacques Godbout appartient un peu à cette lignée des poètes de l'Hexagone qui ont proclamé l'appartenance au pays. C'est alors le romancier de l'*Aquarium, *du* Couteau sur la table *et de* Salut, Galarneau! *Par ailleurs, avec* D'Amour P.Q., *l'auteur utilise le joual à une date qui retarde beaucoup sur l'usage de cette langue chez certains romanciers québécois. On pourrait dès lors affirmer qu'il s'agit d'un « joual littéraire » dont on ne sait trop comment l'auteur s'en sortira. En 1973, il obtient le prix de la Société Saint-Jean-Baptiste de Montréal, qui est le principal mouvement nationaliste au Québec.*

BIBLIOGRAPHIE

Carton-pâte, poèmes, Paris, Seghers, 1956.
L'Aquarium, Paris, Seuil, 1962.
Le Couteau sur la table, Paris, Seuil, 1965.
Salut, Galarneau! Paris, Seuil, 1967.
D'Amour P.Q., Montréal, H.M.H., 1972.

ÉVASION *

Le protagoniste de Salut, Galarneau! *(Paris, Le Seuil, 1967), brimé par un manque à vivre collectif, rêve d'écrire et de parcourir le monde. La scène qui suit se déroule à Montréal.*

Entre l'aller et le retour, toute une année s'était faufilée sous la clôture. C'était déjà février. Montréal en avance sur la province laissait fondre sa neige au chaud des rues et les murs humides étaient tachés de dessins comme les pages d'écoliers de taches d'encre. J'ai marché la rue Sainte-Catherine de long en large, sur les deux trottoirs; les lumières me faisaient du bien qui clignotaient comme mon cœur, les restaurants me faisaient de l'œil. Un jour, Louise, je me vengerais, j'aurais autant d'enfants que de passants au coin de Peel ([1]). Je me suis glissé chez Mme veuve Chaput prendre un verre, qui connaissait bien Aldéric; elle n'était pas là. C'est pénible un peu, être seul dans unc vraie grande ville, je veux dire... avec des millions de gens autour de soi qui se sentent peut-être seuls eux aussi, mais comment savoir? Au United Cigar Store, j'ai acheté un paquet de Buckingham ([2]) et le Star ([3]), je pense, pas pour le lire, pour entendre la voix de la vendeuse. J'ai dit: « C'est combien? » deux fois. Les mots me réchauffaient la bouche; la fille m'a répondu « fifty-seven », rien de plus, elle ne pouvait savoir. C'est le ciment aussi qui me rendait triste ou bien le tête-à-tête forcé avec les mannequins de chez Simpson ([4]), avec leur sourire de plâtre, leurs cheveux épais, filasses, leurs épingles dans le dos pour accentuer le cintré, l'élégance des vêtements, leurs souliers mal lacés.

Je me suis dit: Galarneau, t'es encore jeune, t'es instruit, la vie a ses bons moments. A la Provincial Transport, j'ai failli un instant monter dans un autobus, vers maman, vers Boston. J'ai hésité trop longtemps, il est parti pendant que j'avalais un sandwich aux œufs frits-pain toasté. Le jour baissait, mais le soleil de février continuait de tracer des raies entre les édifices. J'ai trotté jusqu'au port la queue entre les jambes. Il n'y a rien comme les vrais voyages pour noyer une peine, ça me paraissait simple tout à coup de monter dans un bateau qui flottait entre les bancs de glace, de dire: « Mon-

1. Anglicisme, de la rue Peel (rue de Montréal).
2. Cigarettes canadiennes.
3. Un des journaux anglais de Montréal.
4. Grand magasin du centre de Montréal.

Adrien Hébert, Achats de Noël rue Ste-Catherine à Montréal.
(Musée du Québec.)

sieur le capitaine, où allez-vous? — En Nouvelle-Calédonie? J'ai toujours voulu y mettre les pieds, c'est mon désir le plus cher; je vous paye le tiers du voyage, pour les deux autres je suis prêt à travailler dur sans rechigner, je suis fort et en santé. Le capitaine m'aurait dévisagé lentement, en se disant:

— Voilà enfin le marin qui manquait à notre équipage, un jeune homme aux yeux vifs que n'effraient pas les rivages exotiques, qui veut se rendre utile, faire quelque chose de sa vie, baptiser des sauvages, acheter de l'opium, rouler pousse-pousse. Montez, jeune homme, vous serez mon second, j'aime bien discuter philosophie après dîner, quand l'hélice ronronne et que le vent nous pousse. Comment vous nommez-vous? — Galarneau, mon Capitaine. — Je crois avoir entendu ce nom déjà. — C'était celui du pirate Soleil, mon Capitaine. Je suis son petit-fils. — Merveilleux! Galarneau, montez à bord, courez sur la passerelle, la cabine n° 11 est à vous, je vous attends au bar, nous y signerons les papiers. Peut-être voulez-vous être mon associé? Nous ferons le commerce du cacao. »

Michèle LALONDE

Née en 1937, Michèle Lalonde poursuit par son action sociale et politique, en particulier au sein de comités de citoyens, les dénonciations et le chant de libération inaugurés dans ses deux premiers recueils poétiques dès 1958. Elle a écrit pour le théâtre Ankrania ou celui qui crie, *créé à Montréal, en 1956. Elle collabore régulièrement à la revue mensuelle* Maintenant.

Michèle Lalonde est la poétesse de la réconciliation avec le monde physique et le bonheur de vivre. Elle a pris parti pour les opprimés contre les oppresseurs. Elle a parmi les siens le prestige de la femme engagée dans le combat d'exister et d'aimer.

BIBLIOGRAPHIE

Songe de la fiancée détruite, Montréal, éd. d'Orphée, 1958.
Geôles, poèmes, Montréal, éd. d'Orphée, 1959.
Terre des hommes, poème pour deux récitants, Montréal, éd. du Jour, 1967.

SPEAK WHITE

Poème-affiche, Montréal, Éditions de l'Hexagone, Coll. « Les murs ont la parole », 1974.

Speak white
il est si beau de vous entendre
parler de Paradise Lost
ou du profil gracieux et anonyme qui tremble
  dans les sonnets de Shakespeare

nous sommes un peuple inculte et bègue
mais ne sommes pas sourds au génie d'une langue
parlez avec l'accent de Milton et Byron et Shelley et Keats
speak white
et pardonnez-nous de n'avoir pour réponse
que les chants rauques de nos ancêtres
et le chagrin de Nelligan

speak white
parlez de choses et d'autres
parlez-nous de la Grande Charte ([1])
ou du monument à Lincoln ([2])
du charme gris de la Tamise
de l'eau rose du Potomac ([3])
parlez-nous de vos traditions
nous sommes un peuple peu brillant
mais fort capable d'apprécier
toute l'importance des crumpets
ou du Boston Tea Party ([4])

mais quand vous really speak white
quand vous get down to brass tacks

pour parler du gracious living
et parler du standard de vie
et de la Grande Société
un peu plus fort alors speak white
haussez vos voix de contremaîtres
nous sommes un peu durs d'oreille
nous vivons trop près des machines
et n'entendons que notre souffle au-dessus des outils

speak white and loud
qu'on vous entende
de Saint-Henri ([5]) à Saint-Domingue
oui quelle admirable langue
pour embaucher
donner des ordres
fixer l'heure de la mort à l'ouvrage
et de la pause qui rafraîchit
et ravigote le dollar

speak white
tell us that God is a great big shot

---

1. La Grande Charte d'Angleterre, établie par le roi Jean sans Terre en 1215, est le fondement des libertés anglaises.

2. Grand président des Etats-Unis, 1860-1865.

3. Fleuve des États-Unis passant à Washington.

4. Les marchands de Boston, refusant les consignations de thé qui leur étaient adressées par l'Angleterre, jettent les caisses de thé à la mer (1773).

5. Quartier pauvre de l'est de Montréal.

and that we're paid to trust him
speak white
parlez-nous production profits et pourcentages
speak white
c'est une langue riche
pour acheter
mais pour se vendre
mais pour se vendre à perte d'âme
mais pour se vendre

ah!
speak white
big deal
mais pour vous dire
l'éternité d'un jour de grève
pour raconter
une vie de peuple-concierge
mais pour rentrer chez nous le soir
à l'heure où le soleil s'en vient crever au-dessus des ruelles
mais pour vous dire oui que le soleil se couche oui
chaque jour de nos vies à l'est de vos empires
rien ne vaut une langue à jurons
notre parlure pas très propre
tachée de cambouis et d'huile

speak white
soyez à l'aise dans vos mots
nous sommes un peuple rancunier
mais ne reprochons à personne
d'avoir le monopole
de la correction de langage

dans la langue douce de Shakespeare
avec l'accent de Longfellow ([6])
parlez un français pur et atrocement blanc
comme au Viet-Nam au Congo
parlez un allemand impeccable
une étoile jaune entre les dents
parlez russe parlez rappel à l'ordre parlez répression

---

6. Poète américain du XIXe siècle.

speak white
c'est une langue universelle
nous sommes nés pour la comprendre
avec ses mots lacrymogènes
avec ses mots matraques

speak white
tell us again about Freedom and Democracy
nous savons que liberté est un mot noir
comme la misère est nègre
et comme le sang se mêle à la poussière des rues d'Alger
ou de Little Rock ([7])

speak white
de Westminster à Washington relayez-vous
speak white comme à Wall Street
white comme à Watts
be civilized
et comprenez notre parler de circonstance
quand vous nous demandez poliment
how do you do
et nous entendez vous répondre
we're doing all right
we're doing fine
we
are not alone

nous savons
que nous ne sommes pas seuls.

7. Allusion à la guerre d'indépendance de l'Algérie et aux troubles raciaux de Little Rock en Arkansas, U.S.A.

Marie-Claire BLAIS

Marie-Claire Blais est née à Québec en 1939. D'une famille modeste, elle doit écourter ses études secondaires et travailler dans une fabrique de chaussures. Elle s'entête cependant à devenir écrivain. Son premier roman, La Belle Bête, *publié en 1959 la fit aussitôt remarquer. Peu d'années après, son quatrième roman,* Une saison dans la vie d'Emmanuel, *la rendra célèbre. Il lui vaut le prix Médicis. Désormais, elle se voue entièrement au travail littéraire. Après plusieurs années passées en Nouvelle-Angleterre dans une maison retirée au bord de l'Atlantique, c'est en Bretagne qu'elle a choisi d'établir sa retraite. Elle a déjà publié une dizaine de romans et quelques poèmes. La romancière Marie-Claire Blais construit patiemment et intimement son univers romanesque. Elle décrit un monde dur, souvent inculte où les enfants et les jeunes gens se délivrent par l'écriture. Cet univers noir reste respirable grâce à l'aile bleutée de la poésie de l'auteur. Comme Anne Hébert, comme Réjean Ducharme, l'auteur donne le jour à des personnages révoltés, insoumis et qui proclament un nouvel ordre du monde.*

BIBLIOGRAPHIE

La Belle Bête, Québec, Institut littéraire, 1959.
Une saison dans la vie d'Emmanuel, Montréal, éd. du Jour, 1965.
L'Insoumise, Montréal, éd. du Jour, 1966.
David Sterne, Montréal, éd. du Jour, 1967.
Manuscrits de Pauline Archange, Montréal, éd. du Jour, 1968.
Le Loup, Montréal, éd. du Jour, 1972.
Un joualonais sa joualonie, Montréal, éd. du Jour, 1973.

GRAND-MÈRE ANTOINETTE *

L'image souveraine de la grand-mère préside au départ du récit comme aux débuts dans la vie d'Emmanuel, dernier-né d'une famille nombreuse, marquée par la misère, la déchéance morale et la frayeur religieuse. (Extrait de Une saison dans la vie d'Emmanuel, *ch. I, Montréal, Éditions du Jour, 1965.)*

Suzor-Cote, M.-A. de Foy, Madame Gauthier. Dessin au fusain.
(Musée du Québec.)

Les pieds de Grand-Mère Antoinette dominaient la chambre. Ils étaient là, tranquilles et sournois comme deux bêtes couchées, frémissant à peine dans leurs bottines noires, toujours prêts à se lever: c'étaient des pieds meurtris par de longues années de travail aux champs, (lui qui ouvrait les yeux pour la première fois dans la poussière du matin ne les voyait pas encore, il ne connaissait pas encore la blessure secrète à la jambe, sous le bas de laine, la cheville gonflée sous la prison de lacets et de cuir...) des pieds nobles et pieux, (n'allaient-ils pas à l'église chaque matin en hiver?) des pieds vivants qui gravaient pour toujours dans la mémoire de ceux qui les voyaient une seule fois — l'image sombre de l'autorité et de la patience.

Né sans bruit par un matin d'hiver, Emmanuel écoutait la voix de sa grand-mère. Immense, souveraine, elle semblait diriger le monde de son fauteuil. « Ne crie pas, de quoi te plains-tu donc? Ta mère est retournée à la ferme. Tais-toi jusqu'à ce qu'elle revienne. Ah! déjà tu es égoïste et méchant, déjà tu me mets en colère! » Il appela sa mère. (C'est un bien mauvais temps pour naître, nous n'avons jamais été aussi pauvres, une saison dure pour tout le monde, la guerre, la faim, et puis tu es le seizième...) Elle se plaignait à voix basse, elle égrenait un chapelet gris accroché à sa taille. Moi aussi j'ai mes rhumatismes, mais personne n'en parle. Moi aussi, je souffre. Et puis, je déteste les nouveau-nés; des insectes dans la poussière! Tu feras comme les autres, tu seras ignorant, cruel et amer... (Tu n'as pas pensé à tous ces ennuis que tu m'apportes, il faut que je pense à tout, ton nom, le baptême...)

Il faisait froid dans la maison. Des visages l'entouraient, des silhouettes apparaissaient. Il les regardait mais ne les reconnaissait pas encore. Grand-mère Antoinette était si immense qu'il ne la voyait pas en entier. Il avait peur. Il diminuait, il se refermait comme un coquillage. (Assez, dit la vieille femme, regarde autour de toi, ouvre les yeux, je suis là, c'est moi qui commande ici! Regarde-moi bien, je suis la seule personne digne de la maison. C'est moi qui habite la chambre parfumée, j'ai rangé les savons sous le lit...) Nous aurons beaucoup de temps, dit Grand-Mère, rien ne presse pour aujourd'hui...

Sa grand-mère avait une vaste poitrine, il ne voyait pas ses jambes sous les jupes lourdes mais il les imaginait, bâtons secs, genoux cruels, de quels vêtements étranges avait-elle enveloppé son corps frissonnant de froid?

Il voulait suspendre ses poings fragiles à ses genoux, se blottir dans l'antre de sa taille, (car il découvrait qu'elle était si maigre sous ces montagnes de linge, ces jupons rugueux, que pour la première fois il ne la craignait pas). Ces vêtements de laine le séparaient encore de ce sein glacé qu'elle écrasait de la main d'un geste d'inquiétude ou de défense, car lorsqu'on approchait son corps étouffé sous la robe sévère, on croyait approcher en elle quelque fraîcheur endormie, ce désir ancien et fier que nul n'avait assouvi — on voulait dormir en elle, comme dans un fleuve chaud, reposer sur son cœur. Mais elle écartait Emmanuel de ce geste de la main qui, jadis, avait refusé l'amour, puni le désir de l'homme.

— Mon Dieu, un autre garçon, qu'est-ce que nous allons devenir? Mais elle se rassurait aussitôt: « Je suis forte, mon enfant. Tu peux m'abandonner ta vie. Aie confiance en moi. »

Paul CHAMBERLAND

Né à Longueuil, en 1939, Paul Chamberland fait ses études classiques et obtient une licence en philosophie à l'Université de Montréal; il passe ensuite aux études littéraires. Il est de la première équipe de la revue Parti pris *(1963). D'abord engagé dans la poésie, il dénonce bientôt tous les mythes académiques qu'elle charrie et se propose désormais de « dire vrai », de « nommer le pays ». Depuis 1970, il anime des ateliers d'écriture destinés à libérer la parole et l'écriture, à briser le mythe qui entoure cette opération toute naturelle. Il collabore régulièrement à la revue « underground »* Main Mise. *Le poète est donc passé de l'affirmation politique du pays à l'affirmation de la parole remise à chacun. Certains ont cru voir dans sa seconde manière une trahison du poète révolté: mais derrière son cri montait aussi la faible voix de la tendresse. Chamberland a préféré croire à la poésie donnée comme le pain plutôt qu'à la poésie qui isole les mages de la foule des humains.*

BIBLIOGRAPHIE

Genèses, (Montréal), AGEUM, 1962.

Terre Québec, Montréal, Déom, 1964.

L'Inavouable, Montréal, éd. Parti pris, 1967.

L'afficheur hurle, poème, avec un avertissement inédit, Montréal, éd. Parti pris, 1969.

Éclats de la pierre noire d'où rejaillit ma vie; poèmes suivis d'une révélation (1966-1969), Montréal, D. La liberté, 1972.

DEUIL 4 JUIN 1963

(Extrait de Terre Québec, *Montréal, Déom, 1964.)*

déblasonnées les saisons
sur leur sexe malheureux
les camarades en prison
nos cœurs sous le couvre-feu

la bête espoir bave au pavé
où l'aube luit mauvais crachat
mais nous dressons nos poings coupés
qu'ils saignent noirs sur le ciel cru
au claquant drapeau de la rage
nous restons camarades nous restons
vos raisons sont les nôtres et qu'importe
qu'au pilori de l'anglais aujourd'hui
vous tourniez que nous tournions demain

les forges sont dressées dans les veines d'un peuple
la terre énorme halète et taille dans sa chair
l'enclume et le marteau la poudre et le canon
son visage grandit au premier feu des bombes
il tremble de le reconnaître il se tait
déjà tonne à ses tempes une parole armée
il entend crépiter les ténèbres du sang
la foudre et le métal le tam-tam des révoltes
sourdre clair en ses membres et le soleil battant
faire sauter l'hiver et rayer nos gardiens

déblasonnées les saisons
sur leur sexe malheureux
les camarades en prison
nos cœurs sous le couvre-feu
le feu de vivre sous le bâillon.

Réjean DUCHARME

L'auteur se présente lui-même:

« Je ne suis né qu'une fois. Cela s'est fait (1) *à Saint-Félix-de-Valois, dans la province de Québec. La prochaine fois que je mourrai, ce sera la première fois. Je veux mourir verticalement, la tête en bas et les pieds en haut.*

» A l'école, j'étais toujours le premier à partir. Je n'y allais pas souvent et j'y restais le moins longtemps possible. J'ai complété mes études secondaires à Joliette, avec les Clercs de Saint-Viateur.

» J'ai souffert six mois à l'École Polytechnique de Montréal. Enfin délivré, je me suis pris pour un commis de bureau et me prends encore aujourd'hui pour tel. Mais ceux qui embauchent des commis de bureau ne veulent pas me prendre pour un commis de bureau. Je ne travaille pas toujours comme commis de bureau. Un mois sur deux, je suis en chômage.

» J'ai été dans l'Arctique avec l'Aviation canadienne, en 1962. Personne ne veut me croire. Je ne sais pas pourquoi. Je dis: « J'ai été dans l'Arctique. » Ils répondent: « Pas vrai. » En 1963, 1964 et 1965, j'ai fait de l'auto-stop au Canada, aux États-Unis et au Mexique. C'est fatigant.

» J'ai vingt-quatre ans. Je n'ai plus tous mes cheveux et toutes mes dents. Et cela m'écœure.

» Je ne me suis pas marié une seule fois encore. Les femmes ne veulent pas se marier avec moi. Si elles avaient voulu, je me serais marié tous les jours et, aujourd'hui, j'aurais à peu près 5.768 enfants. S'il n'y avait pas d'enfants sur la terre, il n'y aurait rien de beau. »

Réjean Ducharme est un écrivain mystérieux. On ne peut guère plus le rencontrer que Samuel Beckett. Mais son univers imaginaire diffère beaucoup de celui de ce dernier. C'est sans doute l'auteur le plus rabelaisien de la littérature québécoise contemporaine. Ducharme invente le monde par ses mots, par leur mariage cocasse. Auteur baroque d'une société post-industrielle en décomposition, il cherche à définir l'homme en le renommant. Le salut par l'écriture dans la fantaisie du cœur léger.

---

1. En 1942.

BIBLIOGRAPHIE

L'Avalée des avalés, Paris, Gallimard, 1966.
Le nez qui voque, Paris, Gallimard, 1967.
L'Océantume, Paris, Gallimard, 1968.
La fille de Christophe Colomb, Paris, Gallimard, 1969.
L'hiver de force, Paris, Gallimard, 1973.

A consulter:

VAN SCHENDEL Michel, *Ducharme l'inquiétant,* Montréal, P.U.M., 1967, (p 215-234), dans Conférences J.A. de Sève, nº 8.

GODIN Jean-Cléo, *L'Avalée des avalés,* dans *Études françaises,* vol. 3, nº 1, février 1967, p. 94-101.

LAURION Gaston, *L'Avalée des avalés et le refus d'être adulte,* dans *Revue de l'Université d'Ottawa,* juillet-septembre 1968, p. 524-541.

GODIN Jean-Cléo, *Le nez qui voque,* dans *Études françaises,* vol. 3, nº 4, novembre 1967, p. 447-449.

BARBERIS Robert, *Réjean Ducharme, L'Avalé de Dieu,* dans *Maintenant,* mars-avril 1968, p. 80-83; *Affrontement avec le mal,* avril-mai 1968, p. 121-124.

BÉRÉNICE EINBERG *

L'héroïne, Bérénice Einberg, fillette d'une étonnante précocité, se présente au moment où elle va commencer à nous raconter une partie de son enfance et de son adolescence. (Le texte est tiré de L'Avalée des avalés, *Paris, Gallimard, 1966.)*

Tout m'avale. Quand j'ai les yeux fermés, c'est par mon ventre que je suis avalée, c'est dans mon ventre que j'étouffe. Quand j'ai les yeux ouverts, c'est parce que je vois que je suis avalée, c'est dans le ventre de ce que je vois que je suffoque. Je suis avalée par le fleuve trop grand, par le ciel trop haut, par les fleurs trop fragiles, par les papillons trop craintifs, par le visage trop beau de ma mère. Le visage de ma mère est beau pour rien. S'il était laid, il serait laid pour rien. Les visages, beaux ou laids, ne servent à rien. On regarde un visage, un papillon, une fleur, et çà nous travaille, puis ça nous irrite. Si on se laisse faire, ça nous désespère. Il ne devrait pas y avoir de visages, de papillons, de fleurs. Que j'aie les yeux ouverts ou fermés, je suis englobée : il n'y a plus assez d'air tout à coup, mon cœur se serre, la peur me saisit.

L'été, les arbres sont habillés. L'hiver, les arbres sont nus comme des vers. Ils disent que les morts mangent les pissenlits par la racine. Le jardinier a trouvé deux vieux tonneaux dans son grenier. Savez-vous ce qu'il en a fait? Il les a sciés en deux pour en faire quatre seaux. Il en a mis un sur la plage, et trois dans le champ. Quand ils ont soif, les oiseaux s'arrêtent de voler et viennent y boire.

Je suis seule et j'ai peur. Quand j'ai faim, je mange des pissenlits par la racine et ça se passe. Quand j'ai soif, je plonge mon visage dans l'un des seaux et j'aspire. Mes cheveux déboulent dans l'eau. J'aspire et ça se passe: je n'ai plus soif, c'est comme si je n'avais jamais eu soif. On aimerait avoir aussi soif qu'il y a d'eau dans le fleuve. Mais on boit un verre d'eau et on n'a plus soif. L'hiver, quand j'ai froid, je rentre et je mets mon gros chandail bleu. Je ressors, je recommence à jouer dans la neige, et je n'ai plus froid. L'été, quand j'ai chaud, j'enlève ma robe. Ma robe ne me colle plus à la peau et je suis bien, et je me mets à courir. On court dans le sable. On court, on court. Puis on a moins envie de courir. On est ennuyé de courir. On s'arrête, on s'assoit et on s'enterre les jambes. On se couche et on s'enterre tout le corps. Puis on est fatigué de jouer dans le sable. On ne sait plus quoi faire. On regarde, on regarde. On ne voit rien de bon. Si on fait attention quand on regarde comme ça, on s'aperçoit que ce qu'on regarde nous fait mal, qu'on est seul et qu'on a peur. On ne peut rien contre la solitude et la peur. Rien ne peut aider. La faim et la soif ont leurs pissenlits et leurs eaux de pluie. La solitude et la peur n'ont rien. Plus on essaie de les calmer, plus elles se démènent, plus elles crient, plus elles brûlent. L'azur s'écroule, les continents s'abîment: on reste dans le vide, seul.

Je suis seule. Je n'ai qu'à fermer les yeux pour m'en apercevoir. Quand on veut savoir où on est, on se ferme les yeux. On est là où on est quand on a les yeux fermés: on est dans le noir et dans le vide. Il y a ma mère, mon père, mon frère Christian, Constance Chlore. Mais ils ne sont pas là où je suis quand j'ai les yeux fermés. Là où je suis quand j'ai les yeux fermés, il n'y a personne, il n'y a jamais que moi. Il ne faut pas s'occuper des autres: ils sont ailleurs. Quand je parle ou que je joue avec les autres, je sens bien qu'ils sont à l'extérieur, qu'ils ne peuvent pas entrer où je suis et que je ne peux pas entrer où ils sont. Je sais bien qu'aussitôt que leurs voix ne m'empêcheront plus d'entendre mon silence, la solitude et la peur me reprendront. Il ne faut pas s'occuper de ce qui arrive à la surface de la terre et à la surface de l'eau. Ça ne change rien à ce qui se passe dans le noir et dans le vide. Ça attend, tout le temps. Ça attend qu'on fasse quelque chose pour que ça se passe, pour en sortir. Les autres, c'est loin. Les autres, ça se sauve, comme les papillons. Un papillon, c'est loin, loin comme le firmament, même quand on le tient dans sa main. Il ne faut pas s'occuper des papillons. On souffre pour rien. Il n'y a que moi ici.

Michel TREMBLAY

Michel Tremblay est né en 1942 dans un quartier populaire de Montréal. Son père était imprimeur. Dès l'âge de douze ans, il adapte un roman à la scène et écrit des poèmes. En 1959, il entre à l'école des Arts graphiques et exerce le métier de typographe de 1963 à 1966. C'est à cette époque qu'il rencontre André Brassard qui deviendra son metteur en scène attitré et qu'il écrit, en 1965, Les Belles-sœurs *qui lui apporteront la célébrité quelques années plus tard. Après un refus du « Dominion Drama Festival » en 1966, la pièce est créée en 1968, à Montréal, et connaît un succès retentissant qui ne s'est pas démenti depuis. En 1973, elle est jouée à Paris où elle est très bien accueillie du public et de la critique. Entre-temps, Michel Tremblay connaît d'autres succès, en particulier avec* A toi pour toujours, ta Marie-Lou. *A l'automne de 1974, une autre de ses œuvres,* Hosanna, *tient l'affiche un mois à Broadway. Avec* Bonjour, là ! bonjour !, *créée au Centre national des Arts à Ottawa (août 1974). Michel Tremblay en est à sa neuvième pièce de théâtre en moins de dix ans.*

Michel Tremblay est dans son pays un auteur contesté à cause de la langue de ses personnages. Il possède indéniablement le don du théâtre et fait passer sur la scène l'image de la cassure de son peuple. Certains ont vu dans son œuvre où fourmillent les travestis la condition d'une nation forcée au déguisement et à un certain mensonge. Quoi qu'il en soit, son théâtre rejoint profondément le drame éternel du genre humain.

BIBLIOGRAPHIE

Contes pour buveurs attardés, Montréal, éd. du Jour, 1966.
Les Belles-sœurs, Montréal, Holt, Rinehart et Winston, 1968.
A toi pour toujours, ta Marie-Lou, Montréal, éd. Leméac, 1971.
Trois petits tours... triptyque..., Montréal, éd. Leméac, 1971.
Demain matin Montréal m'attend, Montréal, éd. Leméac, 1972.
Hosanna, suivi de *La Duchesse de Langeais,* Montréal, éd. Leméac, 1973.
Bonjour, là! bonjour! Montréal, éd. Leméac, 1974.

A consulter :

BÉLAIR Michel, *Michel Tremblay,* (Québec), Presses de l'Université du Québec, 1972.

MONSIEUR BLINK

Histoire d'un candidat malgré lui aux prises avec les sortilèges de la publicité. (Extrait de Contes pour buveurs attardés, *Montréal, Éditions du Jour, 1966.)*

Monsieur Blink était stupéfait. Quelle était donc cette plaisanterie? Qui avait osé... Devant lui, sur le mur de bois longeant la rue des Cèdres, une immense affiche était collée et, au milieu de cette affiche, monsieur Blink lui-même « se » souriait. Au-dessus de sa photo, en lettres majuscules grosses comme ça, une phrase renversante, une phrase qui fit sursauter monsieur Blink, était imprimée en rouge violent: « Votez pour monsieur Blink, le candidat de l'avenir! »

Monsieur Blink enleva ses lunettes, les essuya nerveusement, les remit sur son nez et regarda l'affiche de nouveau.

La peur le prit. Il se mit à courir et s'engouffra dans le premier autobus qui vint à passer. « Non, c'est impossible, se disait monsieur Blink, j'ai rêvé! Il faut que j'aie rêvé! Moi, candidat? »

Depuis des semaines on parlait de ces fameuses élections. On disait que ces élections-là seraient sûrement les élections les plus importantes du siècle. Les deux grands partis du pays allaient se livrer une lutte à mort, c'était certain.

Monsieur Blink tremblait. Il essaya de lire son journal, mais il ne parvint pas à fixer son esprit sur les petits caractères noirs qui lui semblaient des mouches en délire plutôt que des lettres.

Depuis des semaines, on parlait de ces fameuses élections. « Voyons, j'ai dû mal voir! » Les élections les plus importantes du siècle. Sûrement les élections les plus importantes du siècle. « C'est une plaisanterie. » Les élections les plus... Il cria. En page centrale, l'affiche la plus grosse qu'il eût jamais vue dans un journal, en page centrale, pleine page, il était là... Monsieur Blink était là et « se » souriait. « Votez pour monsieur Blink, le candidat de l'avenir! » Il ferma son journal et le lança par la fenêtre.

Juste en face de lui, un petit garçon se pencha vers sa mère et lui dit: « Maman, regarde, le monsieur de l'affiche! » En reconnaissant monsieur Blink, la mère du petit garçon se leva et se précipita sur le pauvre homme qui crut mourir de peur. « Monsieur Blink, s'écria la dame en s'emparant des mains de l'homme, monsieur Blink, notre sauveur! » Elle embrassait les mains de monsieur Blink qui semblait sur le bord d'une crise de nerfs. « Voyons, madame, murmura-t-il enfin, je ne suis pas votre sauveur... » Mais la femme criait comme une folle: « Vive monsieur Blink, notre sauveur! Vive monsieur Blink, le candidat de l'avenir! » Tous les gens qui se trouvaient dans l'autobus répétaient en chœur: « Vive monsieur Blink... »

A une pharmacie voisine de sa demeure monsieur Blink acheta des cachets d'aspirine. « Alors, lui dit le pharmacien, on fait de la politique, maintenant? » A sa boutonnière, il portait un ruban bleu sur lequel était écrit en rouge...

Sa concierge l'arrêta. « Monsieur Blink, lui dit-elle, vous n'auriez pas, par hasard, un billet à me donner pour votre grand rassemblement de ce soir? » Monsieur Blink faillit dégringoler les quelques marches qu'il avait montées. Un rassemblement? Quel rassemblement? Mais voyons, il n'avait jamais été question d'un rassemblement! « Petit cachotier que vous êtes! J'aurais dû me douter qu'il se passait des choses importantes derrière cette caboche! Vous pouvez vous vanter de nous avoir causé toute une surprise, à mon homme et à moi... »

Ce soir-là, monsieur Blink ne dîna pas. D'ailleurs il l'eût voulu qu'il ne l'eût pu. Le téléphone ne cessa de sonner. Des admirateurs qui voulaient savoir à quelle heure il arriverait au grand rassemblement. Monsieur Blink crut devenir fou. Il décrocha le récepteur, éteignit toutes les lumières de son appartement, mit son pyjama et se coucha.

La foule réclamait son sauveur à grands cris. On parlait même de défoncer la porte s'il ne répondait pas dans les dix minutes... La concierge dit alors une chose terrible, une chose qui faillit produire une émeute: « Monsieur Blink est peut-être malade. » dit-elle à un journaliste. Dix secondes plus tard, la porte de monsieur Blink était enfoncée et la foule portait en triomphe son sauveur en pyjama. On trouva son costume bien original. Que sa publicité était donc bien faite! Quelques hommes retournèrent même chez eux pour enfiler leur pyjama. Des femmes en chemises de nuit sortirent dans la rue et suivirent le cortège en chantant des cantiques. Sidéré, le pauvre monsieur Blink n'osait pas bouger, installé qu'il était sur les épaules de deux des journalistes les plus éminents du pays.

Le rassemblement fut un triomphe. Monsieur Blink ne parla pas.

Le nouveau parti, le parti du peuple, le parti de monsieur Blink, éclatait dans la vie politique du pays comme une bombe. On hua les vieux partis et on cria que l'esclavage était fini, grâce à monsieur Blink. B-L-I-N-K. Blink! Blink! Hourra! Fini, les majorations d'impôt, monsieur Blink allait tout arranger. Fini, le grabuge politique, monsieur Blink allait tout arranger. Fini, les augmentations du coût de la vie... Blink! Blink! Blink!

Une seule fois monsieur Blink tenta de se lever pour prendre la parole. Mais la foule l'acclama tellement qu'il eut peur de la contrarier et se rassit.

On le gava de champagne et monsieur Blink finit lui aussi par se croire un grand héros. En souvenir de cette soirée mémorable, monsieur Blink rapporta chez lui une gigantesque banderole sur laquelle était inscrit en lettres de deux pieds de haut...

Le lendemain, monsieur Blink était élu premier ministre de son pays.

Jacques RENAUD

Jacques Renaud est né à Montréal, en 1943. A seize ans, il prend des leçons de diction, à dix-sept, il interrompt ses études secondaires, paraît un moment à l'École normale Ville-Marie, passe quelques mois à l'École nationale de théâtre, puis se consacre entièrement à l'écriture. En 1962, il publie son premier recueil de poèmes, Électrodes. *De 1963 à 1966, il est journaliste. Entre-temps, il s'est joint au groupe de Parti pris et publie, en 1964, un premier roman,* Le Cassé, *qui suscite aussitôt une vive polémique linguistique. Boursier à deux reprises du Conseil des Arts du Canada, il voyage en France et aux Indes dans le but de se perfectionner. Il est de retour à Montréal à la fin de 1971 et continue d'écrire. Jacques Renaud se définit comme un voyageur. C'est un être qui cherche un graal moderne à travers le vaste monde. Il est l'écrivain de la libération individuelle et collective.*

BIBLIOGRAPHIE

Électrodes, poèmes, Montréal, éd. Atys, 1962.
Le Cassé, Montréal, Parti Pris, 1964.
En d'autres paysages, Montréal, Parti Pris, 1970.

CASSÉ *

La vie miséreuse et brutale, l'écœurement, l'exaspération, les obsessions d'un sans-le-sou livrent une image réaliste et une critique acérée de la grande ville dans ce roman de Jacques Renaud écrit en une langue populaire qui n'exclut pas la vulgarité. (Extrait de Le Cassé, *Montréal, Éditions Parti pris, 1964.)*

Oui. Des cris de bébés dans la ville alitée. C'est l'été. Montréal est une île meurtrie. Une île mouvante et sonore comme une mer qu'on tue. Le fleuve s'est figé autour comme de la fonte. Le fleuve veut dormir. Rien ne l'en empêchera. Le fleuve est un anarchiste. Quand il voudra envahir l'île, il le fera. Quand il le voudra. Et ne criez pas que vous voulez tous mourir. C'est inutile. Vous n'avez même pas besoin de le vouloir. La vie s'en charge à chaque instant. Le suicide n'est ni une question de lâcheté ni une question de courage. Ce n'est même pas une question. Ce n'est même pas un problème. C'est un acte. Naître c'est se suicider. Nous nous suicidons tous. Faites le tour des usines, faites le tour des clubs de nuits, les très riches et les très pauvres, faites le tour des journaux et des milieux d'artistes et d'intellectuels, regardez-les se déchirer les uns les autres, regardez-les s'auto-détruire aussi. La seule différence dans les orgies entre l'Est et l'Ouest, c'est que dans l'Est on s'assomme et que dans l'Ouest on s'amuse. Dans l'Est on s'pacte ([1]), dans l'Ouest on s'amuse, on prend une cuite, et pour faire ça, y en a toute une gagne ([2]) qui se cache en s'entourant de clôtures ([3]).

Le fleuve, c'est une bande hernière, Montréal s'est crevé. Tous les soirs, tous les matins, sauf les gris, le rouge du soleil dans l'eau, c'est le sang des insulaires qui se dilue, indifférent, dans l'eau froide et figée. Montréal est un râle. Un braillage de bébés. Ça finit plus. Un long meuglement de criards ([4]) de totos. Montréal, c'est une île torturée, assommée, hideuse dans sa polyomiélite. Montréal étendu dans ses meurtrissures sous la lune.

Montréal tanné ([5]).

Montréal monnayé.

Montréal en maudit ([6]).

Gagne de chiens!

Qui ça?

Tout le monde!

Fesser! Frapper L'air sent la violence à plein nez. Le gaz carbonique et le mensonge.

Et la tendresse parfois quand un arbre prend un couple par la taille dans un large et muet bras d'ombre.

---

1. On se remplit, on s'enivre sans joie, on boit pour boire. Expression populaire usuelle. Une salle pactée ou paquetée est une salle pleine à craquer.

2. Un groupe homogène: déformation de gang. Expression usuelle.

3. Montréal est divisé en deux parties par la rue Saint-Laurent. L'ouest à prédominance anglaise est riche et l'est à prédominance française est pauvre.

4. Avertisseurs, klaxons.

5. Fatigué. Je suis tanné: j'en ai marre. Autre expression usuelle.

6. Être en maudit: enragé, en beau diable. Expression populaire également très employée.

Alors, vers le matin, Ti-Jean s'est amusé à cracher dans l'étang du parc Lafontaine ([7]) pour faire des petits bruits, pour troubler un peu le silence, par irrespect, ou bien pour faire des rondelles d'eau qui s'agrandissent sans arrêt.

Ti-Jean hésite au coin de Marie-Anne et Papineau. Vers l'Est? Vers l'Ouest? Vers le Nord?

Il veut se rouler une cigarette. Il fouille dans ses poches de coupe-vent. Il sort le tournevis ([8]). Il le jette dans une bouche d'égout. Il n'a plus de tabac. Il fouille dans ses poches de pantalon. Il n'a plus une cenne.

Cassé.

---

7. Immense parc au centre de la ville.
8. C'est avec cet instrument que Ti-Jean a commis un meurtre la nuit précédente.

Suisse Romande

Collaborateurs: MM. Jacques RABATTONI, professeur de français à l'École Supérieure de Commerce de Lausanne.
Henri CORBAT, professeur de français au Lycée Sainte-Croix de Fribourg.
Jacques FONTAINE, professeur, adjoint à la direction du service de la recherche pédagogique du canton de Genève.
Roger-Louis JUNOD, écrivain, professeur de français à l'École supérieure de jeunes filles de Neuchâtel.

INTRODUCTION HISTORIQUE

La confédération helvétique compte vingt-deux cantons et environ six millions d'habitants. On y parle quatre langues: l'allemand, le français, l'italien et le romanche. La Suisse française (ou Suisse « romande »), peuplée d'un million d'habitants, se compose de trois cantons, ou états, entièrement francophones: Genève, Vaud et Neuchâtel, ainsi que de territoires incorporés à des cantons où une partie de la population s'exprime en allemand: Berne (1), Fribourg, Valais. Depuis le XVIe siècle, le protestantisme l'emporte dans les cantons de Genève, de Vaud et de Neuchâtel, cependant que les populations francophones des cantons de Berne, de Fribourg et du Valais sont catholiques. Comme l'ont noté plusieurs de nos essayistes (Jean Starobinski, Alfred Berchtold, Michel Dentan entre autres) les Suisses romands se définissent d'abord par leurs différences, par rapport aux Français d'une part, à leurs compatriotes qui parlent l'allemand ou l'italien d'autre part. On a montré souvent que cette situation est à l'origine du cosmopolitisme de nombreux écrivains romands, tels Mme de Staël révélant à la France la sensibilité germanique, le poète contemporain Pierre-Louis Matthey traducteur exemplaire des grands poètes anglais ou encore le poète vagabond Blaise Cendrars.

Le XVIe siècle. — C'est la Réforme qui donne à la Suisse romande ses premiers écrivains. Les plus illustres, Jean Calvin, Théodore de Bèze viennent de France tandis que le savoureux, le débonnaire Pierre Viret, surnommé « le sourire de la Réforme », est vaudois. Notre littérature prend donc, dès sa naissance, une orientation théologique, souvent moralisatrice, qui la caractérise encore partiellement de nos jours: que de poèmes où le remords et la peur du péché étouffent le lyrisme; que de romans dont le personnage central est un pasteur! Une exception: François de Bonivard, chroniqueur bon vivant dont la verdeur et la bonhomie font souvent penser à Montaigne.

Le XVIIIe siècle. — Pendant le XVIIe siècle tout entier, la Suisse romande ne donne aucun écrivain de valeur à la littérature de langue française. Au XVIIIe, en revanche, elle voit naître Jean-Jacques Rousseau, Mme de Staël

1. Le 23 juin 1974, le peuple jurassien a manifesté sa volonté d'indépendance et, en se séparant de l'État de Berne, s'apprête à se constituer en 23e canton de la Confédération.

et Benjamin Constant. Toute une part de leur pensée et les formes originales de leur sensibilité procèdent de leurs origines. Marqués tous trois par la prétention du protestantisme à rendre autonome et responsable la conscience individuelle, ils enrichiront le patrimoine culturel européen de valeurs nouvelles. La Suisse romande est devenue, au XVIIIe siècle, un brillant foyer intellectuel, scientifique et littéraire. C'est à Neuchâtel qu'on imprime les œuvres d'Holbach, de Laclos (en particulier *Les Liaisons dangereuses*) et de Mirabeau. Le patricien bernois Beat de Muralt, inspirateur de Rousseau, publie des *Lettres sur les Anglais et sur les Français* qui annoncent les *Lettres persanes*. A Colombier, non loin de Neuchâtel, Madame de Charrière, venue de Hollande, amie de Benjamin Constant, compose des romans d'une singulière finesse qui ont gardé jusqu'à nos jours toute leur saveur.

Le XIXe siècle. — D'Othon de Grandson (assassiné en 1397, et qui fut célèbre dans tout l'Occident) à Blaise Cendrars, aucun poète romand ne s'est imposé hors des frontières nationales. Au XIXe siècle, on peut signaler, modestement, Imbert Galloix, Alice de Chambrier (morts tous deux à vingt et un ans), et Louis Duchosal que son *Livre de Thulé* rendit célèbre. Aucun romancier de grande envergure non plus, quoiqu'on redécouvre aujourd'hui les romans naturalistes d'Édouard Rod et du grand peintre Félix Vallotton. Le théâtre, quant à lui, est inexistant à cette époque.

Les trois écrivains de grande classe qui ont illustré notre XIXe siècle se nomment Alexandre Vinet (1797-1847), Rodolphe Töpffer (1799-1846) et Henri-Frédéric Amiel (1821-1881). Le premier passe aujourd'hui pour l'un des critiques les plus clairvoyants de son temps. Qu'il s'agisse des classiques auxquels il vouait une admiration sans réserve ou des romantiques, ses contemporains, dont il dissèque les œuvres sans complaisance, il envisage les problèmes de la création littéraire de la manière la plus moderne. Pour Sainte-Beuve, la lecture de Vinet était « la plus nourrie, la plus utile, la plus agréable même, aussi bien que la plus intense ». Il ne se lassait pas de relire ses jugements. Vinet, à l'instar du Lamartine de *L'Ode aux révolutions*, professe que c'est « de révolte en révolte que les sociétés se perfectionnent » et que « le seul moyen de prévenir les révolutions, c'est de les faire ».

Rodolphe Töpffer, l'inventeur de la « bande dessinée », dépense en composant ses albums des trésors d'ironie, d'humour et de malice. Les auteurs de *Tintin* ou d'*Astérix* peuvent être considérés comme ses émules. Töpffer nous amuse autant qu'eux, et parfois davantage avec les aventures cocasses du Dr Festus, de M. Vieux-Bois ou de M. Jabot. Ses nouvelles, ses récits de voyages, ses romans, Goethe les juge « pleins de verve et d'esprit ». Mais l'esprit, chez Töpffer, s'allie à une sensibilité aiguisée par la lecture assidue de Rousseau, puis de Bernardin de Saint-Pierre. Son œuvre rafraîchissante est une exception bienvenue (comme le sera celle de Pierre Girard au siècle suivant) dans cette littérature romande que guinde presque toujours l'esprit de sérieux et qu'asphyxie si souvent une incorrigible tendance à moraliser.

Henri-Frédéric Amiel, poète raté, velléitaire inapte à toute action, mal à l'aise dans le monde comme dans son être, tient fidèlement et dans le secret son journal intime: près de 17 000 pages, dont une partie seulement sont publiées à l'heure actuelle. Dès la parution des premiers fragments, deux ans après la mort de leur auteur, les meilleurs esprits européens se passionnèrent pour cette œuvre proprement extraordinaire où l'on voit, comme l'écrit Alfred Berchtold, « la pensée pure se réfléchissant elle-même et se dévorant ». Amiel pratique génialement le vice de l'introspection, ouvrant la voie à l'une des vocations privilégiées de la littérature en Suisse romande. Qu'elle est moderne, déjà, la réflexion d'Amiel sur l'inconscient: « Pour moi, il est évident que le côté nocturne de la conscience, que la partie occulte de la psychologie, que la vie mystique de l'âme est d'une réalité aussi certaine que l'autre aspect de l'existence humaine. »

Le XXe siècle. — Si les caractères dominants de la littérature romande apparus au XVIIIe et au XIXe siècle (influence du protestantisme, goût de l'introspection, amour de la nature, esprit de sérieux, peur et mépris de la sensualité) se retrouvent chez de nombreux auteurs contemporains, on assiste, dans les quinze premières années de notre siècle, à la naissance de plusieurs entreprises qui tendent à doter la Suisse française d'un art spécifiquement helvétique. Gonzague de Reynold souhaite « restaurer l'ancienne culture suisse » en affaiblissant « les préjugés qui séparent les langues et les races ». Au contraire, Charles-Ferdinand Ramuz, Paul Budry, Edmond Gilliard et leurs amis, fondateurs, en 1914, des *Cahiers vaudois*, affirment que « c'est du canton de Vaud seul qu'il peut sortir chez nous quelque chose ». Ramuz veut que ce soit « contre-universitaire, contre-intellectuel, c'est-à-dire *vivant* ». Il ajoute: « De l'imprévu, de la verve, du plaisir, du tempérament. Tout est là ». Le « manifeste » des *Cahiers vaudois*, Ramuz l'intitule *Raison d'être*. Il se termine par cette phrase devenue fameuse: « Qu'il existe, un jour, un livre, un chapitre, une simple phrase qui n'aient pu être écrits que chez nous, parce que copiés dans leur inflexion sur telle courbe de colline ou scandés dans leur rythme par le retour du lac sur les galets d'un beau rivage, quelque part, si on veut, entre Cully et Saint-Saphorin — que ce peu de chose voie le jour, et nous nous sentirons absous. »

C'est à réaliser ce vœu que ne cessera de travailler Ramuz. Les personnages de ses romans sont des pêcheurs, des vignerons, des bergers à la recherche de quelques vérités essentielles auxquelles l'auteur confère une valeur universelle, échappant par là aux pièges du régionalisme. La langue qu'il écrit n'est pas le français de France, ni celui des livres; il se forge son propre idiome, à partir du français que parlent les vaudois. L'amour de Ramuz pour les gens et pour les paysages de son pays, le romancier Jean-Pierre Monnier le définit ainsi: « Souci de ressemblance, volonté de conciliation, besoin d'identité, cet amour, comme toutes les amours humaines, s'applique humblement à l'exercice des plus humbles vertus: la sincérité, la droiture, la patience, le dévouement… Il s'oublie lui-même devant son objet, l'affirmant ainsi avec plus de force dans sa réalité véritable ». Dans ses poèmes, dans ses romans (*Aline*, *Aimé Pache, peintre vaudois*, *La vie de Samuel Belet*, *Farinet ou la fausse monnaie*, *Derborence* entre tant d'autres), dans son œuvre théâtrale (*L'histoire du soldat* et *Noces*, dont la musique est d'Igor Strawinsky), Ramuz crée un monde dont la vérité, au-delà des apparences fidèlement décrites, est tout intérieure, faite des symboles qui révèlent en toute chose la présence secrète de l'absolu.

La poésie. — Ramuz, Blaise Cendrars, Henry Spiess l'intimiste, Charles-Albert Cingria, Werner Renfer qui fut notre premier surréaliste rompent avec la sage tradition poétique vénérée par leurs aînés. Pierre-Louis Matthey, Gustave Roud, Edmond-Henri Crisinel mûrissent, dans la solitude, une œuvre soumise aux plus hautes exigences spirituelles : la poésie est pour eux la quête d'un salut dont l'évidence ne cesse de se dérober. Ces poètes sont nés entre 1876 (Spiess) et les toutes premières années du siècle. Dans la génération suivante, celle des poètes qui ont commencé à se faire connaître peu avant la deuxième guerre mondiale ou au cours de celle-ci, il faut nommer au moins Claude Aubert, vagabond émerveillé et douloureux qui restitue au monde les charmes magiques de l'enfance, Edmond Jeanneret, protestant que sa foi conduit souvent au déchirement, Marc Eigeldinger dont la poésie « animée par la tentation de l'inaccessible », hantée par les grands mythes éternels, a de fortes résonances religieuses dans son élan vers une saisie du sacré. Auprès d'eux, Georges Haldas, sensible à toutes les souffrances injustes, à toutes les humiliations, et Jean Cuttat qui choisit pudiquement d'écrire des chansons, des comptines, des ballades pour donner libre cours à la virtuosité la plus savante. Leur contemporain, le Valaisan Maurice Chappaz, a cru à la poésie comme on croit en Dieu ; il a produit d'abord une œuvre rare, ascétique, avant d'ouvrir les vannes à une violence créatrice qui nous a valu son *Portrait des Valaisans* puis *Le Match Valais-Judée*, hauts en couleur et truculents.

Plus jeune, Philippe Jaccottet (traducteur, entre autres, de Hölderlin et de Musil), voue sa peine à capter l'insaisissable : l'air. le reflet, l'être de la mort. Anne Perrier elle aussi tend à dire l'ineffable, la transparence de l'âme, à créer le lieu magique « où respirent des songes ». Alexandre Voisard, Vahé Godel, Pierre Chappuis, Monique Laederach, Jean Pache : cinq noms parmi ceux des meilleurs poètes romands d'aujourd'hui.

Le roman. — L'influence de Ramuz a fortement marqué toute une génération de romanciers, tels Charles-François Landry dans *Diégo* ou *Baragne*, Emmanuel Buenzod, Maurice Zermatten. Entre les deux guerres, la plupart des nouveaux écrivains romands se définissaient en fonction de l'esthétique et de l'éthique « paysanne » de l'auteur d'*Aimé Pache*. Quelle que soit, par leur sujet et par leur forme, la distance qui sépare leur œuvre de celle du maître, c'est à la famille ramuzienne qu'appartiennent un Georges Borgeaud, qui obtint en 1952 le Prix des Critiques pour son *Préau* et en 1975 le Prix Renaudot pour *Le Voyage à l'étranger*, un Jean-Pierre Monnier, auteur, entre autres, de *La Clarté de la Nuit* (Prix Veillon 1956) et un Jacques Chessex par son *Portrait des Vaudois* ou *L'Ogre*, qui lui a valu, en 1973, le Prix Goncourt.

Parmi les écrivains nés ou élevés en Suisse mais dont l'œuvre ne doit rien à l'esprit des *Cahiers vaudois*, il faut nommer d'abord Guy de Pourtalès (1881-1941). Sa *Pêche miraculeuse* est à la fois le portrait d'un pays, la Suisse, et un grand roman européen. Léon Bopp, nostalgique des grandes « sommes » du moyen âge, a tenté d'écrire un roman qui rende compte de la totalité de ce qui est, sous la forme d'immenses inventaires dont les *Liaisons du monde* sont l'exemple le plus impressionnant. Les chefs-d'œuvre de Jacques Mercanton s'intitulent *Le soleil ni la mort*, *De peur que vienne l'oubli*, *L'Été des Sept-Dormants*; peintre de la vie intérieure saisie dans ses replis les plus secrets, Jacques Mercanton a créé un univers cosmopolite comparable en plus d'un point à celui des romans de son maître Thomas Mann. Georges Piroué, pour sa part, édifie une œuvre qui s'impose de plus en plus à l'attention de la critique; ses romans récents, en particulier *Une manière de durer*, plongeant leurs racines dans le pays de sa jeunesse, la région chaux-de-fonnière où se situent aussi *Bois-Mort* et *Le Cavalier de paille*, les romans chargés de poésie de Monique Saint-Hélier.

A Genève, deux écrivains nés et élevés en France donnent, entre les deux guerres, une expression romanesque raffinée aux tourments moraux et aux émois sensuels de personnages empruntés à l'aristocratie protestante de la ville où ils se sont fixés: Robert de Traz, disciple de Barrès et Jacques Chenevière, si habile à décrire « les prémisses de l'amour », et « l'illusion des premiers plaisirs ». Dans le même temps, Pierre Girard, que l'on a souvent comparé à Giraudoux, promène dans une Genève métamorphosée des personnages aériens, délicieusement désuets; l'humour, la tendresse, une cocasserie charmante, tous les pièges de l'inattendu donnent leur prix à ses romans: *Lord Algernon*, *Connaissez mieux le cœur des femmes*, *Le gouverneur de Gédéon*... C'est Genève encore, la Genève des années 30, que fait revivre le roman d'Alice Rivaz: *Le creux de la vague*.

Dès 1945, avec *Châteaux en enfance*, Catherine Colomb préfigurait les futures recherches du Nouveau Roman. L'un des traits originaux de sa technique consiste à fondre ensemble divers moments de la durée en train de se métamorphoser dans le souvenir. Robert Pinget occupe une place de choix dans l'école du Nouveau Roman; l'humour de *L'inquisitoire* ou de *Quelqu'un* le distingue de la plupart des autres membres du groupe. Le premier roman d'Yves Velan, *Je*, restitue le discours d'une conscience anxieuse, cernée par le mal, convaincue de sa culpabilité. Roland Barthes écrivait en 1960 que ce livre est « l'un de ceux qui contribuent à mettre en question toutes nos valeurs des dix dernières années ». On peut en dire autant du deuxième roman de Velan, *La Statue de Condillac retouchée* (1973). Dans ce livre dont le « personnage » principal est l'idéologie révolutionnaire, où sont affirmées à la fois la nécessité et l'impossibilité de la révolution, l'auteur édifie un prodigieux monument littéraire utilisant les ressources les plus inattendues du langage pour dénoncer, pour illustrer l'incompatibilité essentielle de la création artistique et de l'action révolutionnaire.

Le théâtre. — Les auteurs de théâtre sont rares en Suisse romande, où une forme de représentation, toutefois, a connu le succès: le grand spectacle populaire s'inspirant de l'histoire nationale ou célébrant les travaux de la terre. C'est, d'une part, la *Fête des Vignerons* qui a lieu à Vevey tous les vingt-cinq ans et à laquelle participent plus de trois mille acteurs et figurants; ce sont, d'autre part, les représentations du Théâtre du Jorat fondé en 1908, à Mézières près de Lausanne, par René Morax: on y retrouve la tradition du « Festspiel ». Parmi les œuvres représentées à Mézières, la plus prestigieuse fut sans doute *Le Roi David* dont Arthur Honegger composa la musique. Émile Jaques-Dalcroze, auteur de chansons que tout le monde sait par cœur en Suisse romande, est aussi le créateur d'une technique destinée à « faire vibrer à l'unisson nos facultés d'audition et nos diverses activités physiques, rendant la liberté aux élans naturels du corps »: la « rythmique », dont l'enseignement s'est répandu dans le monde entier. Sa *Fête de Juin*, spectacle chanté et dansé, ainsi que d'autres œuvres de lui sont, au même titre que les représentations du Théâtre du Jorat, l'occasion de fêtes collectives, de réjouissances populaires dont on trouverait difficilement l'équivalent en France.

A l'époque où Georges et Ludmilla Pitoëff travaillaient à Genève, la guerre fit se rencontrer Ramuz et Igor Strawinsky; de leur collaboration allaient naître *Noces* et *L'histoire du soldat*, deux chefs-d'œuvre inimitables, qui conservent aujourd'hui toute leur fraîcheur.

La Suisse française n'a que peu de troupes permanentes et peu de salles autonomes; elle dépend trop de l'étranger dans le domaine du théâtre pour susciter de grandes vocations. Les meilleurs auteurs contemporains se nomment Walter Weideli (*Le Banquier sans visage*), Bernard Liègme (*Le Soleil et la mort*), Henri Debluë, Louis Gaulis et Michel Viala. La troupe des Faux-Nez à Lausanne, le Théâtre de Carouge et le Théâtre de l'atelier à Genève, le Théâtre populaire romand à Neuchâtel et le Centre dramatique romand animent, au prix de mille difficultés, une vie du théâtre qui reste sans rapport avec celle qui s'épanouit en Suisse allemande où règnent un Max Frisch et un Friedrich Dürrenmatt.

L'essai et la critique. — Descendant d'une famille de soldats, héritier d'une tradition aristocratique et militaire, le Fribourgeois Gonzague de Reynold (né en 1880) fut un historien passionné par le destin de l'Europe, à la fois fortement enraciné dans son propre pays et ouvert à tous les grands courants de l'histoire. En plus de ses essais politiques (*L'Europe tragique*), il a consacré à son pays une évocation poétique, *Cités et pays suisses*, et divers ouvrages d'histoire littéraire.

Marcel Raymond, avec *De Baudelaire au surréalisme* (1933) ouvrit des voies nouvelles à la critique littéraire, fondant l'« École de Genève » à laquelle appartiennent Jean Rousset, auteur, entre autres, de *Forme et signification* et Jean Starobinski dont la démarche, informée par la psychanalyse, compte parmi les plus éclairantes de la critique française contemporaine. Proche de Marcel Raymond par l'esprit, Albert Béguin veut que l'activité critique consiste à « coïncider avec l'aventure spirituelle du poète » et pratique une critique subjective qui porte ses meilleurs fruits dans *L'âme romantique et le rêve* comme dans les études consacrées à Pascal, à Nerval, à Balzac ou à Bernanos.

Depuis plus de vingt ans, Denis de Rougemont, qui dirige le Centre européen de la Culture, travaille à construire l'Europe, et la plupart de ses derniers écrits, par exemple sa *Lettre ouverte aux Européens* (1970), sont politiques. Déjà, en 1936, dans *Penser avec les mains*, il dénonçait une littérature qui dédaignait de prendre au sérieux les conditions concrètes de la vie des hommes et il exhortait l'écrivain à « penser en puissance d'action ». Il faut mentionner encore son livre le plus connu, *L'amour et l'Occident*.

Les associations d'écrivains. — La Société des écrivains suisses a longtemps rassemblé les poètes, les romanciers, les essayistes et les auteurs dramatiques s'exprimant dans les quatre langues nationales (l'allemand, le français, l'italien et le romanche). En 1971, pour des raisons politiques, cette société a éclaté et une partie de ses anciens membres auxquels s'étaient joints des écrivains jusque-là indépendants de toute association ont fondé le Groupe d'Olten qui se situe nettement à gauche par rapport à la Société des écrivains suisses plus proche de la politique gouvernementale traditionnelle.

L'édition. — Parmi les éditeurs romands dont le renom s'étend au-delà des frontières nationales, il faut mentionner au moins Payot et La Baconnière, à Boudry, près de Neuchâtel, qui publia entre autres, pendant la deuxième guerre mondiale, dans les « Cahiers du Rhône » dirigés par Albert Béguin, des textes d'écrivains français condamnés au mutisme dans leur pays. Depuis les années soixante, trois nouvelles maisons d'édition ont réalisé un travail exemplaire au service des lettres de Suisse française : les éditions *Rencontre*, celles de *L'âge d'homme* et celles des *Cahiers de la renaissance vaudoise*, devenues les *Éditions Bertil Galland* en 1973, et qui ont largement contribué à faire connaître les œuvres d'un Maurice Chappaz, d'un Jacques Chessex ou d'un Jean Cuttat entre autres. Signalons encore l'existence de deux collections consacrées à la littérature suisse du passé et du présent : *Le Livre du mois* et *La bibliothèque romande*.

Pour de plus amples renseignements sur la littérature de Suisse française, nous renvoyons le lecteur aux ouvrages de Virgile Rossel, de Philippe Godet (qui le mèneront jusque vers la fin du XIXe siècle), de Weber-Perret, et surtout à l'œuvre monumentale d'Alfred Berchtold : *La Suisse romande au cap du XXe siècle.* Signalons enfin *Die zeitgenössichen Literaturen der Schweiz*, une histoire de la littérature suisse (plus précisément des quatre littératures de Suisse) depuis 1945 ; ce volume de plus de 700 pages, parfaitement documenté, a paru en 1974 ; sa traduction en français ne saurait tarder.

Roger-Louis JUNOD

Vue sur le grand salon du Château de Coppet (Lac Léman), où Madame de Staël recevait ses illustres visiteurs et tenait avec eux des conversations passionnées.

(Photo de l'Office National Suisse du Tourisme.)

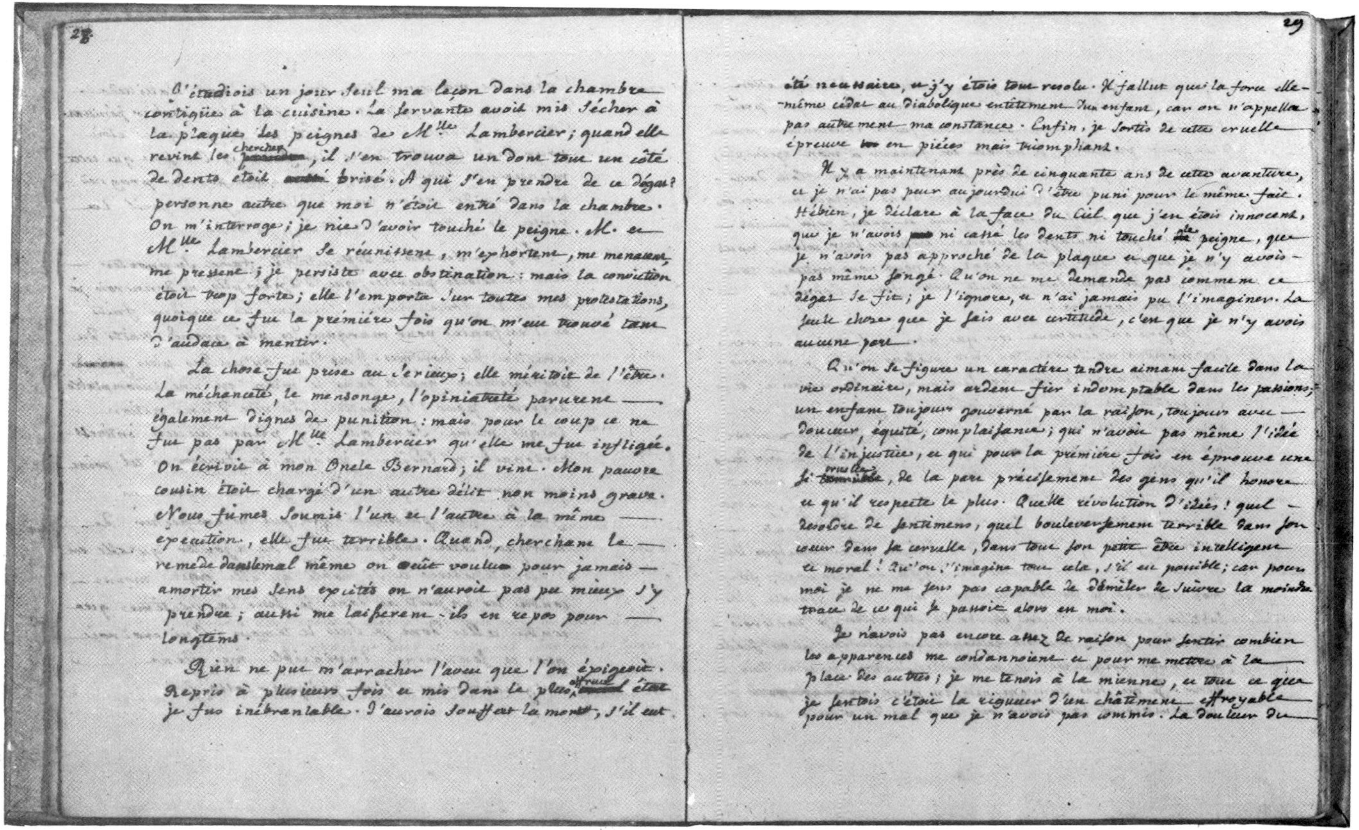

28

J'étudiois un jour seul ma leçon dans la chambre contigüe à la cuisine. La servante avoit mis sécher à la plaque les peignes de Mlle Lambercier; quand elle revint les chercher, il s'en trouva un dont tout un côté de dents étoit brisé. A qui s'en prendre de ce dégat? personne autre que moi n'étoit entré dans la chambre. On m'interroge; je nie d'avoir touché le peigne. M. et Mlle Lambercier se réunissent, m'exhortent, me menacent, me pressent; je persiste avec obstination: mais la conviction étoit trop forte; elle l'emporta sur toutes mes protestations, quoique ce fut la première fois qu'on m'eut trouvé tant d'audace à mentir.

La chose fut prise au sérieux; elle méritoit de l'être. La méchanceté, le mensonge, l'opiniatreté parurent également dignes de punition: mais pour le coup ce ne fut pas par Mlle Lambercier qu'elle me fut infligée. On écrivit à mon Oncle Bernard; il vint. Mon pauvre cousin étoit chargé d'un autre délit non moins grave. Nous fumes soumis l'un et l'autre à la même exécution, elle fut terrible. Quand, cherchant le remede dans le mal même on eût voulu pour jamais amortir mes sens excités on n'auroit pas pu mieux s'y prendre; aussi me laisserent-ils en repos pour longtems.

Rien ne put m'arracher l'aveu que l'on éxigeoit. Repris à plusieurs fois et mis dans le plus affreux état je fus inébranlable. J'aurois souffert la mort, s'il eut

29

été nécessaire, et j'y étois tout résolu. Il fallut que la force elle-même cédat au diabolique entêtement d'un enfant, car on n'appella pas autrement ma constance. Enfin, je sortis de cette cruelle épreuve en pièces mais triomphant.

Il y a maintenant près de cinquante ans de cette avanture, et je n'ai pas peur aujourdui d'être puni pour le même fait. Hébien, je déclare à la face du Ciel que j'en étois innocent, que je n'avois ni cassé les dents ni touché le peigne, que je n'avois pas approché de la plaque et que je n'y avois pas même songé. Qu'on ne me demande pas comment ce dégat se fit; je l'ignore, et n'ai jamais pu l'imaginer. La seule chose que je sais avec certitude, c'est que je n'y avois aucune part.

Qu'on se figure un caractére tendre aimant facile dans la vie ordinaire, mais ardent fier indomptable dans les passions; un enfant toujours gouverné par la raison, toujours avec douceur, équité, complaisance; qui n'avoit pas même l'idée de l'injustice, et qui pour la prémiére fois en éprouve une si cruelle, de la part précisement des gens qu'il honore et qu'il respecte le plus. Quelle révolution d'idées! quel desordre de sentimens; quel bouleversement terrible dans son coeur dans sa cervelle, dans tout son petit être intelligent et moral! Qu'on s'imagine tout cela, s'il est possible; car pour moi je ne me sens pas capable de démêler de suivre la moindre trace de ce qui se passoit alors en moi.

Je n'avois pas encore assez de raison pour sentir combien les apparences me condannoient et pour me mettre à la place des autres; je me tenois à la mienne, et tout ce que je sentois c'étoit la rigueur d'un châtiment effroyable pour un mal que je n'avois pas commis. La douleur du

Bibliothèque publique de Neuchâtel. — Folios 28 et 29 du Ms des Confessions de J.-J. Rousseau, copie autographe, nouvelle côte: Ms.R17.

François de BONIVARD

Noble d'origine savoyarde, F. de Bonivard (1493-1570) prit le parti de Genève dans la période troublée qui vit cette cité assurer son indépendance et adopter la Réforme sous la direction de Jean Calvin. Son activité politique lui valut notamment son célèbre emprisonnement de six ans au château de Chillon (cf. Byron: « The prisoner of Chillon »). En 1538, il fut chargé d'écrire les « Chroniques de Genève », qui constituent son principal ouvrage.

BIBLIOGRAPHIE

Aucune édition complète de Bonivard n'est disponible dans le commerce. Quelques exemplaires (Genève, Fick, 1867) se trouvent à la Bibliothèque publique et universitaire de Genève. Chroniques (extraits) in Chroniqueurs du XVIe siècle, Lausanne, Bibliothèque romande, 1974.

A consulter:

Maurice BOSSARD et Louis JUNOD, présentation de Chroniqueurs du XVIe siècle, Lausanne, Bibliothèque romande, 1974.

FAÇON DE VIVRE DES SAUVAGES *

Dans un essai intitulé l'« Amartigénée, c'est-à-dire la source du péché » (1), *François de Bonivard passe en revue les événements, institutions, faits de mœurs et traits de caractère qui détournent l'homme du bien originel. Le texte qui suit appartient à une réflexion sur l'innocence des sociétés naturelles, dont l'allure n'est pas sans rappeler certaines pages de Montaigne.*

...Toutefois nous voyons de notre temps la preuve de la sentence de Aristipus (2) en aucunes (3) îles trouvées de notre dit temps habitées par aucuns (4) que nous appelons sauvages, combien qu'ils (5) ne s'estiment pas tels, mais plus humains, et vivants mieux selon la loi de nature que nous, et si sont tout nus, excepté que encore en y a qui se démontrent avoir quelque vergogne, car ils portent des braies, mais en d'autres ils n'en ont entièrement point (6), comme en celle qu'a découverte Villeguaignon (7), où ils ne couvrent aucunement leurs parties honteuses, ains (8) marchent nus droit comme ils sortent du ventre de leurs mères, si que (9) vous diriez qu'ils sont citoyens de paradis terrestre, et aussi que leur habitation est le dit paradis, car elle est attrempée (10), en chaud, froid, etc. et cela toute l'année, à cause de la température du ciel sous lequel ils sont. Et non seulement sont ces fruits substancieux (11), mais souefs (12) et délicats et ce sans aucun labeur ni sueur de leur corps. Ils ont bêtes, oiseaux, poissons et autre viande pour cela, si que s'ils ne mangeaient les uns les autres ils vivraient plus de III C. ans, ce que se montre par quelques-uns qui sont échappés

1. Advis et devis des lengues, suivis de l'Amartigénée, c'est-à-dire de la source du péché, édité par G. Revilliod, chez Fick, Genève, 1865.

2. Aristippe, philosophe grec du IVe s. av. J.-C. Bonivard avait dit de lui, deux pages auparavant: « Aristipus disait que honnêteté ne provenait pas de nature, mais de mœurs et de coutume seulement. »

3. En aucunes îles...: dans des îles récemment découvertes.

4. Aucuns: certains.

5. Combien que: même si.

6. Entièrement point: pas du tout.

7. Nicolas Durand de Villeguaignon (1510-1571), explorateur et marin français, tenta d'installer des colons au Brésil sur l'ordre de l'amiral de Coligny.

8. Ains: mais.

9. Si que: de sorte que.

10. Attrempê: tempéré.

11. Substancieux: nourrissant.

12. Suefs: doux.

des mains de leurs ennemis qui sont de souvenance de plus de CC ans et combien qu'ils aient en ces lieux force mines d'or, ils s'en soucient moins qu'ils ne feraient de fétus de paille, et ne les daigneraient fouir ([13]), mais nonobstant qu'ils ne se soucient de métal, ce métal est cause de leur ruine, par l'avarice et iniquité d'elle procédante, de nous qui nous appelons chrétiens, qui les outrageons non seulement inchrétiennement ([14]), mais inhumainement, car nonobstant qu'ils nous souffrent ravir leur et autres biens à notre appétit sans contredite, nous ne nous contentons pas de leurs biens, mais avisons leurs personnes en servitude, puis nous vantons ce faisant d'être catholiques, et d'avancer la foi chrétienne. Or des anthropophages je ne veux pas contredire, à cause qu'ils ne sont pas seulement ennemis des chrétiens, mais de tous hommes, et méritent bien d'être domptés, et à coups de bâtons, mais il en y a d'autres qui sont simples et innocents, non dommageants ([15]), non seulement les hommes mais les bêtes.

13. Fouir: creuser, exploiter une mine.
14. Inchrétiennement: d'une façon non chrétienne.
15. Non dommageant: ne faisant pas de mal à...

Rodolphe TÖPFFER

Pédagogue, peintre et nouvelliste genevois (1799-1846). Directeur de pensionnat, il a raconté et illustré les récits des voyages pédestres qu'il faisait avec ses élèves, dans ses Voyages en zig-zag. *A publié également des* Nouvelles genevoises, *des essais sur l'art, quelques farces théâtrales et ses célèbres* Albums *de bandes dessinées.*

BIBLIOGRAPHIE

Voyage autour du Mont-Blanc, Livre du mois, Lausanne, 1972.
Monsieur Jabot, Bibliothèque romande, Lausanne, 1972.
Nouvelles, Bibliothèque romande, Lausanne, 1974.
Œuvres complètes, préparées par Pierre Cailler (Genève, Skira, à paraître).

UN MALIN PETIT ZÉPHYR
TRANSFORME D'HONNÊTES PARTICULIERS
EN « EXTRA-TERRESTRES »

7 cartons tirés de l'Album de « Monsieur Pencil ».

qui va croissant.
Le petit Zéphir s'amuse à pousser le bourgeois dans les bras de Mme Jolibois. Mr Jolibois, (car hélas la passion aveugle) ressent les tourmens d'une atroce jalousie.
Le bourgeois ayant imprudemment lâché le parapluie, a le bonheur de tomber sur les épaules de Mme Jolibois.

Ce que voyant, (car hélas la passion aveugle) Mr Jolibois se persuade que c'est sa femme qui est son amant. Aussitôt il se dépouille de ses vêtemens pour chercher la mort dans les flots mais il trouve que la chose est malaisée.
Porté par le zéphir à hauteur convenable, Mr Jolibois (car hélas la passion aveugle) s'efforce de rompre ces criminels liens. Mais il manque de point d'appui.
Après quoi le petit Zéphir s'amuse à faire tourbillonner le tout.
8.

Henri-Frédéric AMIEL

Après de solides études classiques à Genève, H.-F. Amiel (1821-1881) esprit érudit mais replié sur lui-même, a formé son jugement esthétique par un séjour en Italie, puis s'est consacré à la philosophie, en Allemagne, pendant cinq ans. Professeur à l'Université de Genève, il a donné, de son vivant, des cours assez ternes et n'a publié que des œuvres sans grand relief. Son Journal intime *(cf. introduction historique) posthume a assuré sa gloire.*

BIBLIOGRAPHIE

Journal intime. Fragments d'un journal intime, éd. posthume, Genève, Georg, 1884.
Année 1857, présentée par G. Poulet, Paris, 10/18.
Année 1866, présentée par L. Bopp, Paris, Gallimard, 1959.
Janvier-juin 1854, Lausanne, bibl. romande, 1973.

A consulter:

Georges POULET, *Les métamorphoses du cercle,* Paris, Plon, 1961, p. 305-370.
Alain GIRARD, *Le journal intime et la notion de personne,* Paris, PUF, 1963.

L'ÉMOTION ET LE LANGAGE *

Le « Journal intime » d'H.-F. Amiel est la réflexion d'une conscience cultivée, subtile et tourmentée, qui cherche à se définir par une introspection lucide et nuancée. Ce fragment est daté du 25 juin 1865.

25 juin 1865. — On peut deviner le pourquoi d'une larme et le trouver trop délicat à rendre. Une larme peut être le résumé poétique de tant d'impressions simultanées, la quintessence combinée de tant de pensées contraires! C'est comme une goutte de ces élixirs précieux de l'Orient qui contiennent l'esprit de vingt plantes confondu en un seul arome. Parfois même, c'est le trop plein de l'âme, qui déborde de la coupe de la rêverie. — Ce qu'on ne peut, ce qu'on ne sait, ce qu'on ne veut pas dire; ce qu'on refuse de s'avouer à soi-même; les désirs confus, les peines secrètes, les chagrins étouffés, les résistances sourdes, les regrets ineffables, les émotions combattues, les troubles cachés, les craintes superstitieuses, les souffrances vagues, les pressentiments inquiets, les chimères contrariées, les meurtrissures faites à notre idéal, les langueurs inapaisées, les espérances vaines, la multitude des petits maux indiscernables qui s'accumulent lentement dans un recoin du cœur, comme l'eau qui perle sans bruit à la voûte d'une caverne obscure: toutes ces agitations mystérieuses de la vie intérieure aboutissent à un attendrissement, et l'attendrissement se concentre en une larme, diamant liquide sur le bord des paupières.

Les larmes expriment du reste aussi bien la joie que la tristesse. Elles sont le symbole de l'impuissance de l'âme à contenir son émotion et à rester maîtresse d'elle-même. La parole est une analyse; quand nous sommes bouleversés par la sensation ou par le sentiment, l'analyse cesse, et avec elle la parole et la liberté. Notre unique ressource, après le silence et la stupeur, c'est le langage d'action, la mimique. L'oppression de la pensée nous ramène au degré antérieur à l'humanité, au geste, au cri, au sanglot et enfin à la défaillance, à l'évanouissement. C'est-à-dire qu'incapables de supporter l'excès de nos sensations comme hommes, nous retombons successivement à l'étage de l'être animé, puis de l'être végétal. — Dante s'évanouit ([1]) à tout instant dans son voyage infernal. Et rien ne peint mieux la violence de ses émotions ([2]) et l'ardeur de sa pitié.

...Et la joie intense? Elle se recueille aussi et se tait. Parler, c'est disperser. Le discours isole et localise la vie en un point, il l'éparpille à la circonférence de l'être, il analyse, il ne traite que d'une chose à la fois; il décentralise ainsi l'émotion et la réfrigère par cela même. Le cœur préfère rester concentré sur son sentiment qu'il réchauffe et protège; son bonheur est méditatif, silencieux; il s'écoute palpiter, il se déguste religieusement lui-même.

---

1. Sous le coup d'une émotion intense (terreur ou pitié).

2. Cf. notamment ch. V, vv. 138-142, à la fin du récit des amours tragiques de Françoise de Rimini: « Pendant que l'une des âmes parlait ainsi, l'autre pleurait si amèrement que, de pitié, je défaillis comme si j'allais mourir et je tombai comme tombe un corps mort. » (Trad. M. Pantaloni, éd. Hatier.)

Voir aussi les chants 3, 26, 32, 34, etc.

Edmond GILLIARD

Edmond Gilliard est né en 1875 à Fiez-sur-Grandson dans le canton de Vaud. Il interrompt ses études de lettres pour passer une année en Allemagne (1898) en qualité de précepteur du Grand-Duc héritier de Saxe-Weimar. Pour « gagner son pain » il enseigne au collège classique de Lausanne dès 1906 puis au gymnase de cette même ville jusqu'à sa retraite en 1935. Évoquant ses années d'enseignement, il dira lui-même être allé aussi loin qu'il le pouvait dans l'indiscipline magistrale sans se faire mettre à la porte. En 1912, il lance « les cahiers vaudois » qui feront connaître quelques-uns des meilleurs écrivains romands du premier quart de notre siècle.

Les œuvres complètes d'Edmond Gilliard ont paru aux Éditions des trois collines (Genève 1965). Parmi les œuvres qui traitent de l'école citons l'hommage à Henri Roorda *(1929) et* l'école contre la vie *qui parut dans la revue* Traits *en 1942. Ces deux œuvres ont été rééditées par la Bibliothèque Romande (Lausanne 1973).*

Edmond Gilliard est décédé en 1969.

BIBLIOGRAPHIE

Œuvres complètes, Genève, Éd. des trois collines, 1965.

A Henri Roorda, l'École contre la vie, Lausanne, Bibliothèque romande, 1973.

A consulter :

Alfred BERCHTOLD, *La Suisse romande au cap du XXe siècle,* Lausanne, Payot, 1963.

Entretiens avec Georges Anex, Genève, Éd. des trois collines, 1965.

J.L. CORNUZ, *Notice in A Henri Roorda, l'École contre la vie,* Lausanne, Bibliothèque romande, 1973.

L'ÉCOLE CONTRE LA VIE

Dans ce passage de L'école contre la vie, *l'auteur dénonce certaines erreurs de l'enseignement — aujourd'hui encore — traditionnel.*

Il n'y a de bons professeurs que ceux en qui subsiste la révolte de l'élève. Il s'agit de deviner la fougue dans la récalcitrance. C'est dans l'indocilité qu'est le levain de toute vivante discipline. Le maître qui recourt au règlement pour faire respecter l'ordre (comme on dit) avoue qu'il est incapable de se faire respecter lui-même. Il n'est pas entièrement dévoué. Il n'ose pas risquer sa peau. La « gendarmerie » n'a jamais témoigné de la force d'un régime; elle en révèle les craintes.

On commet généralement à la surveillance des sources de nature ceux qu'on sait le plus insensibles aux circulations mystérieuses des fluides. On demande des fabricants de tuyaux, et non des chercheurs de veines. Quel chambardement des « institutions », si tout à coup la baguette du pion devenait la verge du sourcier!

L'école est par excellence un atelier de stérilisation. On lui donne des enfants normaux; elle s'efforce d'en faire des hommes retardés. Elle met tout son soin à émousser le dard de la vie. A la liqueur d'enfance, elle mêle le jus de la sénilité. Elle fait, des enfants, de petits vieux, faussant ainsi, d'un seul coup, la nature de l'enfance et la nature de la vieillesse, offensant également la naïveté de l'enfance et la dignité de la vieillesse. Le produit de cette assimilation monstrueuse s'appelle le neutre. Le style neutre est un modèle d'écriture puérile et solennelle.

Ah! quels beaux vieillards nous aurions, si nous avions de vrais enfants! Mais la sottise des vieillards est la fatale conséquence de la fausse sagesse des enfants.

L'enseignement dit classique est particulièrement expert en cette désastreuse besogne de dénaturalisation, de dévitalisation, de « mortification » de la jeunesse.

Il est « de classe » dans le plus mauvais sens du mot: il n'y en a pas de plus partisan, de moins libéral. Il défend les intérêts d'une classe, celle qui a tout avantage à ce qu'on vive de mémoire et non d'évidence, à ce qu'on étouffe les raisons du présent sous les raisonnements du passé...

Ce n'est pas du dehors que j'en parle. Je connais assez ma matière. Je sais quel parti mortel on peut tirer des langues mortes, et comment, d'elles aux langues vivantes, la contagion opère. Encore une fois, je ne parle pas, ici, de la mort-nourriture; mais de la mort stupéfiée qui n'est qu'une imposture de vie; qui ne donne pas d'aliment au besoin de créer, mais qui fournit des modèles au penchant de singer.

La plus sûre façon de rendre la vie impuissante, c'est de rendre la mort insignifiante. On apprend aux enfants à jouer avec les morts; rien de plus propre à détourner leur curiosité des urgences de la vie.

Plus que tout autre, l'enseignement du latin se prête à développer, chez l'enfant, ce mécanisme de l'indifférence: la *Guerre des Gaules*, excellente lecture pour habituer la jeunesse au massacre. Quand des milliers de prisonniers sont égorgés, ce qui importe seulement, pour le maître, c'est de savoir si l'élève « possède sa règle de mille ». Que ferait-on de celui qui, au lieu de répondre à la question de grammaire, se révoltait contre le fait de guerre?

L'affaire du maître, ce n'est pas de dénoncer la barbarie, mais de noter les barbarismes. Il ne faut pas confondre l'humanité avec les humanités.

Henry SPIESS

*Poète genevois d'une très vive sensibilité (1876-1940). Dès son premier recueil « Le Silence des heures », H. Spiess a trouvé dans l'imagerie symboliste et une musicalité toute proche de celle du vers verlainien un mode d'expression adéquat aux exigences de sa vie intérieure. Mais, de la lecture de l'ensemble de son œuvre on retiendra, comme l'a écrit Charly Clerc, « qu'un naturisme aimable, inquiet parfois et hanté de l'ancienne certitude, a remplacé l'inspiration grave et chrétienne des poètes romands du XIX*e *s.* ».

BIBLIOGRAPHIE

Le silence des heures, Genève, Pache, 1905 et Mercure de France, 1913.
Chansons captives, Paris, Mercure de France, 1910.
Le visage ambigu, Paris, Crès, 1915 et Lausanne, Cahiers vaudois, 1918.
Saison divine, Genève, Julien, 1920.

A consulter:

VAHÉ GODEL, *Henry Spiess, poète survivant,* Genève, Georg, 1963.

Émile JAQUES-DALCROZE

Émile Jaques-Dalcroze (1865-1950) poète et musicien d'origine vaudoise, est l'auteur de nombreuses chansons, fort populaires en Suisse romande, et de spectacles musicaux inspirés du Festspiel. Il a inventé une méthode de gymnastique rythmique et fondé l'Institut de rythmique qui porte son nom, à Genève.

BIBLIOGRAPHIE

Consulter répertoires d'éditions musicales.

A Madame Germaine LUBIN

LE PETIT PRINTEMPS BLEU

("CHANSONS CAPTIVES")

Pour mezzo Soprano

Poésie de Henry SPIESS — **Musique de E. JAQUES-DALCROZE**

Gravé et Imprimé à Genève (Suisse).
J. MONTFORT, GENÈVE

J. M. 81

C. F. RAMUZ

Charles-Ferdinand Ramuz naquit en 1878 à Lausanne ; il y fit ses études et obtint en 1901 sa licence ès lettres. En 1902 il se rend à Paris dans l'intention d'y préparer une thèse sur Maurice de Guérin, mais il y renonce rapidement et commence à écrire. En 1903 paraît Le petit village, *vers libres tout à fait personnels que suivent* Aline *(1905),* Les circonstances de la vie *(1907) (qui pourrait s'appeler Mme Bovary à Aubonne),* Jean-Luc persécuté *(1908),* Aimé Pache *(1911),* La vie de Samuel Belet *(1912). Ces romans sont tous des monographies qui racontent l'histoire de personnages humbles, durement frappés par la vie et condamnés à la solitude.*

En 1914 il revient dans le Pays de Vaud où, après l'émouvant Adieu à beaucoup de personnes *(à Aline... et aux autres personnages de ses premières œuvres), qu'il faut considérer comme « une mort à ce qu'on était ». Ramuz prend un nouveau départ. Ce sera la période de l'unanimisme visionnaire et mystique comme celle des recherches formelles poussées très loin, dont témoignent des œuvres telles que* Le règne de l'esprit malin *(1917),* les signes parmi nous *(1929).*

Dès 1925 Ramuz publie ses grands romans — que l'on peut aussi considérer comme de grands poèmes — situés soit en Valais: La grande peur dans la montagne *(1926),* Farinet ou la fausse monnaie *(1932),* Derborence *(1934),* Si le soleil ne revenait pas *(1937) dans lesquels domine la veine épique, soit dans le cadre lacustre du Léman,* L'amour du monde *(1925),* La beauté sur la terre *(1927),* Le garçon savoyard *(1936), dans lesquels l'auteur se montrera plus lyrique.*

Tout au long de sa carrière Ramuz s'est expliqué sur ses recherches poétiques dans divers ouvrages de réflexion dont nous citerons: Raison d'être *(1914),* Lettres à Grasset et à Mermod.

C.-F. Ramuz que M. Raymond décrit comme « le plus grand poète, c'est-à-dire créateur » de la littérature de Suisse romande est mort à Lausanne en 1947.

BIBLIOGRAPHIE

Œuvres complètes, Lausanne, Ed. Rencontre, 5 vol., 1974.
Derborence, Paris, Livre de poche, 1974.

Passage du poète, Lausanne, Bibliothèque romande, 1973.
Morceaux choisis, recueillis et préfacés par Maurice Zermatten, Lausanne, plaisir de lire.

A consulter:

M. NICOD: *Du réalisme à la réalité,* Évolution artistique et itinéraire spirituel, Genève, Droz, 1966.
Gilbert GUISAN: *C.F. Ramuz,* Paris, Seghers, coll. Poètes d'aujourd'hui, 1966.
Gilbert GUISAN: *C.F. Ramuz, ses amis et son temps,* Paris-Lausanne, Bibliothèque des Arts, 6 vol., 1967-1970.
Michel DENTAN: *C.F. Ramuz, l'espace de la création,* Neuchâtel, À la Baconnière, coll. langages, 1974.

DERBORENCE

L'alpage de Derborence est une combe au pied du massif des Diablerets. Durant une nuit de 17.. un front de montagne s'est abattu sur Derborence. Enseveli sous ce pierrier géant Antoine, le seul rescapé, a vécu là durant deux mois; il parvient à se dégager, redescend au village où on le prend pour un revenant. Peu après, persuadé que l'un de ses compagnons vit encore, il remonte dans les éboulis de Derborence. Thérèse, sa femme, réussira à le guérir et à le ramener. Cette dernière page du roman évoque — comme un hymne — la beauté sauvage de Derborence.(C.R. Ramuz, Œuvres complètes, *Lausanne, Éd. Rencontre, 1974.)*

Derborence, le mot chante triste et doux dans la tête pendant qu'on se penche sur le vide, où il n'y a plus rien, et on voit qu'il n'y a plus rien.

C'est l'hiver au-dessous de vous, c'est la morte-saison tout le long de l'année. Et si loin que le regard porte, il n'y a plus rien que des pierres et des pierres et toujours des pierres.

Depuis deux cents ans à peu près.

Seul, quelquefois, un troupeau de moutons se montre dans ces solitudes, à cause d'un peu d'herbe qui y pousse, là où la roche lui laisse la place de percer; il y erre longuement comme l'ombre d'un nuage.

Il fait un bruit comme celui d'une grosse averse quand il se déplace.

Il fait, quand il broute, un bruit comme celui des toutes petites vagues qui viennent, les soirs de beau temps, à coups rapides et rapprochés, heurter la rive.

La mousse, d'un pinceau lent et minutieux, a peint en jaune vif, en gris sur gris, en toute sorte de verts, les plus gros des quartiers de roc ; ils nourrissent dans leurs fissures plusieurs espèces de plantes et de buissons, airelle, myrtille, épine-vinette, aux feuilles dures, aux fruits ligneux, qui tintent dans le vent doucement comme des clochettes.

Un dessin d'Auberjonois paru dans C.-F. Ramuz, éditions Marguerat, Lausanne, 1969.

A LA FONTAINE

(Extrait de Le petit village, *1903.)*

« On dit qu'ils se sont fiancés,
ils se marieront dans l'année. »
« Depuis quand? » « Ah! voilà longtemps
qu'on s'y attend,
mais il n'y avait rien de sûr. »
« Et qu'a-t-on dit? » « De toute sorte.
Il y a des jaloux, quand n'y en a-t-il pas?
Et avec une fortune comme celle-là! »
« Ça se comprend. » « On a beau dire,
l'argent, c'est l'argent, n'est-ce pas? »
« Ça nous fait vieilles! » « Ça nous fait vieilles! »
« Et ils s'en vont se marier? »
« On verra bien. » « Ils sont pressés! »
« Ne m'en parlez pas, de mon temps
on attendait d'avoir au moins trente ans. »
« Le monde s'en va, il s'en fait des choses!... »
« Qu'est-ce qu'il sonne? Déjà midi!
Moi qui n'ai pas encore fini! »
« On vous aidera. » « Ce n'est pas la peine. »
« C'est sans façons. » « Et mon savon? »
« Il est tombé dans la fontaine. »

L'APPEL AUX MONTAGNES *

Farinet, le faux-monnayeur, vient de s'évader des prisons de Sion et regagne sa montagne. Il médite sur le sens de la liberté et parcourt du regard la chaîne des Alpes. Ces sommets qu'animent les jeux de lumière et d'ombre, il les retrouve avec bonheur et les interroge, comme s'ils étaient des témoins de la condition humaine. (C. F. Ramuz, Farinet ou la fausse monnaie, *Œuvres complètes, Lausanne, Éd. Rencontre, 1974.)*

En vol depuis le nord-ouest vers le glacier de Ferpècle en Valais. A gauche, la Dent Blanche, au centre le Cervin et à droite la Dent d'Hérens.

(Photo Schweizerische Verkehrszentrale, Zürich.)

C'était juste en face de lui, ou presque. « Ah ! je vous connais bien, disait-il, mais, vous, me reconnaissez-vous ?... »

On voyait s'ouvrir droit vers le sud et largement une grande vallée, qui un peu plus loin se dédouble et se continue en deux bras ;

il n'était qu'un petit garçon qu'il partait déjà au milieu de la nuit avec son père, qui avait dans son sac une carabine démontée et lui portait un autre sac où étaient les provisions: « Ah! te voilà, toi, je vous vois, je vous vois bien; mais est-ce que vous me reconnaissez?... Et bien! disait-il, tâchez de me reconnaître. C'est qu'on est resté le même, voyez-vous; c'est qu'on vous est resté fidèle; c'est que, si vous n'avez pas changé, nous non plus on n'a pas changé, nous non plus on n'a pas changé... Vous ne vous inquiétez pas de ce qui est défendu et de ce qui est permis, ce qui veut dire que tout est permis. Vous avez vos chamois, vous dites: « Venez les tirer, si vous pouvez... » Vous avez de l'or, vous dites: « Venez me le prendre... »

Il continuait son discours; il disait: « C'est de la bonne guerre et au moins avec vous on est au-dessus des lois et des règlements... »

Elles brillaient dans la lumière, changeant de couleur et d'éclairage à mesure que le soleil montait. On voyait les ombres se déplacer lentement, et l'une de ces ombres, qui était couchée, se mettait assise et se levait en s'étirant comme un homme qui a dormi. On en voyait une autre monter rapidement à une pente raide; arrivée au sommet, elle s'évanouissait dans l'air. Il y en a une, de ces montagnes, qui est comme une femme, qui ôte son caraco gris. Une autre tient devant elle un miroir; le miroir bouge dans sa main. Il y en a qui sont étendues toutes nues, montrant leur grand corps avec sa belle couleur ou seulement leur poitrine avec ses pointes un peu roses. Parce qu'à mesure que Farinet les regardait davantage, elles prenaient vie un peu plus; quelques-unes à présent se tournant vers lui, certaines lui faisant signe; alors il a recommencé: « Voilà. Qu'est-ce que vous en pensez? Qu'est-ce qu'il me faut faire? Moi, je sais bien ce qu'il me faut faire, mais vous êtes peut-être d'un autre avis... »

Regardant se déplacer et se soulever dans la lumière toute l'assemblée des montagnes, de sorte qu'il leur parlait; il leur disait: « C'est que j'ai déjà été en prison en Italie, c'est qu'ils m'ont mis ensuite aux galères, à Sion. Et je suis sorti tout seul de leur prison et ils ne m'ont pas tenu bien longtemps non plus dans leurs galères, à cause de ce que vous m'avez appris; — oui, vous, disait-il, vous les tours, vous les cornes, vous les aiguilles, colonnes de la liberté! »

Des nuages montaient derrière la chaîne, là où va le chemin vers Aoste et l'Italie et où sont les religieux du Grand-Saint-Bernard avec leurs chiens, qui ont un tonneau au cou.

Il disait: « Qu'est-ce qu'il faut que je fasse? »

Il posait sa question aux montagnes, tourné vers les grandes Aiguilles et il voyait des nuages noirs qui montaient, comme il arrive souvent en été, tandis qu'elles restaient toutes éclairées et pures; il posait sa question.

Des personnes quand même, des personnes, ces montagnes, et qui savent mieux que nous ce qu'il nous faut. Et grandes et puissantes, regardez; puis, se penchant vers le chalet: « Parce que voyez ce que c'est qu'un homme auprès d'elles, eux qu'on ne voit seulement pas à la distance où ils sont de moi; ce n'est qu'un point, c'est tout petit, c'est prudent, c'est précautionneux, ça a peur... »

Il y en avait une, de ces montagnes, qui était plus grande que les autres, avec une tête et des épaules, vue à mi-corps; l'ombre d'un nuage a passé dessus.

Puis l'ombre tout à coup s'est retirée: alors on l'a vue balancer en avant et en arrière; elle a hoché la tête comme quand on dit oui.

Gonzague DE REYNOLD

Gonzague de Reynold (1880-1970) est né à Fribourg, où il a commencé des études qu'il termina à Paris, par un doctorat ès lettres à la Sorbonne. Il a fondé, au début du siècle, La Voile latine, *puis, en 1912, la Nouvelle société helvétique. Il fut membre de la Commission internationale de coopération intellectuelle. Professeur de littérature française aux universités de Berne et de Fribourg, il s'est essayé à tous les genres littéraires : poésie, théâtre, descriptions, histoire, critique, essais :* Contes et légendes de la Suisse héroïque *(1914 à 1947) ;* Cités et pays suisses *(1914-1948) ;* Charles Baudelaire *(1920) ;* La démocratie et la Suisse *(1929-1934) ;* L'Europe tragique *(1934) ;* Prières, *poèmes (1942) ;* La formation de l'Europe, *8 vol. (1944-1957) ;* Mes mémoires *(1960-1963) ;* Synthèse du XVIIe siècle *(1962).*

BIBLIOGRAPHIE

Mes mémoires, Genève, Éd. Générales, 3 vol. 1960-1963.
Cités et pays suisses: Lausanne, Rencontre, 1964.
Le génie de Berne et l'âme de Fribourg, Lausanne, Bibliothèque romande, 1973.

A consulter:

Alfred BERCHTOLD: *La Suisse romande au cap du XXe siècle,* Lausanne, Payot, 1963.
Martin NICOULIN, postface, *Le génie de Berne et l'âme de Fribourg,* Lausanne, Bibliothèque romande, 1973.

FRIBOURG-EN-NUITHONIE (fragment)

Dans une langue qui a le charme des choses du passé, Gonzague de Reynold tente de restituer le « génie de la Suisse », à travers l'histoire de ses régions principales. Ici, le promeneur universitaire s'arrête à sa ville natale (Extrait de Cités et Pays Suisses. Édition complète, *Payot, Lausanne, 1937.)*

Le charme composite de Fribourg, c'est d'être une ville dont la « matière » allemande et alpestre — bois des chênes, des noyers, des hêtres, des sapins: molasse [1] aux couches horizontales des falaises sariniennes [2] — revêt souvent une forme latine. Le Français retrouve la vieille France à chaque coin de rue: elle est dans les moulures discrètes des petits hôtels patriciens, comme elle est dans la vie et les mœurs d'une société à la fois religieuse et mondaine. L'Allemand se croit chez lui, aux rives du Rhin ou du Neckar, dès qu'il parcourt les places et monte les escaliers de la Ville-Basse, si proche de Strasbourg, de Goslar, de Schlettstadt, avec ses pignons pointus, ses murailles aux poutres apparentes, ses ogives et ses escaliers. L'Italien même pense reconnaître parfois l'accent de son pays, lorsqu'il écoute, les jours de foire, dans les auberges, les paysans parler le dialecte de la Gruyère; les sculptures des fontaines rappellent les cités lombardes; le patriciat [3] de Fribourg suggère celui de Gênes dont il a subi l'influence; enfin, toute cette ville escarpée et rude, hérissée de clochers et de tours ouvertes, évoque Sienne sur ses collines — comme telle vierge de pierre, à l'angle d'une maison, évoque les statuettes rustiques de Jacopo della Quercia [4]. Impressions diverses et contraires qu'expliquent la nature et l'histoire.

Fribourg, la plus modeste des villes posées sur la frontière des races, est cependant capable de stimuler notre sensibilité esthétique. Elle initie le Français à la richesse de la civilisation germanique; elle initie l'Allemand au secret de l'harmonie latine. Initiation lente: il faut apprendre à s'y préparer. Je ne conseille à personne d'entrer

---

1. Sorte de sous-sol formé de pierre calcaire mêlé de sable et d'argile.
2. Adj. formé sur Sarine, rivière qui coule à Fribourg.
3. Classe sociale privilégiée.
4. Jacopo ou Iacopo della Quercia sculpteur italien (1367-1438) contemporain de Ghiberti et de Donatello. On cite souvent de cet artiste la gisante d'Ilario del Carretto qui se trouve à la cathédrale de Lucques et la Fonte Gaïa de Sienne.

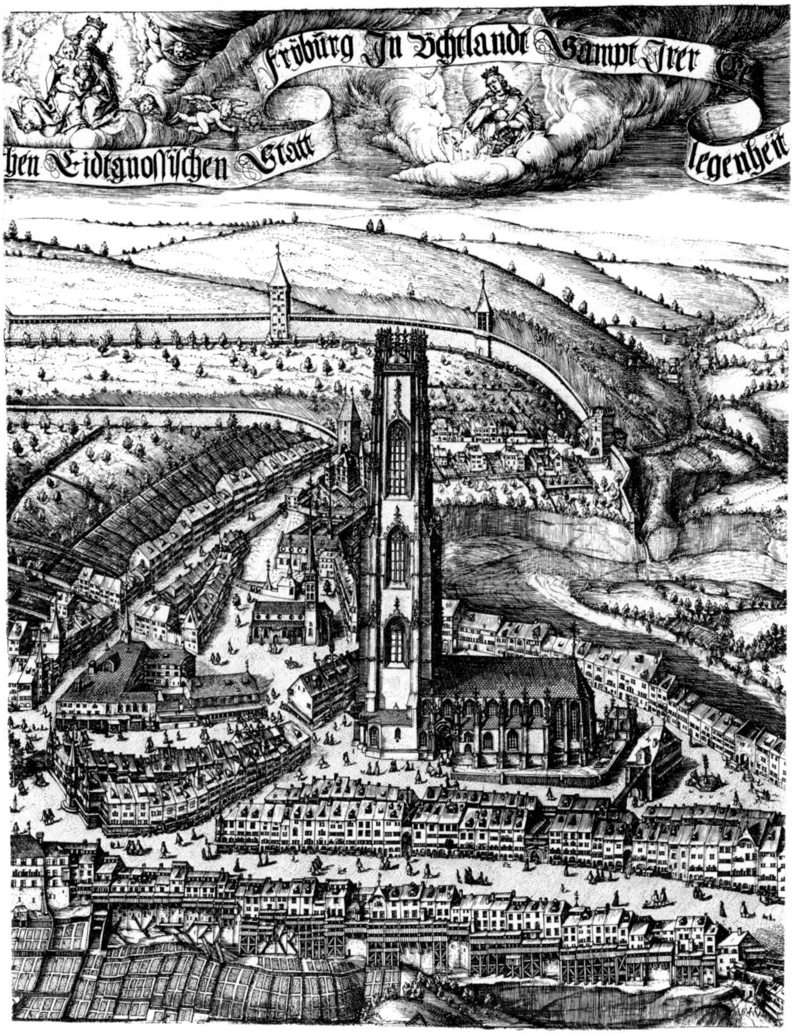

Martin Martini. Vue panoramique de Fribourg en 1606.
(Musée d'art et d'histoire de Fribourg.)

dans ma ville natale par le chemin ordinaire : la gare et les rues qui la suivent, surtout ce triste boulevard de Pérolles — droit chemin de la laideur — rebutent l'esprit le moins prévenu. La vision des remparts démantelés, sur des remblais d'ordures, est une tristesse qu'on doit éviter. Surtout, pénétrer dans Fribourg à la tombée de la nuit: c'est une loi à s'imposer toutes les fois qu'on visite une ville. Rien de plus formidable que la masse noire de Saint-Nicolas ([5]) se dressant toute nue dans les ténèbres grises, sur une place déserte; rien de plus dramatique que de se pencher aux balustrades des ponts suspendus et d'entendre gronder la Sarine d'encre dans la profondeur... Entrez à Fribourg par la porte de Morat, après avoir parcouru à pied la campagne: vous verrez des tours et des remparts encore intacts, qui grimpent la colline de Belsai « à la manière des chats », selon le joli mot de Ruskin. Entrez aussi par l'ancienne route de Berne, passez le pont couvert. Aller souvent vous recueillir dans la nature, le long de la rivière, ou dans cette gorge étroite du Gotteron, ou dans les forêts avoisinantes. Alors, vous serez en état de comprendre les œuvres des hommes.

5. Cathédrale de Fribourg.

Charles-Albert CINGRIA

Parti de Genève, où il est né en 1883, pour de prodigieux voyages tant à travers l'Europe (Fribourg, le Valais, l'Italie, Constantinople et la Russie) qu'à l'intérieur de son âme, ce « Neveu *de Rameau sans bassesse» (Chessex) a marqué les lettres romandes par ses contes d'abord, tantôt plaisants, comme* Hippolyte Hippocampe, *tantôt graves (Xénia) ; par ses essais de musicologie ensuite, sur* Le Plain-Chant romain, Les secrets de l'art palestrinien *ou les* Musiques à Fribourg.

Les nombreux articles qu'il a donnés aux journaux les plus divers — des quotidiens locaux à la Nouvelle Revue Française *— montrent l'intérêt qu'il portait à l'actualité littéraire et aux questions politiques. Sur Max Jacob, Alfred Jarry, Henri Spiess, Ramuz ou Rousseau, il prend des positions tout d'une pièce, irrévérencieuses parfois, tel cet* Essai de profession de foi d'un Embusqué savoyard. *Il est mort en 1954.*

BIBLIOGRAPHIE

Œuvres complètes, Lausanne, l'âge d'homme, 10 vol., 1967-1969.

A consulter :

Jacques CHESSEX, *Ch.-A. Cingria,* Paris, Seghers, poètes d'aujourd'hui, 1967.

LE CARNET DU CHAT SAUVAGE (III)

Douze pages d'un conte où Cingria présente la vie genevoise à travers un œil de chat. Un chat qui visite autant les restaurants que les expositions de peinture hollandaise ; qui, à l'occasion, se bat avec un mulot, disserte volontiers sur son peu d'intelligence mathématique...

Après de brefs ennuis policiers, il a faim. (Œuvres complètes, Lausanne, Éd. L'âge d'homme, s.d. vol. 8.)

Où en étais-je dans ces souvenirs! Il me semble que nous parlions de l'orgueil.

Désireux de reprendre le fil de cet entretien au point où nous l'avions quitté, je suis obligé d'avouer que je suis dans l'embarras. Il s'est depuis passé tant de choses, et de nature si différente! Comment me souvenir? On vit, il me semble, et on obéit. C'est la modestie surtout qui doit dominer dans tous nos actes. Ah mais alors j'y suis. C'était précisément de cela qu'il s'agissait. Ou plutôt — maintenant je me souviens — il s'agissait du contraire: de l'orgueil, le plus grand destructeur du charme et du style et de la salubre composition. Je disais, et c'est tout à fait vrai, qu'il est absolument insane de s'enorgueillir de la chance: de dire « j'ai trouvé », alors que tout préalablement, et, spécifions bien, de toute éternité, a toujours été trouvé tout seul et par tout le monde. Il y a seulement ceci que quelqu'un qui a été plus particulièrement qu'un autre délégué pour formuler ce qui à une telle époque plutôt qu'à une autre était dans l'air, doit plus particulièrement remercier le Créateur. Il lui incombe en plus de s'humilier infiniment devant lui.

Bon, bon, bon et bon, n'est-ce pas? Maintenant ne perdons pas l'occasion, puisqu'elle se présente, de dire ces choses senties sur tout ce que nous suggère l'idée et le mot de trouver. Mais alors procédons par *quadrivium* et avec grand bruit et grandes ferrailles sur d'amples pierres d'une chaussée qui est celle des siècles où du fait de tant de rois qui régnèrent, secondés de respectueux et intelligents ministres — saint Éloi pour prendre un fameux exemple — la politesse et la précision furent instituées. Je dois dire que je déteste les demi-teintes alors que les teintes entières n'ont encore pas été acquises. Commençons par l'essentiel.

Qu'est-ce que je disais alors?

Ceci — et je me souviens bien, et, si je ne me souviens pas, c'est le même tarif — qu'il y a, au sujet de cette idée et de ce mot *chercher* et de cette idée de ce mot *trouver*, diverses positions à établir lesquelles toutes normalement sont dictées par les circonstances. Énumérons alors, ce n'est pas difficile.

Il y a, dirai-je, des choses que l'on cherche et que l'on trouve; d'autres que l'on trouve et que l'on ne cherche pas; d'autres que l'on cherche et l'on ne trouve pas; d'autres enfin — et ce sont les plus reposantes — que l'on ne cherche pas et que l'on ne trouve pas.

Qu'est-ce qui se passe pendant ce temps? Il se passe une imagination divine prodigieuse. Elle est comme le soleil qui se moque bien que les nuages, quand il les perce, se proclament inventeurs de la lumière. Et le soleil, que prétendez-vous qu'il soit? Taisez-vous, je vous en prie. Écoutez plutôt ce que j'ai à vous dire relativement aux expériences qui m'ont permis de faire un usage modeste, je l'espère, et sensé, je l'espère non moins, de ce mot et de cette idée de *trouver*.

Je trouvai par exemple, un jour, dans l'herbe, une boîte de sardines. Je la trouvai sans l'avoir cherchée. Ce qui la cherchait, c'était une faim atroce que j'avais de n'importe quoi, par exemple de ces sardines. Mais je l'avais découverte sans clef. Ce que je cherchais alors, mais aussi éperdument que vainement, c'était une clef. Inutile de dire — ou plutôt il est utile de dire — que je ne la trouvai pas. Et puis, même l'eussé-je trouvée, il aurait fallu la force, bien improbable chez un chat, de tourner et d'obtenir le déroulement du fer-blanc permettant la cessation de la privation d'air ainsi que le spectacle de l'huile et finalement des poissons — des individus, comme dit l'épicier — donnant forme à ce qui dans cette opération définit un aliment. Je n'avais donc aucun moyen de réaliser cela. J'avais trouvé, mais ce que j'avais trouvé ne me servait à rien.

Par contre, ce jour que je disais, donc à la Jonction, j'avais trouvé une enveloppe, et, dans cette enveloppe, je trouvai une clef.

Le moyen de comprendre à quoi servait cette clef, je le trouvai dans la possibilité de lire une lettre qui était dans cette enveloppe. Sans retard je compris qu'il fallait prendre connaissance de la lettre. A cet effet, je cherchai mes lunettes et je les cherchai inutilement longtemps. Ah voilà encore qui prouve que quand on cherche on ne trouve pas. Il ne me restait que de constater que j'étais devant l'effroyable réalité de les avoir perdues. Je les avais oubliées quelque part. Où? Impossible de me souvenir. Devant cette urgence je n'hésitai pas à téléphoner à ma lunetière, celle qui, bien qu'il s'en faille de beaucoup que je sois toujours là — j'entends toujours dans cette ville, et en effet il y avait bien cinq ans que je n'y étais pas reparu —, conserve toujours mon ordonnance. Elle fut à l'appareil débordante d'amabilité et moi non moins et, comme je la pressai beaucoup d'exécuter cette commande, elle me promit ces verres qu'elle ferait difficilement tailler pour la soirée.

Que fis-je alors? Au bar où je téléphonai je priai qu'on me prête une loupe... J'arrivai ainsi à prendre connaissance de cette lettre. C'était une dame aisée qui prêtait son appartement à une autre dame aisée. Tout était prêt pour la recevoir. Il n'y avait qu'à ouvrir une porte. Le lit était fait, du bois préparé dans la cheminée, etc., une lampe à alcool à brûler ainsi que du thé, du cognac et des biscuits sur la table de nuit, le petit déjeuner, des œufs en poudre dans le placard, etc. Je me disposais donc à aller là, mais en route je rencontrai une fillette: « Monsieur le chat, dit-elle — « Quoi, mon enfant » — n'est-ce pas vous qui avez oublié des lunettes? »

— Oui, mais où?

— Dans la crémerie. Quelle chance qu'on vous reconnaisse!

Je lui donnai quelque argent et la remerciai. Cependant aussitôt je m'élançai pour téléphoner de seconde urgence à ma lunetière. Ce fut très difficile pour moi de trouver vingt centimes mais enfin j'y arrivai.

Blaise CENDRARS

Blaise Cendrars abandonne aussi rapidement La Chaux-de-Fonds où il est né en 1887 que le nom de son père (Sauser). A seize ans, il prend le train pour Moscou, la Chine, la Perse, où il mène une vie d'aventurier et de révolutionnaire. Revenu en France à vingt ans, il fréquente les milieux littéraires, les grimoires et les abeilles! Il rencontre Charlie Chaplin et Honnegger encore inconnus, regagne Moscou où paraît son premier poème: La légende de Novgorod. *Ce seront alors les États-Unis, le Canada et les travaux agricoles. Mais aussi une révolution poétique avec* Pâques à New-York *(1912). L'année suivante, à Paris, il écrit* La prose du Transsibérien et de la petite Jehanne de France *et* Le Panama ou les aventures de mes sept oncles. *Dans l'entre-deux guerres, Cendrars publie des romans (*L'or, *1925;* Moravagine, *1926), puis des autobiographies (*L'homme foudroyé, *1945;* Bourlinguer, *1948). Après sa mort, à Paris en 1961, il sera salué par André Rousseaux comme « le chef masqué de la poésie contemporaine ». Les éditions Denoël ont entrepris la publication de ses* Œuvres complètes.

BIBLIOGRAPHIE

Du monde entier Poésies complètes 1912-1924, Paris, Poésies, Gallimard, 1967.
Au cœur du monde, Poésies complètes 1924-1929, Paris, Poésies, Gallimard, 1968.
L'or, Livre de poche.
Moravagine, Livre de poche.
La main coupée, Lausanne, Livre du mois, 1969.

A consulter:

Alfred BERCHTOLD, *La Suisse romande au cap du XXe siècle,* Lausanne, Payot, 1963.

LE PANAMA
OU LES AVENTURES DE MES SEPT ONCLES

(Paris, Éditions Denoël, 1964.)

(fragment)

à Edmond Bertrand barman au Matachine

Des livres
Il y a des livres qui parlent du Canal de Panama
Je ne sais pas ce que disent les catalogues des biblio-
thèques
Et je n'écoute pas les journaux financiers
Quoique les bulletins de la Bourse soient notre prière quotidienne

Le Canal de Panama est intimement lié à mon enfance...
Je jouais sous la table
Je disséquais les mouches
Ma mère me racontait les aventures de ses sept frères
De mes sept oncles
Et quand elle recevait des lettres
Éblouissement!
Ces lettres avec les beaux timbres exotiques qui portent les vers de
Rimbaud en exergue
Elle ne me racontait rien ce jour-là
Et je restais triste sous ma table

C'est aussi vers cette époque que j'ai lu l'histoire du
tremblement de terre de Lisbonne
Mais je crois bien
Que le crach [1] du Panama est d'une importance plus uni-
verselle
Car il a bouleversé mon enfance.

J'avais un beau livre d'images
Et je voyais pour la première fois
La baleine
Le gros nuage
Le morse
Le soleil
Le grand morse

1. Déroute financière.

L'ours le lion le chimpanzé le serpent à sonnettes et la
mouche
La mouche
La terrible mouche
— Maman, les mouches! les mouches! et les troncs d'arbres!
— Dors, dors, mon enfant.
Ahasvérus est idiot

J'avais un beau livre d'images
Un grand lévrier qui s'appelait Dourak
Une bonne anglaise
Banquier
Mon père perdit les 3/4 de sa fortune
Comme nombre d'honnêtes gens qui perdirent leur
argent dans ce crach,
Mon père
Moins bête
Perdait celui des autres,
Coups de revolver.

Pierre GIRARD

Pierre Girard n'a quitté Genève, où il est né en 1892, que pour de brefs séjours en Allemagne, en France et aux États-Unis. Il exerça durant quelques années l'activité d'agent de change. Il a d'abord écrit des poèmes: La Flamme au Soleil *(1915),* Le Pavillon dans les Vignes *(1918),* Le Visage tourné vers le Zénith *(1921). Il publie ensuite, entre 1924 et l'année de sa mort, près d'une vingtaine de romans où l'humour indissolublement mêlé à la plus exquise invention poétique apporte un ton neuf dans les lettres de Suisse française. On retiendra, entre autres, les titres suivants:* Lord Algernon, *Paris, Kra, 1925,* La Rose de Thuringe, *Paris, Calmann-Lévy, 1930,* Amours au Palais Wilson, *Lausanne, Imprimeries Réunies, 1942, et* La Reine de la Nuit, *Lausanne, 13/12, 1955. Il est mort en 1956.*

BIBLIOGRAPHIE

Le gouverneur de Gédéon, Charles dégoûté des beefstaeks, Lausanne, Le Livre du mois, 1970.

Lord Algernon, La Rose de Thuringe, Lausanne, Bibliothèque Romande, 1971.

A consulter:

Jean VUILLEUMIER, préface *à Le Gouverneur de Gédéon,* Lausanne, le Livre du mois, 1970.

Jacques BUENZOD, *postface à Lord Algernon,* Lausanne, Bibliothèque romande, 1971.

LORD ALGERNON

Lord Algernon (Paris, Kra, 1925 ; réédité en 1971 par la « Bibliothèque romande ») est le troisième roman de Pierre Girard. Le jeune Lord Algernon s'apprête à quitter l'Angleterre pour voyager sur le continent. La veille de son départ, il écrit à sa cousine Betty une lettre pleine d'humour.

Betty, disait-il, je pars. Vous ne me verrez plus les soirs de pluie à la grille du château. Désormais, personne ne vous parlera plus de Haydn, de Métastase, ni de Rossini. Vous serez toute seule avec le printemps qui va venir. Il n'y aura plus personne pour vous comparer à une frégate, à un Sioux. Personne pour vous prendre votre crayon de rouge et écrire avec votre nom sur le mur. Je vais quelque part, je ne sais pas où, voir des femmes, des hommes, des choses, habiter une chambre, penser à Schumann. Tout cela à cause d'une idée que j'ai eue, qui m'est tombée d'un peuplier, comme à Séville une lettre d'une jalousie. Quelle chance, Betty, que nous ne nous aimions pas ! Quelle chance que vous me trouviez stupide et que je vous juge frivole ! Demain, je serai loin. Je n'entendrai plus parler de la loi sur le blé, je n'irai plus aux thés de votre charmante mère, et je n'aurai plus à vous expliquer les poèmes de Swinburne, mais j'entendrai, du moins, je l'espère, de ma petite chambre des gens, des trams, le bruit d'un entrepôt, des cris d'enfants, et le soir, sous les arbres de banlieue, les baisers des amoureux : tout cela justement qu'eût fui Werther. Betty, Betty, j'ai l'univers entier, j'ai les hommes, les femmes, comme des soldats de plomb...

Ma fenêtre est ouverte. La nuit est la première nuit tiède. Je sens que toutes les villes de l'Europe sont bercées par ce vent, je vois leurs lumières palpiter, je les entends m'appeler. Laquelle va m'attirer ? Toutes ces grandes villes turbulentes autour de leur cathédrale, menacées par le printemps, par les lilas, par l'amour ! Je vais savoir si j'existe, si je suis un rêve. Je vais m'approcher de moi-même, à pas de loup. On verra bien. Je pars, de nuit, en secret, en laissant tout en désordre, mon piano ouvert, mes partitions éparpillées. Je laisse tout, les bridges du mardi, l'excursion au signal avec le marquis de Monmouth, la séance de la Chambre. Je laisse les remorqueurs de la Tamise tout seuls. Je laisse Wells écrire son livre tout seul. Mais je ne vous oublierai pas. Je prierai Dieu qu'Il vous ôte votre petit défaut de prononciation, et qu'Il vous révèle le sens de la perspective, afin que vous ne dessiniez plus les bonshommes plus hauts que les maisons. Je penserai à vous le premier de chaque mois. Ce sera un jour officiel pour moi, j'emporte un petit drapeau. Je suis tout triste, Betty, soudain à cause de ce petit drapeau. Quel bonheur, je crois que je vais pleurer, je crois que je regrette déjà. Je suis accablé de tristesse, ah ! Betty, je suis bien content !

Catherine COLOMB

Elle est née en 1893 au château de Saint-Prex, sur la Côte vaudoise. Orpheline, élevée par sa grand-mère, elle obtient à Lausanne une licence ès-lettres, séjourne en Allemagne, en Angleterre et à Paris avant de se marier et de se fixer à Yverdon puis à Prilly, aux portes de Lausanne. Son premier récit, Pile ou Face *(1934), n'annonce en rien l'originalité de ses trois romans:* Châteaux en Enfance *(1945),* Les Esprits de la Terre *(1953) et* Le Temps des Anges *(1962) préfigurent les recherches formelles du Nouveau Roman. Trois ans après sa mort (1965) paraît le volume des* Œuvres, *aux éditions Rencontre, qui contient ces trois derniers titres.*

BIBLIOGRAPHIE

Châteaux en Enfance, (Guilde du Livre, Lausanne 1945).
Les Esprits de la Terre, (Rencontre, Lausanne 1953).
Le Temps des Anges, (Gallimard, Paris 1962).
Œuvres, Lausanne, Rencontre, 1968.

A consulter:

Jean-Luc SEYLAZ, *Postface à Les Esprits de la terre,* Lausanne, Bibliothèque romande, 1972.

CHATEAUX EN ENFANCE

Catherine Colomb substitue à la narration traditionnelle, chronologique et suivie, un assemblage de scènes associées les unes aux autres, dans un grand désordre apparent, selon les lois de la mémoire. Le présent et le passé s'entremêlent étroitement dès la première page. (Extrait de Châteaux en enfance, *Lausanne, Guilde du Livre, 1945; réédité en 1968 par Rencontre, Lausanne, collection « L'Aire ».)*

Jenny laissa tomber le canevas où elle brodait à minuscules points de croix deux petits sapins vert tendre, un dragon chinois rose, l'alphabet, les chiffres de ses brèves années; elle se plaignit d'un violent mal de tête. Un messager partit au galop, s'orienta mal dans ce district inconnu, demanda son chemin au vieux Bembet qui travaillait à sa vigne sous la Capite et vint frapper à la porte du docteur. « Ouvrez, ouvrez, votre fille est malade. » La mère ôta ses vêtements de nuit, ses chaussons, son mantelet, son bonnet, passa quelques jupons, un caraco noir, un mantelet de jour, fixa de ses mains tremblantes à son corsage une broche en cheveux. Bembet le domestique bâillait sur sa voiture jaune, appliquait sur sa bouche le manche de son fouet et rencontrait un instant, la tête renversée, le regard des étoiles. Le lac ardoise brassait ses vagues le long de leur route; le meunier du Vernay qui dormait toujours mal se pencha à la fenêtre, coiffé de son casque à mèche ([1]), protégeant de la main son bougeoir. Mais lorsqu'ils arrivèrent, qu'ils frappèrent, qu'ils tirèrent la sonnette de couvent, Jenny était déjà morte. Plus tard, une autre débarquera du train de nuit, venant d'Allemagne où elle a appris la mauvaise nouvelle. Elle frappe longtemps en vain à la porte des voituriers. Le long de la route, le lac tiède brasse ses vagues. Arrivée près de la maison obscure, elle descend du char, sent qu'elle marche sur des fleurs: le perron est jonché de roses blanches tombées la veille du jeune cercueil. Les mères, les sœurs, arrivaient trop tard au chevet d'êtres aimés. Un ingénieur comprit que des moyens de locomotion plus rapides s'imposaient; c'était le frère du pasteur qui ne brûlait pendant le catéchisme que des rameaux de framboisier. « Là, disait-il en fermant bruyamment le portillon du poêle et en raffermissant sur son crâne un bonnet d'Écossais, là, voilà une bonne flambée. A toi! criait-il d'une voix terrible; qui a créé le monde? » et il gardait pour lui les moules de bois que lui donnait la commune; son jeune frère l'ingénieur construisit une machine qui traînait une sorte d'omnibus, invita sa sœur et Émilie Févot, en séjour au village chez sa tante couverte de broches dont l'une représentant deux colombes lui avait été octroyée par la reine Victoria, les fit monter dans le véhicule à roues de bois et les conduisit cahin-caha jusqu'à Divonne où il leur offrit du chocolat mousseux et des fruits. Émilie Févot portait une robe grise à fines raies rouges et petits dessins verts; le poignet serré de la manche à gigot comprimait son bras blanc qui n'avait jamais senti le soleil. Au dîner du baptême elle portait cette même robe et de terribles bouclettes noires sur le front. Comme elle se promenait seule et dédaigneuse sur la troisième terrasse, sa jupe grise entraînant de

1. Bonnet à pompon.

minuscules escargots pékinés de noir et blanc, elle vit, levant les yeux, les convives du baptême debout sur la première terrasse, appuyés des genoux au mur bas: le bel Adolphe, le pasteur au bonnet d'Écossais, Walter Angenaisaz qui avait fait ce singulier mariage, grandes figures qui cachaient la maison et, vues d'en bas, atteignaient le toit. Bande de croquants, pensa-t-elle, car elle était fille de fabricant.

Pierre-Louis MATTHEY

Né en 1893, il a passé son enfance dans le village d'Avenex sur Nyon où son père exerçait le ministère pastoral. Il a consacré toute sa vie à la création poétique, dont il ne s'est distrait que pour traduire les plus grands poètes anglais: Shakespeare, Blake, Keats, Browning et Shelley entre autres. Son œuvre exprime dans une forme souvent hermétique le « drame d'une grande soif spirituelle aux prises avec un sentiment déchirant de culpabilité charnelle » (Albert Béguin). Ses Poésies complètes *(éditions des Cahiers de la Renaissance Vaudoise, Lausanne) ont paru en 1968, deux années avant sa mort.*

BIBLIOGRAPHIE

Poésies complètes, Lausanne, Cahiers de la Renaissance Vaudoise, 1968.

A consulter:

Études de lettres, numéro spécial Pierre-Louis Matthey, Lausanne, Bulletin de la Faculté des Lettres de l'Université de Lausanne, N° 2-3, 1972.

SEIZE A VINGT

(Extrait de Poésies complètes, *Lausanne, Éditions des Cahiers de la Renaissance Vaudoise, 1968.)*

Voix maternelle

« Il a disparu voici trois années:
L'automne en moi ranime mille souvenirs
à cause des troupeaux, à cause des bergers...
C'est à l'un d'eux que je revois, ses yeux méchants!
que je dois le départ de mon enfant.
J'ai gardé un cahier qui en témoigne,
je ne suis pas folle malgré ma vie, mon âge,
malgré son départ.

Et quand Septembre s'annonce aux soirs plus frais
et au bleu du ciel soudain plus clair
mon fils! tu m'apparais tel que tu étais
un si mince arbuste dans le vent...
Et nos derniers soirs! O nos derniers soirs.
Nos derniers soirs ensemble.

Les pâtres ne mènent pas que des troupeaux aux champs,
mon pauvre enfant
toi-même l'as écrit qu'un pâtre a emmené
tout simplement... rien qu'en disant sa vie...
Ils n'étaient même pas grands amis!
Moi qui voyais mon fils s'ensauvager
j'essayais, maladroitement, d'être sauvage...
Tout le jour il suivait le troupeau, le berger,
et quand le soir venait il remontait la combe
en suivant le troupeau qui suivait le berger...
Et moi qui devinais mon fils dans le cortège
muette, j'appelais de la fenêtre ouverte.
— Je n'en voulais qu'à cette crise d'âge...

Pourquoi m'apporter une lampe?
Il pourrait revenir et se croire oublié... »

Monique SAINT-HELIER

Monique Saint-Hélier est née à La Chaux-de-Fonds en 1895. La maladie l'oblige à interrompre en 1919 ses études de lettres. Mariée, elle vit à Berne puis, de 1926 jusqu'à l'année de sa mort, en 1955, à Paris. Gravement atteinte dans sa santé, elle a vécu recluse, se consacrant tout entière à son travail d'écrivain.

BIBLIOGRAPHIE

La Cage aux Rêves, Paris, Corréa, 1932.
Bois-Mort, Paris, Grasset, 1934.
Le Cavalier de Paille, Paris, Grasset, 1936.
Le Martin-Pêcheur, Paris, Grasset, 1953.
L'Arrosoir rouge, Paris, Grasset, 1955.

A consulter:
Hommage à Monique Saint-Hélier, Cahier de l'institut Neuchâtelois, N° 6.
Blaise BRIOD, *postface à Bois-mort,* Lausanne, Bibliothèque romande.

BOIS-MORT

Dans Bois-Mort, *Paris, Grasset, 1934, réédité en 1971 par la « Bibliothèque romande », Monique Saint-Hélier oppose Jonathan Graew, un fermier enrichi, aux Alérac, famille aristocratique ruinée. Dans le fragment reproduit ci-dessous, Jonathan Graew, qui s'est enivré au café, rentre chez lui sous la pluie au milieu de la nuit.*

De dos, on l'aurait pris pour un marin, Jonathan Graew, à cause de son grand corps et de cette démarche qu'ils ont, balancée, un peu lourde et comme dansante. Sa voix, on l'entendait, mais moins fort. La pluie vous cousait de fils d'eau... Pour sûr qu'on allait le trouver piqué contre un arbre, la barbe luisante comme un nouveau et inutile crucifié — plus de Jonathan Graew — il pensait à la joie de ses fermiers, « non, non, les amis, pas si vite... pas si tôt », on ne triomphait pas si facilement de lui. L'idée de cette joie qu'il ne leur cèderait que le plus tard possible, lui grattait agréablement le palais. C'est si confortable de se sentir en vie, bien au chaud dans un bon corps qui avance sous le déluge, d'entendre un cœur garanti sûr... tac... tac... sous le gilet mouillé. Allons! on payerait encore des arrérages aux Graew et ça aussi était confortable et chaud.

De la main il chassa une sotte petite feuille qui s'était collée contre sa joue; la sensation physique de sa main chaude, qui sentait la poche mouillée, lui fut un plaisir aussi. Il le savait si bien qu'il ne pouvait compter sur personne, et une main c'est quelque chose... Prêter de l'argent, s'intéresser à une affaire, bon, c'était sa part, se faire aimer, c'en est une autre, et ça non, on ne l'aimait pas beaucoup Jonathan Graew... Il se mit à rire, mais peut-être pas aussi gaiement qu'il le pensait. Toute blanche, à dix pas, une bête traversa la nuit... Tout ça c'était la faute des Alérac, — ils tenaient le pays, — avec quoi? on pouvait se le demander par exemple: plus pauvres que des chiens et le bec haut. Les gens passaient aux Graew, et les fermes, mais rien, on ne faisait rien sans l'approbation des Alérac. Ils ne payaient plus rien ni personne, et on les servait, et on parlait d'eux comme s'ils étaient des seigneurs et des maîtres, et le jour où lui, Jonathan Graew, prendrait possession de leur maison — bientôt — on pouvait se demander si les gens du village le laisseraient entrer? Pourtant, qu'est-ce qu'il restait de cette graine morte? Rien, des dettes, une fille bâtarde et un vieillard...

Le gémissement de deux branches lourdes lui fit lever la tête, il avançait entre des haies qui jusqu'au tournant de la route devenaient plus épaisses et si hautes qu'en été, on y taillait des bancs, en pleines feuilles, des bancs d'aubépine rose et blanche; ensuite le pays était plat, coupé de deux routes en croix avec de grands arbres droits, solitaires, et dans n'importe quelle lumière, très impressionnants. De l'un à l'autre, de longues poutres blanches formaient barrière: c'était la terre des Alérac, reconnaissable à cela, — et que partout on aimait, et que personne n'aurait voulu modifier, pas même Jonathan Graew, parce qu'il avait beaucoup de goût, et il l'aurait pu, car tout, à peu de chose près, était à lui maintenant. Quelle joie! comme il marchait sur ces terres Alérac! Il lui semblait que l'air sentait la fraise, qu'il avançait dans des carreaux de fraisiers, non c'était encore mieux, encore plus angélique, le cœur lui bondissait, c'était l'odeur de la terre, d'une terre qui n'était pas à lui et qui maintenant l'était et qu'il allait garder, garder, ô oui ! jusqu'à ce que mort survînt, comme il est dit dans les actes de justice... « jusqu'à ce que mort survînt ! » De nouveau il eut son étrange sourire dont on ne savait pas s'il était douloureux, moqueur ou plein de honte, ni ce qui vous troublait en lui.

Edmond-Henri CRISINEL

Fils de paysan, Edmond-Henri Crisinel a vécu d'abord dans le petit village de Faoug où il est né en 1897, près de Morat, puis à Lausanne où il fit ses études. La mort de son père en 1898 et le second mariage de sa mère trois ans plus tard l'ont fortement marqué au seuil d'une existence qui allait être presque tout entière dominée par l'angoisse, par la menace de la folie (il lui faudra séjourner à trois reprises dans une maison de santé) et par la tentation du suicide. D'abord précepteur à Zürich, il a exercé, de 1921 à 1948, l'année de sa mort, la fonction de rédacteur à la « Revue de Lausanne ». Ses œuvres: Le Veilleur, Alectone, Nuit de Juin, Feuillets du Sagittaire *et* Le Bandeau noir *ainsi que divers poèmes posthumes sont réunis dans* Poésies, *Bibliothèque romande, Lausanne, 1972.*

BIBLIOGRAPHIE

Poésies, Lausanne, Bibliothèque romande, 1972.

A consulter:

Études de lettres, numéro spécial, E.H. Crisinel, Lausanne, Bulletin de la Faculté des Lettres de l'Université de Lausanne, N° 3, 1968.

LES TÉNÈBRES DE LA MÉMOIRE*

Edmond-Henri Crisinel évoque dans Alectone, *Porrentruy, Aux Portes de France, 1947, le séjour qu'il fit dans une maison de santé. Le récit de cette lutte avec les démons de la folie rapproche Crisinel du Nerval d'*Aurélia.

A la fenêtre, je sais qu'il y a des roses, des roses rouges d'arrière-automne, les plus hautes du rosier grimpant. Je n'ose les regarder, elles sont d'un autre monde, celui qui s'arrête au bord de ma fenêtre. Je me souviens d'avoir aimé les roses; ce souvenir m'est odieux. Ne pas pouvoir oublier, voilà ce qui me dévore, et ces roses ne sont là, fleurs avancées du monde aux portes de l'enfer, que pour aviver le feu du souvenir! Au-dessus des roses, je vois des arbres et des maisons, des arbres et des maisons quelconques; là-bas, la vie continue; des femmes se penchent à la fenêtre, des enfants crient dans une cour, un tram démarre, une cloche sonne les heures; ici, le temps s'est arrêté. Le tintement de l'horloge, au-dessous de ma chambre, n'est plus qu'un son bizarre, hallucinant, dont j'écoute les vibrations, dans mes nuits d'insomnie; le sommeil, lui aussi, s'est arrêté. Il n'y a plus de temps ni de sommeil: rien qu'une effrayante mémoire. Petites dents d'une scie aiguë, les vibrations de l'horloge me font mal au cerveau. Je voudrais pouvoir les saisir au vol, comme on fait des mouches irritantes, et les réduire au silence. Par-dessus les arbres, il y a le ciel, visible par petits carrés, entre les barreaux de ma fenêtre, toujours hermétiquement close.

La maison dort, mais non ceux qui l'habitent. Un long cri, soudain, rompt le silence, secouant les chiens de garde, sévères molosses. D'autres chiens, au loin, leur répondent. Un pas sourd fait craquer le bois de l'escalier, une porte s'ouvre, se referme. A côté de ma chambre, une femme se traîne, en poussant des soupirs qui montent d'un abîme. Elle s'assied. Avec effroi, j'épie un bruit sec et saccadé, frottement d'un faible doigt sur la table. On dirait que cette femme s'épuise à effacer une tache, une petite tache imaginaire, qui lui ôte le repos. Je crois voir cette femme dormant, les yeux ouverts. Chaque nuit, la scène se répète, invariablement la même. « Arrête! » lui criai-je enfin. « Par pitié, ne me tourmente pas ainsi, ou demain, le jour se lèvera sur un homme mort, mystérieusement frappé, sans blessure apparente! » Il n'y a pas eu de réponse.

La maison dort, mais ceux qui l'habitent continuent le jeu, mus par la force qui gît dans les ténèbres, devant d'impassibles témoins.

Une visite pour vous, me dit-on. Pourquoi ne pas m'épargner cela? Chaque fois, je me sens plus hagard. C'est affreux de penser: on regarde mes yeux, on voit qu'ils sont hagards. Aujourd'hui, c'est ma mère. Une bonne mère, qui souffre de voir son enfant s'évader dans l'extraordinaire, mais Dieu la soutient. Malgré ma défense, elle m'apporte des fleurs: « Je sais que tu les aimes tant! » Cette fois, c'est un bouquet de violettes, un peu fanées, de celles qu'on achète au coin d'une rue. Elle me cache ses soucis, je fais taire mon angoisse. Elle dit: « C'est bientôt Noël! » Elle rafraîchit mon oreiller. Elle passe sa main sur mon front, comme si j'étais malade. Elle ne sait pas que j'ai été *appelé*, que je ne verrai pas le sapin de Noël.

Marcel RAYMOND

*Né en 1897. Professeur de littérature française à l'Université de Genève. Est à l'origine de l'école critique genevoise, qu'il illustre avec, notamment, son contemporain Albert Béguin (*L'âme romantique et le rêve, *1937), et ses disciples Jean Rousset et Jean Starobinski.*

BIBLIOGRAPHIE

De Baudelaire au surréalisme, Corrêa, Paris, plusieurs éditions de 1933 à 1966.
Le Sens de la Qualité, Propos sur la culture et la situation de l'homme, Boudry-Neuchâtel, Les Éditions de la Baconnière, 1948.
J.-J Rousseau: la quête de soi et la rêverie, Paris, Corti, 1962 et 1966.
Poèmes pour l'absente, Lausanne, Rencontre, 1970.
Le sel et la cendre, Lausanne, Rencontre, 1970.

L'ÉTUDE DES TEXTES *

Marcel Raymond inaugure l'école de critique genevoise en faisant paraître, en 1933, « De Baudelaire au surréalisme ». Le texte ci-dessous, tiré du recueil de réflexions et souvenirs autobiographiques intitulé Le sel et la cendre, *Lausanne, Rencontre, 1970, coll. L'Aire, exprime la conception que M. Raymond propose de la lecture critique.*

L'interprétation des textes comme approfondissement d'une lecture a toujours été à mes yeux l'épreuve de choix. L'œuvre d'art verbale est alors embrassée comme un corps sensible, sonore, intelligible. Jeune, influencé par Bergson, je parlais métaphoriquement d'un organisme. Plus tard, me référant à l'ontologie, j'ai vu l'œuvre

Pour l'école critique genevoise, voir aussi: Jean ROUSSET, professeur de littérature à l'université de Genève: *Anthologie de la poésie baroque française* (Paris, Colin, 1968). Jean ROUSSET, *Forme et signification* (Paris, Corti, 5 éditions de 1962 à 1970). Jean ROUSSET, *La littérature de l'âge baroque en France, Circé et le paon* (Paris, Corti, 1968).

comme un être formel. Il s'agissait le plus souvent de poèmes, ou de fragments en prose détachables, ayant un caractère d'art, ou une large signification humaine... Cette habitude d'isoler un texte peut surprendre. Il est très vrai qu'un poème est relié par le nombril à son auteur, et à d'autres poèmes du même auteur. Disons que je suis ici un parti pris de méthode, et aussi l'exemple du tableau du peintre, par essence microcosmique, et surtout l'idée que l'œuvre d'art verbale, même si elle paraît être en danger d'éclatement, tend naturellement à l'unité, à la consistance (selon Poe). Un principe de croissance, une intention interne la font adhérer à elle-même et rechercher une fin dont l'auteur peut n'avoir qu'imparfaitement conscience...

« Tout commence par une attention flottante », a dit Leo Spitzer définissant la première phase de l'interprétation. Puis l'attention s'arrête à des éléments ou accidents formels de nature très différente, une métaphore singulière, un écart rythmique, une difficulté de syntaxe, des retours de sonorité, qui entrent en relation (il faut le supposer a priori) et désignent tous à leur façon le cœur de l'œuvre, son centre rayonnant à partir duquel tous ses aspects se sensibilisent. On s'élève ainsi peu à peu à une intuition globale. Celle-ci ne naît pas d'un pouvoir particulier de divination, elle n'est pas infaillible, elle appelle par conséquent une série d'approximations qui sont rendues possibles par un examen renouvelé des structures de détail et aussi par la capacité de rebondir, de reprendre contact avec l'œuvre sans se laisser engluer par ses premières impressions. Le difficile est d'allier l'attention minutieuse aux faits de style et l'attention d'une autre sorte qui doit finalement l'emporter, celle de la contemplation, qui n'est pas une vue à distance et au sujet de laquelle je me suis expliqué dans « Le sens de la Qualité ». Quand l'interprète aura pénétré vraiment l'œuvre, il se taira. Il se taira, afin qu'elle parle seule, à nouveau. C'est le moment dernier de la relecture. La phase de la compréhension dépassée, on essayera de « revivre », avec une lucidité accrue, le texte dont on a pris connaissance par tâtonnements. Le malheur serait que son charme se fût dissipé, l'idéal est qu'il soit au contraire pleinement restitué.

Gustave ROUD

Né en 1897 près de Saint-Légier, au-dessus de Vevey. Depuis 1908, il vit à Carrouge, dans le Jorat.

Après une licence ès lettres classiques obtenue à l'université de Lausanne, il retourne aux travaux des champs, de la traduction (Hölderlin, Rilke, Novalis surtout) et de la poésie. Il est un moment rédacteur à Aujourd'hui, *hebdomadaire fondé par H. L. Mermod et dirigé par C.-F. Ramuz.*

Il publie ses premiers poèmes aux Cahiers vaudois *en 1915. Cet « homme de la grande solitude » (Ph. Jaccottet) a réuni l'essentiel de sa production poétique — de l'*Adieu *en 1927 à l'*Air de la solitude *en 1945 — dans* Écrits *I et II.*

Il faut encore mentionner *Le repos du cavalier* (1958), *Requiem* (1967) et *Campagne perdue* (1972).

BIBLIOGRAPHIE

Écrits I et II, Lausanne, Mermod, 1950.

Le repos du cavalier, Lausanne, Bibliothèque des Arts, 1958.

Requiem, Lausanne, Payot, 1967.

Campagne perdue, Lausanne, Bibliothèque des Arts, 1972.

A consulter:

Hommage à Gustave Roud, Lausanne, Bertil Galland, 1957.

Philippe JACCOTTET: *Gustave Roud,* Paris, Seghers, poètes d'aujourd'hui N° 173, 1968.

MIRAGE D'HIVER *(fragment)*

Poème extrait de Campagne perdue, *Lausanne, Bibliothèque des Arts, 1972.*

Sépare-toi de ton double endormi, quitte la chambre du Temps, le seuil débouche dans une perle! Nacre et nuit, l'espace gris et rose s'irise et tremble au seul battement de ton désir. L'espace devient couleur de ta pensée. Tu peux choisir. L'aube? le ciel miroite aussitôt comme un ventre de truite. La nuit d'août? Ce grésillement

d'étoiles tout à coup sur le lac d'odeurs où fermente le vin des roses mortes. Décembre, si tu veux... La fontaine, sa voix d'été perdue, coule sans mot dire sous les glaçons, louche rappel des grelottants réveils d'adolescence. Tu peux marcher dans l'herbe, dans la neige, cueillir une fleur, une pomme au jeune pommier Lebel, mâcher le miel des premières violettes en chassant d'un claquement de mains le corbeau d'octobre noix au bec à travers l'essaim des feuilles jaunes. Tu désires l'orage — et l'éclair fend d'un fil de feu la suie et l'argent des nues. L'étendue n'est qu'un chatoiement du *possible* autour de tes mains et de tes lèvres. Murmure *pluie*! et les molles flèches de l'averse ruisselleront à tes bras nus. Ta main debout — le soleil flambe aux croupes fumantes des collines...

Tu es le maître de l'espace et le Temps n'est plus pour nous deux qu'un perpétuel présent inépuisé.

Oui, je t'attends ici au bord de la route retrouvée. C'est la route d'avril maintenant (ou de novembre) entre ses rives d'herbe grasse et bleue, celle qui noue en moi son pâle ruban de poussière magique, cendre où mon ombre traîne sa cendre depuis toujours. Tu approches; tu recrées à chaque pas *notre* univers. Je lis tes désirs et tes pensées dans cette refloraison incessante, cette procession derrière toi des choses réapparues. Tu songes à l'été, puisque l'herbe monte soudain à mes genoux avec une touffe de sainfoin rose! Tu rêves aux soifs des faneurs de juin, puisque le cerisier se feuille d'un seul coup et mûrit mille cerises luisantes à ses ramures! Et nous voici penchés tous deux dans un brouillard d'arrière-automne sur l'énorme chaudière suspendue où le moût des pommes broyées bouillonne et fume. Souviens-toi de ce feu toujours plus rose dans l'obscur, de cette détresse d'une saison touchée à mort! Tu avais froid près des flammes, tu leur tendais tes mains blessées... Souviens-toi des labours, de la herse, de ton poing à la bride du vieux cheval contre un pan de forêts fauves; de cette tourneuse à la gaie peinturlure rouge et bleue où tu siégeais au long du champ, la tête contre les nuages! Mais il n'y a plus de souvenirs, tout est devenu présence: tu es là, le fouet aux doigts, les cheveux légers mêlés aux nues; le cheval saigne sous les taons et fait crisser du fer le regain sec. Tu souris; le vent noue et dénoue à ton front une boucle aussi douce que son ombre.

René nous sommes éternels.

Werner RENFER

*Werner Renfer est né en 1898 à Corgémont dans le Jura, partie romande, c'est-à-dire de culture française, du canton de Berne dont la population parle l'allemand. Fils de paysans, Werner Renfer abandonne ses études pour se fixer à Paris où il tente, sans succès, de vivre de sa plume. Revenu en Suisse, il obtient son diplôme d'ingénieur agronome, devient rédacteur du « Paysan jurassien » puis du « Jura Bernois » qui paraît à Saint-Imier. Ses principales publications en vers et en prose (*Profils, *1927,* Hannebarde, La Beauté du Monde, La Tentation de l'Aventure, *1933) sont réunies dans les trois volumes de ses œuvres. Il est mort en 1936.*

BIBLIOGRAPHIE

Œuvres, Porrentruy, Société jurassienne d'Émulation, 1958.

A consulter:

Pierre-Olivier WALZER, préface, ibidem.

UN RETOUR

(Petits poèmes burlesques, Œuvres, Société jurassienne d'Émulation, Porrentruy, 1958.)

Un homme qui cherchait l'heure des trains — c'était
un domestique de campagne endimanché — dans un
petit horaire Gassmann (1), ô quelle tête d'homme il avait !
J'allais parmi les rues de La Chaux-de-Fonds (2),
ce n'était plus une République, — tout le monde avait
l'air riche —

1. Indicateur des chemins de fer suisse.
2. Ville natale de Cendrars et de Le Corbusier.

c'était du noir sur des trottoirs illuminés,
et des ombres passaient qui n'étaient pas moi.
Je pensais que mon ami Duplain ([3]) m'aurait dit d'en faire un poème.
Les distributeurs automatiques me distribuaient des coups d'œil sarcastiques,
en me regardant dans leurs petites glaces,
je me demandais où je pouvais être.
Il n'y avait pas beaucoup de voyageurs à la gare de La Chaux-de-Fonds,
je portais sous mon chapeau de feutre des paquets de pensées entremêlées, dont je ne savais que faire.
Et puis, le train partit.
Les hommes chantèrent dans le wagon, ils étaient trois qui jouaient du football,
avec les notes de l'Hymne national, et le quatrième était l'homme qui cherchait l'heure des trains dans le petit horaire Gassmann, je ne l'oublierai jamais.
O quelle tête d'homme il avait!
A la station de Renan ([4]) de petits groupes de personnes attendaient des oncles et des tantes imaginaires.
Comme il était déjà tard, ils avaient l'air plus heureux que la casquette du chef de gare.
Moi je portais des pantalons beiges qui semblaient blancs dans la nuit,
mon chapeau retenait mes pensées
qui heurtaient mon crâne avec bruit.
Heureusement j'étais seul à les entendre!
A Sonvilier ([5]), il n'y eut sur le quai noir
que des jeunes filles pour nous regarder passer,
l'une portait un parapluie et l'autre un châle de laine rouge, il y avait la plus jeune qui ne riait pas,
mais l'aînée se tordait les bras de bonheur
— qu'y puis-je faire, ô ma mère —
en nous regardant passer!
Quand je reconnus la gare de Saint-Imier ([6]),
hélas! ce n'était plus qu'une petite gare

3. Peintre, ami du poète.
4.-6. Renan, Sonvilier, Saint-Imier: villages proches de La Chaux-de-Fonds.

que brûleraient les express qui vont au bout du monde.

Le train passa et moi je restai sur le quai
avec mon chapeau couvant mes pensées...

Quand je repense à tout cela, je revois toujours l'homme qui cherchait l'heure des trains dans le petit horaire Gassmann, je lisais sur son visage toute l'angoisse des rails qui sont les conducteurs de l'aventure.

Et je n'oublierai jamais
quelle tête d'homme il avait!

Alice RIVAZ

*Fille d'un militant socialiste, Alice Golay qui a pris en littérature le nom d'Alice Rivaz est née en 1901 dans le canton de Vaud. Après sa scolarité secondaire et des études de musique au conservatoire de Lausanne, elle s'installe à Genève où elle a travaillé dans une institution internationale. Dans ses œuvres (*La paix des ruches, *1947) Alice Rivaz décrit un monde où l'homme, mais plus encore la femme, souffrent d'exister sans pouvoir vivre vraiment, aliénés par le travail, la pauvreté, l'ennui, malédictions que l'amour surmonterait si l'amour était possible.*

Depuis Comptez vos jours *en 1966, elle a donné un roman* Le creux de la vague *(1967) fresque genevoise des années qui ont précédé immédiatement la deuxième guerre mondiale, un récit partiellement autobiographique* L'alphabet du matin *(1968) un recueil de nouvelles* De mémoire et d'oubli *(1973) où l'on retrouve les caractères propres à son art : goût de la vérité, attention à la vie des autres, un regard lucide et privé de complaisance vis-à-vis d'elle-même, à quoi s'ajoute une violente révolte contre la vieillesse, la souffrance, la mort et tout ce qui, dans notre société, en aggrave la cruauté.*

BIBLIOGRAPHIE

Sans alcool, Neuchâtel, Baconnière, 1961.
Le creux de la vague, Lausanne, Rencontre, 1967.
L'alphabet du matin, Lausanne, Rencontre, 1968.
La paix des ruches. Comptez vos jours, réédition, Lausanne, Livre du mois, 1970.
De mémoire et d'oubli, Lausanne, Coop. de l'Aire, 1973.

A consulter :

Annuaire de la nouvelle société helvétique, Bern, 1968.
M. RAYMOND, préface à *La paix des ruches,* Lausanne, Livre du mois, 1970.

L'HOMME QUE J'AIMAIS... *

Comptez vos jours, *Lausanne, Rencontre, 1970, se présente comme une méditation autobiographique sur la solitude et le temps. A partir d'un thème de Jean de Sponde :*

Hélas! contez vos jours : les jours qui sont passez
Sont desja morts pour vous, ceux qui viennent encore
Mourront tous sur le point de leur naissante Aurore,
Et moitié de la vie est moitié du decez.

l'auteur évoque ses origines, son pays, ses parents, ses rêves, sa petite enfance... les hommes qu'elle a rencontrés et aimés.

C'était l'après-midi. Comme si souvent, je m'étais couchée à contre-jour, et ainsi que je le faisais parfois à cette époque de ma vie, je m'étais mise à identifier et à additionner — ainsi fait-on le compte d'un trésor — les charmes, qualités et séductions diverses qui m'avaient subjuguée dans l'homme que j'aimais, qui avaient été longtemps ma nourriture et dont je périssais d'être privée, comme si d'y avoir goûté, je n'eusse plus été capable d'en absorber d'autres. Je créais cet être à nouveau, pour moi, seule, comme je l'avais créé tant de fois durant de longs mois. Ainsi une mère crée un enfant, ainsi un sculpteur crée une forme. Ce fut comme s'il m'était rendu tout entier, et, en même temps, ôté. Je contemplai une fois de plus ce que j'avais cru mien. Une fois de plus je le perdais. Je répétai l'opération, de sorte que j'éprouvais tour à tour une joie indicible et une souffrance atroce. Donné et repris de minute en minute. Longtemps je m'épuisai à ce jeu mental, les yeux fermés, comme à un exercice de haute torture. Cela devint intolérable. Alors, tel un insecte qui se heurte contre une paroi, cherche une issue sans la trouver, mon esprit se mit à chercher la faille possible par laquelle il pourrait échapper à son enfer. Avec acharnement, je m'efforçai de penser que toutes les merveilles que je prêtais à cet homme — en admettant qu'elles fussent vraiment ses attributs propres — lui avaient été données, venaient d'ailleurs, existaient donc en dehors de lui, par elles-mêmes, peut-être en parcelles disséminées, éparses, ou, au contraire, concentrées et groupées en un point, se manifestant ici et là, très près ou très loin, dans d'autres êtres, sous d'autres formes, par exemple, dans une œuvre d'art, une idée, une action. Ce à quoi je tenais tant dans cet homme, pensais-je, était un ensemble de valeurs, pour moi sans prix, mais qui ne me semblaient uniques que dans la mesure où il m'en paraissait le seul dépositaire, comme si ces qualités ne pouvaient exister qu'en lui et que par lui. C'est pourquoi je m'efforçai de penser qu'elles lui avaient été plutôt incorporées, après un long processus d'échanges et d'élaboration, un mystérieux cheminement au cœur de substances invisibles prenant leur origine dans quelque lieu indéterminé où ces valeurs existaient depuis toujours à l'état d'essence. A condition de trouver une piste capable de m'y conduire et de m'en ouvrir l'accès, je pourrais les goûter à l'état pur sans l'intermédiaire de celui dont l'absence et la privation ne me seraient dès lors plus si cruelles. Ainsi m'efforçais-je de dissocier de cet être les qualités que je lui avais attribuées jusqu'ici, et de remonter pour ainsi dire à leur origine, et cela afin d'y avoir accès et jouissance par moi-même et sans lui. Et comme je m'obstinais en cette recherche, je me sentis brusquement arrachée à moi-même et entraînée à une allure vertigineuse dans une direction inconnue, jusqu'en un *lieu* (sorte d'équivalence, probablement, de l'état de conscience qui devenait le mien) où je vis — mais avec quels yeux? quel organe insoupçonné? — une sorte d'immense embouchure où s'engouffrait la masse grise, privée de couleur et de lumière, d'un large fleuve en mouvement, sorte de pâte presque liquide et d'eau boueuse, à la marche très lente mais irrésistible.

Denis de ROUGEMONT

Né en 1906 à Neuchâtel. Fils de pasteur, il a fait des études de lettres et de philosophie. Il a vécu à Paris, à Francfort, et, pendant la guerre, aux États-Unis où il a enseigné à l'École libre des hautes études de New-York. A partir de 1948, il dirige à Genève le Centre européen de la culture et devient en 1951 président du Comité exécutif du Congrès pour la liberté de la culture.

Jusqu'à la guerre, Denis de Rougemont a publié des essais littéraires et philosophiques au nombre desquels on retiendra Le Paysan du Danube *(1932),* Journal d'un intellectuel en chômage *(1937) et* Journal d'Allemagne *(1938). A ces titres s'ajoute celui d'un ouvrage célèbre:* L'amour et l'Occident. *Après la guerre, il a publié surtout des études sur l'avenir de l'Europe, entre autres* L'Aventure occidentale de l'Homme, Vingt huit siècles d'Europe, Les Chances de l'Europe *et* Lettre ouverte aux Européens.

BIBLIOGRAPHIE

L'amour et l'occident, Paris, Plon, 1939.
L'aventure occidentale de l'Homme, Paris, Albin Michel, 1957.
Vingt-huit siècles d'Europe, Paris, Payot, 1961.
Les Chances de l'Europe, Boudry, la Baconnière, 1962.
Journal d'une époque, Paris, Gallimard, 1968.
La Suisse ou l'histoire d'un peuple heureux, Lausanne, Livre du mois, 1969.
Lettre ouverte aux Européens, Paris, Albin Michel, 1970.

IL N'Y A PAS DE « CULTURES NATIONALES » *

Ce texte de Denis de Rougemont est extrait de sa Lettre ouverte aux Européens, *Paris, Albin Michel, 1970. Il définit l'Europe comme « quelque chose qu'il faut unir » et réfute les objections politiques ou économiques en démontrant que, pour s'unir, les Européens disposent d'une base commune : la culture qui les a tous formés.*

Ce qui s'oppose à l'union de l'Europe et à la formation d'une conscience commune — condition préalable de tout civisme européen — c'est le nationalisme ; et chacun sait que le nationalisme a été propagé par l'école et ses manuels depuis le milieu du XIXe siècle. Les manuels de mon enfance — histoire et géographie, mais histoire de l'art aussi — présentaient l'Europe comme un puzzle de nations et sa culture comme l'addition d'une vingtaine de « cultures nationales » bien distinctes, autonomes et rivales.

Cette conception n'est pas seulement responsable des guerres absurdes, justifiées aux yeux des masses par le chauvinisme culturel — les Français de 1914 croyaient défendre la Civilisation contre les Allemands qui croyaient défendre leur Kultur —, elle se dissipe comme brume au soleil à la lumière de l'Histoire, et particulièrement de l'histoire des arts, de la peinture et de la musique.

La musique naît avec le chant grégorien — premier langage musical européen — au VIe siècle en Italie, s'enrichit au couvent de Saint-Gall avec les séquences et les tropes de Notker et de Tutilo, se constitue d'une manière autonome avec les troubadours du Languedoc, dès le XIIe siècle, à Saint-Martial de Limoges, à Notre-Dame de Paris, puis plus tard en Champagne et dans le Nord — Philippe de Vitry, Guillaume de Machaut —, enfin à la cour de Bourgogne et dans les Flandres. Entre les cités flamandes et les cités italiennes, le long du grand axe commercial de la Renaissance, celui qui relie Venise et Bruges, les échanges de compositeurs et de styles se multiplient au XVe siècle : Guillaume Dufay en est l'illustration. Une nouvelle école s'épanouit dans les Flandres avec Ockeghem et Josquin des Prés. Elle rayonne en Bourgogne, en France, et de l'Espagne à la Bohême, et redescend vers l'Italie qu'elle enrichit de ses nombreuses découvertes, jusqu'au XVIe siècle, quand Roland de Lattre, né à Mons, devient Orlando Lasso à Rome et à Naples, puis Roland de Lassus à Paris et en Bavière. Plus tard, les Allemands comme Heinrich Schütz viennent s'initier auprès des maîtres vénitiens. Bach copie avec application des œuvres de Vivaldi. Au XIXe siècle, le centre de gravité de la musique européenne se déplace vers les régions germaniques, Hanovre, la Saxe, Vienne, Bayreuth. C'est alors auprès des maîtres allemands que les premiers compositeurs de Moscou et de Saint-Pétersbourg apprennent leur métier. Au début du XXe siècle, plusieurs Russes, tels que Stravinsky, influenceront à leur tour la musique occidentale, en imposant leurs œuvres à Paris... L'évolution de la peinture suit à peu de chose près les mêmes voies. Or ces voies, notons-le, traversent avec une glorieuse indifférence une bonne douzaine de nos frontières actuelles. Elles relient des cités, des foyers de création, des maîtres, *et non pas des nations* au sens moderne.

(...) Il n'est pas une seule des branches de notre culture qui ne résulte de mille échanges, tissant l'œuvre commune des Européens; et il n'en est pas une seule que l'on puisse étudier d'une manière sérieuse ou intelligible dans le champ limité par les frontières d'une seule de nos nations actuelles. Il n'y a pas plus de « peinture française » que de « chimie allemande » ou de « mathématiques soviétiques », car avant tous ces découpages arbitraires, il y a la grande communauté de créations et d'influences mutuelles qui s'appellera toujours l'Europe dans l'histoire de l'esprit humain.

Jacques MERCANTON

Jacques Mercanton est né à Lausanne en 1910. Ses études achevées il enseigne à Florence puis à Lausanne, au Collège classique d'abord et depuis 1955, à la Faculté des lettres.

A la fois critique et artiste, Jacques Mercanton s'efforce de communiquer son enthousiasme pour les arts: on lui doit plusieurs albums dont Andalousie, *La Guilde du Livre, Lausanne, 1957),* Les châteaux magiques de Louis II *(La Guilde du Livre, Lausanne, 1963), des essais sur Monteverdi, Thomas Mann, de nombreuses éditions, préfaces, œuvres critiques parmi lesquelles nous retiendrons* Racine *(les écrivains devant Dieu, DDB, Paris-Bruges, 1966) et* Les heures de James Joyce *(L'âge d'homme, Lausanne, 1967),*

BIBLIOGRAPHIE

Thomas l'incrédule, Lausanne, F. Rouge, 1943.
Le soleil ni la mort, Lausanne, La Guilde du Livre, 1948.
Celui qui doit venir, Lausanne, La Guilde du Livre, 1956.
De peur que vienne l'oubli, Lausanne, La Guilde du Livre, 1962.
La Sibylle, Récits italiens, Lausanne, La Guilde du Livre, 1967.
L'été des sept-Dormants, Lausanne, Bertil Galland, 1974.

A consulter:

Écriture 8, *Hommage à Jacques Mercanton,* Lausanne, Bertil Galland, 1972.

LA CHAPELLE DES SEPT-DORMANTS *

Aux confins de l'Autriche et de la Bavière, non loin des monts de Bohème, Maître Laach et sa femme Maria ont transformé leur maison de Waldfried en une pension où séjournent des jeunes gens. Deux d'entre eux, le narrateur et son ami Bruno, partent à la découverte de la chapelle consacrée aux Sept-Dormants, ces sept Martyrs qui, s'étant endormis dans une grotte d'Éphèse, y furent emmurés et se réveillèrent, quelques siècles au plus tard, pour découvrir qu'il était temps de mourir. (Extrait de L'été des Sept-Dormants, *Lausanne, Bertil Galland, 1974.)*

Bruno étudia soigneusement la carte régionale. La petite chapelle perdue dans la campagne était facile à manquer, située dans un hameau, m'expliqua-t-il, Rotthof, qui dominait un village plus important, Ruhrdorf, où il fallait nous arrêter. Mais notre itinéraire ne s'écartait pas beaucoup de celui qui nous avait amenés l'an passé à Heiligenbrunn. Aussi, comme le temps était redevenu assez chaud, me proposa-t-il de ne partir que dans l'après-midi et de rejoindre ensuite la clairière pour y prendre notre repas du soir, avant de rentrer à Waldfried dans la nuit.

Il chargea notre pique-nique sur son porte-bagages, disposa sur le mien deux windjacks ([1]) en prévision de la fraîcheur des bois au crépuscule, et nous gagnâmes Scharding pour y traverser le vaste torrent impétueux et argenté de l'Inn, qui ne ressemblait pas au cours lent et sombre de notre Danube familier. On y franchissait une frontière; on ne changeait pas de pays. Pourtant la campagne bavaroise apparaissait plus plantureuse, les villages plus opulents, les gens qu'on rencontrait avaient une placidité massive qui les différenciait des Autrichiens. Bruno s'arrêta une fois ou deux pour les interroger sur notre route. Nous atteignîmes Ruhrdorf, puis, par un chemin de traverse, les quelques maisons de Rotthof groupées autour de la butte où se dressait la chapelle.

Une vieille paysanne nous accueillit sur le tertre, la face basanée sous son fichu, le regard soupçonneux. Sur la requête de Bruno, elle tira une grosse clef de la poche de son tablier pour nous ouvrir la porte de l'église, qui demeurait habituellement fermée. On n'y disait la messe qu'une fois ou deux dans l'année. Bien qu'ancienne, aussi banale à l'intérieur que du dehors, et dépourvue de style, l'autel était formé par un ensemble de figures baroques d'une grâce exquise: les sept jeunes saints enlacés dans un état de rêve entre le sommeil et l'éveil, surpris dans le mystère de leur résurrection. Une galerie

1. La windjack: veste de sport en toile imperméable.

aux marches de bois branlantes permettait de les contempler d'en haut, dans l'ensemble du monument de marbre jauni, poli et luisant qu'ils composaient, leurs corps étirés, leurs visages en extase, surgissant parmi les feuillages et les fleurs, faisant contraste avec les murs nus et dégradés de la chapelle. Bruno alla et vint, fit lentement le tour de l'autel, les examinant l'un après l'autre, tout absorbé par sa découverte, sans mot dire. Il ne parla pas davantage tandis que nous faisions quelques pas sur le chemin en corniche qui dominait la campagne. Puis nous reprîmes nos bicyclettes afin de gagner Heiligenbrunn avant le coucher du soleil.

Celui-ci atteignait la crête de l'épaisse forêt à l'instant où nous débouchâmes dans la clairière, en vue de l'oratoire au toit de cuivre et de la fontaine ruisselante. Il disparut bientôt, jetant quelques derniers traits d'or au faîte des arbres, et un ciel ivoiré, semé de lueurs mauves, s'étendit au-dessus de nous. Toujours muet, mon compagnon prépara le pique-nique. Il semblait prêter l'oreille au silence profond des bois. Je l'observais, tantôt ployé, tantôt redressé, d'une grâce un peu mélancolique qui le rendait semblable à l'un ou l'autre des Sept-Dormants. Et le rêve qui habitait son visage accusait cette ressemblance. Enfin, il enfila sa windjack et me conseilla d'en faire autant. Nous n'allions pas tarder à sentir la fraîcheur du soir.

— Je ne sais pas pourquoi, dit-il, Maria Laach transforme cette légende en motif de trouble et de malheur. Dans la chapelle de Rotthof, comme ici, on ne respire que la paix.

Il mangeait posément, comme toujours, quittant souvent sa tartine entamée, enlaçant des deux bras ses genoux nus.

— Il y a pourtant une surprise dans ce miracle : ce réveil après un sommeil de trois siècles. On peut imaginer un effroi dans ces jeunes âmes rappelées à la vie. C'est peut-être à ça qu'elle est sensible.

— Un réveil très lent, très doux. On dirait plutôt qu'ils changent de rêve. Si elle existait, la Résurrection ne serait pas autre chose : ce qui nous arrive tous les matins, souvent aussi dans la nuit. Même au cours de la journée, on a parfois l'impression d'avoir rêvé ce qu'on vient de vivre.

Il réfléchissait, s'interrogeant sur ce qu'il éprouvait secrètement, sans parvenir à la lumière.

— La mort, déclara-t-il, n'est qu'un évanouissement qui se prolonge. Pour toujours. Je me demande pourquoi on la redoute.

Ce que je redoutais, pour ma part, c'était cette réflexion chez lui qui s'orientait invariablement vers la pensée de la mort.

— Les Sept-Dormants ne sont pas morts. Ils ne sont qu'endormis, bercés dans leur sommeil comme dans une barque. C'est pourquoi ils reviennent à la vie. Sinon, la légende n'aurait aucun sens. Elle signifie peut-être que la mort n'existe pas. Les apparences nous trompent.

— Je crois plutôt que les hommes n'aiment pas la mort parce qu'ils n'aiment pas la paix.

Il s'était étendu à demi, appuyé sur les coudes, les genoux dressés, contemplant le ciel qui s'assombrissait au-dessus de l'océan des bois.

— On croirait voir glisser des étoiles.

Il laissait glisser ses paupières, comme s'il allait s'endormir.

Georges BORGEAUD

Valaisan d'origine, Georges Borgeaud est né à Lausanne, dans le canton de Vaud, en 1914.

Il fait ses études au collège d'Aubonne et au collège de St-Maurice en Valais. Il devient professeur, libraire et s'installe à Paris en 1946 où il collabore à plusieurs revues dont la N.R.F.

Georges Borgeaud reste indéfectiblement fidèle à quelques thèmes comme l'adolescence inquiète, la solitude, la quête du bonheur, thèmes que l'on découvre dans Le Préau *(1952), roman qui a obtenu le prix des critiques et que l'on retrouvera dans* Le voyage à l'étranger, *ouvrage couronné en 1974 par le prix Renaudot.*

BIBLIOGRAPHIE

Le Préau, Lausanne, Livre du mois, 1969.
La vaisselle des évêques, Paris, Gallimard, 1959.
Italiques, Lausanne, l'âge d'homme, 1969.
Le voyage à l'étranger, Paris-Lausanne, Grasset et Bertil Galland, 1974.

LA GRAND-MESSE *

Dans Le Préau, *Lausanne, Livre du Mois, 1969, Georges Borgeaud raconte son enfance et son adolescence. Au nombre des souvenirs qui marquèrent le jeune collégien, la messe solennelle du dimanche célébrée en l'Église Abbatiale de Saint-Maurice en Valais.*

Nous assistions le dimanche, à la messe conventuelle dans l'église du monastère. Celle-ci était sombre, solennelle , et ses vitraux, comme d'anciens bijoux, avaient de sourdes transparences. Les épais murs romans, les colonnes de molasse s'effritant sous nos doigts, étaient imprégnés d'une antique odeur d'encens, d'oraisons et de noblesse. Je me figurais être assis à l'intérieur d'une lanterne magique et lorsque j'étais obligé de la quitter, je souffrais et soupirais.

« Service de la Vérité ». Œuvre St-Augustin. Saint-Maurice.
(Photo Benedikt Rast, Fribourg.)

Tous les fastes de l'Orient m'étaient révélés les jours de fête. Le Père-Abbé officiait alors. Ces jours-là, nous étions réveillés par le carillon. Nous nous faisions une beauté, nous brossions notre uniforme en frottant ses taches de café noir, nous sortions nos gants puis, sur deux rangs, à travers la cour Saint-Joseph et les jardins du monastère, nous nous rendions à l'église abbatiale en suivant le tracé de l'ancien cimetière romain dans lequel des sarcophages ouverts se matelassaient de feuilles de platane et de brindilles. Le carillon inépuisable nous accompagnait, mais passée la porte de l'église, la psalmodie des heures canoniales le recouvrait. Nous entrions dans nos bancs, sans faire de bruit. Je préparais mon missel et j'attendais, frémissant, le spectacle du faste liturgique.

Le chœur occupait la moitié de la superficie de l'église. Il était entouré de sombres stalles sculptées et brillantes de toute la cire accumulée depuis un temps immémorial. Les moines, revêtus de leur camail rouge et de leur surplis fraîchement plissé, chantaient. Dom Anselme avait sa place du côté de l'épître. J'étais jaloux de le voir là, mais il était mon ambassadeur auprès de Dieu. Après la psalmodie, les orgues murmuraient, occupant l'intervalle entre le chant des psaumes et la messe. A la sacristie, les officiants revêtaient leurs ornements. Je ménageais ma sensibilité pendant cette petite pause, sachant, et jamais je ne fus déçu, que plus tard des transports de ferveur m'attendaient. Un novice, armé d'une baguette de jonc au bout de laquelle vacillait une flamme, allumait les cierges de l'autel pointant au-dessus de bouquets de fleurs serrées. Les orgues, de leur musique prévenante, semblaient le soutenir dans sa tâche. Souvent, les mèches noyées dans la cire obligeaient le novice à les libérer préalablement. Une fleur de feu timide se montrait alors et nous respirions d'aise avec lui.

Enfin, lorsque toutes les lumières étaient allumées dans le chœur, la porte de la sacristie s'ouvrait en grinçant. Dès lors, je n'étais plus sur terre. Les orgues submergeaient la mélodie qui s'était attachée au pas du novice, emplissaient les voûtes de l'église d'un tumulte qui me remuait jusqu'aux entrailles. Les enfants de chœur apparaissaient les premiers. Vêtus d'une soutane rouge et d'un capuchon d'hermine, ils tenaient dans leurs mains un luminaire plus haut qu'eux ; ils levaient la tête afin de veiller à ce que le courant de la porte ne le soufflât. Les plus petits serraient le chandelier de toute leur force pour ne pas trébucher et se disposaient sur les marches du maître-autel, comme les pages autour d'un roi. Derrière eux suivaient les diacres habillés de la dalmatique, puis venaient les officiants en chape et enfin Monseigneur portant la capa-magna ([1]) soulevée par deux caudataires ([2]). Après une révérence au maître-autel, les officiants conduisaient l'évêque sous le dais rouge et moiré. Là, on dépouillait le Révérendissime de la cape et les enfants de chœur, l'un après l'autre, apportaient sur leur bras les ornements pontificaux. Le symbolisme de ces vêtements n'avait point de secret pour moi, mais aucun ne signifiait mieux, à mon avis, la grandeur du prélat que les gants de soie, brodés de pierreries, que l'assistant lui mettait. Monseigneur baissait la tête, recevait la mitre, prenait la crosse qu'un des grands élèves approchait de sa main et, paré comme un roi, il descendait les marches de son trône pour monter celles de l'autel. La messe commençait.

Je ne souffris jamais ni de la longueur des offices, ni des crampes aux genoux dont se plaignaient mes camarades. Je ne songeais pas que cette magie pût avoir une fin. J'oubliais même que ses principaux acteurs étaient les hommes qui me tourmentaient, chaque jour, de leur discipline et de leurs sarcasmes. Ils étaient transfigurés et perdaient jusqu'à leur nom. Certains détails, pourtant, me rappelaient encore que j'étais sur terre. Particulièrement la menace du feu qui, communiqué à une branche, faisait suspendre le déroulement de la cérémonie. L'enchantement était rompu quelques instants, mais le danger d'incendie écarté, la majesté reprenait ses droits.

1. Grande cape. Cape avec traîne que portaient les évêques et les cardinaux.
2. Celui qui porte la queue de la robe d'un dignitaire de l'Église.

Maurice CHAPPAZ

Maurice Chappaz est le chantre du Valais, où il est né en 1916 (Martigny), où il habite (Veyras-sur-Sierre), où il a fait ses humanités (Saint-Maurice). Le Valais aussi qu'il a vu changer, dont il a regretté la modernisation (il a vécu la construction du barrage de la Grande Dixence de 1955 à 1957), où il est propriétaire-vigneron.

Il a épousé l'écrivain S. Corinna Bille. En 1953, il a obtenu le prix Rambert de poésie. Son œuvre est à la fois de poésies et de récits: Le Testament du Haut-Rhône *(1953);* Le Valais au gosier de grive *(1960);* Portrait des Valaisans *(1965);* Tendres campagnes *(1966);* Le match Valais-Judée *(1968).*

BIBLIOGRAPHIE

Le Valais au gosier de grive, Lausanne, Payot, Petite collection poétique d'écrivains romands, 1960.

Portrait des Valaisans, Lausanne, Cahiers de la Renaissance vaudoise, 1965.

Le Testament du Haut-Rhône, Lausanne, Cahiers de la Renaissance vaudoise, 1966.

Tendres campagnes, Lausanne, Cahiers de la Renaissance vaudoise, 1966.

Le match Valais-Judée, Lausanne, Cahiers de la Renaissance vaudoise, 1968.

La Haute Route, Lausanne, Bertil Galland, 1974.

A consulter:

Jacques CHESSEX, *Les Saintes Écritures,* Lausanne, Bertil Galland, 1972.

LA MORT DU GARDIEN DE BISSE *

Portrait des Valaisans, *Lausanne, Cahiers de la Renaissance vaudoise, 1965 : à travers une suite d'anecdotes très diverses, Maurice Chappaz veut rassembler les éléments épars du caractère valaisan. Par touches successives, il dessine la grande âme de ses concitoyens. En voici l'un des traits :*

Je veux vous conter la plus belle mort du Valais, celle d'un gardien ouvreur de bisse ([1]) en printemps. Il délivrait le chenal, il le curait de ses mousses, de ses aiguilles de mélèzes accumulées, de ses pierres, il changeait les planches pourries, les vieux tampons de bois au travers d'une haute paroi de schistes. Se trouvait là une équipe, ils avaient déjeuné ensemble, trinqué ensemble, puis ils avançaient à plat ventre ou debout par les tunnels ou les passerelles, obligés de travailler comme ça. Mince d'assurance, de corde ([2]); et c'était l'heure de Dubuis : il tombe le long des rochers dans l'abîme et il crie. Et je vous demande quel cri? Toujours ce « Sauvez-moi ! », cet « Au secours ! » pitoyable ou le fataliste « Suis foutu » des brusques accidents ou les « Jésus, Marie »... Non, vous ne devineriez jamais, vous ne percerez pas à jour le vieux pays. Tandis qu'il dérape contre les cailloux, les rocs, les deux bras levés, les pantalons dans le vent du vide, le cri qui monte vers les autres, qui les atteint : « Au revoir, les amis ! » J'aime et je crois à ce cri. Il suppose tant de présence au monde et de foi. Jusqu'à la dernière minute et dans la dernière minute il y a cette attestation d'un lien charnel et forcément d'une promesse. C'est signé : le pays existe et Dieu existe. Ce cri est tellement le contraire de l'horreur et de l'absurde, l'épreuve nécessaire des villes pour devenir humaines. J'aime mieux aussi ce cri que le cri de beaucoup de martyrs.

1. Dans le Valais, rigole d'irrigation.
2. Faiblement assuré par une corde trop mince pour le retenir en cas de chute.

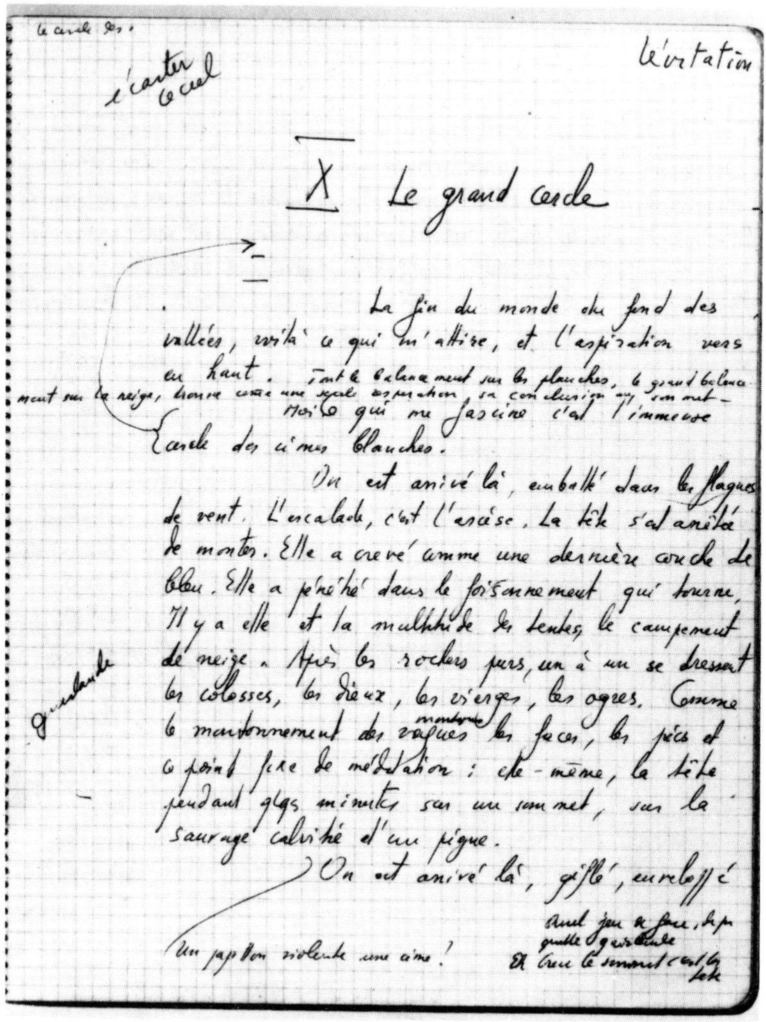

lévitation

écarter le ciel

X Le grand cercle

La fin du monde au fond des vallées, voilà ce qui m'attire, et l'aspiration vers en haut. Tout le balancement sur les planches, le grand balancement sur la neige, trouve ici une seule aspiration, sa conclusion au sommet. Moi, ce qui me fascine c'est l'immense cercle des cimes blanches.

On est arrivé là, emballé dans les flaques de vent. L'escalade, c'est l'ascèse. La tête s'est arrêtée de monter. Elle a crevé comme une dernière couche de bleu. Elle a pénétré dans le foisonnement qui tourne. Il y a elle et la multitude des tentes, le campement de neige. Après les rochers purs, un à un se dressent les colosses, les dieux, les vierges, les ogres. Comme le moutonnement des vagues montent les faces, les pics et ce point fixe de méditation : elle-même, la tête pendant qqs minutes sur un sommet, sur la sauvage calvitie d'un pique.

On est arrivé là, giflé, enveloppé

guirlande

Un papillon violente une cime !

Une page du manuscrit de *La Haute Route* de Maurice Chappaz.
(Bibliothèque nationale suisse, Berne.)

LE VALAIS AU GOSIER DE GRIVE

(Lausanne, Payot, 1960.)

(fragment)

Femmes aux pressureurs [3], aux laboureurs,
éraflées et moulues,
vidées d'elles-mêmes comme par les pics-verts,
ne possédant plus rien de leur vie de jeunes filles,
ayant couché avec le Valais ivrogne
à la sainte trogne porcine
soufflant le foëhn [4]
qui est cigare et plain-chant.

Femmes aux minces yeux myrtilles,
passées par les barbus;
qui ont dit le grand oui
et depuis murées comme des sphinxs sous la coiffe sombre.
Vérité de vérité:
elle jaillira de leur sein,
elle vaincra le monde.

Coffre puissant, bestial,
le sourire de la sagesse
et leur enfant, la parole,
pareille à une sauterelle sur la langue des muets.
Parole, bond à travers les horreurs et les pudeurs
des calvaires sur le Rhône.
Eh! Ludivine, Marguerite, Catherine,
dites tout de vous,
dites tout du Valais sec et sombre,
femmes de vignes,
arbres de la passion,
vases de silence. (...)

---

3. Vigneron.
4. Vent chaud et sec.

Jean CUTTAT

Né en 1916 à Porrentruy où il crée, en 1942, les éditions des Portes de France qu'il transportera à Paris en 1945. Revenu dans son pays en 1966, il a pris une part très active, comme poète et comme journaliste, aux efforts du mouvement séparatiste jurassien qui a lutté pendant un quart de siècle pour obtenir l'indépendance du Jura [1]. *Entre 1940 et 1972, il a publié une douzaine de recueils de poèmes, en particulier* Les chansons du mal au cœur *(1942 et 1972),* Les couplets de l'oiseleur *(1967),* Bravoure du mirliflore *(1970) et* Feu profond *(1972). A l'exception de* La corrida *(Porrentruy, Malvoisins, 1966), toutes ses œuvres ont été éditées ou rééditées aux éditions Bertil Galland, Lausanne.*

BIBLIOGRAPHIE

La corrida, Porrentruy, Éd. des Malvoisins, 1966.
Les couplets de l'oiseleur, Lausanne, Cahiers de la Renaissance vaudoise, 1967.
Bravoure du mirliflore, Lausanne, Cahiers de la Renaissance vaudoise, 1970.
Les chansons du mal au cœur, Lausanne, Bertil Galland, 1972.
Feu profond, Lausanne, Bertil Galland, 1972.

A consulter:

Jacques CHESSEX, *Les Saintes Écritures,* Lausanne, Bertil Galland, 1972.

---

1. Le Jura bernois, territoire d'expression française, avait été rattaché en 1815 au canton de Berne de langue et de culture germaniques. La consultation populaire du 23 juin 1974 a permis au peuple jurassien d'acquérir son autonomie en faisant du Jura un nouveau canton de la Confédération helvétique.

COMPTINE DU BOIS VERT

(Les Couplets de l'Oiseleur, *Lausanne, Cahiers de la Renaissance, 1967.)*

Si le matou ne sourit
qu'au fromage de la Creuse
la fringale qui le creuse
fait sourire la souris.
Souris rit à matou mort.
Matou sourit, souris sort.
Si la trique est au crochet
le faraud se fait liesse
mais à deux se tient la fesse
si le vent dans la forêt.

Georges HALDAS

Né en 1917, poète genevois d'origine hellénique et neuchâteloise, traducteur d'Anacréon et de Catulle, il est à la fois poète de la vie intérieure et poète de l'homme-dans-le-monde, sensible à toutes les souffrances injustes, à toutes les humiliations. Il s'est exprimé aussi bien comme poète que comme auteur de « chroniques » et de récits en prose.

BIBLIOGRAPHIE

Le couteau dans la plaie, Neuchâtel, La Baconnière, 1946.
Corps mutilé, Lausanne, Rencontre, 1962.
La maison en Calabre, Lausanne, Rencontre, 1970.
La chute de l'étoile absinthe, Paris, Denoël, 1972.
Chronique de la rue Saint-Ours, Paris, Denoël, 1973.

SUISSE

(Extrait de Le couteau dans la plaie *Neuchâtel, La Baconnière, 1946.)*

Cœur gonflé d'une eau
tumultueuse et souterraine
ô cœur de mon pays
creusé de grottes
avec des lacs dessous

Aucune rame n'a troublé
depuis un siècle une eau
si calme et lourde
avec son grand secret
de montagne endormie

Avec son chant lointain
    de source originelle
Harmonica d'enfant
    perdu dans les forêts
    obscures du sommeil

Moi seul je me promène
    au bord de cette eau noire
    une lampe à la main

J'ausculte le silence
    Quelquefois une main
    apparaît disparaît
    qu'a-t-elle voulu dire
    Je me demande

Et c'est cela ma vie
    Interpréter
    de muettes demandes
    dans une eau endormie

Jean STAROBINSKI

Jean Starobinski est né à Genève le 17 novembre 1920. Il y fait ses études classiques de lettres. De 1953 à 1956, il est professeur à l'Université John Hopkins de Baltimore ; en 1958 et en 1961, il conquiert ses diplômes de docteur ès lettres et de docteur en médecine. Actuellement, il enseigne la littérature française à l'Université de Genève. Passionné de psychanalyse et de sociologie autant que de lettres et de musique, il est l'un des principaux représentants de l'école critique genevoise d'aujourd'hui.

L'Académie royale de langue et littérature françaises de Belgique lui a décerné en 1972 le Prix Nessim Habif, qui est réservé à un écrivain français hors de France.

BIBLIOGRAPHIE

Montesquieu par lui-même, Paris, Éditions du Seuil, 1953.

J.J. Rousseau: La transparence et l'obstacle, Paris, Plon, 1957; Paris, Gallimard, 1971 (édition revue et augmentée).

L'œil vivant, essai, Paris, Gallimard, NRF, 1961; *L'œil vivant II — La relation critique,* essai, Paris, Gallimard, 1970.

Portrait de l'artiste en saltimbanque, Genève, Skira, 1970.

Les mots sous les mots, les anagrammes de Ferdinand de Saussure, Paris, Gallimard, 1971.

LA LITTÉRATURE ROMANDE *

Les lignes qui suivent sont extraites d'un essai sur Rousseau intitulé « L'écart romanesque — L'écrivain romand: un décalage fécond », texte publié pour servir de préface à l'édition de la « Nouvelle Héloïse »; Lausanne, Rencontre, 1970, cf. Jean-Jacques Rousseau: La transparence et l'obstacle, *Paris, Gallimard, Bibliothèque des Idées, 1971.*

Sur le plan du langage, rien ne sépare la Suisse romande de la France — sinon certains provincialismes dont on trouvera les équivalents partout à l'intérieur de l'hexagone. Le domaine linguistique français s'est dessiné longtemps avant que les entités nationales aient pris consistance. Dans les territoires situés entre le Jura et les Alpes, la langue française est comme naturellement présente. Elle n'y est pas une langue d'emprunt. Elle ne s'accompagne d'aucun souvenir de conquête ou d'expansion : elle constitue un milieu immémorial...

Si embarrassante que soit la recherche d'un style « authentique », je crois qu'aucun écrivain, parmi ceux mêmes qui se veulent le plus fidèles à leur lieu d'origine, n'admettra que son œuvre soit tenue pour extérieure à la communauté littéraire française : la question ne se pose même pas. Et vice versa, les écrivains français ne sont pas lus à Genève ou à Lausanne comme des auteurs étrangers...

C'est pourquoi les Romands ne sont pas trop heureux, lorsqu'ils ouvrent les manuels et les histoires littéraires qui les rejettent, en appendice, dans le domaine mal cadastré de la littérature d'expression française, au voisinage de ceux pour qui le français reste un héritage de l'époque coloniale. Mais ils ne sont pas plus heureux d'être trop parfaitement absorbés dans la réalité française, d'être annexés et traités à l'égal des écrivains provinciaux ou régionalistes. Ils réclament d'être inclus de plein droit, tout en réservant le principe d'une *différence* essentielle, qui n'est pas celle d'un terroir parmi d'autres.

Est-ce trop exiger ? Est-ce revendiquer des avantages trop contradictoires pour qu'ils puissent être légitimement accordés ? A première vue, il paraîtra presque scandaleux que l'on refuse de se laisser annexer, tout en souhaitant n'être pas exclu. A trop demander (penseront certains), l'on n'obtient rien. Mais c'est de ce paradoxe que vit la littérature de la Suisse romande...

Ainsi les écrivains romands ont-ils pu nouer des attaches diverses, des fidélités multiples, où la part du choix personnel contrebalance celle des appartenances obligées et des « enracinements ». Pour qui sait le penser et le vivre avec vigueur, ce pluralisme n'est pas un affaiblissement ni un morcellement de la personnalité : c'est au contraire une ouverture offerte à l'exercice de la liberté...

Un écart, malgré tout persiste. Je le crois fécond, comme tout écart. Car toute différence appelle une réaction : il faut ou l'abolir, ou l'exalter, et dans l'un et l'autre cas il faut se mettre résolument à l'ouvrage. Nous éprouvons, envers la France, un décalage « moral », alors même que la communauté de langue maintient une continuité sans faille. Décalage à la fois évident et insaisissable, dont l'écrivain romand peut tour à tour se féliciter ou se plaindre, car c'est tout ensemble — selon l'usage qu'on en fait — un privilège et un désavantage...

De fait, le décalage que j'évoque peut recevoir, selon le choix ou le tempérament, un sens et une fonction fort variables. Nous pouvons pour ainsi dire jouer de cette situation. Nos grands écrivains, si l'on y regarde de près, n'en ont pas seulement pris leur parti, ils en ont tiré parti. Et l'on ne s'étonnera pas que leur choix puisse se décrire, schématiquement, comme les variantes réflexives ou poétiques d'une mise en œuvre de la différence. Deux tentations extrêmes ont été assez constamment présentes: la vigilance critique, le repli lyrique sur l'expérience intime.

Rousseau a été le premier à vivre pleinement la condition de l'écrivain « romand » dans son rapport avec la France, et, du premier coup, il a porté le problème à sa dimension entière et à ses conséquences les plus importantes: la vocation critique ne se dessine-t-elle pas avec une netteté exemplaire, la solitude lyrique ne va-t-elle pas jusqu'aux limites? Jean-Jacques Rousseau, écrivain complet, semble nous proposer, dans sa vie et dans son œuvre, une préfiguration globale des possibilités offertes et des contraintes imposées aux écrivains de Suisse romande. En même temps (et c'est là son vrai mérite) il fait voir que ces attitudes, loin de rester liées à une situation particulière et provinciale, peuvent revêtir une portée universelle, une valeur symbolique, et contribuer à manifester le sens d'une époque entière.

Roger-Louis JUNOD

Roger-Louis Junod, né en 1923 à Corgémont (Jura), a fait des études de lettres à Neuchâtel où il enseigne la littérature française depuis 1947. Il a publié deux romans où la critique a vu « le témoignage lucide d'un intellectuel créateur abordant de front les deux problèmes cruciaux de la création artistique et de son existence face aux exigences politiques de notre temps »: Parcours dans un miroir *et* Une ombre éblouissante *(Lausanne, L'Age d'Homme, 1968); il travaille à un troisième roman,* La juste distance. *Il a également publié* Écrivains français du XXe siècle *(Lausanne, Payot, 1962 et 1974) et donne à divers journaux des articles de critique littéraire consacrés en particulier à la littérature de la Suisse française.*

PARCOURS DANS UN MIROIR

(Paris, Gallimard, 1962.)

Jérôme Wawre écrit un roman pour tenter de « transformer en œuvre d'art le compte rendu de sa vie », c'est-à-dire pour sortir de lui-même, pour se « rassembler ». Reprenant des fragments du journal qu'il a tenu aux différentes périodes de sa vie, il associe le lecteur à ses souvenirs et à ses tourments.

Aussi profondément que je plonge dans le temps à la recherche de moi-même, je retrouve le souvenir d'une présence intérieure du monde plus *réelle* que le monde matériel; sans doute est-ce à solliciter cette présence que je m'épuise vainement, — comme si je croyais parvenir un jour à en capter, par les mots écrits, au moins le reflet.

... Cet ancien appareil de photographie, je l'avais déniché au fond d'une armoire de notre galetas. C'était une caisse si vaste que j'y faisais entrer sans peine ma tête tout entière. Quand je braquais la lentille sur un objet, un paysage, le paysage ou l'objet se reflétait, renversé, sur un écran de verre dépoli. L'objet, le paysage, se trouvait alors non seulement réduit aux dimensions de l'écran, mais doué de quelque chose en plus: c'est à ce « quelque chose », ajouté aux attributs du réel, que je ne me lassais jamais de revenir. La boîte découverte aux galetas devint ainsi le premier instrument magique dont je disposai. Le premier, du moins, dont j'eus conscience de pouvoir me servir à ma guise, car, déjà, certains fragments d'histoires qu'on m'avait racontées (ou lues) m'avaient procuré une connaissance du monde radicalement autre que la connaissance par la vue ou par le toucher. Plus tard, losque je sus lire, la page imprimée joua le rôle magique qu'avait tenu, que continuait cependant à tenir le vieil appareil avec son rectangle de verre dépoli. Dès lors, êtres, lieux, événements, circonstances se révélèrent capables de deux modes d'existence différents selon qu'ils apparaissaient « dans la réalité » (changeants, insaisissables, sans contour défini) ou objectivés par le pouvoir mystérieux du langage écrit. Celui-ci leur attribuait une qualité particulière sans laquelle je n'aurais su communiquer avec eux, les identifier à moi et me les incorporer, les posséder et me voir, en même temps, possédé par eux: tel fut le moyen par lequel je commençai à coïncider avec un monde dont les apparences m'avaient, jusqu'alors, masqué la réalité.

Quelquefois, quand on envoyait la bonne faire des courses à Moutier, on lui demandait de m'emmener. Nous arrivions à la gare avec un quart d'heure d'avance. Une cloche grise, plantée à l'extrémité du quai, nous avertissait que le train avait quitté la station voisine. Dans le wagon, l'odeur de suie qui collait à la vitre et aux boiseries s'attachait bientôt à mes mains, à mes vêtements. Quand je la retrouvais le lendemain, tout me revenait en mémoire: l'arrivée dans la ville pleine de bruit et d'agitation, l'encombrement des trottoirs, le luxe des vitrines, un orchestre qui jouait au fond d'une brasserie, la touffeur des grands magasins, les rues et les places illuminées à la venue de la nuit, et ma fatigue, et l'étonnement de reconnaître Maraucourt, qui cependant n'était plus tout à fait le même village parce qu'il faisait sombre et que nous revenions de très loin. Voilà comment je voudrais savoir écrire mon roman. Il faudrait que les choses se créent une à une, s'ajoutant les unes aux autres dans un ordre imprévisible mais secrètement nécessaire, qu'elles *arrivent* comme tout arrivait en ce temps-là, et de toutes ces choses réunies s'élèverait enfin, comme un chant qu'aucune voix ne peut chanter, cette musique intérieure que j'ai perdue et que j'appelle, à travers la mémoire, mon enfance.

Philippe JACCOTTET

Né à Moudon en 1925. Après une licence ès lettres à l'université de Lausanne, il collabore aux éditions Mermod à Paris. Puis il s'installe à Grignan, dans la Drôme (1953). Dès lors, il partage son activité littéraire entre la poésie, le récit, l'essai, la traduction et la critique.

Jaccottet a, en outre, traduit sa quête de vérité et de lumière dans La promenade sous les arbres, La semaison *et* Leçons.

Jean-Pierre Richard lui a fait une belle place dans ses Onze études sur la poésie moderne *ainsi que Jacques Chessex dans les* Saintes Écritures.

BIBLIOGRAPHIE

La promenade sous les arbres, Lausanne, Mermod, 1957.

La Semaison et Leçons, Lausanne, Payot, 1963.

Poésie 1946-1967, Paris, Poésie Gallimard, 1971.

A consulter:

Jean-Pierre RICHARD, *Onze études sur la poésie moderne,* Paris, Le Seuil, 1964.

Jacques CHESSEX, *Les Saintes Écritures,* Lausanne, Bertil Galland, 1972.

LA PROMENADE A LA FIN DE L'ÉTÉ

(Poésie 1946-1967, Paris, Poésie Gallimard, 1971.)

Nous avançons sur des rochers de coquillages,
sur des socles bâtis de libellules et de sable,
promeneurs amoureux surpris de leur propre voyage,
corps provisoires, en ces rencontres périssables.
Repos d'une heure sur les basses tables de la terre.
Paroles sans beaucoup d'écho. Lueurs de lierre.
Nous marchons entourés des derniers oiseaux de
  l'automne
et la flamme invisible des années bourdonne
sur le bois de nos corps. Reconnaissance néanmoins
à ce vent dans les chênes qui ne se tait point.

En bas s'amasse l'épaisseur des morts anciens,
la précipitation de la poussière jadis claire,
la pétrification des papillons et des essaims,
en bas le cimetière de la graine et de la pierre,
les assises de nos amours, de nos regards et de nos
  plaintes,
le lit profond dont s'éloigne au soir toute crainte.
Plus haut tremble ce qui résiste encore à la défaite,
plus haut brillent la feuille et les échos de quelque
  fête;
avant de s'enfoncer à leur tour dans les fondations,
des martinets fulgurent au-dessus de nos maisons.

Puis vient enfin ce qui pourrait vaincre notre
  détresse,
l'air plur léger que l'air et sur les cimes la lumière,
peut-être les propos d'un homme évoquant
  sa jeunesse,
entendus quand la nuit s'approche et qu'un vain
  bruit de guerre
pour la dixième fois vient déranger l'exhalaison des
  champs.

Yves VELAN

Né en 1925 d'un père suisse et d'une mère française, a fait ses études de lettres à Lausanne. Il a été professeur à Nyon, à Florence et à La Chaux-de-Fonds ; il enseigne aujourd'hui la littérature française à l'Université d'Urbana, dans l'Illinois (États-Unis). Son premier roman, Je, *lui a valu le prix Fénéon et le prix de Mai 1960. Il a publié en 1973 un second roman:* La statue de Condillac retouchée.

BIBLIOGRAPHIE

Je, Paris, Seuil, 1959.
La statue de Condillac retouchée, Paris, Seuil, 1973.

A consulter :

Roland BARTHES, *Études critiques,* Paris, Seuil, 1964.
Jacques CHESSEX, *préface à « Je »,* Lausanne, Le livre du mois, 1970 (texte repris dans les Saintes Écritures).

UNE « CONFRONTATION FONDAMENTALE » *

Dans cet extrait de La Statue de Condillac retouchée, *Paris, Seuil, 1973, Yves Velan oppose ironiquement deux « types »: le petit-épicier menacé par l'existence des supermarchés (ici,* Directo*) et Sentence, militant stalinien bardé de principes. Le langage extrêmement élaboré de ce roman rappelle à certains égards celui de James Joyce.*

Sentence va prouver au petit épicier que le socialisme explique tout, sa situation, le tort de s'y complaire, la nécessité de sa disparition et les avantages incommensurables qu'il en tirera. Et juste à la fin de cette discussion, car il faut bien que ce soit dialectique ([1]),

1. L'auteur commente, critique et censure constamment le texte auquel il a projeté de donner forme.

donc dialogué, le petit-épicier adhérera au Parti. Mais pour qu'une confrontation aussi fondamentale ait lieu, il faut supposer quelque habitude, quelque amitié entre l'un et l'autre, aussi Sentence se sert-il parfois chez le petit-épicier, qui habite sombrement dans la même rue. Mais non moins va-t-il à Directo: aux yeux d'un préhistorique (2), celui qui achète dans un super-marché est un traître, de quoi le heurt est prêt. La situation est tramée. Quant au dire, il tient tout dans la défense d'inventer, oui, pour le réalisme, donc la vérité. Fédor Mikhaïlovitch (3) n'agit pas autrement, qui a donné les textes fondamentaux, qui est le modèle; à chaque moment on s'exclame: « Comme c'est juste, comme c'est vrai, on dirait du Maupassant », alors qu'il faut dire, de Maupassant: « Comme c'est typé, comme c'est juste, on dirait du Dostoïewsky », tel:

D'abord Sentence laisse venir le boutiquier. Pour détruire ses pouvoirs ou plutôt leur illusion, il attend qu'il la récite, en parade, rêve:

— Avec l'huile de tournesol, je vais faire une action.

Déjà, tout est détruit:

— Tu la vendras combien?

— Trois francs le litre.

Déjà la compréhension commence:

— Écoute, entre nous on se parle franchement: à Directo, ils la vendent déjà 2 fr 80.

— Comment 'sque tu le sais?

Le mot se perfectionne à mesure.

— Parce que je sais que tu sais que je vais aussi à Directo. Si je n'achetais que chez toi, je ne ferais pas ma soupe (4).

Il y eut un silence, né de tous les sentiments contradictoires de l'épicier:

— Mais alors vous êtes avec Eux! Tu écris dans ton journal contre les trusts, contre Directo, mais vous êtes des menteurs, vous voulez seulement piquer des voix et par-derrière...

— Écoute (fermement), il ne faut pas tout mélanger. D'abord tu sais que tous tes clients vont aussi à Directo, mais qu'on vient chez toi parce que tu es un bon type et avec nous, objectivement. On est contre Directo parce que c'est un monopole impérialiste mais

2. L'épicier.
3. Dostoïewski.
4. Sentence gagne peu.
5. Vous, les communistes, êtes complices de l'entreprise capitaliste.

on est pour tout ce qui rend la vie moins chère à la classe travailleuse. Quand Directo écrit: « Le capital à but social », la vérité est que c'est du vent, mais, provisoirement, c'est vrai.

— Alors dans votre société, il n'y aura que des Directo mais de l'État, et que vous appellerez « socialistes »? Et celui qui veut être soi-même, tenter sa chance parce qu'il a sa personnalité, il sera fusillé, il n'y aura plus de liberté?

— « Fusillé », mais dis donc pas de conneries. Et puis ce n'est pas ça, la liberté.

— Comment, ce n'est pas ça! Ce n'est pas la liberté, être maître de ce qu'on a? Moi je peux dire merde à un Conseiller Fédéral ([6]), si ça me chante, tu dirais merde à un Conseiller Fédéral en Russie?

— D'abord, ce n'est pas la Russie, c'est l'Union des Républiques Socialistes Soviétiques. Ensuite, il n'y a pas de Conseillers Fédéraux en Russie. Et tu ne pourrais pas dire merde à un Conseiller Fédéral. Essaie de comprendre.

— Comprendre, comprendre, je comprends assez. Bon type ou pas, tu penses: « Celui-là, c'est quand même un de la libre entreprise. Simplement, quand les trusts l'auront étranglé, il nous tombera dans la poche. » Parce que tu ne penses jamais à ce que ça me coûte. Je me lève à cinq heures, je ferme à sept, et je fais encore entrer mes clients par-derrière quand Directo a bouclé, je suis un service, je connais mes clients un par un, je mange mon bénéfice en cadeaux de Noël, je gagne moins que toi, voilà ce que c'est, « un de la libre entreprise ». Mais je suis mon maître, j'ai ma place, et ta société de niveleurs, je n'en veux pas, etc.

(...)A Sentence s'opposent les figures du KKapitalisme ([7]), qui est légion. Elles se divisent en oppresseurs et en valets, tous dégouttant je veux dire: dégoûtants d'aliénation.

Ces figurent multiples permettent de Les, précisément, nommer: « Eux », « Ils », majuscules de vigilance pour « kkapitalisme » et d'algèbre accélératrice, il ne s'agit donc pas d'un mot.

---

6. Le Conseil Fédéral, composé de sept membres, exerce en Suisse le pouvoir exécutif.

7. Cette orthographe pour indiquer le caractère « fécal », répugnant du régime capitaliste. (C'est là le thème du roman.)

Alexandre VOISARD

*Alexandre Voisard est né en 1930 à Porrentruy, chef-lieu d'une Ajoie qui fixera l'essentiel de sa géographie poétique. Après une enfance tourmentée, il entre à l'administration des Postes. En 1950, il partage les difficultés d'un groupe de comédiens genevois. De retour en Ajoie, il publie ses premiers poèmes (*Écrit sur un mur, *Éditions du Provincial, Porrentruy, 1954).*

Les difficiles épreuves politiques du Jura devaient inspirer Voisard, militant comme Jean Cuttat du Rassemblement jurassien. Liberté à l'aube *(Éditions des Malvoisins, Porrentruy, 1967) en sortira, salué par Jean Cuttat: « ...poème guerrier d'un Jura humilié qui se dresse en justicier lyrique ».*

Alexandre Voisard dirige aujourd'hui la Librairie du Jura.

Textes choisis:

Chronique du guet, Paris, Mercure de France, 1961.

Les deux versants de la solitude, Lausanne, Cahiers de la renaissance vaudoise, 1969.

Louve, Lausanne, Éd. Bertil Galland, 1972.

A consulter:

Jacques CHESSEX, *Les Saintes Écritures,* Éditions Bertil Galland, Lausanne, 1972.

Discographie:

Liberté à l'aube, poèmes dits par l'auteur et attachés au volume à l'enseigne des Malvoisins.

ODE AU PAYS QUI NE VEUT PAS MOURIR

(Alexandre Voisard, Liberté à l'aube,
Porrentruy, Éditions des Malvoisins, 1967.)

Argile, mon pays d'argile,
Mon pays de moissons et de tourments,
Mon pays tourné vers le dedans,
Lové sur ses amours, sur ses noires racines,
Mon pays aux cathédrales en devenir,
Mon pays au passé de semailles verdies,
Forgé d'aventure, de pardon et de brisures.

Mon pays de détresse et de révolte,
Mon pays de souffrance et de lueur,
Mon pays voué aux serments, aux paroles brûlantes,
Mon pays traversé du sang des éclairs,
Rouge d'impatience, blanc de courroux,
Mon pays de charges et de chaînes sonores,
Mon pays allongé sur l'ardoise des siècles.

Vahé GODEL

Né en 1931, poète représentant en Suisse la tendance surréaliste et professeur genevois, d'origine maternelle arménienne.

BIBLIOGRAPHIE

Signes particuliers, Paris, Grasset, 1969.
Cendres brûlantes, Lausanne, Rencontre, 1970.
L'œil étant la fenêtre de l'âme, Paris, Grasset, 1972.
Coupes sombres, Neuchâtel, La Baconnière, 1974.

LA MACHINE SUPPUTE — LA MACHINE TRICOTE

(Extrait de Signes particuliers, *Paris, Grasset, 1969.)*

La machine suppute la machine tricote
la machine avale des pièces de quatre sous
la machine compose des poèmes
la machine consomme dix litres aux cent
le cheval-vapeur est le meilleur ami de l'homme
l'homme boit trois décis à midi et le soir
la machine fabrique de la matière plastique
l'homme a des prothèses en matière plastique
la machine ronfle en travaillant
l'homme ronronne quand il sommeille
l'homme caresse la machine c'est la sienne
la machine se laisse faire c'est une bonne machine
l'homme est heureux d'être un homme
il partage son temps entre sa machine et sa femme
l'homme allume son cigare
la femme enlève sa robe
la machine ronge son frein

Jacques CHESSEX

Né en 1934 à Payerne, Jacques Chessex appartient à une famille qui aime l'histoire, le pays et la marche. Il fait ses études secondaires à Lausanne puis au collège Saint-Michel à Fribourg et ses études de lettres à l'université de Lausanne. Dès 1954 il publie des poèmes, des textes de critique et des récits. Depuis 1969, il enseigne le français au gymnase cantonal de la Cité à Lausanne.

Après le Portrait des Vaudois *(1969) livre vigoureux jusqu'à l'éclat, où il a cherché à « discerner l'homme tout entier dans l'homme du lieu (le Vaudois), scruter l'homme total dans le cas particulier situé et daté » et* Carabas *(1972) un portrait de l'artiste en baroque, qui l'ont fait connaître d'un plus vaste public, le jury du Prix Goncourt couronne* L'Ogre, *son premier roman, en 1973.*

BIBLIOGRAPHIE

La tête ouverte, Paris, Gallimard, 1962.

Reste avec nous, Lausanne, Bertil Galland, 1967.

Charles-Albert Cingria, Paris, Seghers, Poètes d'aujourd'hui, 1967.

Portrait des Vaudois, Lausanne, Cahiers de la renaissance vaudoise, 1969.

La confession du pasteur Burg et autres récits, Lausanne, Livre du mois, 1971 (Paris 10/18, 1974).

Carabas, Lausanne, Cahiers de la renaissance vaudoise, 1971.

Les Saintes Écritures, Lausanne, Bertil Galland, 1972.

L'Ogre, Paris, Grasset, 1973, Lausanne Ex libris, 1974.

L'Ardent Royaume, Paris, Grasset, 1975.

CONTE POUR LA NUIT

(fragment)

Extrait du Portrait des Vaudois, *Lausanne, Cahiers de la Renaissance vaudoise, 1969. Le conte que vous allez lire laisse deviner la vigueur poétique de ce chantre du Pays de Vaud.*

Chère M. rappelle-toi. Le soir était si clair... Enfin, moi, je suis retourné seul au chalet, j'ai eu le courage d'écouter presque toute la nuit les poutres grincer, crier les planches, et ces chuintements, ces chuchotements de démons dans l'ombre pareille à une cave. — Le courage? Était-ce donc une telle épreuve? — Cela avait commencé par un sourire, parce que des souris avaient fait leur nid dans ton soulier, entre les deux portes de l'entrée. Un sourire et une blessure, tu me connais, l'un ne va jamais sans l'autre, et les copeaux, l'étoupe, la laine serrée dans le nid doux me parlaient trop précisément de ta tendresse pour me calmer.

Puis ces craquements, ces bonds, ces courses dans les parois... A croire que tous les loirs s'étaient réveillés ce soir d'automne, et saluaient mon retour fiévreusement, joyeusement, pour me communiquer leur dernière folie de vivre avant l'hiver.

Je n'ai pas retrouvé le jaune et le rouge de notre été. Je suis arrivé dans un paysage d'une finesse presque écœurante, à vous désespérer d'atteindre jamais cette pureté d'or léger, cette douceur intelligente à travers quoi soufflait le vent de la vallée apportant le bruit des cascades. Imagine les mélèzes brunis par cet automne, les trembles étincelants dans les rayons obliques d'un soleil de miel, et le ciel bleu, bleu, peut-être pour la dernière fois de l'année, pareil au bleu intense des papillons qui volettent au-dessus des flaques après les orages...

Je ne comprenais plus pourquoi j'étais venu seul. J'aurais pu te téléphoner, je sais que tu serais accourue. Alors pourquoi? A me ronger de nostalgie et d'inquiétude dans cette ombre bruyante, la figure irritée par la rudesse des couvertures militaires. A plus de deux heures de tout lieu habité, maintenant que le restaurant du lac a fermé pour l'hiver. Pour l'hiver? Ils ne savent donc pas que nous aurons encore deux longs mois avant la neige, deux mois de jours dorés, de ciel fluide, d'épilobes [1] et de gentianes mourant haut sur leur tige dans les premiers froids clairs et la solitude sonore.

1. Plantes à fleurs roses.

Je me rappelle les eaux noires du lac, les sapins verts, le troupeau qui descendait boire jusqu'au bord pierreux, tu entrais pieds nus dans l'eau glacée, puis nous allions nous asseoir au café à côté des petites barques, parmi les mangeurs de framboises et de crème du pâturage, nous regardions le vent du soir soulever des milliers de petites vagues argentées comme des couteaux hors de la surface. Des cars brillaient au dernier soleil, la foule des touristes s'entassait derrière leurs vitres poussiéreuses et nous restions seuls, un soir encore, nous regagnions le chalet flottant sur son éperon entre l'ombre de la vallée et la phosphorescence du crépuscule; c'était l'heure où le grand-duc, tu t'en souviens, chassait souverainement autour de l'auvent, et nous avions coutume de regarder son passage comme un présage de bonheur.

J'ai cherché le sommeil, me tournant, me retournant sur la couchette, mais les craquements m'ont rejeté dans ma mémoire et je te parle, chère M., je te raconte ce passé auquel tu es liée pour toujours, maintenant que je suis capable d'y penser sans remords comme on songe à un cours favorable et naturel.

Vietnam

Collaborateur: M. BÙI XUÂN BÀO, Doyen de la Faculté des Lettres de Saigon.

INTRODUCTION HISTORIQUE

Depuis l'introduction de la langue française au Vietnam à la faveur de la colonisation française et parallèlement à l'épanouissement de la littérature proprement nationale, il s'est créé une littérature d'expression française. Les œuvres écrites en français par des Vietnamiens constituent par leur nombre et leur qualité une littérature qui a sa raison d'être au sein de la communauté nationale et ses titres de noblesse au sein de la littérature universelle. Réalité vietnamienne dans laquelle entrent en jeu le destin et la liberté, le mouvement irréversible de l'histoire et les motivations de l'acte créateur, la littérature vietnamienne d'expression française évolue dans le contexte de l'histoire du Vietnam et comporte, à notre avis, quatre périodes :

1) La première est celle de sa naissance qui va des origines de l'introduction de la langue française au Vietnam, datée du milieu du XIXe siècle, jusqu'à la publication des premières œuvres de création en 1913;
2) La seconde qui s'étend de 1913 jusqu'en 1940 est celle de son plein développement durant l'époque coloniale;
3) La troisième qui va de 1940 à 1954 est celle d'une littérature d'un pays en guerre, subissant d'abord les remous de la seconde guerre mondiale (1939-1945) et résolument engagé dans la lutte pour l'indépendance nationale (1945-1954);
4) La quatrième qui débute en 1954 est celle d'une littérature à la recherche de sa double vocation nationaliste et universaliste.

* * *

Naissance de la littérature vietnamienne d'expression française

La naissance de la littérature vietnamienne d'expression française a pour cause lointaine l'intérêt suscité par les études françaises. A partir de 1862 les autorités coloniales imposèrent le français comme langue véhiculaire d'un nouveau système d'enseignement en remplacement de celui qui avait été à l'origine de la littérature en caractères chinois et démotiques. Cette politique culturelle favorisait également l'essor national de la littérature en écriture romanisée qui jusque là n'avait été en usage que dans la communauté catholique. Il est cependant significatif de constater que bien avant l'époque coloniale, la Cour de Hué et certains lettrés avaient accordé une attention toute particulière au français, soit comme langue diplomatique, soit comme nouveau moyen d'expression littéraire.

Dès la seconde moitié du XIXe siècle, la langue française était à l'honneur parmi un certain nombre de lettrés, considérés à juste titre comme promoteurs de la littérature moderne. Parmi les premiers écrivains d'expression française au Vietnam, il convient de citer les deux érudits Truöng Vĩnh-Ký (1837-1898) et Huỉnh Tịnh-Của (1834-1908) bien connus pour leurs importants travaux lexicographiques et études en français et en vietnamien.

L'année 1913 fut marquée par la publication de deux œuvres de création: le recueil de poésies *Mes heures perdues* de Nguyẽn Van Xiêm (1) et le recueil *Contes et légendes du pays d'Annam* de Lê Van Phát (2).

Période de plein développement de la littérature vietnamienne d'expression française (1913-1940)

A partir de 1913 les lettres françaises furent en plein développement au Vietnam comme le furent également les lettres vietnamiennes proprement dites. La plupart des écrivains vietnamiens de la période de 1913 à 1940 étaient bilingues. Cette période fut marquée par la prise de conscience de leur mission d'écrivains qui consistait à sauvegarder et à développer la culture nationale.

Elle se caractérise par un très large éventail de genres littéraires dans lesquels se précisent avec plus de force et de vigueur les tendances de la précédente période et s'affirme avec éclat l'originalité créatrice de nombreux écrivains de formations très diverses.

Dans le domaine de l'érudition, centrée particulièrement sur divers aspects de la culture vietnamienne, la participation vietnamienne est active et féconde, rivalisant de science et d'originalité avec celle des érudits français dans les diverses publications savantes.

L'essai et la critique donnent la preuve de la maturité intellectuelle d'un nombre considérable d'écrivains de diverses tendances. Un nationalisme modéré misant sur l'action culturelle demeure la pensée directrice des *Essais franco-annamites* (1937) et *Nouveaux essais franco-annamites* (1938) de Pham Quỳnh qui se révèle critique averti de la littérature vietnamienne avec *Le paysan tonkinois à travers les chansons populaires* (1930) et *La poésie annamite* (1931). Dào Dàng-Vỹ s'attache à brosser le portrait de la nouvelle génération dans l'*Annam qui naît* (1938) tout en lui donnant l'exemple d'un réformisme éclairé avec l'essai historique *Nhuyẽn Truòng-Tộ et son temps* publié dans le journal « La patrie annamite » durant les années 1936-1937 (3). En ce qui concerne la psychologie de la nouvelle génération, il serait intéressant de

1. Saigon, Imprimerie de l'Union, 1913.
2. Saigon, Schneider, 1913; 2e éd., Éd. Nguyên vǎn Của, Saigon, 1925.
3. Nos 221 et ssq.

confronter les écrits d'un « retour de France » Nguyên Mạnh-Tuòng: *Sourires et larmes d'une jeunesse* (1937), *Construction de l'Orient: Pierres de France* (1937), *Apprentissage de la Méditerranée (Construction de l'Orient)* (1939) avec ceux d'un publiciste formé sur place Tràn Van Tùng: *L'École de France* (1938), *Aventures intellectuelles* (1939).

Dans divers genres narratifs, nous assistons à la floraison d'une multitude d'œuvres originales. Citons en premier lieu ce qu'on pourrait qualifier d'autobiographie romancée: *Souvenirs d'un étudiant* (1920) de Nguyên Van Nho, *Souvenirs d'un enfant de campagne* (1939) de Tràn Van Tùng, *Les carnets intimes de Heou-Tâm, étudiant d'Extrême-Orient* (1939) de Hoàng Xuân-Nhị. Parmi les récits et reportages, retenons deux ouvrages de Lê Van Dúc: *A travers l'Allemagne, la Belgique et l'Angleterre* (1924), *Voyage en Orient: Pèlerinage en Palestine* (1924), qui sont une ouverture sur le monde contemporain. Lê Van Phát continue à explorer le fonds folklorique avec les *Légendes du ver à soie* (1924). Nguyên Phan-Long mérite une place à part avec *Le roman de mademoiselle Lys* sous-titré *Journal d'une jeune fille cochinchinoise* (1921), dans lequel l'auteur tente avec bonheur d'étudier l'évolution des mœurs de son époque et aussi avec ses nouvelles *Cannibales par persuasion* (1932) dans lesquelles l'art du conteur s'allie aux fantaisies d'une imagination débordante. Sur un aspect spécifique des mariages entre personnes de nationalité différente, Truöng Dình-Tri (avec la collaboration de A. De Teneuille) nous livre un émouvant témoignage dans son roman *Bà Dàm* [La Française] (1930). Une nouvelle qui a obtenu le premier prix d'un concours littéraire *Eurydice* (1932) classe parmi les meilleurs prosateurs de cette période Nguyên Tién Lãng qui se révèle essayiste de talent avec *Les beautés du Hoa-tiên* (1938), chroniqueur de classe avec *Indochine la douce* (1935) et traducteur émérite avec *Hoa-tiên (Amours d'Annam) d'après le poème annamite de Nguyên Huy-Tụ et Nguyên Thiên* (1939).

Dans le domaine de la poésie, ce n'est que vers les années 30 que nous avons des poètes qui méritent d'être signalés comme Nguyên Van Xiêm de la période précédente. Dans ses *Premières poésies* (1934), Nguyên Vỹ qui fera école dans la poésie nouvelle avec ses théories dites *Bạch-nga* (*Le cygne*), nom d'une revue littéraire bilingue publiée en 1937, se révèle un romantique qui « s'enferme dans le doute de sa propre envergure et de son grand destin » ([4]). Nguyên Van Yêm se fit apprécier en 1936 comme le chantre de l'amour dans son recueil *Chansons pour Elle*. La même année, Phạm Van Ký se signale par son recueil *Une voix sur la voie* dans lequel sa poésie est faite de « concentration hiératique », d'« obsession de l'amour », d'« une force en marche » pour reprendre les termes du préfacier Raphaël Barquisseau. Une place exceptionnelle doit être réservée à Pierre Dô-Dình dont l'humanisme s'exprime par des accents émouvants dans son poème *Le Grand Tranquille* paru en plaquette en 1937. On y lit le débat intérieur d'un Vietnamien

4. *Premières poésies — Tập tho dàu*, Hanoi, Imp. Tân-dân, 1934.

converti au catholicisme, nourri de spiritualité, répondant à l'appel « *d'une sainteté nécessaire* » et s'engageant dans la voie « *de l'humanisme comme initiative* », pour reprendre les titres de ses deux conférences à la veille de sa conversion.

Dans le domaine du théâtre, Vi Huyèn-Dắc qui a beaucoup contribué à son essor par de nombreuses pièces en vietnamien, publia en 1938 *Éternels regrets*, pièce en six tableaux dont un prologue, qui lui a valu le Premier Grand Diplôme d'honneur avec félicitations du Jury au Concours d'hiver 1936-1937 de l'Académie des Jeux Floraux de Nice.

Cette période tire à sa fin en 1940 avec des œuvres qui nous paraissent faire le point de toutes les tendances, les vues et les idées de toute une génération littéraire. Le groupe « Responsable » de Hué publie coup sur coup en 1939 deux cahiers collectifs où sont exposés les points de vue d'intellectuels de la vieille école et de la nouvelle génération, des « retour de France » et des universitaires formés sur place, sur les thèmes : *Pour la famille, la vraie* et *La culture et nous*. L'enthousiasme avec lequel sont défendues des positions divergentes sur ces problèmes majeurs annonce déjà ce qui adviendra au Vietnam dans la décennie suivante en ce qui concerne l'affrontement inévitable de ces positions.

Le roman *Vingt ans* de Nguẽn Dúc Giang (1940) nous fait penser aux problèmes essentiels de la jeunesse avide d'aventures et prête à l'action tandis que *La pureté de l'âme* (1940) du poète lépreux Hàn-Mạc-Tủ évoque à travers ses propres souffrances celles d'une société en décomposition par le fait colonial et en quête d'un dépassement salvateur.

La littérature vietnamienne d'expression française pendant la seconde guerre mondiale et la guerre pour l'indépendance nationale (1940-1954)

De 1940 à 1945, il s'agit en fait pour notre pays de subir une double colonisation (française et japonaise) tandis que de 1945 à 1954, la guerre pour l'indépendance nationale, menée par les communistes, a abouti, avec les accords de Genève de 1954, au partage du Vietnam en deux États idéologiquement opposés. Dans un pays en état de guerre, nous n'avons pas à proprement parler une littérature de guerre.

De 1940 à 1945, la propagande officielle française fut pour une étroite collaboration entre Vietnamiens et Français en vue d'un nouvel avenir politique au sein de la communauté française tandis que les Japonais firent miroiter la perspective d'une communauté de peuples de la Grande Asie Orientale (*Dại Dông-Ạ́*) sous la direction du Pays du Soleil Levant. Dans ce contexte politique, la tendance nationaliste se traduisit par un très large mouvement de « pèlerinage aux sources » gagnant non seulement ceux qui vivaient dans le pays mais aussi ceux qui, pour une raison ou une autre, s'exilaient en France. C'est ainsi que dans le domaine de l'essai et de la critique, les études sur l'histoire et la culture vietnamiennes occupèrent une place importante. L'ouvrage le plus important de cette époque est, à notre avis, *La civilisation annamite* (5) de Nguyên Van Huyên publiée en 1944 en même temps que son étude sur *Le culte des Immortelles en Annam* (6).

Dans le domaine de la littérature d'imagination, le folklore vietnamien demeure le thème favori. Trịnh Thục-Oanh (avec la collaboration de M. Triaire) nous en présenta un aspect attachant avec *La Tortue d'Or* (7) tandis que Tràn văn Tùng qui est également un poète avec ses *Muses de Paris* (8) en fit un copieux recueil *Le cœur de diamant* (9). Les talents poétiques de Phạm văn Kỷ furent confirmés avec son recueil *Fleur de Jade* (10).

Phạm-Duy Kiêm, l'écrivain marquant de cette époque, rapporta de son engagement volontaire dans l'armée française un témoignage bouleversant: *De Hanoi à la Courtine*, publié en 1941 (11) suivi de *De la Courtine à Vichy* malheureusement interdit par la censure de l'époque. Vinrent ensuite en 1942 les *Légendes des terres sereines* (12) suivies de *La jeune femme de Nam-xuong* (13). Ces deux recueils dont le premier lui a valu le Prix littéraire d'Indochine sont d'une pureté cristalline et d'un charme pénétrant. De tels livres font honneur à la fois au Vietnam et à la France car Phạm-Duy Khiêm est un écrivain qui a dépassé largement l'affrontement entre la France et le Vietnam par le libre choix de l'humanisme.

D'autres écrivains de la période de 1940 à 1954 ont eu des prises de positions non moins retentissantes. Hoàng Xuân Nhị, poète et prosateur de classe, a beaucoup contribué à la défense et à l'illustration de la culture vietnamienne à l'étranger avec *Plaintes d'une Chinh-phou* (14) et *Thúy-Kièu, voix nouvelle sur un thème éternel de la souffrance* (15). Trân Duc Thảo, un marxiste notoire, publie en 1951 *Phénoménologie et matérialisme dialectique* (16). Nguyên Tién-Lăng, qui a réussi à s'évader de la zone communiste, a choisi d'être un nationaliste convaincu, condamnant les méthodes communistes dans son roman *Nous avons choisi l'amour* publié dans la revue France-Asie à partir du numéro 68 (janvier 1952) et devenu *Les chemins de la révolte* en

---

5. Hanoi, Direction de l'Instruction Publique de l'Indochine, 1944.
6. Hanoi, Imprimerie d'Extrême-Orient, 1944.
7. Hanoi, Imprimerie d'Extrême-Orient, 1943.
8. Paris, Mercure de France, 1942.
9. Paris, Mercure de France, 1944.
10. Paris, Édition du Livre moderne, 1943.
11. Réédité à Paris sous le titre *La place d'un homme* et signé du pseudonyme Nam-Kim, Plon, 1958.
12. Hanoi, Taupin, 1943, 2e édition, Paris, Mercure de France, 1951.
13. Hanoi, Taupin, 1944.
14. Paris, Stock, 1943.
15. Paris, Mercure de France, 1942.
16. Paris, Minh-tân, 1951.

1953 ([17]). Ce roman d'un ancien maquisard malgré lui est émouvant de sincérité, dépassant de loin le nouvelliste, auteur d'*Eurydice*.

Phạm-Van Ký reprit en 1946 le chemin de Pham-Duy Khiêm avec son recueil de légendes *L'homme de nulle part* ([18]) tandis que Tràn văn Tùng, avec patience et succès, s'attacha à écrire de bons ouvrages de vulgarisation sur la culture vietnamienne. Dans ce domaine, Pierre Dõ-Dình se révéla critique littéraire raffiné avec sa présentation de la littérature vietnamienne dans l'ouvrage collectif *Les plus beaux écrits de l'Union Française et du Maghreb* ([19]). Une place à part revint en 1948 à LÊ VAN LÝ dont la thèse *Le parler vietnamien* ([20]) fut autant œuvre scientifique d'un linguiste original que témoignage des richesses insoupçonnées de la langue vietnamienne.

D'une manière générale, l'idée-force de la littérature vietnamienne d'expression française durant cette période mouvementée est le patriotisme intransigeant face aux réalités politiques parfois déconcertantes. Cung Giu-Nguyên se révéla le chantre du nationalisme vietnamien dans son poème *Le mot* ([21]) publié en 1948. Il s'agit du mot Vietnam qui a pour lui les plus profondes résonances.

La littérature vietnamienne d'expression française à la recherche de sa double vocation nationaliste et universaliste

Les accords de Genève de 1954 coupèrent le Vietnam en deux États au niveau du 17e parallèle. Ce douloureux partage a néanmoins l'avantage pour les nationalistes vietnamiens de se constituer en une communauté plus cohérente dans le Sud-Vietnam, devenu République du Vietnam, désormais libérée de la tutelle française.

Le français continue à occuper une place de choix comme instrument de progrès et moyen d'expression littéraire, venant en seconde place après la langue vietnamienne. A part quelques exceptions, depuis 1954, les écrivains vietnamiens d'expression française écrivent aussi en vietnamien, et ce bilinguisme littéraire est un fait des plus encourageants pour le développement de la littérature et de la pensée vietnamiennes.

Parmi les écrivains uniquement d'expression française, citons Phạm-Duy Khiêm et Phạm Van Ký qui suivent le chemin de l'universalisme délibérément choisi. Phạm-Duy Khiêm a choisi le français pour dire le plus authentique et le plus douloureux de lui-même dans son ouvrage *Nam et Sylvie* publié

17. Paris, Amiot-Dumont, 1953.
18. Paris, Fasquelle, 1946.
19. Paris, La Colombe, 1947.
20. Paris, Huong-anh, 1948. 2e édition revue et corrigée, Saigon, Viên Khao-cô, 1960.
21. Revue France-Asie, juillet, 1948.

en 1957 sous le pseudonyme Nam-Kim [22] et couronné du Prix Louis Barthou de l'Académie Française. De son côté, Pham Van Ký étend l'humanisme d'un Phạm-Duy Khiêm à l'échelle internationale avec son roman *Perdre la demeure* [23] publié en 1961, couronné au Grand Prix du Roman de l'Académie Française.

Nguyên Hũu Châu dans son roman *Les reflets de nos jours* [24] évoque les espoirs et les désillusions d'une jeunesse en quête d'idéal. Mme Lý Thu Hô brosse dans son roman *Printemps inachevé* [25] publié en 1962 le tableau de la société vietnamienne en fonction des événements de 1945. Ils n'en sont qu'à leur première œuvre, mais se révèlent déjà bons narrateurs et psychologues perspicaces.

Cung Gĩu Nguyên inaugura une nouvelle étape de la littérature d'expression française au Vietnam avec son essai *Volontés d'existence* publié en 1954. Il y fait le bilan de la présence française au Vietnam, honnêtement et sans passion, désireux de promouvoir un nouveau départ dans les relations franco-vietnamiennes sur le plan humain. Il s'est révélé lui-même romancier de qualité dans deux ouvrages: *Le fils de la baleine* (1956) et *Le Domaine maudit* (1961). Ce second roman peint l'affrontement inévitable des idéologies dont le Vietnam est le théâtre sanglant. En dernière analyse, la cause profonde de ce conflit est la volonté de puissance que condamne le dramaturge Vi Huyên-Dăc dans sa pièce *Genghis-Khan* (1972). Le témoignage des poètes n'en est pas moins significatif. Võ Long-Te se révèle un poète de talent engagé dans la voie mystique de l'amour avec ses recueils *Lumière dans la nuit* (1966), *Festin de noces* (1966) et *Symphonie orientale* (1971) tandis que Huỳnh Khăc-Dung, fin connaisseur du *Hát bội, théâtre traditionnel du Vietnam* (1970), note dans son recueil *Pêle-mêle* (1972) ce qu'il ressent « en marge d'une désagrégation » (1972) pour reprendre le titre d'une de ses études sur les réalités vietnamiennes.

L'essai et la critique sont résolument orientés vers l'approfondissement de la culture nationale, considérée en elle-même et dans son dialogue avec celles des autres peuples. Cette double tendance est à l'origine de la vocation nationaliste et universaliste de la génération littéraire de 1954 qui compte de nombreux écrivains d'expression française, et à laquelle l'auteur de la présente étude a l'honneur d'appartenir. S'intéressant surtout à la littérature du XXe siècle, il a publié *Naissance d'un héroïsme nouveau dans les lettres françaises de l'entre-deux-guerres: Aviation et littérature* (1960) et *Le roman vietnamien contemporain* (1972). Dans cette même perspective, Võ Long-Te a écrit *L'expérience poétique et l'itinéraire spirituel de Hàn-mạc-tử* (1972) et *Présence de Rimbaud au Vietnam* (1973). Tel est aussi le cas de Nguyên Van Cân à qui nous devons *Une philosophie pour la jeunesse d'aujourd'hui, essai de synthèse*

22. Paris, Plon, 1957.
23. Paris, Gallimard, 1961.
24. Paris, Julliard, 1955.
25. Paris, Peyronnet, 1962.

thomiste (1961) et un essai politique d'une brûlante actualité : *Vietnam, prends garde de te perdre corps et âme* (1967). Faute de place, il nous est impossible de citer tous les auteurs et tous les titres qui se situent dans cette perspective et qui ont enrichi la littérature vietnamienne d'expression française d'écrits bien documentés sur l'histoire, la littérature, la linguistique, l'anthropologie. Un fait encourageant pour terminer : la parution en 1974 de la revue semestrielle *Études interdisciplinaires sur le Vietnam*.

* * *

A l'issue de ce bref aperçu historique forcément incomplet, il nous est permis de dégager ce qui suit :

— La littérature d'expression française et la littérature proprement vietnamienne sont en étroite interdépendance quant à son évolution en raison du bilinguisme de la plupart des écrivains vietnamiens.

— Sous l'occupation française comme de nos jours, le français est à la fois langue de culture et moyen d'expression littéraire.

— L'adoption de la langue française est pour la plupart de nos écrivains moins un choix définitif et exclusif au détriment de la langue maternelle qu'un moyen d'expression littéraire capable d'atteindre un public international.

Septembre 1974 BÙI-XUÂN BÃO

Pierre DÔ DÌNH (DÔ DÌNH THACH)

Né à Son-tây au Nord-Vietnam, Pierre Dô Dinh s'est converti au catholicisme, choisissant comme nom de baptême Pierre, *ce qui correspond à son petit nom vietnamien* Thach. *Dès les années 30, il s'engage en France dans des études universitaires de philosophie et d'histoire; ses écrits en vietnamien et en français sont publiés dans diverses revues de France et du Vietnam. A partir de 1960, il enseigne le français et la philosophie à l'Université de Hué qu'il quitte à la fin de 1963 pour se consacrer aux activités littéraires à Saigon. Il assume la direction en chef de la revue* Doi-thoai *(Dialogue) jusqu'à sa mort le 15 juillet 1970.*

BIBLIOGRAPHIE

Le Grand Tranquille, 1937.

Psychanalyse de l'Annamite, Le Symbolisme annamite, Méditations à Solesmes, 1937-38.

L'homme de couleur (collaboration avec Daniel-Rops), 1939.

L'Annam, aperçu de la littérature vietnamienne dans l'ouvrage collectif *Les plus beaux écrits de l'Union Française et du Maghreb,* Paris, La Colombe, 1947.

Itinéraire chrétien, 1951.

Confucius et l'humanisme chinois, 1958.

Christianisme et cultures, 1963.

LE GRAND TRANQUILLE

Nous avons ci-après le texte intégral du poème que Pierre Do-Dinh publia dans le Bulletin de la Société d'Enseignement mutuel du Tonkin *(Tome XVII, n°s 1-2, janvier-juin 1937, Hanoi). Il fut l'objet d'une édition originale et limitée à 30 exemplaires numérotés, réalisée en 1937 par les* Cahiers de la Jeunesse *(Nha-trang, Vietnam).*

Voici, selon Cung Giu-Nguyên, les circonstances de la venue au monde de ce poème : « De France, il [*Pierre* Dô-*Dình*] *était revenu, pour revoir sa famille, son pays, et surtout, sa ville natale. C'était sur le chemin de retour, à bord d'un paquebot, au large de la Mer de Chine, qu'aux dires de Raoul Serène, un de ses amis intimes, Dô Dình se convertit au catholicisme et reçut le baptême. Son poème,* Le Grand Tranquille,

Édifice cultuel à Thai-Binh (Nord-Vietnam).

(Coll. Meillon.)

est né de cet événement exceptionnel qui fut aussi à l'origine de son changement de prénom. Il s'appelait Dô Dinh Tchach, et il se trouva, par un hasard linguistique — qui doit faire penser au Petrus évangélique — que le terme sino-vietnamien Tchach *signifie exactement Pierre. Depuis lors, il signera de son nom de baptême.* » Souvenirs sur Pierre Dô Dình, *in* Études Interdisciplinaires sur le Vietnam, *volume I, 2e semestre 1974, Saigon.)*

Or, le Grand Tranquille a l'oreille appliquée à la colline de l'enfance (1), et

Comme celui qui a passé le gué, il sait ce qui est laissé de l'autre côté.

Il sait que son enfance avait raison, et il veut la réhabiliter.

O mon enfance, tu as raison.

Mon Dieu, permettez-moi de la regarder, comme quelqu'un qu'on se prépare à quitter,

Avec un soupir secret, et un long regard de tendresse, et qui ne peut pas quitter,

A cette heure où je me convertis à l'Avenir où vous êtes, et qu'il faut grandir.

O mon enfance, je me lève en moi, et debout je regarde les étendues éperdues des collines

Et la montagne fixe

1. *La colline de l'enfance:* la place de la haute région — montagnes et collines — dans la situation spirituelle du poète pendant son enfance et avant sa conversion au catholicisme est évoquée par le poète lui-même dans son étude *Itinéraire chrétien* (revue *France-Asie*, n° 64, décembre 1951, pp. 356-366): « Enfant, j'allais dans un temple de ma rue dédié au héros de la loyauté chevaleresque, Kwan Yu (en vietn. Quan Võ), héros de la période chinoise dite des *Trois Royaumes*. Le servant du culte frappait sur une cloche pour nous annoncer au dieu. Nous agitions des bâtonnets pour savoir la réponse à nos prières. Dans la cour il y avait l'arbre *bodhi* et ses fleurs saintes à terre. Étrange syncrétisme! A trois kilomètres de la ville [Son-tây, sa ville natale], dans une forêt, il y avait un temple dédié au dieu de la montagne sacrée de Ba-vì. En cours de route, il y avait l'esplanade, *xã-tăc*, dédiée au Ciel et à la Terre. Les sapins chantaient autour dans un air plus pur. Dans mes pérégrinations, plus tard, je me suis arrêté au pied d'une colline boisée. Il y avait là-dessus un ermitage. Dans la cour intérieure, dallée, silencieuse, un chien aboyait à notre approche. J'ai visité les temples de la Haute Région. L'on y adorait peut-être les princes et les princesses de la première race vietnamienne, *ông Chiêu bà Nàng*. Ces temples connaissaient des danses sacrées. Et la musique était d'accent mystique. Elle louait les sources, semblait-il, et les princesses des hautes terres. On m'a dit plus tard que c'étaient des temples taoïstes. Mais je me méfie des doctes. J'ai vu aussi des *văn-mieu* (Temples de la Civilisation) confucéens. J'aimais tout cela. Je ne me sens point le cœur de m'en séparer. » (art. c. pp. 357-368.)

Et là-bas la géométrie implacable des rizières.
Et l'exhalaison de la vapeur matinale pleine de sens,
Dans la silencieuse oraison de chaque atome.
Maintenant, sur les mêmes collines de ma patrie et plus essentiellement que celles-là, quel est l'Étranger, dont la grande enjambée a un pied dans le ciel du soir
Qui marche comme s'il ne sait où aller,
Comme Il fit l'ascension du soir sur la croisée mystérieuse de deux arbres de Gethsémani.
O mon Amour, mes yeux vous ont reconnu, comme jadis mon cœur infantile.
Mais je ne vous nommerai pas, du nom que vous portez pour les hommes.
Mais je fais celui qui ne sait pas.
Mais je cache mon amour comme la fille fautive
A cause de ceux qui sont là-bas.
O mon enfance, nous n'avons pas oublié les vieux chemins, et toutes les choses mortelles.
Je n'ai pas oublié tes vieux chemins,
Et ni la jeune fille, ni l'arbre, et la prairie où vont les morts.
O mon Dieu, encore un moment dans le souvenir des choses vraisemblables!
Seigneur, Laissez venir à moi ces choses d'autrefois.
Voici que je n'ai plus le cœur d'autrefois pour en faire le compte.
Je les vois venir de là-bas, d'un pays maintenant perdu dans les montagnes de songes, à peine reconnaissables.
Sont-elles joyeuses? Pourquoi s'arrêtent-elles au bord de sable de la rivière comme si elles avaient soif?
Pourquoi marchent-elles en ordre dispersé? Et marchent-elles ainsi dans la distance comme celles qui ne peuvent venir?
Elles ne pourront recomposer mon enfance. Ah! Seigneur,
Ayez pitié des choses passantes.
Comme vous pleurez dans ces jours là-bas la mort de Lazare, vous qui le pouvez ressusciter, laissez-moi
Pleurer ce jour ces choses inexistantes et lamentables.
Comme celui qui a passé le gué, et qui regarde vers les rives d'autrefois, avant de prendre des chemins nouveaux, avec cette croix maintenant légère, et comme une arme,
De mon disparate passé laissez-moi tirer une notion unique
Dans une intention victorieuse de l'obscur,

Et la regarder dans un regard d'amour qui les réunit un instant ensemble.

Seigneur, ayez pitié des choses passagères, avec la figure particulière qu'elles font dans le moment qu'elles passent, et qu'elles n'auront plus au Paradis éternel.

Laissez-moi l'oreille collée à la vieille colline du temps écouter venir de tous les côtés les moments de mon enfance,

Et la tenir enfin comme au jour de jadis dans mes mains, et voir enfin mon enfance intelligible.

Ah! Seigneur, j'ai quitté tout cela, et les choses qui ne se comptent pas, parce qu'on ne les revoit pas,

Pour vous suivre. J'ai quitté le vieux Bouddha dans la pagode, et les fées qui me font encore signe

Et le petit temple sous le banyan, au bord du fleuve nocturne.

Et maintenant je suis heureux et tranquille,

Sachant que toutes ces choses sont remisées dans la grange éternelle, et mises en bonne place (2),

Ayant rempli leur fonction prophétique. Et je ne veux plus ruser avec quoi que ce soit, et je n'ai plus besoin de rien savoir.

Ignorant de l'heure, ne sachant si c'est midi déjà, ou l'après-midi qui commence, dédaignant de le demander à ceux qui passent,

Je vais m'asseoir au bord de la route, dans ce pli d'ombre qui commence, et sous l'arbre de la Vie éternelle, regardant le lac de Tibériade.

Et j'attends que vous veniez, oublieux encore aujourd'hui de ma tâche.

Et je ne sais si je suis un homme presque fatigué ou un enfant gâté, dans cette jubilation innocente qui emporte des larmes.

---

2. *Toutes ces choses sont remisées dans la grange éternelle, et mises en bonne place:* le poète s'inspire de l'enseignement évangélique (« il y a plusieurs demeures dans la maison de mon Père ») et explicite sa pensée dans le passage suivant extrait de l'étude citée plus haut : « Tout cela, j'entends l'apporter dans le Christianisme, comme ma dot ou celle de ma nation. Car le Christianisme, à mon sens, est *une mise en ordre*. Le catholicisme embrasse la totalité, la totalité du monde et de tout ce qui est hors du monde, la totalité de l'histoire et de ce qui n'est pas encore. Toutes les vérités errantes y reviendraient trouver leur logis. Et le Prince même des Ténèbres, le plus beau des Anges, le Mal sur terre, qui doit avoir sa place dans l'économie divine, rapporterait à la Lumière la lumière qu'il détient d'Elle, lorsque le temps et même l'*aevum*, ce temps des anges, ne seront plus même un songe sur terre. » (Art. c., p. 358.)

O être de mon être, amour de mon amour, étends ta main sur ma face.

Seigneur, je remets dans vos mains toutes ces choses de mon enfance.

Voilà les fées, voici les collines, et le vent déjà ancien.

Que ferais-je d'elles avec Toi sur la haute mer? et qu'ai-je à me souvenir

Dans le glorieux jour de cette nuit? de la douleur vieillie dans la Joie éternelle?

Or, le Grand Tranquille écoute, et il sait la réconciliation de toutes choses dans la Joie sur les nouvelles collines spirituelles.

Il sait la résurrection des collines.

PHAM DUY KHIÊM

Né en 1908 à Hanoï, il est le fils de l'écrivain Pham duy Tôn. Après ses études secondaires au lycée Albert Sarraut à Hanoï, il entre à l'École normale supérieure de Paris d'où il sortira agrégé de grammaire. De retour au Vietnam, il enseigne au lycée de sa ville natale, et en 1939 s'engage dans l'armée française. Ministre à la Présidence du Conseil en 1955, Haut-Commissaire et puis Ambassadeur de la République du Vietnam à Paris pendant les deux années suivantes, il sera proclamé le 5 février 1957 Docteur honoris causa de l'Université de Toulouse.

BIBLIOGRAPHIE

De Hanoï à la Courtine, Hanoï, 1941.

Légendes des Terres sereines, Hanoï, Taupin, 1942, 2e éd. Paris, Mercure de France, 1951.

La jeune femme de Nam-Xuong, Hanoï, Taupin, 1944.

Nam et Sylvie, Paris, Plon, 1957.

La place d'un homme, De Hanoï à la courtine, Paris, Plon, 1958.

A consulter:

Le Vietnam et la culture française, Texte des allocutions du Pr. André Lebois et de Pham-duy Khiêm à l'occasion de la remise des insignes du grade de Docteur honoris causa à Pham-duy Khiêm à l'Université de Toulouse, Paris, éd. Ambassade de la République du Vietnam à Paris.

TU UYÊN [1]
ou
LE PORTRAIT DE LA TIÊN [2]

Voici le texte d'une légende racontée par Pham duy Khiêm dans son recueil Légendes des Terres Sereines *(Paris, Mercure de France, 2ᵉ éd., 1961). De cette légende vietnamienne, il existe une version en caractères chinois* Bich-câukỳ-ngô Kÿ *(Histoire de la Rencontre merveilleuse du Canal de Jade) dont la paternité est attribuée à Dăng-Trần Côn (1710?-1745) et une version en vers vietnamiens écrits en caractères démotiques sans nom d'auteur.*

... Tu Uyên était étudiant. Un jour, après avoir assisté à une fête de pagode, il revenait seul, lentement, quand il vit tomber devant lui une feuille qui portait des caractères. Il se pencha : c'étaient des vers d'invitation à une de ces joutes poétiques et amoureuses qui étaient de tradition autrefois.

Levant les yeux, il aperçut, debout au pied de l'arbre, une jeune fille d'une beauté surprenante. Il répondit aux vers, et tous deux, en marchant, rivalisèrent d'adresse dans les chants alternés. Au bout d'un moment, la jeune fille disparut soudain. Tu Uyên comprit alors qu'il avait rencontré une *tiên*. Longtemps, il resta rêveur, sans pouvoir se décider à s'en aller.

A partir de ce jour, il ne cessa de penser à la rencontre. « Il négligea de dormir pendant les cinq veilles de la nuit, il oublia de se nourrir pendant les six divisions du jour. » En un mot, il fut atteint de langueur d'amour, ce mal dont rien ne vous guérit.

Mais Tu Uyên se rappela les célèbres oracles du temple du Blanc Coursier [3], consacré au génie de la rivière Tô Lich [4]. Il s'y rendit

1. *Tu-Uyên* [tu ujen] : littéralement *Uyên le talentueux*, nom d'un étudiant sous le règne de Lê Thanh-tông (1460-1497) d'après les données dans les versions en caractères chinois et démotiques.

2. *Tiên* [tjen] : fée, immortelle de la mythologie vietnamienne.

3. *Temple du Blanc Coursier :* temple édifié en l'honneur du génie qui aida le gouverneur chinois Cao Biên à édifier en 866 la citadelle de Dai-la (actuellement Hanoï). La légende rapporte que ce génie apparut à Cao Biên sous la forme d'un blanc coursier (Bach-mã) qui galopa sur l'emplacement devenu celui de la citadelle de Dai-la. C'était sur les traces du galop de ce cheval légendaire que furent construites les murailles de la dite citadelle.

4. *Tô-lich* [to lit] : nom d'une rivière actuellement desséchée qui coulait à l'Ouest de la citadelle de Thang-long (anciennement Dai-la et actuellement Hanoï), dans le quartier dit Bich-câu (Canal de Jade).

un soir, se prosterna et fit des prières. Il s'endormit dans le temple. Un vieillard aux cheveux blancs flottant au vent, appuyé sur un bâton de bambou noueux, lui apparut en rêve et lui dit :

« Demain matin, allez au Pont de l'Est et vous trouverez ce que vous cherchez. »

Tu Uyên ne se sentit plus de joie et se réveilla. L'aube pointait déjà. Il courut à l'endroit indiqué, n'y trouva personne, attendit longtemps. Sur le point de s'en aller, il vit un vieillard qui vendait des images. Tu Uyên les regarda et découvrit un portrait fidèle de la jeune fille qu'il avait rencontrée puis perdue.

Tu Uyên acheta l'image de la *tiên*, la suspendit dans sa chambre. Il put enfin chasser son incurable tristesse et se remettre au travail. A chaque repas, il posait deux bols, appariait deux couples de baguettes et ne se servait point sans avoir invité la jeune fille du portrait, tout comme un mari devant sa femme.

Un jour, il crut la voir sourire en réponse à son invitation. Le lendemain, quand il revint de chez son maître, le repas était servi. Quand il y goûta, tout lui parut exquis. Le jour suivant, il fit semblant de sortir comme d'ordinaire et rentra soudain. Il surprit la jeune *tiên* descendue du portrait en train de se parer.

Elle dit sans lever les yeux :

« Mon nom est Giang Kiêu ([5]) et j'habitais au palais des *tiên*. Il y a dans votre famille une grande source de bonheur prédestiné, ce qui a permis notre première rencontre. Puis, quand la reine des *tiên* a vu que vous n'arriviez pas à oublier, elle m'a laissée descendre pour tenir votre maison. »

Pour la garder, Tu Uyên prit le portrait et le déchira.

Giang Kiêu retira une épingle de ses cheveux et fit apparaître un palais, avec un mobilier somptueux et une foule de serviteurs. Il y eut un grand festin et les *tiên* amies descendirent pour assister au mariage.

La vie de Tu Uyên et de Giang Kiêu fut sans histoire. Ils eurent un fils qui réussit brillamment dans ses études et quand il approcha de l'âge d'homme, Giang Kiêu dit à son mari :

« En ce bas monde, une vie ne dure pas cent ans. Votre nom est d'ailleurs inscrit au Livre des Immortels. Montons au Royaume d'En-Haut. »

---

5. Contraction de *Hà Giang Kieu* [Ha jan kjeu], littéralement *Nuage Pourpré, la Belle femme*, nom de l'immortelle dans la version en caractères chinois.

Elle remit à Tu Uyên une amulette. Deux grues descendirent du ciel pour les emporter. Avant de s'envoler, ils se retournèrent et dirent à leur fils:

« Attends-nous ici. Nous descendrons te chercher. »

Les habitants du village ont bâti un temple à l'endroit où s'élevait la maison de Tu Uyên, pour lui rendre un culte.

*

Frère ami ([6]), tu ne connais pas Hanoï, la ville de ton père. Peu importe. Les temples consacrés à Tu Uyên sont bien oubliés. Le Pont de l'Est n'existe plus (il se trouvait, dit-on, entre la rue du Sucre et la rue du Cuivre), et la rivière Tô Lich ne coule plus dans ces parages.

Sur l'emplacement de la Porte du Sud, près de laquelle eut lieu la rencontre, s'étend aujourd'hui la place Neyret. On y voit des épiceries, des loueurs de bicyclettes et un abri pour agents de police. Et il ne semble pas que les *tiên* y descendent encore pour faire des vers.

---

6. Le jeune homme, né « en Amérique d'un Vietnamien et d'une mère étrangère, orphelin de bonne heure et venu en France terminer ses études », avec qui Pham-duy Khiêm s'est lié d'amitié à Paris. Cet étudiant, « pauvre boursier », vit, semble-t-il, dans la nostalgie d'une rencontre privilégiée; depuis un an, il ne sait ce qu'est devenu cette jeune fille dont il vient de retrouver les lèvres sur les peintures de Rossetti. C'est après avoir entendu le récit de ce voyage impromptu à Londres que l'écrivain lui a raconté, ce soir-là, l'histoire de Tu Uyên.

CUNG GÎU-NGUYÊN

Né en 1909 à Hué, Cung Giu-Nguyên a fait ses études au collège Quoc-hoc de sa ville natale. Depuis 1928, il exerce le métier de journaliste. De 1935 à 1940, il s'occupe avec Raoul Serène des Cahiers de la Jeunesse, *revue mensuelle éditée à Nha-trang. Il assume la rédaction en chef des quotidiens de Saigon* Le Soir d'Asie *(1939) et* La Presse d'Extrême-Orient *(1954). De 1952 à 1954, il fait partie du Conseil national provisoire. Professeur de l'enseignement secondaire dès 1950, il dirige en qualité de proviseur une école privée à Nha-Trang (1955-1972).*

BIBLIOGRAPHIE

En vietnamien, deux romans et un recueil de nouvelles.
En français:
Approximation sur l'amitié, Hué, Tenir, 1944.
Le mot, poème, Saigon, France Asie, 1948.
Volontés d'existence, Saigon, France Asie, 1954.
Le fils de la baleine, roman, Paris, Arthème Fayard, 1956.
Le Domaine maudit, roman, Paris, Arthème Fayard, 1961.

L'ESSENTIEL DE LA VIE *

Le texte ci-après est la conclusion d'un essai philosophique de Cung Gîu Nguyên Volontés d'existence *(Saigon, éd. France-Asie, 1954).*

Dans cet essai, l'auteur déplore l'absence d'un vrai dialogue entre le Viet-Nam et la France durant la période de la colonisation et expose la genèse de la révolte de l'individu qui fut, en dernière analyse, à l'origine du succès de la Révolution vietnamienne de 1945. Mais l'indépendance nationale si chèrement acquise ne signifie pas pour autant la libération de l'individu vietnamien dont le drame est surtout d'ordre spirituel et moral.

Le Viêt-Nam, qui cherchait sa libération nationale, a vu se clore l'ère des nationalismes en même temps que celle du colonialisme, ou plus exactement de la forme d'exploitation connue sous ce nom.

Il nous paraît donc désastreux de nous cantonner dans des conceptions désuètes, de croire que la société viêtnamienne peut subsister par elle-même, sans l'aide d'aucune autre nation. Qu'on le veuille ou non, l'individu doit vivre dans une communauté, réaliser sa pleine expression dans et par cette communauté. La refuser, sous prétexte de complète indépendance, c'est aller au-devant de sa propre destruction qui est loin de signifier, comme au temps où le motif de la révolte était valable, un acte courageux, un suicide chargé de sens. Les nations modernes, qu'elles le désirent ou non, se trouvent désormais impliquées dans des systèmes économiques et politiques, en dehors desquels une nation repliée sur elle-même risque de perdre toute chance de survivre, et même toute indépendance au nom de quoi, jadis, elle refusait concession ou action commune.

Ce qui ne signifie cependant pas que les peuples ne doivent pas rechercher leur indépendance et leur souveraineté car, pas plus que les individus, ils ne peuvent contribuer à une œuvre digne, accéder à un rang égal et solidaire s'ils n'existent déjà. Il n'y a possibilité d'une fédération de nations que s'il y a d'abord des nations, comme il n'y a de société libre que si, à la base, les hommes sont déjà des êtres libres.

L'autonomie de la personne, pas plus que l'indépendance d'un peuple ne sont des droits — car à l'extrême limite, sur quoi se baseraient ces droits? —, mais des acquisitions obtenues au prix d'efforts et de luttes lorsque, pour la personne ou pour le peuple, l'indépendance s'est avérée être une nécessité. Quand une nation proclame: « L'indépendance ou la mort » (1) elle le dit d'abord pour elle-même. C'est une résolution plus qu'une pressante prière ou un vain chantage. Lorsqu'un homme sent que sa liberté et sa dignité sont les conditions minima de son existence, il ne demande à personne de lui conférer ces titres, il les conquiert. La liberté se présente ainsi sous deux aspects: elle peut être quelque chose d'immédiat, une volonté d'exister selon l'idéal entrevu. C'est alors la liberté des saints, des héros, qu'aucune pression ni menace sociale ne peut vaincre. Gandhi était libre quand son pays était occupé par les Anglais. Mais cette liberté n'était encore que partielle car elle devait s'incarner, se traduire par son exercice: si les Anglais pouvaient emprisonner Gandhi, la liberté spirituelle de Gandhi n'était en effet qu'un mot au-delà de sa geôle. La liberté d'un peuple doit de

1. Devise de la Révolution vietnamienne de 1945.

même s'exercer, se traduire dans sa vie sociale de tous les jours, dans les rapports entre ses citoyens. Sans quoi il serait ironique, sinon cruel, de parler d'un peuple libéré, émancipé, quand ses habitants ne jouissent d'aucun des droits acquis par les peuples reconnus libres.

A faire cet examen de la révolte de l'individu viêtnamien, qui a coïncidé avec la révolte du peuple entier, nous ne méconnaissons pas les difficultés qui assaillent ce double effort vers une existence pleine et entière. Si celles-ci sont telles, c'est que la grandeur du dessein les occasionne et les amplifie. Mais elles restent, croyons-nous, à la taille de nos hommes. Quelle que soit l'issue de la crise actuelle du Viêt-Nam (2), notre peuple aura exprimé sans ambiguïté, mais non sans douleur, sa volonté d'être; bien plus, il est déjà installé dans la première phase de sa liberté (3).

Nous estimons enfin que l'essentiel de la vie ne réside pas tant dans les œuvres que dans l'esprit qui les suscite, dans les moyens qui les réalisent; il n'est pas tant dans les activités que dans la valeur de ces activités; l'essentiel n'est pas d'ordre social (le Confucianisme autant que le Nazisme établissaient un ordre), mais la place et la dignité des hommes dans la communauté. Avec Nicolas Berdiaeff, nous pensons que « *chaque génération est une fin en soi, porte en elle la justification et le sens de sa propre vie par les valeurs qu'elle crée et les élans spirituels qui la font se rapprocher de Dieu, et non par le fait qu'elle sert de moyen aux suivantes* » (4); mais il conviendrait d'ajouter, et moins encore aux générations défuntes ou au mythe dont elles sont auréolées.

---

2. Ces pages ont été écrites et publiées avant les Accords de Genève du 20 juillet 1954 car la dernière page de l'ouvrage mentionne qu'il fut achevé d'imprimer le 31 mars 1954. De la crise de civilisation dont parle l'auteur, il y a lieu de considérer divers aspects politiques et idéologiques divergents du fait de trois forces en présence à cette époque au Viet-Nam: le Corps Expéditionnaire Français, les communistes *Viet-Minh* et les nationalistes vietnamiens.

3. L'auteur a précisé ailleurs sa conception de la liberté: « La révolte de la personne humaine, au nom de sa liberté essentielle, serait donc frustrée de sa valeur et de sa légitimité si, sans aboutir aux buts qu'elle s'était assignés, elle conduisait à la négation de cette même dignité ou liberté chez autrui. La révolte est échec quand il ne s'agit que de changements de signes, de transfert de situations. De même, la recherche commune d'une nouvelle forme de société, d'un statut de peuple libre, est également échec lorsque seul est signifié le report de privilèges d'une minorité sur une autre. » (*Op. cit.*, p. 81.)

4. Nicolas Berdiaeff: *Le sens de l'histoire* (Aubier, Paris, 1938) (note de l'auteur).

PHAM VAN KY

Il est né le 10 juillet 1916 au Centre-Vietnam. Il fait ses études secondaires à Hanoï. Loin de sa famille, il vit en pension chez un négociant chinois, fumeur d'opium. Sensible au prestige de la langue française, il témoigne au cours de son adolescence d'un certain penchant pour la littérature et s'essaie à la poésie. Aux Jeux Floraux d'Indochine, il obtient un premier prix. Les prémices d'une vocation!

A vingt ans, il publie à Saigon 55 poèmes: Une voix sur la voie. *Après avoir visité le Cambodge, les ruines d'Angkor, la Chine et le Japon, il découvre l'Occident à Paris en 1938. La Nouvelle Revue Indochinoise accueille 36 nouveaux poèmes sous le titre de « Hué éternelle » dont Fernand Gregh écrit la préface. S'y confirme l'influence de Mallarmé.*

Il entreprend des études de lettres en Sorbonne tout en continuant à s'intéresser au patrimoine spirituel sino-vietnamien. A l'Institut des Hautes études chinoises, sous la direction de Marcel Mauss, il prépare une thèse de sciences religieuses interrompue à la mort du professeur.

En 1943, paraît un troisième et dernier recueil de poèmes: « Fleur de Jade ». De 1946 jusqu'en 1961, sa production littéraire sera surtout romanesque. Néanmoins, il se laissera tenter par le théâtre et les possibilités que lui offre la radiodiffusion. Signalons enfin un poème-ballet: Danse avant l'aube, *qui sera créé en 1946 par Janine Charrat au Palais de Chaillot.*

BIBLIOGRAPHIE

Une voix sur la voie, préface de Raphael Barquisseau, Saigon, Aspar, 1936.

Hué éternelle, préface de Fernand Gregh, Paris, Nouvelle Revue Indochinoise, 1938.

Fleur de Jade, Paris, Éditions du Livre moderne, 1943.

L'homme de nulle part, (légende vietnamienne), Paris, Fasquelle, 1946.

Frères de sang, roman, Paris, Seuil, 1947 (coll. Pierres Vives).

Celui qui régnera, roman, Paris, Bernard Grasset, 1954.

Les yeux courroucés, roman, Paris, Gallimard, 1958.

Les Contemporains, roman, Paris-Gallimard, 1959.

Perdre la Demeure, Paris, Gallimard, 1961 (Grand prix du roman de l'Académie française).

UN SAMURAI [1] HOSTILE AUX VALEURS OCCIDENTALES *

Dans son roman Perdre la demeure, *Paris, Gallimard, 1961, Pham van Ky raconte l'histoire de la construction d'une ligne de chemin de fer dans l'île de Kokkaïdo. Cette entreprise de modernisation du Japon qui eut lieu en 1870 sous l'impulsion de l'empereur Meiji avec l'aide britannique pour les travaux techniques et le concours français pour l'instruction militaire de la compagnie japonaise chargée d'en assurer la protection, se heurta à l'opposition de Osukô, samurai résolument hostile aux valeurs occidentales. Ce rebelle fut enfin capturé, blessé à la cuisse d'une balle. Le capitaine Hizen qui commandait la compagnie japonaise de protection offrit l'hospitalité à son compatriote « pour le temps qu'on mettrait à extraire la balle de sa cuisse, à le soigner, à le guérir afin qu'il fût en mesure de trancher lui-même son sort ». Et les voici face à face, dans le texte ci-après, extrait du 20e chapitre de la deuxième partie du roman.*

Tchiyo [2] avait emménagé dans la tente annexe où elle habiterait désormais avec nos deux enfants. Mais, tenant à accueillir notre hôte sur le seuil de son ancienne demeure, elle s'accroupit sur la natte et exécuta avec une noblesse qu'elle n'avait pas encore perdue, du moins pour l'extérieur, la révérence due à un seigneur. Osukô y répondit machinalement, occupé plutôt, par une moue où s'accusaient davantage les deux plis aux commissures de ses lèvres, à exprimer son dédain pour les meubles occidentaux qui m'entouraient.

Assis sur le châlit, il retomba dans cet état d'hypnose dont son rire, dans la cage [3], ne l'avait pas tout à fait délivré. Il écarta Anbe, l'aveugle-masseur, mandé sur mes ordres. Mais comme le sang continuait à couler de sa cuisse, tachant son large pantalon, il retroussa ce dernier jusqu'aux genoux, il vit le trou noir et se réveilla brusquement de sa torpeur :

— Qu'est-ce que le barbare m'a lancé là-dedans ?

— Un morceau de métal de vingt-cinq grammes : la balle qui tue.

Je surpris une lueur de panique dans ses yeux sombres.

— Qui tue lentement ? Puisque je respire encore !

— Non. Qui tue, quand elle est bien placée, à l'endroit qu'il faut, pas dans la jambe de toute manière.

Il se rasséréna, le front déplissé. Avait-il cédé à la tentation de vivre, ou avait-il redouté qu'on lui ôtât, en même temps que la vie, le suprême honneur de la trancher lui-même ? Je penchai pour la

---

1. *Samurai* ou *samourai :* guerrier japonais de la société féodale. Ce mot qui s'écrit selon la phonétisation japonaise dite *kun-doku* devient *bushi* selon une autre phonétisation japonaise dite *on-doku.*

2. Épouse du capitaine japonais Hizen, séduite par le capitaine français Neufville, conseiller militaire de Hizen.

3. Osukô avait été emprisonné dans une cage avant d'être introduit chez Hizen.

deuxième conjecture, le connaissant bien plus que je ne me connaissais, lui qui était un être pur — je veux dire: qui ne s'était pas frotté à l'Occident — un des milliers d'exemplaires émoulus d'une matrice originelle, copie conforme de l'archétype Bushi dont un étalon eût été déposé au temple des ancêtres.

Mais dois-je garder, en moi, ce corps étranger?

— Non: on l'extrait avec des instruments chirurgicaux...

— Étrangers? Et par des mains étrangères? Autant le garder en soi.

— Gardé en vous, il provoquera une gangrène et infectera tout l'organisme.

Il réfléchit une seconde — durée par excellence du jiu-jitsu ([4]) — puis dégaina le sabre court, celui qu'emploie le samurai pour s'ouvrir le ventre ([5]). Et son regard de feu dardé, comme pour l'anesthésier, sur le point d'impact par où l'Occident était entré violemment dans sa chair, il élargit, d'un coup sec, la plaie qu'il fouilla calmement. Suppléant à la lame insensible, il introduisit son doigt, tâta encore et finit par retirer, toute dégoulinante de sang, une petite boule de clinquant qu'il examina à la clarté de ma lanterne sourde:

— Rien que ça?

Oui, rien que ça. Pourtant, là résidaient la supériorité des Blancs et leur technique, une façon de mourir et de vivre, de dominer la nature et l'Extrême-Orient.

Apparus entre-temps, Katsu ([6]) proposa un pansement et Anbe des compresses d'herbes. Osukô choisit les deux traitements, l'un parce qu'il croyait dans les vertus du végétal, l'autre parce que, pris de doute, incertain des suites d'une blessure causée par un barbare, il se persuadait — du moins, je lui prêtai cette pensée — qu'une application de bandes de gaze et de coton hydrophile s'imposait en la circonstance. A quoi ne consentirait-il pas d'ailleurs pour recouvrer la liberté de ses mouvements et célébrer dignement le cérémonial de son suicide ou, au cas où il persisterait

4. Mot japonais signifiant art de la souplesse, technique de combat sans armes qui exige plus de méthode que de force.

5. *S'ouvrir le ventre:* se dit du *hara-kiri* selon le code d'honneur des samurais.

6. Interprète sous les ordres de Nizen.

dans son projet d'occire les Européens qui restaient au campement, pour s'échapper de l'enceinte, profitant de ma connivence et de ma faiblesse. A l'idée qu'il accomplirait jusqu'au bout son dessein, je tremblai pour l'avenir du tunnel et de la ligne ferroviaire car, si paradoxale que semble mon attitude, je désirais leur achèvement, que je fusse disgracié ou maintenu dans l'impunité.

Sur ces entrefaites, Baudouvin ([7]) surgit, un chassepot sous le bras. Il m'apprit que ses pairs et lui avaient décidé d'empêcher, à tout prix, l'évasion de leur prisonnier et d'exercer chez moi, par roulement, une surveillance de tous les instants. Par tirage au sort, son nom était sorti le premier. Et, d'autorité, il s'allongea de l'autre côté du paravent, sur un lit pliant qu'il avait apporté. Je n'y opposai pas de résistance, las d'une dispute qui s'éterniserait pour peu que je la ravive. Et, satisfait, conciliant, il s'installa pour la nuit. Osukô, non plus, ne lui cherchait pas querelle, uniquement attentif à ce qu'il venait d'arracher de son corps. A un soldat qui s'était joint à Katsu pour nettoyer le sol maculé de rouge, il cria :

— Laissez, laissez : le sang consacre.

Entre ses doigts, il tournait et retournait la balle :

— Rien que ça, répéta-t-il, déçu ou étonné.

Oui, rien que ça, et pourtant c'était une allusion furtive à l'univers occidental, à un système de références, mieux : de correspondances avec le pair et l'impair, avec des mets, des saveurs, des couleurs, des points cardinaux, des saisons, des notes de musique, des hiérarchies du haut et du bas, de la droite et de la gauche. J'y voyais, quant à moi, un ordre constitutionnel où puiseraient les générations futures pour expliquer les alternances, les interréactions du ciel et de la terre, pour achever le cycle inauguré par nos livres canoniques dans le sens où, dans l'Inde systématique, l'on dit du Vedânta qu'il achève les Véda.

— Oui, Seigneur, rien que ça, et pourtant c'est un lien formel entre des grandeurs incompatibles.

Il ricana :

— Essayez-vous, par hasard, de plaider pour votre livrée ([8]).

Il avait touché juste, me frappant d'une balle qui ne tue pas, qui me cribla de honte. Mais, face à lui, j'éprouvai le besoin de plaider pour l'Europe, comme face aux Européens, pour nos tradi-

7. Lieutenant français sous les ordres de Neufville.
8. Se dit de l'uniforme d'officier européanisé que portait Hizen.

tions. Qui m'en blâmerait? Déchiré entre deux mondes, j'exalte l'un à l'autre et inversement, afin de contrebalancer la puissance que je subis, et surtout celle qui m'effraie, étant le tout autre:

— Il ne s'agit plus pour nous de nous établir dans la paix du Bouddha, mais, au contraire, d'affirmer, de développer, d'épanouir une volonté de temps et d'espace.

Me comprenait-il ou suivait-il difficilement ce langage qui déjà, émaillé de néologismes, de tours, de tropes, tous obscurs à son entendement, articulant et combinant des idées toutes neuves pour lui, assignant à telle proposition une position périphérique, centrale à telle autre, à l'encontre des préséances habituelles, ne ressemblait plus à son parler où il ménageait des distances, des vides, consacrés par le protocole du raisonner et du convaincre?

Il lorgnait mon revolver. Sortant l'arme de son étui de cuir, je la lui tendis. Il s'en empara avec une hâte qu'il ne songeait pas à dissimuler, tant devait être grande son impatience de la tenir, de la toucher. Je la lui repris aussitôt, presque de force, pour lui indiquer la façon de s'en servir. Je lui recommandai de ne pas tirer, elle immobile, comme il l'eût fait avec son arbalète, mais, par une secousse, de haut en bas, d'affermir l'éjection et la trajectoire de la balle. Il m'écouta d'un air concentré, grave, humble même, dans la posture d'un disciple abandonnant la morgue qu'il avait affichée sur la montagne, au moment où son appréhension se mitigeait encore d'incrédulité. Enfin, instruit des moindres secrets de la balistique, il s'avisa de passer à la pratique. Visant mon shako ([9]) accroché à la tente, il le transperça de part en part, favorisé par la chance des débutants.

---

9. *Shako* ou *Schako :* ancienne coiffure militaire rigide, à visière, imitée des hussards hongrois.

Tableaux synoptiques

AFRIQUE NOIRE — MADAGASCAR — ÎLE MAURICE

	Événements politiques, économiques et sociaux	*Événements littéraires et culturels*	*Écrivains représentatifs* [1]
XVIIIe s.	Première pénétration française au Sénégal.		
1850	Pénétration française en Afrique Occidentale.	Débuts de la littérature imprimée en langues africaines: ewe, akan, yoruba, swahili, haoussa, etc. grâce aux transcriptions des missionnaires.	
1870	Pénétration française et belge en Afrique équatoriale.		
1885	Conférence de Berlin et partage de l'Afrique. Protectorat français à Madagascar.	Poursuite de la littérature écrite en caractères arabes: en wolof, poular, haoussa, kunuri, etc. grâce aux progrès de l'Islam. Invention de nombreux alphabets africains rejetés au profit de caractères latins.	
1905	Madagascar devient une colonie.		
1908	L'État indépendant du Congo devient colonie belge.		
1912		La bataille de Guilé (S) de	*A.D. Cledor*
1914-18	Première guerre mondiale. Le Togo et le Cameroun passent sous mandat français; le Burundi et le Rwanda sous mandat belge.		
1920		Premiers romans sénégalais	*(A.M. Diagne)*
1924			*J.J. Rabearivelo (Mad.)*
1926			*Bakari Diallo* (S)
1929		L'Esclave (T) de	*F. Couchoro*
1930	Exposition Coloniale au Trocadéro à Paris	Revue ' Monde Noir ' Revue ' L'Etudiant Noir ' Élaboration de la négritude	
1930		Théâtre de William Ponty à Paris	
1935		Karim de	*O. Socé* (S)

1. Nous précisons l'origine des écrivains au moyen des initiales suivantes: C (Cameroun) CB (Congo Brazzaville) — CI (Côte d'Ivoire) — D (Dahomey) — G (Guinée) — Mad (Madagascar) Mau (Ile Maurice) — R (Rwanda) — S (Sénégal) — M (Mali) — T (Togo) — Z (Zaïre).

	Événements politiques, économiques et sociaux	*Événements littéraires et culturels*	*Écrivains représentatifs* [1]
1937		Mirages de Paris de	*O. Socé* (S)
		Doguicini de	*P. Hazoume* (D)
1938		Chaka de	*Th. Mofolo.* Traduit en français.
1940	Seconde guerre mondiale		
1942		Premières œuvres de *J. Rabemananjara* (Mad.)	
1944	Conférence de Brazzaville		
1946	Constitution de l'Union française	Jeune Afrique	
1947	Insurrection et répression à Madagascar.	Premières œuvres de *L.S. Senghor* et de *B. Diop*	
		Fondation de Présence africaine et de la Société Africaine de Culture	*Alioune, Diop* (S)
1950	Émeutes en Côte d'Ivoire Conférence de Bandoeng	La première génération d'écrivains africains	*Hampaté Ba* (M), *L.S. Senghor* (S), *B Diop* (S), *A. Sadji* (S), *A. Kagame* (R), *P. Lomami-Tschimbaba* (Z), *J. Rabemananjara* (Mad.), *F. Ranaivo* (Mad.), *B. Dadié* (CI), *O. Sembène* (S)
1953		Centre culturel et folklorique de Côte d'Ivoire.	
1956	La loi-cadre Defferre	1er Congrès des Écrivains et Artistes noirs	
		La deuxième génération d'écrivains africains	*D. Diop* (S), *C. Laye* (G), *S Badian* (M), *H. Kane* (S), *O. Bhely-Quenum* (D), *F. Oyono* (C), *Tchicaya U Tam'si* (CB), *E. Maunick* (Mau), *J. Pliya* (D), *M. Beti* (C), *D.T. Niane* (G), *Ch. Nokan* (D).
1957	Indépendance du Ghana		
1958	Constitution de la Communauté française et référendum. Indépendance de la Guinée. Mouvements revendicatifs au Congo belge.		
1959		2e Congrès des Écrivains (Rome)	
1960	Accession de l'Afrique française et belge à l'indépendance.	Période d'assoupissement littéraire	
1963		Fondation du Centre de Littérature Évangélique à Yaoundé.	

	Événements politiques, économiques et sociaux	*Événements littéraires et culturels*	*Écrivains représentatifs*[1]
		Réveil littéraire et apparition d'une nouvelle génération d'auteurs	*M. Fall* (S), *F. Bebey* (C), *A. Kourouma* (CI), *S.A. Ch. N'Dao* (S), *H. Lopez* (Z), *T.B. Tati-Loutard* (CB), *G. Oyono-Mbia* (C), *Y. Ouologuem* (M), *M.H. Tschiakatumba* (Z)
1966		Premier Festival mondial des Arts Nègres à Dakar.	
1969		Festival culturel panafricain d'Alger.	
1975		Deuxième Festival mondial des Arts négro-africains à Lagos.	

ANTILLES (HAÏTI, MARTINIQUE, GUADELOUPE), GUYANE ET LOUISIANE

	Événements politiques, économiques et sociaux	*Événements littéraires et culturels*	*Écrivains représentatifs*
1600	Premiers établissements français en Guyane.		
1630	Début de la colonisation française aux Antilles. Les boucaniers à St-Domingue		
1670	La France acquiert la partie occidentale de St-Domingue.		
1700	Intensification de la traite des Noirs dans les possessions françaises		
1720	Fondation de la Nouvelle-Orléans. Début du peuplement français en Louisiane		
1760	La Louisiane cédée à l'Espagne	Début du journalisme et du théâtre à St-Domingue	
1790	Émancipation des esclaves à St-Domingue	Premiers journaux et théâtres en Louisiane	
1800	La Louisiane, momentanément redevenue française, est vendue aux États-Unis Indépendance d'Haïti		
1810	Haïti divisée en deux : la République de Pétion et le Royaume de Christophe	L'Abeille Haytienne	*Milscent, Vastey, Julien Prévost* (Haïti)
1820	Unification d'Haïti		
1830		Le romantisme haïtien: Le Républicain, l'Union	*Gayarré* (Louisiane), *Coriolan Ardouin, Ignace Nau* (Haïti)
1840	Annexion du Texas par les États-Unis. La République Dominicaine se sépare d'Haïti Abrogation de l'esclavage aux Antilles françaises	Apogée du romantisme louisianais	*Dominique* et *Adrien Rouquette, L.O. Dugué, P. Canonge* (Louisiane), *Madiou* (Haïti)
1850	Soulouque, Empereur d'Haïti Établissement du bagne en Guyane		*Beaubrun Ardouin, St-Rémy* (Haïti)

	Événements politiques, économiques et sociaux	*Événements littéraires et culturels*	*Écrivains représentatifs*
1860	Guerre de Sécession. Défaite du Sud, ruine des planteurs. Suppression de l'enseignement du français en Louisiane Chute de Soulouque, rétablissement de la République haïtienne. Concordat avec le Vatican.	' La Renaissance louisianaise '	*D. Delorme* (Haïti)
1870	Revanche du racisme en Louisiane	Fondation de ' l'Athénée louisianais '	*A. Mercier, Ch. Testut* (Louisiane)
1880	Première mission universitaire française en Haïti	La poésie patriotique en Haïti	*Mme De la Houssaye* (Louisiane) *O. Durand, T. Guilbaud, M. Coicou, Antenor, Firmin, Hannibal Price* (Haïti), *L.-J, Janvier, Amédée Brun.*
1900		L'École de ' la Ronde ' en Haïti. Les romanciers humoristiques.	*E. Vllaire, Ch. Moravia, E. Laforest, G. Sylvain* (Haïti), *F. Marcelin, J. Lhérisson, F. Hibbert, A. Innocent*
1910	Suppression du bilinguisme officiel en Louisiane Occupation américaine d'Haïti		*Duraciné Vaval, Damocles Vieux* (Haïti), *D. Thaly à la Dominique*
1920		' L'École indigéniste en Haïti '	*D. Bellegarde, J. Price-Mars, D. Hippolyte, L. Grinard, F. Burr-Raynaud, L. Laleau, E. Roumer, A. Nemours*
1930	Évacuation d'Haïti par les Américains	' l'École des Griots ' Influence du marxisme et de l'ethnographie	*Ida Faubert, C. Brouard, J.F. Brierre, J.-B. Cineas, J. Roumain*
1940	Deuxième guerre mondiale: Haïti en guerre contre l'Axe Blocus des Antilles françaises puis ralliement à de Gaulle Révolution haïtienne contre le président Lescot Départementalisation des Antilles	Influence du surréalisme La revue martiniquaise ' Tropiques ' à Fort-de-France. Le mouvement de la Négritude ' Conjonctions ', revue haïtienne	*F. Morisseau-Leroy* *Roussan Camille* *Ph.-T.* et *P. Marcelin* *L.-G. Damas, A. Césaire* *R. Depestre, P. Mabille*
1950	Avènement du président F. Duvalier		*J. Stephen Alexis, J. Fouchard Davertige, J. Zobel, R. Tardon, E. Glissant*

	Événements politiques, économiques et sociaux	*Événements littéraires et culturels*	*Écrivains représentatifs*
1960	Codofil entreprend la renaissance du français en Louisiane.		
1970	Accords entre Haïti et la France, Haïti adhère à l'Agence de coopération culturelle et technique.	Revue de Louisiane bilingue franco-anglaise.	*A. Phelps, F. Fouché, G. Dougé, S. Schwarz-Bart*

BELGIQUE

	Événements politiques, économiques et sociaux	*Événéments littéraires et culturels*	*Écrivains représentatifs*
1830	Révolution – Indépendance du Royaume de Belgique	Contrefaçon du livre français	
		Influences du romantisme français et du romantisme allemand.	*A. Van Hasselt*
		Velléités d'une littérature nationale	
1840			
1850		Fin de la contrefaçon.	
	Début de vingt ans de luttes religieuses et politiques	Influence du réalisme français	*Ch. De Coster*
1860			
1867		La Légende d'Ulenspiegel de	*Ch. De Coster*
1870	Luttes linguistiques		*O. Pirmez*
		Activité de revues littéraires	
			T. Hannon, G. Eekhoud, G. Rodenbach, E. Picard.
1880-81		Fondation de la Jeune Belgique et de l'Art moderne	*M. Waller, A. Giraud, I. Gilkin, E. Verhaeren, V. Gille*
		Un mâle de	*C. Lemonnier*
1886	Avènement du socialisme	Fondation de La Wallonie	*A. Mockel, F. Severin,*
	Troubles sociaux	Querelle du symbolisme et du vers libre	*Ch. Van Lerberghe, G. Le Roy, M. Maeterlinck, J. Destrée,*
1889		Serres chaudes de	*M. Maeterlinck*
1890	Colonisation du Congo	Veine régionaliste	*E. Demolder, L. Delattre, M. des Ombiaux, G. Garnir, M. Elskamp, L. Courouble, G. Vanzype*
1895-97		Intense activité de jeunes revues littéraires du 'Coq rouge' à 'Antée' (1905)	*Ch. Beck*
1896		Les Villes tentaculaires d'*Emile*	*Verhaeren*
		Les heures claires	
1900			*H. Krains, H. Davignon, G. Virrès, E. Glesener, J. Dominique, J. de Bosschère, H. Vandeputte, T. Braun, L. Dumont-Wilden, P. Spaak, Ch. Bernard.*
1910		Prix Nobel à *M. Maeterlinck*	
			G. Marlow, V. Kinon, P. Nothomb, L. Christophe, N. Doff, Cl. Pansaers

	Événements politiques, économiques et sociaux	*Événements littéraires et culturels*	*Écrivains représentatifs*
1914-18	Première guerre mondiale. L'enseignement obligatoire est voté par le Parlement. Suffrage universel.		
1920	Poussée croissante des revendications flamandes	Fondation de l'Académie Royale de Langue et de Littérature françaises. Le Cocu magnifique révélé à Paris par *Lugne-Poe*.	*M. Gevers, H. Michaux, J. Tousseul, C. Burniaux, F. Hellens, A. Baillon, O.J. Pér Ch. Plisnier, R. Vivier, M. Thir G. Linze, Melot du Dy, P. Neuhuys, C. Goemans*
1921		' Signaux de France et de Belgique '. ' La Lanterne sourde '	*M. Lecomte, P. Nouge, F. Crommelinck, G. Simenon, M. Beerblock, L. Levaux, C. Melloy*
		Histoire d'une Marie d'*A. Baillon*.	
1922		' Le Disque vert ' Fondation de la Renaissance du Livre (Ed.)	
1924		Toi qui pâlis au nom de Vancouver de *Marcel Thiry* Groupes surréalistes très actifs	
1930	Flamandisation intégrale de l'Université de Gand		*H. Closson, M. De Gheldero M. Carême, A. Bernier, R. Bod E. de Hauteville,*
1931		Création du ' Journal des Poètes '	*E. Vandercammen, P.L. Flouq R. Goffin, P. Bourgeois, G. Nor G. Liebrecht*
		Réalités fantastiques de *F. Hellens*.	
1932	Unilinguisme régional, bilinguisme à Bruxelles et sur la frontière linguistique	La série des Maigret de *G. Simenon*.	*A. Ayguesparse, A. Chavée, P. Colinet, L. Dubrau, C. Bronne, F. Verhesen, R. Guiette*
1933		Un barbare en Asie d'*H. Michaux*.	*B. Bolsee, E. Moerman,*
1934		Florilège de la Nouvelle poésie française en Belgique.	*P. Dewaelhens*
1937		Manifeste du Groupe du Lundi: pour l'intégration des œuvres écrites en français par des auteurs belges dans la littérature française. Faux Passeports de *Ch. Plisnier* (Prix Goncourt)	

	Événements politiques, économiques et sociaux	*Événements littéraires et culturels*	*Écrivains représentatifs*
1940	Seconde guerre mondiale.		
1945		' Marginales ' (revue)	*P. Willems, G. Sion, M. Lobet, A. Jans, S. Lilar, L. Hommel,*
1947		Paris découvre ' Hop Signor ! ' de *Michel de Ghelderode* grâce à la Compagnie du Myrmidon	*M. Doisy, Ch. Bertin, M. Th. Bodart, T. Owen, J. Van Dorp, C. Paron, F. Marceau*
1949	L'Affaire royale fait apparaître le clivage des communautés linguistiques	Les Midis de la Poésie	
1950	Recul économique de la Wallonie	Vie et Mort d'un étang de *Marie Gevers.* ' Phantomas ', revue de tendance dadaïste (Bruxelles)	*J. Ray, J. Mogin, L. Desnoues. F. Mallet-Joris, J. Moulin,*
1951	Abdication du roi Léopold III en faveur de son fils Baudouin	Création des Biennales internationales de poésie et du Centre international de poésie	*J.A. Lacour, G. Poulet. Ch. Moeller, L. Wouters, E. Deleve, A. Bosquet, D. Gilles, H. Juin*
1952		' Temps mêlés ', revue de pataphysique (Verviers)	*R. Foulon, J. Tordeur, A. Curvers, A. Blavier*
1954	Nouvelles luttes scolaires Poussée anticléricale	Fondation des Éditions André Derache	*A.M. Kegels, A. Sodenkamp, Maud Frère, G. Prévot, A. Miguel*
1957		' Daily-Bûl ', revue et éditions de la pensée ' indéfinissable ' (Montbliart-La Louvière)	*A. Balthazar*
1958	Pacte scolaire	Fondation des Archives et du Musée de la littérature. L'Empire céleste de *F. Mallet-Joris* (Prix Femina)	
1960	Décolonisation du Congo qui deviendra le Zaïre. Grèves insurrectionnelles en Wallonie		
1962	Fixation de la frontière linguistique et abandon du recensement linguistique		
1965		Première Biennale de la langue française à Namur	*C. Spaak, H. Bauchau, P. Della Faille, P. Mertens, G. Thines, Ch. Hubin, J.P. Verheggen, Ph. Roberts-Jones*

	Événements politiques, économiques et sociaux	*Événements littéraires et culturels*	*Écrivains représentatifs*
1968	Progrès spectaculaires des partis ' communautaires ' tant en Flandre qu'à Bruxelles et en Wallonie. Expulsion de Louvain de la section française de la célèbre Université catholique.		
1970	La Réforme constitutionnelle reconnaît l'existence de 4 régions linguistiques, de 3 communautés culturelles autonomes animées par des Conseils et de 3 régions économiques.		

LIBAN

	Événements politiques, économiques et sociaux en rapport notamment avec l'histoire de FRANCE	*Événements littéraires et culturels*	*Écrivains représentatifs*
1110	Chute de Tripoli et de Beyrouth entre les mains des Croisés.	Début d'une littérature franque d'Orient illustrée par Philippe de Novare et Guillaume de Tyr.	
1187	Prise de Jérusalem par Saladin.	Influence de l'architecture militaire orientale sur l'architecture franque. Édification, en terre d'Orient, d'églises et de monastères de caractère roman.	
1250	Saint-Louis débarque en Syrie.	Tout au long du siècle, profonde imprégnation des Croisés par la pensée, les arts, les mœurs et les coutumes des populations locales au Liban, en Syrie et en Palestine.	
1291	Reprise de Tyr, Saïda et Beyrouth par les Mammelouks.		
1432	Jacques Cœur fait escale à Beyrouth et acquiert la propriété de plusieurs ' khans ' dont il fait des entrepôts.		
1437	Rescrit de Louis XII accordant une protection spéciale à des communautés libanaises.	Installation des franciscains près de Beyrouth	
1516	Sélim II, Sultan de Turquie occupe la Syrie et le Liban.		
1535	Les ' Capitulations ' signées entre François I et Soliman le Magnifique. Droits particuliers accordés aux Français: ouverture de comptoirs commerciaux français à Sidon et à Tripoli.		
1572	Début du règne de Fakhreddine II qui entreprend de faire l'unité du pays et de le mettre en valeur.		
XVIe S.	Exportation vers les manufactures de Marseille et de Lyon de la soie ' sauvage ' et du coton produits au Liban. Intense activité du Consulat français de Saïda.	Deux érudits libanais, Gabriel Al-Sahyûni et Ibrahim Al-Haklâni, sont nommés professeurs au Collège royal, l'actuel Collège de France	
1634		Les Capucins et les Jésuites, venus de France et d'Italie, fondent au Liban des maisons et des écoles paroissiales.	

	Événements politiques, économiques et sociaux	*Événements littéraires et culturels*	*Écrivains représentatifs*
1780		Les Lazaristes fondent non loin de Beyrouth un Collège qui dispense l'enseignement du français.	
1787		' Voyage en Syrie et en Egypte ' de *Volnay*.	
1789	Début du règne de Béchir II		
1832		' Voyage en Orient ' de *Lamartine* qui avait été l'hôte de l'Émir Béchir II.	
1833	Béchir II réussit à devenir le seul maître du Liban.		
1837		' Voyage de Syrie ' de *Léon de Laborde*.	
1845		Fondation à Beyrouth par les Pères Jésuites de l'imprimerie catholique.	
1849		' Voyage en Orient ' de *Flaubert*.	
1851		' Voyage en Orient ' de *Nerval*. Fondation à Beyrouth du Collège des Trois Docteurs où le français est enseigné.	
1860	A la suite de troubles graves, intervention française en Orient. Débarquement du corps expéditionnaire du Général Beaufort d'Hautpoul près de Beyrouth. Retrait de ses troupes le 8 juin 1861.	Début de la presse libanaise Émigration d'intellectuels libanais en Égypte où ils vont fonder avant la fin du siècle la grande presse égyptienne. Pendant son long séjour à Amschitt, près de Beyrouth, *Renan* écrit au Liban ' La vie de Jésus ' et le premier volume de l'' Histoire des origines du Christianisme '.	
1865	Régime des Montaçarrifs basé sur le protocole signé entre la Turquie et six Puissances européennes dont la France. Une certaine autonomie est reconnue au Liban.	Fondation de l'Université américaine de Beyrouth (A.U.B.): d'abord anglophone, elle disposera plus tard d'une section française au niveau des classes secondaires.	
1875	En raison de la mauvaise administration de certains gouverneurs turcs, début de l'intense	Fondation, par les Pères Jésuites, de l'Université Saint-Joseph à Beyrouth qui va	

	Événements politiques, économiques et sociaux	*Événements littéraires et culturels*	*Écrivains représentatifs*
	émigration libanaise vers l'Egypte, les Deux-Amériques et l'Afrique.	jouer un rôle croissant dans la formation des élites dirigeantes du Liban.	
1887		Traduction libre, par *Negib Haddad,* de Racine, Corneille, Dumas, etc... L'écrivain *Ahmed Fares Chidiac* s'installe à Paris pour plusieurs années.	
1890		Ronces et Fleurs de	*Chekri Ganem.*
1899		Le Christ de	*Khalil Ganem.*
1900	Le Liban, qui jouit d'un système d'autonomie interne supporte de plus en plus mal l'autorité ottomane.		
1903			*Jean Bechara Dagher*
1904		Création à Paris sur la scène de l'Odéon de deux pièces de — Ouarda — Un quart d'heure des mille et une nuits.	*Chekri Ganem.*
1905	Fondation à Paris par des intellectuels libanais et syriens de ' la ligue de la patrie arabe '.		
1906		Création à Paris, au théâtre de l'Ambigu, de la pièce de — Le serment d'un Arabe.	*Michel I. Sursock;*
1907			*Jacques Tabet*
1910		Création à Paris, sur la scène de l'Odéon, de la pièce de — Antar	*Chekri Ganem;*
1911		Au pays du Chérif de *Georges Samne* en collaboration avec *Maurice Barrère.*	
1914	Suppression, par les Autorités ottomanes, de l'autonomie libanaise.		
1916	Fondation à Paris par Checri Ganem du ' Comité d'action française en Syrie '. Son objectif: la libération de la Syrie et du Liban. Convention franco-anglaise Sykes-Picot.		

	Événements politiques, économiques et sociaux	*Événements littéraires et culturels*	*Écrivains représentatifs*
1918	Fin de la présence ottomane en Syrie et au Liban. Le 7 octobre, les troupes alliées 'franco-anglaises' entrent à Beyrouth.		
1919	Le Traité de Versailles place sous mandat les régions arabes détachées de l'Empire ottoman.		
1920	La Conférence de San Remo place le Liban et la Syrie sous mandat français. 1er septembre: le Général Gouraud, Haut-Commissaire français à Beyrouth, proclame la naissance de l'État du Grand-Liban.	Fondation à Beyrouth par Charles Corm, de la 'Revue phénicienne' en langue française.	
1921		Création à Paris sur la scène de l'Opéra de *Antar,* musique de *Gabriel Dupont.*	
1922		*Maurice Barrès:* 'Un jardin sur l'Oronte'.	
1923		*Henri Bordeaux:* 'Yamilé sous les cèdres'.	
1924		*Maurice Barrès:* 'Une enquête au Pays du Levant'. *Pierre Benoît:* 'La Châtelaine du Liban'.	
1925		Développement de la presse libanaise de langue française.	
1926	26 mai: Proclamation de la première Constitution libanaise. L'État du Grand-Liban devient la République libanaise. Le Chef de l'État: *Charles Debbas.*		
1930	Séjour au Liban en poste du Capitaine Charles de Gaulle qui prononce un discours de distribution de prix à l'Université Saint-Joseph.		

	Événements politiques, économiques et sociaux	*Événements littéraires*	*Écrivains représentatifs*
1931		Influence des thèses de *Charles Maurras* sur un certain nombre d'intellectuels libanais dont le célèbre journaliste *Georges Naccache*.	
1934		Grande activité des 'Éditions de la Revue Phénicienne' en langue française	
		La Montagne inspirée et l'Humanisme de la Montagne de	*Charles Corm*.
		Le Château merveilleux d'	*Elie Tyane,*
		La Maison des champs de	*Michel Chiha,*
1935		Le Cèdre et les Lys d'	*Hector Klat,*
1936	Le Traité franco-libanais consacre la souveraineté du Liban. En contrepartie de sa renonciation au mandat, la France s'y réserve une place privilégiée. Ledit Traité n'est pas ratifié par le Parlement français.	Poèmes de l'Été de	*Fouad Abi-Zeyd.*
1937		Histoire du Liban de	*Blanche Lomeac-Ammoun*
1939	Suspension par la France de la Constitution libanaise: la deuxième guerre mondiale vient de commencer.		
1941	Les Forces de la France Libre et les Armées anglaises délogent de Syrie et du Liban les troupes françaises dépendant de Vichy.		
1942	Situation tendue entre les Autorités mandataires et les Autorités libanaises, Visite du Général de Gaulle au Liban.	Barjoute de	*Farjallah Haïk.*
1943	Après de graves incidents, proclamation de l'indépendance du Liban reconnu comme État souverain. Fête nationale : le 22 novembre		

	Événements politiques, économiques et sociaux	*Événements littéraires et culturels*	*Écrivains représentatifs*
1945	Le Liban prend part à la constitution de la Ligue arabe et devient membre des Nations Unies.	Création des 'Cahiers de l'Est', revue culturelle de langue française.	
		Fondation de l'École supérieure des Lettres de Beyrouth.	
1946	Évacuation totale du Liban par les troupes françaises et britanniques.	Fondation du 'Cénacle Libanais', Académie bilingue de conférences et publication des 'Conférences du Cénacle', revue bilingue.	
		Rodogune Sinne de	*Georges Schéhadé.*
1947		Influence du symbolisme mallarméen et valéryen sur le poète de langue arabe *Saïd AkL,* considéré comme l'un des 'pères' de la poésie arabe contemporaine.	
1948		Anthologie des auteurs libanais de langue française de	*M. Sacre.*
1949		Abou-Nassif de	*Farjallah Haïk* (Prix Rivarol). *Edmond Saad.*
1950		Montée de l'influence du surréalisme sur les poètes et sur les peintres; découverte de l''engagement' politique de l'intellectuel.	
		Essai 1 de	*Michel Chiha.*
		Textes pour un poème d'	*Andrée Chedid.*
1951		Création à Paris, au Théâtre de la Huchette, de 'Monsieur Bob'le' de par la Compagnie Georges Vitaly. La pièce provoque des débats passionnés.	*Georges Schéhadé*
1952		Essais II de	*Michel Chiha.*
		Le sommeil délivré, roman d'	*Andrée Chedid.*
		Les Poésies (Poésie 1, Poésie II, Poésie III). de	*Georges Schéhadé*
1953		Fondation à Beyrouth de l'Université libanaise. Une partie de l'enseignement est faite en français.	
		'Les Mégots du dimanche' de	*Vahé Katcha* (Prix Rivarol).

	Événements politiques, économiques et sociaux	*Événements littéraires et culturels*	*Écrivains représentatifs*
1954		Création à Paris, au Théâtre Marigny de la pièce de *Georges Schéhadé:* ' La soirée des proverbes ' par la Compagnie Renaud-Barrault.	
1955		Intense développement des arts plastiques. Influence conjuguée de l'École de Paris et de la tradition orientale. Le Liban au temps de Fakhr-Ed-Din II de	*Laurice Schéhadé* *Adel Ismaïl* (Ouvrage couronné par l'Académie française).
1956		Création à Beyrouth d'un hebdomadaire culturel de langue française ' L'Orient littéraire ' dirigé par Salah Stétié. Création du festival international de Baalbeck.	
1957		Création à Paris de la pièce de *Georges Schéhadé:* ' Histoire de Vasco ' par la Compagnie Renaud-Barrault.	
1959		Histoire des peuples et civilisations du Proche-Orient (1er vol.) de	*Jawad Boulos.*
1961		Création à Paris, au théâtre de France de la pièce de *Georges Schéhadé:* ' Le Voyage ' par la Compagnie Renaud-Barrault. Casanova ou la dissipation de	*Robert Abirached* (Prix des Critiques).
1962		Le bilinguisme arabe-français au Liban de	*Selim Abou.*
1963		La description de l'homme, du cadre et de la lyre de Les textes blonds de	*Fouad Gabriel Naffah* (Prix de poésie René Laporte). *Nadia Tuéni.*
1965	Visite officielle à Paris de M. Charles Helou, Président de la République libanaise.	Création par Lody Aoueïss de la revue culturelle de langue française: ' Les cahiers de l'Oronte '. La Nymphe des rats de La colonne brisée de Baalbeck de	 *Salah Stétié.* *René Habachi*
1966		Début du jeune théâtre libanais à Beyrouth.	

	Événements politiques, économiques et sociaux	*Événements littéraires et culturels*	*Écrivains représentatifs*
1967	La guerre israélo-arabe provoque une importante prise de conscience dans l'intelligentsia libanaise.	Création à Paris par la Comédie française de la pièce de *Georges Schéhadé:* ' L'émigré de Brisbane '.	
1968		*Farjallah Haïk* obtient le prix Monceau pour l'ensemble de son œuvre. Une philosophie de notre temps de *René Habachi.*	
1969	Après l'attaque israélienne contre l'aéroport civil de Beyrouth, le Général de Gaulle stigmatise cet acte ' commis contre un petit pays pacifique et traditionnellement ami de la France '.	Capital amour de *Marwan Hoss.*	
1973	Le Liban adhère à l'Agence francophone de Coopération culturelle et technique.	*Nadia Tueni* obtient l'un des prix de poésie de l'Académie française. *Salah Stétié* obtient le prix de de l'Amitié franco-arabe pour ' Les porteurs de feu '.	
1975	Troubles graves à Beyrouth. Affrontement des « Phalangistes » (droite chrétienne) et du « Rassemblement islamo-progressiste ». Menace de guerre civile généralisée. Trèves et médiations impuissantes à arrêter les combats de plus en plus violents.		
1976	Les Etats-Unis mettent en garde la Syrie et Israël contre toute intervention au Liban et réaffirment leur attachement à l'intégrité territoriale de ce pays. Démission du chef du gouvernement Rachid Karamé. Pourparlers libano-syriens en vue d'une solution globale du conflit. Un accord politique est conclu.		

LUXEMBOURG

	Événements politiques, économiques et sociaux	Événements littéraires et culturels	Écrivains représentatifs
1800 1810 1820	Congrès de Vienne, le Luxembourg est élevé au rang de Grand-Duché et donné à titre personnel à Guillaume Ier, prince d'Orange-Nassau		
1830	Le Luxembourg perd son quartier wallon et subit une période de germanisation jusqu'à l'avènement de Guillaume II	Développement de la littérature de langue française au contact de la Belgique.	*Mathieu-Lambert, Schrobilgen*
1840			*Félix Thyes,*
1850		Développement de la littérature dialectale.	*Joseph-Ernest Buschmann* *Auguste Clavareau*
1860	En 1867. le Luxembourg devient un État neutre et la forteresse est démantelée.	Victor Hugo fait cinq séjours dans le Grand-Duché de Luxembourg.	
1870			*Théophile Funck-Brentano*
1880			*Charles Kayser* *Martin Schweisthal*
1890		Nouveau départ de la littérature d'expression française.	*Maurice Letellier*
1900			*Etienne Hamélius, Félix Servais*
		Influence française sur les jeunes écrivains luxembourgeois.	*Marcel Noppeney*
		Création de la revue ' Floréal '.	*Paul Palgen*
1910	Première guerre mondiale, occupation allemande.		
1919	Suffrage universel.	Création des ' Cahiers luxembourgeois '.	
1920	Après la guerre la France refuse de conclure un traité économique avec le Luxembourg tandis que la Belgique veut l'annexer.	Réunions au château de Colpach.	*Willy Gilson, Charles Becker, Mathias Esch, Joseph Hansen, Nicolas Ries, Mathias Tresch*
1930	En 1939 le Luxembourg fête le centième anniversaire de son indépendance.	Fondation de la Société des Écrivains luxembourgeois de langue française (1934).	*Anne Beffort, Pierre Frieden, Edmond Wampach, Léon Thyes,*
1940	Deuxième guerre mondiale, occupation allemande.		*Alphonse Arend* *Michel Rasquin, Marcel Gérard*

	Événements politiques, économiques et sociaux	*Événements littéraires et culturels*	*Écrivains représentatifs*
1950	Entrée dans la Communauté du Charbon et de l'Acier	Création de la revue ' Les Pages de la SELF ' (1952)	*Ry Boissaux, Joseph Leydenbach, Edmond Dune, Albert Borschette*
		Épanouissement de la littérature de langue allemande	*Joseph-Emile Muller*
1960		Création des ' Journées Poétiques de Mondorf '.	
		Création de la Section des Arts et des Lettres de l'Institut Grand-Ducal (1962) et de la revue ' Arts et Lettres '.	*Rosemarie Kieffer*
1970			

MAGHREB

	Événements politiques, économiques et sociaux	*Événements littéraires et culturels*	*Écrivains représentatifs* [1]
1830	Conquête de l'Algérie par les Français.		
1883	Protectorat français en Tunisie		
1912	Protectorat français au Maroc		
1920	Naissance et montée du nationalisme algérien	Premier roman algérien en langue française. Période d'acculturation et de mimétisme.	
1930			*Jean Amrouche* (A)
1940	Seconde guerre mondiale. Manifestations algériennes à Sétif (8 mai 1945) et répression. Statut de l'Algérie en 1947.		
1950	Prise de conscience nationaliste de plus en plus aiguë en Tunisie et au Maroc. Revendications politiques précises dans ces deux pays.	Le Fils du pauvre de Revues 'Forge', 'Soleil', 'Simoun', 'Terrasses' en Algérie.	*Mouloud Feraoun* (A) *Ahmed Sefrioui* (M)
1952	Malaise accru en Algérie.	La 'génération de 52'.	*Albert Memmi* (T),
1954	Déclenchement de la guerre de libération algérienne	Malaise et dévoilement. Littérature de combat	*Mohammed Dib* (A), *Mouloud Mammeri* (A) *Driss Chraïbi* (M), *Malek Ouary* (A)
1956	Indépendance de la Tunisie et du Maroc	Nedjma de	*Kateb Yacine* (A) *Jean Sénac* (A) *Malek Haddad* (A) *Bachir Hadj Ali* (A) *Henri Kréa* (A) *Mohammed Dib* (A) *Mouloud Mammeri* (A) *Assia Djebar* (A)
1960	Indépendance de l'Algérie		*Mourad Bourboune* (A) *Driss Chraïbi* (M)
1962	Options socialistes Islam, religion d'État		*Mohammed-Aziz Lahbabi* (M) *Anna Greki* (A)

1. Nous distinguons par des initiales l'origine des auteurs, soit T (Tunisie), A (Algérie) et M (Maroc).

	Événements politiques, économiques et sociaux	*Événements littéraires et culturels*	*Écrivains représentatifs* [1]
	Arabisation	Presse nationalisée et éditions nationales en Algérie	*Nordine Tidafi* (A) *Nourreddine Aba* (A) *Djamal Amrani* (A)
1964-65	Coup d'État en Algérie	Revue ' Novembre ' en Algérie	
1964-66	Malaise chez les jeunes Maghrébins	Refus et remises en question littéraires	
		Jeunes poètes à partir de 1964-66	*Hamou Belhalfaoui* (A) *Mohammed Khaïr-Eddine* (M) *Ahmed Azeggagh* (A)
1966		Revues ' Lamalif ' et ' Souffles ' (Maroc)	
1969		La Répudiation de	*Rachid Boudjedra* (A) *Jean Sénac* (A) *Abdelkébir Khatibi* (M) *Abdellatif Laâbi* (M)
1970	Plan quadriennal algérien 1970-73.		
1971		Revue ' Intégral ' (Maroc)	*Nabile Farès* (A) *Mohammed Dib* (A)
1971-72		Revues ' Alif ' et ' Contact ' (Tunisie)	*Ali Boumahdi* (A) *Driss Chraïbi* (M) *Tahar Ben Jelloun* (M) et les jeunes poètes maghrébins,
		Les ouvrages les plus audacieux quant au fond et à la forme sont en général publiés à l'étranger.	

QUÉBEC

	Événements politiques, économiques et sociaux	*Événements littéraires et culturels*	*Écrivains représentatifs*
1534	Jacques Cartier découvre le Canada.		
1535-36	et remonte le Saint-Laurent.	Relations de voyage de *Jacques Cartier* (édition originale 1545)	
1604-07	Explorations et fondations en Acadie (Champlain et de Monts)		
1608	Champlain fonde Québec. Québec a 31 habitants.		
		Les Muses de la Nouvelle-France de *Marc Lescarbot* (1609) (p.)	
1617	Québec a 67 habitants.		
		Relations de voyages de	*Samuel de Champlain.*
1629-32	Première occupation de Québec par les Anglais.		
1634	Fondation de Trois-Rivières		
1635	Mort de Champlain. Québec a 145 habitants. Boston, fondée en 1630, compte, cinq ans plus tard, 2000 habitants.		
		Relations des Jésuites	
1642	Fondation de Ville-Marie (Montréal).		
1663	Le roi Louis XIV enlève aux compagnies la colonisation de la Nouvelle-France. Ere de prospérité sous l'intendant Talon. Nouvelle-France: 2500 h. Colonies anglaises: 250 000 h.	Correspondance de	*Marie de l'Incarnation.*
1713	L'Acadie et la Baie d'Hudson passent à l'Angleterre.		
1759	Siège de Québec par les Anglais. Bataille des Plaines d'Abraham.		
1760	Chute de Montréal. Fin du régime français.		
1760-63	Régime militaire anglais.		
1763	Le Traité de Paris cède la Nouvelle-France à l'Angleterre.		
1763-74	Luttes pour les droits du français dans la colonie anglaise		
1774	Acte de Québec: le roi George III reconnaît le Québec comme un territoire français.		
		Colas et Colinette (1790), de	*Joseph Quesnel.*

	Événements politiques, économiques et sociaux	*Événements littéraires et culturels*	*Écrivains représentatifs*
1791	Acte constitutionnel: le Canada est divisé en Haut et en Bas-Canada. Chaque territoire a son parlement.		
1804		Épître à Généreux Labadie (1804), (poèmes) de	*Joseph Quesnel*
1830		Épîtres, Satires, Chansons, Épigrammes et autres pièces de vers. de	*Michel Bidaud*
1832		Moyens de conserver nos institutions, notre langue et nos lois. de	*J.-F. Perrault*
1834	Ludger Duvernay fonde la première société nationaliste.		
1837-38	Les Insurrections des patriotes défaits par l'armée anglaise de Colborne, 99 patriotes exilés, 12 pendus.		*Ph. A. De Gaspe* fils
1840	L'Acte d'Union. Les deux Canadas réunis: Lord Durham prévoit l'assimilation des Québécois à 'la race supérieure '.		
1844		Fondation à Montréal de l'Institut canadien, d'inspiration laïque. Ses activités susciteront la réprobation de Mgr. Bourget, ultramontain.	*J. Doutre*
1845		Histoire du Canada	*Fr. X. Garneau*
1846			*P.J.O. Chauveau*
1847		L'Avenir, organe du libéralisme militant	
1848	Ministère Lafontaine-Baldwin: responsabilité ministérielle et coalition politique plutôt que linguistique. On peut parler français au Parlement de l'Union.	Répertoire national (4 vol.)	*J. Huston*
1852	Fondation de l'Université Laval, 5e université du territoire actuel du Canada, la première à être française.	Le Pays poursuit l'œuvre de l'Avenir.	
1860		Le 'Mouvement immobile': Sous le signe de la tradition religieuse et du folklore, du tableau épique et de la chanson populaire.	*H.R. Casgrain, J. Ch. Tache*

	Événements politiques, économiques et sociaux	*Événements littéraires et culturels*	*Écrivains représentatifs*
1861		' Les Soirées canadiennes ' (revue)	
1862			*A. Gérin-Lajoie, A. Buies*
1863		' Le Foyer canadien ' (revue) Les Anciens canadiens	 *P. Aubert De Gaspe* père
1864		La revue canadienne	*L.H. Fréchette, Boucher de Boucherville*
1865		Chansons populaires du Canada d'*E. Gagnon.*	
1867	L'Acte de l'Amérique du Nord britannique. Le Dominion of Canada est formé de 4 provinces dont le Québec.		
1882		' Les Nouvelles Soirées canadiennes ' (revue) Œuvres complètes de	 *O. Cremazie*
1884			*L. Conan.*
1885	Louis Riel, leader métis francophone, est pendu. Violente réaction dans le Québec et unification des éléments nationalistes sous Honoré Mercier.		
1890		' Canada-Revue '	
1893		' Le Coin du feu ' (revue féministe)	
1894		' La Vérité ' (journal)	
1895		Naissance de l'École littéraire de Montréal : survie du romantisme mais l'esthétique parnassienne et le symbolisme s'affirment.	*E. Nelligan, L. Dantin, Ch. Gill, A. Lozeau, J. Charbonneau, A. De Bussières, A. Garneau, J.P. Tardivel*
1896		L'avenir du peuple canadien-français.	*Ed. de Nevers*
1899-1902	Les Québécois sont conscrits malgré eux dans la guerre des Boers.		
1903		*E. Nelligan* et son œuvre.	
1904			*R. Girard.*
1908	Fêtes grandioses pour le 3e centenaire du Québec.		

	Événements politiques, économiques et sociaux	Événements littéraires et culturels	Écrivains représentatifs
1909		' Le Terroir ' Revue de tendance régionaliste	*D. Potvin, A. Ferland, N. Beauchemin, W. Chapman, P. Le May.*
1914	Les Québécois sont conscrits malgré eux dans la première guerre mondiale. Émeute à Québec: loi des mesures de guerre.	Maria Chapdelaine de (Paris, Le Temps)	*L. Hemon.*
1918		Le ' Nigog ' ou l'école de l'exil	*M. Dugas, P. Morin, G. Delahaye, R. de Roquebrune, R. Chopin, J.A. Loranger, A. Laberge.*
1920		Anthologie des poètes canadiens.	*J. Fournier*
1922		L'appel de la race de	*L. Groulx*
1927			*R. Choquette*
1929	Krach mondial qui frappe durement le Québec. L'expression populaire exprimant cette dépression économique fut *La crise.*		
1930-1933		Revue de l'Université d'Ottawa	*A. Desrochers, L.P. Desrosiers, E. Coderre, L.H. Grignon*
1934-1935		Les Demi-civilisés de	*J.C. Harvey*
		' Vivre ', revue indépendante et socialiste de Québec.	
		La ' Relève ', revue bourgeoise et ' personnaliste ' de Montréal.	*A, Pelletier*
		Les ' Idées ', revue anti-académique qui défend et illustre la langue vécue, réaliste et personnelle.	
1936	Élection de Maurice Duplessis comme premier Ministre du Québec. Nationaliste de droite. il gardera le pouvoir (sauf de 1939 à 44) jusqu'en 1958.		
1937		Regards et jeux dans l'espace	d'*H. de Saint-Denis Garneau*
		Menaud maître-draveur de	*F.A. Savard*
		Une troupe de théâtre: Les Compagnons de Saint-Laurent.	

	Événements politiques, économiques et sociaux	*Événements littéraires et culturels*	*Écrivains représentatifs*
1938		' Trente arpents ' de	*Ringuet.*
1939-1945	Deuxième guerre mondiale,		
1940	Droit de vote aux femmes.	Trois revues: ' Regards ',	
1941		' Relations ', ' Amérique française ' et une Anthologie de la poésie canadienne d'expression française.	*G. Sylvestre* *R. Charbonneau*
1942	Loi de l'Instruction obligatoire	La ' Nouvelle relève ', ' Gants du Ciel ', Fondation de l'Académie canadienne-française.	
1944			*R. Lemelin, A. Grandbois*
1945		Bonheur d'occasion de (Prix Femina).	*G. Roy* *P. Baillargeon, B. Brunet*
1946		Revue de l'Université Laval.	*F. Hertel*
1948	Adoption du fleurdelisé comme drapeau du Québec. Loi du cadenas (censure).	Manifeste ' Le Refus global ' Projections Libérantes (manifeste culturel)	*P.E. Borduas, G. Gelinas, C. Gauvreau, P.M. Lapointe.* *F. Loranger*
1951		' Cité libre ' (revue)	*P. Vallières, E. Gagnon, A. Hébert, A. Langevin*
1953		Naissance du groupe et des Éditions de l'Hexagone	*G. Miron, E. Cloutier, J.G. Pilon, F. Ouellette. J. Languirand, M. Beaulieu. E. Robert, Y. Préfontaine, J. Ferron.*
1957		Fondation du Conseil des Arts du Canada	*Y. Thériault, P. Gelinas, G. Vigneault*
1959	Mort de Maurice Duplessis. Son successeur dit: ' Désormais... '	' Liberté ', revue lancée par l'équipe de l'Hexagone	
1960	Accession des ' libéraux ' à la tête du Québec. Début de la , révolution tranquille '.	Insolences	*C. Jasmin, G. Henault, R. Lasnier.* *Frère Untel*
1961	Le Ministre de la Jeunesse Paul Gérin-Lajoie parle de la ' francophonie ' à Paris.	Convergences.	*J. Le Moyne*
1962-1963	Nationalisation de l'électricité	La poésie canadienne: Anthologie d'Alain Bosquet ,Paris.	

	Événements politiques, économiques et sociaux	*Événements littéraires et culturels*	*Écrivains représentatifs*
1963	Fondation du ralliement pour l'indépendance nationale par *Pierre Bourgault*.	'Parti-pris' ou la participation des créateurs à l'action	*P. Perrault, G. Lapointe* *R. Giguère, P. Chamberland, R. Benoit* *J. Renaud, F. Dumont, A. Major*
1964	Fondation du Ministère de l'Éducation		
1965	Ententes franco-québécoises en matière d'éducation et de culture.	Une saison dans la vie d'Emmanuel (prix Médicis)	*M.C. Blais*
		Prochain épisode de	*H. Aquin.*
			J. Brault, G. Godin, G. Langevin, S. Paradis,
		Dans un gant de fer de	*C. Martin.*
1966	L'Union nationale (parti fondé par Duplessis) reprend le pouvoir	Lancement à Paris de 'L'Avalée des Avalés' par les Éditions Gallimard.	*R. Ducharme*
1967	Exposition universelle à Montréal. Le premier Ministre Johnson invite de Gaulle qui lance son 'Vive le Québec libre'!	'Salut, Galarneau!' de *J. Godbout*	
			J. Poulin, M. Lalonde
		La francophonie en péril de	*G. Tougas.*
1968	Jean-Guy Cardinal, Ministre de l'Éducation, représente le Québec au Gabon. La passionaria Pauline Julien interprète de Vigneault 'Vive le Québec libre!'	Les belles-sœurs (théâtre)	*R. Carrier, M. Dubé, M. Tremblay*
		Une littérature en ébullition	*G. Bessette*
		L'esprit révolutionnaire dans la littérature canadienne française de 1837 à la fin du XIXe S.	*J. Costisella*
	Fondation du parti québécois; Président: René Levesque, ministre libéral sous la révolution tranquille	Une littérature qui se fait de	*G. Marcotte.*
			J. Ethier-Blais,
1969	L'Union nationale et les libéraux votent 'le bill' 63 donnant le choix entre l'école française et l'école anglaise au Québec. Fondation du Front du Québec français.		*J. Benoît, G. Robert*
1970	Enlèvement du diplomate anglais James Cross et du Ministre Pierre Laporte par le F.L.Q. Pierre Laporte meurt.	Grande nuit de la Poésie le 28 mars	*Sauvageau, P. Morency*

	Événements politiques, économiques et sociaux	*Événements littéraires et culturels*	*Écrivains représentatifs*
	Loi des mesures de guerre d'Ottawa.	Kamouraska d'	*Anne Hébert.*
	L'armée envahit le Québec: 3068 perquisitions, plus de 500 arrestations.	L'homme rapaillé de	*G. Miron.*
1971		La Sagouine d'	*A. Maillet*
			V.L. Beaulieu, G. Archambault, J. Barbeau, J. Garcia, R. Duguay, G. Langevin, J. Garneau.
1972	Grève générale des secteurs publics et para-publics. Les trois chefs des centrales syndicales québécoises, MM. Pépin, Laberge et Charbonneau sont condamnés à un an de prison.		*R. Gurik*
1973	Ré-élection de Robert Bourassa comme premier Ministre du Québec.	Le Joual de Troie de	*J. Marcel.*
			L. Maheux-Forcier.
	Le parti québécois devient l'opposition officielle avec 31 % du vote populaire.		
1974	Le 'bill' 22 est adopté. Il est censé faire du français la langue officielle du Québec et provoque la contestation (marche du Québec français contre le 'bill' 22).		
	Festival international de la jeunesse francophone à Québec.	New Medea de	*M. Bosco*
	La pièce 'Les Nègres' de *Jean Genest* n'y est pas jouée.		
	Robert Bourassa, premier ministre du Québec, tente de faire entériner le 'bill' 22 à Paris.		

SUISSE ROMANDE

	Événements politiques, économiques et sociaux	*Événements littéraires et culturels*	*Écrivains représentatifs*
			Othon de Grandson (1336-1397)
1476	Guerre de Bourgogne		
1536	Conquête du pays de Vaud par Berne. Introduction de la réforme à Genève (Calvin) et dans le canton de Vaud.	Les Estienne à Genève	*Bonivard, Calvin, Th. de Bèze, P. Viret, A. Froment, Pierrefleur, Jeanne de Jussie, Cordier, J. de Léry, S. François de Sales.*
1572	Massacre de la St Barthélémy		
		Mercure Suisse.	
1685	Révocation de l'Édit de Nantes. Afflux de réfugiés protestants français dans les cantons de Genève, Vaud et Neuchâtel.	Bibliothèque italique	*J.-P. de Crousaz, A. Ruchat*
1707	Exécution de P. Fatio à Genève.		
1723	Exécution du Major Davel à Lausanne Premiers mouvements de libération politique.		*B.-L. de Muralt*
1728		J.J. Rousseau quitte Genève Journal helvétique (1732-1782)	
			J.J. Rousseau, Voltaire
1760		Voltaire s'installe à Ferney Correspondance Voltaire-Rousseau Helvétisme littéraire Apparition de la littérature alpestre	*Ch. Bonnet* *H.B. de Saussure, Le doyen Bridel, Mme de Charrière, E. Reybaz*
1790	(10 août) Massacre des Suisses aux Tuilleries Rébellion des Suisses de Château-vieux		
1793	Le Jura intégré au département français du Mont-Terrible	Littérature politique et philosophique	
		Un salon littéraire suisse: le château de Coppet Le caveau genevois	*Mme de Staël* *B. Constant* *Ch. de Bonstetten*
1797		Fête des vignerons (Vevey)	
1798	Occupation du pays par les troupes du directoire		*F.C. de la Harpe*
1813	1re proclamation de la neutralité suisse.		

	Événements politiques, économiques et sociaux	*Événements littéraires et culturels*	*Écrivains représentatifs*
1814-1815	Congrès de Vienne Vaud (dès 1803), Valais, Neuchâtel et Genève deviennent cantons suisses. Le Jura devient bernois.	Littérature morale	*Père Girard* *A. Vinet, J.-J. Galloix,* *R. Töpffer, Ch. Secrétan,* *F.A. Naville* *F. Bovet*
1847	Guerre du Sonderbund. Expulsion des jésuites		*H.F. Amiel*
1848	Constitution Suisse		
1864	Henry Dunand fonde la Croix-Rouge à Genève.		*E. Eggis, J. Olivier, E. Rambert*
1871	La Commune: réfugiés communards français en Suisse romande Kulturkampf (luttes confessionnelles)		
1874	Nouvelle constitution fédérale: organisation définitive de la démocratie suisse.		*Ph. Monnier, A. de Chambrier* *L. Duchosal*
		F. de Saussure fonde la linguistique moderne	*Th. Fournoy, Claparède*
			PH. Godet *V. Rossel*
		Cosmopolitisme Naturalisme	*V. Cherbuliez* *E. Rod*
1904		' La voile latine ' (revue)	*G. de Reynold*
1905		Fête des vignerons	*René et Jean Morax - G. Doret*
1907		Livre pour Toi	*M. Burnat-Provins*
1908		Théâtre du Jorat E. Jaques-Dalcroze.	*R. Morax*
1911		' Les feuillets '	
1912		Création de l'Institut Rousseau	
1914	Mobilisation générale	Nouvelle société helvétique ' Les cahiers vaudois '	*Ch. Clerc, H. Spiess, Ed. Gilliard,* *C.F. Ramuz, P. Budry,* *F. Chavannes, F. Fosca, R. de Traz* *J. Chenevière, P. Girard,* *R. Auberjonois, E. Ansermet.*
1918	Soviet d'Olten. Grève générale réprimée par l'armée (sans effusion de sang)	Appel du large : E. Ansermet fonde l'orchestre de la Suisse romande. Les Pitoëff à Genève.	*W. Ritter, A. et C.A. Cingria,* *G. de Pourtalès, B. Cendrars,* *B. Vallotton*
1920	Fondation de la S.D.N. (société des Nations) avec siège à Genève	Revue de Belles-Lettres La Baconnière (éd.)	*Ed. Crisinel, P.L. Matthey,* *E. Janneret, G. Haldas, G. Roud,* *W. Renfer*

	Événements politiques, économiques et sociaux	*Événements littéraires et culturels*	*Écrivains représentatifs*
1926		' Nova et vetera '	*Ch. Journet.*
		' Cahiers de la renaissance vaudoise '.	*J.P. Zimmermann*
1928		Ed. Skira	
			L. Bopp, E. Buenzod
		La psychologie génétique de	*J. Piaget.*
1932	Grèves et émeutes à Genève: la troupe tire sur la foule.		*M. Saint-Hélier*
1936		Fondation de la Guilde du Livre. Frank Martin. Le Corbusier.	
1939	2e mobilisation générale		
1940		' Traits ': revue littéraire (1940-1945)	
1945	Fondation de l'ONU Établissement à Genève de nombreux organismes internationaux		*M. Chappaz, P. Chappuis, M. Zermatten, J.P. Monnier, J. Mercanton, C. Colomb, G. Piroué, C. Bille, Cl. Francillon, S. Deriex, G. Ottino*
1948		Théâtre des Faux-Nez	
1950		Fondation de la revue ' Rencontre '. Coopérative Rencontre (l'Aire).	
		Influence du nouveau roman.	*Y. Velan, R. Pinget, Ph. Jaccottet, Cuttat, Voisard, Eigeldinger.*
		Le Banquier sans visage de	*W. Weideli.*
		Le Soleil et la mort de	*B. Liègme,*
			H. Debluë, M. Viala.
1957		Théâtre de Carouge	*L. Gaulis* *R.L. Junod, V. Godel, Cl. Aubert.*
1959		Théâtre populaire romand	*J. Pache, M. Laederach.* *J. Chessex*
1966		L'âge d'homme (éd.) ' Écriture '	*A. Béguin,* *M. Raymond, D. de Rougemont, J. Rousset, J. Starobinski*
1972		Ed. Bertil Galland Bibliothèque romande	
1974	Par un vote populaire (23 juin) le Jura se sépare du canton de Berne.		

VIETNAM

	Événements politiques, économiques et sociaux	*Événements littéraires et culturels*	*Écrivains représentatifs*
1858	Début de la conquête française.		
1862	Traité de Saigon cédant à la France les 3 provinces orientales de la Cochinchine. Résistance du peuple contre l'envahisseur. Début de l'enseignement du français et du Quôc-Ngû au détriment de l'enseignement traditionnel en caractères chinois.		
1863		Première publication française: Notice sur le royaume de Khmer ou de Cambodge.	*Truong Vînh-Ký.*
1867	Occupation par les forces françaises des 3 provinces occidentales de la Cochinchine.		
1874	Traité reconnaissant la souveraineté française sur la Cochinchine.		
1880	' Cours de Huê ' organisés au Collège Chasseloup-Laubet à Saïgon, enseignant le français aux mandarins de Huê, dont Nguyen-Dınh-Hoè.		
1883	Convention Harmand	Fondation de la Société des Études Indochinoises.	
1884	Traité Patenôtre établissant le protectorat français sur l'Annam et le Tonkin.	Petit dictionnaire français-annamite de *Truong Vînh-Ký.*	
1885	Fuite de l'empereur Hàm-Nghi Résistance contre les Français sous la direction des lettrés.		
1888		Recueil de formules annamites de *Huỳnh Tînh-Cuả.* (bilingue: français et vietnamien)	
1893		Parution de la ' Revue Indochinoise ' avec la collaboration d'écrivains vietnamiens.	

	Événements politiques, économiques et sociaux	*Événements littéraires et culturels*	*Écrivains représentatifs*
1897	Fondation par la Cour de Hué du premier établissement scolaire moderne, enseignant le français, le chinois et le vietnamien: le Collège Quoc-Hoc à Hué.		
1898	Nguyên Van Câm exilé aux Marquises puis à Tahiti.	Première œuvre de création en français: Les amours d'un vieux peintre aux Marquises, de	*Nguyên Van Câm*
1900	Création de l'École Française d'Extrême-Orient.		
1908	Modernisation de l'enseignement traditionnel et établissement parallèle d'un système scolaire franco-annamite par le gouverneur général Beau.		
1913		Essor parallèle de la littérature proprement nationale en quôc-ngû et de la littérature vietnamienne d'expression française	
		Mes heures perdues, de	*Ngyuên Van Xiêm*
		Contes et légendes du pays d'Annam, de	*Lê Van Phát.*
1914	Première guerre mondiale.	Parution du 'Bulletin des Amis du Vieux Huê', consacré jusqu'en 1945 à la culture vietnamienne.	
1919	Suppression de l'enseignement traditionnel en caractères chinois.		
1920-21			*Nguyên Van Nho, Nguyên Phan-Long*
1922	Exposition coloniale à Paris. L'Empereur Khai-Dınh en visite officielle en France. Phan-chu-Trinh publia son pamphlet contre l'empereur Khai-Dınh.	La revue 'Nam-Phong' inaugure son premier supplément en français avec, entre autres, des articles de jeunes universitaires vietnamiens.	
		L'évolution intellectuelle et morale des Annamites depuis l'établissement du protectorat français.	*Pham Qùynh.*

	Événements politiques, économiques et sociaux	*Événements littéraires et culturels*	*Écrivains représentatifs*
1924			*Lê Van Dúc, Lê Van Phát.*
1928	Activités clandestines des partis nationalistes vietnamiens dont le Viêt-Nam Quôc-Dân-Dang.	Défense des valeurs vietnamiennes et orientales.	
		Les 47 articles du catéchisme moral de l'Annam expliqués et traduits en français.	*Trân Trong-Kim.*
		Le théâtre annamite.	*Luong Khác-Ninh.*
1929	Crise économique	Pages françaises de	*Nguyên Tiên-Lâng*
1930	Le Viêt-Nam Quôc-Dân-Dang passe à l'action. Condamnation de Nguyên-Thai-Hoc et des militants de ce parti.	Désillusions du rapprochement franco-annamite par le mariage mixte: ' Bà-Dâm (Madame la Française) (écrit avec la collaboration de Teneuille).	*Truòng Dình-Tri.*
	Le parti communiste indochinois étend son action.		
1932		Naissance de la Nouvelle Poésie vietnamienne.	
		Bilan optimiste de l'essor de la littérature vietnamienne: Il y a une renaissance annamite.	*Ung Quà.*
		Une nouvelle à laquelle est attribué un Prix Littéraire: Eurydice.	*Nguyên Tiên Lâng.*
		Succès littéraire d'un journaliste: Cannibales par persuasion de	*Nguyên Phan-Long.*
1934		Bilan de la littérature indochinoise: ' L'exotisme indochinois dans la littérature française ' depuis 1860, par *Louis Malleret.*	
		Amorce d'un nouveau mouvement: Premières poésies de	*Nguyên Vỹ*
		Étude scientifique de la littérature vietnamienne d'expression orale: Les chants alternés des filles et des garçons en Annam de	*Nguyên Van Huyên.*
1936	Mouvement du Congrès Indochinois.	Nouvel essor de la poésie Chansons pour Elle de	*Nguyên Van Yêm.*

	Événements politiques, économiques et sociaux	*Événements littéraires et culturels*	*Écrivains représentatifs*
	Affrontement de diverses idéologies.	Une voix sur la voie de	*Pham Van Ký.*
		Actualité du réformisme et du nationalisme vietnamiens: Nguyên Truoǹg-Tô et son temps.	*Dào Dang-Vy.*
		Essais franco-annamites.	*Pham Qùynh.*
1937		Nouveaux essais franco-annamites.	*Pham Qùynh.*
		Périodiques en langue française 'La Revue Indochinoise' (avec une partie en vietnamien, à Hà-Nôi), 'Cahiers de la Jeunesse (à Nha-Trang) à direction vietnamienne: Poésie d'inspiration catholique.	*Pierre Dô-Dình.* *Nguyên-Manh-Tuòng.*
1938		Une pièce de théâtre primée aux Jeux Floraux de Nice:	*Vi Huyên-Dác.*
1939	Seconde guerre mondiale		
			Trân Van Tùng, *Hoàng Xuân Nhi.*
		Cahiers collectifs du Groupe 'Responsable' (Hué): Pour la famille, la Vraie La culture et nous.	
1940	Le gouvernement général de l'Indochine accepte l'installation des Forces Japonaises en Indochine. Réveil du nationalisme vietnamien.		*Nguyên Dúc Giang.* *Hàn Mac Tú.*
	L'amiral Decoux gouverneur général de la Fédération Indochinoise.	Hebdomadaire 'Indochine' à direction française.	
1942-44		Prix littéraire d'Indochine: Légendes des Terres Sereines de	*Pham-Duy Khiêm.*
1945	Coup de force japonais du 9 mars. Constitution du Gouvernement Trân-Trong-Kim.		*Hoàng-Xuân Nhi,* *Trinh-Thuc-Oanh.* *Trân Van Tùng.*

	Événements politiques, économiques et sociaux	Événements littéraires et culturels	Écrivains représentatifs
	Le vietnamien comme langue véhiculaire à la place du français dans l'enseignement. Abdication de l'Empereur Bao-Dai. Le Viêt-Minh au pouvoir. Résistance nationale contre le Corps Expéditionnaire français		
1946	Convention du 6 mars. Mouvement séparatiste au Sud d'inspiration française. Échec de la Conférence de Fontainebleau.	L'homme de nulle part de	*Pham Van Ký*
1947	Nationalistes groupés dans la zone sous contrôle français. Solution de l'Empereur Bao-Dai pour le règlement du conflit franco-vietnamien.	L'Annam en les plus beaux Écrits de l'Union Française et du Maghreb.	*Pierre Dô-Dình.*
1948	Déclaration du 5 juin portant sur l'unité et l'indépendance du Viêt-Nam.		*Lê Van Ly*
		Le mot de	*Cung Giû-Nguyên*
1949		Viet-Nam, couleurs et parfums (édition spéciale de la revue ' Hôi-Xuân ').	
	Reconnaissance de l'indépendance et de l'unité du Viêt-Nam par la France	Evolution de la littérature et de la pensée vietnamiennes depuis l'arrivée des Français jusqu'à nos jours (1862-1946)	*Dào Dang-Vy* *Trân-Dûc Tháo*
1951			
1953		Roman social: Nous avons choisi l'amour (titre en 1953: Les chemins de la révolte).	*Nguyên Tiên-Lâng.*
1954	Bao-Dai délègue à Ngô-Dinh-Diêm les pleins pouvoirs civils et militaires. Accords de Genève mettant fin à la Guerre d'Indochine. Exode au Sud d'un million de Vietnamiens fuyant la zone communiste.	Volontés d'existence de	*Cung Giû-Nguyên.*

	Événements politiques, économiques et sociaux	*Événements littéraires et culturels*	*Écrivains représentatifs*
1955	Ngô-Dinh-Diêm devenu par référendum populaire Président de la République du Viêt-Nam. Départ du Corps Expéditionnaire français.		*Nguyên-Hûu-Châu*
1956		Roman régionaliste	*Cung Giû-Ngyên*
1957		Nam et Sylvie de (Prix Louis Barthou)	*Pham-Duy Khiêm*
1961		L'apport français dans la littérature vietnamienne de	*Nguyên Van Cân*
			Dinh Xuân-Nguyên
		Perdre la demeure de	*Pham Van Ky*
		Roman social	*Cung Giu-Nguyên.*
		Printemps inachevé de	*Mme Lý Thu Hô*
1963	Chute du Président Ngô-Dinh-Diêm. Les généraux au pouvoir.		*Thái Van Kiêm*
1964		Du colonialisme au communisme de *Hoàng Van Chí.*	
1965	Débarquement massif des forces américaines à l'appel de la République du Viêt-Nam.		
1966		Lumière dans la nuit de	*Vo Long-Tê.*
1967		Bibliographie critique sur les relations entre le Viêt-Nam et l'Occident.	*Nguyên Thê-Anh.*
1968	Échec de l'Offensive générale des communistes contre la République du Viêt-Nam.		
		La personnalité culturelle du Viêt-Nam de *Trınh Huy-Tiên.*	
		La littérature populaire Vietnamienne.	*Duong Dinh-Khuê.*
1969		Introduction à la littérature vietnamienne (en collaboration avec M. Durand).	*Nguyên-Trân-Huân*
1970		Hát-bôi, théâtre traditionnel du Vietnam de *Huỳnh Khăc-Dung.*	
1972	Échec de la seconde offensive générale des communistes contre la République du Viêt-Nam.	Le roman vietnamien contemporain.	*Bùi-Xuân Bào.*
		Genghis-Khan de	*Vi Huyên-Dác*
		Le poème du Viêt-Nam de	*Nguyên-Lê-Dung.*

	Événements politiques, économiques et sociaux	*Événements littéraires et culturels*	*Écrivains représentatifs*
1973	En dépit des accords de Paris, la guerre continue en République du Viêt-Nam.		*Pham Thi Ngoan*
1974	Prospection du pétrole au large des côtes vietnamiennes	Parution de la revue semestrielle en langue française: Études interdisciplinaires sur le Viêt-Nam.	
1975	Intensification des combats sur les Hauts-Plateaux. Chute de Hué et de Da-Nang. Démission du Président Thieu. Le vice-président, Tran Van Huong lui succède. Le Parlement approuve la nomination du général Minh comme chef de l'Etat. Les forces révolutionnaires et les troupes communistes entrent à Saigon qui devient « Ville-Ho-Chi-Minh ».		

Index des Écrivains présentés dans l'Anthologie

Table des matières

IV. Liban

V. Grand-Duché de Luxembourg

VI. Maghreb

VII. Québec

En dépit de nos recherches et parfois de notre insistance, nous n'avons pas réussi, pour certains textes du moins, à en identifier les ayants-droit. Nous prions ceux-ci de bien vouloir prendre contact avec nous. (L. Philippart, 65, rue de la faisanderie, 6510 Morlanwelz-Mariemont, BELGIQUE).